国家社会科学基金重大项目（16ZDA222）研究成果

国家出版基金项目

"十四五"国家重点出版物出版规划项目

上海市重点图书出版项目

复旦大学新闻学院一流学科建设项目

内容提要

如果说报刊是时代与社会的镜像，读报人的记录是镜像投出的光影，那么，南京国民政府时期的报刊阅读呈现出何种图景呢？

纷乱时局折射了蓬勃且多元的阅读景象。青年学生的读报活动与思想转变、报刊舆论与学生运动、抗日宣传与读者反响、民主观念传播与知识分子读报活动、社会思潮与报刊多元化、都市报刊与读者文化生活、政党报刊与群众运动、地方报刊与基层言说、学术刊物与知识分享等，都在本卷中得到了细致深入的展现。

翻腾的社会声浪从未脱离时代命运。政治主题与家国情怀在每一位读报人的记录中回响、共振，汇成高昂激越的主旋律。从读者群体到党派群体，从党报的影响力到意识形态斗争，从统一战线到抗日烽火，从国共分裂到三年内战，报刊阅读史贯穿着一条主线：救亡图存。

本卷通过对内战、抗日、第三条道路在报刊传播中的主题进行深入探讨，以大量个案为依托，描绘出"报刊地理""接受政治"与读报活动的复杂网络。

中国报刊阅读史
（1815—1949）

第三卷 南京国民政府时期（1928—1949）

蒋建国 著

复旦大学出版社

目　录

导　论 ·· 1

第一章　十年内战时期报刊发行与阅读的推广 ·············· 14
　第一节　十年内战时期报刊的发行与传播 ·················· 14
　　一、报业发展与地理分布 ······································ 14
　　二、杂志业的发展 ·· 20
　　三、报刊发行与传播 ·· 24
　第二节　教育发展与阅读理念的强化 ························ 33
　　一、教育发展与民众阅读能力的提高 ····················· 34
　　二、报刊新闻价值与阅读理念的强化 ····················· 40
　　三、读、剪、存：剪报活动的兴起及技术史考察 ······ 52
　第三节　阅报教育与儿童读报活动的开展 ·················· 59
　小结 ·· 68

第二章　十年内战时期阅报组织与公共阅读的发展 ········ 70
　第一节　官方对公共阅读的推动 ······························· 70
　第二节　民众阅报处与公共阅读的推广 ····················· 78

第三节　民众阅报牌的发展 ………………………………………… 88
第四节　民众阅报处的运行与日常管理 …………………………… 92
第五节　公共阅读规模及社会影响 ………………………………… 100
第六节　图书馆的报刊阅读状况 …………………………………… 113
小结 …………………………………………………………………… 118

第三章　十年内战时期时局变动、新闻呈现与读者观感 …………… 120
第一节　重大新闻叙事与读者的阅读心理 ………………………… 122
　一、"九一八"事变的新闻叙事与读者观感 …………………… 124
　二、"一·二八"事变与读者反响 ……………………………… 134
　三、华北危机、"一二·九"运动与读者读报感想 …………… 146
　四、西安事变相关报道对读者的心理影响 …………………… 149
第二节　学生报刊阅读际遇与心路历程 …………………………… 155
第三节　传统士绅的报刊阅读活动 ………………………………… 176
第四节　学者的报刊阅读 …………………………………………… 203
　一、本土学者的报刊阅读 ……………………………………… 203
　二、海归学者的报刊阅读 ……………………………………… 220
第五节　作家、艺术家的文艺报刊阅读与感想 …………………… 240
第六节　小学教师的读报活动与思想历程 ………………………… 249
第七节　党政官员的报刊阅读与时局观察 ………………………… 260
第八节　建构历史场景：胡适的剪报活动与意义呈现 …………… 281
小结 …………………………………………………………………… 287

第四章　报刊采编、读者阅读与交往网络 …………………………… 290
第一节　编者与读者的互动 ………………………………………… 291
第二节　《东方杂志》与读者和作者的沟通 ……………………… 300
第三节　邹韬奋与读者的交往活动 ………………………………… 305
第四节　胡适的办刊活动、阅读实践与交往网络 ………………… 308

第五节　作者投稿与思想历程 …………………………………… 313
　　第六节　书信、报刊与读者交往网络 …………………………… 319
　　小结 …………………………………………………………………… 325

第五章　十年内战时期中共报刊发行、阅读及影响 ……………… 327
　　第一节　党报党刊的发行与推广 ………………………………… 327
　　第二节　公共读报活动与报刊宣教作用的提升 ………………… 334
　　第三节　个人读报活动与时局述评 ……………………………… 339
　　小结 …………………………………………………………………… 350

第六章　抗战时期报刊的空间分布、发行范围与时代特色 ……… 352
　　第一节　抗战时期报刊内迁与格局变化 ………………………… 352
　　第二节　国统区报刊的发行与影响 ……………………………… 358
　　第三节　抗日根据地报刊的发行与影响 ………………………… 370
　　第四节　沦陷区及上海"孤岛"时期的报刊发行情况 ………… 385
　　小结 …………………………………………………………………… 390

第七章　抗战时期读者的报刊阅读活动 ……………………………… 392
　　第一节　卢沟桥事变与读者读报的反响 ………………………… 396
　　　一、卢沟桥事变与官场的复杂阅读心态 ………………………… 398
　　　二、传统士绅的阅报记录与悲愤情绪 …………………………… 404
　　　三、知识分子和社会精英的读报感想与家国情怀 ……………… 410
　　第二节　淞沪会战报道与读者阅读心境 ………………………… 426
　　第三节　抗战时期读者群体的报刊阅读、时局观察与精神世界 … 441
　　　一、党政官员、军官的读报活动与时局评析 …………………… 442
　　　二、学者的报刊阅读与家国情怀 ………………………………… 460
　　　三、文艺界人士的报刊阅读与精神寄托 ………………………… 498
　　　四、学生的报刊阅读与社会焦虑 ………………………………… 510

第四节　抗日根据地的报刊阅读 ……………………………… 524
　　第五节　《新华日报》的读者本位意识及其影响 …………… 555
　　　　一、以读者为中心的办报精神 ………………………………… 556
　　　　二、突破封锁与推广发行 ……………………………………… 562
　　　　三、读者阅读与社会影响 ……………………………………… 567
　　小结 ……………………………………………………………………… 575

第八章　中共延安时期读报组的知识共享、群体互动与社会影响 … 577
　　第一节　读报组的发展轨迹与地理分布 ……………………… 579
　　第二节　读与听：读报组的知识共享与群体互动 …………… 587
　　第三节　读报组对乡村文化教育的推动及社会影响 ………… 598
　　小结 ……………………………………………………………………… 610

第九章　解放战争时期报刊的发行与阅读 ……………………………… 612
　　第一节　解放战争时期报刊的发行与传播 …………………… 612
　　　　一、国统区报刊及其发行状况 ………………………………… 612
　　　　二、解放区报刊及其发行状况 ………………………………… 620
　　第二节　解放战争时期的报刊政治、读者阅读与价值选择 … 625
　　　　一、国统区读者的读报活动与时局观察 ……………………… 627
　　　　二、解放区的报刊阅读与革命话语 …………………………… 663
　　　　三、进步作家的读报活动与革命情怀 ………………………… 670
　　第三节　《观察》的发行、阅读与社会影响 ………………… 677
　　　　一、扩大作者队伍与提升刊物品质 …………………………… 677
　　　　二、吸纳直接订户与夯实发行基础 …………………………… 682
　　　　三、扩大发行与注重影响 ……………………………………… 685
　　　　四、公共讨论与阅读反响 ……………………………………… 687
　　小结 ……………………………………………………………………… 696

余 论 …………………………………………… 698

参考文献 …………………………………………… 711

后 记 …………………………………………… 746

导 论

　　1928—1949年，在历史长河中，22年显得特别短暂。但在报刊阅读史上，这22年中的报刊却形式多样，内容丰富，意义深远。尽管南京国民政府在名义上统一了全国，但十年内战、八年全面抗战、三年解放战争相继爆发，战乱成为这一时期的主要特征。与之对应的是，报刊呈现了这段不同寻常的历史"面目"。1928年之后，政党报刊迅速崛起，政治宣传不断加强；商业报刊大肆扩张，时政报道各有千秋；同人报刊寻求突围，独立评论异彩纷呈；地方报刊面向基层，区域风格较为明显；学术杂志类型丰富，思想文化多元；文艺副刊形式多样，时代特色较为突出……短短22年间，中国报刊业呈现出曲折而复杂的演变历程。由于历经各种战乱，报刊的形式、内容、风格有着极大的差异，采编、印刷、出版、发行与经营也面临各种困难和挑战。在纷乱的时局中，中国报刊业历经艰难而曲折前行。在复杂的社会环境中，报刊如何寻求生存之道，如何获得读者的青睐，如何展示其立场和观念，如何体现其风格和价值，这考验着办报者的立场、能力、经验和智慧。同时，在国内外时局极为复杂的背景下，不少读者"主要使用来自感官的隐喻来描述社会事件"。[①] 从

---

　　① ［美］费正清、［美］费维恺编：《剑桥中华民国史（1912—1949）》（下卷），刘敬坤、叶宗敭、曾景忠等译，中国社会科学出版社1994年版，第2页。

一定程度上看，运用视觉的阅读本身便是建构意义的过程。读者如何选择报刊，在何时何地读报，以何种立场读报，对报刊新闻又如何评论，是观察时局和认识社会的重要依据，也是体现社会变迁的重要因素。如果说新闻需要叙事，阅读需要阐释的话，报刊读者便是意义的生产者和阐释者——读者的在场与言说，读者的观察与记录，读者的思考与探索，是印证历史、表达事实的重要途径。

如果说历史学的对象本质上是"复数的人",[①] 那么阅读史的对象便是"复数的读者"。报刊新闻的价值，需要通过读者的阅读、判断和思考加以证实。报刊阅读是读者连接社会、感知世界的重要方式。因此，如果要通过报刊观察社会思潮和时局变化，就必须将研究的主体聚焦到读者，读者是意义生产和输出的源头。民国时期的战乱带来的不仅仅是民族和社会危机，也是政治秩序的危机，这种整体上的"失落感"和"压抑感"，在一定程度上增强了读者阅读的"集体意义"。从社会情境的角度看，历史事件可以"重演"，通过情节的"再现"，人们由此产生思想上的"回响"。从这个意义上看，"倘若在更广泛的意义上理解思想，能够成为历史的也只能是思想"。因此，"一切历史都是思想史"。[②] 那么，报刊作为"思想纸"的价值就必须经由读者阅读得以体现。基于此，本书研究南京国民政府时期的报刊阅读史，就需要以报刊传媒为基础，以具体的新闻"重演"历史，重点探讨报刊如何"抵达"读者的手中，如何引发读者的阅读与想象、记述与评论，如何彰显读者作为阅读主体的功能、价值和意义，如何通过读者的言说来观察和理解云谲波诡的时局，从而体现读者在"阅读"历史中的主体价值和社会意义。

一

报刊乃社会的镜像，新闻则与现代社会息息相关。诚如费孝通所言："新

[①] ［法］马克·布洛克：《历史学家的技艺》（第2版），黄艳红译，中国人民大学出版社2011年版，第46页。
[②] ［英］柯林武德：《一切历史都是思想史》，陈新译，丁耘、陈新主编：《思想史研究（第1卷）：思想史的元问题》，广西师范大学出版社2005年版，第10、11页。

闻是一个社会现代化的标记。现代社会里生活的人是不能闭门造车的,离开了新闻的指导,生活就会出轨。所以新闻是现代社会中不能缺少的部分。"① 同时,报纸的兴衰不仅牵涉新闻业本身,也与读者的行为和需求相关,还与社会变迁紧密相连。林语堂在展望《申报》的未来时曾指出:"在一国的大报中,我们就可看见国内时下文化之程度及读者之精神上需要,因报纸之内容总是应时代之转变及读者之好恶时时演化的。"② 王小隐也认为:"报纸与读者之关系,究属浓厚,抑或浅薄,非仅可以觇新闻事业前途之荣枯,而一国文化状况,亦得而标指焉。……今日号为高尚民族之国家,莫不有多量之报纸,以供其人民之需要,观其销数之巨,几与衣食消耗齐观。"③ 读者不仅是报刊的消费者,也是社会变迁的见证者。经过民国初期十多年的发展,中国报刊业在技术、内容、管理方面都取得了长足的进步,报人知识分子的整体地位得到了极大的提升,社会精英纷纷利用报刊彰显身份、联结同志、建立团体、表达立场、参与政治。而政党纷争、战事纷乱,则进一步促使社会精英投身报业,视报刊为传声筒,为党派竞争之工具。因此,从社会动力的角度看,报刊更多地体现了"变动"的作用,它与书籍知识的"稳定"有着显著的差异,报纸所体现的"新"是立体而多元的。正如茅震初所言:"报纸是记载社会事实的影片,是传递社会消息的邮差,是照发社会现象的明镜,因此,报纸的价值甚至于比历史来得高。因为历史是旧的,报章是新的;历史是静的,报章是动的;历史是死的,报章是活的。……因此,可以再武断的说一句,国民读报章的重要实在在读历史以上。"④ 读者要知新,便离不开报纸,因为报纸在叙述最新的"现实",而报刊舆论能深入社会、深入人心,其"政治纸""思想纸""社会纸"的功效在读者阅读中得以强化。

---

① 费孝通:《美国人怎样办报怎样读报?——为〈上海文化〉特辑专写》,《上海文化》1946年第5期,第16页。
② 林语堂:《所望于〈申报〉》,季维龙、黄保定选编:《林语堂书评序跋集》,岳麓书社1988年版,第348页。
③ 王小隐:《新闻事业浅论》,黄天鹏编:《新闻学刊全集》,光华书局1930年版,第52页。
④ 茅震初:《剪报工作与一般社会问题之关系及采集剪报材料之方法》,《社会月刊》1930年第2卷第6号,第1—2页。

南京国民政府成立后，新闻传播业得到一定恢复和发展。从传播技术的角度看，随着国民党中央通讯社和各类通讯社的发展，国际、国内重要新闻的传播更为快捷，由此也降低了报刊通讯稿的成本。同时，大都市长途电话的开通，也极大地提高了报刊要闻的传播效率。从印刷技术的角度看，随着新式印刷和排版设备的广泛使用，报刊的印刷质量、图片报道和版面设计更为美观；从发行的角度看，随着现代邮政网络的普及，报刊从都市进入乡村的概率大为增加；从阅读的角度看，报刊进一步满足了不同层次读者的阅读需求。随着新式教育的推广，尤其是中小学教育的快速发展，报刊读者的阅读水平与消费品位有了很大提高，而各类副刊、专刊、专栏、增刊的发展适应了读者精神消费的需求。报刊消费市场整体上较为繁荣，尤其是城市居民阅读报刊的风气较为普遍，地方性报刊在乡村社会也有一定的推广。

十年内战时期，随着国民党党报体系的建立，党报发行与阅读网络得到制度化保障。国民党除创设《中央日报》《华北日报》，改造《民国日报》之外，还非常注重地方党报与军队党报的建设。到1935年，国民党已经建立了遍布全国的党报系统，各种党报多达600家以上。由于有政治威权的支持和控制，国民党党报形成了由中央到基层社会的发行系统，这在制度上保证了党报阅读系统的渗透，有利于培育"阅读大众"。国民党的各级机关、团体、医院、军队、学校都可以通过"集体订报"推广阅读。这种制度化阅读体系有利于党政系统的人员广泛阅读党报，了解国民党的政策方针。党报的意识形态与党的基层组织建设直接相关，而党报长期坚持的"攘外必先安内"宣传政策，渲染了斗争氛围。"九一八"之后，国民党当局加强了对外宣传和报刊管制。但是，由于国民党党报体系过分注重政治宣传，新闻形式较为单调，且说教色彩较为浓厚，其在"党外"的订阅并不广泛，推广阅读的效果并不理想。

与国民党不同，共产党在建党初期就非常注重发动工农大众，推动全党办报与群众读报的有机结合，红色报刊关注基层党员和普通民众的阅读需求。《红色中华》是中国红色政权创办的重要报纸，它实际上起着中央党政机关报的作用，发行量最多时达四万多份。它通俗易懂、生动活泼，有社论、要闻、专电、时评、红色区域建设、中央革命根据地消息等内容。红色报刊在革命根据地的制度化发行与传播,对工农革命和社会动员起着重要的舆论导向作用。红色报刊注重党性与群众性的结合,大力宣传党的政策,提高党员的政治觉悟和理论水平,努力在群众中建设通讯员队伍,推动群众运动的广泛开展。针对根据地工农民众读写能力不高的现实,革命报刊注重通俗化宣讲、民众教育与组织化传播,将报刊阅读与政治学习、社会动员有机结合起来,并通过各种夜校、识字组、读报组、俱乐部大力开展大众读报运动,促进了红色报刊文化深入基层、深入群众,成为党与群众之间的"连接之网"。

20世纪二三十年代,上海、广州、天津等商业城市的经济较为繁荣,报刊业得到较快发展,都市娱乐休闲和消费文化已具现代性,尤其是大量新式知识分子汇集都市,对报刊发行与阅读有着深刻的影响。随着《申报》《新闻报》《时事新报》《大公报》《世界日报》等全国性报刊业务的不断拓展,一些报刊的发行量达到五万份以上,《申报》《新闻报》的发行量更是达到十五万份以上,影响遍及南北。《社会日报》《晶报》《立报》等小报也在都市文化消费中起到重要的媒介作用,《立报》坚持"小报大办"的方针,更是一度销行二十万份,颇受读者欢迎。由于时局多变,在大城市,民众自费购报、读报现象已较为普遍;在一些中小城市,老《申报》甚至成为报刊的代言词。许多知识分子的读报活动已成为日常生活的重要方式,不少读者往往通过报刊新闻来联通世界、评论时局、阐释事件、抒发感想。这在后"五四"知识分子的思想演变中尤为突出。在反文化"围剿"和抗日救亡活动中,以鲁迅为代表的左翼联盟作家,利用文学刊物宣传革命思想,引导了进步青年的阅读潮流。邹韬奋主办的《生活》周刊关注民生、评述时政、反映读者精神生活,广受社会各阶层读者尤其是知识分子的欢迎。另外,各种小报、晚报、画报、电影刊物、体育刊物、小说杂志也在都市传播甚广,对民众的休闲娱乐颇有影响;南京国民政府倡导的"新生活运动"也对民众的读报活动有一定的促进作用。

随着高等教育的发展,各种学术刊物相继创刊,尤其是大学学术期刊的发展,对当时的学术研究和学术社团建设有重要的推动作用,不少学者因为在学术刊物发表论文而"暴得大名",甚至获得"晋升"的阶梯。学术期刊成为学术界"编—读"网络的重要媒介。诚如陈时在《中华季刊》创刊号中所言:"大学与学术团体,为著作与出版之唯一负责者;盖必学术研究之空气浓厚,著作与出板〔版〕,乃有不竭之来源,再进而与社会上一般读者,日事观摩,自能造成学术之环境。故大学或学术团体,恒为社会学术之前驱,及实际社会之先导,社会亦自随学术而进化,二者每互为因果。……定期出版物,为名著作或大发明之试验机关,由每个问题的讨论,经过相当时期之相质相参,遂成一有系统之创作,此种试验,足以救目下率尔浅尝之弊。"① 学者办刊、读刊、评刊、赠刊成为时尚,大学学术期刊不仅为学者发表学术见解、彰显学术影响提供了"园地",也为一些学术新秀乃至学生提供了崭露头角的"际遇"。一时之间,以刊问学、以刊会友颇为流行。借助学术刊物,学界与社会各界建立了更为广泛的交流渠道,学术思想经由刊物而得到广泛传播。民国学术的阐扬、学科的发展、思想的活跃,与学术刊物、学者、读者之间的互动有着直接的关联。

除了报刊自身的努力之外,培育阅读公众也成为政府和许多社会团体追求的目标。南京国民政府注重民众教育运动,通过广泛设立图书馆、民众教育馆、识字馆、夜校、阅书报处、代书处、阅报所、阅报牌等举措,推动报刊公共阅读的发展,提升了报刊的利用率和阅读率;针对普通民众尤其是少年儿童的读报指导运动,又进一步推动了报刊阅读的大众化。通过公共阅读活动,民众对报刊的认知水平有了明显提高。公共阅读场所与社会教育的有机结合,使报刊"介入"普通民众的日常生活,民众通过识字、读报,与外部世界建立了广泛的联系。同时,各类学校尤其是中小学开展报刊阅读指导和培训,发动教师和其他知识分子指导中小学生读报,培育学生的读报能力,将报刊作为课外阅读的重要读物,以及学生读报活动的广泛开展,使报纸作为辅导材料和文化读物的价值得到了极大的提升。

---

① 陈时:《创刊旨趣》,《中华季刊》1930年第1卷第1期,第1—2页。

导 论

二

西安事变之后,随着抗日民族统一战线形成,如何推动全民族抗战成为许多报刊的第一议题。国民党的《中央日报》《救亡日报》,共产党的《新华日报》,以及《申报》《新闻报》《时事新报》《立报》《大公报》等商业报刊都注重抗战宣传,对国家和民族命运极为关注。以卢沟桥事变的报道为起点,在八年全面抗战中,"战事"关乎国民的前途和命运,读者也以抗战新闻为关注的焦点,无论是社会精英还是普通民众,都忧心国事、关注时政,阅读报刊成为他们关注战事的"象征"。报刊是一个浓缩的战时世界,读者置身其中,感时伤怀,五味杂陈,他们的喜怒哀乐受战事新闻的牵引,呈现为复杂多样的情绪和心态,这在不少党政官员、军人和知识分子的日记和回忆录中得以印证。因为战时图书奇缺,读报的需求更为强烈,许多读者通过各种途径搜寻报刊,以了解抗战形势和时局变化。"国破山河在,城春草木深",可以说,面对空前的民族危机,报刊的抗日新闻成为大众话题和社会舆论的中心。

残酷的战争使报刊业遭受空前的损失,尽管重庆作为战时报业中心的地位得以巩固,但不少大报在西迁的过程中元气大伤,发行量骤降。由于纸张奇缺,印刷设备落后,抗战时期报刊的印刷质量大为下降,版面也大幅缩减,报刊的功能和价值受到制约。加上战时交通阻滞,读者很难及时收阅报刊,"一报难求"成为战时的普遍现象。百业凋敝、民不聊生,整个社会被战争撕裂。不少读者即便偶尔读报,也无意记录他们的心路历程。在动荡不安的社会环境中,天下虽大,却容不下一张书桌。战争摧毁了许多知识分子的报刊"阅读梦"。

在八年全面抗战过程中,由于国民党摇摆的抗战政策,腐败丛生,民主党派对此颇为不满。他们利用报刊发表政见,影响舆论,由此在进步知识分子中颇有影响。民主人士闻一多、胡愈之、黄炎培、张澜、邹韬奋等人,都善于利用报刊传播民主理念,他们的一些政治主张得到了广泛的回应。彼时,《大公报》《新民报》等报刊成为民主人士发表言论的重要阵地,受到广大读者的关注。文人论政的传统通过报刊言论得以延续,并结合战局体现出更深刻的社会影响。

全面抗战时期，中国共产党创办了许多报刊，其中影响较大的有《新华日报》《解放日报》《晋察冀日报》《大众日报》《八路军军政杂志》《拂晓报》等。这些报刊得到了各级党组织的高度重视，成为抗日根据地的舆论阵地，也是党政军民团结一致的"共同体"，在敌后抗战中充分体现了政治宣传和社会动员作用。另外，各种墙报、黑板报、壁报、手抄报、油印报因地就简，开展新闻报道和抗战动员。随着敌后根据地的发展，各地党报的发行网络不断扩展，根据地军民都将读"党报"作为日常生活和工作的有机组成部分，学习报刊社论也是军队官兵的重要政治任务。在中共的领导下，抗日根据地的报刊注重文风和作风建设，报刊新闻贴近生活、贴近现实，可读性较强，颇受群众欢迎。随着各地进步知识青年纷纷奔赴根据地，一些具有较高理论素养的知识分子进入报刊业工作，报刊尤其是副刊的思想性、知识性、政治性内容得到了强化。同时，根据地文化教育的发展也推动了报刊的普及，抗日根据地阅报风气盛行，对党的领导、军民团结和抗日士气有着直接影响。

读报组是中共在延安时期倡导群众办报、读报的重要组织形式。在广大农村经济文化普遍较为落后的背景下，中共运用党报发行网络，充分发挥基层党组织和乡村社会精英的作用，通过读报员的读报活动，发动广大群众听报，形成乡村社会以党报为中心的"读—听"系统和社会网络。读报组融合了印刷媒介与口语媒介的优势，将读报、听报、识字、生产、娱乐有机地结合在一起。报刊作为新思想、新知识、新方法的信息来源，经由读报员与组员的"读—听"互动，强化了群体的情感能量，在组织化传播的过程中，协调和强化了群体价值观。读报组在"制造同意"，为参与者的集体行动指明了方向。组员们通过读报组的持续训练和教育，形成了推动乡村社会发展的群体动力，并在具体的生产、生活实践中体现出努力学习、团结互助的精神面貌，将思想力转化为行动力，不断提高文化水平，促进农业生产，传播乡风文明，在乡村建设中发挥了积极的作用。

日本侵略者对沦陷区实行新闻统制政策，强化新闻封锁和新闻宣传，创办各种日伪报刊，企图从思想上瓦解沦陷区的抗日热情，尤其是汪伪政权成立后，对报刊的管制更为严厉。但沦陷区新闻界的爱国人士顽强抵抗日伪的新闻统制，出版各种抗日报刊。因此，沦陷区的报刊阅读也呈现出裂变的现象，日伪政权利用淫威推广其报刊的发行与阅读，宣传军国主义和"东亚共荣"，强制各类学校、机关订阅。同时，抗日报刊克服种种困难，在进步人士和爱国学生中广为传阅。而一些商业报刊，则受到日伪干预，其面目与抗战前大不一样，读者自然会受到一些负面影响。上海租界曾作为"孤岛"，成为各种政治势力争夺的地盘，各种党派和民主人士都利用其"自由"创办报刊，宣传政治主张，尤其是各类文艺期刊颇有市场，以救亡、启蒙和消闲为主题的价值取向有较为广泛的消费市场。大量知识分子云集"孤岛"，对报刊出版和阅读有着重要影响，尤其是左翼革命文学刊物受到广泛的欢迎，不少左翼作家的作品通过报刊副刊广为传播，对进步青年的阅读起着导向作用。

三

抗战胜利后，国民党在收复区"接收"了大量报刊，强化了新闻控制，但报界争取新闻自由的斗争较为激烈，尤其是拒检运动对新闻业有着重要影响。全面内战爆发后，国民党内外交困，对报刊控制极为严厉。国民党报刊在宣传报道上的共同点是，颂扬统制和权威，鼓吹反革命内战，并为此不惜颠倒是非，混淆黑白，摆出一副"党报姿态"和"中央姿态"，弄得面目可憎、语言乏味，公信力严重缺失，在群众中毫无威信。这类情形表明，国民党党报虽然依靠垄断资源和政策倾斜获得巨大的有形、无形资产，以及政治上的主流地位，但在受众定位、新闻报道等方面，不能顺应民心和时代潮流，很难将垄断优势转化为经济和社会效益，得到公众认可，也难以贯彻国民党的宣传意图，巩固其执政地位。

国民党倒行逆施，激发民主人士、学生和社会各界的强烈不满。各民主党派或民主人士主办的报刊一度十分活跃，民主人士创办报刊宣传"第三条道路"的主张，《民主星期刊》《民主报》《民主生活》《平民》等报刊相继涌现。内战爆发后，民主党派报刊受到限制和打压，陆续被勒令停刊，但中国民主同盟中央机关报《光明报》表现出顽强的生命力。在反对蒋介石集团的第二条战线上，许多学生团体创办了不少校刊、特刊和快报，《中国学生导报》《大学新闻》《大学新闻周报》《学生报》《学生新闻》等成为学生运动的喉舌，形成学生报刊与革命报刊、进步报刊相互融合的局面。此外，在国共激战之际，不少自由主义报刊宣传民主自由观点，表现异常活跃。面对内战的日益加剧，读者与报刊之间的互动颇为频繁，学生运动、工人运动与报刊新闻自由运动相互促进，形成"反蒋"的第二条战线，进步力量通过读报与办报活动对时局产生了深刻的影响。

《观察》是解放战争时期发行量很大的政论性杂志，也是自由主义的标志性刊物。储安平在主编《观察》的过程中，注重邀请社会名流写稿，扩大核心作者队伍，提高刊物品质；不断发展直接订户，扩大在边远地区的发行；还通过"读者投书"栏目，促进读者、编者与作者的公共讨论，培育杂志的"共有""共享""共办"精神。《观察》始终以读者为本位，赢得了许多读者、作者的同情、鼓励和支持，产生了广泛的社会影响。

抗战结束后，各解放区创办了一大批报刊，这些报刊注重宣传中共的方针政策，与群众运动有机结合，成为解放区群众喜闻乐见的通俗性读物。1947年之后，随着解放军进入反攻阶段，许多报刊结合土地改革运动和战略布局开展新闻宣传，并通过"反客里空"运动，发动群众揭露虚假报道，维护新闻真实性，加强党对报刊工作的领导，纠正报刊工作中的"左"倾偏向，使报刊深入群众、深入基层、深入现场。党报党刊的重要作用就是引导人民前进，引导人民团结。这极大地激发了广大读者的阅读积极性，报刊与工农大众之间的联系颇为密切。读报与革命、民主、进步等理念有机地结合在一起，形成了具有强大向心力的"阅读共同体"。

在解放区，随着邮政网络的扩展和印刷条件的改善，中共报刊发行体系不断完善，党报党刊的集体订阅蔚然成风，尤其是基层党组织的读报活动得以广泛开展。报刊读者主要有党政干部、乡村知识分子、识字的普通民众。解放战争时期，中共中央和地方中央局特别重视干部读书学习，为此制定了一系列规章制度，使干部的读报活动系统化、制度化，以确保干部的政治学习取得明显成效,报刊作为"政治纸"的作用得到了充分发挥。

四

读者是意义生产的主体,读者阅读的根本目的便是寻求意义,阅读本身是一种"有意味的形式"(significant form),[①] 而社会情境则对读者阅读有着深刻的影响。以不同时期报刊的发展和演变为线索,通过读者读报活动"重建"读者的社会活动和精神世界,通过读者的阅读实践和社会网络"重访"新闻事件,"再现"历史场景,将报刊新闻生产与读者阅读活动有机地结合起来,尤其是关注报刊与阅读政治的关系,在具体的史料中发现读者,理解新闻,阐释意义,是阅读史研究的重心所在。

阅读本身就是事件,阅读史的研究更离不开对新闻事件的分析,尤其是重大新闻事件在阅读史研究中具有重要地位。"九一八"事变、西安事变、卢沟桥事变、重庆谈判、三大战役等重大事件的社会影响,通过读者的阅读经历可以进一步具象化。这些关涉国家前途和命运的重大事件具有强烈的新闻辐射力和阅读张力,读者的重大新闻叙事不仅受报刊舆论的影响,也受事件本身的冲击。在"大历史"的舞台中,普通读者身处其中,扮演了重要角色。因此,重大新闻事件的阅读是政治史、思想史、文化史的重要内容,读者阅读的记录则是"大历史"的具体映照。

阅读是读者的日常生活方式,也是读者进行自我呈现的重要途径。因此,阅读史在很大程度上又是微观的社会史,读者在读报时往往充满情感和想象,重大新闻仅展示了阅读政治的宏观层面,对于普通读者的日常叙事而言,阅读是个体的自我选择和价值追求。随着报刊的普及,读者何时读、为何读、读什么往往千差万别,体现了读者的个性化需求和多样化选择。从这个角度看,阅读史是由无数读者的阅读个案组成的,没有个体阅读的特殊性,就很难体现阅读史的多样性和复杂性。而且,从时空、阶层、职业、党派、价值观等角度分析读者的阅读行为,也是丰富阅读史内涵的具体方式。

[①] 李泽厚:《美的历程》(修订插图本),天津社会科学院出版社2001年版,第350页。

十年内战时期，国内政局动荡，各种政治势力粉墨登场，军阀混战，政党纷争，内乱不止，报刊新闻揭橥了当时复杂的社会局势。当然，读者对报刊新闻的认知与其出身、政治立场与利益诉求等方面有着密切关联。从社会阶层的角度看，传统士绅、新式知识分子与党政官员形成一定的"阅读圈层"，他们在读报时的所录、所思、所感有一定的价值选择和"政治站位"。同时，他们对报刊新闻的描述与评论不仅体现了新闻事件的传播进程和社会影响，也见证了读者在具体新闻场域中的真实观感。

全面抗战时期，报刊普遍注重战时新闻的报道，内容同质化比较明显。在国统区，报刊的分布极不平衡，公共文化机构遭受严重损毁，公共读报机构难以普遍设立，普通民众订阅报刊存在较多困难。但是，在民族存亡之际，社会各阶层对战时新闻较为关注，报刊仍是传递新闻的主要媒介。战时新闻反映了现实生存境遇和时局动态，关乎国家危难和个人前途命运。报刊是不少读者极为渴求的精神食粮，读者在读报时无疑充满着焦虑、痛苦和悲愤。报刊阅读的主要群体包括党政官员、学者、作家、学生等，通过不同群体阅读报刊的记录、体验和评论，大致可以反映战时新闻对他们的日常生活和精神世界的影响。

解放战争时期，国共两党都开动宣传机器，充分利用报刊展开舆论攻势，报刊的政治宣传功能得到明显强化。面对内战，国人面临道路选择：由于党派、阶级与利益诉求的不同，读者在选择报刊时需要"站位"；战局的变化也影响到读者的政治立场和价值选择。党政官员通过报刊新闻表达他们的政治观念，知识分子需要通过报刊观察时局变化和选择政治路线，进步作家则通过报刊表达他们的革命情怀。报刊政治与阅读政治有机地结合在一起，展示了大变局中读者的心理状况、价值判断和精神追求。

总之，本书主要以政党报刊与民办报刊发展为脉络，将报刊视为呈现历史的载体和社会变迁的"镜像"，强调报刊阅读是展示意义网络和社会关系的重要环节；从报刊如何影响读者的角度探究其价值和意义，突出读者、报刊与社会的互动关系；关注读者读报的意愿、想象、观念与主义，从读者群体到党派群体，从党报的影响力与意识形态斗争，从统一战线到抗日烽火，从

导 论

国共分裂到三年内战，将读报史与国共内战、抗日战争、解放战争研究有机结合起来，凸显读者的家国情怀和精神境界，以及政党报刊的舆论宣传力量和社会影响。在纷乱的时局中，读者阅读报刊便是触摸时政，具有明显的"阅读政治"色彩。同时，青年学生的读报活动与思想转变，报刊舆论与学生运动，抗日宣传与读者反响，民主观念传播与知识分子读报活动，社会思潮与报刊多元化，都市报刊与读者文化生活，政党报刊与群众运动，地方报刊与基层言说，学术刊物与知识分享等问题，都需要以读者为本位，从不同角度展开分析。尤其要强调报刊政论对读者意识形态的渗透作用，对内战、抗日、第三条道路在报刊新闻传播中的主题进行深入探讨，指出"报刊地理"对不同区域读者阅读的影响，读者读报与"接受政治"之间的复杂关系。本书通过"深描"读者读报的细节，将读者对新闻的"记"与对历史的"忆"结合起来，并在具体的文本中阐释阅读的"意义之网"。

需要指出的是，西方阅读史研究注重理论阐释和心理分析，强调真实读者的阅读行为，却较少运用日记、回忆录、书信、年谱史料进行读报行为的个案研究。众所周知，发现真实读者极为困难。尽管20世纪20年代之后报刊普及程度大为提高，报刊从都市渗透到乡村社会。但是，仅以日记、回忆录作为探寻真实读者的基本史料，具有明显的局限。由于阅读是一种"即时"行为，读与记之间存在显著的不对称。在阅读史上，能够留下阅读记录的读者较为少见，即便是报刊较为普及的大都市，也很少有读者全面记载个体读报的历史。而读者群体由于地域、阶层、性别、职业方面的差异，难以从空间的角度对报刊传播与阅读效果进行量化研究，读者阅读的即时感受和情感经历也不易捕捉，探究读者的"共情体验"则更为困难。而且，读者的记载具有一定的主观性和选择性，读者对新闻的阐释更是"月映万川"，幽微复杂，景象万千。从这个角度看，几乎很难进行整体的阅读史研究。因此，本书在很大程度上是对报刊阅读的初步探索，一些读者的"出场"只呈现了某些具体的阅读场景，个案研究有一定局限性。其实，绝大部分读者没有留下阅读的记录，他们作为"不可见"的真实身影都消失在历史的烟云之中。我们只能通过有限的史料阅读来勾勒报刊阅读的"面相"，而非描述读者阅读的"全景"。

第一章

十年内战时期报刊发行与阅读的推广

第一节 十年内战时期报刊的发行与传播

在十年内战时期，报纸与杂志已经有了明显的界限：报纸注重时政新闻的综合，杂志注重知识的分类和专题报道。尽管不少报社同时经营报纸和杂志，但在采写编和出版发行上也有很大差异。报纸与杂志在内容、范围、时效性、读者定位等方面各有侧重。报与刊成为两种不同类型的媒介，也是具有不同内涵的"事业"，我们须根据报刊的形态、内容和性质分别进行探讨。

一、报业发展与地理分布

邵力子在《十年来的中国新闻业》一文中指出："新闻纸是一面时代的镜子，它可以反映时代的一切动态，它的性质不仅是人类生活的精神食粮，而且把它一页一页地积聚起来，就可以成为整部的历史。同时，新闻纸又是社会的喉舌，并兼社会的导师，在民族复兴的过程中所负的使命至为重大。"[①] 这从整体上概括了报纸在整个社会发展中所扮演的重要角色，表明报

[①] 邵力子：《十年来的中国新闻业》，中国文化建设协会编：《十年来的中国》（下册），商务印书馆1937年版，第481页。

纸不仅是书写历史的基本载体,也是制造舆论的工具,更是现代社会的"镜像",对民众的日常生活有着价值导向作用。单独从政治、经济、文化某个方面谈报纸的价值,都有所偏废,因为报纸是一种"综合纸",它本身便是社会的"容器"。

1927年4月,自国民政府定都南京之后,国民党取得了执政地位。之后的约十年中,虽然外患日亟,内乱不已,但全国有了一个统一的政府,一个领导中心,各项建设乃逐渐推进,并有相当成果。这一时期的新闻事业,多能利用交通事业的进步,作新闻的快速传递,达成敏捷的要求。① 与之相应,中国报业中心也从北平向南方转移,尤其是政党报刊的重心转移到南京。1927年的中国报刊数量,"据中外报章类纂社所调查,华文报纸每日发行者共有六百二十八种"。② "九一八"事变后,报刊业得到了较快发展。"全国报纸总数,民国二十年只有488家,次年增至867家,到民国二十四年,达到1 763家。造成我国报业空前蓬勃的时期。"③ 根据许晚成的统计,1936年5月,"全国共有日刊912种,月刊591种",各地的报刊数量见表1-1。

表1-1 全国报馆刊社调查统计表④

(单位:种)

刊期 省市别	日刊	间日刊	三日刊	四日刊	五日刊	周刊	旬刊	半月刊	月刊	二月刊	季刊	四月刊	半年刊	年刊	不明期刊
上海市	57	—	4	—	—	44	11	50	144	7	12	—	1	—	39
南京市	37	—	5	—	—	37	12	19	92	5	21	—	5	2	8

---

① 赖光临:《中国新闻传播史》,三民书局1992年版,第157、159页。
② 邵力子:《十年来的中国新闻业》,中国文化建设协会编:《十年来的中国》(下册),商务印书馆1937年版,第484页。
③ 转引自曾虚白主编:《中国新闻史》,三民书局1984年版,第352页。
④ 《全国报馆刊社调查统计表》,许晚成编:《全国报馆刊社调查录》,上海龙文书店1936年版,第1页。

续 表

省市别 \ 刊期	日刊	间日刊	三日刊	四日刊	五日刊	周刊	旬刊	半月刊	月刊	二月刊	季刊	四月刊	半年刊	年刊	不明期刊
江苏	181	10	15	—	2	32	20	23	62	1	7	1	4	—	3
浙江	66	2	11	—	2	22	11	16	42	1	5	—	1	2	13
安徽	44	2	5	—	—	13	4	2	8	—	1	—	—	—	—
福建	20	1	1	—	—	11	1	1	7	—	1	—	—	—	3
广东	88	—	3	—	1	28	9	8	61	1	13	—	1	—	40
广西	11	—	—	—	—	1	—	3	—	—	—	—	—	—	5
江西	35	—	3	—	—	9	4	3	10	—	1	—	—	—	5
湖北	54	—	1	—	—	15	—	3	17	—	6	—	—	1	6
湖南	33	7	17	1	4	15	2	3	—	—	1	—	—	—	14
青岛市	19	—	—	—	—	3	—	1	6	—	—	—	—	—	2
山东	29	—	3	—	2	69	13	3	13	1	4	—	1	1	—
威海卫	2	—	—	—	—	—	—	—	—	—	—	—	—	—	—
四川	50	2	6	—	1	18	12	6	3	—	—	—	—	—	15
贵州	1	—	—	—	—	—	—	2	—	—	—	—	—	—	—
云南	16	—	—	—	—	3	—	2	2	—	—	—	—	—	4
河南	28	—	1	—	1	9	7	4	7	1	1	—	2	—	4
北平市	46	—	—	—	—	21	12	8	54	1	14	—	2	1	9
河北	53	2	3	—	3	39	27	26	30	1	7	—	1	3	20
山西	10	—	—	—	—	14	2	2	9	1	4	—	—	—	5
陕西	7	—	—	—	—	1	2	—	8	—	—	—	—	—	1
热河	1	—	—	—	—	—	—	—	—	—	—	—	—	—	—
察哈尔	4	—	—	—	—	3	—	—	3	—	—	—	—	—	—

续 表

刊期\省市别	日刊	间日刊	三日刊	四日刊	五日刊	周刊	旬刊	半月刊	月刊	二月刊	季刊	四月刊	半年刊	年刊	不明期刊
绥远	6	—	—	—	—	4	—	1	2	—	1	—	—	1	2
宁夏	2	1	—	—	—	—	—	—	—	—	—	—	—	—	—
甘肃	5	—	—	—	—	10	1	1	7	—	2	—	—	—	1
新疆	—	—	—	—	—	—	—	—	—	—	—	—	—	—	1
青海	2	—	—	—	—	3	—	—	—	—	—	—	—	—	—
西康	—	—	—	—	—	—	—	—	—	—	—	—	—	—	—
大连	5	—	—	—	—	—	—	—	—	—	—	—	—	—	—
总计	912	27	78	1	16	423	152	184	591	20	101	1	18	11	200

另据内政部统计："至1936年，全国总计报社1 503家，杂志社1 875家。"① 从总体上看，1927—1937年，中国报刊业取得了长足的进步。诚如赵君豪所言："十余年来，中国之报纸，自精神、物质与内容三方面言之，均有显著之进步，发扬民族意识，建立公正舆论，此精神方面之进步也；新闻传递迅捷，印刷技术改进，此物质方面之进步也；材料力求充实，编制不断更革，此内容方面之进步也。"② 这大致反映了报业取得的成就。

中国报刊业经过漫长的积累与发展，在十年内战时期，表现出"企业化与政治化的合流"。③ 一方面，政党性的报刊快速发展，国民党利用其政治、经济、文化资源，建立了全国性的党报网络。共产党也高度重视报刊工作，在革命根据地大力创办各类报刊，其他各类政党组织也纷纷通过办报宣扬政治主张。知识分子则以办报为手段，表达对时局的立场和观点。另一方面，

---

① 《内政部核准登记之新闻纸与杂志社统计资料》（1936年4月），中国第二历史档案馆编：《中华民国史档案资料汇编》第五辑·第一编·文化（一），江苏古籍出版社1994年版，第149—150页。
② 赵君豪：《中国近代之报业》，申报馆1938年版，初版序言第1页。
③ 转引自曾虚白主编：《中国新闻史》，三民书局1984年版，第351页。

报刊的商业属性更为突出，即便是政治性报刊也要谋求"盈利"。为了改善经营状况，推动长远发展，各类报刊都注重朝企业化的道路发展，通过加强内部管理和扩大发行量来提高竞争力。因此，报刊如何适应社会需要和读者需求，是其生存与发展过程中必须考虑的问题。

从传播技术及其影响的角度看，由于无线电事业发达，新闻传输更为快捷和经济，新闻的来源亦大为增加，而报刊的编排、印刷技术也取得了明显进步。从内容的角度看，报刊的进步主要有以下的原因：（一）电讯的增加。（二）编辑方法的变更。（三）国际消息的重视。（四）副刊的多样性。（五）特派记者的活跃。[①] 而电讯稿对新闻内容的时效性有直接的影响，也是提升报纸竞争力的重要因素。报人鲁莽在提及《大夏晚报》的成功之道时说："报纸销路好，不仅是市民注意时事，也是《大夏》的消息比其他晚报好的缘故。当时的南京，虽是政治新闻的总汇，可是政府公布的异常少，想从一般消息供应机关中吸取材料是不可能的事，所以日报上就看不见什么纯粹的新闻。《大夏》既有上海的长途电话，而上海的来源出自西京外人电台，所以《大夏》关于'西安事变'发生以后的各种新闻比较迅速可靠，尽管新闻检查所根据决策检扣若干关系新闻，但是每十条中检余一两条，也就耐人寻味，名贵异常。"[②] 由此可见，新闻的快捷性、独特性对报刊业的竞争有着极为重要的影响。

从报刊的地理分布情况看，抗战前的十年，中国报刊区域发展不平衡的特点非常明显。"1927年，报刊主要集中在大都市，其中，北平第一，计一百二十五种；汉口第二，计三十六种；广州第三，计二十九种；天津第四，计二十八种；济南第五，计二十五种；上海第六，计二十三种。"[③] 随着政治中心的南移，中国报业的重心也随之南移，尤其是江浙沪成为报刊最为发达的地区，但青海、宁夏等边远地区也有了报纸。"都市报有渐渐减少，地方报有

---

① 邵力子：《十年来的中国新闻业》，中国文化建设协会编：《十年来的中国》（下册），商务印书馆1937年版，第489—490页。
② 鲁莽：《夜生活——二十年报纸生涯甘苦录》，独立出版社1945年版，第92页。
③ 邵力子：《十年来的中国新闻业》，中国文化建设协会编：《十年来的中国》（下册），商务印书馆1937年版，第484页。

渐渐增多之势。"① 根据 1936 年 4 月的统计，在全国 1503 家报社中，包括江苏 312 家，浙江 151 家，上海 125 家，北平 111 家，湖南 103 家，广西 9 家，绥远 6 家，青海 4 家，威海卫 4 家，宁夏 2 家。② 而南京作为首都，报刊业得到快速发展，至 1935 年，共有报社 26 家。其中，1932 年 14 家，1933 年增 6 家，1934 年增 5 家，1935 年增 1 家。③

从总体上看，抗战前十年，我国报纸总量得到了快速增长，除了上海、天津、北平、广州等大都市外，内地一些城市的报业发展较快，如山西太原的报业，至 1930 年有了较大的发展。《大公报》云：

> 并垣经过此次政局之大变动后，军政以及社会状况，虽均呈颓败之象，惟新闻事业，则如雨后春笋，澎湃一时。……现时所存在者，尚有《山西日报》《晋阳日报》《并州日报》《政报》等四家，最近经已[已经]筹备就绪，重新恢复者，计有《民国日报》《民众晚报》两家，新兴酝酿，正在筹备中者，尚有《新山西》等两家。……各报发行数目，《山西》《晋阳》两家相伯仲，客岁最盛时期，日出三千七八百份。今年以省钞□关系，销数锐减，现约出二千七八百份。《并州》则与前两家适成反比，昔仅千份之谱者，今已涨至二千左右。外埠各报在并销行总额，日约一千三四百份，《大公报》一家几占其半，《益世报》次之，日销二百份左右……逆料太原新闻界最近之将来，自必有一番新兴之景象。④

但是，我国一些边远地区很少有报纸发行。究其原因，教育不普及，交

---

① 章丹枫：《近百年来中国报纸之发展及其趋势》，开明书店 1942 年版，第 43 页。
② 《内政部核准登记之新闻纸与杂志社统计资料》（1936 年 4 月），中国第二历史档案馆编：《中华民国史档案资料汇编》第五辑·第一编·文化（一），江苏古籍出版社 1994 年版，第 149—150 页。
③ 《南京市报社调查统计表》，《南京社会调查统计资料专刊》（1935 年 11 月），南京市社会局 1935 年编印，第 87 页。
④ 《太原报界渐有起色 百业就衰报界独否 更拟举行一大规模阅报运动》，《大公报》（天津）1931 年 1 月 28 日，第 5 版。

通不便利,政治不良,实业不发达。① 从供给与需求的角度看,"以中国之大,迄今还仅有一千余种报纸,似乎在数量尚嫌不够,但是目前中国不知识字的人实在太多,国民水准与新闻事业的发展是成正比例的,要今后中国新闻事业的加速度的进步,一方面是在谋教育的普及,一方面更宜求报纸本身的进步,这样报纸必能适应社会的需要,自然而然地更发达了"。② 进而言之,要推动报刊业的繁荣,需要满足这三个条件:"一、文字应力求通俗浅显;二、内容应力求简单扼要,一览了然;三、报价应使得格外低廉。"当然,这仅仅是报业本身努力的方向。"如何使民众们有读报的习惯机会和能力,这是不仅要新闻界努力,还要政府社会各方面的共同努力。"③

二、杂志业的发展

戈公振曾言:"一国学术之盛衰,可于其杂志之多寡而知之。"④ 陆费逵也指出:"杂志多,则学术进步,国民程度亦高;而学术愈进步,国民程度愈高,则杂志之出版亦愈进也。"⑤ 杂志可以吸纳报纸与书籍的优点,对于新思想、新理论、新观点的介绍,尤为重要。"由杂志上的文学最能看出某一时代之意思、精神及群众对于某事某人某物某书的意见。"⑥ 十年内战时期,我国高中等教育取得长足发展,学术思想较为活跃,知识分子的办刊热情高涨。陈望道在1934年对杂志发展的总结中曾指出:"杂志之所以风行,倒并不是为的读者骤然加多,而是要办杂志的人骤然加多。"⑦ 这大体上说明社会各界对创办杂志的热情。相对而言,杂志多集中在都市和经济发达地区。根据国民政府内政部的统计,在全国1 875家杂志中,上海529家,南京219家,北

---

① 邵飘萍:《中国新闻学不发达之原因及其事业之要点(遗著)》,黄天鹏编:《新闻学名论集》,上海联合书店1929年版,第45—46页。
② 邵力子:《十年来的中国新闻业》,中国文化建设协会编:《十年来的中国》(下册),商务印书馆1937年版,第487页。
③ 项士元编:《浙江新闻史》,之江日报社1930年版,第350—352页。
④ 戈公振:《中国报学史》,台湾学生书局1964年版,第246页。
⑤ 陆费逵:《宣言书》,《大中华》1915年第1卷第1期,第1页。
⑥ 钱亚新:《杂志和索引》,《文华图书科季刊》1929年第1卷第2期,第142页。
⑦ 陈望道:《明年又是什么年呢》,《太白》1934年第1卷第7期,第293页。

平 174 家,江苏 131 家,河北 139 家,浙江 101 家;西部地区的杂志种类很少,陕西 8 家,甘肃 8 家,广西 5 家,贵州 4 家,青海 4 家,宁夏为零。① 以南京为例,1935 年,杂志刊物合计 218 家,具体情况为:1930 年 1 家,1931 年增 24 家,1932 年增 41 家,1933 年增 67 家,1934 年增 49 家,1935 年增 36 家。② 邢云霖在《中国杂志史简述》一文中称:

> 北伐成功,我国杂志亦放一异采,上海方面,尤为灿烂缤纷,生气勃勃。前后新立书局,约数十家。应时而出之杂志,车载斗量,河滨沙,雨后笋也。如现代书局请叶灵凤主编《现代小说》,孙伏园办《贡献》,徐志摩开新月书店出《新月杂志》,由胡适、梁实秋、潘光旦等任稿件,反对新写实派。曾朴(东亚病夫)父子开真美善书店发刊《真美善》。鲁迅办《奔流》,由柔石及莽原社供给稿件,专事介绍西洋名著。沈从文办《黑红》,张友松开春潮书店出版《春潮》。章克标编《金屋》,张资平开乐群书店办《乐群杂志》。戴望舒开水沫书店办《新文艺》,提倡新写实派。他如《人间》《大江》等不久即终。郁达夫出创造社办《大众文艺》,后又出《绿》,由芳信、林徽音、朱维基负责,倡唯美派。《萌芽月刊》由蓬子、鲁迅、雪峰、张天翼担任,自谓为写实派,其实乃《奔流》之遗产耳。又有蒋光慈、叶灵凤、戴平万、钱杏邨负责出刊《拓荒者》,乃创造社化身,专倡普罗文艺者也。又有高长虹另起炉灶,提倡狂飙运动,主编《狂飙周刊》,出至十七期而止,长虹又独出《长虹周刊》。潘汉年等又有幻社之组织,出版《幻州》与《戈壁》,曾造成一时直言不讳之风,终遭禁止。又田汉夫妇办《南国》,欧阳予倩办《戏剧》,刘豁公主编《戏剧月刊》等,此为文艺中另一派也。尚有一派,专憧憬于肉爱迷梦中,而忘却遗害青年之弊者,时人目为颓废派,深受青

---

① 《内政部核准登记之新闻纸与杂志社统计资料》(1936 年 4 月),中国第二历史档案馆编:《中华民国史档案资料汇编》第五辑·第一编·文化(一),江苏古籍出版社 1994 年版,第 149—150 页。
② 《南京市杂志刊物调查统计表》(1935 年 11 月 3 日制),《南京社会调查统计资料专刊》(1935 年 11 月),南京市社会局 1935 年编印,第 86—87 页。

年读者之欢迎。作者如滕固、邵洵美、章克标、黄中一，团体较为知名者，如青白社、水沫社等是也。最近销路最广之杂志，当为专为学生出版之杂志，如《中学生》《现代学生》《学生文艺丛刊》等。又如《中国学生》《现代妇女》《文华》等，则又专刊某校皇后高材生，或运动家及某阔老之太太为号召者也。

除上述者外，北伐后研究党义之杂志，其势亦颇盛。各党部以及各机关，几乎均有杂志出版。然而良莠不齐，其中含有某种宣传者亦不少。后以党派分政，真像毕露，陈公博所编之《民众先锋》锋芒锐利，为左之宣传品。诸如此类者颇多，后以中央之禁止，遂寝无声息矣。纯以研究主义者，如《革命周报》《中央党务月刊》《三民半月刊》等尚不失忠诚。由五四至现今，最凶最多之杂志，当为上述之文艺与社会杂志，其他关于专门科学者，比之他国未免见拙，然较之先前已有进步，只不及文艺与社会杂志之辉煌耳。①

此段论述对上海杂志市场进行了全景式的介绍。

放眼全国，在十年内战时期，杂志业总体上呈现稳步增长的态势，具体数量见表1-2。

表1-2 1927—1936年各年度全国出版期刊数量统计表②

年份	1927	1928	1929	1930	1931	1932	1933	1934	1935	1936
数量（种）	656	1 076	1 458	1 274	1 436	1 742	1 690	1 628	1 620	1 914

应该说，由于内战时期杂志的创办与停刊难以具体统计，尤其是一些高等、中等学校创办的杂志，类型多样，存在时间长短不一，还有些杂志旋出旋停，很难有精确的数据。表1-2中各年的杂志数量只能大致反映十年内战时期杂志业发展的趋势。

---

① 邢云霖：《中国杂志史简述》，《文华图书科季刊》1931年第3卷第1期，第33—35页。
② 参见叶再生：《中国近代现代出版通史》（第二卷），华文出版社2002年版，第1032页。

对于我国杂志业所取得的成就，邢云霖从内容、著者、读者、印刷四个方面进行了总结：

> A. 内容进步——清季时杂志内容偏重于论政，五四前则为新文化运动，五四后则关于社会者较多，故发展不甚平均。然揆之现时杂志之内容，则较前进步多矣，种类已由少渐多，内容亦趋专门化。各种学术有各种学术之杂志，各种杂志有各种杂志之正当宗旨，似从前杂货店式之杂志已渐少矣。
>
> B. 著者进步——先前之著者，眼光均不出政治范围，谈学理者多，而重事实者少。且论坛之权，只操于有数学者之手。今则不然，儿童可以发表文字，工人亦可著说。上至于专门学者、国家伟人，下至罪犯劳工，能执笔为文者，均有机会发表意见，非昔日之包办式者所可比也。
>
> C. 读者进步——观各书店杂志之定户，较往昔加多数倍，此一明证。又凡杂志内有读者论坛一栏者，读者意见时有可取，且对于杂志之批评与建议改善者颇多，此可见读者非昔日杂志言黑则以为黑，杂志言白则从白也。
>
> D. 印刷进步——此种进步最为显明，早先之古书式之杂志，已不见矣。如加新符标点，横排或直排分段等均利读阅。又如印刷精良，色版美丽，格式美观尤非昔日可及也。①

当然，杂志业发展过程中也出现不少问题，如出版和停刊均较为自由，责任感不强，尤其是缺乏信用，究其原因，"一则因为我国杂志多有政治背景，虽其势力可借政治为之增加，但亦常受政治影响而落于盛衰无定，休戚无常。一则由于营商博利之徒，专作投机之事，至于信用如何，从未着想"。② 又如思想性、学术性的杂志比重偏低，政治性、商业性杂志比重偏高，

---

① 邢云霖：《中国杂志史简述》，《文华图书科季刊》1931年第3卷第1期，第37页。
② 邢云霖：《中国杂志史简述》，《文华图书科季刊》1931年第3卷第1期，第38页。

这也是杂志业发展中存在的问题。同时，杂志阅读率偏低，直接影响到其价值。施蛰存在谈到文艺杂志的问题时就指出："文艺杂志的读者，似乎至今还脱不出智识阶级的圈子，所以，要研究它在一般社会的地位，恐怕远不及一张小报。然而，即使是智识阶级中，文艺杂志的存在也还是很渺小的。从大学教授到小学教师，从留学生到中学生，把文艺杂志郑重其事地捧着看的，一千人中恐怕只有三五个。"① 文艺杂志如此，一些专业杂志的阅读率更不容乐观。

针对杂志界存在的空洞无趣的问题，林语堂关注一般读者的阅读兴味，提倡"西洋杂志文"。他对《人间世》杂志寄予厚望，并力图打破一般杂志讲"大道理""面面俱到"的格局，提倡小品文，注重文章的幽默和趣味。他提出："吾的理想是办一个内容及文体如西洋杂志的杂志，……我必定还要贯澈这个理想，使篇篇是有味而又有益的文章，内容是充实，但写法是轻松，文字是优美，但笔调是通俗。故可又换句话，就是使杂志文字近人情化。"② 《论语》编辑陶亢德的观点与林语堂一脉相承，他认为编刊物"可以编得成为救国武器，求生南针，智识宝库，使读者能救国、有饭吃、成英雄、为学者，但也无妨说说笑话讲讲故事，助读者解解闷爽爽神。人既为万物之灵，能笑爱笑，世上又有万千故事，可讲可听，何乐而不为哉"。③ 在林语堂、陶亢德等"论语派"看来，此类雅俗共赏的小品文更能够获得普通读者的好感。

三、报刊发行与传播

报刊的发行与经济、文化、教育、交通的发展有直接的关系。诚如戈公振所言："报纸销数之进步，有［又］非报馆自身努力之所能致者，故与教育、实业、交通、社会各方面之进步均有连带关系。"④ 十年内战时期，尽管国事蜩螗，战乱频仍，但上海、北平、南京等大都市受战争影响相对较少，报刊业得到快速发展。从总体上看，无论是政治性、商业性报刊还是学术性

---

① 施蛰存：《我的编辑经验》，《人言周刊》1935年第2卷第1期，第9页。
② 林语堂：《我与〈人间世〉》，《人言周刊》1935年第2卷第1期，第16页。
③ 陶亢德：《吾道一以贯之》，《人言周刊》1935年第2卷第1期，第16页。
④ 戈公振：《中国报学史》，台湾学生书局1964年版，第304页。

杂志，均注重自身的经营，在内容上进行改革，关注读者的需求，利用当时的邮政设施、交通条件和报贩组织，设法扩大发行网络，方便读者订阅和购买。关于报刊的销路，时人有不少记载。如蒋廷黻回忆："1927年，上海和南京到处是宣传品。报纸上充满了口号和三民主义的长文。学生，从小学到大学，倒蛮有劲头。"① 1929年，鲁莽在济南创办《山东民国日报》，"在新闻上显见得比当地其他几家报纸要丰富些，因为机件新，字新，墨好，纸好，似乎格外出色，几星期后，大受济南及山东各县阅报人的欢迎。又因为日本、朝鲜、东三省鲁籍人士之多，所以在上列各处的销路也打开了"。② 1932年，上海发生"一·二八事变"之后，"各报销路激增，《申报》《时事新报》等，每日几达二十万份，当时大众读报之兴趣非常浓厚，大有'宁可饭不吃，不可报不读'之概，以终日忙碌之岗警，每日亦必购报一份，看看我军似［是］否又胜日军，至于学生、商人等，只要能识字的，无有不天天读报纸的"。③ 一些学术性、思想性杂志也颇受欢迎，如《独立评论》于1932年春创刊后，发行量很快大增。据蒋廷黻回忆："第一期印了两千本。初期的《独立评论》是相当简陋的，但比我们所预期的要好得多。第二期我们发行了三千本。半年后，已经无需继续捐助，可以自力更生了。一年之内，发行数字升到八千本，两年之内，达到一万五千本。我们不仅不收津贴，也不接受大幅广告。终《独立评论》时期，社中只用一个小职员，负责发行事务，月薪六十元。"④ 但就全国而论，由于政治、经济、文化等方面的差异，各地的报刊发行存在着明显的不平衡。

就政党报刊而言，国民党在加强《中央日报》《华北日报》等中央直属党报建设的同时，也强化对上海《民国日报》和广州《民国日报》的改造，在广大的内陆地区特别是农村和边疆地区，则大力推动地方党报和军队党报建设。到1935年底，一个遍布东西南北的国民党地方党报网络已经基本建立

---

① 蒋廷黻：《蒋廷黻回忆录》，中华书局2014年版，第148页。
② 鲁莽：《夜生活——二十年报纸生涯甘苦录》，独立出版社1945年版，第7页。
③ 水采田：《论读报》，《骨鲠》1934年第37期，第3页。
④ 蒋廷黻：《蒋廷黻回忆录》，中华书局2014年版，第186页。

起来。其中国民党地方党报590家以上，占全国报刊总数的40%以上。① 即便是坚持"四不主义"的《大公报》，在经营过程中也受到国民党政策的影响。陶希圣就认为："抗战八年之中，《大公报》有长足的发展。张季鸾先生的爱国热忱，与本党的全力支持，乃是它的发展的两大因素。"②

国民党在建立全国统一的党报发行网络过程中，注重利用行政指令进行推广，各地党部要求各机关、学校和团体订阅，同时还发起报纸下乡运动。尤其是随着邮政系统的发展，报刊发行范围更为广泛。1935—1936年，"全国邮局总数增至一万五千三百余所，另代办所一万二千七百余所，村镇邮站信柜五万九千二百余所，邮路五十九万八千七百余里，穷乡僻壤都有邮路相通"。③ 报刊作为重要的邮递商品，已经从都市社会、城镇社会向乡村社会扩张。一些乡村小学、阅报社、阅报所等文化教育机构纷纷订阅报刊，更是推动了报刊发行的大众化。随着国民党党报网络的发展，地方报纸亦得到一定程度的推广。诚如赵君豪所言：

> 考地方报纸发达之原因，得力于党部者半，盖党部组织，原有宣传一部，欲言宣传，自非从报纸着手不可，于是省党部主持下之报纸，销行于全省，县党部之报纸，畅通于一邑，虽全国各县，不必尽有报纸，然省会所在之地，必有一规模较备之报纸焉。兹以报业最发达之江苏省而论，由党部经营者，计分为二种，一由省党部直接派人主持，一由各县县党部自行主办。省党部复鉴于各县党报偏于一隅，力量薄弱……乃划全省为六个报区，计设苏报区于镇江，吴报区于吴县，通报区于南通，淮报区于淮阴，海报区于东海，徐报区于铜山……至苏省之县党报，则六十县中，有四十余报之多。④

---

① 蔡铭泽：《中国国民党党报历史研究（1927—1949）》，团结出版社1998年版，第77、106页。
② 陶希圣：《潮流与点滴：陶希圣回忆录》（第2版），中国大百科全书出版社2016年版，第230页。
③ 赖光临：《中国新闻传播史》，三民书局1992年版，第158页。
④ 赵君豪：《中国近代之报业》，申报馆1938年版，第145—146页。

当然，与全国性报纸相比，地方报纸的发行量较低。以地方党报为例，发行量为 500 至 1 000 份，东部地区的省级党报一般为 1 000 至 10 000 份，西部省级党报一般在 300 份以下。① 但是，地方党报借助国民党地方党部的行政权力，可以通过组织化发行，使其传播网络抵达乡村社会，甚至运用行政力量进行强制性订阅，这是其区别于商业性报刊的资源优势。

从发行总量来看，商业性报刊具有较强的竞争力，尤其是《申报》《新闻报》等传统大报，大力引进新式印刷设备，加强通讯网络建设，注重评论和副刊的特色，加大商业广告投放力度，发行量稳步提高。报人顾执中比较了《申报》和《新闻报》的发行特色，他认为："销数方面则《新闻报》始终走在《申报》的前面，《申报》的推销重点在文化教育界，《新闻报》则在一般大小商店，故在上海看《新闻报》的读者远较《申报》为多。但在外市，特别在南方的广州等都市，订阅《申报》者远比《新闻报》为多。《新闻报》发行方面的负责人，对推销政策极为现实，因外市的订阅上海报纸受着一定条件的限制，其销数又对广告不起大的作用，因此《新闻报》跟《申报》在销数方面的竞争，是竞近不竞远，在上海和沪宁、沪杭线，他出死力相搏，死也不让对方占先，除此以外，它就任其自然，不较短长。"② 两报的差异化竞争，使其发行量均保持了较为强劲的增长势头。至 1930 年前后，《申报》《新闻报》的发行量均超过了 15 万份。据 1931 年国民党中央宣传部的统计，发行量超过 1 万份的报纸见表 1-3。

表 1-3 1931 年主要日报的发行量③

报名	发行量（份）	创办地
《申报》	150 000	上海
《新闻报》	150 000	上海
《时事新报》	50 000	上海

---

① 参见许晚成编：《全国报馆刊社调查录》，上海龙文书店 1936 年版，第 21—300 页。
② 顾执中：《报人生涯》，江苏古籍出版社 1987 年版，第 246 页。
③ 参见赖光临：《七十年中国报业史》，"中央日报"社 1981 年版，第 95—97 页。

续表

报名	发行量（份）	创办地
《时报》	35 000	上海
《民国日报》（已停）	20 000	上海
《大公报》	35 000	天津
《益世报》	35 000	天津
《午报》	25 000	天津
《公评报》	20 000	广州
《国华报》	16 000	广州
《中央日报》	15 000	南京
《广州民国日报》	15 000	广州
《庸报》	15 000	天津
《大中华报》	12 000	广州
《七十二行商报》	10 000	广州

以全国近千种报纸论，发行量超过一万份的报纸仅有15家，而发行量在五千至一万份之间的报纸也只有17家，①且集中在上海、天津、广州、南京、北平、汉口等少数几个城市。其中，上海作为报业中心的地位尤为明显。1936年，上海各大报的发行量相当可观（见表1-4）。

表1-4 1936年上海主要报刊及其发行量②

报刊名称	总经理	发行量	报费
《申报》	马荫良	15万份	每份四分五厘
《新闻报》	汪伯奇	约15万份	每份四分五厘
《时事新报》	董显光	7万至10万份	—

---

① 参见赖光临：《七十年中国报业史》，"中央日报"社1981年版，第96—97页。
② 参见方汉奇主编：《民国时期新闻史料汇编》（第10册），国家图书馆出版社2011年版，第245页。

续 表

报刊名称	总经理	发行量	报费
《时报》	黄伯惠	8万份	—
《中华日报》	林柏生	5万份	每月九角，每年九元六角
《民报》	吴子琴	4万余份	—
《上海商报》	孙鸣歧	1万余份	全年六元
《立报》	严谔声	7万余份	本市一月三角五分，全年三元四角；外埠一月加邮一角
《时代报》	陈宝骅	近2万份	全年五元，一月六角

根据表1-4的统计，上海几家大报的总发行量在64万份以上，占全国报纸总发行量的四分之一以上；加之上海其他几十家报纸的发行数，其在全国的比重更高。卢沟桥事变前，"我国之出版界，在上海一地，……所发行的报纸和杂志，占全国出版杂志百分之八十以上"。① 当然，一些重大事件也会直接影响报刊发行量。如体育记者桑榆回忆1936年他在报业的经历时说："一九三六年的柏林世运举行了，我国特派大批选手及代表团前往观光，举国若狂，《辛报》把第一版的电讯暂时取消，而以'世运特电—桑榆主编'相号召，这获得意外的成功（详后），《辛报》的销路从三千涨到一万（仅以本埠而言），而我就从此以'桑榆'之名而居'体育记者之权威'了。"② 这说明新闻报道的内容和方式对报刊发行有着重要影响。

上海还是全国的杂志业中心，《东方杂志》《良友》《宇宙风》《中学生》《生活》《读书杂志》《小说月报》《大中华》等在全国广为发行，影响甚广。邹韬奋回忆《生活》周刊发行状况时说："当时的《生活》虽在这样蓬勃汹涌形势之下，在实际上每期销数也不过十五万份。这个数量在外国出版事业发达的地方，可谓渺乎其小，但在中国却好像已属惊人。当时有女作家苏雪

---

① 《出版》，民国丛书续编编委会编：《申报年鉴（1944）》（第三册），上海书店出版社2012年版，第211页。
② 桑榆：《新闻背后》，复兴出版社1945年版，第4页。

林女士把这个事实向胡适之先生提及，胡先生不信，说据出版界邵某说，《生活》每期不过两万份而已，认为无足重视。其实事实胜于雄辩，不值得争辩。"①《良友》杂志则自主建立起一个立体、分层、遍布海内外的市场化分销体系，其发行量在1926—1937年这段时间内先有较快增长，之后一直保持较为稳定的销量，销售高峰达到四万多份。② 神州国光社在1931年创办《读书杂志》，甫一发行，便受到读者的青睐。其第3期《编者的话》便称："第一期杂志寄到东京不几天，忽然得着芳草来信，说上海本社已经上了两千定户。接着子英从北平来信叫苦，说本社只寄给北平六百份，而定户已近一千，不但门市不敢发卖，就定户亦不敷分配。南京、广东的分社还没有信来。昨天本期恰好编完，得着献声催稿的信，并述及本志第一期不到十天就卖完了，现正在再版中。这个消息自然使我们高兴，同时使我们惊惧，虽然我们不致[至]于有意欺骗读者，但深恐我们的能力不足以副读者的期望。"③ 虽然编者的"话"有推销之企图，但《读书杂志》受到读者的欢迎也是事实。

由于上海的杂志业竞争激烈，不少杂志经常利用"特价"和"赠送"等营销手段，以促进销售，扩大影响力。如《东方杂志》从1936年10月15日开始，开展"特价三个月"订阅活动。"凡在特价期内，定阅本志全年二十四期者，国内连邮费只收国币二元八角（原定三元六角）。"④《读书青年》的广告称："凡在创刊期三个月内预定本刊全年一份，减收一元二角，以五千份为限。"⑤ 为了酬答读者，该刊在11期的广告中告知读者："将最近一期加印一万本，以作赠送。"⑥ 这说明杂志本身具有很大影响，并且经济实力雄厚。如此大规模的免费赠送活动，自然会受到读者关注，产生明显的销售效果。

上海杂志业的繁荣也为专业的杂志销售公司提供了契机。张静庐回忆在创办杂志公司初期的经历时，谈及他的经营之道："关于代定杂志，第一注重

---

① 邹韬奋著，文明国编：《邹韬奋自述》，安徽文艺出版社2013年版，第174页。
② 江晶静：《〈良友〉画报的自主发行模式》，《出版科学》2009年第3期，第97—100页。
③ 《编者的话》，《读书杂志》1931年第1卷第3期，第1页。
④ 《〈东方杂志〉特价三个月》，《读书青年》1936年第1卷第9期，第1页。
⑤ 《本刊征求纪念定户五千份》，《读书青年》1936年第1卷第4期，第3页。
⑥ 《赠送〈读书青年〉一万本》，《读书青年》1936年第1卷第11期，第2页。

点就是保全定户的'血本',凡是他所定的杂志中途不能继续出版时,就立刻通知定户,请他来算还应找的余款,决不使他受着丝毫损失。第二是读者兴趣改变或杂志内容低落时,……我们就提出一个'改定退定,绝对自由'的办法。就是说你不愿意看下去时,可以另外改换一种你所愿意的。"① 站在读者的立场进行营销,以"快、齐、廉"为宗旨,这家专业的杂志销售公司生意颇为兴隆。

由于上海是全国报刊业中心,上海街头的报贩可借此谋生,成为一种职业。民国年间,一些报贩因为经营有方,收入颇丰。如时人徐珂便举例云:"丙寅(1926年)冬仲,吴人俞鼎元以收报资来,询以岁入若干。则曰:'售报三百余份,有三伙,令其分送,伙之月给银币十元,获利可七八百元。余夫妇及二子、二女之衣食住,并余之鸦片(鸦片月二十元),悉取给于是,业此三十年矣。'有徐子卿者,甬人也,鬻报三千余份,不分送,但于清晨诣报馆取报,至望平街分给承销卖报者各若干,俄顷报罄,乘自蓄之腕车归矣。其岁入可三千元有奇,报馆主笔之岁俸,亦不是过也。鼎元之伙,皆妓寮之佣,上午无事,故可兼送报。"② 这从一个侧面说明报贩在销售环节所起到的重要作用。

上海报刊主要集中于望平街,这不仅与报刊业得地利之便有关,也与报贩在上海报刊发行市场所起到的决定性作用有关。顾执中对此进行了深入分析,他指出:

> 为什么上海的报馆多集中在一处呢?这无疑是为了便于报纸发行的关系。原来上海的报馆都没有自己的发行组织与发行网(指在上海当地),每天早上五点左右报纸印出后,即批发给报贩(当时对贩卖报纸的工人,都叫报贩),按月看报的读者向他订报,零星看报的读者也向他们买报,为了要极早使报纸到达读者的手中,他们在早上的这一段短短的

---

① 张静庐:《在出版界二十年:张静庐自传》,上海书店1938年版,第167—168页。
② 《送报收入颇丰》,徐珂:《康居笔记汇函》(二),山西古籍出版社1997年版,第315页。

时间，其动作十分紧张。这样，报馆的集中在一处，可以帮助他们在最短的时间和距离内，取得各种报纸，以最迅捷的行动，向各人所规定的地点，分送和贩卖早上新出版的报纸了。如果报馆不集中在一处，他们便要往来奔波，顾此失彼，妨碍发行。由于这种原因，新开办的报馆，除非自己有发行力量，否则一离开望平街稍远之地，报贩便不给它推销报纸，这家报馆就不能生存。①

可以说，报贩是联系报馆与读者的中介，其规模、数量也是衡量都市报刊市场发达程度的重要指标。尤其在重大新闻事件的传播过程中，报贩的反应和传递速度对读者有着直接影响。如在"一·二八"淞沪会战之际，十九路军营长王功流记载当时报贩卖报的情景："《时报》啊！看《时报》呵！早晨号外呀！"② 在激烈的战斗中，报贩冒着生命危险在街头吆喝，足见其在报刊发行中扮演的重要角色。

国民政府定都南京之后，南京报刊发行量大增，报贩穿梭于大街小巷，生意颇为兴隆。一些报贩均以步行费时，遂改乘自行车分送报刊。"故中山路上每见有多数自动车绝尘而前，其快无比，至报贩本人，则均携有皮袋，内□各种报纸，或在车后捆载。如此一转移间，城内居民便得于五时前读报矣。"不仅如此，一些报贩还通过回收旧报刊，获得另外的收益。"大约一斤报纸经其手，可获五分至一角之赢余。又据某报贩言，《自由谈》或《快活林》一个月中完全无缺，可得代价银币一元。"③ 一些文人自办的杂志，更依赖报贩推广销路。据陶希圣回忆："民国十九年下半年，……陈宝骅和樊仲云努力创刊《社会与教育》周刊，由新生命书局发行。那海宁路住宅的楼下，每星期有一天，大门口和院子里闹哄哄，堆集着群众。那都是零买或批发《社会与教育》周刊的读者和书店的伙友们。"④ 这些读者和"伙友们"是

---

① 顾执中：《报人生涯》，江苏古籍出版社1987年版，第175—176页。
② 王功流：《一·二八血战日记》，上海经纬书局1933年版，第21页。
③ 履冰：《首都之报贩》，《申报》1930年5月12日，第11版。
④ 陶希圣：《潮流与点滴：陶希圣回忆录》（第2版），中国大百科全书出版社2016年版，第112页。

《社会与教育》发行队伍的中坚力量。

十年内战时期，北平的小型报发行量较大。1937年前，北平曾出现过几种成绩优秀的小型报，"像管翼贤主办的《实报》，凌昌炎主办的《新北平》（即现在的《新北京》的前身）以及《时事白话报》《立言报》等，一时被称为小型报的四大金刚，……《实报》的销数，在战前两年，已由七万份跃进到十万光景，遍销华北各省，有深入民间之势。当时的《新北平》亦销至五万份左右"。[①] 1935年9月20日，成舍我与一批报业同人共同创办了上海《立报》，以4个版面的篇幅与有16个版面的上海大报《申报》和《新闻报》展开面对面的竞争，不仅很快就站住了脚跟，而且在第二年就达到了10万份的销量。1937年上海淞沪会战期间，《立报》的发行量达到了20万份以上，打破了当时中国自有日报以来的最高纪录。[②] 小型报注重通俗性、简约性、消遣性和可读性的结合，颇受普通民众的关注。

总之，在十年内战时期，国民党利用党内的政治资源和组织资源，大力强化党报党刊发行网络的建设，形成了庞大的发行系统与组织系统；以《申报》《新闻报》等为代表的商业报刊，在市场化进程中强化技术革新和经营管理，提高了报纸的新闻价值、商业价值和阅读价值，促进报刊深入社会，深入民众；各类杂志则通过专业性、学术性、综合性等特色，培育自身的阅读网络。尽管这十年间，报刊业面临各种困难和挑战，受政治干预和战乱的影响尤为突出，但它总体上取得了较大的发展与进步。至于报刊如何产生影响，则要从内容与特色方面加以分析，还须从消费的角度对报刊阅读主体加以认真研究，以探讨其价值。

第二节　教育发展与阅读理念的强化

就报刊阅读本身而言，读者是报刊价值的实现者。但是，读者读报受到

[①]《小型报的最近趋势》，民国丛书续编编委会编：《申报年鉴（1944）》（第三册），上海书店出版社2012年版，第210页。

[②] 李磊：《报人成舍我研究》，中国传媒大学出版社2011年版，第23页。

各种主客观条件的约束。从可得性的角度看，报刊从出版、发行到读者阅读的过程中存在时空上的"位移"，读者何时何地能够获得报刊，是其实现阅读价值的前提。因此，报刊阅读与消费地理有着直接的关系。尽管在十年内战时期大都市的报刊市场较为繁荣，读者订阅或购买报刊已较为容易。但是，对于内地偏远地区的民众而言，报刊的发行受到邮政、交通等条件的约束，购阅报刊仍然不太容易，而且邮递时间较长，不少读者往往只能看到"旧闻"。从可读性的角度看，报刊消费具有一定的门槛，读者需要具有一定的阅读能力和购买力。尽管普通报刊的文字相对通俗，但读者必须有一定的文化水准。也就是说，识字率与阅读率存在着内在关联。报人徐泰来谈到大众教育与阅报的感受时，便略举一例云："民国十四年，我在北平，看见很多的车夫休息处，里面除了茶水以外，并有很多白话的报，有时候在里面看报的车夫，也很不少。我就很奇怪，后来一调查，北平的学校和警察署、分署、分驻所、分棚，都有夜学校，供给一班失学的人受教育，所以看报的人，比较要多一点。"① 可见，下层民众的识字率与报刊阅读的大众化有直接关系。不管报刊内容如何精彩，如果读者不识字，缺乏阅读能力，则报刊便无精神上的消费价值。尽管报刊是普通消费品，价格不高，但读者的消费能力与消费倾向都会对报刊的购买行为产生影响。

一、教育发展与民众阅读能力的提高

十年内战时期，社会阶层的划分更为复杂。随着传统士绅社会的解体，工、农、商、政、学、军等新的社会界别划分，"身份政治"更具时代色彩。从教育程度上看，知识分子是涵盖社会各界的一个"总称"，以是否能阅读报刊为标志，小学毕业程度以上者便能读报。但高级报刊仍然面向社会精英，尤其是各类学术刊物和专业杂志，有着分众阅读的趋向。因此，读者的阅读能力与教育程度有直接关系。经过民国初期的发展，至20世纪30年代，中国高等教育的规模和质量都得到了较大提升。根据国民政府主计处统计局的

---

① 徐泰来：《阅报与教育》，项士元编：《浙江新闻史》，之江日报社1930年版，第378页。

统计，大学在校学生人数从 1931 年的 27 096 人增加至 1937 年的 53 644 人（见表 1-5）。

表 1-5 全国高等教育情况表①

年度	大学				学院				专科			
	校数（所）	教职员数（人）	学生数（人）	毕业生数（人）	校数（所）	教职员数（人）	学生数（人）	毕业生数（人）	校数（所）	教职员数（人）	学生数（人）	毕业生数（人）
1931	41	6 892	27 096	4 708	32	2 175	12 303	1 684	30	1 300	4 765	612
1932	40	6 708	27 719	4 583	35	2 312	12 560	2 000	28	1 174	3 431	696
1933	40	7 611	27 482	5 460	39	2 500	11 864	2 309	29	1 200	3 570	887
1934	41	7 746	28 599	6 435	38	2 401	9 950	2 352	31	1 234	3 219	835
1935	42	7 563	28 300	5 800	38	2 347	9 886	2 315	28	1 134	2 942	558
1936	42	7 780	20 410	6 011	36	2 519	8 680	2 216	30	1 545	3 826	927
1937	35	6 028	53 644	3 198	32	1 667	5 265	735	24	928	2 279	2 908

可见，当时接受高等教育的人群还非常有限，大学成为思想最为活跃的场所，对于思想性、专业性的刊物而言，大学师生是最重要的阅读群体。同时，民国时期的大学校报校刊，尤其是大学教师创办的同人刊物，则成为大学师生推动学术自由，促进思想交流，弘扬学术精神的主要园地，也是传播校园文化的重要媒介。

1930 年之后，中小学教育得到了更广泛的普及，尤其是小学在校人数，由 1933 年的 12 383 479 人增加到 1936 年的 18 354 956 人，中学在校人数也有较大幅度的增加（见表 1-6）。

---

① 国民政府主计处统计局编：《中华民国统计提要（1940 年辑）》，国民政府主计处统计局 1940 年铅印本，第 194 页。有关高等教育的统计，在不同统计资料中差别较大，如《中华民国统计简编》的统计显示，1937 年，全国高等教育学生数为 31 188 人，其中大学及独立学院 28 909 人，专科学校 2 279 人。参见国民政府主计处统计局编：《中华民国统计简编》，中央训练团 1941 年印行，第 108 页。

表1-6　1931—1936年全国中小学在校人数①

(单位：人)

年度	中学在校生	小学在校生
1931	401 772	—
1932	400 580	—
1933	415 948	12 383 479
1934	401 449	13 188 133
1935	438 113	15 110 199
1936	482 522	18 354 956

初中等教育不仅是提高国民素质的基础，也是提升国民阅读率的重要前提。所谓"读书识字"方可"明理"，学校教育与阅读能力密切相关。显然，中小学生数量的大幅度增加，对推动报刊阅读大众化起到了重要作用。相对而言，如何提高女学生的阅报率，在当时对学校阅报活动的推广起到重要作用。"据许多教育界的人说：女学生和男学生比较起来，女学生留心看报的远不及男学生。"② 在当时倡导教育平等的言论中，男女生比例失衡本身就是一个大问题，而女生对报刊的兴趣不及男生，则又给读报教育带来了不少新问题。

南京国民政府时期，读报教育已成为社会教育的重要内容，全国各地开展的民众教育运动将民众教育馆、图书馆、阅报所作为推动社会教育的重要机构。这些公共教育机构的普及，在很大程度上弥补了私人阅读之不足，尤其是对那些买不起与读不懂报刊的下层民众而言，社会教育是实现他们"阅读梦"的重要途径。

抗战前十年，国民政府通过民众教育大力开展扫盲运动，取得了较为显

---

① 国民政府主计处统计局编：《中华民国统计提要（1940年辑）》，国民政府主计处统计局1940年铅印本，第196—197页。

② 王苏香：《妇女阅报的必要》，项士元编：《浙江新闻史》，之江日报社1930年版，第383页。

著的成效：全国扫除文盲数从 1928 年的 206 021 人增加到 1937 年的 3 937 271 人（见表 1-7）。

表 1-7　1928—1937 年扫除文盲数量①

（单位：人）

年度别	扫除文盲数
1928	206 021
1929	887 642
1930	944 289
1931	1 062 161
1932	1 109 875
1933	1 292 672
1934	1 353 668
1935	1 446 254
1936	3 121 820
1937	3 937 271

尽管单独从每年的情况看，扫除的文盲数量占总人口比例并不高，但经过十年的努力，扫除文盲的总数还是较为可观。虽然上述数据都来自官方的统计，但它未必准确。不过，与清末民初相比，抗战前的十年间，国民整体素质有了较大提高，民众阅读能力总体上也有较大提升。

由于史料的缺乏，我们很难全面统计全国的阅报人数。虽然不少图书馆、阅报所有一些读报人数的记载，但并不能以此推测全国的读者数量。彼时，不少报刊热衷于阅读教育，尤其是对儿童读报指导着墨尤多。一些报刊对读报人数的讨论并无具体文献来源。如项士元在谈到全国和浙江的报刊阅读情况时说：

---

①　中国第二历史档案馆编：《中华民国史档案资料汇编》第五辑·第二编·教育（二），江苏古籍出版社 1998 年版，第 84 页。

> 吾国新闻事业落后,识字民众,又极鲜少,据最近报业调查,全中国新闻纸类仅及二千种左右,每日发行者,不满七百种。……浙省号称中国东南文化之区,人口之众,逾二千万,全省日报不满三十种,合省内外各报销数,每日不满十万份,阅报人数之少,微特不逮欧美日本,而且视国内平均数而不及,不亦堪浩叹乎……杭州市算是浙省首区,兼是中国东南文化的中心区域,总计这市里的人口,也有四十多万,而所销报纸的总量,合本埠和外埠出版的报纸计算,还未能超过一万五千份,以较欧美各国每五个人能够阅报一份,相去真不知有多么远!①

项士元所论,大约是1928年前后的情况,而他作为杭州的资深报人,尽管对浙江全省报刊业有深入的了解,但关于具体的读报人数,他也只能依据发行量来估算。事实上,报刊的发行量与有效阅读率有着较大差异。1933年,张素民在《商兑》杂志上发表论文,论述了中国民众阅报的情况:

> 一国的新闻纸的份数,可以衡量一国人民之常识。据久居中国的西人克耳罗(Carl Crow)最近的调查,中国近年报纸的家数虽增加,然中国全国(包括香港)每天所印的报纸,不及二百万份,大约与日本的一家大报纸的份数相同。据我所知,纽约市的小报《每日新闻》(The Daily News)每天在纽约一市的销路,已达一百万份以上。合其在纽约市以外的销路而言,自有两百万份之数。是中国全国各报纸每天所销的总份数,只等于日本一家大报或美国一家小报,这是何等可怜的现象。
> 但是就报纸的销数言,我们要顾到一人同时订阅二种以上的报一件事。如果一人只看一份报,则每份报的销路,恰代表一个读者。如果一人看两种以上的报,则每份报销路,不能代表一个读者。在美国每个人每天看两种以上的报,是极普通的事。而在中国,据克耳罗的调查,一

---

① 项士元编:《浙江新闻史》,之江日报社1930年版,第342、345页。

个人看两种以上的报纸的,是极少数。而两个人以上共看一份报的,倒是比外国多。因此,中国每份报的读者,约为五个人至十个人。所以中国每天看日报的人,在九百万与一千八百万之间。然即就此数言,则中国每天看报的人,与人口的比例,在四十分之一与二十二分之一之间。与美国阅报的人至少占人口五分之一(假定每家只看报一份)的比例,相差还是很远。①

张素民对中国阅报人数的估计,基本上是根据自己的臆测,但他对中国"一报多读"现象的论述,值得注意。时至1936年,著名报人马星野在《申报周刊》上谈及阅报问题时,对报刊发行与有效阅读率也较为悲观。他指出:

> 一位在华北言论界负重要责任的学者近来估计,中国全国报纸,每天印行的份数,只有五十万份。依中国有人口四万万计算,每九千人才有一份报。假使这句话是可靠的,这是一个很可忧虑的现象。然而更可忧虑的,便是每一个报纸的读者,从报纸上得到的好处,同他应该得到的好处,百分比是很低的。在火车里面,有几个人是愿意翻开要闻版、国际版,而仔细地读下去的?副刊尤其是带有低级趣味的软性文字,以及奸淫掳掠的社会新闻,最能够吸引他们注意力,支持他们的兴趣。纵使有许多态度庄重,关心国内外大事的人,把第一张第二张从头到尾读一遍,有几个是真了解这些消息之意义,明了这些新闻的真实部份,知道这些现象所启示的一切?②

无论是报刊发行量还是阅读率,张素民与马星野的论述存在很大差异,并且马星野还从读报的效果方面进一步指出读者对报刊的精读程度远远不够。显然,由于统计资料的缺乏,我们很难对当时报刊阅读的总体情况进行"估

---

① 张素民:《中国之阅报人数》,《商兑》1933年第1卷第7期,第1页。
② 马星野:《读报问题之商榷》,《申报周刊》1936年第1卷第39期,第930页。

计",即便是局部的估计,也会存在主观的因素。这也说明,民国报刊阅读史的"量化"研究存在很大难度。

但是,有关发行量与阅读率的推测毕竟为我们提供了思路。事实上,报刊阅读率的提高与报刊编辑技术、新闻内容、言论导向和栏目设置等都有密切关系。比如,读者对新闻时效性的追求,便影响到其对报刊的选择。浙江读者的读报选择便很能说明问题。浙江本省订阅报章者,"向以杭报为主,沪报辅之。自《杭州民国日报》采用当日电讯后,多有舍他报而专阅《民国日报》一种者,以其消息敏捷,同于沪报,而为杭报冠也"。1933年,随着该报每周副刊《越国春秋》的推出,"褒贬杂陈,文情并茂,嗜读者众,发行之日,竞以先睹为快"。① 显然,电讯稿与副刊是吸引读者阅读的重要原因。这说明报刊的发行与阅读,要以"内容为王"。

二、报刊新闻价值与阅读理念的强化

应该看到,十年内战时期,随着摄影、印刷、排版技术的进步,经营管理水平的提高,交通条件的改善,以及邮政发行的推广,报刊业取得了显著的进步。但是,报刊发行量与全国人口之间的比重还非常低,推广报刊阅读仍然面临许多困难,许多有识之士对报刊阅读不广的问题深为忧虑。如果说如何办报是解决供给的问题,读者阅读则是报刊消费的意义所在。因此,如何推广读报,便成为一个亟须从理论到实践深入探讨的问题。

从现代报刊产生以来,如何有效地提高发行量,促进读者阅读,推动报刊的大众化,一直是新闻界和有识之士关注的问题。从早期的宗教报刊到清末民初的白话报刊、政论报刊,报刊如何获得民众的关注,达到"博闻、启智、牖民"的目的,亦是社会舆论关注的一个重要议题,"劝民读报"也是社会启蒙的重要内容。此外,在民国初年,随着新闻理论研究的兴起,学界对新闻价值和读者关系之探讨,也成为新闻学科建设和报刊舆论的重要内容。徐宝璜在对新闻的定义中提出三个要点:"一须为事实,二须为最近者,三须

---

① 书生:《读报剩话》,《越国春秋》(《杭州民国日报》副刊)1933年11月8日。

为阅者所注意者，且属最多数。"① 他将是否"为多数读者所注意"列为新闻价值的重要标准，说明他对新闻的消费端颇为重视。邵飘萍在《实际应用新闻学》一书中进一步提出：

> 新闻之价值，第一可以爱读者之人数为标准。新闻事业，本含有树言论之权威，及使营业发达两种意味，而两者互为因果，皆须以使有多数之人爱读为手段。则所谓有价值之新闻，第一即在多数之人爱读而已。于此应研究多数人何以爱读？则必直接、间接与多数人不无关系，而为彼等所皆欲知之事。②

然而，南京国民政府成立后，内忧外患，百废待兴，尽管政党报刊发展较快，但商业性大报仍然数量有限，民众阅报的整体水平并没有得到显著提高。如何进行有效的阅读指导并推动民众读报运动，乃是社会各界十分关注的问题。对于普通民众而言，"我们要明了世界趋势，党国的设施，社会的现象，以及列强帝国主义压迫侵略我们的厉害，民众反抗力量的雄厚，那便非看报不可"。③ 但此种潜在的需求如何转化为现实的阅读率，却遇到诸多具体的问题。办报者的理念与读报者的欲望存在巨大差距。

在一些论者看来，尽管报刊并非是奢侈品，一般民众已有所闻，但社会上对报刊的重视程度仍然不够。出生于1904年的常任侠谈到家乡安徽颍上县在民国初期的读报状况时说："吾乡腐儒，多屏报纸不读，其心目中，皆以报纸为宣传新学之具，鄙新学，遂并远报纸。新知识固未获一尝，而世界时政，亦冥然罔觉，良可慨也。"④ 此类状况在乡下还较为常见。对广大乡村社会的农民而言，他们依赖"经验"而生活，固守传统，报刊本可以将他们与外部

---

① 徐宝璜：《新闻学概论（中）：新闻之分析》，《新闻学刊》1927年第1卷第2期，第62页。
② 邵飘萍著，肖东发、邓绍根编：《邵飘萍新闻学论集》，北京大学出版社2008年版，第62页。
③ 沈雨苍：《阅报可以救国》，项士元编：《浙江新闻史》，之江日报社1930年版，第379页。
④ 常任侠著，郭淑芬、常法韫、沈宁编：《常任侠文集》（第六卷），安徽教育出版社2002年版，第158页。

世界联系起来，但农耕文明与报刊文化之间存在巨大的鸿沟。

因此，要提倡阅报，首先要从社会文明的角度认识报刊的价值与意义。与晚清时期社会精英强调"报纸为暮鼓晨钟"之类的说法不同，时人往往从现代文明与社会进步的角度谈论报刊的价值。如有论者从商业、科学、报业的关系方面谈及报纸的重要性：

> 报纸是社会文化的综括，是人类的活历史，是代表大众舆论的机关，同时也是我们的"精神粮食"。从那里我们可以窥知社会、经济、文化的动向，从那里我们可以考查大众生活的一般。新闻学名家威廉博士曾说："吾尝谓在现时代中有三大势力：此三大势力即指商业、科学、报业而言，科学之能力，使相处窎远之人类如在咫尺，使九洲成为一家；商业之能力，能使各地之出产流通，报业则能使世界人类之思想互相交换，苟商业与科学而无报纸为之宣扬，则思想无从交换，科学与商业俱不能发达，而世界大同之目的难以达到⋯⋯"由此，我们可以知道报纸对于人类社会关系的如何重大了。①

显然，报纸作为与科学、商业相提并论的重要行业，不仅是新闻的市场，是思想交流的中介，还是建构社会联系的网络。对于现代人而言，不了解报纸的价值，便是"现代文盲"。因此，报纸作为人类的精神食粮，自然不可或缺。也有论者强调了报章在宣扬文化方面不可或缺的作用：

> 报章是人类唯一传达意思表彰文化的东西。扩大起来说，能够沟通全世界的文化、传达全人类的思想；缩小来讲，也能把一国的政治、民情、风俗、习惯、交通、农矿、商业、技艺⋯⋯相互交换，彼此传达。这样看来报章真是人类宣扬文化的唯一的工具，人们就应当视作不可一

---

① 水采田：《论读报》，《骨鲠》1934 年第 37 期，第 3 页。

第一章　十年内战时期报刊发行与阅读的推广

日不阅的重要刊物。①

正是因为如此,报纸已嵌入人的日常生活。"作为一个现代人,可以享受的事物尽管很多;但大家每晨起来,第一件事却还是看报。"② 报纸与衣食住行一样,为现代人生活所必需的生活资料和精神产品。新闻学者黄天鹏进一步从社会人的角度探讨了读报的重要性:

> 报纸是社会的缩影,我们既然在社会上做个"社会人",对所处的社会自然非明了不可。报纸也是一部现代的历史,一部人类活动的现象的记录,大之如政治、经济、社会、教育等,小之如市镇琐闻、里巷杂事,以及科学、文艺、美术各端,报上无不包罗,色色俱备的。举凡一个国家的兴亡,一个人物的生死,一件事情的变迁,报上都穷原究委,源源本本的详细记载,像一面反映着整个社会的镜子。我们每日阅报,就是阅我们所在的社会。但社会是那样的广泛,发生的事情是那么的众多,凭个人的能力,当然不能遍尝各式的生活,和具有各种的智识,于是新闻记者就把它整理剪裁,以最经济最科学的方法,来制作为报纸,我们以极短的时间阅报,便可窥见整个的社会的活动。它告诉我们国际的新风云,国家的新设施,社会上发生悲的喜的事件,以及科学的发明,学术的进步,差不多是无所不包,无所不有的。我们一天要做"社会人",我们就非天天看这社会的缩影——报纸不可。③

如果说读者是"社会人",那么报纸便是经过编辑加工的"社会纸",读报纸就是读社会。对于读者而言,报纸呈现的是浓缩的"世界","在公众上可以沟通人类的思想感情,促进世界的大同。在个人上可以增加新的智识,

---

① 潘利仁:《阅报》,《江苏学生》1935年第7卷第1期,第57页。
② 冯列山著,邓绍根编:《冯列山新闻文集》,世界知识出版社2014年版,第409页。
③ 黄天鹏:《怎样阅报》,《读书月刊》1931年第1卷第5期,第43—44页。

获得生活必需的学问来应付新的环境"。① 通过报刊新闻的阅读，读者与现实社会可以建立极为广泛的意义之网。至于读报的具体用途，有人从价值与功能的角度进行了总结：

一，吾人虽伏处一隅，阅报即能知全世界之事情。无论其为国家大事、世界政治、社会新闻，皆能于报纸间得其底蕴。

二，研究历史，其目的在知过去之因果而推知未来之事实。吾人阅报，即读现实之史料，……吾人于其善者效之，不善者去之，可为行为之宝鉴，故又宜作一部修身读。

三，报中有不少之好文章，如社评、副刊等。阅之皆可增吾人文艺之枝〔技〕能。②

论者从博闻天下、史学研究、人文修养三个方面论及阅读报纸的好处，这当然是一种高级的精神享受，但此类读者多为知识分子。当然，一般民众即便不为研究的目的，也能获益良多。有人便将报刊比喻为"人参"，其称：

"阅报"是"人参"，不要说我辈"腹内空虚"，此"病"可治；就是"面黄肌瘦"——弄得"百孔千疮""岌岌可危"的"肺结核"患者，亦是"药到病除"；我非"大夫"，亦敢开"保险公司"阅报了，"秀才不出门，能解天下事，如此博学，尚为余事耳"。③

其言外之意，报纸是绝佳的"补品"。但是，知易行难，如何促进普通民众更多地阅读报刊，面临诸多现实困难。如叶溯中便认为："在看报方面来说：一般人民没有政治意识，如何要看报。……再就交通来说：如果交通不

---

① 黄天鹏：《怎样阅报》，《读书月刊》1931年第1卷第5期，第56页。
② 卿：《说阅报之益》，《焦作工学院周刊》1932年第22期，第3页。
③ 刘祖同：《咱们底"人参"：继作"阅报谈"》，《读书周报》1934年第1卷第11—12期合刊，第13页。

便,都市的报纸,何能销至远县。"① 另外,读者的兴趣很重要,如果一般民众缺乏阅读的习惯,再好的报纸也无人问津。一位笔名为水采田的读者谈及他在乡下的经历时说:

> 记得十六年(1927)我在一个乡村小学里教书,那时学校中一份报也没有,我问校长:"为什么不订一份报呢?"他说:"去年订过一份报,没有人看,都被他们拿去包了铜元,所以今年也就没有订了。"当时我想,为什么这些有知识的人都不爱读报呢?我想他们一定是没有读报的习惯和兴趣。后来约集了几位同事,办了一种学校的壁报,内容偏重文艺,新闻,时评也有,用油印机印刷,最初不过是供给校内的学生看看而已,想不到后来竟增印到五百多份,县属各场都几乎传遍了。这时我才知道新闻力量之大,和报纸之所以为人类的"精神粮食"了。②

然而,培育政治意识,改善交通条件和培养阅读的兴味非短期内所能奏效。但在各类学校中,教学与读报是可以产生关联的。对于教育者而言,培养学生的读报兴趣非常重要。常任侠回忆他童年接触报刊的缘起时说:"吾乡开风气之先,而识读报之益者,当推岳毓璞先生。岳当光绪季年,授学西村子厚伯父家,常教寅甫从兄为文论读日报之益。洋洋洒洒,言人所未尝言,合作也。"③ 所谓耳濡目染,教育者对报刊阅读的引导起到了开风气的作用。1924—1925 年,在成都高师任教的舒新城便将读报作为提高学生写作能力的重要手段。他回忆指导学生刘舫的经历时说:"我首先指定其读《呐喊》《超人》《隔膜》《星海》《小说月报》《妇女杂志》《语丝》《现代评论》等,更教以阅报、剪报、贴报、做笔记、写日记、游记及观察、分析自然界人事界

---

① 叶溯中:《阅报运动与新社会的建设》,项士元编:《浙江新闻史》,之江日报社 1930 年版,第 355、356 页。
② 水采田:《论读报》,《骨鲠》1934 年第 37 期,第 3 页。
③ 常任侠著,郭淑芬、常法韫、沈宁编:《常任侠文集》(第六卷),安徽教育出版社 2002 年版,第 158 页。

现象，再组织为笔下材料之诸方法。"① 此类一对一的读报指导，效果固然明显，但普遍推行颇为不易。因此，大众读报活动的发展需要各种社会力量的合力推动。作为老报人，陈布雷提出新闻界和社会各方面要一起努力，推动报刊的大众阅读。他说：

一、应该努力于民众识字运动的宣传与实施，关于此事，现在本省的识字运动委员会正在进行，还希望大家一致协助。二、应该由社会教育机关自治机关，尽量地把报纸介绍民众中间去，使得有读报能力的民众，都养成读报的习惯，使得没有读报能力的民众，都有读报的要求；此外尤其重要的，就是要使民众都有读报的机会。关于（这）一点，我很希望国家和地方政府能尽量建设交通工具，减低运送费用，并谋报纸运输上的便利。②

让更多普通民众有能力、有机会读报，是推广报刊的前提。至于如何读报，则需要读者具有一定的修养和判断力。刘祖同从"形"与"质"两个方面谈如何读报：

（一）形的方面——我们要"行之以恒"，不可"一暴十寒"，必养成"阅报"如"吃饭"的习惯，"风雨无阻"……（二）质的方面——必且有阅报的眼光（此点尤具重要性！）——我们第一须明白：一报有一报之后台，一报有一报之偏见，不问这是"个人之私见"，抑"党派的策略"，在报之存在言，此为必然条件（例外甚少）。故各报传出消息，互相矛盾、互相冲突者，这是"家常便饭"。这点，我们读书，须放出"望远镜""显微镜"的眼光出来，不要受"报"之"支配"而"淆惑"，以致麻木了我们的理智！我们若要预防我们受报的"欺骗"，失去"正实

---

① 舒新城著，文明国编：《舒新城自述》，安徽文艺出版社2013年版，第262页。
② 《陈布雷先生演讲词》，项士元编：《浙江新闻史》，之江日报社1930年版，第352页。

性"的话,一报到手,至少须先加以研究,由"外表"到"内容",更不可忽略了这报的"历史",这报的意思顺着那面"风"? 三思之!①

"形"在很大程度上是培养读者的阅读习惯,"质"则强调阅读的眼光。对于一般读者而言,如何读报,尤其是如何提高读报质量,则需要具体的指导。朱秉国从五个方面谈及读报注意的事项:(一)报纸的派别;(二)客观的态度;(三)消息的来源;(四)时间的经济;(五)事实的反证。② 这从理论和实践层面对如何读报提出了较高的要求。老报人黄天鹏根据自己的办报实践和读报体验,指出:"阅报应先有一个中心的主见,对那些必需知道的和想欲知道的,有了屡次的观念,才能有次序的阅法,才能显出报纸的效能。"那么如何确立中心系统呢?他提出应从三个方面加以考虑:"(一)在'社会人'的立场上——报上许多重大事件,凡具有重要性和社会有密切关系的,因为他们也是社会的一份子,这一类都要阅读的。(二)在个人的事业上——报上关于自己职业上和事业上的一类事件,应特别的注意,以供参考或取法,这一类阅读后,最好剪存或摘录起来。(三)在时间上和兴趣上——报上新闻过多时,没有时间详阅,要择要的阅读。为适宜的规定。若是对某种消息或某一专栏有特别兴趣的,可另提出来精阅。"③ 黄天鹏从立场、利益、时间三个方面谈及对报刊内容的选择,这就要求读者,特别注意时政要闻、专业知识和个人兴趣的有机结合。这也意味着读报纸不仅是看新闻,还是一个追求新知、陶冶情操的过程。因此,读者要学会读报,首先要选择适合自己阅读的报刊,还要具备一定的报刊知识,甄别市场上流行的主要报刊。比如,上海报刊市场颇为发达,但读者需要增加阅报购物的常识。《大常识》杂志便指出:

上海有许多滑头商店。专靠登报欺骗外埠顾客,尤其是药房和书局

---

① 刘祖同:《咱们底"人参":继作"阅报谈"》,《读书周报》1934年第1卷第11—12期合刊,第13页。
② 朱秉国:《我们读报应该注意的几点》,《一般》1927年第2卷第1期,第68—70页。
③ 黄天鹏:《怎样阅报》,《读书月刊》1931年第1卷第5期,第46—47页。

最容易使人上当。他们在报纸上登着很大的广告，信口开河，说得天花乱坠，引人入壳。住在本埠的可以上门去看过明白，看得不对，可以不买的。那住在外埠的只好把钱从邮局里汇来，等到拿了东西，简直气煞也没用的。所以外埠阅报购物，须要格外仔细，遇到广告上说得五花八门的，十家倒有九家靠不住的。倘使上海有朋友的，最好先写信给朋友，请他当面去参观一下，那就不会上当了。①

这里虽然谈及虚假广告的问题，但事实上也与"报格"有关。读者订阅报刊，要对报刊的信用和声誉有个基本的了解。同时，读者要根据自己的需要和兴趣订阅合适的报刊，并结合报刊的特点进行合理搭配，如政党报刊与商业报刊要有所偏重，可以相互参证。

读者拿到一份报刊后，如何进行阅读，大有讲究。对于阅报的次序，读者可根据自己的需要进行选择。比如，读者陆梦花在《民国日报》上撰文谈及自己读报的次序："（一）先念时局之变迁，纷乱之起因，为时事类。（二）以各邑之要电，近县之新闻等，为要闻类。（三）读小说词句者，均有近世之文化，新颖之思想，最有益于读者，文艺类也。（四）为商业之近况，广告之真实等，谓之商情类也。故余每日，无论读何报，必以此法读之，所得之利益，更觉增进于无形，较之任意披阅者，不可同日而语矣。"② 这是从新闻价值的角度进行分类，大致是顺序法。但是，另一位读者谈及自己的读报次序是"第一，副刊；第二，社会新闻；第三，广告——包括电影广告；末了看国家大事"。③ 这显然是将文艺副刊视为最重要的内容而优先阅读。而对于喜欢小品文的读者而言，在看大报时，"应当先看小品文字。因为小品文字看过之后，再看规规矩矩的新闻，可以坐得停些。不致急于欲看小品文字。而在看新闻的时候，马马虎虎的忽略而过"。④ 显然，读者个人的阅读偏好与

---

① 《外埠阅报购物之常识》，《大常识》1929年12月18日，第3版。
② 陆梦花：《余之读报法》，《民国日报》1926年10月18日，第7版。
③ 《读报心得》，《中央日报》1933年4月30日，第10版。
④ 告天：《阅报常识》，《上海常识》1928年9月29日，第3版。

报刊的栏目类型选择有着直接关系，这应该是因人而异，并无严格的优劣之分。但无论按照何种顺序，报刊内容繁杂，读者应有精读与泛读之分。在谈及自己的阅读心得时，黄天鹏指出：

> 报纸既选定了，在未阅之前，心中应先有了个阅读的次序。大概材料可分做纵横二方面。横的如国际、国内、地方、本埠等，纵的如政治、经济、教育、社会等，纷然杂呈，繁杂万端。阅读的方法，应该依着次序的前后，由第一张第一栏起到最后的一栏止。但没有优闲的时间，故应划分为精阅、浏览和备阅三种，在时间上可以自由的伸缩。新闻中像提要、电讯、大事以及自己有特别关系这一部份，不管怎样的忙碌，每日要有恒心和一定时间来精阅，不要轻易忽略了。其次是浏览部份，像各种次要事件、地方新闻、社会新讯等，只要顺便浏览标题式是冒头的一段，获到新闻的精采就得了。最后就是备读一部份，如在办公余暇或是在假日，就把副刊及各种的周刊以及普通的广告之类看看，也是有益的。若是事情实在太忙，但翻阅报上的提要标题及重要消息，也是必要。这个习惯不管怎样，都要养成的。①

通过精读、浏览和备阅，读者大体上可以对报刊内容进行分类，根据报刊内容的价值与自身的需要进行选择，并结合具体新闻进行价值判断，辨别消息的真伪，进而培养自己的观察能力。作为消费者，读者还应根据自身的判断，对报纸进行监督，"凡有不知自爱的报纸，自堕报格，为一党一派所利用，违背大众的利益而不顾，则应予以警告，警告无效，予以不阅看的裁制。报既没有人要看，自然关门大吉。违背公众利益的报纸，自然逐渐的淘汰，或转变而从善了"。② 当然，读者在读报之后，能够根据报刊新闻内容进行研究，提出独到见解，则是更高的境界了。可见，阅报是一门学问，如果初阅

---

① 黄天鹏：《怎样阅报》，《读书月刊》1931年第1卷第5期，第50页。
② 黄天鹏：《怎样阅报》，《读书月刊》1931年第1卷第5期，第53页。

者能够得到专门的指导，则大有裨益。项士元结合自己多年的阅报实践，对如何指导读者阅报进行了全面的总结。他指出：

> 一、阅报者务须认识所阅的报在他底本身立场和背景究是怎样？二、阅报者务须认识所阅是在什么地方出版和他是处在何种势力之下？三、阅报者务须检查所阅的报在他记载和言论的影响究是怎样？四、阅报者务须检查所阅的报优点和缺点究在哪里？五、阅报者务须检查每日阅过某某报之后，自身所感受某某报的惠益究是怎样？六、阅报者务须辨别日常所阅的报和新近过眼的报互相比较起来究竟哪几种是较好的？七、阅报者应秉超然的态度泯除种种门户的成见。八、阅报者应在报纸内容的质量上判定报的价值，不能在篇幅数量上判定报的价值。九、阅报者应注意关于政治得失和民众痛苦的方面，不应偏重在娱乐兴趣的方面。十、阅报者应视报纸为公的园地，不应视报纸为私人的产物。十一、阅报者应视报纸为社会教育的讲义，不应视报纸为普通营业的货品。十二、阅报者应逐日分别把报纸保存起来，不应随手弃去。十三、阅报者应兼治"剪报"工作，如空暇较多的，应扩大"剪报"范围，否则应就其和本身职业与有密切关系的一部分，酌量剪下保存起来。十四、阅报者遇有闻见确鉴关系重要的新闻，应随时函告或面告于当地的报社或通讯员。十五、阅报者遇有大局或地方上的重要事件发生，认为报纸上未有言论发表，或其言失却公正态度或理论不见得怎样圆满的，应把所有的意见随时分别供给各地的报社。十六、阅报者应极力节省他种不需要的消费，多购几种较好的报纸。十七、阅报者应将所阅的报发见之缺陷，随时提出应行改良之点，督促各该报社改进。十八、阅报者应本自己考查所得各报底成绩，自动订阅，不应受何种势力或感情支配。十九、阅报者遇阅过之报认为无复保存之价值者，应转赠无力购报的相当友人或其他。①

---

① 项士元：《报纸和人类的关系》，项士元编：《浙江新闻史》，之江日报社 1930 年版，第 374—376 页。

第一章 十年内战时期报刊发行与阅读的推广

项士元为阅报者提出的十九条意见，几乎囊括订报、读报、评报、剪报、藏报、赠报活动的整个过程。他特别强调读者的态度、判断力、眼光，同时注重读—写—编的关系，使报纸成为联系读者与编者的桥梁。报纸不仅是读者的精神食粮，还要成为守卫社会正义的武器。这对读报活动提出了较高的要求，也体现出阅报指导不仅可以从方法上升到理论，还可以从具体流程上升到文化实践，从阅读感知上升到社会责任。

就具体的读者而言，其阅读兴趣各有侧重。不过，读者的职业身份与阅读的重心颇有差异，有人对此进行了描述："读者看报，心理不一，大致随本人环境而判别。政客注意'专电'，——国民政府明令，宛如状元'金榜'；商人关心《经济新闻》；实业家留意《企业消息》；花花公子，享乐小姐，翻开影院片名，游乐节目；文艺家读《屁股》特刊；他如球信，阅《××队□战纪》《××锦标竞赛纪》；戏迷看《艺海》《游艺界》剧评……一张日晚报，各分门别类，'炒什锦'般，各具一色，投合一般口味。"① 分析读者的阅读心理，对于如何指导读报及报纸如何适应读者的阅读需求，颇有助益。

此外，公共阅报场馆投入低，见效快，尤其是图书馆、民众教育馆、民众阅读处作为公共文化机构，其报刊阅读在地理空间上的扩张，对于地方风气、文化氛围和社会教化都有较为深刻的影响。无锡南门实验民众教育馆职员王育诚谈到民众阅书报处的好处时说："欲求教育效果之易于普遍，提引各人精神的向上，使合于经济简便的原则，民众阅书报处与民众学校、民众茶园，实有同样推行之必要。"② 这显然是从民众教育对大众阅读的角度，强调了公共读报的价值。

对于已经阅读过的旧报，读者可以根据报纸的特点加以装订、剪存或分专题保留，作为重要的资料供今后翻阅和研究之用。有人总结道："小报阅过后，不必把他弃戏［失］，可以将他集订成册。没有事的时候，'尤其是新年无报之时'，把他翻阅翻阅，大有回味之妙。大报有紧要和有趣记载之时，也

---

① 书囊：《读报乐趣各有巧妙不同》，《奋报》1930年7月29日，第4版。
② 王育诚：《办理民众阅书报处的报告：南门实验民众教育馆报告之一》，《教育与民众》1933年第4卷第6期，第5页。

不妨保留起来。不过把他装订起来，似乎太呆笨。不过报屁股，那倒很好集起来的。"① 尤其是对学者而言，这不失为一种收集史料的方法。一些学者往往通过对某些重要时政新闻的解读和归纳，深入研究社会问题。

由此可见，随着报刊文化的普及，学界、业界对如何认知报刊的价值，如何读报，如何利用报刊进行学习和研究，如何进行报刊史料整理，都进行了较为深入的探讨。在论者看来，报纸不仅是新闻媒介，还是立体、多元的"社会纸"；读报纸也不仅是浏览，阅读本身就是一门技艺，需要读者在具备一定知识的同时，讲究方法和步骤，学会选择和利用。从读者本位的角度看，阅读便是一种复杂的社会活动，会产生丰富的意义网络。

三、读、剪、存：剪报活动的兴起及技术史考察

阅读史研究的核心内容是读者的阅读过程及其影响。在对读什么、如何读的探讨中，要以物质载体和文本为前提。在读者的报刊阅读中，读者读何报刊、读何内容是研究的重心。当然，阅读是一种动态的过程，也是读者对文本的吸纳和思考过程。要深刻领会读的意义，需要借助"记"与"忆"。报刊的容量很大，读者不可能将读过的东西全部背诵下来，所以为了突出重点，帮助回顾，读者有必要进行抄录、摘录或综述，对文本进行二次加工。晚清时期，不少士人的日记中就有不少报刊新闻的抄录、摘录和综述。他们对印刷新闻的再次书写，于思想上有"自我映射"的作用。抄写和综述新闻虽然极为枯燥，但士人为何抄、何时抄、抄什么，与其对新闻的理解、判断有直接的关联。这些经过抄报人选录的新闻汇集成某些"事件"或专题之后，有着内在的逻辑和安排，体现出抄报人的选择性需求。但是，此种手写的过程，需要读者付出大量的时间和精力，并考验他们的耐力和兴趣。当然，为了便于日后阅读，也有人对旧报进行整理汇编。如清末江苏吴县士绅王祖询便将报纸视为学习时政的读物，并要求其子通过标点加深对时文的认知，报纸在他们父子的日常生活中占有一席之地。1906年2月27日，他将阅毕的

---

① 告天：《阅报常识》，《上海常识》1928年9月29日，第3版。

《华字汇报》"正月分付送报人携去装订成册"。3月8日,"《华字汇报》装成",他旅邸无事之时,"举其关系时事者编目册叶,似易了然"。① 在他看来,报纸即今日之书,装订编目之后,便可以按篇目检索,随时翻阅。此类报刊资料汇编的前提是读者拥有大量的旧报,但它并没有经过编目者的剪贴,还不算真正意义上的剪报活动。

清末读书人的剪报活动,有实物资料可以作为证据。比如,鲁迅博物馆藏有鲁迅、周作人在日本留学期间所制的两份剪报,分别为中文、日文。其中,中文剪报分"目次一""目次二"。全本剪报有60篇诗文,写于1903—1908年,载于《民报》《天义报》《浙江潮》《河南》诸杂志。中文剪报的制作时间大致应在1908年12月20日—1909年2月5日之间。② 又如,胡适于1904年之后在上海求学的六年间,对《时报》爱不释手,他回忆道:"我当时把《时报》上的许多小说、诗话、笔记、长篇的专著,都剪下来分粘成小册子,若有一天的报遗失了,我心里便不快乐,总想设法把他补起来。"③ 这说明胡适在少年时期就已经养成了剪报的习惯。但是,在清末报刊上还很少见到有关剪报的讨论。

值得注意的是,有关民国时期剪报活动的研究成果也较为少见。④ 这一方面是由于留存的剪报史料不易寻觅,研究的难度较大,另一方面则因剪报活动这一社会现象没有得到应有的重视。从媒介形态来看,剪报活动仅仅是报刊的物质形态发生了"移动",文本并没有产生变化,而且剪贴的报刊材料较为零散,很难看出其学术和思想价值。然而,作为一种社会现象,剪报活动并非简单的报刊资料收集和利用,研究剪报活动也并非仅指向文本本身,更

---

① 王祖询:《受福堂昌镜室日记》,王祖询等著,卢康华整理:《蝉庐日记(外五种)》,凤凰出版社2016年版,第67、70页。
② 邰元宝:《北京鲁迅博物馆藏"周氏兄弟"中文剪报校改考释》,《鲁迅研究月刊》2018年第11期,第4—20页。
③ 胡适:《十七年的回顾》,《时报》1921年10月10日,《时报》新屋落成纪念增刊第九张。
④ 相关论文主要有左瑾:《鲁迅剪报初探》,北京鲁迅博物馆鲁迅研究室编:《鲁迅藏书研究》,中国文联出版公司1991年版,第333—371页;苏全有:《论民国时期的剪报》,《安阳工学院学报》2019年第1期,第21—25页;邰元宝:《北京鲁迅博物馆藏"周氏兄弟"中文剪报校改考释》,《鲁迅研究月刊》2018年第11期,第4—20页。但上述论文大多以介绍为主,对剪报的学术探讨尚未深入,尤其是有关个体剪报活动的研究很少涉及。

需要通过对"谁在剪"的考察，凸显读者作为剪贴者的主体地位。在剪贴材料的背后，一定会有具体的历史场景，通过对谁在剪、为何剪、剪什么的追问，结合具体的社会情境，一定会呈现丰富的细节、缘由和意指。

与报刊抄录、汇编活动相比，剪报是读者保留资料和辅助记忆更为便捷的方式。有关剪报活动的介绍，在民国初年也较为少见。1914年5月12日，在康奈尔大学读书的胡适留意到美国的剪报事业。他在日记中记载：

> 欧美有一种营业，名曰"剪报"，专为人撷择各国报上有关系之消息，汇送其人。如吾欲得各报所记关于中国之新闻或评论，则彼等可将国内外各大报之消息汇送余处。又如我欲知各报对于巴拿马运河免税一事之意见，则彼等亦可将各报之社论汇送余所。其为用至大至便，各杂志及外交人员都利用之，余之得 Browning Prize，曾记各报；前日纽约 Herald 再载其事，附以影片，今日即有二大剪报公司剪送此条寄与余，以为招徕之计也。记之以示西人营业手段之一端。①

从胡适行文的语气看，他当时并没有剪报的习惯，但彼时美国的剪报公司已有相当丰富的业务经验，专门为客户提供各种剪存的报刊资料服务。

国内较早介绍剪报事业的是戈公振，他于1925年在《东方杂志》撰文，介绍了美、德、法、英、日等国报馆的剪报事业。戈氏认为，剪报是"将一人或一事之新闻之散见于各报者，剪取而汇聚之、整理之是也"。这个定义有几层意思：一是要有散见各报的资料，二是剪报后进行汇集，三是要进行整理。三者之间是递进的关系。在戈氏看来，剪报是一项事业，剪、集是前提，汇编是加工的程序，也是形成资料的最后环节。关于剪报的好处，他认为有四点："（一）可以省时间；（二）可以得要领；（三）可为新闻保存之便利；（四）可为事物本原之考查。"应该说，戈公振呼吁社会关注剪报事

---

① 胡适：《欧美有一种"剪报"营业》，胡适著，曹伯言整理：《胡适日记全编（1910—1914）》（1），安徽教育出版社2001年版，第273页。

业，是由于当时剪报活动尚不普及。他认为："欲求事实上之便利，则剪报室之设置，似转急于图书馆。"①至于读者的私人剪报活动，他在第二年8月25日写的一则新闻稿中提及："近老鼠沙招建油池，发生产权问题，致起业主与浚浦局之争。观业主所宣布之证据，中有十三年五月二十二日剪报一纸。……倘我国早有剪报事业，则此种材料，不难于数分钟内得之。"② 这说明，早在1924年，上海已有报纸读者进行剪报活动，并将剪存的新闻作为证据使用。

从剪报的过程看，所谓剪报事业，就是把中外大小各报的刊登材料，分别各种不同的性质，将它们一一拣选并剪下来，各归门类地贴陈一起，或是将某种性质的剪报，随时供给某种性质的机关。③ 由此可见，剪报活动可以分为个人和团体两类，"个人的如学生与学者等，团体的如报馆、商业机关与行政机关等"。报馆的剪报多用于资料引证，借此"阐明它的理论，与坚读者的信仰"；对于商业组织而言，"剪报就是情报的一种工具"；对于行政机关而言，剪报"可以说是一种敏捷周遍的情报工具"；④ 从社会服务的角度看，剪报作为一种社会事业，已经受到不少商业机构的重视，并将其作为一种谋利工具，进而催生了专业剪报公司的成立。1926年，北京便有中外新闻类纂社之设，该社"集中外报纸，纂为类稿，其范围之广狭，可由阅者指定"。⑤ 1930年之后，上海等地出现了一些专业的剪报公司，如位于上海市四川中路215号的中国剪报社。"搜集上海日、夜报纸廿五家。"⑥ 此类商业性的剪报公司虽以盈利为目的，但对推动剪报事业的发展起到了重要作用。

与专业的剪报公司相比，个人的剪报活动具有较大的随意性。民国初年，

---

① 戈公振：《报馆剪报室之研究》，《东方杂志》1925年第22卷第16号，第90、96页。一年之后，戈氏的《中国报学史》一书出版，其中第5章第14节"图书馆与剪报室"，便是作者1925年在《东方杂志》发表的《报馆剪报室之研究》的内容。参见戈公振：《中国报学史》，台湾学生书局1964年版，第358—366页。
② 戈公振：《剪报之益》，《时报》1926年8月25日。
③ 容展：《创办剪报事业》，《记者周报》1930年第13期，第50页。
④ 彭启炘：《行政机关剪报方法》，《行政效率》1934年第3期，第101—111页。
⑤ 《北京剪报事业创办人来沪》，《申报》1926年3月29日，第14版。
⑥ 《中国剪报社》，《益世报》1936年10月4日，第1版。

已有一些读者注意剪贴报纸新闻。鲁迅在北京期间,剪存了《京报》《京报副刊》《科学新闻》和《益世报》等报刊的大量新闻。剪报中保存时间最早的要数1917年"张勋复辟"事件后的一份,题为《国变声讽时诗》,共八首。① 顾颉刚在北京大学读书时就曾有剪报记录。1919年1月16日,他在日记中抄录了1918年4月29日《小时报》所载《愈出愈奇之殡仪》,文中云:"迩来苏垣社会竞尚奢华,即出丧一事,自前年盛氏,今年奚氏轰动远道乘火车来观,于是小康之家亦必争胜以博路人之赞美……"作为苏州人,顾颉刚对苏州丧仪自然熟悉,此则"旧闻"引发了他的兴趣,他还特地剪裁奚垂裕堂账房刊登的《奚宅出殡路由》附贴于抄录的新闻之后。文中对奚氏出殡的路线和"路祭"进行了详细介绍。② 对于顾颉刚而言,他剪存这则不起眼的新闻,与他读报所引发的联想及对民俗研究的兴趣不无关系。尽管只是偶尔剪报,但剪下的新闻在他的日记中起到了"见证"作用。

剪报看似简单,但如何剪、剪什么,如何编目,如何保存,如何利用,则大有讲究。作为一项技术,剪报并非一剪了之。"虽然有不少的人和机关天天在剪报,但是剪报的效果还不会怎样的显著。"③ 因此,剪报作为一项技能,需要专业指导。民国时期,不少学者和报人对于如何指导读者尤其是儿童读报和剪报,提出了不少具有操作性的建议。如对于很少接触报纸的儿童而言,由于受文化水平和阅读经验的限制,儿童读报需要借助一些辅助工具。有人在介绍儿童读报方法时,认为儿童读报要具备几样东西:"一、字典、辞典、地图;二、红蓝铅笔、卡片;三、贴报本、笔记簿。"④ 在这里,贴报本自然是剪报所需。文博也在《读报常识》中指出,读报要有几样不可缺少的东西:"一、地图;二、字典;三、笔记本;四、红蓝铅笔;五、小剪刀;六、小卡

---

① 左瑾:《鲁迅剪报初探》,北京鲁迅博物馆鲁迅研究室编:《鲁迅藏书研究》,中国文联出版公司1991年版,第335页。
② 顾颉刚:《顾颉刚日记(1913—1926)》(卷一),中华书局2011年版,第71页。
③ 王皎我:《谈剪报》,《立报》1936年4月19日,第3版。
④ 云清:《答山西小读者 介绍阅报的方法》,《大公报》(天津版)1937年3月22日,第12版。

片。"① 这小剪刀是剪报所必须的工具。对于初步接触报刊的儿童而言，准备剪报的工具，有选择性地剪报十分必要。

在中小学阅读指导中，剪报也是教师教学和培养读报兴趣的重要手段。有人提出，小学教师应该养成剪报的习惯，因为"报章杂志上一定有不少很需要很活动的教材可供小学教师的采用。……剪报好像一件小事情，确与教育很有关系"。② 对于如何整理和利用报纸，并进行系统的研究，饶有勋、张孝松撰文进行了总结：

> 报纸的记载是时事片段的消息，不成系统的。那末全在乎看报的人下整理的工夫，把片段的智识整理成为系统的学问。战术上有什么叫做"化零为整""化整为零"的兵法，其实也可以应用到阅报上去。就是把零碎的新闻集合在一二个整个问题视线之下，或者把一个整个的问题从四面八方去加观察的工夫；从琐琐屑屑的事情里去采取各色各样事实的根据。那末报纸里极微细的事情都可以用为研究各种问题的资料，而对于时势的现象、变化因果，亦可以比较得到一个有系统的鸟瞰。假使再有功夫，可以用以上的方法，随时摘编索引目次，即或不能单单在头脑中做这样整理的工作，亦已经是一种极好的练习，极丰富的收获了。③

在论者看来，报纸虽然是知识的碎片，但只要用心观察、积累和整理，通过"集合"，将零散的知识分门别类、细心研究，长此以往，自然会大有收获。显然，剪报对读者的知识积累和问题研究起到重要作用。

至于一般读者如何剪报，《读报常识》曾对剪报技术进行专门介绍，并提出特别应该注意的六个要点：

> 第一，是选择材料先用红笔圈出，同时把报名和日期写上。第二，

---

① 文博编著：《读报常识》，读书生活出版社1936年版，第8—12页。
② 嘉椿：《剪报》，《上海特别市教育局教育周报》1929年第5期，第1页。
③ 饶有勋、张孝松：《阅报》，《汇学杂志（乙种本）》1932年第7期，第1页。

是剪的时候要注意反面是不是也有该剪的材料，如果两面都有，就要选一个比较重要的剪下来。第三，剪下来的材料因为大小不一，不便保存，要用同样大小的纸片，把他们贴上去。这种纸片可以采用白报纸，裁成十六开，贴报用的浆糊要掺一点明矾，以防腐败。第四，贴报的时候，只有同报同日子的同类新闻，才可以贴在同一张纸上，其他的都只能分开贴。不论那条材料怎样短小，也不可吝惜纸张。如果有一张纸贴不了的长材料，可以另贴一张纸。因为要是这样，才便于分类。第五，贴好之后，就要分类，把同类的叠在一起，分别放好或者各用挟子夹起来。第六，分类的法子，按照各人的需要，可以各不相同。①

上述六个要点对整个剪报的流程、方法和技巧进行了较为全面的介绍。对初学剪报的读者而言，可以起到技术指导的作用。关于剪报的具体环节，也有人进行专门分析。如有关剪报材料的选取和保存方法，茅震初认为须经过四段过程：（一）粘贴；（二）分类；（三）索引；（四）装订。②"剪"是前提，"存"是目的。剪报者要通过科学的分类、索引和装订，形成类型化、专题化的报刊资料，为今后的查阅、学习和研究提供便利条件。

剪报内容的取舍，与个人的兴趣有很大关系。比如，关于材料的选取，汪远涵就认为："除了政治新闻之外，有许多你觉得有趣味的社会新闻到是值得保存的。……剪评论不一定要剪那些你以为文笔漂亮的立论新颖的东西，就是你觉得错误百出一无可取的评论，也尽可剪下来赏鉴赏鉴，因为我们往往就会在这里面发现许多趣味。"③ 有关剪贴内容和类型的选择，则因人而异。有人认为："剪新闻、评论的趣味虽丰富，但远不及剪广告的趣味。"尤其是报纸上的分类小广告，颇有生活气息和社会意涵。比如，"你看到广告登着一家走失了一只狗，出了五十元的赏格；同时一家走失了两个人，却只出了三

---

① 《剪报法》，文博编著：《读报常识》，读书生活出版社1936年版，第67—68页。
② 茅震初：《剪报工作与一般社会问题之关系及采集剪报材料之方法》，《社会月刊》1930年第2卷第6号，第9页。
③ 汪远涵：《剪报趣味》，《太白》1934年第1卷第4期，第183页。

十元的赏格。这就值得你思索的了"。可以说，读者对报刊内容的选择和判断，与其阅读的眼光和兴味有直接关系。经过长期的剪报资料积累，多年后，"你一打开那本史册，它就会告诉你那一个时期曾经发生过什么重大事件，那经过的详情是怎样的"。① 因此，剪报的成果很重要，剪贴的报纸汇编成册，便是重要的史料。可见，"在年鉴不充实的中国中，剪报实在是一件很重要事，所以也是一件重要的常识"。② 当然，对于剪报爱好者而言，"最紧要的尤其是始终有恒心，不要中断，致使前功尽弃"。③

第三节　阅报教育与儿童读报活动的开展

报刊是儿童了解和获取社会知识的重要途径，尤其是儿童类报刊，对儿童的启蒙教育有着重要作用。但是，在整个晚清时期，关于"劝民阅报"的舆论主要针对普通民众，很少有关于指导儿童读报的论述。虽然《启蒙画报》之类的浅易读物意图对儿童教育发挥作用，但大部分读者却是成人，儿童鲜有机会接触现代报刊。从具体的评论看，民众与读者的内涵也有较大的区别。"劝民读报"的鼓动者和发起者往往是社会精英，而劝说的对象便是普通民众，推动更多普通民众读报，是社会精英进行社会动员与思想启蒙的重要前提。在彼时的社会情境中，民众一般指的是成年人，儿童很少被纳入"读者"的视野进行专门论述。即便是在清末白话报刊的大众化进程中，促进"下层社会"的阅读是其中的一个重要目标，但儿童的阅读问题未引起应有的关注。

在清末社会中，很少看到专门供儿童阅读的报刊，儿童的报刊教育更是难得一见。在科举社会，儿童在启蒙教育阶段，以背诵《三字经》《千字文》之类的读物为主要任务。虽然在清末社会，报刊可以经由城镇社会向乡村社

---

① 报人：《嗜好人人有　剪报有趣味》，《迅报》1939年10月8日，第2版。
② 王皎我：《谈剪报》，《立报》1936年4月19日，第3版。
③ 茅震初：《剪报工作与一般社会问题之关系及采集剪报材料之方法》，《社会月刊》1930年第2卷第6号，第16页。

会扩散，但对于接受私塾教育的儿童而言，报刊媒介很少能够进入他们的阅读视野。以儒家经典为导向的私塾教育，强调的是"知书达理""一举成名""光宗耀祖"。从功用主义的角度看，私塾教育拒绝报刊的进入，与其培养儿童的价值导向有直接的关系。在清末民初之际，即便阅报社、图书馆等公共阅读机构有所发展，儿童的报刊阅读问题也没有得到应有的重视。诚如杜定友所言："从前的图书馆的馆员和阅者，以及社会上一般人，总以为儿童是最讨厌、最可恶的东西；所以无论什么地方，尤其是图书馆，都挂了'儿童免进''孩童恕不招待'的牌子。只有街头巷尾是儿童立足之地。"①

然而，新式学校的发展，尤其是随着教材、教学内容、教学模式的变化，报刊作为辅助读物的作用得到了社会各界的重视。新式学校开设人文社会科学、自然科学的课程，需要学生广泛接触课外读物，了解社会动态。之前对成人强调"一报在手而知天下"的观念，对于儿童而言，同样适用。南京国民政府成立之后，如何提高小学生的阅读能力，使适龄儿童能够阅读报刊，已成为制定小学教学大纲的重要目标。在教育部制定的小学课程标准里，"高级小学最后两学期的国文程度，规定要能读普通报纸"。②"能看普通日报"作为现行课程标准，受完了四年的义务教育，儿童要大多数（养）成了看报的习惯。③ 在新课程标准上，国语科的读书一项就规定："五六年级学生须能阅读……及浅易的日报。"④ 国家层面的初级教育规划和目标，将能否读报作为小学生毕业水平的重要标志，这在总体上极大地提高了报刊在国民教育体系中的作用和地位。

上有所好，下必行之。在国民政府的教育指向下，儿童读报能力已成为检验教育水平的重要标尺。对于各类小学和教育工作者而言，如何培养儿童的读报能力，自然便成为一项重要的任务。

从阅读客体的角度看，读者阅读的文本十分重要，"文本和物质形态是为

---

① 杜定友：《儿童图书馆问题》，《教育杂志》1926 年第 18 卷第 4 号，第 1 页。
② 张廷铮：《小朋友阅报指导》，北新书局 1933 年版，小序第 2 页。
③ 徐锡龄编：《儿童阅读兴趣的研究》，民智书局 1931 年版，第 85 页。
④ 转引自黄显亭：《指导儿童阅报的研究》，《教育短波》1937 年第 2 卷第 10 期，第 4 页。

了传达意义，阅读是为了生成意义和获取意义"，"阅读行为本质上就是寻求文本意义的一个活动"。① 对于儿童而言，提供适合他们阅读的报刊文本，是提高阅读率的前提。民国时期，各类报刊社、出版社对儿童专栏、图书、报刊的出版颇为重视，如《申报》的《儿童周刊》，《大公报》的《儿童》版等。上海晨报社于1932年10月创办了《儿童晨报》，其在《鄞县教育周刊》上刊登的广告称：

> 敝社鉴于儿童阅报之重要与夫国内儿童报纸之尚付阙如，因拟创刊彩色儿童晨报一种，冀为全国儿童谋幸福。经数月之筹备，始克告成，特请儿童教育专家胡叔异先生为编辑主干，定于本年双十节开始发行。内容分童话、小说、诗歌、故事、科学、卫生、体育常识及小朋友世界、儿童物品介绍等类。在此创刊期中，暂定每逢星期一及星期四出版，一俟社会欢迎需要增加，即当逐日发刊。自信出版以后，必可为小学三四年级以上及初中一二年级以下之学生课外最良好之辅助读物，且每周发行两次，期数又多，作为学校补充教材，尤觉相宜。②

《儿童晨报》定位于课外读物和补充教材，并通过各地教育部门在各级学校推广销路。与之类似，《小朋友》《儿童世界》《学生》《新少年》等学生杂志，均面向全国各地中小学生发行。儿童杂志的兴起，归功于晚近一些关心儿童教育者的鼓吹和编印。儿童年实施委员会有"自二十四年某月起，各报馆每周或两周出版儿童周刊"及"发行儿童刊物"之规定；北平记者又有"儿童新闻社"之组织。全国的儿童定期刊物，如《小朋友》《小朋友画报》《儿童世界》《儿童科学杂志》等，有53种。③ 作为学生的课外读物，这些杂志针对儿童的心理特点和学习能力，意在培养儿童的阅读兴趣。根据徐锡龄

---

① 戴联斌：《从书籍史到阅读史：阅读史研究理论与方法》，新星出版社2017年版，第12、35页。
② 《〈上海晨报〉社来函》，《鄞县教育周刊》，1932年第33—34期合刊，第19页。
③ 参见迟受义：《儿童阅报指导》，《文化与教育》1936年第99期，第17—19页。

的调查,"在小学四五年级中,号召力最大的系《小朋友》,《儿童世界》和《少年》杂志跟随在后,势力不相上下。小五加入了《学生》和《东方》,小五每种杂志的票数都一致增进,证明儿童阅读能力渐成熟,读杂志的兴趣增添。小学六年级《少年》与《东方》占居前位,《学生》占第三。初中一《学生》势力增进,《东方》与《良友》紧跟着。初中二《学生》仍向前挺进,只有《东方》尚可勉强追随,到了初中三高中一两年,《学生》与《东方》互为雄长"。① 这表明,不同年级的学生对于杂志的选择与阅读有一定差异。这些杂志关注到少年儿童阅读能力的区别,从而有利于少年儿童对文本的解读,帮助他们形成良好的阅读习惯。

指导儿童读报不仅是学校教师的任务,也是社会教育与阅读理论关注的一个重要议题。《申报》《大公报》《新闻报》等商业报刊刊登了不少"如何指导儿童读报"之类的论文,还通过"读者来信"的方式刊登了一些小学生的读报心得。还有一些教育类刊物,尤其是面向中小学教师的期刊,如《小学教师》《教育通讯》《进修》《文化与教育》等,则经常刊登"儿童阅报指导"之类的专题论文,内容颇为丰富。《小朋友》《少年》《儿童世界》等儿童杂志也经常刊登"读报方法"之类的文章。一些专门研究儿童教育的学者还撰写相关著作,系统介绍儿童读报方法,如徐锡龄编的《儿童阅读兴趣的研究》(民智书局1931年版),严国柱、朱绍曾编著的《儿童阅读书报指导法》(上海大东书局1933年版),张廷铮著的《小朋友阅报指导》(北新书局1933年版),巴克撰写的《少年阅报指导》(上海乐华图书公司1934年版),文博编著的《读报常识》(读书生活出版社1936年版),金仲华编的《报章杂志阅读法》(中华书局1935年版),等等。初步统计,与儿童读报有关的书籍至少在30种以上。这些专业的关于读报指导方法的书籍,体现出当时儿童阅报研究已经成为具有系统理论和操作方法的学问。通过商业报纸、儿童杂志、专业刊物和专著的多方面介绍,在20世纪30年代,儿童读报问题已成为学校教育关注的重要内容。

---

① 徐锡龄编:《儿童阅读兴趣的研究》,民智书局1931年版,第49—50页。

彼时，社会各界对儿童读报问题的关注，与晚清时期社会精英对推广大众阅读的努力有较大的区别。与清末新式学校教育的初步推广不同，在20世纪30年代，小学教育已在城乡普及，全国小学生数量在高峰期已近二千万人，适龄儿童入学率的总体水平已经有了很大提高。应该看到，尽管小学生文化程度不高，却是当时数量最大的识字群体。处于儿童期的小学生要了解社会，就要借助报刊传媒，因为"儿童是人群的一份子，应知道个人与社会的关系，因此必须留心国内时局和国际大势，要达到这个目的，惟有阅读报纸"。① 但是，儿童所受教育和对报刊内容的理解有较大局限，"儿童读报存在的问题，一是文字阅读的困难，二是经验上的不足"。儿童阅报何以不易于指导，主要原因有二："一由于历来很少有人研究指导的方法；一由于儿童阅报确有很大的困难。"② 因此，应重视培养儿童读报习惯。根据徐锡龄的调查，广州中小学生的阅报情况，"从百分比率看来，小四年级有看报习惯的很少，百人中只约有十二人。小五小六有增进而甚慢。到了初中一才有猛进。这种趋势一直继续下去，到初中以后的两年。初中三学生，有看报习惯的五个人中有三个。高中一和以后各年百分比率稍减，但减低并不多"。③ 总体上看，小学高年级学生读报比例还很低，加强读报指导尤为必要。有人提出建议，希望在校的小朋友们组织发起阅报团。"每团的人数不拘。各团推选一个团长，主理全团的事务。并请一位教师做顾问，指导一切。规定全体团员每天必须看《申报》。"④ 至于如何指导儿童阅读，则需要解决以下几个关键问题，即为何读、怎样读、读什么。

让儿童了解读报的价值与意义，是提高儿童阅读兴趣的前提。许多教育工作者都希望儿童懂得为何要读报。比如，文博在《读报常识》的"第一课"中便大谈"读报的益处"。他指出："报纸是传达新闻的工具，……又是人民的喉舌。……我们每个人都不能离开社会而生存，要明白社会环境的变

---

① 徐启楣：《儿童阅报问题的商榷》，《进修半月刊》1937年第6卷第9期，第43页。
② 张崇业：《怎样指导儿童阅报》，《教育通讯》1939年第2卷第4期，第16页。
③ 徐锡龄编：《儿童阅读兴趣的研究》，民智书局1931年版，第62页。
④ 费洁心：《组织阅报团》，《申报》1936年6月21日，第18版。

化，个人的行动才不会发生错误。……不但是眼面前的事，而且就是隔得很远的事，也和我们有关系。"① 儿童读报的意义不仅在于丰富其课外知识，更能帮助他们深入地了解社会。"报纸不单是供给国家、国际的军事、政治、经济的消息，就是世界上各种新的发现、新的常识，天天有记载的，日新月异，使读者获得一种新的眼光、新的知识。它不单是能够激发人们爱国、爱民、爱人类的情绪，并且能够指示人们走入光明康庄的大道，又可以培养德性、发展思想，是识字的人不能不看的。"② 报刊提供了与日常生活相关的极有价值的材料，通过读报，儿童可以更多地了解社会，促进自我认知能力的提升。因此，儿童读报不仅可以提升媒介素养和文化素质，还是当时学校教育的重要使命。而且，要提高儿童报刊的发行与有效阅读率，就需要鼓励儿童积极参与，广泛阅读。

当然，如何根据儿童的特点有效地指导读报活动，是儿童读报教育亟须解决的问题。对于很少接触报纸的儿童而言，由于受文化水平和阅读经验的限制，他们需要借助一些辅助工具读报。每件具体的工具都应发挥其功效，起到辅助阅读的作用。比如，地图的作用是"看到某地发生一件事情，若不知该地的形势，只须展开地图来一看，就可了如指掌"。③ 有了字典，儿童在遇到生字时可以随手查阅，笔记本则为摘录报刊内容所备，红蓝铅笔用来对重要内容进行标注，小剪刀供剪报之用，小卡片则是收集资料的好办法，可分门别类，以备查考。这些辅助工具可以有效地让儿童将读报、学习与理解有机地结合起来。

除了基本的工具外，增加儿童初步的阅读常识非常重要，因为报纸上的一些基本知识需要儿童逐步掌握，从而培养他们的阅读兴趣。比如，儿童读报时应该知道如下一些基本常识：

---

① 文博编著：《读报常识》，读书生活出版社1936年版，第1页。
② 费洁心：《组织阅报团》，《申报》1936年6月21日，第18版。
③ 阎云九：《和少年朋友谈谈阅报的方法》，《少年》（上海）1927年第17卷第2号，第79—80页。

(一) 地名、人名、官职和机关的简称。(二) 本国和世界的重要都市。(三) 本地、本县、本省、本国的党国要人。(四) 世界著名的政治家。(五) 本国政治经济的情形。(六) 世界政治概况。(七) 世界经济的情形。(八) 社会上重要的问题。(九) 各通讯社的所在地及其背景。(十) 电报末韵目代日之指示。①

这些基础知识对于理解报刊新闻很有帮助。由于儿童的阅读面还比较窄，教师或家长应该在指导儿童课外阅读时，有针对性地进行史地、经济、文化、教育等方面的初步知识的介绍，拓宽儿童阅读的知识面。

进入阅读环节，儿童在拿到一张报纸后，是按照顺序读，还是根据自身的特点，进行有选择性的阅读呢？张廷铮在《小朋友阅读指导》一书中专门谈到儿童如何读报纸。他指出："打开报纸，先看要目。再看报上的大字标题，两种以上的报纸，要是对统一事实的两种记载，那么看的时候，当然两种都要读。自己读后再研究一下，摘记和剪贴，就是把自己喜欢读的新闻，剪下来，或者抄下来。"②文博在《读报常识》一书中，也提出读报的基本方法："要读新闻提要，……其次就望一望那些标题，……要是有时间的话，电报要闻和你自己生活有关系的一部分都可以仔细的读。"③阎云九则认为读者应该按时间的多少，来规定阅报的步骤如下：先阅紧要时事栏；次阅本地时事栏；次阅杂集栏。④《大公报》在读者问答中，针对儿童怎样读报提出了具体指导意见：

一、先看要目，最好能把全份报翻翻，可以对时事局势，得个概念，然后把必要知道的新闻（如西安事变），仔细的读。二、再看副刊和昼刊，把重要或爱读的材料，抄剪下来。三、避免因自己爱憎，就不读或

---

① 徐启楣：《儿童阅报问题的商榷》，《进修半月刊》1937年第6卷第9期，第44页。
② 张廷铮：《小朋友阅报指导》，北新书局1933年版，第31—33页。
③ 文博编著：《读报常识》，读书生活出版社1936年版，第52—53页。
④ 阎云九：《和少年朋友谈谈阅报的方法》，《少年》（上海）1927年第17卷第2号，第78—79页。

专读某一类新闻，……四、要记得重大事件的日期和简名，如"三中全会""五全代会""九一八"等，你们都知道吧？五、应该知道新闻的来源和立场，我们只选择可靠和正确的来看。六、读两份以上的报，可以一种为主，再看另一种特殊的部分，既可比较，又很经济！七、把读报的感想写下来，把问题提出来问人，是最好的方法。①

这些方法大同小异，一般都强调阅读的主次轻重，注重思考和提问，强化了对报刊新闻的理解和运用，善于总结和积累经验，对培养儿童的读报习惯有一定指导意义。

由于儿童识字不多，尤其是小学各年级学生的文化水平有较大差异。教师在进行读报指导时，除了告知阅读的基本方法之外，还要因材施教，根据小学各年级的特点进行差异化指导，并提前做好准备工作。"供给高年级学生看的，可将重要时事，用红笔圈出，加以最浅显的说明。若供给低年级生看的，则顶好用画图来达意。统统悬挂在公共的地方或走廊里，使儿童随时可以注意和阅读。惟画图须要显明动人，一望而知。"② 这类似于对新闻文本的批注，教师的通俗化阐释有利于加强学生对新闻的理解。

指导儿童读报要循序渐进，根据各年级学生的特点有所侧重。张崇业对小学各年级学生的阅报目标和指导方法进行了具体的分类说明（见表 1-8）。

表 1-8　小学各年级的读报目标与教师指导方法③

年级	一、二年级	三年级	四、五年级	六年级
儿童学习阅报的目标	培养儿童注意时事的兴趣	使儿童逐渐认识报纸上新闻电的语句	使儿童能看懂日报中的某几部份	使儿童能看懂日报

---

① 云清：《答山西小读者　介绍阅报的方法》，《大公报》（天津版）1937 年 3 月 22 日，第 12 版。
② 严国柱、朱绍曾编著：《儿童阅读书报指导法》，孙燕京、张研主编：《民国史料丛刊续编》（第 873 册），大象出版社 2012 年版，第 230 页。
③ 张崇业：《怎样指导儿童阅报》，《教育通讯》1939 年第 2 卷第 4 期，第 17 页。

第一章 十年内战时期报刊发行与阅读的推广

续　表

年级	一、二年级	三年级	四、五年级	六年级
教师指导方法要点	由教师就本日新闻中选择儿童可以理会的数则，在晨会中报告解释，并将报上与时事有关的插图剪贴在教室内特设的板上	摘录本日重要新闻于黑板上，在晨会时解释，并与社会公□联络	就本日新闻中选择儿童可以理会的数则，用颜色笔圈出，令儿童阅览，在夕会时提出质问	由教师在晨会时引起阅读本日日报某些新闻的需要，令儿童课外阅读，并指示查字典、地图等方法，自求解释

由此可见，从教师读报解说到教会学生读报，指导小学生读报的四个阶段具有明显的年龄特征，体现了儿童读报的渐进式过程。至于教师在具体的指导过程中可以采用几种常用的方法，如发表对时事的意见，准备阅报录，举行新闻测验，① 组织新闻讲演会等。② 比如，新闻讲演会可由教师组织，就报刊新闻的许多问题中，"选择比较重要而为儿童深感兴趣的，叫他们都去预备，指导其搜集材料的方法，及如何加以甄别组织等等，规定一个日子，举行新闻讲演会，由儿童大家批评，评定优劣。若是照这方法行过一二次后，儿童为竞争心理的督促，对于看报，自会发生大的兴趣"。又如新闻测验，可以每月举行一次，"让儿童们事先复习，加以相当的组织。一方面在教师可由此了解儿童看报所获得的成绩，而予以个别的指导；一方面在儿童亦得利用时机，更自奋勉"。③ 对于讲演会、新闻测验的优秀者，指导教师应设法加以奖励，可以口头表扬，也可以颁发奖品，促使学生提升读报的兴趣。

值得注意的是，家人和老师的言传身教也对儿童读报有一定影响。如浙江奉化的小学生周建中虽在乡村读书，但他的哥哥周建立毕业于省立师范学校后，在奉化城里的群益小学教书，告知他学习和生活中需要注意的事项。比如，1935年11月12日，周建立在信中叮嘱："我们小学生去干的抗日救国

---

① 迟受义：《儿童阅报指导》，《文化与教育》1936年第99期，第16—17页。
② 严国柱、朱绍曾编著：《儿童阅读书报指导法》，孙燕京、张研主编：《民国史料丛刊续编》（第873册），大象出版社2012年版，第230页。
③ 严国柱、朱绍曾编著：《儿童阅读书报指导法》，孙燕京、张研主编：《民国史料丛刊续编》（第873册），大象出版社2012年版，第231—232页。

是：(一) 锻炼身体；……(四) 勤阅报纸。"另外，周建中的老师也劝告他多读课外书刊。他在12月5日的日记中记载了国文老师林先生所言："我在小学读书的时候，那时课外读物很少，比不来现在有《儿童杂志》《小朋友》《儿童世界》《小学生》……这许多书，那时只有《少年杂志》等几种罢了！起初我们对课外读物也不会看，后因先生之指导，不会看的人也渐渐会看起来，甚至于成了个嗜好。我感到先生的教，还不及自己的研究。你如能努力看起书来，也定有这个感想，而将来的进步定是无穷的。"① 兄长和老师的劝告和教诲影响着周建中的阅读选择。从这个角度看，儿童的读报活动与家庭环境和师长引导有一定关联。

小　结

十年内战时期，一方面，战乱制约了经济发展和社会进步，但中央政府在与地方实力派博弈的过程中逐渐强化了国民党党报体系的渗透；另一方面，军阀、地方实力派的扩张和区域发展的不平衡又为各类报刊的生存提供了机遇和空间。从整体上看，报刊业得到了较快发展，随着报刊业经营管理水平的提高和发行网络的不断延伸，报刊不断向城镇和乡村社会渗透。与此同时，学校教育的发展也为报刊提供了广泛的读者资源，不少知识分子依托学校和社团创办报刊，通过刊物表达政治观念、学术立场和社会关怀，形成了同人办报、学人读报的风气。彼时，办报不仅是一门生意，更是一份事业。无论是政客、商人还是学者，兼具报人的身份是一种荣耀，也是一种职业认同。各类报刊为了寻求市场、扩大影响，需要通过各种方式提高自身影响力，以获得读者的青睐。报刊的商业化、类型化趋向较为明显，各类报刊需要通过市场来证实自身价值。因此，使读书人转变为读报人成为报刊业发展的重要基础；加强新闻教育，普及新闻知识，提高报刊品质，拓展发行市场，则成

---

① 《小学生周建中的日记》，吴佩瑛等：《民国乡村小学生的日记》，华文出版社2012年版，第34、39页。

为推动报刊大众化的重要议题和学界进行新闻理论研究的重要内容。

这一时期，剪报活动逐步兴起。剪报不仅体现个体的兴味，还是一项技术、一种事业、一种社会现象。在整个剪报活动中，剪是前提，存是结果，读是价值再现。因此，从阅读史的角度看，剪报是通过个体对报刊新闻的位移，在空间上生成新的文本关系，形成新的阅读链条。对于读者而言，剪存报刊资料的最终目的，在于日后阅读，重访历史场景，回想新闻事件。与抄报活动相比，剪报活动更为简捷、实用，且能节约时间，避免抄写错误，保留文本原貌。剪报者摆脱了抄写之苦，并在剪贴的过程中找到了不少乐趣。但是，从主体的角度看，抄写者留下书写的痕迹，且往往通过抄录进行述评，能够体现文本之间的逻辑关联。相对而言，剪报资料是报刊新闻或某些专题的汇编，通过剪报册，能够再现某些新闻事件，展示新闻场景。可惜，这些文本在呈现事实的过程中很难呈现剪贴者的主体价值，这也许是长期以来剪报资料被忽略的重要原因。

在教育大众化的背景下，中小学生是报刊重要的读者群体，让他们认识和理解报刊，有机会、有兴趣阅读报刊，进而养成读报的习惯，是当时报界努力追求的方向。尤其是如何进行儿童读报教育，是社会启蒙的重要内容。同时，社会教育的发展也使不少民众逐步具备了阅报的能力。在如何培育阅读公众方面，当时的社会精英有不同角度的思考和建议，不少阅报教育的论著表明，报刊虽然很多，但要让民众养成阅读的习惯和兴趣，则须根据他们的需求，在新闻生产、政治立场、文化趣味、内容供给、发行手段、订阅途径、社会联络等方面为他们提供更多的服务，才能实现报人办报的价值和目的，这也是报人和报刊的责任。报刊的供应与读者的消费之间要达到平衡自然非常困难，但报刊竞争的加剧、文化教育的发展、传播技术的进步，都有利于报刊的普及和阅读的推广。

第二章

十年内战时期阅报组织与公共阅读的发展

尽管清末报刊有不少关于阅报社的报道,但南京国民政府时期公共阅读机构和阅览场所的发展值得特别注意。诸如民众教育馆、图书馆、图书室、阅报处、读报室、阅报所、读报组、阅报牌等构成了多元、立体的公共阅读网络,政府在经费筹措、场所安排、制度设计、日常运作等方面加强了公共阅读机构的管理。可以说,公共阅读机构作为学校教育的补充,在整个社会教育中发挥了极为重要的作用。如果说清末阅报社有"一报(刊)多读"的现象,那么南京国民政府时期的公共阅读场所便普遍存在"多报(刊)多读"现象。不少图书馆、阅报所、民众教育馆订阅了数十种乃至数百种报刊,为民众提供了丰富的媒介资源。读者进入公共阅读空间之后,可以任意浏览,尤其是大量的杂志满足了读者获取知识的类型化需求。公共阅读机构和公共读报活动的发展,不仅可以证实阅览机构的影响力,体现民众的社会交往与公共参与程度,还能展示现代报刊文明的渗透力、地方文教的实力和开放程度。

第一节 官方对公共阅读的推动

社会教育是提高民众素质的重要方式,"社会教育的对象是社会的本身及社会上的全体民众",①"民众教育负有培养健全国民,树立国本之使命"。② 其中,民众教育之主要部分,为民众学校、民众图书馆及民众阅报处等。③ 早在清末白话文运动中,如何推动下层民众识字读报已成为社会精英关注的重要议题。彼时清廷内外交困,虽颁"新政"大力推行新式教育,一些开明官绅也热衷于创办读书社、阅报社、讲报所、演讲所,但由于政策上的扶持力度不够,经费、人员、场所多受限制,这些公共阅读机构数量有限,且难以长期经营。另外,清末图书馆的建设虽有起步,却仅限于少数城市,且规模普遍偏小。总体而言,普通民众获得教育的机会不多,尤其是公共阅读机构较为缺乏,大众阅报运动很难在全国各地广泛开展。

南京国民政府成立后,当局对民众教育问题较为关注。社会教育作为国家战略的重要内容,受到政府的高度重视。推动社会教育,乃是惠民强国之长远大计。诚如一则时论指出:"以无知识民众,建设国家,犹筑塔于沙滩之上,旨哉斯言。所以谈国家建设,应谋根本之树立,根本既立,则基础自固,基础固,则一切建设,方能谈到。"④ 教育部关于社会教育的报告也指出:"社会教育至少含有下列三项任务:一、要和社会生活的实际打成一片,随时随地发扬固有的文化,吸收世界的新潮,来改造社会。二、对于未曾受过教育的文盲,要用最经济的方法,最短促的时间,施以生活上必需的基本教育。三、对于已经受过学校教育的,要增进他们受教育的机会,并造成优良的社会环境,使他们精神上人格上有形无形的受了优良的陶冶,以养成健全的公民。"⑤ 这表明,社会教育已经成为事关国家发展和社会文明的重要内容,并且与学校教育并行,是提升民众文化教育水平的重要途径。

---

① 《教育部关于全国社会教育设施概况报告》(1931年3月3日),中国第二历史档案馆编:《中华民国史档案资料汇编》第五辑·第一编·教育(二),江苏古籍出版社1994年版,第716页。
② 概况编辑委员会编:《松江民众教育馆概况》,松江民众教育馆1933年铅印本,第42页。
③ 陈剑修:《全国应广设民众阅报处以资推广社会教育案》,《国立中央大学教育行政周刊》1928年第62期,第2页。
④ 概况编辑委员会编:《松江民众教育馆概况》,松江民众教育馆1933年铅印本,第42页。
⑤ 《教育部关于全国社会教育设施概况报告》(1931年3月3日),中国第二历史档案馆编:《中华民国史档案资料汇编》第五辑·第一编·教育(二),江苏古籍出版社1994年版,第716—717页。

民众学校、图书馆、民教馆与阅报室、阅报所、阅报牌建设的联系都十分紧密,推广阅报运动也是社会教育的重要任务。1928年,南京国民政府第一次全国教育会议在南京召开,会议确立了国民政府初期的教育改革。① 会上,陈剑修提出"全国应广设民众阅报处、以资推广社会教育案"的议案,而民众阅报处之作用在于:"灌输民众以常识,且使受得党化";"多增进政治智识,及政治了解"。② 这一建议经审查通过,"请大学院通令各教育行政机关酌量办理","各省区教育行政机关,转饬所属遵照办理"。③

让普通民众有机会接受教育,促进教育与社会生活的融合,也是后来新生活运动的重要内容。1934年推出的新生活运动以"礼义廉耻"为主要内容。在教育方面,各地在施行过程中制定了具体的规定,如上海新生活运动促进会强调:"一、每日必思如何方能自觉觉人,自新新民,自救救国,自爱爱群。二、每天要看报,明了国内外的大事。"④ 在教学方面则更为细化,如江苏宜兴县在新生活运动中规定:"一、本国文字至少识得一千个。二、每天要看报。三、明了国内外的大事。四、留心研究各种新事物。五、常常参加有益的集会。六、集会要遵守《民权初步》。七、不留坏样子给子弟看。"⑤ 此类新生活公约的内容大同小异,但都将"识字""读报"作为日常生活的重要内容。

相对于民众学校、图书馆、民教馆的建设,民众阅报处则简单易行:"每处只须屋一间,长桌一张,小凳六个,报夹六个";"每处只置管理员一人,余尽报费耳";"报纸大半是报告政治新闻,即将此物多与民众接近,民众自多增进政治智识及政治了解"。这表明,民众阅报处不仅是推动社会

---

① 田正平、于潇:《第一次全国教育会议与国民政府初期教育改革》,《高等教育研究》2010年第10期,第74—82页。
② 中华民国大学院编:《全国教育会议报告(1928年5月)》,沈云龙编:《近代中国史料丛刊续编》(第429册),文海出版社1977年版,第400—402页。
③ 《全国应广设民众阅报处》,《国立浙江大学教育周刊》1928年第27期,第14页。
④ 上海新生活运动促进会宣传组拟:《新生活公约》,新生活丛书社编订:《新生活运动须知》,新生活丛书社1935年版,第254页。
⑤ 宜兴县立实验民众教育馆编:《新生活手册》,宜兴县立实验民众教育馆1934年铅印本,第7—8页。

教育的重要组织,也是建设国民党党报发行体系,实现国民党党化教育的目标所在。因此,"大学院通饬所属全国广设民众阅报处,以每百户设立一处为原则"。① 按此计算,全国至少可设立数十万家民众阅报处。这当然是一种"原则",在实际推行过程中会受到主客观条件的制约。

从各地颁布的《平市各自治街将普遍设阅报室》《河北省各县筹办民众阅报办法》《河南省政府广开民众阅报处》《天津市教育局设立阅报室俱乐部》《上海市教育局扩充民众阅报处、筹设民众阅报牌》等可以看出,在国民政府的强力推动下,各地方教育机构纷纷颁布具体措施,推广民众阅报处,地方教育行政机构的重视为民众阅报处建设提供了契机。

有关民众阅报机构和阅读状况的报道是地方新闻的重要内容,也是地方文教事业发展的一大亮点。地方政府和相关部门推广民众阅报处的各种命令、公文、告示,通过报刊、布告、公报等形式向民众广为传布。比如,北平市自治事务监理处训令各区自治事务分所,要求大力推广阅报处,"各区分所未设立者,亟宜分别筹办"。② 河北省教育厅将提倡阅报运动视为灌输民众常识的重要举措,要求各县大力推广民众阅报处和阅报牌,并开展乡村读报运动。规定:"一、报纸揭帖牌,即利用各学校及机关已阅报纸贴供众览。二、时闻简报,即用简单方法,撮录新闻印贴各村市。三、民众阅报处,各县先设一处,内陈报纸杂志兼供讲演,办有成效,再行推广。"③ 河南省政府则在要求各县创设民众阅报处、阅报牌的命令中指出:"一国人民有无爱国思想,全视其能否了解国家情形,世界大势。然欲全体了解,使全体民众咸有阅报机会,殊为唯一良策。吾国人民素不注视阅报,市镇乡村,后并此阅报机会而无之。现值训政伊始,亟应多予民众以阅报机会而增进其爱国思想。河南教育应有见于此,爰就开办河南地方教育行政人员训练班之便,招〔召〕集全省教育局长会议,议决广开民众阅报处,建立报章揭示牌,拟定办法六项,呈请省

---

① 《全国应广设民众阅报处》,《浙江大学教育周刊》1928年第27期,第14页。
② 《自治事务监理处命令》,《北平市市政公报》1934年第298期,第55页。
③ 《河北省教育厅注意灌输民众常识 草拟提倡民众阅报办法》,《益世报》1928年11月16日,第16版。

政府通令各县，限文到一月内，遵办完竣，并将办理情形具报备考。省政府据呈以所拟办法六项尚属可行，已通令各县县长一体遵办矣。"与一般性的宏观指导不同，河南省政府在贯彻全国教育会议和中央精神方面，颇注重落实创设民众阅报处的具体办法，在设立数目、地点、报牌形式、管理、经费、报章种类等方面都进行了详细规定：

（一）设立数目——凡五十户至百户之乡村，须设民众阅报处一；百户至二百五十户之乡村或市镇，须设民众阅报处二；二百五十户至四百户，须设三；四百至五百五十户，须设四处。每增加一百五十户加设一处，依此类推，城厢亦然。

（二）设立地点——若乡村应行设立之数目确定后，由村正副负责按照本村人民居住情形，选择适宜地点，宽敞墙壁上悬挂报牌，以便民众阅览。如设立在二处以上者，更须注意各处之分配距离，勿使过近或过远。

（三）报牌形式——由教育局按照报张之大小形式，规定尺寸，用木质做成坚固适用之悬报牌，以便悬揭。

（四）管理。（1）由教育局统计全县民众阅报处应备各村报章总数，向各报馆订购，除通邮乡村直接寄报外，其余各乡村应备报章须由教育局雇用送报差役数人，分区按期送往各乡村。（2）各乡村之村正副及街长等负本村或本街报章悬挂改换及保存之责。（3）教育局每月须将全县民众阅报处总数及增减呈报教育局备查。

（五）经费。各乡村报费，由各乡村民众公任，通邮乡村报费由各乡村直接寄交报馆（或教育局代办），其不通邮者应将应缴报费（连同教育局送报差役工食各乡村应摊费用）汇送教育局，由教育局分别寄交。

（六）报章种类。各处至少须订《河南民报》一份，满二百五十户之乡村，须增加订《中央日报》一份，城内与大村镇更须增订《国民日报》、北平《益世报》各一份，更欲增订者，可由各村村正副面谈教育

第二章 十年内战时期阅报组织与公共阅读的发展

局，订购之。①

事实上，各地在推广民众阅报处的过程中因地制宜，根据实际情况制定相关规则，在管理制度、阅览设施、开办经费、阅览制度、订阅措施上都有细化的指标和要求。例如，天津市教育局制定的《民众阅报所计划大纲》具有较强的操作性。其规定如下：

> 一、本局为宣传主义、开发民智、辅助教育起见，拟设立民众阅报所若干处，以便一般民众随时入览。二、各阅报所除附设于各讲演所外，暂择需要地方，先设立三十处，嗣后再陆续推广。三、各阅报所一切事务，或委托附设地主管理或设专人管理之。四、阅报所开办费，经常费预算数如下：开办费，每处二十元；经常费，每处每月三十元。五、各阅报所阅览时间，每日早十时起，至十二点止，下午一时起，至五时止。星期日及纪念日不停阅，以报纸之休息日为休假日，其阅览规则另定之。六、各阅报所所备报张［章］，须由教育局指定，阅毕各报，须按期装钉保存，以备检查。七、各阅报所得酌量情形，设置报架，以备担行各处，俾众阅览。②

当然，各地在具体创办民众阅报处的过程中，由于政策、经济、文化、教育等因素的影响，在规模、性质、数量上的差异比较明显。就总量而论，1931年，"民众阅报处总数14 461所，公立11 932所，私立2 529所"，③私立民众阅报所占17%。1932年，官方统计全国共有15 610家民众阅报所，12 887所为公立，2 723所为私立。其中，湖南3 348所，浙江2 853所，河北1 710所，河南1 481所，四省的总数占到全国的60%，而东北、西北地区的

---

① 《河南省政府通令各县广辟民众阅报处建设报章揭示牌》，《河南教育》1928年第2—3期合刊，"教育新闻"第1—2页。
② 《市教局发表二项计划　俱关社会教育》，《益世报》（天津版）1928年12月28日，第16版。
③ 国民政府主计处统计局编：《中华民国统计提要（1935年辑）》（上），商务印书馆1936年版，第347页；殷梦霞、李强选编：《民国统计资料四种》（第十一册），国家图书馆出版社2010年版，第419页。

民众阅报所极为少见（见表2－1）。在所有的民众阅报所中，私立部分仅占17%左右。这说明公立民众阅报处为主流，行政力量在其中起到主导作用。

表2－1　1932年民众阅报处统计表①

（单位：所）

地域	共计	公立	私立
江苏	961	958	3
安徽	162	155	7
浙江	2 853	2 370	483
福建	280	143	137
广东	1 479	596	883
广西	439	439	—
云南	264	230	34
贵州	54	41	13
湖南	3 348	2 737	611
江西	95	81	14
湖北	83	80	3
四川	514	484	30
西康	15	15	—
青海	24	24	—
新疆	—	—	—
甘肃	68	68	
宁夏	7	7	
陕西	47	45	2
山西	367	302	65

---

① 国民政府主计处统计局编：《中华民国统计提要（1935年辑）》（上），商务印书馆1936年版，第346页；殷梦霞、李强选编：《民国统计资料四种》（第十一册），国家图书馆出版社2010年版，第418页。

续　表

地域	共计	公立	私立
河南	1 481	1 368	113
山东	888	886	2
河北	1 710	1 399	311
辽宁	7	7	—
吉林	11	11	—
黑龙江	7	7	—
热河	14	14	—
察哈尔	101	101	—
绥远	34	34	—
南京	—	—	—
上海	182	172	10
北平	16	16	—
青岛	94	94	—
东省特别区	2	2	—
威海卫	3	1	2

　　整体而言，设立民众阅报处在场地、设备方面可以因陋就简，易于推广，其数量远高于民众教育馆、图书馆、通俗讲演所。以国民政府1936年的相关统计为例（见表2－2），可以观其端倪。

表2－2　全国部分社会教育机关数[①]

（单位：个）

机关	1936学年度
民众教育馆	1 509
民众阅报处	29 374

---

①　参见主计部统计局编：《中华民国统计年鉴》，中华民国主计部统计局1948年铅印本，第330页。

续 表

机关	1936学年度
通俗讲演所	2 576
图书馆	1 848

从总体上看，民众阅报处的数量最多。经过多年的筹划与建设，抗战前十年，全国民众阅报所的总数保持稳步增长的态势。根据国民政府主计处统计局的统计，1930年全国民众阅报处为10 533所，到1936年增至20 374所。各年度的情况见表2-3：

表2-3 1930—1936年全国民众阅报处统计表①

年度	1930	1931	1932	1933	1934	1935	1936
民众阅报处（所）	10 533	14 461	15 610	18 754	18 209	10 618	20 374

表2-3中的统计数字并不一定准确，但反映了民众阅报处的总体发展趋势。1930—1936年，全国民众阅报处的数量增加近一倍，这表明其作为民众阅读的公共场所已经得到了广泛普及。尽管在地理分布上有较大差异，但通过二万余所民众阅报处的覆盖，报刊作为公共阅读的重要媒介，已渗透城乡，成为普通民众能够免费获取的重要公共资源。

第二节 民众阅报处与公共阅读的推广

在报刊媒体上，民众阅报处与阅报社有时会混用，但在南京国民政府的官方文件中，民众阅报处是官方通称的阅报机构名称。官方加上"民众"二字，意图区别于一般的阅览机构：一是要体现为普通民众服务，促进民众教育的发展；二是要表明其官办性质，是政府公共事业的组成部分。虽然官方

---

① 国民政府主计处统计局编：《中华民国统计提要（1940年辑）》，国民政府主计处统计局1940年铅印本，第199页。

第二章 十年内战时期阅报组织与公共阅读的发展

并没有明确禁止民间阅报社的创办,但在南京国民政府时期,民众阅报处已作为社会教育的重要机构,承担了公共服务的职能。"民众阅报处系最简单之训练民众场所,其目的在灌输民众以常识、党义、政情,培养自治能力。"① 它的作用不仅是劝民阅报,还体现出对民众教育和政治引导的意涵。国民党当局如此强调创设民众阅报处,自然与"训政时期"对社会教育的重视有关。如何使民众通过公共阅读活动来提高文化与政治的认识,是国民党及其政权需要解决的重大问题。因此,民众阅报处的创设与清末阅报社"开启民智"的主要目的在立意上有很大不同。事实上,清末地方官员创设的阅报社,数量较少,长期存续者更少。相对而言,清末民办阅报社的比例较高。但总体上看,清末阅报社亦不过数百所,主要设立在城镇,其有效引领全民阅读的作用非常有限。反观南京国民政府成立伊始便要求各地党部和政府大力推动民众阅报运动,将民众阅报处的创办视为重要的民生和政治工程,其影响与意义自不待言。

从十年内战时期民众阅报处的创设类型看,主要分为以下三类:一是由地方政府或教育部门设立,其中部分民众阅报处与图书馆合并,名称不一;二是各级学校设立的阅报室、阅报所,尤其是乡村小学设立的阅报所,面向民众开放,兼具公共阅读的功能;三是各类报社、企业、商会、社团及私人设立的阅报所、阅报社。其中,第一类为数最多,比例最高,影响最大,规制也较为完备。

在民众阅报处的创建过程中,县级党部、政府和教育部门充当了极为重要的角色。比如,"安徽霍山县党部为谋推广社会教育,增进民众常识起见,现特在该部设立民众阅报室及民众问事处各一所,每日到部阅报问事者甚夥,该部书记马静斋,组员黄其彬,逐日轮流担任解答民众咨询事宜"②。又如,河南教育厅特别强调各县县长在民众阅报处推广中的关键作用,要求各县县长按照省政府的规定,"一体遵办",尤其是"训政"肇始,"民众训练最关

---

① 《河北省各县筹办民众阅报办法》,《曲阳县教育汇刊》1929 年 8 月,第 86 页。
② 《霍山党部设民众阅报室》,《中华图书馆协会会报》1935 年第 10 卷第 5 期,第 42 页。

重要，报纸包罗万有，尤多政治新闻，倘民众多有阅报机会，非惟普通常识可以增高，政治知识必日增益，与训政前途裨益良多，兹为时甚久"。① 河南洛阳教育局为增长人民知识起见，"特在城内第一商场内，设立民众阅报处一所，内陈京、沪、平、津、汴等地各报十余份，供民众阅览"。② 在教育主管部门看来，与大型图书馆需要投入大量的资金不同，民众阅报处在人员、设备、资金方面的门槛较低，关键在于地方当局如何采取有力的措施予以推广。

从抗战前十年纂修的县志看，不少县志在教育类栏目专门介绍了图书馆、阅报处、阅报社。同时，地方官绅对于报刊与读报的理解也大有进步。如甘肃镇原县县长邹介民在主持重修县志时特别强调了读报的作用，他认为："国民智则强，国民愚则弱。今日中国之民也，自报馆盛行，民智大开，富强无匹，是报纸振衰振懦诚救危救亡良方矣。西哲有言：'可一日无食，不可一日无报。'拿破仑有言曰：'对一家报馆甚于对四千杆快枪'，又曰：'二十世纪报馆之世界。'故各国以报为养命之源，资生之具。"③ 北平大兴县县长刘蕃对阅报所的建设较为重视，"因谋人民智识普及，并使民众了解革命真意起见，特于县署内土地庙中，设立平民书报阅览所。备置《三民主义》《建国方略》《中山全书》及其他关于时局之书籍多种，与京、沪、平、津所出版之各报，供人阅览"。④ 1930 年，四川安县县长张琳对该县黄土场民众捐资设立阅报社图书馆一事，"指令立案"。⑤ 可见，地方官员的识见对于阅报场所的创建有直接影响。

在教育部门和地方官员的大力推动下，各地纷纷创设民众阅报处和相关阅报场所，各类报刊的地方新闻报道对民众阅报处的创建也较为关注。在报

---

① 《令各县县长——迅即广开民众阅报处建立报章揭示牌并具复核》，《河南教育》1929 年第 2 卷第 4 期，第 6 页。
② 《洛教育局设立民众阅报处》，《浙江图书馆刊》1934 年第 3 卷第 3 期，第 26 页。
③ 钱史彤、邹介民修，焦国理、慕寿祺纂：《重修镇原县志》（卷 8），1935 年铅印本，"教育志·阅报室"第 43 页。
④ 《大兴县设立平民阅报所》，《顺天时报》1928 年 8 月 13 日，第 7 版。
⑤ 《黄土场阅报社图书馆》，夏时行、黄恺公修，刘公旭纂：《安县志》（卷 16），1938 年石印本，"建置"第 6 页。

刊的新闻呈现中，民众阅报处不仅是公共阅读组织，它还关乎政治导向、社会文明与地方文化。对读者而言，民众阅报处的报道不仅有助他们了解地方事务和社会建设事业，也为他们提供了公共阅读的社会想象。从当时的报刊报道看，河南地方官员对创建民众阅报处非常重视。尽管河南的报刊业总体水平较为落后，具有全国影响的大报更付之阙如，但在官方的推动下，经过近十年的发展，至1936年，河南的民众阅报处已达到1 091所，其中公立1 079所，私立仅12所，择要见表2-4。

表2-4　河南部分县民众阅报处的处数、报纸杂志数、职员及经费情况①

县别	阅报处数量（所）			报纸杂志数量（份）			职员数量（人）			经费（元）		
	共计	公立	私立	共计	公立	私立	共计	公立	私立	共计	公立	私立
郑县	14	14	—	26	26	—	1	1	—	768	768	—
开封	10	9	1	303	296	7	10	9	1	1 980	1 820	160
禹县	55	55	—	60	60	—	—	—	—	524	524	—
尉氏	7	7	—	7	7	—	—	—	—	180	180	—
通许	15	15	—	15	15	—	15	15	—	260	260	—
中牟	12	12	—	50	50	—	—	—	—	150	150	—
洧川	2	2	—	4	4	—	1	1	—	40	40	—
汲县	48	48	—	48	48	—	48	48	—	698	698	—
新郑	8	5	3	17	13	4	2	1	1	147	96	51
荥阳	13	13	—	27	27	—	13	13	—	324	324	—
广武	7	7	—	7	7	—	—	—	—	84	84	—
汜水	23	22	1	23	22	1	23	22	1	276	264	12
商丘	28	25	3	83	66	17	19	16	3	642	474	168
杞县	18	18	—	8	8	—	1	1	—	320	320	—

---

① 参见《民众阅报处——处数报纸杂志数职员及经费》，《河南统计月报》1936年第2卷第9期，第101—106页。

续 表

县别	阅报处数量（所）			报纸杂志数量（份）			职员数量（人）			经费（元）		
	共计	公立	私立	共计	公立	私立	共计	公立	私立	共计	公立	私立
永城	6	6	—	26	26	—	1	1	—	—	—	—
睢县	20	20	—	36	36	—	1	1	—	173	173	—
陈留	2	2	—	19	19	—	—	—	—	—	—	—
兰封	10	10	—	11	11	—	1	1	—	144	144	—
新乡	34	34	—	50	50	—	34	34	—	600	600	—
汝南	32	32	—	160	160	—	32	32	—	540	540	—
孟津	32	32	—	32	32	—	32	32	—	120	120	—
淮阳	30	30	—	72	72	—	30	30	—	900	900	—
浚县	30	30	—	30	30	—	30	30	—	360	360	—

表 2-4 仅列举了河南省创办民众阅报处较多的县。事实上，河南有不少县仅创办一家阅报处，如长葛、考城、民权、宁陵、临漳、内乡、新蔡、陕县、灵宝、新安、洛宁、渑池、固始等县，尚有少数县未见民众阅报处的统计。这说明民众阅报处的地理分布还不均衡，而地方官员是否重视这项事业，对于公共阅读文化的发展有重要影响。

南京报业较为发达，发行网络分布较广。相对而言，南京早期的民众阅报处数量并不多。1930 年，南京的民众阅报处为 12 所。其中，有 10 所设立于市内各小学，仅有 2 所设于民宅（见表 2-5）。

表 2-5 南京市立民众阅报处一览（1930 年 12 月）①

| 处别 | 船板巷民众阅报处 | 新廊民众阅报处 | 剪子巷民众阅报处 | 米行街民众阅报处 | 大行宫民众阅报处 | 新菜市民众阅报处 | 三牌楼民众阅报处 | 五洲公园民众阅报处 | 兴中门民众阅报处 | 武定门民众阅报处 | 凤凰街民众阅报处 | 登隆巷民众阅报处 |

---

① 《民众阅报处实施概况》，《首都教育研究》1931 年第 4 期，第 112—113 页。

第二章 十年内战时期阅报组织与公共阅读的发展

续 表

管理员	陈子安	程朴安	王云珍	丁正图	周菊庄	高克勤	顾开轩	孙咸贵	张化清	周汝杰	张幹成	仇良弼
地点	船板巷盲哑学校内	新廊小学内	剪子巷育婴所隔壁	中华门外米行街小学内	大行宫小学内	新菜市小学内	三牌楼小学内	五洲公园昆明小学内	下关兴中门小学内	武定门平民住宅	汉西门外凤凰街小学内	登隆巷小学内

　　这大体说明当时民众阅报处与学校教育的关系。阅报处作为公众阅读场所，在启发民智、引导舆论方面的功效，需要读者的参与才能实现。民众阅报处设立于小学，首先便于学校师生阅览；设立民众阅报处的市内小学一般位于居民区，也便于民众前往观看。

　　北平作为全国文化中心，民众公共阅读颇有历史传统，清末的北京便是全国阅报社最为集中的区域。国民党定都南京之后，北平地方当局对设立民众阅报处较为重视。1931年，当局要求各自治街普设阅报室。① 在当局看来，民众阅报与地方自治大有关系。因此，官方将阅报室多设于各街公所，"以便街民公余之暇，随便入内观看，来往熟习，情感日浓，自治之真谛，亦可借此灌输，发其自动之心，则自治公益之事，不难一唱百应"。② 除了在市内推广之外，郊区和乡村也不断创设民众阅报处。如昌平县政府为提倡民众教育，"将县政府东通俗教育馆重加修理，成立民众阅报所，阅报人甚为拥挤。所内共有北平出刊之大小报十一种，并拟添订天津各报"。③ 当局还利用茶馆等公共场所设立寄托阅报处，如南郊民众茶社设立了数所阅报处，"拟于人口众多之村落，利用农村原有茶寮或公共场所，创办寄托民众阅报处三数十处"。④ 这些借茶寮等场所而设立的阅报处，一方面可以因陋就简，节省成本，另一方面利用茶楼作为闲谈场所的优势，可促进报刊阅读的大众化。

---

① 《平市各自治街将普设阅报室》，《京报》1931年1月17日，第6版。
② 《北平民众教育概况：限于经费无长足发展　文盲男女达五十五万》，《中央夜报》1933年2月25日，第2版。
③ 《昌平设民众阅报所》，《中华图书馆协会会报》1931年第7卷第3期，第51页。
④ 《南郊民众茶社寄托阅报处已成立数处》，《南郊月刊》1936年第2期，第19页。

天津的民众阅报处也颇有起色。"训政"伊始,天津市教育局便要求市、区、街道成立通俗图书馆、阅报处,"以便民众随处均有阅览之所"。各街道的代办处具有民众阅报处的基本功能,可以满足附近民众的读报需求。同时,市教育局要求各民众阅书报所,"迅将应设阅报牌指定地点、数目,报局备查"。① 这表明天津在推广大众阅读的过程中,将通俗图书馆、阅报处、阅报牌作为"三位一体"的公共阅读场所,协同发展,使普通民众有更多机会免费读报。市教育局为普及社教,还决定在租界内设立阅报所若干处,"房租、薪工及报章、杂志等费,由教局措款"。②

与大都市相比,在广大的乡村地区,设立民众阅报处是当地社会的"新鲜事",也是体现地方官员政绩的重要举措。彼时,报刊在地方新闻报道中,对县以下民众阅报处的创办颇为关注。如 1928 年,上海川沙县教育局在县内各地设立第一至第十四公共阅报处。③ 同年,山东宁津县设立民众阅报处,"城内一,城外三,乡村三,经费由教育局拨七十余元,为每年购报之用"。④ 1929 年,广东顺德县在县立图书馆、第一通俗图书馆、各区设立平民阅报处共 13 处。⑤ 1930 年,仅浙江鄞县五个学区,共有县立民众阅报所 119 处,私立民众阅报所 6 处。⑥ 同年,河北清苑县在开展民众教育运动时,开设机关有通俗讲演所暨民众阅报事务所。"前者除于城关设立讲演处外,并赴四乡作巡回讲演,后者工作约分四项:一、编辑时闻简报,分发城乡张贴;二、设立阅报处;三、设置报纸揭贴牌;四、讲述报章,指导民众阅报。"⑦ 安徽皖北各县教育相对落后,民智闭塞,1933 年,第四区专员公署为提高民众一般文化程度起见,"拟于各区每一联保办公处附设一民众阅报处,庶民众咸得阅报之机会,特规定办法六项,昨通令凤阳、凤台、定远、怀远、

---

① 《图书馆代办处》,《益世报》1929 年 10 月 22 日,第 16 版。
② 《各租界内设阅报所 由教育局措款办理》,《大公报》(天津版)1937 年 2 月 27 日,第 6 版。
③ 《川沙县教育局暂设公共阅报处一览表》,《教育月刊》1928 年第 2 期,第 54—55 页。
④ 《各县教育消息》,《福建教育厅教育周刊》1928 年第 8 期,第 28 页。
⑤ 《顺德县阅报处调查表》,《顺德县事月刊》1929 年第 5 期,第 144—145 页。
⑥ 《民众阅报所一览》,《鄞县县政半月刊》1930 年第 19—20 期,第 46—54 页。
⑦ 《清苑县拟发展民众教育 讲演图书阅报兼行并重 农民夜校成立七十余处》,《大公报》(天津版)1930 年 11 月 2 日,第 5 版。

寿县、霍邱等六县,遵照实行"。① 1936 年,河北丰润县政府"为使境内乡民俱获新闻知识起见,特令各镇镇公所须设民众阅报所一处。采订消息正确、有益农村之各种新闻纸,尽量召集乡民阅览,每处并年由该府补助经费三十元。各镇公所奉令后,齐将补助费具领,纷纷开始成立云"。② 此类报道,虽言简意赅,但说明了地方官员与教育部门对民众阅报事业的重视。

除了由县级政府与教育部门规划和创办的大量乡村阅报处之外,一些保长、甲长之类的基层乡村干部也受到当局政策和读报风气的影响,在本地开办民众阅报处。这些由当地乡村公办的读报机构,尽管设施简陋且所订阅的报刊数量不多,但对于当地民众而言有"别开生面"之感,影响了当地的阅读风气乃至社会风尚。如北平南郊第五三保保长李春鸿,"呈请在本保赵家茶馆,添设民众阅报社一处"。③ 此类民众阅报处所占比例虽然不高,却体现了基层干部的眼光,它们在很大程度上将某个乡村与外部世界连接起来。报纸提供了新的资讯和话题,打破了乡村原有的经验,提供了新的资讯获取方式。

在官方和各种社会力量的推动下,社会各界也在创办民众阅报处方面发挥了积极作用。尽管从总体上看,私立的民众阅报社所占比例不高,但对地方文化建设却有一定意义。如河北保定市商民协会"为谋一般商民于业余之暇阅读书报暨有相当运动起见,乃拟设立商民阅报室与运动场"。④ 河北固安县牛驼镇商业发达,堪称县南经济中心,"阴宝琦等捐资设立耕余阅报社一处,订购平津报纸多份陈列,任人阅览"。⑤ 在偏远的西康巴安县,"一部分青年又将旧有社会促进会地址,再加修葺,设一西康国民协进会阅报室,定有各处报章杂志,任人观览。且各捐助勇跃,拟添置各种党化书籍,借广宣传,而该地驻军马团亦颇热心襄助"。⑥ 而广州蚌湖镇自黄榜岭开办阅报社后,"继办者有大巷之觉群阅报社,八畛庄之也是阅报社。今年(1930 年)春间,

---

① 《皖北社教运动 各县设民众阅报处》,《大公报》(天津版)1933 年 12 月 30 日,第 9 版。
② 《丰润设阅报所》,《大公报》(天津版)1936 年 12 月 30 日,第 10 版。
③ 《李保长请添设民众阅报社》,《南郊月刊》1936 年第 6 期,第 18 页。
④ 《商协设商民阅报室》,《大公报》(天津版)1929 年 11 月 14 日,第 8 版。
⑤ 《固安设阅报社》,《大公报》(天津版)1937 年 5 月 4 日,第 10 版。
⑥ 《西康又添一阅报室》,《蒙藏周报》1929 年第 1 卷第 2 期,第 10 页。

朱屋又开办一和庆阅报社，闻其捐款开办，计在该处，共捐得银七十余元。另大照镜一座，云高华侨胞共捐款三百余元，其他各埠，尚未收到，预算总可得五百元云。又闻该报社只购置桌椅一项，已开支一百五十余元，其他购置图书及各用具，亦需八十余元，其规模虽小，而布置颇为整齐云"。① 又如广东新会县有乡民林英森，"在乡间创设阅书报社一所，定名为林族公安阅书报社，以乡中公馆为该社社址"。② "九一八"事变后，北平师范大学学生张恒寿回到老家山西平定县，联络同学在故乡成立了一个民众团体，"名为平定青年奋进社，举行讲演会，……又向各界募捐，先后购置了近千册新文化书刊，成立了一个流通图书馆，并出版了《奋进》杂志和《平定评论》小报"。他回忆道："我们这些言论和活动，引起某些人的不满，却深受进步青年的欢迎。后来有些参加了革命的同志回忆起来，曾说他们所以参加革命，与当时听了我们的讲演及阅读了流通图书馆的新书刊大有关系。"③ 这说明乡村阅报社在促进"文化下移"、推动公共阅读、启发民众思想等方面起到了一定作用。这些热心公益的商人、华侨、学生和其他民众意识到乡村社会读书阅报的重要性，虽然乡村民众阅报处的场地相对简陋，所需费用不多，但对地方文教事业颇有助益。

与此同时，各类社会组织在官方的影响下也纷纷创办民众阅报处。此类由集体出资创办的民众阅报处具有公立的性质，但由于其所有权属于某个组织，也具有一定公益特色。对社会组织如何创办和管理民众阅报处，官方也进行了规范。如汉口市教育局对各公共团体创办民众阅报处制定了具体办法，规定如下：

一、由各公共团体就原有地址布置房间一所（天热廊下或其他相当隙地亦可）、长凳多条，为民众阅报处。一、置备长五尺、宽八寸（汉

---

① 《阅报社日见增多》，《蚌湖月刊》1930 年第 12 期，第 75 页。
② 《布告洋边乡民对于该乡公安阅报社务须维护以期发展》，《新会县政月刊》1933 年第 13—14 期合刊，第 209 页。
③ 《张恒寿自述》，高增德、丁东编：《世纪学人自述》（第二卷），北京十月文艺出版社 2000 年版，第 221 页。

尺)、蓝底白字木牌一方，上书汉口特别市某某附设民众阅报处字样，悬之门外。一、购置本市及外埠大报数份，或各团体原购之报纸阅过后，移置阅报处，以备民众阅览。一、报纸之外，于可能范围内，更购雅而有趣之图画，悬之室内，以引起民众之兴趣。一、每日将报纸紧要事项提出，用黑牌或红绿纸条书写，悬之室内，以引起民众注意。一、阅报处即由公共团体所用门号房或照料人，代为兼管一切。①

上述规定除了对社团创设民众阅报处进行统一规划之外，还要求社团购置图画、编写新闻简报，丰富内容，吸引民众阅读。总体上看，各类社团在创设阅报处时都比较注重便民、利民。如1933年，陕西回教公会设立阅报室，"俾坊民随时到会看书阅报，借以增长知识，并派员按时到阅报室，以便坊民问字或代笔书信等事。并拟约请中学校之回坊学生，利用暑假期中，作普通讲演，一面既可练习个人之所学，一面亦作辅助社会教育之宣传。而一般坊民，亦受莫大之裨益也"。② 1935年，云南大理商会成立阅报社，"购置本省及上海报多种，欢迎各界人士随时阅览"。③ 1937年，湖南农业合作场鉴于民众阅览书报甚为困难，"经商得湖南国民日报社允照优待办法，订购报纸，分发各合作场，并饬各场设置民众阅报处，俾供民众阅览"。④ 同年，陕西留京学会鉴于会员读书研究需要迫切，"乃请求同乡会将会馆楼上会议室改为阅报室，楼下教室作为图书室，现由于右任、焦易堂、王陆一诸先生捐赠大批书籍及报章、杂志多份"。⑤ 福建凤翔公教组织也设立阅报室，"另设阅报席，陈列公教书籍及各地公教刊物数十种"。⑥ 这些阅报社、阅报室的经费来源、组织方式多样，但在创办者看来，其服务社会、推动集体阅读的初衷

---

① 《请各团体筹设民众阅报社》，《新汉口：汉市市政公报》1929年第1卷第3期，第51—52页。
② 《陕西回教公会特设图书阅报室　增长坊民知识》，《月华》1933年第5卷第22期，第18页。
③ 《商会成立阅报社》，《民导》1935年第13期，第2页。
④ 《增设民众阅报处》，《湖南农讯》1937年第45期，第3页。
⑤ 光：《陕西留京学会消息一束》，《新秦月刊》1937年第1卷第1期，第86页。
⑥ 《凤翔成立公教谈道所及阅报室》，《福建公教周刊》1937年第25期，第13页。

是相似的。

值得注意的是，为了加强海外宣传，国民政府教育部大力在海外华侨中推广民众书报阅览处，"劝导华侨商会倡办，以启迪侨胞知识，宣传祖国文化"。对于华侨商会创办的阅报处，"具有成绩者，得由所在地领事馆呈请教育部酌量奖励，其规模较大成绩较著者，援照捐资兴学褒奖条例奖励之"。与国内一般民众阅报处不一样，教育部对华侨商会创办的阅报处，在意识形态方面特别重视，尤其是在报刊的选择上，作出五条明确规定："一、符合三民主义，或不违反三民主义者；二、不涉及迷信、淫秽，或含有封建思想者［如盲（目）的崇拜英雄帝王等，均含有封建思想］；三、与一般侨民之职业最有关系者；四、有益于侨民个人修养及社会风俗文化之提高增进者；五、文字通俗条达，内容切要充实，印刷清楚者。"[1] 将三民主义作为阅报处必须遵守的首要规定，体现出国民政府在海外统战工作中的重要目的，并希望海外商会能在华侨社会中起到"宣传祖国文化"的作用，阅书报社成为国民党政权进行海外"统战"工作的重要内容。

第三节 民众阅报牌的发展

民众阅报处是公共阅读组织，需要配置房间、报刊、桌椅，并聘请人员进行日常管理，从创设到维持日常运转等诸多方面都需要持续的资金投入。相对而言，民众阅报牌则是极为简易的公共读报园地，多立于街头或闹市路口，仅一牌一报便可维持，成本较低，极为简便，易为推广，且具有阅读上的随机性和便捷性。其与民众阅报处可以互为补充，差异化发展。因此，不少地方行政长官和教育行政部门对阅报牌的创设亦较为重视，采取各种措施予以支持和推广。

民众阅报牌可以视人口密度设置，简单便捷，易于操作，能够将报纸的

---

[1] 《华侨商会倡办民众图书馆或附设民众书报阅览处办法》，《教育部公报》1930年第2卷第39期，第18、20页。

传阅网络延伸至大众。在管理者看来，阅报处的地理位置固定，对于地处偏远的读者而言，专程到民众阅报处读报颇为不易。而阅报牌可以广为设立，作为行人的读者读报更为便捷。因此，一个阅报牌便是一个"新闻站点"，为读者就近阅读提供了便捷的途径。如南京市教育局设立的民众阅报处，其中有数处因地处偏僻，阅读人数极为稀少，形同虚设。"经该局务会议决定，将阅报处加以整顿及裁撤，所省之经费，充作添设各路阅报牌之用。"① 这说明在地理空间的分布上，阅报牌更能贴近民众。从随机阅报的角度看，阅报牌对推广大众阅报有着重要作用。如上海市教育局在推广社会教育的过程中，鉴于民众阅报的机会很少，在市内设置阅报牌，粘贴各种日报，以便民众阅览。1927 年，装设民众阅报牌八处，1928 年开始以来，续装三十四处。② 在教育部门的大力支持下，上海的街头阅报牌发展较快，至 1929 年度，"计各街道及大小乡镇共装一百方"。③ 1933 年，"综计全市阅报牌凡一五六方"。④ 1934 年，"本市原有民众阅报牌一七二方，其中一部份经风雨剥蚀，颇多损坏。兹经全部调查，加以修理，并分区编号以便查考，复就环境需要地段，添装二十三方，总计全市，现有报牌一九五方"。⑤ 八年间，上海街头的民众阅报牌增加了二十余倍，可见教育部门对此项工作颇为重视。

其他大都市的民众阅报牌推广工作也取得一定进展。1928 年，广州市教育局注重设置路旁阅报板，"务启通市民智识，收效甚巨，而且费廉易举。现查在各校门首设置者计有五十处之多，办理以来，一般市民获益不少"。⑥ 1931 年，南京市设立阅报牌 23 处，每处阅报牌都基本固定张贴一种报纸，其中 14 处张贴《中央日报》，8 处张贴《时报》。⑦ 这表明当局对《中央日报》的阅读与推广颇为重视。福建教育厅则应同安县立马巷民众图书馆筹备员陈

---

① 《添设各路阅报牌》，《首都市政公报》1929 年第 49 期，第 6 页。
② 《沪市教育局扩充民众阅报牌》，《民国日报》1928 年 11 月 4 日，第 4 版。
③ 《增设民众阅报牌》，《上海市教育局教育周报》1930 年第 68 期，第 4 页。
④ 《修葺添置市区民众阅报牌》，《上海市教育局教育周报》1933 年第 182 期，第 5 页。
⑤ 《修建民众阅报牌》，《上海市教育局教育周报》1934 年第 247 期，第 3 页。
⑥ 《教育局设置路旁阅报板成绩》，《广州市市政公报》1929 年第 337 期，第 18 页。
⑦ 《本市公共阅报处所统计》，《首都市政公报》1931 年第 87 期，第 14—15 页。

鹤的呈请，要求各级学校将阅过的报纸，"择相当地点设立民众阅报牌数处以广宣传，而收唤起民众之效"。① 济南市教育局"经市立学校第二次行政会议议决通过"，要求各小学均添设阅报牌，以利社会教育。② 青岛市教育局鉴于民众阅报牌"向只市区有之，乡村之中，寥寥无几"，于1932年切实进行推广，"乃令各乡区小学，切实推行，一载以来，全市市乡二区，共有阅报牌九十三所，单就乡村而言，亦有六十三所之多"。③ 青岛市教育局还要求，"所有新区各小学各予设立民众阅报牌一处"；④ 仅青岛九水区的民众阅报牌，原有十五处，添设新牌者，有董家埠、灰牛石、五龙涧等三处，共计十八处。⑤ 从各大城市对阅报牌的推广活动看，教育行政部门发挥了重要作用。

通过当时报刊报道民众阅报牌的新闻可以发现，大都市的阅报牌一般设于闹市，县以下的阅报牌多设立于小学或村镇人口聚集之所。如河北省教育厅要求各县均需设立阅报牌："凡城市及高级小学以上各校所在地之各机关暨学校，至少必须设立一座，其愿多设者尤佳"；"各机关或学校设置此牌须择冲要地点，如本机关之门口并不冲要但不准设，必须另觅地点"。⑥ 浙江奉化县教育局要求各小学要将报刊公开，供民众阅览。"各阅报所应指定相当处所安放报章或设立阅报牌，并宜于校外标明某某小学附设民众阅报处。在各小学内附设之阅报所，如有办理妥善，成绩卓著，得由教育局奖励之。"⑦ 从县级教育局的规定看，各地小学设立的阅报牌占有相当高的比重。县级教育局在推广阅报牌的过程中，往往将之视为推动乡村民众教育的重要手段。如福建龙溪县教育局在呈文中指出："本县原有民众阅报牌，除本市及石码、天宝等处，现经由县立民众教育馆暨石码民众阅报所、县立天宝民众阅报所仍旧继续分贴外，其他各乡区对于前项阅报牌概未设立，亟应分别推行，

---

① 《通令所属机关设立民众阅报牌》，《福建教育周刊》1932年第108期，第25—26页。
② 《训令市立各小学为根据市立学校行政会议决案仰添置阅报牌具报由》，《济南市市政月刊》1932年第5卷第3期，第24—25页。
③ 《扩充乡区民众阅报牌案》，《青岛市乡村建设月刊》1933年第1卷第2期，第85—86页。
④ 《青岛市教育局训令第713号》，《青岛教育》1936年第3卷第8期，第3页。
⑤ 《九水区请添设民众阅报牌案》，《青岛市乡村建设月刊》1934年第1卷第6期，第71页。
⑥ 《河北省各县筹办民众阅报办法》，《曲阳县教育汇刊》1929年8月，第84页。
⑦ 《奉化县政府教育局设立民众阅报所办法》，《奉化教育》1932年第32期，第11—12页。

以重民教。"① 上海川沙县在各乡镇小学、茶园、街市口等处设立公共阅报处共十四所,张贴《申报》《新闻报》等。② 江苏铜山县图书馆除备有扩大露天阅报栏一处外,"在城南部道平路口,城北部夹河街头、城东车站、中正街,东城中鼓楼及大同街分设阅报栏五所,以便民众阅览"。③ 浙江诸暨县要求在以下四类地方设立阅报场所:"甲、各教育机关附近通衢或门外墙上,设置民众阅报牌;乙、民众集合的公共场所,设置阅报牌或阅报室;丙、官道大路,民众往来休息之所,设置阅报所;丁、指定茶园设立民众阅报室。"④ 这些由县级教育机关、图书馆、学校、茶馆等设立的民众阅报牌,注重对位置和地点的选择,其目的是解决乡村社会的读报难的问题,即希望通过广设网点,使民众有更多的机会接触和阅读报刊,进而启发民智。

由于不少民众阅报牌设于露天场所,所以容易受到腐蚀、破坏。以上海为例,自"一·二八"战事后,"战区闸北、江湾、引翔、吴淞各地阅报牌被炮火毁灭者三十三方,损坏者五方,其他沪南、蒲淞、漕泾、塘桥、杨思各区阅报牌则因风雨剥蚀,年久失修,而损坏毁灭者,亦达十七方"。⑤ 青岛九水区的15处民众阅报牌,"其类别有木质、洋铁、洋灰等,因被风雨剥蚀,多已破坏,既属有碍观瞻,又均不堪应用"。⑥ 同时,人为破坏也是一大问题。如川沙县徐家路口市角的民众阅报牌,"每日揭示之报时常被人取去"。⑦ 一些品行不端者还在阅报牌下面随意便溺,有损社会公德,"而真阅报者往往以便溺所在,望而却步,掩鼻而过"。⑧ 因此,如何有效地保护和维修阅报牌,维护民众的阅读利益,是创设者和民众关注的议题。一些读者投书报刊,提出保护和维修的具体建议。有人提出:"宜于阅报牌之上端,略制二三尺阔之

---

① 《呈教育厅及县政府报设置各区民众阅报牌情形请核备由(附简则)》,《龙溪教育》1932年度年刊,第4页。
② 《川沙县教育局暂设公共阅报处一览表》,《川沙县教育月刊》1928年第2期,第54—55页。
③ 《露天阅报概况》,《铜山县公共图书馆年刊》1931年第1期,第8页。
④ 《诸暨县分区设立民众阅报处办法》,《浙江教育行政周刊》1931年第3卷第18号,第2页。
⑤ 《修葺添置市区民众阅报牌》,《上海市教育局教育周报》1933年第182期,第5页。
⑥ 《九水区请添设民众阅报牌案》,《青岛市乡村建设月刊》1934年第1卷第6期,第71页。
⑦ 《川沙县教育局第六公共阅报处调查表》,《川沙县教育月刊》1928年第8期,第39页。
⑧ 石舟:《阅报牌与便溺处》,《新闻报(本埠附刊)》1933年5月20日,第6版。

遮檐，而牌上装配长方形之玻璃木框，报纸展布其中，则虽风吹雨打，不致受任何影响。"① 针对居心不良者损毁和偷走报纸，亦有人建议："迁移地位，改做揭报架，以便管理。"② 另外，各地教育管理部门因地制宜，采取分牌包干的办法，确定具体的责任主体，并定期加强对破损阅报牌的维修、更新，从而有利于发挥民众阅报牌的实际功效。

第四节　民众阅报处的运行与日常管理

开办民众阅报处需要租赁场地、购买设备、订阅报刊、支出人员工薪，这都需要充足的经费支持。由于大多数民众阅报处为公立，官方在倡办的过程中通过制度化的安排确保其日常运行。不过，各地阅报处的规模、设备、人员配备等方面存在较大差异，当局对于阅报处的日常经费支出也有较大区别。仅就开办经费、经常费而言，各地制定的经费标准不一。如天津市教育局在 1928 年规定："阅报所开办费，每处二十元；经常费每处每月三十元。"③ 1929 年又规定：阅报所的开办费为八十元；经常费，每处每月四十元（冬季煤费在外）。其中开办费之支配：（一）修缮十元；（二）家俱二十元；（三）购书报四十元；（四）其他十元。经常费之支配：（一）事务员津贴十元；（二）夫役津贴三元；（三）办公费七元；（四）购书报费二十元。④ 1932年，福建省教育厅对创办民众书报所的经费支出作出规定："每所开办费暂定一百元至一百五十元，经常费每月五十元。……惟附设讲演所者，经常费每月增加二十元。……职员薪俸占全数百分之五十；购置书报费占全数百分之廿五；办公费占全数百分之廿五。"⑤ 教育部门将阅报处的经费纳入预算，可以确保其正常的业务运转。同时，对具体开支项目作出具体规定，从制度上保证了阅报处的正常运转。

---

① 郑际云：《民众阅报牌之改良》，《新闻报（本埠附刊）》1936 年 2 月 13 日，第 2 版。
② 《川沙县教育局第六公共阅报处调查表》，《川沙县教育月刊》1928 年第 8 期，第 39 页。
③ 《市教局发表二项计划　俱关社会教育》，《益世报》（天津版）1928 年 12 月 28 日，第 16 版。
④ 《津市之民众阅书报所》，《中华图书馆协会会报》1929 年第 5 卷第 3 期，第 31 页。
⑤ 《福建省民众书报所办法大纲》，《福建教育周刊》1932 年第 125 期，第 25—26 页。

在民众阅报处的经常费支出中，报刊费占有较大比重。从当时的报刊报道看，民众阅报处订阅了一定数量的报刊。如南京的阅报处订阅的报纸包括"《中央日报》《民生报》《申报》《新闻报》《民国日报》《时事新报》《时报》《南京晚报》《新南京报》《新中华报》"等，此外各处直接寄往各民众阅报处之宣传刊物，亦属不少，平时有常向中央党部及各机关征集公报杂志宣传刊物等，分发各民众阅报处陈列，以便民众阅览"。① 济南市民众教育馆阅报处订阅各地的报纸如下："济南：《山东民国日报》《历下新闻》《山东通俗日报》《济南诚报》《平民日报》；青岛：《胶济日报》；天津：《大公报》《庸报》《天津益世报》；北平：《北平晨报》《京报》；南京：《中央日报》；上海：《申报》《时报》《新闻报》《时事新报》。"② 松江民众教育馆阅书报处订有如下杂志："《东方杂志》《交通杂志》《科学》《拒毒月刊》《浙江民众教育》《道路月刊》《新家庭》《壬申半月刊》《建国月刊》《江苏保卫团半月刊》《小朋友》。"另订阅的报纸有："《申报》《新闻报》《时事新报》《时报》《晨报》《松江民众》《云间日报》《大松江日报》《松报》《广州民国日报》。"③ 河北武清县集市阅报社订有《三民导报》《农林新报》《大公报》等报纸20种。④ 从总体上看，民众阅报处订阅的报刊数量较多，种类相对丰富，便于读者进行选择性阅读。同时，由于公办阅报处每年的经常费中有固定的订报支出，可以保证报刊数量相对稳定。这有利于培养民众的读报习惯，满足读者的阅读需求。对于各阅报处具体订阅何类报刊，各级教育部门则很少作强制规定。这也有利于各类阅报处对报刊的自主选择。

各地教育部门在制定民众阅报处规则时，考虑到各方面的因素，除了经费、场地、设备、报刊等方面的规定外，对其他方面的规定则各有侧重。如北平大学区对各县设立阅报所制定了规程：

---

① 《京市公共阅报处》，《中央日报》1931年7月16日，第23张第11版。
② 《一年来的阅报所》，《山东民众教育月刊》1932年第3卷第8期，第113页。
③ 概况编辑委员会编：《松江民众教育馆概况》，松江民众教育馆1933年铅印本，第49页。
④ 《武清县之文化施设［设施］ 集市阅报社成绩优良》，《大公报》（天津版）1929年8月1日，第8版。

第一条　为灌输民众党义及普通常识并传播时事消息，设立民众阅报事务所。

第二条　各县民众阅报事务所所在地点成立民众教育馆时，阅报事务所即归并于教育馆图书部。

第三条　民众事务所隶属于县教育局。

第四条　民众阅报事务所办理民众阅报及报纸揭贴牌等事项，得分股掌管之。

第五条　民众阅报事务所设立主任一人，秉承县教育局长负本所进行之全责，并为时闻简报之主编者。设事务员若干人，商承主任分任各项事务，遇必要时，得酌设书记。

第六条　民众阅报事务所主任任免及待遇规程，另定之。

第七条　民众阅报事务所得设各种委员会。

第八条　民众阅报事务所于每月月终及年度终了时，应将办理事项分别制成统计表，报告于县教育局转呈本大学（区）备查。

第九条　民众阅报事务所行事历由各该所斟酌情形，按年订之。①

这一规程强调了人员配备与职责，对阅报处如何依据自身特点进行日常管理，则语焉不详。而天津市教育局对创设民众阅报所采取委托各机关办理的方法，要求"受委托之机关，以有确定之经费，不至中途停顿，有适当房舍足供阅书报所之用，并地址适中，不过于偏僻者为合格"。受委托机关是主办方，但需要接受教育部门的指导和监督，如果受委托之机关因故停办或办理不良时，教育局则需要考虑实际情况，"将附设之阅书报所转移他处，继续办理"。为了稳妥起见，教育局初步拟定创办八处，并要求各阅报所"定名为天津特别市市立第几民众阅书报所"。受委托机关应负责派出管理人员，且不支薪水。各阅报所则须遵照教育局制定的"计画大纲、组织规程

---

① 《本大学区各县民众阅报事务所暂行规程》，《北平大学区教育旬刊》1929年第9期，第47—48页。

及阅览规则","图书、报纸、家俱及银钱、帐簿之保管、登记均须独立,不得与所在机关混合之"。① 这体现出教育局既需要调动受委托机关的积极性,给予其一定的自主权,又从制度上约束受委托机关,促使它们严格遵守相关规定。

至于每所民众阅报处如何开展正常的业务,进行日常工作管理,则需要各阅报处根据自身特点制定相关的管理规则。从实践上看,由于各类阅报处的位置、规模、场地、人员等方面存在较大差异,在具体的运作过程中,需要根据自身的特色制定章程、规则。如成都市立阅报社专门制定的阅览规则为:

(一)每日阅览时间午前九时起午后六时止。

(二)社内报章、刊物搁置各有定所,阅者应就原地披览,不得任意移动。

(三)社内报章、刊物均不得携出室外。

(四)不得争阅他人正在阅览之报章、刊物。

(五)社内报章、刊物、器具等项,阅览人应加意爱护,如有毁损,应照价赔偿,以重公物。

(六)社内椅、凳安置定所,阅览人不得任意移置他处。

(七)阅览人如欲索取十日以前之旧报,可向管理人声明检出,阅毕仍自归还管理人收存。

(八)口痰应唾在痰盂内。

(九)不得在社内吸烟。

(十)不得在社内喧嚣。

(十一)非阅览报章者,不得在社内闲坐或闲谈。

(十二)不得有妨碍社内秩序上之一切举动。

(十三)如有违反规则,不服管理人劝阻者,得由管理人报知巡警相

---

① 《津市之民众阅书报所》,《中华图书馆协会会报》1929年第5卷第3期,第31页。

助制止。①

阅览规则对读者进入阅览室后的行为规范提出了具体要求,体现出管理方在为读者服务的同时,也希望通过规则防范读者的不良行为,从而维持良好的阅读秩序,体现公共阅读的利己和利他的有机结合。如对于读者损毁报刊的行为,许多阅报处除了要求照价赔偿之外,还会谴责他们。另外,读者须行为得体,如"室内不得吸烟、吐痰或谈笑",②"凡欲借阅者,必照本社所备之借阅条单,缮写清楚,并须亲自签名,以便稽查"。③ 另外,一些阅报处对读者的一些行为细节也较为留意,如要求读者不随意挪动座椅,不携带报纸往他处等等,目的是让读者严于律己,培育良好的阅读环境。一些学校主办的阅报处、阅报室对读者的要求则更为细致和严格。如某小学的中高级阅报室公约规定:

一、出入本室,须轻脚缓步。

二、须服从干事的指挥和劝告。

三、室内不准谈笑,诵读,吟唱。

四、研讨询问时,不得高声或聚众议论。

五、在阅报时,不得争夺报章。

六、入室阅报,不准携带其他图书。

七、不准随地吐痰。

八、非阅报人不得入内。

九、报上不准涂写。

十、不得剪裁或损坏报章。

十一、本室关锁时间,不得入内。

---

① 《成都市立阅报社阅览规则》,《成都市市政公报》1929 年第 3 期,第 16 页。
② 《重订阅览书报规约》,《山西省立民众教育馆月刊》1934 年第 1 期,第 9 页。
③ 《武清县之文化施设[设施] 集市阅报社成绩优良》,《大公报》(天津版)1929 年 8 月 1 日,第 8 版。

第二章 十年内战时期阅报组织与公共阅读的发展

十二、本室宣告座满时,不得入内。①

相对于一般的民众阅报处,学校的阅报室主要是为本校学生服务,其细致的规定与学校的校风、校纪有一定关联,有利于培养学生良好的公共阅读习惯。尤其是小学生,他们在读报过程中遵守纪律的自觉性还不够强,制定阅报室的具体规则很有必要。

与一般的民众阅报处不一样,在火车上设立的书报流通处具有其自身的特点,需要根据火车公共空间与流动读者群体的需求,制定相应的管理规章。民国时期著名的图书馆专家许振东,就沪杭路客车中设置书报流通处的问题,略拟意见若干则,以期引起教育界和交通界之关注。其对图书报刊选择之规定颇有特色,兹引如下:

1. 选择图书报纸,以通俗实用而有益智识为原则。
2. 在四等车中,以陈列图画照片,或字图相间之画报为宜,略及极通俗之小册。
3. 在三等车中陈列中文图书,通常之日报宜多备。
4. 在一、二等车中除中文图书、报纸外,可以略备西文图书,及上海出版之西文报纸。
5. 书本以薄本子为宜,因为时间所限,多数旅客必不能阅毕长篇巨著。
6. 报纸可用报夹悬挂每辆车中,至少办二份,方可应付。
7. 关于常识方面之画册,宜多多搜罗,以应付初识文字之旅客。
8. 图书之配合,除多备有益于身心之文艺书外,宜顾各方之需要,对于各种科学,均须按适当之比率支配之。关于铁路沿线各地之地理、游记等书,尤宜多备。②

---

① 《敬业市市政府各机关细则》,《敬业附小周刊》1934年第11期,第10页。
② 许振东:《关于火车中书报流通处实施之管见》,《浙江省立图书馆馆刊》1933年第2卷第5期,第127—129页。

这些规定充分考虑到火车上读者的阅读心理和需要，建议根据车厢等级为读者准备不同的书报，对火车上旅客的阅读身份进行细分，以满足不同层次读者的阅读需求，颇为周详。

一些阅报处则在制定章程时侧重对管理员的行为规范加以细化。如《济南市立民众读书阅报所规则》特别强调管理员须注重如下工作：

一、关于书报之订购整理及保存事项。二、关于民众阅报牌之设置及张贴事项。三、关于阅览人数之记载及统计事项。四、关于处理各所总务事项。①

此类管理规定针对管理员的日常工作任务提出了较为明确的要求，目的是希望管理员提高服务水平，更好地为读者提供优质服务。这体现出当时的行政主管部门对公立阅报处的实际运行效果比较关注，重视对管理人员的职责划分，规范阅报处的工作要求，从而体现其作为公共阅读组织的目标和任务。

尽管各类阅报处、阅览室都制定了较为详细的管理规定，但对于读者而言，自觉遵守制度是最为重要的。在公共阅读场所，遵守规定是一种读者阅读素养的体现。针对读者毁坏报刊的行为，《大公报》的一篇报道予以揭露：

有一天下午，学校无课，我独自一个人往通俗图书馆里，先至"公共阅览室"写了些笔记，继往"阅报室"看报。刚一进门，人们拥挤异常，"哗啦……哗啦……"的翻报声不绝于耳。

我找了一份报看，无何，看不下去，未几，散了些人，这时室内空气较为沉寞。忽然沙沙的声音，若断若续的响着。周围的看看，原来室

---

① 《济南市立民众读书阅报所规则》（1932年5月21日第94次市政会议通过），《济南市市政月刊》1932年第5卷第3期，第11页。

第二章 十年内战时期阅报组织与公共阅读的发展

内的东角上一位少年,正在偷着撕报哩!

他一手拿着报,一手乱翻,将他所喜欢的那块新闻撕它一下,而眼又不停的东张西望,每见阅报者一动或咳嗽一声,他就"哗啦"的翻一阵,或拿着报在室内走绕一个圈,这真是可怜得很!不久,他将撕下来的报装入口袋里,摇摇头,提提裤腿,就走了。

小朋友!这是件很不道德的事,假使他被图书馆的管理员发觉了,不但那份报带不走,并且还要受大众的非议哪。所以劝小朋友,对于公共的报纸要保存,千万莫撕啊。[①]

尽管读者读报中的不文明行为可能是个别现象,但除了要求管理员加强看管和监督之外,对故意损毁的行为也要严加处罚。对于少年儿童而言,在公共阅读场所注意文明阅读非常重要,如果只顾一己之利,随意高声喧哗、强占座位、不讲卫生、撕毁报刊,便违反了阅览制度和公共道德。读者的不文明行为不仅会损害他人利益,更会对自己的公共形象造成不利影响。对于阅报室内的不文明读者,有人还将之划分为"四种人":

第一种,这种人,一到早晨,就等报来,报来了,先翻翻第一张,骂一声"妈的",再翻翻第二张,又骂一声"妈的"。几声"妈的"之后,发现了报屁股,于是他不再骂了,拾了报屁股就跑,从此阅报室缺了一个报屁股。

第二种,这种人,颇晓得些洋文,他翻开了中国报纸,据说就有些头痛,没法,要看报,只有外国货了,日文的、英文的,若是读到骂中国人文章的时候,他会喜欢得搂起同学们跳舞,而骂"该死!"

第三种人,阅报室里虽时常有他的足迹,其实他,对于时局,既素不关心,对于那些(报)屁股文字,有时也嫌闷的慌,他所最注意的还是报上的戏目广告,一面看,一面口中念念有词:"妈的,克拉莱宝这个

[①] 胡光汉:《阅报室里》,《大公报》(天津版)1931年7月1日,第10版。

骚狐的片子真是不忍不观，这个小寡妇，小狐孀！"

　　第四种人，阅报室里去也是常去的。他虽识字，但不高兴费目力去看报，只要听同学对时局的"读后感"。有时感觉同学们所说的欠详备，不能满足他的欲望，于是一手拖住同学们的手腕，怒目地骂，"说不说？"或者跑到街上，听报贩大喊"吴佩孚联络共产党！""梅兰芳就任'农矿部长'"，还以为是事实哩！①

　　这"四种人"在阅报室内并不鲜见。这些读者不守规矩，不懂礼貌，不学无术，故弄玄虚，还将阅报室当作自我发泄和恶意表演的"舞台"，自以为是，不知廉耻。他们的行为与公共阅读文明背道而驰，久而久之，自然会被其他读者知晓，受到公众的轻蔑。当然，如何规范阅读秩序，防止不文明阅读行为的蔓延，不仅是公共阅读机构的任务，也是学校和社会教育需要注意的事项。对于读者而言，加强道德修养，遵守阅览规则，是推动阅读风气好转的重要方面。比如，针对大学阅报室存在的"地盘主义"，有人提出："我们如果要解决这个问题，惟有大家放弃'地盘'的思想，把报纸当作公有的东西（按：本来就是公有的），不是私人所有的，大家都可以阅看，不能分起你宾我主的态度来。"② 因此，读者的公德意识和个人修养，对维护公共阅读秩序十分重要。

第五节　公共阅读规模及社会影响

　　清末以来，阅报社经过数十年发展，已成为公共阅读的重要组织。但是，在清末时期，有关阅报社的报道中很少出现对读报人数的统计，这可能不是报刊新闻的有意忽略。就阅报社初期的规章来看，它很少提及如何统计读者数量的问题。而在阅报社、阅报牌初步发展阶段，囿于人力、财力和物力，

---

①　霁孙：《阅报室中的人才》，《民国日报》1929年6月13日，第12版。
②　《阅报室屑话》，《厦大图书馆》1935年第1卷第3期，第41页。

许多私立阅报社开办不久就停废，不少地方官员捐"养廉银"所建的阅报社，也因官员职务的变动而受到影响。在清末各类阅报社中，能够长期存续的占比不高。彼时，清末阅报社规模偏小，地区分布较为零散，不少地方的阅报风气尚未形成，公共阅读的效果尚未得到充分发挥。

南京国民政府将创建民众教育馆、民众阅报处作为社会教育的重要举措，要求地方政府和教育部门认真规划，以官方出资、学校和社团承办为主，民众教育馆、阅报处在各地得到了较为广泛的普及。在官方的推动下，民众教育馆、阅报处的建设和日常运转经费得到了一定保障。同时，官方十分重视民众教育馆、阅报处建设的实效，并通过加强日常管理，着力提高其服务水平。为此，从读者的角度评价阅报处的价值与影响，可以检验其服务质量和水平。因此，各地民众教育馆、阅报处在制定的规章中，对读者阅读登记制度已较为重视。通过统计读者登记的信息，可以对民众教育馆、阅报处的阅览人数进行多方面的分析，对阅报偏好、阅读规模、阅读时段、读者身份、地区差异等方面也可以进行具体研究。

顾名思义，民众教育馆的主要功能是对普通民众进行社会教育。从功能上看，民众教育馆与民众阅报处在服务范围上有一定区别。从当时民众教育馆的业务范围看，提高民众的文化教育水平是其主要目标，而书报则是对民众进行文化和时政教育的重要媒介。因此，民众教育馆一般都设立书报阅览处，供来馆的民众免费阅读。有些规模较大的民众教育馆还分别设立了图书室和阅报室，为读者提供更优质的服务。所以，探讨民国时期的公共读报活动，至少应该考虑图书馆、民众教育馆与民众阅报处的报刊阅读功能。一般图书馆都设有报刊阅览室，尤其是各大学的图书馆订阅的报刊数量、种类较多。但是，由于在不少图书馆对读者的统计中，读书者和读报者往往难以区分。这里，我们重点讨论民众教育馆和民众阅报处的读者读报情况。

民众教育的主要目的是启智牖民。作为社会教育的重要组成部分，民众教育馆硬件建设的重要内容便是订购书报，指导民众读报也是其教育实践的组成部分。如"九一八"事变后，江苏无锡的南门实验民众教育馆便利用报刊进行民众教育：

在国难期间，我们每遇报纸上一有新消息时，即用各种鲜艳之彩色标出，以引起阅览者之注意。尤其是对于各报评论之严正主张，及各种专著论述之介绍，亦择要标清，以引起民众对于某一问题，得一正确之观念。行之略久，往昔之只知看阅图画照片或社会新闻及长短篇小说者，今亦注意国事之消息和舆论的指示了。我们另外又将报上所刊载的各种新闻照片，择其有时事价值者，分类剪贴，公开张列，尤能与阅报的人以一深刻的印象。①

这表明，通过民众教育馆的职员对报刊阅读的辅导，培养民众关注时政的兴趣，该馆的社会教育取得了一定成效，不少读者对报刊新闻的理解和认知水平得到了提高。据统计，南门实验民众教育馆自1931年8月至1932年5月，阅报人数达79 957人，平均每天约为262人。② 这说明它对民众的公共阅读有明显的推动作用。与之对比，安徽省立第三民众教育馆1933年的读报人数为16 987人，③ 有较大差距。读报人数的多少，在一定程度上反映出民众教育馆的规模和影响。

自南京国民政府成立后的十年，民众阅报处的发展在区域上存在着巨大差异，江浙、湖南、河北、河南等的民众阅报处较为集中，而西部地区则较为少见。彼时，阅报处对读报人数的统计主要集中于阅报处较为发达的地区，尤其是北平、天津、南京、上海、济南等城市的民众阅报处对读者人数的统计较为重视。如北平市政府自治事务监理处定期统计各区分所阅报处阅报人数，山东、山西、安徽等省份的民众教育馆也定期公布本馆的读报人数。这为我们研究当时的公共阅读情况提供了较为可信的一手史料。在报刊阅读史研究中，尽管对"一报多读"的问题已有一定关注，但无论是戈公振还是其

---

① 王育诚：《办理民众阅书报处的报告——南门实验民众教育馆报告之一》，《教育与民众》1933年第4卷第6期，第1056页。

② 王育诚：《办理民众阅书报处的报告——南门实验民众教育馆报告之一》，《教育与民众》1933年第4卷第6期，第1056—1057页。

③ 《省立三民教馆二十二年度下学期业务统计》，《安徽教育周刊》1934年第86期，第7页。

第二章 十年内战时期阅报组织与公共阅读的发展

他学者，对阅报人数的估计都没有依据统计史料，而单独根据报刊发行量推测阅读效果具有一定主观性。不少学者对民国时期的阅读状况和读报人数感到悲观，对于民众阅报处、图书馆、民众教育馆等公共阅读组织的作用尚未给予足够的重视。因此，从社会教育的角度来分析各地民众阅报处的读报人数，对认识彼时的公共读报情况和民众教育的发展，进而了解报刊文化的传播和地方阅读风气，都有一定价值。

北平作为当时全国的文化中心，阅报组织较为发达。1927 年之后，尽管国都南迁，但北平的民众教育具有较好的基础，市政当局对创设民众阅报所较为重视，要求各区街积极推动，取得了明显的成效。为了进一步了解各区阅报所的动态，市政府自治事务监理处定期统计市立图书馆、各区阅报所的阅览人数，并在《市政公报》上刊出，作为各区民众教育发展的一项重要指标，为官方提供可靠的数据。如市立第一图书馆 1936 年 11 月的馆内阅览人数为 18 941 人。① 现将各区分所阅报处部分年度和月份的阅报人数整理为表 2-6。

表 2-6 北平市自治事务各区分所阅报处阅报人数统计表②

时间	阅报人数（人）	男性（人）	女性（人）
1935 年 9 月	10 085	9 908	177
1936 年 11 月	17 248	17 100	148
1936 年 12 月	20 396	20 235	161
1937 年 1 月	17 705	17 620	85
1937 年 2 月	15 295	15 102	193
1937 年 3 月	19 655	19 468	187
1937 年 10 月	16 524	16 420	104

① 《北平第一普通图工作情况》，《中华图书馆协会会报》1937 年第 12 卷第 4 期，第 18 页。
② 此表依据《北平市政公报》1935 年总第 302、324 期，1937 年总第 387、388、392、395、400、422 期统计整理；另可参见：《各自治区立阅报处阅报人数激增》，《京报》1935 年 10 月 16 日，第 6 版。

表 2-6 中的统计资料不包括各类图书馆的读报人数。从中可以看出，1935—1937 年，各区分所阅报处的读报人数总体上有较大提高。按北平内外城人口约 130 万人的规模估计，当时能够在阅报处读报的人达到了百分之一以上。如果再加上私人读报的人数，北平民众的读报比例要远高于其他地区。但是，在男女的阅读比例方面，市立第一图书馆读报人数中，女性占 23%，而各区分所的阅报人数中，女性读者比例极低，均没有超过 2%，有些月份甚至不到 1%。在普通民众中，女性读报的比例如此之低，令人难以想象。尽管从"五四"以来，知识界大力倡导男女教育平等，也出现了不少女子学校，但作为全国文化中心的北平，在街头的阅报处里，竟然极少见到女性阅报，这在很大程度上表明教育上男女不平等的问题仍然极为突出。当然，由于女性在阅读取向方面与男性可能有一定差异，一些识字的女性可能忙于日常杂事，无暇去阅报处阅报，也有一些女性可能对公共读报活动不感兴趣。但从总体上看，此种极不平衡的性别比例表明，在抗战前诸如北平之类的都会，在公共读报方面存在着极为严重的性别失调问题。

南京作为首善之区，虽有教育部的督促，但阅报处的数量并不占优。国民政府成立之后，南京高等教育发展较快，不少大中小学设立了图书馆，可能在一定程度上起到了补充公共阅读的作用，加之南京各级公立图书馆创设了不少阅报室，从总体上看，民众公共阅报人数的比例仍然较高。仅以 1928 年 10 月为例，15 所民众阅报处阅报人数，共计 11 693 人。[①] 这说明南京民众的公共读报水平较高。

济南的公共阅读较为发达。以市立的四家阅报所为例，根据 1932 年《济南市市政月刊》的统计，1930 年四家阅报所的阅报人数达到 27 475 人，1931 年达到 61 577 人。各阅报所的具体阅报人数见表 2-7。

---

① 《民众阅报人数之统计》，《首都市政公报》1929 年第 27 期，第 42—43 页。

第二章 十年内战时期阅报组织与公共阅读的发展

表 2-7 济南市立读书阅报所 1930—1931 年阅报人数统计①

（单位：人）

济南市立读书阅报所	1930 年	1931 年
第一所	2 967	18 277
第二所	5 701	8 567
第三所	14 329	18 982
第四所	4 478	15 751
总计	27 475	61 577

　　五年之后，济南市立民众读书阅报所的阅览人数有了大幅度增加。据济南市教育局第二科统计：1936 年 1—3 月，总计阅览人数 61 969 人；1937 年 1—3 月，总计阅览人数 70 433 人，增加 8 464 人。② 仅从第一季度阅览人数的统计看，已超过 1931 年四家阅报所全年的总和。济南的公共阅报风气由此可见一斑。

　　此外，从民众阅报所每个工作日对读者人数的统计，可以大体上看出每月读者人数的变化状况。以山东省教育厅附设读书阅报处 1929 年 3 月的统计为例：3 月 22 日读者人数最少，为 13 人；3 月 14 日最多，32 人；全月总计 539 人。③ 各阅报所记录的读者人数的变动情况可能有较大差异，但对于阅报所的日常管理和工作安排，每天登记的人数都有一定参考价值。

　　山东各地民众阅报处的管理经验和读报人数经常受到报刊关注，尤其是山东民众教育馆主办的《民众教育月刊》，它定期公布市内各民众阅报处的读者数量，对读者身份、阅读时间、报刊借阅等方面的情况也有详细的统计分析。如该馆 1931 年 7 月至 1932 年 6 月的民众阅报人数统计为 6 090 人，由于

---

① 《济南市立读书阅报所全年读书阅报人数统计表（1931 年）》，《济南市市政月刊》1932 年第 5 卷第 1 期，第 20—22 页。
② 《济南市立民众读书阅报所二十五年一月至三月与二十六年一月至三月阅览人数按职业分类比较表》，《济南市政府市政月刊》1937 年第 11 卷第 5 期，第 19 页。
③ 《山东省政府教育厅附设民众读书阅报处十八年三月份每日阅报人数总计表》，《山东教育行政周报》1929 年第 36 期，第 22 页。

该馆在1931年7月处于整理期间，全月没有开放，这一数据事实上为11个月的情况。各阅报处将阅报人划分为农、工、商、学、军，从职业上对阅报人进行统计，这对分析社会阶层的读报状况有一定参考价值。据统计，在山东民众教育馆的读者中，学生占45.11%，商人占21.71%，军人占13.71%，工人占12.61%，而农民读报人数极少，仅占6.86%。① 尽管民众教育馆为免费阅读场所，但农民、工人中有意读报者，仍然较为少见。然而，在1935年7月至1936年6月，该馆的读者职业百分比有了一定变化。按照年度统计，读者总数为42 118人。其中，农民读报人数为4 002人，占9.5%；工人2 189人，占5.1%；商人8 161人，占19.38%；学生8 655人，占20.55%；政务人员3 955人，占9.4%；军人1 913人，占4.6%；其他人员13 243人，占31.47%。② 从读者总数看，是四年前的近七倍；从职业构成看，学生比例大幅下降，而农民读者的比例有一定上升，工人、军人的比例有一定下降，但社会其他人员则占有相当的比重。这表明当时的读者身份更为多元，报刊阅读的大众化趋势更为明显。

与省立民众教育馆相比，设于街道的府东街阅报所读者总数和职业构成有较大的差异，具体情况见表2-8。

表2-8 1931年7月—1932年6月府东街阅报所阅报人数表③

阅报人职业	农	工	商	学	军	全年总人数
数量（人）	268	361	3 306	3 916	350	8 201
百分比（%）	3.27	4.41	40.31	47.75	4.27	

从全年看，这家设立于闹市的阅报所的读者总数为8 201人，比省立民众教育馆的读者人员还多2 000余人。在读者阅读比例中，商人和学生的比例达到88%以上，而农民、工人、军人读者的比例很低，这表明街头阅报处更能

---

① 《一年来的阅报所》，《民众教育月刊》1932年第3卷第8期，第113—114页。
② 《山东省立民众教育馆阅书阅报人数按职业分类统计图》，《济南市市政统计》1936年，第245页。
③ 《一年来的阅报所》，《民众教育月刊》1932年第3卷第8期，第115—116页。

吸引商人与学生阅读。同期，趵突泉阅报所阅报人数为3767人，远低于府东街阅报所。但在读者比例方面，呈现出一定的相似性，具体为学生占40.48%，商人占35.12%，工人占14.87%，军人占6.26%，农民占3.27%。① 相对而言，趵突泉阅报所的工人读者比例比府东街要高，商人读者比例比府东街要低。

与济南相比，太原的民众阅报处报道相对较少，但山西省立民众教育馆为增加民众阅报机会，于1933年12月在中山公园内设立第一民众阅报处。"除每日摘录新闻提要，揭示门外揭示处，以便一般无闲暇的民众随时阅览外，计备有中外报纸十数种任人阅览。"② 为了便于偏远地区的民众读报，该馆还在"人烟稠密之处"设立壁报，"按日揭示各项重要新闻，借以养成民众阅报之习惯，引起研究时事之兴趣"。③《山西省立民众教育馆月刊》对附属第一民众阅报处1933年12月至1934年4月的读者阅览情况统计，见表2-9。

表2-9 山西省立民众教育馆第一民众阅报处阅览人数、职别统计表（1933年12月—1934年4月）④

（单位：人）

时间	学	政	商	工	农	军	警	其他	总计
12月	1 210	821	729	207	121	289	141	321	3 839
1月	1 470	922	1 035	523	139	321	153	392	4 955
2月	1 322	903	1 001	742	102	477	181	303	5 031
3月	1 466	920	989	841	108	522	174	278	5 398
4月	1 780	1 031	992	811	110	507	1 217	420	5 198
总计	7 248	2 597	4 746	3 123	581	2 116	796	1 814	25 021
平均	1 449.6	919.4	949.2	624.6	116.2	423.2	159.2	362.8	5 004.2

---

① 《一年来的阅报所》，《民众教育月刊》1932年第3卷第8期，第117—118页。
② 《本馆第一民众阅报处之概况》，《山西省立民众教育馆月刊》1934年第1卷第2期，第24页。
③ 《本馆二十五年份工作实施大纲》，《山西民众教育》1936年第3卷第2期，第18页。
④ 《本馆第一民众阅报处之概况》，《山西省立民众教育馆月刊》1934年第1卷第2期，第24—25页。本表部分统计数字有误，据原文。

尽管这个民众阅报处所订的报刊数量不多，但在开办后的五个月中，读者人数达到二万五千余人，足见其在当地民众中颇具吸引力。与之相比，湖南长沙当地的图书馆、阅报处所的读者人数则有较大差异。1933年11月，长沙市公安局调查了当地的书报阅览情况（见表2-10）。

表2-10　湖南省会公安局调查长沙市图书馆及阅报处所一览表①

名称	地址及户籍号数	主管人姓名	报纸种类	书籍种数	每日阅书报人约数
湖南省立通俗教育馆定王台阅览图书分处	定王台六号	唐菊村	本埠大报四种，南京、天津报各一种	经史子集、党义、科学共三百余种	五十人
湖南省立通俗教育馆图书部	理问街二十一号	唐恩缙	本埠及各县、南京、天津大小报共一百一十余种	各项书籍计一千余种	五十余人
长沙市教育会图书馆	中山东路一百二十三号	欧鸣高	本埠及南京、天津大小报共八种	各项书籍计二百余种	十余人
省立一中图书馆	书院坪二十三号	邱一高	本埠及外埠大小报共五种	各项书籍二千余种	二百四十人
妙中南园图书馆	妙高峰四号	宋绍凡	本埠及外埠大小报共五种	各项书籍一千余种	一百三十人
天心公园	天心阁	高翙鹏	本埠及外埠大小报共六种	—	一百余人
国民日报社	皇仓坪四二号	凌璋	国民日报	—	一百余人
长沙市派报工会	藩城堤十四号	胡桂生	本埠及外埠报共九种	—	二百余人
长沙市立民众教育馆	先锋厅	狄昂人	本埠及外埠大小报共二十六种	各项书籍共一百余种	四百余人

---

① 《湖南省会公安局调查长沙市图书馆及阅报处所一览表（1933年11月调查）》，《警察汇刊》1933年第1期，第274页。

续　表

名称	地址及户籍号数	主管人姓名	报纸种类	书籍种数	每日阅书报人约数
湖南省立中山图书馆	教育东街十七号	黄济	中文十九种，西文一种	中文一万余种，西文二千余种	四百余人
长沙市党部附设市民俱乐部	党部东街一号	李人初	本埠及外埠大小报三十余种	各项书籍十余种	七十余人

显然，公安局统计长沙市图书馆、阅报处所时，对读书、阅报人数没有进行区分，而每天阅览书报的读者总数超过1700人，规模较大的省立中山图书馆和长沙市立民众教育馆，每天的读者人数达到了400人以上，但长沙市教育会图书馆每天的读者人数仅为10余人。在统计的总人数中，具体有多少人是报纸读者，则很难进行区分。但就读者总数而言，当月在5万人以上，这表明当时长沙的公共阅读是比较发达的。

东北地区的阅报所向来不发达，"九一八"事变后，溥仪建立伪满洲国，东北各省的阅报所总数仍然不多，但读报人数的总体规模较大。据《文教月刊》1933年6月的统计，东北各省的阅报所及每日读报人数见表2-11。

表2-11　东北地区阅报所的发展状况①

省份	阅报所数（所）	职员数（人）	每日阅报人数（人）	全年经费（元）
奉天省	21	11	930	72 200
吉林省	6	5	200	39 000
黑龙江省	4	3	260	25 700
热河省	3	1	85	—
北满特别区	—	—	—	—
新京特别区	—	—	—	—

---

① 《"全国"阅报所统计表》，《文教月刊》1933年第5期，第21页。

续 表

省份	阅报所数（所）	职员数（人）	每日阅报人数（人）	全年经费（元）
兴安省	—	—	—	—
合计	34	20	1 475	136 900

可以看出，奉天省的阅报所最为发达，每日的读报人数占东北地区总数的63%。奉天历来是东北的经济文化中心，报业较为发达。以当年统计奉天每日930人的读报人数估计，每月读报人数接近2.8万人。而长春虽为伪满洲国的"都市"，但阅报所的数量、读者人数均与奉天有相当大的差距。

与大城市相比，县级以下地区的阅报处读者人数的统计较为少见。这一方面可能与管理方的财力和管理制度有关，另一方面也可能是读者人数不多，不必通过媒体报道来体现其"事业"。但是，一些县级民众阅报社、教育馆对民众读报情况也较为关注。如河北省武清县集市阅报社1929年1—6月的阅报人数为"每日平均二十名；每集在本社门首室内阅者，平均四十五名"。[1] 河北省曲阳县教育局对该县民众阅报处1929年5—7月的阅报人数和职业进行了统计（见表2-12）。

表2-12 曲阳县1929年5—7月民众阅报处阅报人数统计表[2]

（单位：人）

阅报人职业	5月	6月	7月
学界	71	108	115
农人	53	64	82
商界	23	43	42
其他	22	44	64
合计	169	259	303

---

[1] 《武清县之文化施设［设施］　集市阅报社成绩优良》，《大公报》（天津版）1929年8月1日，第2张第8版。

[2] 《曲阳县民众阅报处阅报人数统计表》，《曲阳县教育汇刊》1929年8月，第124页。

尽管从读者总数看，该县民众阅报处的读报人数不多，平均每天则更少，但从读者身份上看，1929年5—7月的农民读者占比为27.2%，远高于大城市的农民读者比例。而江苏的松江县，自1928年开始，阅报人数就较多，具体数字见表2-13。

表2-13　松江县民众教育馆阅报数统计①

年度	1928（下学期）	1929	1930	1931	1932
阅报者数量（约数）（人）	6 300	12 300	12 700	13 050	12 300

按照统计，松江县民众教育馆五年来日均读报人数为35人左右，在一般的县级民众教育馆这已是不错的成绩。

创办民众教育杂志，建立民众教育馆，推广民众读书阅报，是一些县级党政当局在文教方面的重要举措。如福建南靖县党政当局为推广民众教育，创办《南声》杂志，"意即为发扬南靖文化之呼声也"。② 自县城民众教育馆成立之后，增购各种书报，"每日前往该馆阅览者，甚形拥挤"。据该馆1935年3月的统计，"阅书报人数，增至七百余人，为该馆历来最高纪录"。③ 又如浙江吴兴县民众教育馆，"可容二十人，不分星期例假，每日上午七时起，至下午六时止，陈列南京、上海、杭州及本地日报五种，任民众阅览"。该馆1933年的读报人数"约九千二百余人"。④ 此类县级民众教育馆由于规模较小，场地有限，能够有此成绩，已是不易。

县级以下地区的民众阅报处多设立于乡镇小学和交通路口等处。如1929年，广东顺德县设有13处平民阅报处：县立图书馆第一至第三阅书报处，第一通俗图书馆阅报处；县立第一区第一平民阅报处、第二平民阅报处；县立第三区第一平民阅报处、第二平民阅报处、第三平民阅报处、第四平民阅报

---

① 《民众教育馆阅报数统计》，概况编辑委员会编：《松江民众教育馆概况》，松江民众教育馆1933年铅印本，第50页。数字根据图表估计。
② 郭惠良：《〈南声旬刊〉二周年纪念感言》，《南声旬刊》1937年第72期，第4页。
③ 《民众教育馆三月份阅报人数增至七百余人》，《南声旬刊》1935年第4期，第12页。
④ 《吴兴县民众教育馆二十二年度工作报告》，吴兴县民众教育馆1934年12月版，第184、189页。

处、第五平民阅报处；县立第五区第一平民阅报处；县立第十区第一平民阅报处。① 上海川沙县于 1928 年在各乡镇设立了 14 所公共阅报处，订阅的报纸主要是《申报》《新闻报》。由教育局主持的第一公共阅报处，因设于教育局门首，"喜阅报纸之民众已成习惯，每日阅报者约二十人左右"；第二公共阅报处由振新小学主持，设立在小湾镇中市庄引生茶园内，"每日平均阅报者约十余人"；第三公共阅报处由区立明强学校主持，设立于龚镇车站，"乘车民众在候车时阅报以资消遣，俾益不少，每日约有六七十人，民众对于新闻智识增加不少"；第四公共阅报处设立于明通小学校内，每日读者约有十人；第六公共阅报处设立于徐家路口市角，"此处民智颇不开通，每日除少数商界看阅外，并无他人"；第七公共阅报处设立于高行镇南，每日读者约有十人以上；第八阅报处设立于王家港中市双龙茶园，民众"兴趣颇好，每日平均约有二十余人"；第十一公共阅报处由合庆小学主办，设立于合庆镇松鹤楼（茶居）上，"……且茶且述，颇饶兴趣，惟因识字者不多，故每日阅报者多则十余人，少则数人而已"；第十二公共阅报处设立于新港小学内，民众"兴趣未见浓厚，每日平均阅报人数约三四名"，"最好与茶馆主合作，或可多收效果"；第十三公共阅报处由海滨学校主办，设立于白龙港镇，每日读者四五人；第十四公共阅报处设立于横沙文兴镇，"阅报者都为本镇人士，因民众识字者少，故阅者不多"，设立后"能知时事稍多"。② 川沙县通过设立 14 个公共阅报处，在全县范围内普及报刊文化，为普通民众提供了公共阅读机会，取得了明显的成效。

从川沙县公共阅报处的设立和运行情况看，影响公共阅读效果的因素主要有以下三个方面：一是民众的文化程度和阅读兴趣，民众识字是阅读的前提，但是否感兴趣则是获取读报机会的前提；二是公共阅报处的地理位置，如设立于车站、茶园等繁华之处，则读报人数较多；三是主办者的管理和服务水平，民众阅报处对报纸的更换和保护直接影响读者的阅读欲望。从各阅报处统计的人数看，多则每日六七十人，少则三四人。它们同为教育局出资

---

① 《顺德县阅报处调查表》，《顺德县事月刊》1929 年第 5 期，第 144—145 页。
② 参见"川沙县教育局第一至第十四公共阅报处调查表"，《教育月刊》1928 年第 8 期，第 34—47 页。

创办的阅报处,但在一县之内,阅读人数差距有如此之大,足见当时民众公共阅读水平的不均衡。

以上仅是对部分省份的民众读报情况展开的分析,限于史料,许多省份的读者人数尚未进行讨论。虽然就部分省份、地区和单位读报人数的估算,很难对全国的读者总数进行判断,但报刊对部分地区读者人数的统计可以大致反映当地公共读报的状况。

清末民初以来,知识界对读报人数非常关注,常常以"百不及一"来形容读者之寥寥,对阅读不广问题提出了不少批评与建议。但时人在讨论读报人数时,很少关注到当时民众教育馆、民众阅报处在公共读报活动中发挥的作用。应该看到,十年内战时期,我国公共阅读组织得到了较快发展,在组织机构、经费、人员、设备、规章等方面都有具体规定,公共阅读的制度化建设取得了一定成效。在国民政府大力推动下,民众教育馆、阅报处已深入民间社会,创造出新的公共阅读空间,形成阅读的涟漪效应,推动了报刊文化的下移,也在一定程度上促进了民众教育的发展。

第六节　图书馆的报刊阅读状况

十年内战时期,各类图书馆的建设取得了长足的进步。1936年,全国图书馆总数达到1848所,[①] 不少县城也设立了图书馆。如河南信阳县通俗图书馆于1920年9月成立,"附设教育会内,馆长由会长兼任,拨学款项下购书费一百三十元,开办薪俸杂费三百三十六元"。[②] 河北怀安县图书馆成立于1920年,"劝学所长李焕瀛在县里高小西偏,组成图书馆及阅报所合并一处,其书报等费,悉由该所经管,售书处盈余项下开支,计会添置书籍费约三百余元,至是馆读阅书报,颇称便利焉"。[③] 辽宁兴京县通俗图书馆于1911年3

[①] 《全国部分社会教育机关数》,主计部统计局编:《中华民国统计年鉴》,中华民国主计部统计局1948年铅印本,第330页。
[②] 方廷汉、谢随安修,陈善同等纂:《重修信阳县志》(卷十三,教育),1936年铅印本,第9页。
[③] 景左纲修,张镜渊纂:《怀安县志》(卷十,贷费),1934年铅印本,第26页。

月开办,"附设劝学所,馆役邑人,常年办公经费九十六元,藏书一百二十种,因风气不开,阅书人少,平均每月约十人"。① 四川达县图书馆由民众"募集款数千圆","购置图籍,古今中外之书不下数百种,旁及杂志小说,琳琅满架。……馆中常年经费二千四百圆,除开支员司薪津外,余即补助报章之费及随时添置图书之用"。② 四川巴县图书馆成立于1912年,"地初在文昌宫后,仍迁至临江门横街"。③ 以上仅例举地方志所载的一些县级图书馆设立情况。民国时期,各地在修纂地方志时,往往将图书馆作为文教事业的重要内容加以撰述。事实上,大多数县都在国民政府倡导下设立了图书馆,其日常经费支出也基本上由官方拨付。

由于图书馆以书为主业,报刊一般不对外借阅,其报刊阅览室则免费开放。各地图书馆对读报人数的统计似乎较少见诸报道,地方志上也较少记载读报人数,但某些县级图书馆的统计仍然值得注意。如四川万县商埠局创建的通俗图书馆,在1928年9月,仅其附属的第二阅报所,全月合计阅报人总数为1423人,全月阅报人每日平均数为44.4人。④ 1934年出版的《怀德县志》记录了该县图书馆的情况,经费约860元,藏书4458册,阅览人数6257人。⑤ 不过,它并没有区分读书人数和读报人数。1935年,吉林海龙县图书馆统计,该馆每月平均阅报人数为140人,每月平均阅杂志人数为120人。⑥ 总体而言,县级图书馆规模偏小,馆藏有限,读报人数不多。

与县级图书馆相比,省级图书馆不仅规模较大,经费充足,馆藏丰富,其辐射范围和读者人数也较为可观。1930年,湖北省立图书馆订有报纸29种,装订之杂志约3000册;浙江省立图书馆有杂志10794册;⑦ 江西省立图

---

① 沈国冕、苏显扬修,苏民等纂:《兴京县志》(卷四,教育),1925年铅印本,第39页。
② 蓝炳奎等修,吴德准等纂:《达县志》(卷十五,图书馆),1938年铅印本,第41页。
③ 朱之洪等修,向楚等纂:《巴县志》(卷七),1943年刻本,第33页。
④ 《万县商埠局通俗图书馆民国十七年九月分[份]第二阅报所阅报人数一览表》,《万县商埠月刊》1928年第1期,第89页。
⑤ 孙润苍修,孙云章纂:《续修怀德县志》(卷五,教育),1934年铅印本,第55页。
⑥ 王永恩、王春鹏纂:《海龙县志》(卷六,教育),1937年铅印本,第82页。
⑦ 白锡瑞:《图书馆参观记略》,《文华图书科季刊》1930年第2卷第3—4期合刊,第428、440页。

书馆有中文杂志261种，西文杂志12种，共计9 700余册，报纸共有31种：本省报8种，国内京沪等处报22种，外国文报1种。① 安徽省立图书馆建于1913年，1930年，该馆馆藏杂志有353种，8 166册。其中，党务政治类最多，其次为普通杂志、教育杂志。② 据山东省立图书馆统计，该馆1935年7月至1936年6月的读报人数为27 879人，除了2月为1 849人之外，其他月份的读者人数均在2 000人以上。在读者职业中，学生为25 537人，占91.6%；商人为1 144人，占4.1%；行政人员为560人，占2.0%；工人为379人，占1.4%；而农民仅为93人，军人只有1人。③ 浙江省立图书馆每日平均阅览人数中阅书者100人，阅报者200人。④ 济南市立图书馆对1934年1—6月读报人的职业进行了统计，见表2-14。

表2-14 济南市立图书馆1934年度下半期阅报人数按职业分类统计表⑤

（单位：人）

职业别 \ 月别	1月	2月	3月	4月	5月	6月
农	754	827	711	831	753	799
工	1 055	960	1 002	1 113	889	840
商	1 202	1 353	1 859	1 503	1 482	1 543
学	2 273	2 274	2 794	2 745	2 920	2 865
政	1 337	1 405	1 349	1 653	1 389	1 452
军	1 072	1 146	1 316	1 024	1 165	1 315
其他	854	746	717	849	920	923

从表2-14可以看出，该馆的报刊读者职业分布比较广泛，尽管学生读

---

① 邓衍林：《江西省立圕鸟瞰》，《文华图书科季刊》1930年第2卷第3—4期合刊，第450页。
② 颠波：《本馆现藏之杂志》，《学风（安庆）》1930年第1卷第3期，第20页。
③ 《山东省立图书馆阅书阅报人数按职业分类统计表》，《济南市市政统计》1936年第10卷，第246页。
④ 白锡瑞：《图书馆参观记略》，《文华图书科季刊》1930年第2卷第3—4期合刊，第440页。
⑤ 《济南市立图书馆二十三年度下半期阅书阅报人数按职业分类统计表》，《济南市市政统计》（1934年），第241页。

者人数相对较多,但农民、工人也占有一定比例。这与前述当地民众阅报处的读者比例有较大差异。另外,图书馆的读者来源与假期也有一定关系,暑假期间,儿童读报人数会大增。如据青岛图书馆统计,1935 年 8 月,阅览儿童杂志者 2 800 人,阅报者 5 000 人。①

不少大学图书馆不但是大学的标志性建筑,也是大学实力的象征。十年内战时期,我国高等教育总体规模虽然增幅不是很大,但大学的办学条件得到了较大改善,公立大学和私立大学都比较注重图书馆建设,并广泛订购各类报刊。仅以 1930 年《大夏周报》的统计为例,各著名大学的图书馆订阅的杂志数目颇为可观(见表 2 - 15)。

表 2 - 15　国内大学中西文杂志数目比较表②

(单位:份)

大学	西文杂志	中文杂志
国立中山	520	400
清华大学	412	150
岭南大学	400	200
厦门大学	373	118
齐鲁大学	301	333
国立中央	300	800
金陵大学	265	305
南开大学	167	147
沪江大学	145	95
东吴大学	136	271
约翰大学	125	77

---

① 《青岛市立圕八、九两月阅览统计》,《中华图书馆协会会报》1935 年第 11 卷第 2 期,第 40 页。

② 参见江乃武、刘瑞兴主编:《连续出版物管理史料选》,中国统计出版社 1994 年版,第 122—123 页。文中引用文献出处有误。

续　表

大学	西文杂志	中文杂志
光华大学	112	78
燕京大学	100	100
冯庸大学	87	50
河南中山	73	96
暨南大学	65	172
交通大学	60	26
复旦大学	50	40
大夏大学	45	287

可以看出，各大学图书馆订阅的杂志种类有较大差异，但各校都订阅了不少西文杂志，这与地方图书馆有较大差异。同时，大学图书馆订阅了不少学术期刊。对于大学师生而言，读报与读杂志在价值取向上有一定区别，尤其是一些学术杂志是他们进行学术研究的重要参考资料。对于一所大学而言，杂志种类、数量、品质与学术研究有一定的联系。报纸、杂志、书籍的内容各有侧重，大学师生则可以根据需求进行选择。与地方图书馆、民众教育馆、民众阅报处注重读者职业身份的统计不一样，大学图书馆主要为本校师生服务，对读者身份的统计并无多大意义，而阅读报纸、杂志、书籍的人数则有一定参考价值。如厦门大学图书馆1936年的统计，该馆1935年度上学期阅览情况为"阅书者共二五五三人，阅杂志者共三〇九四人，阅报纸者共四〇二五人，合计阅览人数九六七二人"。① 读杂志者比读书者还多，说明杂志在学生中是很受欢迎的。

总体上看，在十年内战时期，公共图书馆成为读者读报活动的重要场所，一些读者在日记中记录了他们到图书馆阅览报刊的情况。如周太玄在1936年

---

① 俞爽迷：《厦门大学图书馆重要工作报告（1935年度上学期）》，《厦大图书馆报》1936年第1卷第5期，第48页。

10月8日的日记中记载:"归后,在青年会图书馆阅杂志。"① 至于大中学生在学校图书馆阅读报刊,则在夏鼐、张宗和、郭良才、蒲风等人的日记中多有记载。读者到公共图书馆阅读报刊,不仅可以了解时政、扩充知识,还能培养阅读习惯,扩展交往网络,丰富精神生活。

小　结

阅读史研究多注重私人阅读体验,较少从公共阅读的角度探讨民众阅读的空间实践和心理体验。事实上,公共阅读的发展不仅是政府公共服务能力的体现,也是社会文明的重要表征。与私人阅读相比,公共阅读更注重整体的参与感和集体体验,而读者进入公共阅读空间,不仅是阅读书报,由于"他者"的介入,使阅读的过程更具仪式感和集体意义。同时,公共阅读场所为读者提供了交流和对话的机会,在塑造集体阅读的社会化价值方面起到了重要作用。

民众阅报处、图书馆、民众教育馆作为公共阅读机构,主要由官方出资,面向民众开放,对地方社会的阅读风气有着直接影响。当时的报刊从不同角度报道阅报场所的读者人数与职业分布,旨在表明这些阅报组织的功能、价值与影响,宣扬民众教育所取得的成就。由于各地图书馆、民众教育馆创办了不少报刊,这些报刊对阅读人数的统计自然是彰显业绩的重要方式。从区域分布和阅读地理的角度看,全国各地的公共阅读机构发展很不均衡,各地对公共阅读的重视程度也有很大差异,一些落后地区几乎没有公共阅读机构。总体上看,江浙、北平、上海、山东等地的公共读报组织较为发达,西部地区较为落后,相关统计资料更是十分少见。因此,要全面估算全国公共阅读组织的读报人数极为困难。但是,通过部分地区和机构的统计数据,也可窥斑见豹,大体了解当时民众教育和公共阅读的成就。与清末数百所阅报社相比,十年内战时期的公共阅读机构,无论在形式、数量、种类、影响等方面,

---

① 周太玄:《周太玄日记》(第一册),国家图书馆出版社2015年影印本,第88页。

均有显著的进步。尤其是民众阅报处的广泛设立,使公共阅读活动从城市向乡村社会扩张,为普通民众提供了阅读报刊的机会,建构了丰富的意义网络。在如何培养阅读公众、推进社会教育方面,尽管由于种种客观因素的制约,一些地区的效果并不明显,但公共读报在当时的确起到了开风气、启民智的作用。

  民众阅读率和阅读水平是考察社会文明程度的重要因素,而公共阅读场所与社会教育的有机结合,使报刊介入普通民众的日常生活,民众通过识字、读报,获得了新的阅读体验,与外部世界建立了广泛的联系,由此开阔视野,增长见识。十年内战时期,我国公共阅读组织总体上得到了较快发展,官方在组织机构、经费、人员、设备、规章等方面都颁布了具体规定。在官方、社会组织的大力推动下,图书馆、民众教育馆、阅报处、阅报牌的数量大增,报刊资源的共享价值得到充分体现,公共阅读组织的制度化建设得到较大提高,服务社会的意识较为明显,报刊作为公共文化资源的作用得以凸显,这不仅为普通民众免费阅读报刊创造了更多的机会和条件,还推动了报刊大众化与公共阅读文化的发展。尤其是对那些无力购报或没有机会读报的下层民众而言,图书馆、民众教育馆、阅报处为他们提供了难得的报刊文化空间,他们在公共场所的阅读活动则体现出民间文化和社会教育的新趋向。从整体上看,阅报组织的发展是整个社会"文化下移"的具体表现,对提高报刊的普及率,推动报刊资源的共享,促进集体阅读的推广,配合社会教育的开展,都具有一定的积极影响。

第三章

十年内战时期时局变动、新闻呈现与读者观感

从私人阅读的角度看，对民国时期报刊读者数量进行具体统计，难度极大。其原因如下：一是没有任何官方机构统计全国报刊读者的数量；二是民国报刊进一步大众化，私人订阅的数量大为增加，对何人在何时读报的问题进行准确估算，几乎不太可能；三是报刊的发行量与读者阅读量之间有极大的差异，仅凭发行量来说明有效阅读量，并不可靠。

研究报刊阅读问题，需借助日记、回忆录、自述、年谱、年鉴、地方志、档案、报刊等方面的史料，从多角度进行考察，以"真实读者"作为基本研究对象。应该看到，与民国初期相比，十年内战时期报刊的种类、数量和发行量有了较大提高，尤其是南京国民政府主导的"党报"体系在大力推广地方党报方面取得了明显成效。而国民教育、社会教育、报纸下乡运动对于报刊阅读文化的"下移"有重要的推动作用，尤其是中小学校数量的增长，对于报刊网络的推广有直接影响。另外，乡村邮政网点建设进一步促进了报刊进入乡村社会。当然，电影、广播等视听媒介在都市社会的传播也会对民众日常生活产生影响。除了读报之外，看电影、听广播也成为不少政界、学界人士的重要娱乐方式。鲁迅的日记中就有与许广平、周建人等一起看电影的大量记录。而作家陆澹安的日记中也有不少关于他读报、听无线电、看电影的记载。如他在1934年1月1日的日记中记载：

"九时起，阅报、听无线电为乐。"① 历史学家容庚更是一个电影迷，1925—1946年，他在北平期间，几乎每年都有观看电影的记录或购买电影票的支出。如1929年4月20日，"与苏、钟往真光看电影"；4月28日，"早与苏等往看电影"。他当年的收支一览表中，也有不少看电影的支出，如1月28日，车、电影等2.5元，1月30日，电影1.5元。② 在蒋介石、邵元冲、蔡元培、郑孝胥、陈布雷等人的日记中，有关电文、广播新闻的记录更是常见。与民国初年相比，受众在获取资讯的来源与方式上已有较大改观，广播、电影、电文、电话在新闻传播方面发挥了重要作用。这些新媒介对报刊尚未造成明显冲击，但不少读者由于经常读报，很可能出现审美疲劳和兴趣转向，乃至很少记述读报活动，甚至"读而不记"，从而难以"再现"新闻。

从可得性的角度看，十年内战时期，尽管社会纷乱，时局诡谲，但办报与读报风气仍然较为盛行；从公共阅读的角度看，各类图书馆、民众教育馆、学校、阅报处在推广公共阅读方面发挥了重要作用，为民众提供了丰富的报刊阅读资源和阅读机会；从私人阅读的角度看，报刊经由各种途径进入读者的眼帘，与阅读风气和读者偏好有直接的关系。民智不开，阅读难以推广；教育发展，阅读便有了基础。私人读报活动首先表现为读者对报刊媒介的态度，他们在何时、何地订报，订阅何种报刊，都有一定的社会背景和价值取向；其次，他们如何读报，如何评论时政，如何表达情感，则表明其对新闻的立场和观点。因此，读者读报刊，就是读社会、看世界。

报刊阅读史研究的核心内容就是报刊、文本与读者：报刊作为物质形态，是阅读的前提；文本则是报刊内容的直接反映；读者通过接触报刊并阅读文

---

① 陆澹安著，陆康主编：《澹安日记》（上），上海锦绣文章出版社2010年版，第239页。
② 容庚著，夏和顺整理：《容庚北平日记》，中华书局2019年版，第180、181、194页。容庚日记中有关观看电影记载最多的一年是1925年，仅在当年的1—3月，他就在真光电影院看了《尘世福星》《西方美人》《帝京艳影》《五月花》《邮侠》《第二》《追风记》《义犬雪冤记》《月宫盗宝》《分身术》《空城计》《巴黎之花》《风尘奇侠》《恨海疑云》《铁路英雄》15部电影。从中亦可以证实，在当时的北平电影市场，新影片上映的数量较多、频率较快，看电影成为一种大众消费行为。此现象值得关注。

本从而产生意义。个体的阅读体验与其知识、经验、立场有着密切关联。同时，读者是意义网络的关键节点，通过读者的阅读与互动，个体才能与外部世界建立联系，从而产生丰富的社会意义。因此，尽管我们对读者群体的总体研究始终存在着巨大困难，尤其是对下层民众的读报活动难以系统研究。但我们可以通过有限的阅读史料，从私人阅读的角度，通过对一些个案的深入分析，探讨个体读报的新闻感知与心灵体验，进而归纳某些社会群体的阅读风格，展示他们的读报活动与社会变迁之关联。

阅读的最终目的是寻求意义。一方面，读者的阅读会受特定社会结构和情境的影响；另一方面，与他们的身份和所处的社会阶层有关。个体的阅读体验自然千差万别，但不同身份的读者仍然会采取集体的阐释策略，不同群体之间的阅读风格也有较大的差异。从社会群体的角度来探讨个体读报的经历和价值观，可以从整体上把握社会的整体阅读风向。本章先对这一时期的重大新闻阅读史进行分析，从事件史的角度探讨新闻事件对读者群体的整体影响，再从学生、传统士绅、作家、艺术家、学者、教师、官员等群体类型的角度出发，探讨社会各界的读报活动、集体特征及社会影响。

第一节 重大新闻叙事与读者的阅读心理

在传统的新闻事件研究中，研究者一般关注媒体如何报道事件，以及事件的时间、地点、人物、内容与影响，从新闻要素的角度探讨事件的来龙去脉，将新闻事件的内容和过程作为研究的重心。这种基于报刊新闻文本的研究，经过研究者的描述和勾勒，可以再现新闻事件的细节。但是，大多数新闻事件被视作孤立的，与社会结构、社会情境缺乏基本的关联。此类事件史的探讨总体上较为直白和单调，在强调事实的同时，缺乏理由和心理方面的分析。这种把历史事件视为独立研究对象而形成的"事件史"，极易形成一种封闭态势，从而束缚史学研究的视野。事件史的研究对象往往从历史事件被缩减为"重大事件"，又进一步化约为政治事件，事件史从而在某种程度上蜕化成了政治史或政治事件史。① 而在对新闻事件的探讨中，研究者将事件作为一种报道的体裁，把历史事件的系列新闻报道进行梳理、整合或嫁接，很少考虑不同文本之间的关联和情境，在平面化的叙述中形成所谓的"过程"。显然，传统的事件史研究存在一定局限和不足。

事实上，新闻事件的整体分析只是了解事件本身的基础，即使从历时性的角度看，它也只能在一定程度上复述事件的过程。对于事件的影响而言，往往需要研究者从社会结构与动态反应中进行深入探讨，不仅要分析现象本身，还必须要看到事件背后的潜流，所以对新闻事件的分析应将文本与叙事结合起来。在叙事分析中，要强调事件路径。"事件路径"是一种通过微观探讨宏观，借助事件考察结构、分析与叙事并重、静态与动态兼顾的研究路径。② 这就要求研究者摆脱文本的约束，而注重叙事的动态。此类叙事，"既可以呈现事件外在结构与情境的复杂性，又可以呈现事件内在过程与行动者的绵延性与延展性，而具有了特殊的理论意涵"。③

沿着事件路径的思考方式，我们可以从读者的角度对事件的叙事进行重构。相对于一般新闻，重大新闻事件势必通过报刊传播产生深刻的社会影响。报刊的报道是对事件本身的媒介建构，但事件与新闻报道之间存在距离。报刊读者对新闻事件的解读具有很强的主观性，即便是读同一则新闻，读者对文本的叙述也具有很强的选择性和表述上的差异。尽管读者对新闻事件的描述、记载较为零碎和杂乱，但他们在叙事的过程中，具有显著的参与式传播特点，且带有明显的个体代入感。他们在日记中进行新闻再造或改编，形成形态多样的次生文本。不少读者还是"盗猎者"，他们对重大新闻的选择性记录，往往体现了他们的性情、偏好和价值判断，具有强烈的情感色彩。因此，在阅读许多重大新闻事件的报道时，读者记录和叙述的文本各有所好，各有

---

① 李里峰：《从"事件史"到"事件路径"的历史——兼论〈历史研究〉两组义和团研究论文》，《历史研究》2003 年第 4 期，第 146 页。
② 李里峰：《从"事件史"到"事件路径"的历史——兼论〈历史研究〉两组义和团研究论文》，《历史研究》2003 年第 4 期，第 153 页。
③ 孟庆延：《事件及其理论意涵：历史社会学的隐藏文本》，《社会发展研究》2022 年第 2 期，第 82 页。

侧重，形成具有多样态、多视角的事件史。此外，读者在记载新闻之后的评论更能体现他们解读事件的心态、情感和思想。基于此，我们围绕"九一八"事变、"一·二八"淞沪抗战、"一二·九"运动、西安事变等重大新闻事件，以部分读者的日记为主要研究对象，从事件路径的角度分析读者的新闻叙事和评论，探讨这些新闻事件引发的社会影响。

一、"九一八"事变的新闻叙事与读者观感

"九一八"事变使中华民族面临空前的危机，作为重大事件，它对国人的民族和国家意识有着直接的冲击。对于国人而言，日军侵占东北意味着国家分裂和民族危亡，战争使国人的心理蒙上阴影，由此激发了社会各界的忧患意识和抗日热潮。从事件路径的角度看，"九一八"事变的过程及后续影响，通过读者的读报活动可以从多角度得以印证。读者的新闻叙事和情绪表达也丰富多样，我们可以通过一些个案进行具体分析。

"九一八"事变首先在上海引发社会各界的广泛关注。事变发生的第二天，在申报馆就职的黄炎培很快便得知消息。他在日记中写道："昨夜十时三十分，沈阳日军开火，十一时三十分，占据北大营。今晨四时三十分，日军完全占据沈阳。"1931年9月20日，好友朱子桥等招饮一品香，成立抗日救国研究会，社会名流到者三十六人，"假宁波同乡会为机关，议至六时始散"。① 之后，黄炎培作为上海抗日救国会的骨干，经常到会视事，积极参与抗日救国活动，并创办《救国通讯》，竭力为国事奔走。

"九一八"事变爆发后，在上海中国公学大学部就读的蒲风连日读报，对国难深感悲愤。9月20日，他读当日的《时事新报》后深受刺激，写道："从来看报都未尝流泪，虽则几万水灾中的难民，诚然值得悲痛。但是，今天，看到了十二点钟内，东三省的险要全部断送与日人，我流泪了。尤其是沈阳之最后一电，使我更为伤心。"国难当头，他对时局颇为关注，10月10

---

① 黄炎培著，中国社会科学院近代史研究所整理：《黄炎培日记》（第4卷，1931—1934），华文出版社2008年版，第25、26页。

日,他特地购买了两本《生活周刊》出版的"国庆与国哀特刊","计算寄给哥哥们"。11月20日,他记载报纸多则新闻并加以评论:"报上有一段消息这样说:马占山之败,由于不把精锐放在前线,而把杂牌兵士守前方。这表示什么,爱国吗!? 本夜的报纸号外,告诉我们以日本已威吓国联,以永不撤兵讯。这表现什么?第二次世界大战正在酝酿着,这是不用去解说的,而现在是否就是它的开场?美帝国主义当站在那一营垒?而邻国的苏俄是否被卷入漩涡?"① 此番评论,表明蒲风虽为青年学生,却对时局有着深刻的见解和强烈的忧患意识。

"九一八"事变前后,19岁的聂耳在上海的明月歌剧社学习小提琴,他对时局甚为留意。9月20日,他读报得知日寇占领沈阳,轰炸南满铁路的新闻,他认为"日军侵略中国,是在意料中的事"。第二天,他看《时报》有关"九一八"事变新闻,"看了一点多钟把什么消息都看完了,心里很不好过。看起来这事太严重,日帝国主义的侵略,全是有准备、有计划的"。22日,他感受到上海的空气也紧张起来。"日本商店门口的标语'庆祝日军占领沈阳';驱逐舰来沪借口保护侨民;虹口一带密布日警,洋洋得意地对华人做骄态;还有日人汽车插着有标语的旗在马路上示威;同文书院的日学生散布各戏院游戏场,横冲直闯。"报上这些消息使他颇为忧虑,"午饭减少了一大半"。② 连续三天的读报活动使聂耳对日军侵略所造成的危机甚为震惊。尽管他对新闻本身的叙说较为简单,但他对事态的分析较为深入。战事使这位热血青年食不甘味,颇为忧虑。

在上海商务印书馆担任编辑的王伯祥,平时就留心阅读时政要闻。"九一八"事变之后,王伯祥对战事甚为关注。9月20日,他晨起看报,"悉日本占领沈阳、长春、辽阳、凤城、连山湾、营口等地"。面对日军的蹂躏,他悲愤地写道:"一切不忍言,亦不忍思,止[只]有痛恨已国之不振,太乏力量对外耳!"事态不断扩大,上海很快也有反日行动。10月2日,报载:"谓有

---

① 蒲风著,李文儒编:《蒲风日记》,山西教育出版社1997年版,第69、77—78、82页。
② 聂耳著,李辉主编:《聂耳日记》,大象出版社2004年版,第173、174页。

兵士贴反日标语，警士干涉之，致起冲突。民众愤激，助兵骂警，……警乃开枪，肇此大祸云。"王伯祥认为："其实事情重大，万不能就此轻轻发放也。"时局危迫，他甚为忧虑，对沪上报刊有关涉日新闻报道，他感到不满。他在12月2日指出："上海报纸真混沌，各家对上海现状俱含胡［糊］。《时报》谓已解严，而《时事新报》竟有凭有据地确说今日日浪人必冲入内地暴动也。本地消息且然，况它处乎！"①聂耳、王伯祥从在地化的角度，对"九一八"事变后上海的动向较为留意，虽然偶尔提及报刊新闻，但内容都与事件后续影响有关，是结构性变化的具体体现。

在南京，"九一八"事变之后的第十三天，任教于南京中央大学的学者吴梅开始写他的第三部日记。由于时过境迁，他对事变的来龙去脉并没有具体交代，但他在日记的开端便写道："今岁辛未，东北构兵，天未厌乱，不知所届，金陵弦诵之地，或有移国瓦解之虞，戢影家衖，时惊风鹤，文人结习，老而弥笃，随所闻见，疏记于此，不足言文也。"② 此段文字既是他续写日记的"引论"，又为他重点记述"九一八"事变之后的相关新闻及其影响进行了注解，体现出他对"移国瓦解"的忧虑，以及他热衷记载后续新闻的重要缘由。

1931年10月13日之后的近两个月内，吴梅几乎每天读报，并经常通过聚谈和书信发表对时局的看法，将新闻叙事和时政评论有机结合起来，通过系列文本建构"九一八"事变后的个体阅读史，较为系统地展示了他对事件的持续关注和心路历程。10月13日，他阅报，"知日兵在沈阳，将张作霖旧藏黄金十六万斤，捆载以去"。他以《大金国志》中金兵掠劫汴京的例子，借古思今，感叹"兵祸损失，古今一体，多藏厚亡"。是日，他特地记载美国请国联解决中日冲突的新闻。他认为："顾自不振拔，而仰赖他人，即使弭祸，仍处人卵翼之下也。"此种愤懑，表明他对"国联"的调停并不看好。但是，

---

① 王伯祥著，张廷银、刘应梅整理：《王伯祥日记》（第三册），中华书局2020年版，第1303、1309、1337页。
② 吴梅著，王卫民校注：《吴梅全集·日记卷》（上），河北教育出版社2002年版，第1页。吴梅的日记使用的是旧历，为便于对比，统一将旧历日期改为公历日期。

他内心仍强烈期待事件能和平解决。之后，他持续关注"国联"的活动。10月14日，他读报后记载："国际联盟会将宣布日本暴行，形势可望和缓。而蒋介石亦晤胡汉民，商促粤方要人赴京，则和平统一之说，或可实现乎？"此类叙事是他读报后进行的"综述"，颇有借新闻来判断时局之意。但之后日本刻意阻挠国联的活动，导致形势并不乐观。对于中国军队在东北战场的表现，他深感失望，认为"实则以国力论，亦未必全败，惜弃命者少耳"。而报刊连日报道和所谈情况，似有期盼和平的隐喻。至10月23日，他阅报得知"日人所提五条件，志在必行。而中国施肇基亦申请四项要求：一、解决满洲纠纷，必须以日本撤退为基础。二、当撤兵时必须有一中立国视察。三、中国所受损害有要求日本赔偿之权。四、必须设立一中日间调和公断之永久机关。"他阅后认为"两方各趋极端，势非用兵不可矣"。显然，弱国无外交，中国政府提出的和谈条件，以及"国联"的多次调解，日本不以为然。日军觊觎东北已久，扶持溥仪为傀儡的谋划已见端倪。11月16日晚，他阅报得知宣统企图复辟的消息："通告各国，国号仍'大清'，改元'明光'，愿受日人保护，各国不必干涉。"对于宣统等人的卖国行径，他愤然指出："此真甘为张邦昌、石敬塘〔瑭〕矣。吾深为故君惜。彼郑孝胥身读万卷，位居师辅，不能畅发日军阴谋，竟以爱君者卖君，其愚陋可叹。"① 这显然是"九一八"事变带来的恶果。吴梅对郑孝胥的鄙视，是基于形势的进一步研判。

和平无望，前方战事又处处不利。报刊不断传来坏消息。吴梅连日在与友人的交谈中，对时局甚为焦灼。11月17日，他阅报得知"国联"理事会继续调停的消息，按照美大使道威斯制定的中、日折中办法，"仅请日本践其撤兵之约，而不限日期，由国联与美国会派中立视察员监视日军撤退，与华官接收各地"。对于此类毫无约束力的所谓"办法"，吴梅深感失望，他认为"此真与狐谋裘，与羊谋羞而已"。20日，他在中央大学读当天的《中央日报》，"知马占山弹尽援绝，退守克山，黑省已失陷矣"。面对如此残局，吴梅

---

① 吴梅著，王卫民校注：《吴梅全集·日记卷》（上），河北教育出版社2002年版，第3、4、9、17—18、42页。

描述当日的心情："为之不欢者竟日，勉强上课，不知所云，犹冀此信未确也。"然而日军气焰嚣张，对国联所提方案不以为然，和平前景极为暗淡。21日，他阅报得知日人将永占东三省，决不退兵的文告后，深感不安，他认为："按此书语气，实是与今政府宣战，推其意，非扑灭南京不可，恐长江流域从此多事矣。奈何！"这就意味着日本全面侵华将不可避免。至27日，报纸新闻报道："日军攻锦州，又图袭天津，而铃木一旅，已由营口大举直趋沟帮子，我军决在沟西死守。国联白里安又劝告中日停战，开秘密会议，拟定新办法，商量双方撤军。"报刊往往以"国联调停"来制造所谓和平的希望，但随着中方在前线的全面溃败，此类论调颇令人失望。28日，吴梅阅报得知天津又大受日人蹂躏，他"气愤之至，弃报不看"。① 从东北到天津，日军肆无忌惮，令吴梅心意难平，失望之至。

面对国家危亡，各地学生纷纷走向街头，表达对国民党当局消极抗战的不满。吴梅在南京目睹学生的游行活动，作为大学教授，他不仅关心学生的安危，对由此引发局势的动荡也深感不安。12月8日，他阅读《中央日报》所载教育部长朱家骅发布的通告，"劝家长将各生领还，其意亦是"。他认为"诸生非孩提，即有家信，亦不愿归也"。之后，他持续关注学生请愿的情况。9日，他节录了报纸所载国府通令全国学生一文，并评论道："措辞尚可，惟必云学生受阴谋家利用，则未免罗织。"第二天，他阅报得知"北京、济南学生南下有四千余人之谱，而真茹方面倏有掘毁路轨之举"。对此，他颇为担忧，指出："外患方急，内讧又起，正不知伊于胡底也。"②

通过吴梅对"九一八"事变后续的新闻记载可以看出，这一重大新闻具有显著的延后影响。事变之后，尽管"国联"出面调停，国际舆论也有一定影响力，但日本图谋东北已久，日军在事变后的一系列侵略行径进一步引发国人的焦虑、惊恐和愤怒。吴梅作为一名大学教授，拥有较多的资讯来源，

---

① 吴梅著，王卫民校注：《吴梅全集·日记卷》（上），河北教育出版社2002年版，第42、43、45—46、47、50、51页。

② 吴梅著，王卫民校注：《吴梅全集·日记卷》（上），河北教育出版社2002年版，第55、56页。

而报刊新闻则是将他带入中日冲突场景的重要媒介。他在和战问题上着墨甚多，虽知国联调停难有实效，但内心对和平充满向往。然而，战事新闻不断打破他的幻想，使他的新闻叙事不断呈现浓烈的反日情结，并展现出对国家危亡的极度忧虑。

在苏州，作为"合肥四姐妹"的大弟弟，九如巷的青年张宗和在"九一八"事变爆发时，尚是一位充满朝气的中学生，他热爱文学，热衷于阅读各种文艺报刊，也喜欢体育运动。不过，"九一八"事变打破了他平静的学生生活，促使他在民族危亡之际将目光集中在报刊新闻上。"九一八"事变发生的第二天，他看《苏州日报》，"知道出大事了，是日本人在十八号已经占据了我们辽宁的沈阳，而张副司令还叫军士们沉静等候命令"。他看完报纸，义愤填膺，在日记中表达了强烈的爱国情怀：

> 我是中国人，我还算有些血，我怎能不愤。我想以前外国人嘲笑我们中国人只有五分钟的热度，现在我看看连一分钟的热度都没有，中国人有的只是"沉静"而已，五分钟的热度固然太少了，然而到底还有一点热度，现在呢，没有了，像冰一样的冷了。我想去当兵，假如中国同日本开战的话。
>
> ……消息是这样的不好，日本的军队已一步一步的在前进，中国的军民在一批一批的死亡，中国城池在一座一座的被毁坏。我不明白我应当怎样办，假如有人要我一阵去打日本人，我一定去。我不能再看重我的生命，我应当牺牲了，为了我自己，为了我的国家，为了世界。
>
> 读书有什么用？我不相信一个书生能够抵得过一个军人，在现在的时候还读什么书？！什么"读书不忘救国""救国不忘读书"，简直不通。①

---

① 张宗和著，张以𤈵、张致陶整理：《张宗和日记（第一卷）：1930—1936》，浙江大学出版社2018年版，第127、128、129页。

9月22日，他看到苏州报纸报道了北方各大学的学生请缨赴前线的消息，还看见许多团体电告国民政府对日宣战，这让他感到非常兴奋。23日，前线传来"日本人又占据了中国的吉林"的坏消息，他心急如焚地写道："中国呢依然是沉静沉静，十分的镇定，我们抱的是无抵抗主义。假如人家拿起刀子要杀我们的头，我们难道还俯首就戮吗？中国政府的态度真不能使我明了。"[1] 显然，他热切期待当局积极抗战。他决定弃笔从戎，但生怕父母反对，便偷偷离家出走，家人发现后，被"逮"了回来。由此可见，"九一八"事变对他的心理影响极为深刻。战事打破了他宁静的生活，抗敌救国成为当务之急，相关的新闻叙事虽然较为简略，却成为他思想激变的引线。他的阅读感想从情感上强烈地体现出这一重大事件对个体心理的深刻影响。

在浙江温州，长期坚持博览报刊的乡绅刘绍宽，在"九一八"事变发生之后，特别留意上海各校学生往南京请愿的报道。面对学生向国民党军队提出对日作战的强烈要求，"中央通告学生书，大致谓少［稍］安毋躁而已"。他读报后评论道："奉事发生十日矣，而中央不闻发一策，何以系民望乎？"之后，报刊纷纷报道废帝溥仪建立伪满洲国、国民党宁汉之争、军阀混战等方面的新闻，他深以为忧。他摘录报纸关于国难会议的评论："国政由少数人垄断，国民不得过问，国有外侮，则推之于国民，揆诸情理，讵能谓然？"对于政府的腐败无能，他深感失望，遂引用报纸评论："政府一切偏私舞弊，用人既不以专门人材为标准，行政尤不以人民利益为前提。有真实专门学识之人材，竟无所用其长，而无于长者辄据要津职位。为结纳联欢之酬劳，为安插私人之工具。尤有进［甚］者，军阀以政客为爪牙，政客以军阀为靠山。即素称清高之教育界，今亦不免为官僚主义所侵入。校长必勾结实力，教员必结纳校长，其无派别无靠山而具真正之学识者，则随地无立足之点。"对于蒋介石的倒行逆施，他也有所注意。如蒋介石组织青衣社一事，他指出其矛盾之处："蒋发表谈话，谓中国革命只有国民党孙

---

[1] 张宗和著，张以䂮、张致陶整理：《张宗和日记（第一卷）：1930—1936》，浙江大学出版社2018年版，第129页。

第三章 十年内战时期时局变动、新闻呈现与读者观感

总理所定之固有组织和方式,若又仿意大利法西(斯)之组织强行之于中国……蒋组有青衣社,多半以黄埔学生充之,有三千人,上海《大陆报》言之甚详。"①刘绍宽不惜笔墨抄录这些新闻和评论,揭示了"九一八"事变后的社会乱象。

通过报刊的传播,"九一八"事变在乡村社会也产生了深刻影响。如在浙江余姚,乡绅朱鄂基长期订阅多种报刊,对时政要闻甚为关注。"九一八"事变后,他对相关新闻及后续报道进行了较为深入的跟踪,详细地记录在日记中,并进行了评述。9月22日,他读到20、21日的报纸,对"九一八"事变的过程进行了综述:"日本于十八日假名南满铁路被华人毁去,遣派陆军占据沈阳、长春,由皇姑屯等处,直行进兵,张学良仍住北平医院,命军队皆取不抵抗主义,一面电达中央,外交部已发数次抗议,并令驻日内瓦国联代表施肇基提交公断。《申报》记者谓日本与俄美均有世仇,或以中国为示威发轫之始,而东省固早视为囊中物矣。"23日,他读报得知"吉林被日军夺去",而对于此种结果,"沪上民气激昂,而租界笙歌未已"。之后,他关注"国联"的调停,对和平解决颇有期待。29日,他读前两日的《申报》,并记载:"国联调停满洲事件,屈服于日,拟将会期延长七日,以日有撤兵之语,果否言符其实?"面对国难,上海、南京等地大学生游行,但蒋、汪、胡各派系之间却争权夺利,外患未除,内忧甚炽。他继而总结道:"上海各大学又将假名救国罢课示威,粤方尚未疏通,外患当前,内讧不已,其间当有暗幕,或谓与东事有连,岂其然欤?"②战事虽远在东北,但朱鄂基在乡下通过解读新闻,结合国内外局势进行分析,对相关报道甚为关切。

1931年10月之后,形势危迫,朱鄂基密切关注前方战事报道。6日,他读报后对局势进行了概述:"日人迫令熙洽、袁金铠等运动东省独立,外部抗令日政府负责,西班牙驻沪领事调查日人在东省果否撤兵,宁粤方条件未妥,所谓国必自伐而后人伐之也。"在他看来,解决中日战争的重要前提是宁、粤

---

① 刘绍宽著,温州市图书馆编,方浦仁、陈盛奖整理:《刘绍宽日记》(第三册),中华书局2018年版,第1140、1174、1194、1214页。
② 朱鄂基著,朱炯整理:《朱鄂生日记》(四),凤凰出版社2021年版,第1303、1304、1305页。

双方的合作。之后,他一方面留意中日战事和国联的介入,另一方面对蒋介石、汪精卫之间的谈判颇为关注。10月18日,他简述近日新闻动态:"国联议决令日本撤兵,未从。时事益趋严重,粤系汪精卫有来沪之说。"23日,他读报后对时局甚不乐观,写道:"国联有软化倾向,日人在东省益复暴厉,国内宁粤未能团结。"之后,报纸又报道了汪精卫等到沪与蒋介石会晤的消息,但"谣言甚炽,银根骤紧"。报纸还多次报道蒋汪之间分歧较大,国联调停已无进展,局势严重。11月12日,他读报后记载:"日军侵略黑龙江,马占山抵抗甚力,洮昂一带战事密布,日军利用天津乱民由租界冲出,扰及华界,幸当局防御颇密,或不致扩大。国联前届议决十六日以前日军须撤至铁路区域以内,今则扰及关内,可谓目无国联矣。"日军无视"国联"的决议,引发国内舆论对国民政府的强烈不满。12月6日,他读报后得知"新任外长顾维钧授意顾肇基一变从前外交手段",从而引发舆论大哗,马相伯、张仲仁等人联合通电组织国难会,以此监督政府,"电内有中国不亡于逊清洪宪军阀之时,而亡于以党治国之日等语"。显然,内政不能统一,前线败局难免。12月23日,他读报得知"日军准备攻锦州,中央四届全会正在分配员额,争论不休"。国难当前,国民党各派系"若不知有外患者",此种局面,难以收拾,令他甚为焦躁。1932年1月9日,他读《申报》后记载:"锦州失陷,日军又攻热河。"他对南京政府颇为不满,写道:"中央政府仅知分委人员,醉心利禄。"1月10日,报纸又宣称:"美国以书面引用《九国公约》警告日本,英法亦有一致进行之势。"但此类所谓的"国际干涉"并无实际效果。他认为"暴日气吞全球,未必有所畏怯",而蒋介石借此坐收渔利。1月14日报载:"张继、何应钦至奉化,请蒋出山。日军进攻热河。"朱鄂基已心灰意冷,尽管也记载"东北义勇军奋起抗日",但"枪弹不足,难以成事",[①]他认为和平解决已毫无可能。总体而言,与一般报刊读者着重记载战事本身不一样,朱鄂基更注重从战事和国内时局两方面对事件进行叙述和评论,更能全面地

---

① 朱鄂基著,朱炯整理:《朱鄂生日记》(四),凤凰出版社2021年版,第1309、1310、1311、1312、1315、1318、1321—1322、1324页。

第三章　十年内战时期时局变动、新闻呈现与读者观感

体现事件的动态变化，并较为真实地反映他的读报心境。

"九一八"事变通过报刊的传播，对小学生也产生了一定影响。如浙江奉化的乡村小学学生周建中，他平时学习成绩中等，却养成了写日记的习惯，他13岁时写的日记中便有对"九一八"事变的记载。1931年9月22日，他在日记中写道："今天满报纸都载着日本出兵在东三省暴行的事。九月十八日晚上，日本驻在辽宁省的兵队，突然自己轰炸了皇姑屯的铁路一段，声称是我国军队所为，便借了这个口实，进攻北大营，杀毙我同胞，而且沿途焚劫。……"这段话是他对报纸新闻的通俗化陈述，但大致描述了事件的来龙去脉。然后，他对这一重大事件发表读后感："无理的暴日，过去的二十一条条件、济南惨案、万宝山惨案和最近的青岛事件，都不是你们所造成的吗？你看我国近年受了大水灾和国内分裂，大伤元气的时候，就要乘机来侵略了吗？……希望我国当局因外患团结起，快些和平统一起来，一致和这无理的暴日决个最后的胜利。"① 此段文字出自一位13岁的小学生之手，真实地反映了其对日寇的满腔怒火和合力抵御外侮的强烈愿景。

当然，对于"九一八"事变的新闻阅读，由于个体对事件的关注与解读存在一定差异，一些读者虽关注这一事件，但所论较少。"九一八"事变后，在杭州之江大学任教的夏承焘虽每天记日记，但很少留意事件发生后一个多月的新闻。至1931年11月17日，他阅报后记载："马占山在汤池又击退日军，俘日兵二百余。各界筹款犒军者纷起。"但三天后，他读报后得知局面大变："马占山果退败，克山、龙江昨日被陷矣。乌呼！国联消息仍无进展。《申报》时评谓中国如今有二支孤军，一马占山，一施肇基，皆在必败之数。"败局难以挽回，28日，他读报后记载："津局岌岌，日人甚讥入京请愿学生。"② 日寇长驱直入，不仅东北沦陷，华北亦危急。潜心词学研究的夏承焘已是心意难平。又如成都读者陈元畅平时浏览大量报刊，"九一八"事变后的

---

① 《小学生周建中的日记》，吴珮瑛等著：《民国乡村小学生的日记》，华文出版社2012年版，第16、17页。

② 夏承焘著，吴蓓主编：《夏承焘日记全编》（第三册），浙江古籍出版社2021年版，第2297、2301、2305页。

第四天，他读《民报》号外，"证实日军蛮横，看此情形似蓄意已久"。而在成都当地，"中日事件发生后，各方皆激烈反日"，尤其是"囚徒等亦呼反日于狱中"。① 此类描述虽较为简略，但反映了"九一八"事变在地方社会产生的深刻影响。

二、"一·二八"事变与读者反响

相对于"九一八"事变，"一·二八"事变持续时间更久，从事变发生的1932年1月28日开始，至5月5日中日双方最终签订《上海停战协定》，战事持续3个多月。从事件史的角度看，这次事变虽发生在上海一地，但十九路军英勇抗击日军的系列新闻报道打动了无数国人。与此同时，上海各报对战事的描述也建构了战事场景，呈现出复杂多元的战事新闻格局。从新闻事件的形塑看，报刊、读者与战场之间的互动，尤其是读者对新闻的阅读、理解、评论与想象，形成了巨大的新闻场域，产生了深远的社会影响。

"一·二八"事变爆发后一个多月，吴梅尚在苏州，1932年3月初，他携家人暂居沪上，观察到战事在上海引发的动荡，以及民众遭受的种种恐慌。他勤于读报，对整个淞沪会战的全过程进行了较为全面的记录，并结合自身的观察和思考，发表了对时局的评论和见解，拉近了新闻与自身的距离，从而将不同新闻文本进行组合，叙述了长达3个多月的事件史。沿着事件发展的路径，吴梅在新闻叙述的过程中，通过长时段的自我介入，体现出参与式传播的特征。他一般先阅报、记事，再评述，通过持续关注，形成了具有个体思想和情感历程的事件观察史。

在淞沪会战爆发后的第三天，吴梅读报后得知"海上战事正烈，日军又败。我军吴淞炮台，击沉日舰一，中伤一，日军要求停战。沪市长有三项要约，并请英、美两国领事官作保。英、美领不许。日军电本国请援，传闻派陆战队万五千人来华"。此段文字并非抄录报刊原文，而是经过吴梅的提炼和

---

① 陈元畅：《陈元畅日记》，王建朗、马忠文主编：《近代史研究所藏稿钞本日记丛刊》（第七十五册），国家图书馆出版社2020年影印本，第62、68页。

改写，言简意赅，揭示了战事初开后的情形。他读后简要评论道："此后战局又不可逆料矣。"时局云谲波诡，他对未来颇为茫然。至2月4日早上，他遍阅各报号外，得知头天沪上战事情形："日兵又败，大将青田阵亡。又吴淞炮台击沉日舰二，毁一，昨日亦有击沉者。而英、美兵舰已将来沪，国际态度，旋有不直日人行动。"对此好消息，他自然感到兴奋，但对江苏省政府将迁至扬州颇有看法。他认为："润州临江，日舰未必动手，何必仓皇渡江乎？"① 此类评论不仅体现了吴梅对新闻本身的关注，还通过他的自我体认和判断，体现出他在新闻场域中的主体价值，即在日记中将客观新闻事实与主观评判有机结合起来。

之后数日，报纸号外纷纷刊登中国军方在前线获胜的消息。2月6日，他归纳各报号外消息："海上昨日以飞机作战，日军又败，落机多架，外人无不赞美我军也。"第二天，《明报》号外报道："日人又有袭取山东之意。"他认为"盖青岛之归我国，日本最为不服，此信虽未见事实，顾亦意中事也"。8日号外又报道："日军方以生力军袭击吴淞，仍未得利。或云风雨既大，气压必低，海上行军诸多窒碍，是天亦助我方矣。……日将以十万兵来华，未免杞忧。而十九军长蔡廷楷独谓数日以来，战事实如儿戏，最好大队来此，杀一痛快。"这些经过汇编的新闻以"号外"的形式传播，固然是报纸借以吸引读者的手段，也反映出前方战事颇能振奋人心。但是，报纸也有不少夸张的报道，如"以煤篓破敌"之说，吴梅读后，"亦堪喷饭"。②

报纸不断传来胜利消息，吴梅也乐意在日记中综述各方面的获胜新闻，颇受鼓舞。2月10日，他读报后记载："昨日军大批攻吴淞，仍未得逞，攻闸北，又失败，而日军伤亡总数，至昨日止，有五千五百名以上，足见战绩之佳矣。"战事激烈，至13日，他读报后得知"日又调兵两师，以大炮攻击，结果仍败退。英、美、意各领事，又出调停，日坚持我军撤退后，方可谈

---

① 吴梅著，王卫民校注：《吴梅全集·日记卷》（上），河北教育出版社2002年版，第82—83、84页。

② 吴梅著，王卫民校注：《吴梅全集·日记卷》（上），河北教育出版社2002年版，第85—86页。

判"。战事不断扩大,他内心颇为担忧。15日,他综合各报新闻云:"十九军中,夺得日皇赐兵人绣旗一,上有'克复中华'四字,已奇矣。而《大公报》则谓日军在大世界开炮,更奇。夫大世界在洋泾滨[浜],今之爱多亚路是也,法界之北,英界之南。果有此举,租界糜烂矣。"日军图谋租界,说明短期内战事不可能结束。16日早,他阅《明报》后得知"昨日敌军万余,正在布防,拂晓未止",他进而判断"两军决战,约在今日,能再挫其锋,则一切悬案,可以解除矣"。①

随着战事的胶着和国际舆论的干预,有关和谈的新闻成为报刊报道的重点,中日双方都提出了具体的要求,并相互指责,引发广泛关注。吴梅不厌其烦地摘录相关新闻,追踪和谈进展。2月18日,他阅报"知仍未大战,而英使表示,和平已有进展。闻调停内容,双方先议停战,沪案交涉,决俟异日。日态度稍和软,要求华军退五英里,日亦撤兵退租界,日船亦退吴淞。我国各团体皆反对,请勿轻信云云"。2月20日,他阅报后得知和谈并不乐观,"日方所发'哀的美敦书',吾国已发复文,绝端反对,逆料今晚必有恶战矣"。和谈遇阻,但报纸不断传来中方获胜消息。21日,他阅报,见"日军大败"四字,甚为兴奋。24日,他阅报得知"日军又派总司令来沪,……已四易主帅,而无一得胜,举棋不定,任将不专,即是败象也"。25日,新闻称:"吴淞无战事,而闸北、江湾、大场等处,又节节胜利,日军又大败矣。"面对连日捷报,他心情大好。27日,他阅报后记载:"日方举援军,计十万人,欲尽夺长江要隘。"他讥讽道:"此真为苻坚、完颜亮之续矣。"但是,二天后,报纸传来坏消息:"江湾失守"。他"心为闷闷",对于此前的报道也深表怀疑,指出:"惟各报皆云因战略上关系,暂时放弃,此明明饰词也。"② 此种质疑,表明当时报刊的确存在报喜不报忧的倾向,容易使读者产生盲目乐观的情绪。

---

① 吴梅著,王卫民校注:《吴梅全集·日记卷》(上),河北教育出版社2002年版,第87、88、89页。

② 吴梅著,王卫民校注:《吴梅全集·日记卷》(上),河北教育出版社2002年版,第90、91、92、93、94、95页。

第三章　十年内战时期时局变动、新闻呈现与读者观感

至3月，报纸又持续报道和谈进展，呈现边谈边打，边打边谈的胶着状态。3月1日，吴梅综述了当日新闻："日领事突函上海市府，云将于嘉兴、苏州破坏沪宁、沪杭铁轨，阻止援军。而白川于昨晚抵申，由张华浜上岸，十一、十四两师亦到，彼独非援军耶？美、英、法、意、德五国出任斡旋，有华军退十里，日军退廿里之说，调停接洽，未识何如。"第二天，他阅报后判断"和平希望，甚无把握"。3日，报纸传来闸北国民党军全线撤退的消息，他心生疑虑："岂真战略上计划欤？抑一败不可守，遂退至南翔第二队防线欤？"对于报纸声称"自行撤退，并非战败"的说法，他"殊深焦虑，但不敢形诸颜色，恐家人惶悚耳"。4日，他阅报得知"吴淞翁照垣旅，亦退浏河，海上遂无我军。国联会对日严重表示。日司令答云：业于昨日三时停战。日本之所以停战者，全由国联理事彭古耳。闻日本有新提案，条件甚苛，将劫成城下之盟，故和议有九分不妥也"。话虽如此，他内心对和谈颇有强烈期待，但两天后，他阅报得知"日军仍在浏河，且嘉定南翔，间有激战，上官云相部方与相对垒"。他转而判断"是大未可乐观，推其意竟将占沪宁线也"。3月8日，报纸果然报道："日本虽表面停战，仍积极进攻。"之后数日，报纸持续报道国联调停的消息。3月17日，他总结近日报纸所载："泰半酬酢国联调查团，甚觉无谓。"但他特地记载李顿爵士所云："凡一国仇视他国，蓄意挑衅，而转望国联出而拯救，则势有所不能。"这就道出了所谓"调停"的结局。他仔细品味，为之惊惧。18日，报纸新闻称"前线日军，忽又大增，在嘉定布置炮阵"，他进而感叹："和局恐难实现，奈何。"此后，报刊几乎每天都刊登和谈和战况，时局甚为诡异，他的心境深受战局的影响。20日，他早起阅报，"知和议渐可发展，而浏河、嘉定间日方屡次挑衅，战机一触即发，不无惴惴焉"。21日，报纸一方面宣传停战条件已渐发展，但又有报道称"日军又开到四千，炮弹亦大批续到，计来沪生力军有九万名之多"。对于日军的边谈边打，他认为"一面倡言停战，一面竭力进兵，可知和议全是假托"。22日，报纸报道已完全推翻日方对于停战的原议："据此则日方停战之说，全属蒙蔽各国耳目，其酷烈之心，至此暴露。"而日军不断增兵沪上，"两星期中来沪日兵，多至四万余，而长江日舰，亦多至三十八艘，战祸可随

— 137 —

时爆发也"。之后数日，报纸又重点报道和谈消息，令人捉摸不定。25日，他阅报得知头天已开停战会议两次。"是日所议仅及第一项，已历六小时之久，至晚仍无结果，故各报皆云此会至少须一星期也。"但是，日方不断加强军事攻势，使和谈蒙上阴影。26日，他阅报得知停战会议几至决裂，而日军进一步进攻太仓、苏州。他颇为沉痛地写道："余等来申，家中一切颇为忧虑，况娄门掘壕，先人坟墓即在附近，北洋泾浜，尤属可危也。思之焦灼。"30日，他阅报得知太仓有战事，他颇为愤怒地写道："日人无信至此，一面言和，一面又战，不知如何可了。"①

对于和谈的具体细节，吴梅在4月的日记中进行了极为详细的记载和评论，他几乎每日都留心和谈的新闻，渴望战乱早日结束，恢复正常生活。4月1日，他阅报后记载："和会第三项，日本撤兵区域，及时间问题，争论颇烈。日人决以吴淞至真茹〔如〕为退兵地，其心非退兵，实常川驻兵矣。我方因是反对，恐此症结，即为破裂之媒。"但第二天，和谈稍有转机，报纸新闻云："日方参谋部训令白川，略示让步，吴淞、江湾间允放弃不占。"至第3天，日方态度又转强硬，声称"不许第三国干涉，而撤兵期限须至一年后始可毕事。又调查中国军在南市布防情形"。他读报后甚为愤怒，认为"决裂在目前矣"。战事一触即发，至7日，报载日军犯横沥桥，被国民党军队击退。新闻云："和会今日续开，大有决裂之势；日方须开圆桌会议，方可定撤兵日期。"之后，日方节外生枝，屡屡提出苛刻条件，威逼中方接受。15日，报纸报道："国联特会，明日开会，日本决拒绝参加，而黄渡、南翔、大场等处，忽然撤兵，其意欲缩短阵也。"面对僵局，他在日记中分析："我军欲长期抵抗，正是绝妙机会，如小组会决裂，可各守阵地，待时出奇以胜之也。"18日，他阅报得知"国联特别委员会，为中日事，别提折衷办法，以上海恢复平常状态，即为日军撤退之期"。他评论道："此语空洞，无限止，何谓平常状态？吾知中外人士，无一能确定界说，此又弱国无外交之一证也。"日方

---

① 吴梅著，王卫兵校注：《吴梅全集·日记卷》（上），河北教育出版社2002年版，第95、96、97、98、100、106、108、109、111、112、115页。

态度横蛮，19日，报纸报道日本仍坚持上海之恢复常态，当由日本决定。他读报后叹息："近日消息沉闷，会议则节枝横生，战事则时作时辍。计吾家来此，已四十日矣。"之后，日方内部对和谈有分歧，和谈进展迟缓。27日，报纸又制造舆论，认为停战会仍有开议希望。他综合各方面的报道，对日军的伎俩甚为愤恨，并沉痛地写道："日来波诡云谲，究不知葫芦中卖甚底药。有云协约已妥，可以签字，只以民气激昂，不得不姑布疑阵者。……总之，注全力于东辽，而扰乱沿海各埠，得尺得寸，惟力是视，此日人之真谋也。"①

至5月，中日和谈取得了实际性进展。5月3日，吴梅阅报得知"十九路军奉命结束，昆山、南翔间不再发生战祸。停战会议，今日续开，可望签字。沪宁铁路，亦可恢复原状，十日后，可以通车"。在读到这一消息后，他为之一慰，描述道："一场恶梦，已到晓钟时候，避难居申者，咸欣欣有喜色。"之后，虽然国内各派系、团体有反对声音，对和谈的结果并不满意，但在5日，各报纷纷报道停战协议在当日签字的消息："民间不知协议内容，颇多非议。"他则不置可否，认为应"俟全议公布后，再定判断"。6日，他认真阅读报上所载协议条文，并全文抄录。他对条约甚为不满，认为"丧权辱国，尚复何言"。② 至此，他对整个淞沪抗战的全过程记录大致结束。在淞沪会战过程中，报纸新闻详细地刊登了战事与和谈的细节，但从新闻叙事的角度，对整个战事进行全程记录和评论的读者并不多见。吴梅不惜笔墨，一改平时重点记载读书、写词、作曲心得的习惯，将目光聚焦于战局，详细描述了战事的具体进展与和谈细节，形成了较为完整的事件史。

相对而言，其他读者对"一·二八"事变的记载较为零散，且时段、详略各有侧重。如"一·二八"事变的第二天，身处上海的聂耳便在大马路买了《大美晚报》，一面走一面看，全是不利的消息："北站被炸；商务印书馆

---

① 吴梅著，王卫民校注：《吴梅全集·日记卷》（上），河北教育出版社2002年版，第115、116、119、125、129、133、137页。

② 吴梅著，王卫民校注：《吴梅全集·日记卷》（上），河北教育出版社2002年版，第141、142页。

起火；金利源码头掷炸弹，炸伤三人；日军死伤百余人。"1月30日，他看到《时报》上大红字是"大胜"两字。"十九路军和日军的激战到昨日更厉害，日飞机被击落三架，我军占了日海军司令部，击退北四川路一带日军。……今日日领事提出休战，但蔡坚决反对。巷战仍未停止，日舰续到沪。"31日，聂耳看《时报》号外，消息称"今天又打落两架日机，虹口、闸北一带仍有不时的小接触，因为日兵继续开到，情势更加紧张，沪西一带亦成危险区域。静安寺路、爱文义路、戈登路都在装炮台"。他判断"日内定有更激烈的大战"。① 聂耳对报纸新闻的记载较为真实地反映了上海一些报刊选择性报道的倾向。

商务印书馆编辑王伯祥在1932年2月26日晨起看《时事新报》及《申报》，"知庙行已转危为安，倭贼深入陷围，在小场庙歼灭千七百余人云。此心悬悬为之稍贴。及暮又得号外，知六时后暂无战事。未几，又闻炮声续发，当十时后，复烈"。十九路军奋起反击，日军遭到痛击。27日，他看报纸，"知我阵线仍未动，倭未得逞"。但至3月4日，"倭已深入"，他"愤痛难名"，日机轰炸商务印书馆，损失惨重。13日，《申报》报道商务印书馆损失情况："计一千六百三十三万又五百另四元，业分呈国民政府等机关请向倭廷索赔偿。"他悲愤地写道："呜呼，仅一私家工厂，损失已臻巨额，它可知矣。以予方之，真沧海之一粟耳。然受累已无穷，甚难复元也。"② 商务印书馆遭此重创，王伯祥内心极为沉痛，之后两个月，他很少记载报刊新闻。

作为商务印书馆的创始人之一，高凤池平时读报后对时政问题较少发表评论。但是，对于"一·二八"事变后上海所遭受的创伤，以及他的房屋被毁，财产损失惨重的相关情况，他在日记中有详细回忆。对于淞沪会战的报道，他也留意记录。如1932年2月9日，他读报后记载："昨今两日在吴淞蕴草［蕴藻］浜等处有血战，为开战以来所未有，毙敌千余人。日军冲锋十余次，欲破我阵线，皆不得逞。闸北虬江路等处，仍在剧战中，我军应战有

---

① 聂耳著，李辉主编：《聂耳日记》，大象出版社2004年版，第241、242、243页。
② 王伯祥著，张廷银、刘应梅整理：《王伯祥日记》（第四册），中华书局2020年版，第1413、1414、1417、1422页。

方。又虹口方面，连日安静，自昨日起，情形又变，忽然紧张。……余闻之颇忧，欲将全家迁出。"第二天，他又记载："报载有我军着日军退出租界，不然，即攻租界之说，风声鹤唳，美租界愈形吃紧，于是全家在下午陆续出避。"3月10日，他结合新闻报道总结道："此次淞沪之战，凡闸北、江湾、吴淞等处，被日人炮火所炸毁，价值至亿兆之巨，素称富庶、人烟稠密、工厂学校林立之区，变成一片焦土。"① 而有关国内其他时政要闻，他在日记中却很少记载。从整体上看，高凤池对报刊新闻的记载具有选择性，这显然不是他的报刊阅读活动的全部记录，他的"记"与"忆"并非对称。相对于他的其他社会活动，读报可能是一种经验性的实践，在他看来，并非要以流水账的形式呈现。这是传统士绅在现代性转向中值得关注的现象。

同样身处上海的徐乃昌对淞沪会战也有记录，但他很少谈及战事初期的新闻。至1932年3月2日，他读报后记载："十九路军因浏河为日军袭击，今晨全军退守南翔。"3月3日，他读《晶报》得知"全线退却主因，盖因王赓在虹口被捕，搜出军用地图，得悉重要驻防地点，更侦得后方空虚，日军遂以十四师团袭取浏河，故于廿五下午四时，令全线士兵总退却。……"当日，他读《大美晚报》后评论道："英人胡得海累著论讪笑吾国人，今以十九军退守，又冷嘲热讽，英人骄蹇性质，习惯使然也。"② 同日，报纸报道中日停战的消息，之后，徐乃昌的读报记录较少，对后期的和谈和战事鲜有记载。

"一·二八"事变前，身处北平的清华大学文学院教师浦江清在课余协助吴宓编撰《大公报》文学副刊。与办刊与订阅杂志相比，浦江清在日记中对报纸新闻的记录相对较少，但在"一·二八"事变发生后的第二天，浦江清便在日记中记道："是日报载，日本以暴力占上海闸北，我军与之冲突，美国亦将发动，世界大战将起矣。"此后，他多次记载淞沪战争的进展并加以评论。如2月5日记载："上海日海军司令盐泽因战不胜剖腹自杀，此亦快事，可略警日人之骄傲。"2月13日，他阅报得知"上海吴淞二方我军大胜，日

---

① 高凤池著，叶新整理：《高凤池日记》，中华书局2022年版，第39、41页。
② 徐乃昌著，南江涛整理：《徐乃昌日记》（四），凤凰出版社2020年版，第1386页。

人虽增援军，死伤过多，锐气已挫，不能支矣。此亦快事也"。① 此类新闻，经过报纸的渲染，使浦江清感到兴奋。但他之后很少关注后续战事，3月之后，他在日记中基本不提及沪上战事，有关后续报道可能没有引起他的兴趣。

与浦江清不同，"一·二八"事变一个多月后，在杭州的夏承焘才对沪上战事进行记载。3月3日，他阅报得知"十九军塙退至第二道防线真茹［如］，又传退至松江。蒋中正不遣援军，至敌军由浏河迫十九军侧面，遂以偾事。月余重大牺牲终无所获，政府自弃于民不可讳矣"。两天后，《申报》纠正了之前日军总司令白川阵亡之说，夏承焘还综述当日报纸新闻："浏河塙已克复，各路援军已到前线，时评责国民党甚激烈。"6日，他阅报后进一步证实，"浏河大捷及白川阵亡全是虚谣"。日军进一步向南翔等地进攻，令他颇为焦灼。至16日，他阅报得知"国际调查团已到上海，沪战国人死六千余，伤二千余，失踪万余"。② 之后，夏承焘对沪战相关报道的记载甚少，他的选择性记录仅是整个事件的片段。

"一·二八"事变在成都社会引发强烈反响，长期生活在成都的陈元畅对相关报道引发的社会反响和民众心理甚为关注。1932年1月30日，他在得知沪上战事消息后，甚为惊诧，并颇为悲愤地写道："国成如是，竟然不敢［堪］一击，天地间之最可怜者，未有如是之甚。"第二天，报纸传来"中国似优势"的消息，他期待四川军方有所作为，出兵援沪，并谴责军阀混战，希望四川各方能团结抗日。他在2月9日描述了战事新闻对成都普通民众的心理影响："日日号外，多为沪上事也。日兵多败，人皆有喜色。日军占沈阳，人皆愤慨。但宣传者皆说、皆写中国人可怜凄惨况。人心颇消极。今忽日旦传中国胜利，故一般人如饮兴奋剂，且有欲向前敌者。"显然，前方战事报道具有牵引人心的作用。但随着沪战的深入，四川社会引发了连锁反应。

---

① 浦江清：《清华园日记 西行日记（增补本）》（第2版），生活·读书·新知三联书店1999年版，第68、71、73页。
② 夏承焘著，吴蓓主编：《夏承焘日记全编》（第三册），浙江古籍出版社2021年版，第2345、2349页。

第三章 十年内战时期时局变动、新闻呈现与读者观感

他在28日记载:"沪事起后,觉四川所受影响尤重,渝刘方面裁各县,法庭合并,征收局减薪,尚有撤去市政府之说,皆因税关收入大减,实则鸦片烟输去大减也。"① 此段记载证实了沪战导致了四川的经济危机和社会动荡。

"一·二八"事变经由报纸的多方报道,在乡村社会也引发了读者的关注。温州平阳县的乡绅刘绍宽对"一·二八"事变的报道颇为留意,他在日记中摘录和综述了不少相关新闻。战事爆发后的第二天,刘绍宽便得知"上海事危迫,日海军定一二日内取实力行动"。之后两天,他通过电报、无线电等消息,得知日军入侵闸北、车站被毁、商务印书馆被炸的坏消息。之后,刘绍宽对沪战新闻的记载多使用"某日电"的方式,并没有指出电文的具体来源,但他对新闻的了解较为快捷。同时,他也以"报言"作为导语,摘录一些报纸新闻。如2月1日,他记载:"报言,廿九日七时日军用铁甲车及平射炮向我军猛攻,九时枪声未绝。……昨日结果,日军死千余人,我方伤六百余人,并获日机数架。"2日,他摘录报纸有关沪上战事的具体报道:"卅日午后日败兵二百余名,在天通庵一带被我军包围缴械,日军逃去,沿途纵火。……"他抄录的新闻有所选择,但一般按照事件的要素对新闻进行综述。如他在4日的日记中称:"报言二日午前,日用大炮击我军,我军亦有还击。狄思威路、天通庵路等处亦有激战。吴淞炮台报告,前月卅一日,星期日上午,击沉日驱逐舰一艘、巡洋舰二艘。"14日,他记载报纸新闻:"距吴淞炮台八里,沙滩上战事甚烈,日军死伤不少。"23日,他综合报纸新闻云:"十七日,沪上到大批日军,计五千四百余名。据确息,日军在沪者已有三万余名,闻将陆续运沪,凑成八万人。"25日,报纸又传来前方大捷的消息:"被围庙行镇之敌军,已完全解决,五千余人无一生还。"② 此类记载大致反映了当天报纸上有关战事的概况,是他读报后留下的整体印象。相对于"报言",他对电文新闻的记载更为频繁。这些源自"电""无线电"的消息较为简略,

---

① 陈元畅:《陈元畅日记》,王建朗、马忠文主编:《近代史研究所藏稿钞本日记丛刊》(第七十五册),国家图书馆出版社2020年影印本,第109、119、124页。
② 刘绍宽著,温州市图书馆编,方浦仁、陈盛奖整理:《刘绍宽日记》(第三册),中华书局2018年版,第1173、1174、1175、1178、1180、1181页。

但大多反映的是头天沪上的战事。

1932年3月初，刘绍宽记载了不少国民党军队获胜的新闻，对于前方畏敌苟安，当局妥协退让的报道，他深为不满。而有关和谈之进展，他却较少记载，仅在30日简要摘录《申报》新闻："今晨停战会议，我军撤退区域，由我方保安队或特别警察维持治安。"4月上旬，对于社会各界反对和谈的报道，他较为留意。如他在4月10日记载了《申报》报道："上海各团体救国联合会宣言，誓死反对有条件撤兵。"之后，他对沪上和谈和战事着墨不多。至5月5日，他记载："中日停战草案已经签字。"① 得知这一重大消息，他并没有在日记中发表评论。显然，他对事件的后续发展关注较少，这大约与他反对和谈的心理有关。

另外一位温州乡绅张棡也对"一·二八"事变有所关注。事变后的第二天，他读报得知"日本近竟于沪上租界挑衅，将三友公司放火，又有兵舰数艘，驶进沪江，陆行整队"。对此，他评论道："其侮我至矣尽矣。而蒋中正犹滔滔宣言为自己辩护不抵抗主义，宜其受报界之驳也。"之后，他对战事进展记载不多，至3月5日，他阅报后记载："日本果大败，大将白川氏殒于浏河，日本舰已下半旗志哀，沪上各商店均悬旗庆祝。"此类捷报使他心花怒放，赞叹："真我邦未有之荣光也。"② 他对日寇的仇恨跃然纸上。

浙江余姚的乡绅朱鄂基平时博览书报，留心时政，"一·二八"事变之后，他关注起上海方面的战事新闻。如他在1932年1月29日便通过无线电得知"上海闸北一带廿八夜日军登陆，与十九路军冲突"。第二天，他读《甬报》，有关沪战的消息较为详细。他总结道："闸北已成焦土，十九军长蔡廷锴通电主战，措词甚激，商务馆印刷部、潮州会馆均被毁，日飞机炸弹有至法界者。"这大约勾勒了头天的战事。2月1日，《甬报》称中央政府三十日通电迁移至洛阳："日军舰继续来沪，并至下关，飞机多架盘旋空中，龙华一

---

① 刘绍宽著，温州市图书馆编，方浦仁、陈盛奖整理：《刘绍宽日记》（第三册），中华书局2018年版，第1190、1192、1198页。

② 张棡著，温州市图书馆编，张钧孙点校：《张棡日记》（第八册），中华书局2019年版，第3659、3668页。

第三章　十年内战时期时局变动、新闻呈现与读者观感

带激战未已。"战事不断扩大,宁波已有不少沪上避难之人,余姚民众也颇为慌乱。他通过无线电和报纸多方打听前方战事。7日,《时事公报》新闻称:"吴淞口战事停止,日军有二万人到沪,闸北激战甚烈。"10日,报纸传来好消息:"吴淞、闸北战事,我军胜利。"但之后两军相持,日方调兵遣将,报纸纷纷报道战事有扩大之势。至19日,新闻称:"国联照会日本撤兵,原文未布。吴淞、闸北战事尚无大举动。"之后两天,江湾战事激烈。2月22日,《甬报》消息称:"江湾战事胜利,吴淞、闸北均在激战中。"25日,报纸纷纷报道:"庙行镇血战三昼夜未已,马占山有被刺消息。"之后,双方在庙行一带激战。至3月1日,《申报》《新闻报》均报道十九路军从江湾退出,"吴淞、闸北前线无变动"。4日,新闻称:"我军退守第二道防线,昨在浏河南翔大歼敌军。吴淞孤军亦将引退,国联行政院限日军于昨下午四时停战,……杀人放火,无所不用其极,可叹也。"① 之后近两个月,朱鄂基几乎每天都在关注淞沪会战的消息,对于日本增兵,中日和议,尤其对"国联"调停的动态,他详加记载。他评述新闻一般简明扼要,但往往通过几句话突出当日报纸要闻的核心内容和自己的见解。

"一·二八"事变当天,在香港大学任教的陈君葆记道:"上海空气渐形紧张,日本纷纷派舰西来。"此后,他持续关注淞沪会战的进展,在日记中保留了大量读报记录。如他在1932年1月29日记道:"今日报载上海日兵卒为十九路军击退,虽不能免倭奴卷土重来,但仍可使士气一壮,人心的屈抑一伸。"至2月1日记载:"日兵占虹口一带,苏州河以北均为战区。"之后两天,消息面似较为沉寂。但至2月4日,他读晚报得知"日军更易海军司令,攻吴淞愈急",战事有扩大之势。2月7日,他读报,新闻称:"吴淞炮台仍在我国手里,日军迭次猛攻均被击退。"他心情略为放松。但至2月17日,报载称"马占山竟赴沈阳会议",他沉痛地指出:"此消息果确,则中国军人之前途又堪一哭。"2月20日,他读西报获知"日兵攻破我军左翼,占据江

---

① 朱鄂基著,朱炯整理:《朱鄂生日记》(四),凤凰出版社2021年版,第1325、1326、1328、1329、1331、1332、1333、1334页。

湾，但未证实"，但华文报纸的报道为"日三得三失江湾镇"，消息真假难辨。他则认为"战争之剧烈已可想见"。2月23日，他在日记中描述道："香港接到日军败退消息，全埠放炮竹。"这大约是中文报刊的宣传。但两天后，他根据西报报道综述和判断写道："日军司令部消息，日军在庙行镇攻破我军阵线进占一英里，似此则日兵援兵殆已登陆。"这与此前中文报刊的报道不一样。对于国际调停和干预，他也在3月1日读报后加以分析："美舰队集中太平洋，然则美竟采断然手段了，但美内阁对于日本仍不能一致，似未必竟致对日作战，同时中国当局对俄恢复邦交，此着似促英美明白表示态度，若谓为联俄似属尚早。"① 之后，报刊上有关淞沪会战的消息较为零散，中日双方停停打打，港报对战事报道的热度明显降低，陈君葆在日记中也很少记载相关新闻了。

三、华北危机、"一二·九"运动与读者读报感想

1935年，日军在华北策动所谓的"自治"，民族危机日益严重，报刊对此的持续报道，引发了一些读者的关注。如王伯祥对日本关东军策动华北"自治"的新闻颇为留意。12月8日，他看报，"知冀、察已定别设政务委员会，罗致曹汝霖、王揖唐等为委员，宋哲元为领袖"。他认为，所谓的"政务委员会"，"实为日军多田骏指挥下之变相自治，明为弃置，却强绷面子耳"。② 所谓华北"自治"，实则为日军控制华北的具体行动。在校学生深受此事件的刺激，他们获知新闻后，纷纷走向街头，强烈抗议日寇的侵略行径。一些学生对事件的记载，从侧面反映出事件所产生的影响。如在广东第一师范读书的陆地，对华北局势颇为留意。12月11日，他总结连日来报纸上的新闻后，综述道："日本在华北之阴谋颇呈现形，但我方似在作缓兵计以屈辱求妥协谈判。而当日北洋军阀巨子如吴佩孚、段祺瑞等得受日人之诱饵，乃竟欲作溥仪第二之傀儡国于华北，令人不胜疾首痛心。华北学生已

---

① 陈君葆著，谢荣滚主编：《陈君葆日记全集》（卷一：1932—1940），商务印书馆（香港）2004年版，第4、5、6、7、8、9、10页。

② 王伯祥著，张廷银、刘应梅整理：《王伯祥日记》（第五册），中华书局2020年版，第2013页。

第三章　十年内战时期时局变动、新闻呈现与读者观感

群起促政府觉悟，早日反抗以挽危局，未知当局竟作何想也。夫东北既见于前，华北何随之后？若谓是乃局部耳，则中国全部，何难作几个局部哉？是以时至今日，事已危，时已迫，端赖我能作最后之牺牲以图存耳！"① 陆地对华北危机的总体认知，源自他平时的新闻观察。作为青年学生，他对当局的消极退缩颇为不满。

在湖南泸溪办学教书的黄尊三有长期阅报的习惯。他于1935年年底，对日本侵略华北问题颇为留意。12月8日，他阅报后感叹："中日问题日紧，平津京沪人心恐慌，如大难将临，人民迁居租界者，纷纷皆是。自法币行使，各处物价飞涨，现货（指银元）绝迹，前途险象环生，诚堪忧惧。"第二天，他阅报并记载："日本以兵力两师团出关驻津，逼我山东、直隶、山西、绥远、察哈尔五省宣布自治，与中央脱离，限三日内发布。"日本策动的"华北五省自治"，用心险恶。黄尊三进而指出："如是，中日恐至一战不能解决纠纷了。中日果战，余岂安坐家中坐视成败！必须去尽一分国民天职不可。"而报纸上刊登的消息是："蒋中正演说以万不得已，不能与日开战。意在容让。日人则得寸进尺，逼迫五省独立……"黄尊三判断，中日必有一战，之后几日，他几乎每天读报。但坏消息不断，13日的报纸新闻云："冀东二十余县，由殷汝耕通电，脱离中央独立自治。"15日，他读报后得知："蒋对华北取延缓政策，征得和平解决。"17日，他读报后记载华北局势甚为不妙："政府意在缓和日本，而日本则对何应钦北上，以事先未经同意，大不谅解，对华北仍采取积极强硬态度。"18日，他阅报后评论道："蒋已承认冀察广泛之自治，将组委员会主持政务。此广泛之自治，无异将冀察二省政权，断送予日本。"20日，他读报后对蒋介石和国民党的不抵抗政策极为不满，哀叹："呜呼，华北之人民！呜呼，国民党之罪恶！"② 此种笔调，足见其对国民党当局妥协政策的不满，也体现其忧国忧民之心。

---

① 陆地著，陈南南、陈田田整理：《陆地文集》（第六卷　日记·一），广西师范大学出版社2018年版，第105页。

② 黄尊三著，谭徐锋整理：《黄尊三日记》（下），凤凰出版社2019年版，第944、945、946、947页。

在"一二·九"运动爆发之后,一位自号半庐主人的读者对学潮颇为留意。12月18日,他阅罢本日报纸后记载:"北平各大学之学生,已于本月九日曾举行游行请愿,声称反对华北之自治运动。于游行之时,与警察曾发生冲突。"他进而评论:"平心论之,学生之此种爱国运动,原不可厚非。然份子中之良莠不齐,每有反动份子乘机煽惑,利用机会以施行其捣乱政策,故往往一事之动机其善,而其结果适得其反者,正此之谓也。予观北平此次之学生运动,窃怀疑不无反动份子混入其中,以利用机会也。"这段话颇有意味,他所谓的"反动份子",大概是从政治上考虑的。第二天,他读报后记载了南京、上海的学潮情况:"南京各公私立之大学学生,亦于前数日联合结队,游行请愿,以作北平学生之声援。上海之学生亦在酝酿之中。"① 但他对学潮的后续影响并没有予以评论。

12月20日,他总结数日来所阅时政要闻,大多是使人不怿之事,他记载道:"盖河北之事,隐忧甚深,不独无乐观之可言,且恐敌之蚕食逾河而南也。本日阅报,觉有二事差强人意,一为庐山租界,据庐山管理局长蒋志澄晋京报告,已与英人交涉停妥,准于二十五年一月一日正式接收,从此以后,此项有损主权之租借地又少一处矣。"② 对此类事关国家安定和主权的新闻,他读报后颇有感慨。当然,报纸是他了解时局的重要信息来源,但仅从这几则新闻的记录,我们尚无法判断他的政治立场。

"一二·九"运动激发了学生的爱国热情。如中学生何兆武在"一二·九"运动爆发后,留心时事,每天放学后都会浏览报纸,增长见识。对于北平爆发的"一二·一六"学生运动,他读罢英文报纸《北平时事日报》(*Peiping Chronicle*)后写道:"我们看不懂,就把报纸给了英文老师,请他讲。老师在台上指着图片讲得眉飞色舞,我们在下面听得也心潮澎湃。"③ 可见,他对学生运动充满好奇,心向往之。

"一二·九"运动的周年纪念,可视为事件的后续影响。1936年12月11

---

① 半庐主人:《乙亥年日记》,复旦大学图书馆稿本(编号:484069),1935年12月18日、19日。
② 半庐主人:《乙亥年日记》,复旦大学图书馆稿本(编号:484069),1935年12月20日。
③ 何兆武口述,文靖撰写:《上学记》,生活·读书·新知三联书店2006年版,第19页。

日，在四川大学任教的周太玄途经上海，沪报报道"一二·九"运动一周年。对此，他特加记载并评论："读各报，知全国昨日热烈之庆祝，各地皆然，乃知人同此心，而于各种增刊特刊之中，尤于字里行间看出不少对日警告之言论。而事实上因昨日之热烈庆祝，乃使日人之气焰骤然低降若干。盖昨日所见，无论各种大小车辆，在闸北往来驰行者，无不国旗飘扬，往来如织。此可见外敌之压迫愈甚，则国人之国家意识亦愈增进，此即所谓多难兴邦也。"① 彼时，中日问题成为重要议题，周太玄在日记中特地提及"一二·九"运动，意有所寄，心有所忧。

四、西安事变相关报道对读者的心理影响

1936年10月，中日关系紧张，京、沪各报发表宣言，期待国民政府积极备战，但国民党当局的态度甚为消极，张学良、杨虎城于12月12日兵谏蒋介石，发动西安事变，此事引发国内外舆论的广泛关注。一些读者认真阅读报刊，留心记录事件报道，发表时政评论，他们对报刊新闻的选择、记载和评述与阅读的时机、立场和情境都有密切关系。不同读者笔下的"西安事变"详略不同，各有侧重。

西安事变的第二天，在上海的王伯祥便读报得知"蒋中正在西安被扣，张学良于昨日发布通电，大意责蒋不抗日，压迫青年思想，应推翻现政府云云。但新闻统制之力仍在，原电迄未能载，而列名何人亦无由窥之也"。他进而判断："此事影响甚大，非个人安危问题，实为中华整个转向与否之问题。南京措置似已慌乱，情势严重之至。"之后，他密切关注事变的动态。14日，报刊消息较为混乱，"西安消息仍断，蒋生命危险已成一般传说，一时陷入者蒋系要人甚多，钱大钧且有死之耗云"。此类传闻，人心惶惶。15日，他看夜报，"消息依然混沌，惟东南局势一时似已不致动摇耳。上海警备司令已宣布奉令戒严，或将借此多逮异己也"。报刊对于蒋介石的生死问题，猜测颇多，"日文报称其已死，华文报亦不能肯定安全，惟多少带安定人心之辞耳"。

---

① 周太玄：《周太玄日记》（第一册），国家图书馆出版社2015年影印本，第89页。

至 17 日，报纸报道事件进展：" 张学良特放蒋鼎文回洛传话，一若劫质之讲论票价者，儿戏甚矣！岂有漫无策画而敢贸然出此转移大局之举动乎？但国府已下令讨伐，即派军政部长何应钦任讨逆军总司令云。" 内战似乎难以避免，报刊制造的气氛仍然紧张。18 日，报纸仍在报道双方对峙的消息："张学良释放蒋鼎文归洛，有回宁报告说，而政府又加命刘峙为讨逆东路集团军总司令，顾祝同为西路集团军总司令，且在临潼激战矣。" 他读报后颇为疑虑，感叹："其中究有何种玄妙，殊令人闷损也。" 20 日，他晨起看报得知 "邵元冲已发丧，邵力子夫人傅学文女士亦已为杨虎城部下所杀害云。" 他读报后颇感震惊，进一步坚信原来的判断："此次事变之大，确为二十年来所仅见也。" 22 日，新闻报道事件似有转机："宋子文已飞陕返京，今晨又载宋美龄俱去，中央进攻部队因以停止，正不知葫芦里卖甚药也。" 各派势力在暗中使力。"日报称此事军部何应钦及党部陈立夫均表不满，或有一二分实际状况道着耳。" 至 27 日，局势进一步明朗，他阅报后得知 "蒋中正夫妇及宋子文、张学良同时由洛飞京，昨已到达。蒋表示宽容，张表示待罪"。他进而总结道："初不料一幕滑稽戏如此热闹可笑也。" 但是，西安事变的后续影响进一步发酵。1937 年 1 月 10 日，他看报 "知西安事件已不能掩饰，杨虎城、于学忠等揭示反对南京政府，励行抗日"。他阅报后感叹："真相如何不可晓，而中央无法控制则确乎不移矣。时局前途诚不知伊于胡底也。"① 时局诡异，王伯祥对国运和时势充满忧虑。

西安事变爆发后，在南京的历史学家朱希祖非常关注事件的进展。此后的半个多月，他每天阅读报刊，抄录新闻，打探消息，对国事甚为关切。12 月 13 日，他阅报得知 "蒋委员长中正在西安为'叛将'张学良、杨虎臣［城］所劫留，人心汹汹，惧国内分崩，法币动摇，外患亦因而加甚，忧惶剧甚"。14 日，他 "上午出外探听消息，知各省疆吏、各军将领均通电声请讨张，国内颇形一致。午后及夜与家人谈时局之变，心绪颇难宁静"。15 日上午 9 时，

---

① 王伯祥著，张廷银、刘应梅整理：《王伯祥日记》（第五册），中华书局 2020 年版，第 2171、2172、2173、2174、2175、2177、2198 页。

第三章 十年内战时期时局变动、新闻呈现与读者观感

他"至中央大学，与沈刚伯、郭量宇等互问西安消息，始知蒋尚无恙"。此后，他阅读报刊，持续关注相关新闻。16 日，"美国顾问端纳由陕飞洛，电京证明蒋确无恙"。17 日，"政府派何应钦为讨逆总司令，率兵讨张、杨"。19 日，"宋子文由京飞洛阳，将飞陕西劝'张逆'，国军奉命暂停轰炸"。20 日，"晨八时宋子文由洛乘机飞西安，十时达，谒蒋并晤'张逆'，十二时半由西安返京，四时半抵京"。21 日，"报载蒋致何应钦亲笔函件，系十七日所写，言本星期六以前可以回京，万不可冲突。然至二十日仍不能回家，故本日报载昨日国军已奉命出动，收华县城"。23 日，"宋子文偕蒋夫人宋美龄由京乘机飞抵西安"。26 日，"正午见大型机一架，随机四架，蒋率其夫人等回京矣。在机场迎接者闻有万余人，闻张学良亦同来"。①朱希祖通过报刊和各种消息来源，对西安事变的整个过程进行了综述，言简意赅，线索非常清晰。

在北平的历史学家邓之诚也对西安事变颇为关注。12 月 15 日，他看报后记载："南京遣宋美龄之顾问英国人端纳往西安探询蒋讯。……此外无新消息，纷纷猜测，或各表示意见，或乱出主意而已。南京大约正在宣传外界一致骂张。"他描述北平高校的动态："此间各大学亦将发表意见，则可笑耳。"这大约反映了事变之初的混乱局面。至 17 日，他看报得知"南京明令讨伐张学良，以何应钦为讨逆总司令"。20 日，事态仍不明朗，他概述报纸新闻："昨日蒋未释出，宋子文又将赴陕。"27 日，报纸纷纷报道："蒋、张俱至南京。"②西安事变大致和平解决，他为之一慰，之后半年多，他很少记载报刊新闻。

旗人豫敬在清末曾任外务部主事，其在 1934—1935 年的日记中，很少记载报刊新闻，但在西安事变期间，他留心报刊的相关报道。在事变后的第二天早上，他读报得知"西安张学良挟持蒋介石，发通电叛变，主张推翻政府"。他读后大为震惊，评论道："霹雳一声，令人惊骇。此番举动，尚不知

---

① 朱希祖著，朱元曙、朱乐川整理：《朱希祖日记》（中册），中华书局 2012 年版，第 726—729 页。
② 邓之诚著，邓瑞整理：《邓之诚日记（外五种）》（第一册），北京图书馆出版社 2007 年版，第 492、493、494、497 页。

意之所在。无论如何，国内必然不安。各省亦不知若何应付。"12月16日，豫敬看当日报纸并记载："蒋现在张之私第楼上，尚安全。其余各事，多系想揣之词，闻电报已通，从此消息可以灵通。"他进而评论："然此事究竟应如何解决，一时恐难实现也。"17日，"报载张之屡次电，均谓定保委座安全"。但他认为"此等事以前曾屡见，然均不可信也"。之后，他一直关注事态的进展，至21日，"报载蒋仍无出险准期"。26日，"各报均载蒋抵洛情形，闻今日已回南京"。① 显然，西安事变激发了他的阅读欲望，报纸拉近了他与新闻事件的距离。但事件平息过后，他很少在日记中陈述报刊新闻，这反映出西安事变对他产生了深刻的影响。

西安事变期间，来自开封的小学教师乔秋远在北平复习功课，备考北京大学，他对这一重大新闻甚为震惊。他在12月13日的日记中记载："房东的孩子拿来一张号外。啊！那是多么惊人的消息！张学良昨在临潼发出通电，主张推翻现政府，另组左翼政府，通电中明言对蒋委员长做最后谏诤，请其暂留西安等语。昨日上午起，西安电报已不通。"他看到这则重大新闻后，"拿着报纸呆了半天"。他进而写道："唉！中国！哪些人是在爱着中国？哪些人不是在爱着中国？中国是谁的中国？是几个人的呢？还是全国人民的中国？为什么要为保护中国而走着亡国的道路呢？"午饭后，他迫不及待地去北京大学看报，他描述当时的情形："《大公报》《益世报》都没有来。为要明了这惊人的消息到图书馆去看报，那里人多极了。想都是为来看这个消息。但是各报一样，都是顶大字标题，……张学良的通电想是被扣了。各报都没有登载。"时局诡异，他急切地等待最新消息。14日，他记载当天报纸新闻："冯玉祥电张学良，请求释蒋，并自己情愿去作保。张亦电孔祥熙，言决保蒋安全。"15日，他看报后进行了新闻综述："今天时局仍无大进展。蒋居张学良新宅中，当安全。"19日，他饭后去北京大学看报，知"时局仍在演变中。讨逆军前面停止了轰炸。蒋委员长致何应钦函，言今日可以回京"。25日，

---

① 豫敬、果勒敏著，李芳整理：《豫敬日记 洗俗斋诗草》，凤凰出版社2020年版，第99、100、101页。

他午饭后又到北京大学看报,知"时局无大进展。张学良的部队由陕北开向西安,局势仍愈严重"。① 之后,随着西安事变的和平解决,他每天奔走读报的迫切心情大为缓解。

在杭州,担任浙江大学校长的竺可桢,平时涉猎报刊甚广,西安事变之后,他对相关新闻颇为留意。12月13日,他从报上得知"张学良在西安叛变,扣留蒋委员长云云"。当天,他又阅《字林西报》,"知张学良电保蒋个人之安全"。而他的内兄兼同学邵元冲(字翼如)在西安事变中负重伤,送医院不治而亡。至12月19日,他在剧场中见《东南日报》号外,"载翼如在西安殉难之消息证实"。20日,他读的《浙江新闻》《东南日报》两报,"均载翼如已于十三日殉难西安"。② 显然,事变与他产生了直接关联,家人闻此噩耗,自然悲痛难抑。之后,他记载相关新闻的次数不多,但仍予以简要的评论。

在广州,广东省第一师范学生陆地很快便通过报刊获知西安事变的新闻。12月13日,他读报后记载了这一惊人消息:"张学良在西安已将蒋氏扣留云云。"他读后便预感这一事件会有严重后果,当天在日记中评论道:"呵!中国将有翻天覆地的风云变幻呢!这次大变动当免不了有一场大混乱的局面,或可将决定中国的存亡。"第二天,他在学校图书馆看报,"看报人大增,图书室拥挤得令人窒息",这说明学生都急迫地通过报刊了解事态的进展。他综合新闻报道后评述道:"张氏此次做出非常的事,曾通电表白意见并向南京有所要求,但不知怎的张氏的电文则没有见发表,所以张氏的真面目总被掩蔽了。我们只是听到一面之言,闷葫芦里究竟卖的什么药呢?我们仍然讳莫如深地在鼓里听东西。"此种疑虑与报刊新闻的不透明有关,也与事变本身的复杂程度有关。作为学生,陆地自然难以作出预判。至26日,他结合多天来的新闻和见闻,对事变的结局仍感迷惑。他写道:"蒋委员长被扣留事,引起国

---

① 乔秋远著,乔海燕注:《于暗夜中找寻微光:乔秋远日记·家信集》,新华出版社2017年版,第167、168、171、173页。
② 竺可桢著,樊洪业主编:《竺可桢全集》(第6卷),上海科技教育出版社2005年版,第195、196、199页。

人不安。报纸每天都用很大的字体登载这非常事变的消息，一般狡猾的人曾几次造谣，蒋委座脱险之说也常有所闻，可是都是给人失望。"但当天报纸报道，蒋及夫人已脱险抵洛阳，张学良则出洋，其部下归阎锡山统帅。他进而描述道："这一段悦人听闻，似乎比往日说严正，所以许多人都为蒋庆祝起来。"但是，他仍然对消息持保留态度，他认为"此事是否可证实，还是看后来解答吧"。① 但之后数日，他并未谈及最后的结局。

西安事变的消息传出后，在地方社会精英中也引发强烈反响。年近70岁的温州乡绅刘绍宽对事变甚为留意。12月14日，刘绍宽综述了前两天了解到的新闻："蒋委（员）长到西安，为张学良所拘囚。钱大钧、陈诚、邵力子皆为所羁。冯玉祥、何应钦、白崇禧、朱培德等八人通电讨张，营救蒋司令。广东、河南等省皆有电拥护中央。"16日，他综合报纸新闻报道指出："此次张学良扣留蒋主席，就各报所言推测之，其主张在联俄容共，其部下盖有受共党煽惑者。孔祥熙通电张学良，保护蒋介公，又云一切镇静，勿越常度。"22日，形势大有好转，他对报刊新闻进行了梳理，写道："蒋鼎文自陕西来，持蒋委长手札，言不日可出陕西，饬诸军勿向渭水投弹。"而对于共产党提出建立抗日统一战线的意见，他感到疑惑。他还摘录报纸有关"共党首领周恩来到陕"的报道，他认为是张学良"容匪无疑矣"。② 此后数日，他多次记载西安事变的进展，对蒋介石安全返回南京，颇感欣慰。他的言辞之中，表达了对蒋介石和国民党政权的拥护之意。

在江苏丰县，黄体润作为当地党、政、军首脑人物之一，具有丰富的读报和办报经历，但他对于西安事变的记载较为滞后，他于当月23日才读《大公报》，得知"西安事变临潼与西安两处系于十二日晨六时同时发动，中央军政长官被扣者十七人。……"③ 作为国民党地方党部负责人，他自然对张学良发动的兵谏颇为不满，期待事件能够和平解决，但他对后续的新闻很少记载

---

① 陆地著，陈南南、陈田田整理：《陆地文集》（第六卷　日记·一），广西师范大学出版社2018年版，第247、250页。

② 刘绍宽著，温州市图书馆编，方浦仁、陈盛奖整理：《刘绍宽日记》（第四册），中华书局2018年版，第1707、1709页。

③ 黄体润：《黄体润日记》（第三册），国家图书馆出版社2018年影印本，第301页。

和评论。

通过对以上几个重大新闻事件的叙述和分析，可以发现，报纸报道的内容极为丰富，但同样的新闻事件，由于读者阅读的时机、地点、心理、情境各不相同，每个人对新闻的选择、记载、评论都有一定的主观性。他们记录的文本基本上来自报刊，但不同报刊的新闻报道存在一定差异，各种时评更是五花八门。一方面，读者对事件的记载是根据自身对新闻文本的理解而归纳、概述的，可谓各取所需，各有侧重；另一方面，读者的身份、地位、立场和价值观不同，阅读的感受、心态和情感具有一定主观色彩，他们的叙事文本也体现出较大差异，尤其是他们的感想和评论，虽由事件引发，却折射了个体作为观察者的"在场"，反映出他们的认知、理解和态度。因此，尽管事件本身是客观的，但报刊新闻报道有一定选择性，再经过读者的二次选择，导致读者对事件史的记载详略不一，观点多元，这并非完全由读者刻意为之，说明事件本身能够根据读者的需要被"重塑"和"改造"，受到读者情绪的渲染。从这个角度看，读者记忆中的事件史具有一定的选择性。

第二节 学生报刊阅读际遇与心路历程

"五四"时期，以《新青年》为代表的新式报刊对"新青年"的阅读及其价值观有着深远的影响，学界对此问题进行了较为深入的讨论。① 报刊媒介作为"思想纸"的价值，在引导青年的阅读和行动方面的作用得到学界的高度重视，但其作为"知识纸"的教育作用，尚未得到充分讨论。"新青年"往往是从青年的思想层面和社会属性进行定义，青年与学生并非等同的概念，

---

① 主要论著有章清：《清季民国时期的"思想界"》（全两册），社会科学文献出版社 2014 年版；[美] 周策纵：《五四运动：现代中国的思想革命》，周子平等译，江苏人民出版社 1996 年版；邓金明：《从〈新青年〉到"新青年"——五四青年对〈新青年〉杂志的阅读研究》，首都师范大学博士学位论文，2008 年；邓金明：《"五四知识分子"与知识共同体——以〈新青年〉杂志为中心的考察》，《学术月刊》2011 年第 5 期；许欢：《民国时期大众阅读研究》，北京大学博士学位论文，2006 年；等等。有关"五四"时期报刊阅读与思想启蒙问题的探讨，还散见于不少论著。从总体上看，学界主要围绕报刊如何影响青年的行为和思想展开，其中更以青年读者如何阅读和接受为研究的重点。

学生是正在各类学校接受教育的人。需要注意的是，有关十年内战时期的学生读报活动及社会影响，尚未引发学界的关注。十年内战时期，虽然国民党实行"党化教育"，实行"三民主义教育宗旨"，但教育行政相对稳定，教育经费有一定保障，被郭廷以称为"民国以来教育学术的黄金时代"。[①] 高等教育、中小学教育和社会教育取得了较大成就，尤其是大学的分科教育，培育了大量高级知识分子。在教育基础设施方面，各类大中学校基本上都设立了图书馆或图书室，订购了相当数量的报刊和图书，即便是一些偏远的小学，或设立图书室，或因政府将阅报所设立在学校之内，或因教师阅报，而使学生有机会接触现代报刊传媒。我们在前文讨论了阅报社、阅报所的公共阅读问题，其读者群体中，学生数量最多，但关于学生的私人读报活动，很难进行具体的量化统计。

如果说"整个世界可以在隐喻的意义上被看成是一个文本"，[②] 那么报刊作为"纸面的世界"，其本身就是整体意义上的文本。报刊为学生提供了书籍之外的知识资源和新闻世界，报刊成为学生学习知识、了解社会的重要媒介，也对他们的情感和思想有着深刻影响。从阅读逻辑的角度看，一方面，中小学生接受阅报教育，对阅读素养的提升有重要影响；另一方面，学生通过深化对报刊的认知，与报刊的关系更为亲密，他们如何获取报刊，如何阅读报刊，如何认识时政新闻和报刊知识，与阅读机缘和社会情境有密切的联系。学生读报刊，不仅是读新闻、学知识，更是通过报刊建立意义之网，他们在迷乱的时局中展开了对自身、社会、民族和国家的联想和思考。与"五四"时期的报刊强化民主、科学的理念不一样，十年内战时期的报刊呈现了更为多元的知识和观念，学生的报刊阅读也体现出复合性思维，在诸多问题与主义中呈现出复杂的面相。

对于学生而言，他们的读报经历受个体阅读体验的影响，给他们带来了深刻的记忆。许多民国知识分子在回忆录与日记中，都谈及他们学生时代的

---

① 郭廷以：《近代中国史纲》（下册），香港中文大学出版社1980年版，第670页。
② ［英］丹尼·卡瓦拉罗：《文化理论关键词》，张卫东、张生、赵顺宏译，江苏人民出版社2006年版，第53页。

读报活动,尤其是一些重要报刊在他们的思想启蒙中发挥了重要作用。如曹聚仁回忆他在浙江省立第一师范读书的情况:"说起来,中国的文坛和报坛是表姊妹,血缘是很密切的。我们在杭州,看看上海《民国日报》,每天三大张,叶楚伧先生的社论,和邵力子先生的《觉悟》(副刊),成为我们青年人的灯塔,真是了不得的。"① 徐中玉在无锡中学读高中时,接触了"五四"以来的很多新文学作品和报章杂志,眼界大开。他订阅了邹韬奋编的《生活》周刊,"开始读到一些有革命倾向的文章。情况同在初中时代的只能读读《古文观止》和少数几本林琴南翻译的小说,大不相同了"。② 对于学生而言,阅读是个体对报刊文本的体验过程,他们在接触报刊媒介的过程中,不仅获取了新知识、新思想,也有了融入社会的方式和实现自我价值的重要途径。

一些学生初次接触报刊后,有着奇特的阅读体验。报刊为他们提供的际遇,如同人生的一次邂逅。如作家冯亦代在八九岁时,由于一次偶然的机会接触了报刊。他回忆道:

> 在我杭州老家的大厅楼上,有一间小小的房间……惟有靠窗一只大木箱没有锁上,我便把它打开了。首先映入我眼帘的是一个外面包着几张发黄的报纸的大包,上面有祖父亲笔写的"点石斋"三个大字,拆开来则是一大摞石印的画报。那时我已经从大人们口中知道晚清民初时上海出版过一本《点石斋画报》,可是从来没有见过。平时我也是个喜欢涂抹的孩子,看到这一大摞画报,油然心喜,便不顾大人们是否会斥责,就偷偷拿到自己卧房里的案头去了。这些画,有的我看得懂,有的我看不懂。但是至今我还能依稀记得的,则是一幅画上海英租界新闻的,画上一个英国巡捕正在殴打人力车夫。我看了心意难平。③

---

① 曹聚仁:《文坛五十年》,东方出版中心1997年版,第8页。
② 《徐中玉自述》,高增德、丁东编:《世纪学人自述》(第五卷),北京十月文艺出版社2000年版,第106页。
③ 冯亦代著,李辉主编:《冯亦代自述》,大象出版社2003年版,第43—44页。

尽管冯亦代没有说明他所看的《点石斋画报》的年份，但纸包上留下其祖父的题字，足以说明这份刊物已保存了很久。对于初次接触报刊的冯亦代而言，这份画报在他的启蒙阅读中颇有影响，而他的祖父还留存了其他报刊。冯亦代追述："有一次，我打开了另一只大木箱，里面却是一摞大书，每本的大小总是有一张报纸对开大，可是并不厚，上面印的是《环球（或世界？）画报》，这是国民党元老李石曾先生等在法国巴黎出版的。看了这些画报，又使我对世界形势有个粗浅的认识。"而随着年龄的增长，阁楼中的秘密不断地被冯亦代发现，在十三四岁时又有了新的阅读体验。他说："阁楼里有几捆大纸包，我打开一看，却是包天笑和王纯［钝］根先生合办的《小说大观》。这真是一本'大观'的刊物，每期用八开道林纸印刷，总有四五百页厚厚的一册。"①

与冯亦代相似，章开沅的读报经历也受其祖父的影响。他的祖父在西安事变之后，允许孩子们到书房读报。不到11岁的章开沅进入书房，喜不自禁。他回忆道：

> 进去一看，大开眼界。祖父的书房，藏有各种书刊，还摆着一台很大的收音机。收音机在当时是稀罕物件，在芜湖很少有人拥有。报纸有芜湖的《皖江日报》，有天津的《大公报》，有上海的《申报》《新闻报》等。从那以后，每天都有一次家庭时事讨论会。祖父、父亲根据报上所载，收音机所播，以及自己在军政两界听来的消息，展开认真讨论，以对时局做出判断。②

章开沅的祖父、父亲结合报刊新闻展开的讨论，对于作为旁听者的他而言，可以大开眼界。报纸给他打开了另外一个世界，提供了一种新的文化体验。

家庭固然可以为个人提供报刊资源，但对于学生而言，学校为他们的读

---

① 冯亦代著，李辉主编：《冯亦代自述》，大象出版社2003年版，第44、47页。冯亦代的记忆不确切，他提及李石曾编辑的应是《世界画报》，而非《环球画报》。
② 章开沅口述，彭剑整理：《章开沅口述自传》，北京师范大学出版社2015年版，第18页。

第三章 十年内战时期时局变动、新闻呈现与读者观感

报活动提供了更多机会,教师对学生的读报辅导也在引导学生如何阅读方面起到了重要作用。黄永玉在学生时代便接触各种画报,这对他之后的美术生涯有较大影响。当时湘西虽然偏远,但他所在学校的老师订阅了不少画报,为他提供了阅读的机会。他回忆道:"老师们订了杂志,孩子也沾了光,孩子们从那里发现了书本以外和县城以外的世界。杂志中,当时最受益的是《上海漫画》和《时代漫画》,其中许多作品,训练了孩子用漫画的角度去推动观察和思维能力,迅速地判断生活中明显的错误和正确性。它很合乎凤凰当时这个动荡的小城的孩子们的口味。"[①] 周有光则在圣约翰大学读书时,对一位英国教师教他如何看报的经历记忆深刻。这位老师说:"看报有看报的方法,每天看报要问自己,'今天消息哪一条最重要?'第二个问题:'为什么这条消息最重要?'第三个问题:'这条消息的背景你知道不知道?'不知道就赶快去查书,查书是首先查百科全书。"周有光对此颇有心得,他说:"我们照他这个方法来看报,兴趣就大大提高。"[②] 而郭汝瑰的老师胡子霖不仅在学校期间对他言传身教,在他探索革命道路时,仍然通过报刊传递情感能量,对他进行鼓励。郭汝瑰回忆道:"1927年我在黄埔军校毕业回到四川涪陵后,在涪陵省立第四中学和涪陵女子师范学校讲演和发表文章都强调'维护孙中山三大政策''打倒蒋介石'。受到当时国民党左派重庆莲花池省党部的推荐和宣传,并被四川进步报刊所刊载了。不知怎的,我随即收到了象牙图章一枚,上面刻着'汝瑰仁弟惠存,胡子霖赠',既无书信,也无通信地址。"[③] 对于20岁的郭汝瑰而言,老师的嘉勉是进一步激发他在报刊上传播革命言论的重要动力。

另外,同学、亲友之间的相互赠送、借阅、介绍报刊,不仅起到推广阅读的作用,还会对读者产生认知上的影响。苏雪林回忆在北京高等女子师范学校读书期间,"恰有一同学家里有《新青年》《新潮》《星期周刊》,虽零落

---

① 黄永玉:《黄永玉全集·文学编3·自述》(普及本),湖南美术出版社2013年版,第19页。
② 周有光口述,李怀宇撰写:《周有光百岁口述》,广西师范大学出版社2008年版,第26页。
③ 郭汝瑰:《郭汝瑰回忆录》,中共党史出版社2009年版,第7页。

不全，阅读后也知其大概"。① 陈绛在福州读小学期间，学校功课不算多，他回忆道："同学杨佩霖家有许多林语堂主编的《论语》《宇宙风》《语丝》等杂志合订本，征得主人同意后，我把这些杂志借回家里细读。"② 在中学读书期间，常任侠的表兄李鸣玉在北京法政大学读书，对他的影响较大。李鸣玉曾送给他一本《新青年》和一本《新潮》。常任侠说："这对我尤其爱好，因此我的思想起了很大的变化。我十九岁作了一年的小学教员，后受鸣玉资助的旅费，就到南京读书去了。"③ 陶行知关注儿童教育，经常与各地的小学师生通信，介绍自己在报刊上的研究成果，希望自己的生活教育理念能够引起重视，并向小学师生推广。如他给江苏淮安新安小学的汪达之等人写信说："生活教育与教学做合一之理论，现仍继续探讨，苟有所得，必愿随时奉告。近一年来研究结果，除与达之面谈托他转达外，仍希参阅《儿童生活》第三期所载之《儿童生活之中心主张》、《师范生》第三期所载之《儿童文艺研究社宣言》、《中华教育界·教育出路专号》所载之《中国教育出路》及《教科书专号》所载之《教学做合一下之教科书》四篇文字。"④ 对于汪达之等师生而言，通过陶行知的引荐，可以快捷地获得有关生活教育的系统理论知识。

青年学生由于受社会风气、教育水平、家庭环境、经济条件等因素的影响，在阅读报刊的时间、种类、数量、内容等方面有较大差异。对于大都市的学生而言，他们读报的机会较多。如何兆武在读中学时便对学术问题感兴趣，他回忆："比如1937年春天，开明书店出版的《中学生》杂志里连载了顾颉刚先生的三篇文章，讲明末清初的三大家：顾炎武、王夫之和黄宗羲，让我大开眼界。……还有朱光潜的《给青年的十二封信》《谈美——给青年的第十三封信》，似乎给我打开了看待世界和人生的又一扇窗口。"⑤ 何兆武的

---

① 苏雪林：《苏雪林自传》，江苏文艺出版社1996年版，第38页。
② 陈绛口述，郭志坤撰稿：《陈绛口述历史》，上海书店出版社2016年版，第24页。
③ 常任侠著，郭淑芬、常法韫、沈宁编：《常任侠文集》（第六卷），安徽教育出版社2002年版，第183—184页。
④ 《愿为新安小学托钵化缘——致汪达之等》，陶行知著，方明主编：《陶行知全集》（第8卷），四川教育出版社2005年版，第247页。
⑤ 何兆武口述，文靖撰写：《上学记》，生活·读书·新知三联书店2006年版，第32页。

阅读范围非常广泛，除了《大公报》外，他喜欢的杂志较多。他说：

> 那时候杂志也多，像《大公报》的《国闻周报》，胡适的《独立评论》，林语堂在上海办《论语》，荟萃了周作人、丰子恺、巴金、老舍等一批当时知名大家的文章，销路很广，我几乎每期必读。其中印象比较深的还有一位叫姚颖的女作家，她的文章很俏皮，写的是"京话"，专门报道南京官场上的动向和见闻。……还有好几种跟《论语》差不多的杂志，比如《宇宙风》，是陶亢德与林语堂合编的，邹韬奋在上海办生活书店出了很多进步的杂志，介绍左派的知识，再有就是看《世界知识》，那是左派的国际政治刊物，配有地图分析国际政治形势，在当时是我们有关世界知识的主要来源。①

何兆武在晚年对这些报刊如数家珍，表明他对在中学期间获取的报刊知识有深刻的体会。各类报刊作为知识仓库，满足了他多方面的学习需求。在他看来，20世纪30年代的报刊对新知识、新思想的传播发挥着重要作用。青年学生是报刊的重要阅读群体，满足青年的阅读需要是不少报刊的目标，也是提升报刊社会声誉的重要方式。正如有评论指出："要解决青年们阅报的困难问题，除了青年们自己应该觉醒，养成阅报习惯的重要以外。报纸本身也应该使青年学生们深切的认识时代的趋向、社会的动态，注意如何能够激发青年阅报兴味的问题之外，还得注意民族危机的严重、外侮侵略的紧迫，以及救亡图存的途径与青年本身应负的责任。"② 在论者看来，报刊要充当青年的社会导师，为他们指明前进的方向。

报刊对战乱和民族危机的报道，恰恰是青年学生读报时关注的重点。许多青年学生在读报过程中都表达了对时局的关注和对民族危亡的担忧。如郭良才在北师大附中读书时，就对报纸上有关北伐战争的消息较为关注。1926

---

① 何兆武口述，文靖撰写：《上学记》，生活·读书·新知三联书店2006年版，第39—40页。
② 鉴文：《青年学生的阅报问题》，《新闻报·本埠附刊》1936年10月1日，第2版。

年5月23日，他读《中美晚报》后记录道："大同已被国军打下，进迫雁门关。不知可确否。"9月4日，他读报得知"南军急急胜利，武汉三镇已被打下，吴子玉逃兵孝感"。他描述了自己当时的心态："我心中真是左右荡还，正不知如何是好呢？"1927年2月14日，他看《现代评论》所登的小说《药》，评价道："作的好极了，描写的顶好，写意也不错，我看了满意极了。"① 对于郭良才而言，新闻文本进入他的阅读视野后，建构了一种新的阅读情境，激发了他对新闻事件的联想与感悟。

与郭良才相似，任访秋回忆1923—1929年在开封第一师范读书时，许多共产党出版的刊物如《中国青年》《向导》等，以及其他进步文艺刊物如《小说月报》《创造周报》《语丝》等，都是当时中学生喜读的刊物。他还长期订阅了《语丝》《小说月报》《文学周报》《创造周报》等刊物。他认为自己"在思想上受着鲁迅的影响，而在治学方法上，又深受胡适、钱玄同的影响"。②

舒芜在安庆读高中时，感受到西安事变后进步书刊的影响。他回忆道："安庆的书店里，各种进步书刊如潮水一样涌出来。这让我眼界大开。……有一次我在书店看到一份画报，封面上印着朱德的全身照片，下面的说明词写着：'第十八集团军总司令朱德将军'，眼睛一亮。过去，国民党报刊都把朱德说成是'赤匪'，可眼前这个'赤匪'却是这么一位将军，朴素得就像个老兵一样，可见政府的宣传讲了瞎话，可见蒋介石是不老实的人。我断然买了这份画报，四处给亲友传看。"③ 舒芜对国民党报刊和进步报刊的区分，体现出他在阅读过程中已逐步形成了自己的价值判断，尤其是对朱德的敬重，在某种程度上表明了他对共产党的好感。

张宗和则是一名典型的新潮学生，他在中学和大学期间（1930—1936年）所写的日记，文字清雅、隽永，描述了一个青年学生的心路历程。尤其是他的办报与读报经历，对了解这一时期苏州社会和国内时局有着重要的史

---

① 郭良才著，散木编：《郭根日记》，三晋出版社2012年版，第34、71、128页。
② 《任访秋自述》，高增德、丁东编：《世纪学人自述》（第三卷），北京十月文艺出版社2000年版，第384、385页。
③ 舒芜口述，许福芦撰写：《舒芜口述自传》，中国社会科学出版社2002年版，第41—42页。

料价值。张宗和出身名门,曾祖父张树声曾任两广总督,是淮军中仅次于李鸿章的人物。父亲张翼扆是苏州乐益女子中学的创办人,在当地教育界颇有名望。张翼扆思想开明,家里常年订阅了《申报》《新闻报》《民国日报》等报刊,这为张宗和姐弟的课外阅读提供了较好的媒介资源。此外,在苏州一中读书的张宗和经常到学校图书馆阅读各种书刊。张家姐弟还自办了一份家庭杂志《水》,由几姐弟轮流编辑,编刊与读报刊成为张宗和日常生活的重要内容。如1930年9月5日,他到图书馆看最近一期的《新月》,上面有一篇沈从文的《灯》。他说:"沈从文是我素日喜欢的中国作家之一,他的笔调另有一种风味。"两年后,沈从文成为他的三姐夫,当是后话。张宗和喜欢文艺,除了读《新月》,也经常阅读《小说月报》《戏剧月刊》《真美善》《文艺月刊》等杂志。张家姐弟对文学有共同的爱好。《水》虽然是一份家庭杂志,但从组稿、编辑到装帧,都十分讲究。几姐弟还经常在读过《水》之后,相互评论,指出优点和不足。1931年8月27日,张宗和在日记中写道:"三姐读了本期的《水》,对于我的《梅神庙》很满意,但是她也有几句批评我的,我当然欣然接受。我觉得我的东西能够得到别人的批评,我总是很高兴,最怕别人读了我这篇东西一点反应也没有。"① 张家姐弟将办刊、读刊、评论有机地结合起来,通过亲密合作与相互激励,共同促进写作和鉴赏水平的提高。张宗和作为大弟弟,受四个姐姐的影响颇深。

张宗和对时政问题颇为关注。如1933年2月9日,他在图书馆读《东方杂志》,"看了一篇淞沪战的回忆录。有外国军官问翁照垣说,吴淞你们是怎样守的,翁照垣回答说,因为我们要守,所以我们就守了。这两句话看来不觉得怎么样,不知为什么我鼻子一酸,真是要哭了出来"。② 抗敌报国,感极而泣,张宗和阅读报刊时产生的震撼,表现出一位爱国青年的真实心境。

与张宗和相似,作家陆地在17岁便坚持写日记,记录他阅读报刊的经

---

① 张宗和著,张以𬘓、张致陶整理:《张宗和日记(第一卷):1930—1936》,浙江大学出版社2018年版,第7、123页。

② 张宗和著,张以𬘓、张致陶整理:《张宗和日记(第一卷):1930—1936》,浙江大学出版社2018年版,第285页。

历。1935年2月,在广州当兵的他决心报考广东省第一师范;3月,他开始进入第一师范学校预备班学习;9月,他正式成为广东第一师范的学生。之后的两年间,他购买、借阅了大量刊物,并利用课余时间在图书馆阅读各类杂志。在他的课后阅读生活中,书、报、杂志是三类不同的媒介。相对于书籍和报纸,陆地对文艺期刊、学术期刊和综合类杂志的阅读范围更为广泛,包括《读书生活》《论语》《中学生》《新小说》《当代诗刊》《文学月刊》《申报月刊》《申报周刊》《世界知识》《生活知识》《宇宙风》《中国农村》《大众生活》《妇女生活》《知识》《译文》《世界文化》《通俗文化》《作家》《新中华》等20余种刊物。其范围之广,阅读之勤,表明杂志对他的课外生活和精神世界有着极为深刻的影响。对他而言,阅读杂志不仅是获取知识、陶冶情操、开阔视野的重要途径,也是理解现实、思考社会、提升能力的重要方式。

陆地购买杂志的范围较广,往往是根据杂志的风格、品质和自己的偏好予以取舍。如1935年1月18日,他外出购买《读书生活》一册。次日翻阅之后,他对该刊评价甚高,认为它"于社会知识,读书之指导,甚得益领"。2月19日,他读罢生活书店出版的《文学月刊》第二期,颇感失望,指出"无甚得处"。2月21日,他读《论语》数页,便"颇可发笑",喜爱之情尽在不言中。8月24日,他再读《文学月刊》,便"颇感兴味"。但有时他仅交代购买刊物的名称,并不谈及内容。如3月3日,他购买《新小说》《当代诗刊》两本刊物。10月26日,他买《申报月刊》《世界知识》两本而归。11月26日,他在旅途中买《宇宙风》一本,"用作船中之消遣"。1936年3月3日,他到各书局都找不到一本新杂志,"所以只得买了一本《新中华》半月刊,一本《申报周刊》"。同年12月11日,他请好友海鸥代买了一本《世界文化》,一本《通俗文化》,一本《生活》周刊。当日,他在日记中由衷地感叹:"书和新的杂志我实在舍不得它们,如果没有它们,那只有苦闷。我的生活愿和书为伴。"[①] 这些购买杂志的经历,他不厌其烦地予以记录,具有"我

[①] 陆地著,陈南南、陈田田整理:《陆地文集》(第六卷 日记·一),广西师范大学出版社2018年版,第8、17、18、74、22、93、101、141、246页。

买,故我在"的意涵,见证了他对杂志消费的偏爱。

相对于报纸,杂志的内容更具知识性和思想性。作为一名师范生,陆地平时广泛阅读各类杂志,但他对于喜爱的杂志和内容,往往会认真品读,在日记中写下自己的阅读心得和真实感受。如他经常阅读《中学生》,对这份杂志颇为看重。1935年5月21日,他读《中学生》(五月号)聊以消遣,并摘录《中学国文程度之讨论》一文:"当今中学国文之教学,摄取与表现两方面,都欠妥当。摄取就是阅读,表现即是写作,但今之中学阅读都时时缺少读物,写作亦只限每周一次或间周一次,故不异'仄之笼'以包围,并且笼中又时乏滋养料之给养。"他对此颇有同感,"觉其论之得当矣"。第二天,他先在日记中描述了此前的心境:"际此时而遭不如意事,因而每归咎于命运。"当天他读到《中学生》中有关"命运乃失败者之安慰,怯懦者的解嘲"的论述,随后颇为震撼地写道:"不异晴天霹雳,当头棒喝而来也。"9月16日,他读《中学生》中《感同身受》一文,"写一教授以此语,遍寻各友人求能得甚低待遇之职以与其学生,奔走终日皆无获"。他读后感叹:"由此观之,可见求职业难之一斑矣。"11月14日,他读《中学生》后写下读后感:"其中阅于高中国文科应读之书目如《左传》《史记》《汉书》,以及诸子等都应精读。"1936年3月18日,他见到《中学生》第63期有曹聚仁所写的《粉笔画》一文,文中详细介绍了读书应做笔记的格式方法。他颇为欣喜地写道:"这是篇很切当的指导学习的好文章。由这篇文字的心得而促使了我对于做笔记的心愿更加兴奋,因笔记可以帮助记忆的不足,免除肤浅的阅读之习惯,决定从今起,我愿我能够实行!"显然,曹聚仁的观点契合他的阅读实践,他找到了知音,对坚持写读书笔记更有信心。但是,即便是《中学生》之类的优秀杂志,并非每期都令他满意。1935年11月19日,他阅罢最新出版的《中学生》《生活知识》两本刊物,评论道:"内容不特材料之贫乏,理论亦无高明,故觉索然。"①

---

① 陆地著,陈南南、陈田田整理:《陆地文集》(第六卷 日记·一),广西师范大学出版社2018年版,第47、48、81、98、147、99页。

对于陆地而言，阅读杂志的价值在于知识获取和思想提升。相对于课堂知识，杂志更贴近社会，更富于思想性和启发性。陆地对于杂志中的重要文章，往往认真研读，在日记中深入剖析，发表己见，在独立思考中提升自己的理解力和评判能力。如 1935 年 12 月 10 日，他读《大众生活》周刊时，颇为欣喜，认为"文字精警，理论适当，实堪一读也。其宗旨为打破封建残余势力，求民族之解放，废除个人主义之思想，以大众为研究之对象"。这反映出他对这期杂志的总体印象和价值判断。12 月 28 日，他读《妇女生活》中《人生观》一文，之后结合自己的人生观进行了深入思考。他指出："其于个人主义、消极与听天由命诸人生观，已成过去时代的产物，际此时代，当不能有其存在之可能。然际今之所需要之人生观究为何，则所说者亦无甚详也，只数句术语而已。"显然，文章只是提出问题，并没有解决他的疑虑。但他在日记中的反问，表明他能跳出文本的限制，展开对问题的联想和引申。当读到颇有启发性的杂志文章时，他喜欢"借题发挥"，进一步阐释文中的观点。如 1936 年 1 月 20 日，他读了一本《中国农村》月刊，并在日记中大发感慨："我们的农村受不景气的波及，真是一年不如一年的了。但其破产的最大的主因，却是帝国主义的商品经济侵入和封建残余地主的压榨……图救的方法，当然要推翻以上的两大阻碍物才行。"① 此类分析，颇有思想高度，体现出他对农村问题有深入的思考。

各类杂志类似于知识仓库，陆地特别注重对其中知识的分析和理解，并经常在日记中记录阅读心得。1935 年 9 月 15 日，他读《文学》八月号，对郁达夫《再谈日记》一文颇有感悟，文中称："写日记时，切不可存一缕除自己外，尚有另一个读者之存在。"他进而阐发："可随意书之，或感想或经历，不宜稍有掩饰也。"这表明他注意阅读的延伸，并融入自己的日常生活实践。1935 年 9 月 24 日，他读到《读书生活》中有关中学生阅读之标准一文，特加摘录："初中毕业须读完《社会进化史》《社会问题》……高中则应读政治经

---

① 陆地著，陈南南、陈田田整理：《陆地文集》（第六卷 日记·一），广西师范大学出版社 2018 年版，第 105、109、122 页。

济等哲学。而每月至少须选读月刊四种,如《世界知识》《中学生》《时事汇编》《妇女生活》等,日中亦必读日报两种以上。"他颇受启发,写道:"自思阅读方面,殊久贫乏也,后当急谋实行读之方可。"① 此种鞭策,说明他对课外的报刊阅读非常重视。

陆地在中学时便酷爱文艺,到广东一师读书后,购买了不少文艺期刊,阅读了不少文艺作品。如1936年5月15日,他读完《作家》创刊号中果戈理《怎样写作的》一文,抄录了其中精彩的一段文字:"那些加于我的讽刺和嘲笑,对于我是需要的……所以每一刻有人叱责我、抨击我,我还必须感谢每分钟打击我的对手……""如果得到纯客观正确的对自己的批评指摘,那我很欢迎,因为一度经过批评后,缺点才可以自觉地得以改进。"他虽然没有继续评论,但抄录本身便表明了他的态度。6月19日,他借阅《文学月刊》,读到郁达夫的《出奔》,一口气读完后,认为"它的结构等未见得出奇"。② 虽然他在之前对郁达夫的文章颇为赞赏,但他并不盲从,对《出奔》一文的评价不高。这说明,随着阅读经历的丰富,他对文艺作品的鉴赏能力大为提高。

相对于阅读杂志的记载和评述,陆地读报的记录并不多。1935年6月8日,他在日记中提醒自己:"日来报章所载,中日事件,甚引国人注意,余于国际新闻向少顾及,今则不能不一阅之也。"之后,他对日寇侵华的相关新闻较为关注。如11月15日,他读报后记载:"国事之严重,日甚一日。日本已准备攻我上海、厦门等沿海各埠,日前上海已有日水兵五六万登陆,存意捣乱寻衅云。"他感叹:"因近闻国事之紧张,故思潮为沸腾。"③ 之后,对于华北事变和西安事变,他着墨甚多,但有关国际时政,他记录较少。

在读报活动中,陆地对国内要闻和两广政要的动向较为注意。如1935年

---

① 陆地著,陈南南、陈田田整理:《陆地文集》(第六卷 日记·一),广西师范大学出版社2018年版,第81、83页。
② 陆地著,陈南南、陈田田整理:《陆地文集》(第六卷 日记·一),广西师范大学出版社2018年版,第171、185页。
③ 陆地著,陈南南、陈田田整理:《陆地文集》(第六卷 日记·一),广西师范大学出版社2018年版,第53、98页。

6月11日，他读报后写道："陈济棠将有任西南军事委员长职，而李宗仁、白崇禧、张发奎副之。但是否属实，仍无可靠之说也。"11月5日，他读报后记载："冯玉祥、阎锡山两公已有诚恳之电致西南中委，如李宗仁、陈济棠、白崇禧、萧佛成、邹鲁等，即日北上京师，共襄国难，并由中央派戴季陶、马超俊两公，飞粤邀迎各中委入京。"对此消息，他似乎较为乐观，写道："观此现状，中国似有合作之可能。"11月8日，报纸登载国民党当局的新定币制政策："令各省就各将本省银行之纸币，换取白银以为国有，各商人富产不得藏留……此令下后，国内外颇多议论，各物价乘时大增，各国恐影响其国货物之倾销，故甚为注重。"他认为币制改革"于国家前途，实有最大之意义存矣"。1936年5月13日，他读当日早报得知"昨夜胡汉民氏忽患脑溢血逝世"。对此，他评论道："许多人拿'胡汉民之死与中国政局有无关系'这句话来讨论，可知他们对此陷入怀疑而不能把握。在我则直说，他的死与中国的影响纵有也微乎其微。中国之所以得救，得济于事的不是像他那样的文弱书生，况且他在国内挑起政见之争，弄得南北无法统一。"他对胡汉民盖棺定论，与他对胡汉民为人为政的不满有关。11月26日，他读港报，得知"七君子"事件的新进展："广西的主要人物及中枢的孙科、冯玉祥、于右任等国民党元老都极力为之营救。"他进而评论道："由此可见中国首脑的政治立场也很复杂的吧。可是那七个领袖想来不是短期可望得自由的呵。"① 这些零散的记载是他平时读报后的选择性记录，从侧面反映出他对时政问题的观察和思考。

与陆地经常购买报刊不同，夏鼐在大学期间则主要在图书馆阅读各种报刊。1930年夏天，20岁的夏鼐考入燕京大学社会系；1931年9月，他转入清华大学历史学系就读；1934年从历史系毕业；1935年春，在河南省安阳参加殷墟发掘。1935年，他留学英国伦敦大学，后获考古学博士学位。抗战前的7年，是夏鼐在大学学习的重要阶段。尤其是在清华大学读书期间，他学习刻

---

① 陆地著，陈南南、陈田田整理：《陆地文集》（第六卷　日记·一），广西师范大学出版社2018年版，第53、95、96、170、243页。

苦，课余经常在图书馆阅览各类书报。他在1931年1月10日记载："午后阅报，这是每日例行的故事。校内的报纸有《北平晨报》、《京报》、《民国日报》、《华北日报》、《全民报》、《益世报》、《世界日报》、《英文导报》（以上北平出版）、《大公报》、《庸报》（以上天津出版）、《申报》、《时报》（以上上海出版）。差不多每种都要翻一翻，北方的日报，于评论及副刊都较有精彩，不比上海的日报完全商业化，要讯外几不值一看。"① 除了上述报纸，他对各类杂志尤其是学术性期刊特别感兴趣，日记中有大量的阅读报刊记录，见证了他大学期间阅读和学术探索的历程。

夏鼐对杂志的阅读较为细致，每次读过的杂志名称、页码，他都详细记载。如1931年1月9日，他读《东方杂志》第27卷17号（125页）、18号（129页）；1月23日，读《东方杂志》第27卷19号126页；2月16日，读《东方杂志》第27卷21号100余页。② 此类记录反映了他当天的杂志阅读量。《东方杂志》是百科全书式的刊物，选录了当时报刊上的重要文论和时政要闻，内容极为丰富。对于大学生而言，这无疑是一座知识宝库。夏鼐在日记中写道："近几年来的《东方杂志》，我差不多每本从第一篇看到末一篇。这种笨读的方法，也觉得很可笑。但是小规模的多看，我以为也有好处，尤其是不求成专家的我，多看本是消遣。"夏鼐读这份刊物，是希望从多方面扩展自己的知识面。如1931年5月10日，他读《东方杂志》第27卷24号，认为"其中关于世界失业问题的几篇，颇有参考的价值"。1934年1月17日，他读《东方杂志》新年号，并记载："其中'时人传'（汪精卫、蔡子民、胡适之、王云五）最引起我的兴趣。"③《东方杂志》的学术性与思想性，在夏鼐的阅读记忆中得以证实。

除了《东方杂志》，夏鼐经常阅读的期刊有《生活》《申报月刊》《科学》《二十世纪》《世界杂志》《史学年报》《外交月刊》《燕京学报》等。这些杂志涉及面较广，从多方面丰富了他的知识库。他读杂志并非被动式照单全收，

---

① 夏鼐：《夏鼐日记》（1930—1935 卷一），华东师范大学出版社2011年版，第23页。
② 夏鼐：《夏鼐日记》（1930—1935 卷一），华东师范大学出版社2011年版，第22、26、31页。
③ 夏鼐：《夏鼐日记》（1930—1935 卷一），华东师范大学出版社2011年版，第22、46、215页。

而是对内容进行分析与反思，提出自己的见解。如 1931 年 6 月 29 日，他读《生活》周刊后评论道："近来忽于体育大加注意，每期都有照片，我以为实际上大可不必，女子体育在现今萌发时代尚可稍加鼓吹，男子体育则应注意普及，英雄式的打破纪录并无可嘉。"7 月 31 日和 8 月 1 日，他读《二十世纪》第 3 期后进行比较："其中以《张东荪哲学批评》一篇为最佳"；"《科学与玄学》一篇系用新的见地，下玄学与科学的定义，然后对于中国那次人生观之论战，作一总检讨，颇有可观"。1932 年 1 月 25 日，他读《二十世纪》第 5 期所载《胡适批评》一文，认为"这一篇批评偏重于建设的方面，有精辟处，也有牵强附会处"。12 月 26 日，他读《申报月刊》第 6 期数篇文章，并写下感想："月刊中多短文，虽为方便读者，但不易得佳作，尤其是有些问题不是寥寥五千字所能说得明白，每期所附之一月来大事记颇佳。本期登载完毕之《沪淞血战记》为亲身从事守淞之翁照垣所作，颇可一读。"1933 年 1 月 28 日，他读《外交月刊》中《国联报告书》之论述，并评论道："闻此刊物系外交系中人物所主持，其论调较为缓和，对于事实方面多认为公允；而对于解决之原则及方法则认为与事实相矛盾，但仍主张有条件的加以接受。……读此报告时，不知道是哭好还是笑好！"① 与一些读者对杂志的消遣性阅读不同，夏鼐对期刊知识是在学习消化的基础上，进行独立的思考和判断，提出自己的心得和观点。此类思辨式阅读具有较高的思想境界和主体意识，他的日记充满了对阅读内容的感悟，体现了文本意义的延伸。

对于报纸上刊登的新闻，夏鼐在读后也会经常加以评论，提出自己的见解。如 1931 年 9 月 1 日，他读《大公报》有关发起救灾日运动的新闻，认为"这几年的水灾、旱灾，都是证明中国封建式社会的衰落"。1933 年 1 月 9 日，北平各报登载了梅贻琦校长劝告同学的通知。"《京报》之标题为'清华学生明哲保身请假停考'，且有'记者录之，不禁有中国不亡无天理之感矣'。"他

---

① 夏鼐：《夏鼐日记》（1930—1935 卷一），华东师范大学出版社 2011 年版，第 57、63、95、141、152 页。

认为"这是本校学生会中办事人闹出来的笑话,使清华历史沾了莫大的污点"。11月15日,他阅报得知福建独立,另组政府,反对中央。他预测:"近日卖国外交(设关通邮交涉),内乱又将起矣!"① 他对时政新闻的解读往往言简意赅,却能抓住问题的本质,颇有见地。

女大学生的报刊阅读也值得关注。如蔡文星系东南大学生物系肄业生,为浙江东阳人,因父亡后家庭经济困难被迫辍学,在多所中学任教,以供两个弟弟读书。她勤奋好学,自立自强,但因生计和情感问题,又郁郁寡欢,在27岁时便因肺病逝世于杭州。她生前特别喜爱《生活》杂志,多次投稿并给编辑部写信,曾在《生活》上发表《第一次经验》《毅然的到乡间去》《阿兄仗义》《妆饰问题》《病给我的教训》等文章,并与邹韬奋有书信往来。在她去世前两个多月的日记中,就有对阅读《生活》的记载。如她在1931年7月26日写道:"昨天在《生活》周刊上看见落霞做的《全身各部平均发育的操练》,觉得是篇有价值有意义的文章。她说:'操练柔软体操,如能使全身各部平均发育,必能身体健康,姿态优美,精神活泼,善耐劳,丰于自制力,善于抵抗困难。'"她读后联想:"自我实行冷水摩擦以来,觉得抵抗伤风的力已强了些。"饱受病痛折磨的她,对健身问题颇为关注,读到此类文章,颇受启发。而她对《生活》的情感寄托,也在9月22日夜间给《生活》所写的信中得以体现。她写完信后,在日记中表达了自己的矛盾心态:"预备寄到《生活》周刊社去发表,但是深夜一想,将来发表起来,写着义乌寄来的字样,亲友看见了定能猜到是我,很不好意思。……现在既不便发表,就录在日记簿上作件纪念品吧。"② 这封因情感问题而求助《生活》编辑的信,竟成为她的绝笔,令人惋惜。

简玉璿则是一名在校大学生,她思想开放,追求自由平等,对学校教育和社会问题提出尖锐批判,在苦闷中思考人生的价值和意义。课外阅读《生

---

① 夏鼐:《夏鼐日记》(1930—1935 卷一),华东师范大学出版社 2011 年版,第 69、146、201 页。

② 蔡文星:《衔微日记》,蔡文星、简玉璿:《两个民国女大学生的日记》,华文出版社 2012 年版,第 31、65 页。

活》《东方杂志》《女子月刊》等刊物是她的精神漫游方式,为她提供了不少思想资源。如她在 1933 年 10 月 6 日的日记中写道:"时候尚早,看完那本《生活》周刊才睡觉。今期巴金的随感没有登,听说他已离开广州了。这位安那其主义者的行踪是很诡秘的。他在八月号《中学生》登了一篇文章痛斥生物自然发现的创见(?)者罗广庭博士,在这篇文章里真的把老罗骂到狗血淋头。"她还特别提及:"我很爱巴金的文章,《东方》杂志刊登那篇《新生》我更喜欢。"此类阅读体验,表明巴金的作品对她有着深刻影响。10 月 8 日,她又在日记中透露了对丁玲作品的喜爱:"今天晚上拿着第四期《文学》读了一会儿。一翻手就翻开了丁玲的《莎菲日记》,这里面充溢着少妇爱情的依恋,热情的追求,伤感的流露,无疑,人生只有青春的梦才是美丽的梦,才值得陶醉,才值得有刹那的享受!"此类阅读感想,体现出《莎菲日记》与她精神上的"对接"。她对心仪刊物的向往,还通过她的投稿得以展现。她在《女子月刊》1933 年第 5 期发表的《自由平等是只有自己去争的》一文中指出:"三月二十五日的下午,凑巧在民智书局见了一本《女子月刊》,她着实令我喜欢至极点了,她的出版在此畸形的中国里是多么的光荣伟大呢!我一见了她的时候如我在黑暗的地方见到光明一样似的,她能在这风雨飘摇的中国中出版,完全是你们伟大的精神罢!"她在文中呼吁:"历史告诉我们,自由平等是只有自己去争的,却不是他人给我们的。"① 这位"不安分"的女大学生在 1933 年写下的文字,颇能表达她的个性和价值追求。

与不少热衷新学的学生相比,陶存煦则是一位喜新不厌旧的青年学子。他于 1929 年考入无锡国学专修学校,深受唐文治、钱基博等国学名师影响,广泛涉猎经史典籍,具有扎实的国学基础和文字功底。他在 1930—1931 年约一年半的日记中,主要记录了所读各类书籍的提要和心得。他注重新旧兼顾,中西兼学。他认为:"夫规模宏阔,西不及中;条例密缜,中不及西。故合之两美,离之两伤。"因此,"探旧者不能废新,维新者先当知旧"。但他的课外

---

① 简玉璿:《谜样的人生》,蔡文星、简玉璿:《两个民国女大学生的日记》,华文出版社 2012 年版,第 106、107、108、111 页。

阅读仍然以经史典籍为主,有关报刊新闻的记载较少。他在1930年5月15日的日记中记载:"予日来好阅杂志,且喜作琐屑考据,然学业浅俚,结果仍无一获。同学夏芳材见而不以为然,因告予曰:'尔年未二十,记忆力甚强,正宜乘此良机,多读诗文,多阅基本书籍。俟学问略有根柢,研究考证,未为晚也。今乃舍本务末,作此揠苗愚事……'予闻言,瞿然如得一剂清凉散。"此种对待杂志的态度,影响到他之后的阅读心理和价值评判。不过,他偶尔读到《中学生》之类的杂志,仍然颇有启发。如1931年2月19日,他阅《中学生》杂志"出了中学校"一栏,"观汪静之、叶绍钧等自述独学经验,则人定胜天,益叹非妄,自新之志又觉勃然。然'不积跬步,无以至千里;不积小流,无以成江海',天下决无不劳而获之事,亦无徼幸坐得之功"。① 此种心得印证了他的自学志趣,颇有言为心声之意。但是,对于一些有悖传统伦理道德的杂志言论,他读后极为反感。如5月13日,他课余阅罢《世界杂志》小说竞赛栏目,评论道:

> 言艳情,惜别离,千篇一律,无为世道计者。虽间寓惩世志,然淫词逆心,少年读此,正大英锐之气难免销亡。窃谓男女之辨,国家存亡系之。伦纪亡,则无情于家;婚姻衰,乃纵欲无度。无情于家者,必将无情于国;纵欲无度者,后嗣势难健伉,生聚教训由是败矣。未生聚,未教训,国之幸存,吾未见也。……非古先王制礼好若是严且苛也,盖以饮食男女人之大欲,防患未然,不得不耳。挽近无耻之徒,拾西欧秕政,横摧礼教,轻薄子和而唱之,同然一辞,……士大夫不知持风气,抑且重扬其波,新文学家其尤甚也。②

此段文字出自18岁的学生之手,令人难以置信,其语气俨然是一位道学家对传统伦理之严正声明。这反映出陶存煦对"艳情"之厌恶。

---

① 陶存煦著,刘桂秋、刘国芹整理:《陶存煦日记》,凤凰出版社2022年版,第188、225、39、101页。
② 陶存煦著,刘桂秋、刘国芹整理:《陶存煦日记》,凤凰出版社2022年版,第151—152页。

陶存煦经常出入校图书馆，有较多机会阅读报纸。然而，他在日记中很少披露时政要闻，对于当时的军阀混战，他仅在 1930 年 7 月 28 日读报后记载："南北两军大战于曲阜，圣林颓坏，大成殿十去六七，千年苍松，多为炮火所斩。城内颜子庙一旦化为灰烬，而颜路子、颜渊子神位竟巍然无恙，抑亦奇矣。"他颇为悲愤地评论："嗟乎！邪说横行，大道沉寂，祀孔既废，洙水又复难保，先圣先贤有知无知，姑置弗论，吾侪小子泫然无痛哭乎？噫！"此种心境，表明他对孔子和儒家礼仪有着深厚的感情。而他的爱国之情，也通过他在 1931 年 7 月 12 日的一次阅报得以揭橥。是日，他读报得知"旅韩侨胞均遭韩人惨杀，祸之烈，无异拳乱，而日政府独假作痴聋，不闻不知，我国当局以内乱方殷，亦难兼顾"。对此，他甚为沉痛地写道："嗟乎！强邻虎视，'隔江犹唱后庭花'，予手无戈，曷胜於邑。"① 由此可见，陶存煦虽偶记新闻，但每次都因事而发，揭露时弊，言为心声。

值得注意的是，海外留学生也通过各种途径阅读国内报刊，其中亲友的寄赠起到了重要作用。如张元济对《独立评论》杂志评价甚高，不仅自己经常翻阅，还经常寄给他在美国读书的侄儿张树源和儿子张树年。1933 年 1 月 30 日，他写信给侄儿张树源并告知："今日将寄《东方》本年第一号（可阅者均〇出，或加△），《华年》第四期，《独立评论》第 36 号，《国闻周报》第三期与汝弟。此信并同阅。"② 显然，张元济不仅要求子侄认真阅读，还通过自己的阅读实践，标出重点文章，进行阅读指导。这对身处海外的张树源兄弟而言，收到来自国内并附加了情感符号的刊物，他们的阅读体验更是另有意味。

从读者类型的角度看，学生群体无疑占据报刊读者总量的首位。然而，仅从真实读者的身份来分析学生读报活动具有明显的局限性。学生们由于学习和生活条件的限制，很少长期坚持写日记，也很少以其他方式证实他们的

---

① 陶存煦著，刘桂秋、刘国芹整理：《陶存煦日记》，凤凰出版社 2022 年版，第 86、180 页。
② 《致张树源》，张元济：《张元济全集》（第 2 卷·书信），商务印书馆 2007 年版，第 324 页。张元济对《独立评论》颇为看重，1937 年 7 月 21 日，他在写给儿子张树年的信中又提及："午后又寄汝《独立评论》二本，中有数文甚有价值，我已加〇〇为记。汝可阅看，将来务要带回。"参见《致张树年》，张元济：《张元济全集》（第 2 卷·书信），商务印书馆 2007 年版，第 299 页。

读报活动。事实上，对于当时的大中学生而言，阅读报刊是他们生活中的重要内容，不少学生长期读报但未必留心记载。如顾廷龙在燕京大学研究院国文系读研究生期间，虽经常到图书馆查阅书报，但他的日记中很少有读报的记录。仅在1932年11月13日，他阅《大公报》后记载："惊悉朱梁任先生父子因参与甪直保圣寺落成，中途舟覆淹没，极为惨悼。暑假中，曾数晤，皆承枉顾。此公孤学而笃实，所阅之书无不校点，薄吴中之自命学者，往往不与人谈学，或敷衍之，随意吐答。"① 友人不幸去世，他深为痛惜，由此也有机会让《大公报》在他的日记中出现。而对于平时所阅报刊新闻，他在日记中几乎不加记载。在他的读与记之间，显然存在着巨大的差距。因此，以少数学生的日记和回忆录来探究学生的整体阅读状况，仅仅是窥斑见豹而已。

总之，在十年内战时期，尽管社会动荡不安，但官方对学生的阅报教育较为重视，强化在小学阶段对儿童进行报刊阅读指导和培训，发动教师和社会各界指导小学生读报，将报刊作为课外阅读的重要读物，培育小学生的读报能力。学生读报活动的广泛开展，使报刊作为知识纸、思想纸的价值得到了极大的提升。官方通过加强各级学校的图书馆、阅报室、资料室建设，进一步发挥了公共阅读机构的报刊普及作用，学生对报刊的认知水平有了明显提高。公共阅读机构与学校教育、社会教育的有机结合，使报刊介入学生的日常生活，这在客观上有利于学生读报习惯的养成。从可得性的角度看，随着报刊的普及，家庭、学校、图书馆和其他公共场所为学生提供了更多的报刊阅读机会，而同学、友朋之间的借阅、传阅进一步丰富了学生的阅读实践。从阅读类型的角度看，报刊在学生的阅读生涯中占有更重要的地位。学生主要通过读报了解时事，看杂志获取新知。尤其是"九一八"事变之后，时局危迫，报纸成为学生了解时政、接触社会、激发家国情怀的重要媒介。而杂志为学生学习新知、博采众长、提升技能提供了更丰富的内容。学生在阅读报刊时折射出他们的学习经历、思想动态和情感世界，在一定程度上展现了

---

① 顾廷龙著，李军、师元光整理：《顾廷龙日记》，中华书局2022年版，第12页。

个体的成长历程,也反映了后"五四"时期报刊在新闻生产、知识供给和价值导向方面的变化。在现代教育分科化的背景下,报刊作为学生的课外读物,是新闻、知识、观念和思想的多元汇集。学生阅读报刊的活动,既体现出其对新闻和知识的接受和理解,又在具体的情境中展现出多重风华。

第三节 传统士绅的报刊阅读活动

十年内战时期,一些咸同年间(1851—1875年)出生的士绅已进入老年,不少士绅在清末时期便养成阅读报刊的习惯。如张朝墉出生于1860年,曾长期担任黑龙江都督宋小濂的幕僚。1927年,他又回到齐齐哈尔,与维新时期他关注社会改革与西学不同,在十年内战时期,他已进入暮年,日记中有关读报的记录较少,但偶尔也会在日记中对时政新闻发表评论。如1929年1月16日,他阅报得知"杨雨[宇]霆、常荫槐已遭杀身之祸",感叹道:"权钱两事皆世间害人之物。"① 而报刊上有关长江水患的报道,他读后偶尔也会有所记载。如1931年8月3日,他读报后简要记录:"扬子江大水,报载汉口全市被淹。"8月23日,他又记载报纸新闻:"成都、重庆皆大水,而城内行船恐靠不住。"之后,他的日记中很少出现报刊新闻。他在12月15日的日记中表达了他的心迹:"阅报章,心中反添出许多事,既是逃命出险,养心之法还是不阅报,少生烦恼。"② 此段自白,反映了不少传统士绅的阅读心态。

当然,一些传统士绅具有丰富的读报经历。如郑孝胥在1891年的日记中便记录读《申报》的活动。同年,瑞安乡绅张棡也有机会在温州乡下读报,而其内兄林骏则在1897年的日记中记载了阅读《时务报》的心得。在离温州不远的平阳县刘店,秀才刘绍宽在1894年开始阅读《申报》。在江苏海门任

---

① 张朝墉:《张朝墉日记》,王建朗、马忠文主编:《近代史研究所藏稿钞本日记丛刊》(第四十四册),国家图书馆出版社2020年影印本,第477页。
② 张朝墉:《张朝墉日记》,王建朗、马忠文主编:《近代史研究所藏稿钞本日记丛刊》(第四十六册),国家图书馆出版社2020年影印本,第5、20、65页。

第三章 十年内战时期时局变动、新闻呈现与读者观感

镇军幕僚的符璋于1893年便订阅《申报》。至南京国民政府时期，这些在科举时代获得功名的士绅，大多已进入晚年，在新旧思想的交锋中，由于政治立场、价值取向与社会利益等方面的原因，他们对报刊的态度也有较大的变化。尽管从总体上研究传统士绅的读报活动存在诸多困难，但我们可以通过一些典型人物的日记来分析他们在十年内战时期的阅读经历，以及他们对时局的认知和评论。

郑孝胥在1928年时已58岁，然而，作为废帝溥仪的心腹，他一直在为复辟帝制奔走。"九一八"事变后，他协助溥仪建立伪满洲国，后又任伪国务总理，可谓位高权重。他早年笃信的维新变法思想，已与其复辟、卖国行径有着极大的反差。他忙于复辟和处理伪满洲国的行政事务，在日记中很少记载读报活动，但他认为"有价值的"新闻大多与自己相关。如1928年5月5日，他收到"志摩赠《新月》杂志，且求明日来观作字"，但他并没有记载阅读这份杂志的感想。1929年4月6日，他读《字林西报》所登菽芬笛克《论中国自杀》一书，认为"侠肠热血，使人感动"。之后3年，郑孝胥的日记中几乎无阅报记录。至1932年年初，他才偶尔记录报刊新闻。如1932年1月9日，他看到报纸号外，"云日皇观兵归，有朝鲜人李逢昌投爆弹，中副车，内阁全体引咎辞职。又出号外，云犬养内阁留任。议会劾内阁不敬"。[①] 彼时，郑孝胥正在积极协助溥仪筹建伪满洲国，对日本内阁变动自然极为关注。4月5日，他看到《满洲日报》报道自己和儿子郑垂，自然记上一笔："犬养毅为日本首相，其子健为秘书；郑孝胥为满洲首相，其子垂亦为秘书。相对辉映，其中日亲善之真象乎。"郑孝胥对《满洲日报》的评论似乎很满意。他以对日亲善为荣，从早年的维新人物到晚年的卖国贼，郑孝胥读报的心迹也流露无遗。之后，郑孝胥以"首相"自居，忙于政务，很少在日记中记载读报的心得。而对于国民党的动态，他在1935年之后，在读报后略有记载。如11月11日载："国民党以三日突下银国有及改币制

[①] 郑孝胥著，中国国家博物馆编，劳祖德整理：《郑孝胥日记》（第四册），中华书局1993年版，第2182、2229、2359页。

之伪令，举国大震。……今日《满洲报》载日驻华武官矶谷对此事意见六条。……"1936年6月26日记："《满洲报》言，赣南第五十一师柏天民军投粤，湘军第十五师及第三十四师亦有投桂之状。"① 其对国民党的不满和幸灾乐祸之心态也隐约可见。

与郑孝胥类似，1855年出生的郭曾炘也是前清遗老。他25岁时便高中进士，至辛亥革命前夕，他任典礼院副掌院学士，辛亥之后，他隐居乡下。他的《过隙驹》和《邴庐日记》始于1926年，止于1929年。他声称"不稗贩报纸时事新闻，不言人过失"。暮年的郭曾炘似乎对时政新闻不太留意，偶尔阅报，也只是简约提及。如1928年农历闰二月一日，他阅报得知"张绍曾在天津妓寮被人枪毙"。对于这位昔日宿敌被枪杀的新闻，他写道："天网昭昭，不禁拍案称快也。"三月五日，他阅报，"知冯军已下泰安"，进而判断"时局又将大变矣"。四月十八日，他记载："昨报载张帅到奉火车在皇姑屯被炸事。今日各报又遍登矣。"六月十三日，他阅报"知阎及二李皆南下，应所谓五次大会"。十九日，他记载《京报》所载"裕陵、定西陵被发事"，认为"群盗世界，无理可言"。② 这寥寥几则新闻，经过郭曾炘的加工处理，颇为简约，但内涵丰富。在郭曾炘生命中的最后两年，阅读经典、创作诗文仍然是他日常生活的重要内容。他对乱局颇为无奈，偶尔读报后仅简记要闻。作为昔日的"学士"，他的内心仍然对官场的荣光颇为留恋。

徐乃昌则是前清的"中层官员"，他出生于1869年，1893年中南京乡试举人，曾任淮安知府。1903年，他曾到日本考察学务，回国后，鼓吹教育、实业救国，兴办学堂。辛亥革命后，隐居上海、苏州等地，是近现代藏书大家，其日记中有大量购买、交换古籍的细节。十年内战期间，徐乃昌有不少阅读报刊的记载。如1929年4月22日，他读报得知老家南陵城区附近匪众出没，"时有白昼抢劫之事。地方人士开联席会"。之后，他偶记新闻。如12月

---

① 郑孝胥著，中国国家博物馆编，劳祖德整理：《郑孝胥日记》（第五册），中华书局1993年版，第2375、2605、2632页。

② 郭曾炘著，窦瑞敏整理：《郭曾炘日记》，中华书局2019年版，第32、167、176、185、199、200页。

20日记:"报载,海州山崩。"12月29日,他记载《新闻报》新闻:"南京改正专制时代避讳字。"1930年2月15日,他摘录报纸新闻:"阎锡山有电致蒋中正,主礼让为国,相约下野。"9月7日,他读《时事新报》并记载:"繁昌县五华山匪首杨三保化名吴继先,吴宗凯化名谭冰瓯,张善玉化名谭铁眉,在福州路新大中旅馆被获。"12月3日,他阅《时报》并记载:"良乡泽公墓被盗掘,殉葬珠宝尽失。"① 从其读报记录看,他对新闻的记载并非刻意选择,所摘录的新闻并没有严密的逻辑线索,读报遣兴,偶载所闻,也许是不经意间的行为。

1932年5月之后,徐乃昌读报记录较少,新闻之间亦无内在关联。如5月22日,他读《大晚报》,关注法西斯运动:"意、法、日三国的法西斯蒂运动。法西斯蒂党的灵魂为墨索里尼。"8月25日,他读报后记载故宫文物保护的新闻:"故宫博物院保管委员鉴于日本在北平之活动,已筑一水火不侵之特别仓库存放古物,日来职员从事装箱,甚为忙碌。"之后,徐乃昌很少有读报记录。他的日记止于1938年,彼时,他已是69岁的老翁,体弱多病,但仍然热衷于古籍鉴赏和收藏,偶尔记载诸如"中国统制外汇""南京组织即将出现"②之类的新闻。

与前清遗老相比,张志潭则是北洋政府时期的权贵。他曾任北洋政府内务、交通总长,对乱局甚为厌倦,平时很少抄录报刊新闻,但他喜欢剪报。他的日记中附贴了大量报刊原件,作为史料予以保留。张志潭晚年隐居天津租界,以书法自遣。他剪报的内容涉及面颇广,既有时政新闻,也包括文艺与社会新闻。以1931年为例,1月28日,他剪报的篇目有《荆轲传简目》《附饯别荆卿歌》;2月28日,他剪存一篇国际新闻《日皇颁布组阁大命 若槻新内阁成立》;3月7日,他关注《英国女士得东方文学博士学位》一文,剪存并以"此为空前未有之事,东方文学即吾国之文学也"作为评论;3月8

---

① 徐乃昌著,南江涛整理:《徐乃昌日记》(三),凤凰出版社2020年版,第1055、1113、1116、1129、1187、1217页。

② 徐乃昌著,南江涛整理:《徐乃昌日记》(四),凤凰出版社2020年版,第1405、1433、1808页。

日，他剪存一则有关苏联教育的新闻《赴俄特派员第四信　苏联儿童教育之一瞥》；3月12日，他剪存《中国海军之过去与现在》一文；3月14日，他读《世界最丰富之铁矿》一文，并剪贴于当日日记之后；3月22日，他剪报的篇目包括《日本失业情形　已在静止状态》《白乐天之影响于日本文学（上）》等六篇；3月26日，他的剪报篇目有《开世界创例　制宪最高速度　德威瑞费时六月　我国不及两小时》《废除不平等条约宣言　昨由国民会议议决发表》等；3月27日，他剪存一篇国际经济评论，题目为《国际银会议价值之认识》。① 之后三年，他的日记中经常附贴各种剪存的报刊，涉及面甚广。从他剪报的篇目看，其对报刊内容的选择具有一定的主观性，尤其是一些时评和文艺、学术性文章，与他的兴趣爱好有关。他乐于在日记中插入各种剪贴的报纸，一方面可以节约大量抄录新闻的时间，另一方面则将新闻文本作为例证，通过附贴的材料展示他的读报成果，表达他对报刊新闻的价值选择和判断，并通过具体的陈述和评论延伸这些新闻文本的价值和意义。

与上述曾身处官场的士绅不一样，一些乡绅虽对帝制时代的道德礼义颇为留恋，但经过民国近二十年的时光，他们大多已是垂暮老人，长期蛰居乡下，无法进行权力的角逐，也不再激烈地反对"共和"。南京国民政府成立之后，他们有着强烈的民族主义情结，希望国家统一，反对军阀混战，对国民政府大致抱有期待，祈愿国泰民安，安享晚年。以张棡为例，这位温州乡绅在1927年时已是67岁高龄，他从31岁开始记录读报活动，对时政新闻颇为留意。在北伐时期，他关注国民党的战况。如1927年4月4日，他读《申报》，"见上海已被党军得手，南京亦入党之范围，孙传芳及鲁军将帅均退扼徐州，上海鲁军与党军激战时，竟将宝山路一带放火民房，生命惨死于兵火者不计其数"。7月11日他阅《新闻报》，"知山东日本已经出兵开火，南军形势颇危云"。南京国民政府成立后，他对各项政策颇为关注。如有关浙江二五减租的讨论，他于10月23日阅杭州《国民新闻报》后，记载当地新闻云：

---

① 参见张志潭：《张志潭日记》，王建朗、马忠文主编：《近代史研究所藏稿钞本日记丛刊》（第六十二册），国家图书出版社2020年影印本，第63、138、177、186、200、212、226—231、241—242、244—245页。

第三章 十年内战时期时局变动、新闻呈现与读者观感

"佃六主四系庄松〔崧〕甫提议，已经作罢，即二五减让亦室碍难行，只宜照习惯例，由各县县长就地情形，考察详报云云。"作为一名生员①出身的乡绅，张棡非常尊奉孔子。他于 1928 年 3 月 3 日阅《时报》，得知中华民国大学院训令废除春秋祀孔旧典，极为震怒，指责道："此种荒谬绝伦之训，真是可笑之至。无论孔子平生尊王宗旨，乃攘夷大义，非后世专制乱君所得托。即其教忠教孝之说，虽孙中山《三民主义》中亦历引而推重之，何尝与党义悖谬。"当年 12 月 1 日，他读《浙江报》后记载："浙省妇女协会呈请将各处节孝祠一律废除，其祠产拨充协会为妇女运动之费，免致丧失云云。"他对此甚为不满，指出"此种荒谬奇谈竟公然登之文报，又何怪纲常倒置，廉耻扫地乎"。② 此类不满，都体现出他对传统道德的坚守。

相对于国民党，张棡对于共产党颇为仇视，他称共产党员为"匪"。他目睹乡邻和亲友中参与共产党领导的农民暴动，对于被处死的"共党"亲友，他认为罪有应得。他于 1927 年 4 月 26 日阅读《时事新报》，"见各省均有打倒共产党之举动，而瑞安昨又被司令部捕去三人"。1928 年 10 月 26 日，他看《杭州新闻报》，见政府通令云："有饬缉瑞安'共产之匪'，如塘下张癹、白门郑景藩、港乡张贤，瑞安林去病、叶辅阶、戴国权、钱式芬等，约十七名。"10 月 31 日，他阅《杭州国民报》得知"上湖伍姓案当场获汤志清及林平海、周士元、杨公亮四'共匪'已经枪决，而'匪魁'游侠、林珍尚兔脱未获"。③ 对于所谓的"共匪"，他从自身的利益和立场出发，在日记中多次加以污蔑。他认为"共党"首领陈独秀误入歧途。他在 1937 年 3 月 22 日看《东方杂志》时读到《实庵字说》后，评价道："颇于小学有精核处，而惜乎错走迷途，羁困囹圄也。"④ 此类评论，体现出他的反共立场和价值判断。

---

① 明清时期指通过最低一级考试，取入府、县学的人，俗称秀才。
② 张棡著，温州市图书馆编，张钧孙整理：《张棡日记》（第七册），中华书局 2019 年版，第 3165、3199、3232、3275、3360 页。
③ 张棡著，温州市图书馆编，张钧孙整理：《张棡日记》（第七册），中华书局 2019 年版，第 3174、3346、3348 页。
④ 张棡著，温州市图书馆编，张钧孙整理：《张棡日记》（第九册），中华书局 2019 年版，第 4086 页。

作为乡绅，张棡对地方新闻颇为关注。他经常阅读杭州《民国日报》，关于浙江的二五减租问题，他多次通过报刊新闻发表自己的观点。而有关地方灾害的报道，他也较为留意。如 1929 年 8 月 20 日，他读报得知"今年水灾浙省计有七十余县，而田荒不耕，粮食约缺八百九十一万斤"。① 至于政府公报、地方盗匪等方面的新闻，他也留意记载并加以评论。

张棡对地方文教事业也较为关注。1934 年 1 月 24 日，他收到友人陈穆庵寄赠的《瓯风》杂志一册，他对该刊的印刷质量较为满意，并指出："如果此志发达，亦吾瑞之好现象也。"同时，他还翻阅《教育杂志》。1935 年 3 月 19 日，他读该刊后特地记载："友人姜伯韩说特种教育即是养、卫、教三项。"他进而根据姜伯韩所论加以引申："究之养、卫、教的根本，乃是倡新生活者所谓衣、食、住、行要适合乎礼、义、廉、耻的意思。"② 而除了看报，他偶尔有机会接触收音机，听广播新闻。他虽已老迈，但儿孙中已有不少新式知识分子，且在政府和学校任职，他道德上的"怀旧"与阅读上的"趋新"似乎矛盾地纠结在一起。

与张棡不同，符璋曾在江苏、广东等地游幕多年，又曾担任县令，他的政治参与意识较强。1924 年之后，他定居温州，对"国朝"念念不忘，还曾任国民党评议员，但他对国民党派系林立和腐败无能感到失望。1927 年，他已是 74 岁的老人，但他嗜书如命，曾长期订阅《申报》，有着 30 多年读报的经历。他对上海报刊市场颇为熟悉。当年 1 月 11 日，他记载："上海报纸之通行者：《申报》《新闻报》《新申报》《时报》《时事新报》《商报》《神州日报》《民国日报》《晶报》九种，尚有各小报在外。"从他去世前两年的读报记录看，他经常阅读《申报》《新闻报》《时事新报》等。

符璋暮年的读报记录，对国共两党的动态颇为关注，尤其是对国民党内部分裂和国共两党的斗争着墨较多。如他在 1927 年 4 月 14 日记载："冷巢

---

① 张棡著，温州市图书馆编，张钧孙整理：《张棡日记》（第七册），中华书局 2019 年版，第 3433 页。

② 张棡著，温州市图书馆编，张钧孙整理：《张棡日记》（第八册），中华书局 2019 年版，第 3841、3943 页。

来,谈党中左右派分裂情形,《时事新报》阴历三月初六所登较《申报》初四、初五所登详备。下午在沈处略看一过,瓦解即在目前矣。闻总政治部被封,捕十九人,邓演达亦被捕,邓为共产派首领也。闽省初三之拥蒋大会亦为反对共产,有一条驱逐政务委员戴任及他数人,当时反对者五人被拘,逃去四人,仅将为首之方毅威一名游街枪决。"5月30日,他读《申报》第三张第十版,得知"徐谦、邓演达被拘"。① 他对邓演达颇为关注,在日记中多次表达了对国民党左派的不满。

符璋在清末曾游幕广东,在日记中对广东革命新闻颇为关注,并屡屡污蔑共产党。他读到有关"红色新闻"的报道后,从自身利益出发,对共产党人大加指责,言辞间充满仇恨。对于1927年12月彭湃领导的广东海陆丰起义,他在11日摘录《申报》新闻:"焚杀无算,房屋一空。县署墙壁粉作红色,其布告以第三国际命令为言。凡拿获小资本家及读书人与有衣食而未入会者,多不免一死。勒令民间将契据缴出焚烧,限一月焚清,查有存契者屠杀全乡。有一宿儒就捕后先割去其鼻,后用长绳穿其两耳,牵之出游毕斩首。共党间谍日给一元,若能杀一反共者赏十元。"此类扭曲报道,他抄之不疲,隐喻了他的仇视态度。两年后,他读《时事新报》,继续记载彭湃的消息:"闻共产党酋彭湃以三万金运动蒋氏亲兵五人击介石,临时举枪瑟缩,未能成事。彭湃在蒋宅被捕,随即枪毙。"② 这则转自《时事新报》的新闻,他特加记载,有仇视之意。

而关于苏兆征领导的广州起义,符璋在1927年12月15日读到《申报》新闻后记载:"广东共产党于十一号起事,占领省城各机关,大杀大烧,火发百余处,不许救。中央银行洗劫一空并毁。自署苏维埃政府,以东山俄领事署为大本营,苏兆征为总指挥。标语有打倒反革命国民党、劳农政府给工人衣食住、八小时工作、工人监督生产、没收土地、打倒资本家、农工兵联合

---

① 符璋著,温州市图书馆编,陈光熙点校:《符璋日记》(下),中华书局2018年版,第1038、1064、1075页。

② 符璋著,温州市图书馆编,陈光熙点校:《符璋日记》(下),中华书局2018年版,第1110、1205页。

起来、组织劳农政府云云。各官均逃往河南、港澳,轮船不通。劳工赤团五千人,又有赤卫队,盖响应之军人也。"此类新闻,从语气上看已经过符璋加工并融入其价值判断。又如他在1928年3月12日叙述一则《申报》有关共产党人的报道:"醴陵县栗山坝有巨室汪名近者,晚得一子,名剑雄,爱若掌珠,现年十八,毕业初中,忽指其父为土豪,亲持马刀将父杀死,并提头颅告众曰:'中国革命,如能学余,何患共产之不成功耶?'一时'共匪'交相赞许。'共匪'勒人充当红军,必于其左臂用针刺'共党'二字,涂以黑漆,终身不能洗脱。"① 此类耸人听闻的传言,成为他读报后特地回顾的新闻。此外,符璋还对浙江、福建、江西、湖南、江苏等地共产党员领导的农民起义进行了新闻摘录和评论,大肆渲染农民起义的不良后果。对共产党人进行人身攻击,表明他对土地革命和红军的强烈不满,体现出守旧乡绅的反共立场。

符璋读报的内容极为广泛,他记录的报刊新闻与自己的阅读兴趣和选择标准有关。作为乡绅,他具有强烈的民族主义情结,他对日军的侵略暴行极为愤怒。1928年5月8日,他读《申报》,记载日军在济南的大暴动:"捕去山东交涉员蔡公时及职员十余人,先割耳、鼻,再行枪毙。"5月12日,他继续记载:"南京、上海各团体提议条件甚激昂。日军因国军不允要求自行开战,占据济南火车站、电报、电话及四周险要。日舰二十余艘抵沪,七日下午开战,青岛日兵陆续到济,协定破裂。"对于当月张作霖与日本签订的"卖国密约十条",他在日记中也详加披露,对于欧洲、日本所产麻醉毒品在中国销售数量巨大,他读报后颇为感慨。他在1929年2月8日写道:"各处查获私运毒品报告,仅只一年中输入我国之物,可以杀死一千万人。"② 国事蜩螗,他既惊恐,又甚为不满。

符璋对十年内战时期的乱局深有感触,日记中随处可见对各种灾荒、战乱的报道。如他在1927年11月18日记载:"山东灾区共五十六县,面积二

---

① 符璋著,温州市图书馆编,陈光熙点校:《符璋日记》(下),中华书局2018年版,第1110—1111、1125页。
② 符璋著,温州市图书馆编,陈光熙点校:《符璋日记》(下),中华书局2018年版,第1133、1134、1136、1173页。

十四万余方里。"1929 年 5 月 31 日记载："甘肃饥民日死二千人,烹食小孩。陕西日死八百人,山西包头、绥远一带因饥卖妇人只廿元,得钱又无买米处。"此类灾害报道,令人触目惊心。对于所谓的奇闻逸事,他也较为关注。如他在 1929 年 2 月 15 日的日记中记载："报登山东长山县发现伪皇帝。长山周村地方皈依道教者,一名一心堂,一名净地会。其首领马士伟,或云马秀,年逾花甲,谋复帝制,……党羽数千人,红枪会及民团受其指挥者甚多,该会财产总额约千万元以上,宗旨则借办慈善为名,谓苍天已死,黄天当立,民国将灭,帝制复兴。制黄天龙旗多面,改周村为中京,定旧历十二月廿三日即阳历二月二日即皇帝位。……盲从者不下数万人,闻日方对此将加干涉。"① 此类新闻虽有猎奇之嫌,却反映出社会动荡不安的现状。

符璋对报纸有着特殊感情,除了自费订阅,他还经常去温州图书馆读报。对于早年订阅的报刊,他注意收藏。如他 1928 年 11 月 23 日 "汇编旧存《新民丛报》,抽出佳者,订成八册。办报固不能不推此君也"。几十年来,他对《申报》有着特殊感情,从 1893 年开始,他便是该报的忠实读者。1928 年,《申报》举行二万张纪念,他特地记载："颇热闹,自同治十一年壬申三月二十三日出版,为中国有日报之始,至本年十月初八日,阅五十六年,适足二万号。编辑部之张蕴和历廿七年,现年七十八岁,尚任事,全部共四百十六人。"② 至 1929 年,他仍在阅读《申报》,跨度长达 36 年。《申报》作为符璋的"身边纸",对他的阅读生涯和精神世界有着极为深刻的影响。

与符璋同在温州生活的刘绍宽也是一位资深的报刊读者,他与符璋于 1915 年开始一起编纂《平阳县志》,并任总纂。刘绍宽长期在温州从事教育工作,坚持中西互通。他曾留学日本,又得益于项雨农、吴承志、孙诒让等前辈学者的提携与指导,学术上颇有造诣,在温州文教界享有盛名。尤其是 1925 年他担任温州籀园图书馆馆长之后,广泛征集文献,对地方文教事业颇

---

① 符璋著,温州市图书馆编,陈光熙点校:《符璋日记》(下),中华书局 2018 年版,第 1106、1191、1175—1176 页。
② 符璋著,温州市图书馆编,陈光熙点校:《符璋日记》(下),中华书局 2018 年版,第 1162 页。

有贡献。刘绍宽日记中自 1894 年有读报记录以来，摘录时政新闻的内容占有较大比重。至 1927 年，时年 60 岁的刘绍宽仍活跃在当地文教界，热衷于阅读报刊，品评时政。至他 1942 年离世，他晚年日记对读报的记载比例更高，且阅读范围更广。他经常阅读的有《申报》《新闻报》《国民日报》《社会日报》《大公报》《时事新报》《时兆月报》《大陆报》《商报》《浙瓯日报》《瓯报》等报纸，以及《东方杂志》《教育杂志》《越风》《瓯风》《建设文化》《浙江图书馆馆刊》等刊物。他勤于记事，还有剪报收藏的习惯。他对报刊新闻的记录，内容极为丰富，并从一个时政观察者的角度，对十年内战时期的时政要闻进行了较为客观的记载。

1928 年，国民政府宣布进入"训政"时期，刘绍宽对政局甚为关注，记载各地军阀的动态。如他 6 月 1 日阅报得知张作霖与日本订秘密条约，其主要内容有："一、日本允俟相当时机出兵中国；二、军费、军火两国平均担之；三、日本筹五千万元日金，借与中国，为讨赤军费，年息八厘。……"之后，他多次关注各地军阀的报道。如 1929 年 1 月 3 日记载："吴佩孚通电政府、各报馆及军阀，有'习静山中，礼佛诵经，以终余年，国事诸君好自为之。佩孚得为太平之民，于愿足矣。'云云。"1 月 19 日记："张学良枪毙杨宇霆、常荫槐。"2 月 23 日记："李宗仁免鲁涤平、谭道源职。"3 月 14 日记："何键到长沙，二日午前就职（新政府主席）。"① 地方军阀的动态反映了地方势力的消长。刘绍宽记载这些新闻，可以通过不同文本之间的串联，拼接出当时军阀争斗的历史场景。

国民政府初立，百废待兴，各项事业亟须整顿，刘绍宽在日记中对政府动态多有披露。1929 年 2 月 26 日，他阅报后感叹："'训政'时期措施无序，国内财政，纷如乱丝，而预定外债，廿年内理清。关税自主，方始开办，而消费税特增加，致为沪商反对。中日交涉停顿，毫无办法，而致土匪蜂起，疑为日人煽乱。"国民党虽然建立了政权，但是整顿军队的任务很重，刘绍宽

---

① 刘绍宽著，温州市图书馆编，方浦仁、陈盛奖整理：《刘绍宽日记》（第三册），中华书局 2018 年版，第 911、936、938、941、945 页。

恶习改良运动,种类不妨暂以规矩洁清为限,重感化不事强制,先指导而后纠察。纵有必须纠察者,亦应以公务人员及在校学生为限,而不及于民间。"① 此类抄录活动,大有为新生活运动进行阐释的意味。

1934年,国际风云突变,刘绍宽在读报活动中对国际时局颇为关注。6月9日,他摘录报纸评论:"今日足以引起第二次世界大战之火药库,一在远东,一在欧西。在远东者,以中日问题为核心,而以有关于远东利益之英、美、法、俄为副角。在欧西者,以法、德为重心,而以英、俄、意、波、小协约巴尔干诸国为副角。"第二次世界大战一触即发,刘绍宽虽生活在温州,却通过报刊了解国际动态。1935年2月16日,他抄录报纸评论:"欧战结束十数年来,政治趋独裁化,经济统制化、集团化,教育军事化,产业技术军需化,军备科学化、民众化等等,皆准备第二次大战之紧张。"此类评论颇有启发,此后他多次摘录德国法西斯的军事活动及欧洲各国的反应。如他在4月10日记载:"报言,三月十六日,德毁《凡尔赛和约》后,希特勒继宣布于四月一日起,正式编制空军,恢复强迫征兵制,编陆军为十二军卅六师,其名额至少有常备军五十万人。"18日记载:"法、英、意三国反对德违和约,重整军备,于十七日决议草案提出,国联讨论,柏林各报昨晨一致驳斥。"19日他又摘录了后续新闻:"反对德毁约重整军备案,国联行政院一致通过,德人闻讯非常震惊。"② 刘绍宽对欧洲时局尤其是德国法西斯主义抬头的关注,表明他具有较为开阔的国际视野。这在当时的老年乡绅中,是颇为难得的识见。

作为教育工作者,刘绍宽培养了郑振铎、苏步青、夏承焘、张肇骞、高觉敷、洪式闾等著名学者,在当地传为佳话。他对教育问题极为重视,平时阅读《教育杂志》《越风》《瓯报》《文化建设》等报刊,抄录有关教育问题的专论,并提出自己的见解。如1934年11月3日,他抄录报纸评论:"今日

---

① 刘绍宽著,温州市图书馆编,方浦仁、陈盛奖整理:《刘绍宽日记》(第四册),中华书局2018年版,第1367、1373—1374页。
② 刘绍宽著,温州市图书馆编,方浦仁、陈盛奖整理:《刘绍宽日记》(第四册),中华书局2018年版,第1384、1480、1499、1502、1503页。

曰司法院，第四曰考试院，第五曰监察院，每院设院长一人，副院长一人，由国民政府委员任之。以行政院为国民政府最高行政机关。"对山西军阀阎锡山在国民政府任职的新闻，他也通过报纸得知："阎锡山已由海路赴南，业于本月初一日驾到南京，国民政府人员全在下关欢迎，入于金陵，次日即就内政部长职。"这些新闻为刘大鹏提供了当时国民政府架构的基本信息，令他眼界大开。他还通过读报获知南京政府的重要政令，如重视禁烟、关税自主等。

1929年，刘大鹏记载的读报活动较少，但所记仍为时政要闻。1月24日，他读到12天前的《益世报》，得知奉天首领张学良于1月11日枪决东三省兵工厂督办杨宇霆、黑龙江省长常荫槐。2月16日，他又通过天津《益世报》了解到："山东济南日兵仍然盘据，胶东之杂色军队互相攻击，该处人民被兵蹂躏已经半年有余，国民政府置之不问，何以服民之心乎？"3月15日，他挑灯阅上月中旬之《大公报》："所报外交，日本之交涉仍未解决，观其情形必有扰乱我国之祸心，传言张宗昌在鲁招兵，暗通日本助彼与党人构衅，似非虚语。"这些零散的记载，经过刘大鹏的文字加工，言简意赅，虽无规律可言，但偶尔读报依然能够拉近他与外部世界的距离，留下对时局的追忆和联想。

刘大鹏平时除了特别关注山西乱局之外，对报纸上刊登的灾荒、物价、战乱报道也留意记录。如1929年4月19日，他记载《大公报》上报道的有关陕西鄜县郭姓夫妇，"将一乞食之行人杀而食之，嗣后被驻军拿问，谓食粮早绝，无以为生，已食死尸三具"。"人相食"的新闻令人毛骨悚然。1930年10月24日，他摘录《山西政报》有关平抑物价新闻："省城组织粮食平价委员会，定白面每斤价洋一角六分，小米每斤大洋七分五厘。"1932年8月13日，他摘录《晋阳日报》上有关水灾的新闻："省城西之金刚堰已被水冲开几鏊，穿大南门流入城中，淹没街市，几至半城，受灾甚重。"① 此类报道大多与民生有关。暮年的刘大鹏虽然读报不多，但对此类新闻留心记载，体现出传统乡绅的悲悯之心。

---

① 刘大鹏遗著，乔志强标注：《退想斋日记》，山西人民出版社1990年版，第372、373、374、378、379、382、386、389、416、454页。

第三章 十年内战时期时局变动、新闻呈现与读者观感

与刘大鹏之类的传统乡绅不同,徐兆玮的经历较为独特。严格意义上说,他只是居住在乡下的开明知识分子。他广泛涉猎西学,学养深厚,在思想观念与知识结构方面,远非一般乡绅能比。时至1927年,徐兆玮归隐常熟老宅多年,已是年届六十的老人。他是当地著名的教育家、藏书家、诗人、学者,其居住的虹隐楼,藏书颇富,其中有不少善本,在当地颇有名气。徐兆玮23岁高中进士,曾任翰林院编修。1907年,他赴日本学习法政,并加入同盟会。辛亥革命后,他曾任常熟代理民政长,民国第一届国会众议员。他阅历丰富,交游广泛,学贯中西,至晚年仍潜心攻读诗书,在红学、地方志、诗词、古籍研究方面取得了较大成就。他勤于日记,所著《虹隐楼日记》260余卷,600余册,共一千余万字。1894—1940年,除了少数几年之外,他几乎每天都写日记。晚年的徐兆玮潜心学问,勤于读书看报,经常在日记中抄录报刊新闻。他订阅了大量报刊,主要有《新闻报》《申报》《大公报》《时报》《晶报》《时事新报》《新生报》《自由报》《琴报》《常熟日日报》等,杂志主要有《小说月报》《妇女杂志》《图书馆学季刊》《国闻周报》《东方杂志》《真美善》《红玫瑰》《人文月刊》《史料旬刊》《中国新书月报》《东南风》《越风》等。徐兆玮涉猎广博,勤于笔录,在阅读报刊后,喜欢摘抄感兴趣的内容,范围涉及新闻、诗词、掌故、歌谣、民俗、杂俎、小说、专论等。对此,他不惜笔墨,大段抄录,有时还加以评论。报刊新闻等内容在他的日记中占很大的比例。其笔录之勤、之详,之多、之细,在民国文人日记中较为少见。现择要整理徐兆玮1928—1937年抄录的报刊篇目及简要介绍(见表3-1)。限于篇幅,对抄录的报刊内容不再赘述。

表3-1 1928—1937年徐兆玮抄录部分报刊情况简表[①]

日期	抄录报刊篇目、摘要或简要述评	页码
1928年1月29日	《时报》录延红《柳庵诗话》	《徐兆玮日记》(五),第2991页

---

① 表3-1的参考书目均为〔清〕徐兆玮著,李向东、包岐峰、苏醒等标点:《徐兆玮日记》(五、六),黄山书社2013年版。

续　表

日期	抄录报刊篇目、摘要或简要述评	页码
2月3日	《时报·凌霄汉阁随笔》一则	第2993页
2月21日	《小说月报》十八卷十一号郑振铎《巴黎国家图书馆中之中国小说与戏曲》	第2998页
2月29日	《妇女杂志》十三卷九号	第3001页
3月11日	《晶报》载无锡教育家兼水利家胡雨人坚苦卓绝	第3005页
3月18日	《新闻报》载赵祖望挽徐仲可中翰前辈联云	第3007页
3月19日	《时报》载北都教部次长林修竹以通俗教育研究会长之资格与副会长孙树棠开审查淫词特别会议，应续禁者十一种	第3007页
3月23日	《时报》载《孙宝琦轶事》	第3008页
3月27日	《常熟日日报》载吾邑赵氏祖传喉风秘方	第3009页
4月2日	《新闻报》公达《论外交与财政》	第3010页
4月14日	《新闻报·快活林》载纪诸暨之毛厕竞争一节，颇饶趣味	第3013页
4月24日	《新闻报·首都市政周刊》有可记者二事：一公安、教育两局会衔布告，取缔婚丧恶习也；……一教育局为收魂事布告辟谣也……	第3016页
4月26日	《新闻报·快活林》载吴兴严振声《复姓庄氏启事》	第3017页
4月27日	《新闻报·快活林》述住屋内发现鲜红血迹	第3017页
1928年6月15日	漱六山房主人张春帆所著小说，如《中外日报》之《妒海》、《新报》之《秘密书》、《申报》之《自由女》、《风流太史》、《衣冠影》等长篇小说，最近为《新闻报》撰武侠小说《风尘剑侠》，亦佳著也。廿七日《新闻报·快活林》有敩庵《纪无名之大革命家》一则	第3032页
7月29日	《晶报》载上海有一弥勒会，拟以二百万金造一弥勒佛像	第3045页
8月2日	《新闻报·快活林》，陶孝象《论蝗》	第3046页
8月3日	《时报》载《灭蝗新法》	第3046页

第三章　十年内战时期时局变动、新闻呈现与读者观感

续　表

日期	抄录报刊篇目、摘要或简要述评	页码
8月23日	《新闻报》载东陵盗墓案之真相	第3052页
8月31日	《图书馆学季刊》第一期有章炳麟《三国志校义序》	第3054页
9月4日	《时事新报·青光》载宏材《翡翠西瓜》云：掘陵案中宝物有翡翠西瓜数个	第3056页
9月5日	《图书馆学季刊》第三期	第3056页
9月10日	《东方杂志》九号有任二北《研究词集之方法》一文	第3058页
9月11日	二十日《时报》载……被盗去之宝物……价值约一万万元左右	第3058页
11月21日	《东方杂志》十四号微知《长寿之人与长寿之国》	第3080页
12月3日	《新闻报》云：世界各国取一种花为国花……	第3085页
12月5日	《东方杂志》二十五卷十五号	第3085页
12月8日	《新闻报·快活林》载骨子《记上海几位收藏家》	第3086页
1929年2月3日	二十五卷十八号《东方杂志》	第3103页
2月9日	《妇女杂志》十四卷七号有廖国芳《从彩词中看出的婚姻观念》一文	第3106页
2月19日	《真美善》杂志特刊女作家号，有病夫《虞山女作家》一篇	第3110页
4月4日	《小说月报》二十卷一号	第3124页
4月8日	《自由报》载，任阳乡石牌镇四日黄昏时谣言有大帮匪类至镇	第3126页
4月18日	《妇女杂志》十四卷十号吴素一《苏州的俗语》，首录农谚，虽一枝片玉，如能荟萃成书，亦民众文学参考之一助也	第3129页
4月24日	《新闻报·快活林·西神医海一勺》	第3131页
4月26日	《新闻报·快活林》有木汉《养鸽琐谈》，于物性甚有研究，录之以资实验	第3132页

续表

日期	抄录报刊篇目、摘要或简要述评	页码
6月3日	常熟图书馆寄来《扩充教育三机关汇刊》第一期	第3145页
7月5日	阅五卷十一期《红玫瑰》	第3156页
1931年2月27日	《时报》载成都消息……	第3362页
3月1日	《新闻报》载《贵阳通讯》，两月未雨	第3363页
3月2日	《时报》载，荷国设汉学研究于历市	第3363页
3月12日	《新闻报》载，松江韩子谷家藏宋版书甚多，子谷病故，有议价出售之说	第3366页
3月30日	《申报·自由谈》	第3374页
3月31日	《时报》载太仓县刘河口七十二家村居民大半业渔，近用滚钩捕鱼时，获有大批缶质之古瓶	第3374页
4月1日	《时报》载老汉《洹上归云记》，盖悼袁寒云作也	第3374页
4月15日	《新生报·儿童周刊》选录歌谣，择取以备编辑	第3379页
8月24日	读《人文月刊》二卷五期《惜阴堂笔记》	第3421页
9月9日	《史料旬刊》八期《割辫案》	第3425页
9月11日	阅《中国新书月报》第六、七号合刊	第3425页
9月21日	阅《时报》，日人占奉天，扬兵示威。天灾外侮相逼而来，国亡无日矣	第3429页
11月2日	十月二十八日《大公报》，有章太炎所撰《叶惠钧七十寿序》，寄意深长	第3440页
11月18日	录自《琴报》	第3446页
11月19日	二十八卷五号《东方杂志》，摘录：花生壳可供制造人造丝之用	第3446页
12月8日	《国闻周报》八卷四十五期《采风录》	第3452页
12月9日	《大公报》载钦人《疯汉歌》，激昂慷慨	第3452页

第三章 十年内战时期时局变动、新闻呈现与读者观感

续 表

日期	抄录报刊篇目、摘要或简要述评	页码
1932年1月8日	《时报》载陈铭枢五日电胡、汪、蒋云……	第3463页
1月19日	《大公报》载浙江省立民众教育馆二十一年元旦举行过年礼俗展览会	第3469页
1月21日	《中华图书馆协会会报》五卷六期	第3469页
2月13日	今日得阅十一日《新闻报》,临时专刊云,日军昨攻吴淞、闸北,午夜激战,均被击退	第3476页
2月14日	今日得阅常熟六日至十二日《新生报》。八日云:沪战一旬,倭军二万伤亡过半。日海军司令盐泽确已自杀……	第3476页
2月16日	振华书局寄来一月二十九日至二月十一日天津《大公报》,沪上断绝之消息得由津报知其详。……商务印书馆因无法维持,于四日正式宣告停业	第3477页
2月17日	《字林西报》载日军于四日晚占领吴淞炮台,现证明非事实	第3477页
1934年3月8日	自治区减并,《新生报》载何市与张市、吴市合,黄聘之等皆以为不便	《徐兆玮日记》(六),第3713页
5月21日	《晶报》(五月十九日载),郑孝胥七十五岁生日诗云:骨肉凋零换劫灰,兴亡万状只余哀。仰天独忆儿时事,满眼波涛更不回。此老殆有悔心乎?	第3731页
10月18日	《国闻周报》十一卷四十期《采风录》	第3771页
10月19日	十八日《时报》载赛金花挽刘半农联云……	第3771页
10月20日	十九日《晶报》载金梁《书〈光宣列传〉后》	第3771页
11月3日	十月二十八日《大公报》载,剿"匪"军克复宁都。本月内连克石城、兴国。……《大公报》十月廿九日孙廉泉《谈菏泽改革》云……	第3775页
11月5日	二日《时报》载东路军昨收复长汀,南路军大举前进,向瑞金、零都、会昌总攻	第3775页

续　表

日期	抄录报刊篇目、摘要或简要述评	页码
11月15日	十二日《时报》载南昌电,十日克复瑞金县城。是赣省"匪区"止有零都、会昌二县矣	第3778页
11月28日	二十五日《大公报》载会昌收复,全赣肃清,闽疆底定在预计中。"匪势"全趋湘、黔,谋与"川匪"合,攻剿情形又当一变矣	第3782页
11月30日	今日《新生报》载赵不求请追还古物,并另在县立图书馆辟一室陈列。……廿九日《时报》,清流已于廿六日收复,刻正向宁化推进	第3782页
1935年2月3日	《国闻周报》十二卷三期《采风录》,摘其二	第3804页
3月22日	《大公报》十九日载江宁自治实验县政府土山镇新署行将落成,建筑采用宫殿式,特以重金向北平招聘漆工,仅工价一项所费约三千元,全部经费约十四万元,其富丽灿烂可以想知。物质建设在今日固属重要,惟以窭病根深之我国,元气尚未恢复,若是之富丽县府,似不亟需	第3819页
4月6日	五日《新生报》载,钱希晋任本邑县立图书馆时,因私自携出及出借,遗失珍贵书籍数百部,尤以抄本为多	第3823页
5月12日	十日《晶报》载《内地灾民之草石食品》	第3834页
6月25日	《大公报·图书副刊》有《丛书集成初编目录商榷》	第3847页
7月20日	十八日《晶报》载天文学家去年秋季发表观测结果,谓去冬将大寒,但在事实上恰成反比例	第3855页
9月2日	《国闻周报》十二卷三十期微生《论黄季刚先生的诗》	第3866页
10月2日	九月二十六日《大公报·图书副刊》有隐谈《丛书集成》略云……	第3875页
12月23日	《国闻周报》十二卷四十八期,录黄鲁珍《洪武解经》一则	第3901页
12月25日	二十四日《晶报》登胡(嗣瑗)、郑(孝胥)互嘲诗,亦足入我谈麈也	第3901页

第三章 十年内战时期时局变动、新闻呈现与读者观感

续　表

日期	抄录报刊篇目、摘要或简要述评	页码
1936年1月27日	一月二十日《晶报·丹翁诗话》录冷巢集唐诗三百首一律，题为《古柏观剧》	第3915页
1月28日	一月十六日《大公报·家庭副刊》载食物禁忌，凡十种	第3915页
3月8日	《时报》载德国宣告废止罗卡诺公约，军队已开入莱茵河非武装区域，欧洲风云变色矣	第3928页
5月13日	《新世纪报》曩在日本所得	第3948页
8月4日	瞿凤起八月二日函云：顷又代购《青鹤》《逸经》各一册，代取《剧学月刊》一册，便当寄下	第3974页
12月14日	十三日《时报》，张学良率部叛变，在临潼附近施行协〔胁〕迫，发出通电，主张推翻政府，并明言对蒋委员长作最后谏诤，暂留西安等语。……绥远方告捷，而内部又起衅，令外人抚掌称快，呜呼！予欲无言	第4016页
12月23日	十九日《时报》载西安事变急转，蒋定今返京，手谕何应钦停止轰炸。二十日《时报》载，廿四小时截至昨晚已限满，蒋仍未脱险；二十一日《时报》载，张部叛军二十日突猛攻华县附近中央军阵地，战斗激烈；二十二日《时报》载，国军乘胜，先头队达赤水……	第4019页
1937年1月6日	《东南风》载革命军初定本邑时，一班投机分子纷纷活动，甚且误以总理遗嘱中余致力三字为一名字者，邹朗怀作诗嘲之曰：委员多于狗，同志满街走。（邑中野狗最多，至今犹是）余致力先生，人人不离口	第4023页
1月8日	《大公报》广告载，新出版《贩书偶记》多录清代著作未见《四库总目》而单行者，搜集至博，辨别至精，为研究目录学者必需品	第4023页
4月16日	十四日《新生报》录其全文如左……	第4056页
4月30日	瞿良士寄来《艺文》（六）、《青鹤》（五卷十一期）、《逸经》（廿八）	第4060页
5月1日	与瞿凤起书，托配补《国闻周报》八期一册	第4060页
6月5日	《越风》二卷三期	第4070页

值得指出的是，表3-1仅择要摘录徐兆玮日记中的部分读报活动，只能大致反映其十年间的读报历程。在徐兆玮晚年的日记中，有时一天竟抄录报刊新闻达数千字。从表3-1摘录的报刊名录和徐兆玮抄录的一些篇目看，他晚年心境平和，除了自己订阅大量书报之外，还经常到常熟图书馆借阅各种报章杂志。他醉心学术，尤其对诗词、小说、民俗、方志、目录学、古典文学颇有兴趣，在《红楼梦》研究方面颇有声望。他订阅的文艺报刊数量之多，阅读范围之广，令人叹为观止。作为具有30多年报刊阅读经验的资深读者，他对报刊有特殊感情和敏锐洞察力。他长期以来养成的抄报习惯不仅是为了留存史料，以备考查，他还经常将录与评结合起来，进行相关的比较、引证，推进自己的文艺创作。他在抄录报章之后写下了大量诗词和评论，对抄录的文本进行了意义阐释和联想，体现了他在抄录活动中的主体性存在。他日记中随处可见的诗词、掌故、逸闻、对联，与报章内容相互对比和引证，形成了"抄写—创作"的日记模式。晚年的徐兆玮虽然淡出政治舞台，但他对时局仍颇为留意，对报刊报道的重大新闻事件非常敏感。尤其是对与"九一八"事变、"一·二八"事变、西安事变等相关的重大新闻，他在日记中详加摘录和评论，对国家前途和命运深以为忧，体现出传统士绅的爱国情怀。不过，他对国民党的"反共"活动大加赞赏，亦体现出其作为传统士绅的偏见和局限。

徐兆玮的日记巨细毕载，可以说是他个人的"日常生活史"。相对而言，个别士绅留下的零散日记则难以反映主人的生活经历。如半庐主人的《乙亥年日记》，只是他一年中的某些记录。半庐主人是某位士绅的别号，我们无法考察出他的出生年龄、职业和身份。从其1935年留存日记的语气看，他是一位有一定传统文化修养的士绅，该日记的残稿现存于复旦大学图书馆。在1935年11月之后的一个多月的时间内，他断续记载了数次阅报经历。1935年11月17日，他记载孙传芳被刺身亡的消息："日来本市各大小报纸均争载孙传芳被刺消息及生前之种种轶事，以资谈助。盖孙于本月十三日在天津居士林礼佛听经时，为施从滨之女施剑翘所暗杀身死，声言为父报仇。据其申叙，蓄意报仇已久，故出事之后，即从容不迫而自首。"他对这则新闻的概述，似乎并不持立场。11月26日，他早上读本日晨报并记载："开首特号大字登载冀东二十二县由冀察区行政督察专员殷汝耕领首宣布自治，与中央脱离关系，天津亦有便衣民众暴动，拥至市政府，声言要求自治。"他进而判断："此无疑的又系日本小鬼从中作祟，盖彼处心积虑以使我国内部不能统一而达其分化蚕食之目的。"12月1日，他读报后特地记载日军侵略华北的情形："日军由关外开进至冀东之兵仍在继续运之中。沿北宁路由山海关至天津之大小各站，均有日兵驻守。"他认为局势异常严重，"与开战相去已不过一间耳"。华北危在旦夕，他对形势的研判颇有预见性。半庐主人对此事很是关注，12月6日晚间，他披览本日晚报，"知中枢负责各要人已于本届中央执、监全体大会选出如左：国民政府主席：林森（续任）；行政院长蒋中正（新任）；立法院长：孙科（续任）……"他看完这份名单后，认为"中枢政局固无甚变动，而西南方面之胡汉民亦能蠲除旧隙，而竟肯与蒋共任中执常委会，毋乃得冀东之严重国难而促成国内之团结与？"显然，他希望国内各派政治势力团结一致，抗击日军侵略。第二天，他读报后详载中枢新被选出的直接负责人，并指出"与昨晚夜报所传者稍异。即考试院长仍为戴传贤，此外一如昨所传"。①他对新政府及其组成人员的姓名详加记载，颇有录以备考之意。

值得指出的是，不少乡绅长期在乡下生活，很少关注时政要闻。如浙江某乡绅在日记中多记载他的乡居生活，尤其是日常应酬、收发书信、修缮祠堂、参与祭祀、处理经济事务等方面的内容较多。但在北伐胜利之后的一年多，他也偶尔记载报刊新闻。如1927年10月22日，他在日记中记载："子畲来云，报载宁政府有讨伐唐生智之令，以秘密勾通奉张为由，盖宁汉已破脸矣。晋奉之争，报端或云晋胜或云奉胜，亦无确息也。"这则闲谈中的报刊新闻，是他间接获取的资讯。但当年12月2日，他读报得知"安吉吴昌硕先生于初七日逝世。……"读后，他略带伤感地写道："书画大家，又弱一个。可慨。"12月8日，他读报后记载："来外海水警厅（已改称局）长伟良调

---

① 半庐主人：《乙亥年日记》，复旦大学图书馆稿本（编号：484069），1935年11月17日、11月26日、12月1日、12月6日、12月7日。

省。"他对来伟良颇有好感，读其调动新闻后加上按语："来君任斯职已近十年，去冬更赴温，共同举事有功，事定仍回本任，今亦去职，旧稳健人材又少一个矣。"12月14日，他读当天报纸新闻后记载："蒋介石君负（责）任之谈话，恳切诚挚，洞若观火。……愿蒋君之说将行，则乱庶遄沮耳。"① 其言词间充满对蒋介石的"期待"。这些偶尔的读报记载并无内在的逻辑关联，作为乡居绅士，他对时局了解有限，报纸新闻亦非他关注的重点。

应该看到，随着现代性的介入，传统士绅的生活也呈现出新的社会特征。如商务印书馆的创业元老高凤池出生于1863年，他幼年失怙，11岁便入教会办的上海清心学堂学习，成为一名基督徒。他毕业后长期在美华书馆工作，后来与夏瑞芳、鲍咸恩、鲍咸昌等人创办商务印书馆，曾任编译所所长、经理、监理、董事长等职。作为一名基督徒和职业经理人，他与一般的传统士绅在宗教信仰、知识结构、从业经历等方面都有较大的区别。作为一位慈善家，他长期研读儒家经典和史学名著。他日常生活记忆中的宗教生活、孤儿教育、日常酬酢、书信往来、慈善事业、经营活动等，往往是他在日记中记载的重点。以他在商务印书馆的地位和身份，对于商务印书馆出版的《东方杂志》《教育杂志》《小说月报》等杂志，他是可以随意翻阅的。然而，他的日记中基本没有阅读这些杂志的记载。可见，在"已阅"与"已记"之间，存在着丰富的想象空间。

纵观高凤池1930年之后的六年日记残稿，有关报刊阅读记载的次数甚少。他对报纸所载的"奇闻"，偶有关注。如1930年5月11日，他在日记中写道："报载苏之睢宁县东南乡大作镇龙神庙，有一陈姓农人，今寿至一百四十一岁，康健如常。当七十余岁时丧偶，一子一孙早死。今有孙一人侍左右，年已八十矣！……"② 此类新闻具有猎奇意味，时年67岁的高凤池特地抄录，显然有期待长寿的隐喻。作为慈善家，他悲天悯人，对报刊上所载人因穷困而自杀的新闻颇为关注。如1934年8月26日记载："迩来报章迭见因穷乏受

---

① 佚名：《存我庐日记》，周德明、黄显功主编：《上海图书馆藏稿钞本日记丛刊》（第八十六册），国家图书馆出版社2017年影印本，第448、474、479、483页。
② 高凤池著，叶新整理：《高凤池日记》，中华书局2022年版，第10页。

经济逼迫而自杀者，有夫死而妇随之，甚至有一人死而合家随之者，惨酷不忍闻。"1935 年 6 月 3 日又载："年来农村破产，商业凋零，失业之多，流亡之众，……兹将近日报载全家自杀两则录下：前晚在大世界之六楼最高塔顶上，有全家六人男女老小同时跳下毕（毙）命……在一男子身上检得一信，略谓由湖北汉口携眷来申谋事，日久无事，典卖殆尽，坐以待毙，不得已一死为干净。……又法租界麦祺［琪］路一百七十一号房客岳霖者，全家七人因穷极，为经济逼迫无法存活，于是同饮雅片［鸦片］烟水，毒发死者五人，惟岳霖与一小女由医院救治。"他不惜笔墨抄录这则新闻，显然是有感而录。6 月 15 日，他摘录报刊所载仁济医院有关自杀的报告："凡自杀而送院救治者，五个月中，计有六百数十人。与去年同时五个月比较，多至五倍，其中有因一二元或四五元之价值而自杀者……"他抄录后哀叹："人命之贱，社会之穷困，可见一斑矣。"① 言辞之间，充满悲悯之情。

与高凤池类似，湖州富商刘承幹也长期从事出版和藏书事业。1910 年后定居上海后，刘承幹在日记中多记载他鉴书、购书、藏书、刻书、读书的经历。虽然他也订购了大量报刊，但所记报刊新闻相对较少。他偶记读杂志的内容，也多与历史掌故和图书出版有关。如 1928 年农历九月八日，他午后阅《中华图书馆协会会报》，夜阅《北京图书馆月刊》第一、二期。1930 年农历一月十日，他阅《国闻周报》中之《今传是楼诗话》。1931 年农历二月三日，他读完《国闻周报》所载《凌霄一士随笔》后写道："著者但知姓徐，不知其名，其人对于清代掌故极熟，父知县，随官有年，记山左事尤多，意是学士致靖之侄，乃致愉子也。"这说明他对徐凌霄所写的历史掌故颇感兴趣，并希望考究作者的详细情况。两天后，他读《人文周刊》所载《荷香馆琐言》一文，加以注解："常熟秉钧居士著，此人姓丁，乃芝孙之兄，名号、官阶未详。其人幕游鄂北，曾在王胜之学使署中，熟谙掌故，所记遗闻轶事颇多。……"当日，他还读了该刊所载的《相老人八十年之经过谈》。对于文中的马相伯，他补充道："现尚在沪，今已九十二岁，此书由人记其所言而记之

---

① 高凤池著，叶新整理：《高凤池日记》，中华书局 2022 年版，第 77、112、115 页。

者也。"① 此类连载文章，由杂志先行刊出，后来大多汇集成书出版。刘承幹出身江南富豪之家，见闻甚广，对于杂志作者的补白，颇有兴味。

刘承幹因捐巨款修建光绪陵园而获颁末代皇帝溥仪所赐的"钦若嘉业"匾额，其藏书楼也以"嘉业堂"命名，他对溥仪自然感恩戴德，在日记中对溥仪仍以"今上"敬称。1931年农历七月二十一日，他在日记中记载："今日小报载今上离婚事，妃兄文绮致妃一函颇详。"他当日摘录报上所载信中大致内容，有为溥仪鸣不平之意。1932年农历二月三日，他阅报得知溥仪成立伪满洲国。他读后写道："此事酝酿已久，今始实行，总理为郑孝胥。"第二天，他又关注溥仪"称帝"一事，对仪式场景和内阁成员等内容进行了大段抄录，在日记中写道："今日各报登载昨日下午二时上在长春就执政之职。"② 对于溥仪投日卖国的行径，他并无任何批判之语，且以"执政"代替"皇帝"，为溥仪掩饰，这大约与他所受溥仪的恩宠有关。此类选择性记载，隐喻了他对溥仪的特殊感情。

总体上看，这些士绅大多出生在19世纪中后期，多数人在科举时代获取功名，但由于职业、地位、爱好等方面的差异，以及个人认知和价值判断的不同，他们阅读报刊的范围、兴趣和态度各有特色，记载报刊新闻的内容各有侧重。这固然与他们的阅读经历有关，也与他们对报刊的态度和对新闻的选择有关，还与他们的书写习惯和生活情境有关。与他们中青年时期经常阅读报刊相比，他们在晚年记录的读报活动相对较少。时局的动荡和各种战乱，对追求安逸生活的他们而言，无疑会带来巨大冲击。同时，各种新事物、新观念也影响了他们的阅读活动。不过，报刊仍然是当时他们认知外部世界的重要媒介。通过读报活动，他们了解新闻，接触社会，评论时局，使自身与外界建立联系的通道。他们大多具有"士以天下为己任"的担当，又有较为强烈的民族主义情结，主张国家统一、和平和富强，但他们大多怀恋传统，

---

① 刘承幹著，陈谊整理：《嘉业堂藏书日记抄》（下），凤凰出版社2016年版，第583、593、613页。

② 刘承幹著，陈谊整理：《嘉业堂藏书日记抄》（下），凤凰出版社2016年版，第622、639页。整理本有误字，已据上海图书馆藏《求恕斋日记》稿本校正。

注重礼仪道德，政治上较为保守，害怕社会变革。他们在读报时的所记所思，从多角度反映了传统士绅群体的阅读心理、政治立场和精神世界。

第四节　学者的报刊阅读

民国时期，随着高等教育的发展，新式知识分子群体不断扩大。知识分子与传媒有天然的联系，尤其是民国知识分子在政治上的边缘化，更需要借助报刊媒介实现其"文人论政"的抱负。当时的不少学者在大学、报刊、书局和其他文化传播机构工作，有更多机会接触和阅读报刊。在十年内战时期，杂志业尤为发达，学者们与文艺、政论性杂志的联系甚为紧密，不少学者兼具杂志读者和编者的身份。十年内战时期，"在南京政府的统治下，名义上的和平和统一给了青年知识分子较大的机会，他们曾经作为新文化的开路先锋开始其生涯，而现在已经臻于成熟"。① 不少知识精英在大学或研究机构里任教和学习，他们区别于传统士绅的私人社交网络，因为大学提供了新的交往圈子和生活方式，大学里的各种学术组织、社会团体和沙龙为知识分子的阅读提供了诸多条件和机会。可以说，报刊的普及造就了传媒知识分子，或者说，报刊与知识分子产生了更为广泛的联系和互动。在知识分子群体中，根据他们接受教育的模式，大致可以划分为本土派和海归派。由于教育背景的差异，他们在阅读选择和价值取向上也存在一定差别。我们大致通过这两个类型对学者的报刊阅读进行初步探讨。

一、本土学者的报刊阅读

本土学者在国内接受教育，但他们与清末士人接受的传统教育不同，他们一般在新式学校就读，即便是黄炎培之类曾经拥有举人功名的学者，也在南洋公学完成了西式教育。不过，民国初年之后，不少学者在北大、清华等

---

①　[美]费正清、[美]费维恺编：《剑桥中华民国史（1912—1949）》（下卷），刘敬坤、叶宗敭、曾景忠等译，中国社会科学出版社1994年版，第439页。

知名高等学府求学，接受了系统的分科化学术训练，具有较为扎实的专业基础。一些学者虽无大学学习经历，但他们勤奋自学，善于钻研，也成为学术大家。总体而言，在"五四"之后，本土学者的群体规模逐渐壮大，他们将学习、研究与报刊阅读有机结合起来，在阅读、写作、发表之间形成链条，表明报刊传媒对他们日常生活和精神世界有着深远的影响。

十年内战时期，黄炎培潜心于职业教育和文化事业，但作为资深报人，他还与史量才等报界名流有密切联系。他创办《职业与教育》《生活》《救国通讯》等报刊，并经常给《申报》《生活》等报刊撰文。作为上海文化界的知名人士，他平时有较多机会浏览各种报刊，但他的读与记存在较大差异。黄炎培的日记较为简约，但他勤于记事，尤其注意记载日常交往中的人物、地点，以及自己阅读、写作的过程。与他所记载大量的书目相比，他在日记中较少记载报刊新闻，这也许与他作为资深报人对报刊的熟知有关。他对报刊新闻的记载，往往以概要的形式予以提炼。从他零碎的记载看，他对时政要闻较为留意。如1927年8月15日，他读报后记载："蒋介石将通电下野。"四天后，他读上海当地报纸，"知蒋介石十二夜车自宁赴沪，宣言辞职，回奉化"。对于中共发动武装起义，他虽有关注，但也是一笔带过。如12月13日，他读报后写道："十一日广州共产党起事，成立苏维埃政府。"不过，此后他记载的数则有关中共的新闻中，似乎对起义活动带有一些偏见。如1928年4月16日，他阅报后记载："知十二夜嘉定六里桥、葛隆、外冈三镇共产党杀人放火，极惨。"4月17日，他阅报后又写道："知十五夜，嘉定四乡共产党又同时放火杀人。"1930年1月3日，他记浦东某报新闻："川沙共产党黄汉奎被枪毙，十二月廿八日事。"① 彼时，黄炎培对中共的认知可能受到报刊舆论的影响。对于重要新闻，黄炎培除了简述之外，有时还会直接表达自己的意见。如1936年6月26日，他早晨阅报，"见蒋发表对西南问题处理方

---

① 黄炎培著，中国社会科学院近代史研究所整理：《黄炎培日记》（第3卷，1927—1931），华文出版社2008年版，第5、6、40、64、204页。

法四条，主张和平统一"。他读后颇为激动，"当晚作书表示满意，仍托布雷转"。① 这表明他对西南问题的和平解决颇为期盼。

有关社会乱象，黄炎培读报后也偶有记载。如1928年9月3日，他简述《申报》新闻一则："河北某县县长不堪军队勒索自尽。陈调元之本乡，河北某县，前年纳一切税三万元，今四十万元。"对于外报所载新闻，他也偶有关注。如1929年3月28日，他摘录西报新闻："前晚南京在拘之李济深为蒋枪决，李到沪本不欲赴宁，吴稚晖力促之，誓以性命担保，至是稚晖自杀。"显然，这是一则假新闻，他并未作考证。12月6日，他据日文报纸所载新闻重点提及"津浦路一带兵事起"。② 黄炎培在早年于南洋公学学习时，便选学外交科，学习英文、日文，他读西报和日文报纸，说明他具有一定的外语水平。

对于学术类杂志，他平时也会浏览，且涉猎范围较广。如1927年12月18日，他阅《科学》杂志十一卷六期，重点关注翁文灏的《近十年来中国史前时代之新发现》和王国维的《最近二三十年中中国新发见之学问》。1929年12月29日，他读《燕京学报》中《元戏曲考》一文。③ 他还经常给《申报月刊》《东方杂志》等刊物写稿，自然也是这些杂志的读者，在日记中多次提及阅读这些刊物的经历。对于他牵头创办的《生活》杂志，他甚为关注。1932年8月18日，他得知"《生活周刊》将由禁递而发封，中央党部公文已到市政府"。④《生活》多次遭到当局查禁，黄炎培自然要费心与当局周旋。之后数年，黄炎培也偶记阅读杂志的经历。如1936年1月30日，他阅《东方杂志》新年特大号，评论道："蒋竹庄《教育会之回忆》及吴稚晖《〈教育会之回忆〉之回忆》。章、吴对评，语龌龊极矣，凡不似文明先进有人格者之所为。"章太炎、吴稚晖两人均为社会名流，他在日记中提出尖锐批评，颇能

---

① 黄炎培著，中国社会科学院近代史研究所整理：《黄炎培日记》（第5卷，1934—1938），华文出版社2008年版，第178页。
② 黄炎培著，中国社会科学院近代史研究所整理：《黄炎培日记》（第3卷，1927—1931），华文出版社2008年版，第93、143、195页。
③ 参见黄炎培著，中国社会科学院近代史研究所整理：《黄炎培日记》（第3卷，1927—1931），华文出版社2008年版，第41、200页。
④ 黄炎培著，中国社会科学院近代史研究所整理：《黄炎培日记》（第4卷，1931—1934），华文出版社2008年版，第107页。

体现其个性。4月7日，他在乐山"见《区政月报》"。① 此类不知名的小刊物，他也特加记载，颇有意味。

黄炎培在日记中还记载了不少购报和剪报的经历。如1929年6月3日，他"托伯明购《中央日报》及附张《中外评论》，付一圆"。6月10日，他"购书：《文化之研究》《新月》……"。黄炎培剪报的内容甚为广泛，既有新闻，也有社评、诗词、杂文等。如1929年11月1日，他剪贴当日《中央时报》的一则新闻，为海客所写的《一得之言》；11月13日，他剪存刘冰研的《南都感旧十八首》一文。② 1936年7月12日，他剪存当日《申报周刊》所载《琉球短简》一文，并加以"关于日人同化他种民族"的说明。7月13日，他剪存当日《大公报》所载《川省人口》一文。③ 这些剪贴的报刊新闻，涉及面较广，体现了他阅读的兴味。

与黄炎培的举人身份不同，作为北大毕业的高才生，历史学家顾颉刚则是接受新式教育而成长起来的学者。他学术兴趣极为广泛，还是一名社会活动家，对创办刊物、组织学术活动、实地调查、创办学会都颇为热衷。他主编过《民俗周刊》《歌谣》《中山大学语言历史研究所周刊》《燕京学报》《禹贡》《边疆周刊》等杂志，成立民俗学会、禹贡学会、边疆研究会，担任了较多社会职务，与社会各界有广泛的交往，在史学、民俗学研究领域也有很大影响。他的学术活动极为频繁，尤其是在主编各种学术期刊的过程中，他建立了一个庞大的交往网络。尽管他忙于各种事务，但在工作之余，他经常阅览各种报刊，并养成剪报的习惯。在抗战前十年，他阅读的报刊多达数十种，如《小说月报》《东方杂志》《东北丛刊》《申报》《新闻报》《民国日报》《大公报》《中央日报》《世界日报》《中学生》等，并经常在日记中剪贴报刊新闻，对自己在报刊上发表的作品也留意保存，两者相互印证，体现

---

① 黄炎培著，中国社会科学院近代史研究所整理：《黄炎培日记》（第5卷，1934—1938），华文出版社2008年版，第113、151页。
② 黄炎培著，中国社会科学院近代史研究所整理：《黄炎培日记》（第3卷，1927—1931），华文出版社2008年版，第158、160、188、190页。
③ 黄炎培著，中国社会科学院近代史研究所整理：《黄炎培日记》（第5卷，1934—1938），华文出版社2008年版，第183页。

出其广泛的阅读兴趣。现摘录其阅报和剪报活动，见表3-2。

表3-2　1928—1937年顾颉刚的读报剪报记录①

日期	读报或剪报内容	出处
1928年6月30日	剪报，广州《民国日报》，夏历戊辰年五月十二日。《国家主义派反响日烈　学总会愿率全国学生与之拼命》	《顾颉刚日记》（卷二），第179页
1929年5月1日	看《大公报》	第278页
6月9日	看《小说月报》丁玲所作《他走后》，振铎所作《梁任公》诸文	第291页
1930年1月1日	读《创世纪》	第363页
7月7日	看《小说月报》	第417页
8月20日	看《东方杂志》	第431页
1931年1月24日	看一月中之《大公报》。《大公报》为北方最好之报，虽在天津而畅销北平。此次南旋，予同，慕愚等并道其善，予在南京啜茗亦购得之，足证在南方亦复畅销。"出其言善，千里应之"，不虚也	第487页
1月26日	看一月中之《大公报》	第488页
2月15日	看《东北丛刊》等	第495页
3月9日	看《东方杂志》	第505页
1932年6月23日	看《中学生》	第653页
1933年5月31日	剪报，《燕京大学教职员、学生抗日会启事》	《顾颉刚日记》（卷三），第51页
11月30日	剪报，十二月四日《世界日报》，黄（绍竑）……晨由绥垣起程，同赴大同，转往太原晤阎（锡山）……	第116页

① 表3-2的参考书目均为顾颉刚：《顾颉刚日记》（卷二、三），中华书局2011年版。

续表

日期	读报或剪报内容	出处
12月31日	剪报，廿二年十二月十四日《世界日报》，《百灵庙会议经过及内蒙印象》（谭惕吾女士昨在燕大之讲演）；剪报，廿二年十二月十四日《北平晨报》，《谭惕吾女士昨在燕大讲演"内蒙印象"》；剪报，廿二年十二月十三日《平西报》；剪报，廿二年十二月二十二日《燕京大学校刊》	第129—136页
1934年12月31日	剪报，中华民国二十三年八月《绥远民国日报》，《顾颉刚先生和他的呆气》（许如）；剪报，廿三，八，二十，《绥远民国日报》，《顾颉刚函绥新社记者，更正前次谈话》；剪报，中华民国二十三年八月廿三日《绥远民国日报》，《小小的错误——关于顾颉刚先生的更正》（尘影）；剪报，廿三，八，三十，《申报图画特刊》，《北平学者考察团抵绥远》；剪报，廿三，十一，七，《东南日报·读书之声》，《古史学的新研究：谈谈最近的顾颉刚先生》（童书业）	第279—287页
1935年4月12日	剪报，廿四，四，六，《上海新闻报》社论，《通俗读物编刊之重要》（梦蕉）	第330—332页
1936年5月31日	剪报，廿五，五，三十，《世界日报》，《顾颉刚等组织之禹贡学会业已正式成立 选举徐炳昶等七人为理事 最近重要工作六项》；《黎锦熙等参加风谣学会 该会拟刊行新国风丛书》	第480—481页
6月30日	剪报，廿五，六，廿八，北平《世界日报》，《国民大会全国妇女竞选会二次请愿圆满 林主席勉励努力妇女实际工作 蒋廷黻允予提请行政院复议》；剪报，廿五，七，五，南京《中央日报》，《京市妇女会扩大组织 增加委员五十八人 力争国大妇女代表》；剪报，廿五，七，二，《申报》，《记禹贡学会》（北平特信）	第491—498页
1936年10月31日	剪报，廿五，十一，一，北平《民声报·星期论坛》，《我们的本分》（顾颉刚）；廿五，十，十七，《申报·北平特讯》，《文化城中文化界之呼声》	第549—554页
11月25日	看半月中《世界日报》及《大公报》	第564页
11月30日	剪报,北平《世界日报》，廿五，十一，三，《首都妇女一盛会 西南边区妇女高玉柱报告故乡生活 她虽是边区女子已改汉装 因戴传贤之挽留暂不离京》	第566页

第三章 十年内战时期时局变动、新闻呈现与读者观感

续　表

日期	读报或剪报内容	出处
1937年1月31日	剪报，一，廿八，《中央日报》，《妇女爱国会代表今日北上赴绥劳军　并携有大批慰劳品　陈逸云谈此行任务》；剪报，一，卅一，《中央日报》；剪报，一，廿八，《扶轮日报》，《陈逸云等　今日北上劳军》；剪报，一，三十，《扶轮日报》，《妇女界劳军代表　昨日起程北上》；剪报，廿六，二，一，《扶轮日报》，《京市妇女团体访问……中外》；剪报，廿六，一，廿七，南京《扶轮日报》，《托儿所组董事会添招新生》	第593—596页
2月28日	剪报，廿六，二，四，《世界日报》，《平妇女欢迎京沪妇女茶会中　陈波儿报告赴绥见闻　京妇女请平妇女努力指导　王子文夫人讲演妙趣环生》。剪报，廿六，二，六，《谭惕吾陈逸云等今晨赴绥远劳军　清华助教蒋恩钿等担任向导　沪妇孺二批慰劳团明日赴绥》；剪报，廿六，二，七，《中央日报》；剪报，廿六，三，十一，《世界日报》，《首都妇女劳军归去　将以经过编印成册　谓士兵之忘己为从来所未见　"共大庙而存亡"是他们的豪语》	第608—611页
4月30日	剪报，五月三日《世界日报》，《日女记者石原清子邀京妇女界茶话》；剪报，四月廿六日《新北平报》，《西北移垦促进会昨日成立　推张荫梧等九人为理事》	第636—637页
5月31日	剪报，廿六，五，十九，《世界日报》，《平通俗读物编刊社发行〈民众周报〉在沪被查抄　据谓该报内容多"妨碍邦交"文字　沪特一法院今晨审讯》。原件，《顾颉刚启事》	第648—649页
8月31日	剪报，廿六，九，二，《中央日报》，《妇女文化促进会工作紧张　救护人员昨出发》	第686页
11月1日	剪报，廿六年一月《申报》，《本报发刊〈星期论坛〉启事》；廿六年一月十日，《申报·星期论坛》，《中华民族的团结》（顾颉刚）	第581页
11月30日	剪报，廿六，十一，十一十四，《甘肃民国日报》，《如何可使中华民族团结起来　顾颉刚先生在伊斯兰学会的讲演词（一）~（四）》；剪报，民廿六年十二月一日，《秦风日报》，《介绍通俗读物编刊社》（刘克让）	第735—741页

表 3-2 大致反映了顾颉刚 1928—1937 年近十年的读报、剪报活动。与当时不少读者摘录报刊时政要闻不同，顾颉刚的读报活动中很少提及"九一八"事变、西安事变、卢沟桥事变等重大事件，也很少摘录党政要员的言论，至于社会新闻和娱乐新闻，更是鲜见。从剪报的种类看，他订阅了大量报刊，但他往往读而不录。十年内战时期，顾颉刚主要在燕京大学历史系任教，他主编《燕京学报》《史学集刊》《大众知识》等刊物，主持禹贡学会，勤于著述，潜心于古史研究，工作极为繁忙。他的兴趣主要在教学和学术活动方面，日记中多记载学术和社交活动，而报刊在他的日常生活中虽然是一种必需品，但并不是他关注的重心。作为阅读的一种"补偿"，他喜欢剪报，剪贴的重点是报刊上与自己有关的学术和社团活动的报道，以及学生、妇女团体的爱国拥军等方面的报道。其中，他暗恋的学生谭惕吾参与了有关保障女权和抗日救国的活动，他多次剪存相关新闻，隐喻了他的关切之意。从他剪报的习惯看，他一般在月终集中剪贴数篇新闻，尤其是关于自己的报道，他往往收集多家报纸的新闻予以汇集，在剪报中呈现另外一个"自我"。从这个角度看，顾颉刚的剪报活动，反映了民国知识分子在利用报刊方面的一大转向，不少人之所以在日记中缺乏对新闻的详细记载，与他们的选择性记忆有密切的关系。

顾颉刚还通过编辑学术杂志，在读者来稿中发现人才。如钱穆于 1930 年在《燕京学报》发表《刘向歆父子年谱》一文后，一举成名。之后，钱穆因顾颉刚的荐举，由一名苏州中学的教师，转为燕京大学的讲师。他回忆道：

> 初去燕大，颉刚又来索稿，以旧作《关于〈老子〉成书年代之一种考察》一文与之，续刊《燕京学报》。曾获欧洲某汉学家来函推崇，谓读余文，乃知中国学术问题需由中国人自加论定，非异邦人所能为力也。又一日，颉刚来，手持胡适之一函，与彼讨论老子年代，函中及余此文。颉刚言，君与适之相识，此来已逾半年，闻尚未谋面。今星期日，盼能同进城一与相晤。余诺之，遂同进城，赴适之家。坐书斋久，又出坐院

第三章 十年内战时期时局变动、新闻呈现与读者观感

中石凳上。适之言，今日适无人来，可得半日之谈。他日君来，幸勿在星期日，乃我公开见客之日，学生来者亦不少，君务以他日来。①

可见，《燕京学报》不仅使钱穆"暴得大名"，还让他有机会与胡适这样的大家相识。杂志的影响力，诚如吕思勉所言："吾述三十年来之出版界，独先缕缕于杂志者。以书报相较，报之力大于书；而以杂志与日报相较，则杂志之力，大于日报也。"②

作为顾颉刚的中学同学，王伯祥则没有接受大学教育，但他自学成才，成为文史专家。他在20世纪20年代初期便加盟商务印书馆，1932年后又至开明书店任编辑。在编辑工作之余，他潜心于文史研究，著有《三国史略》《郑成功》《太平天国革命史》《中日战争》等著作，编辑多种史、地教科书，并有《四库全书述略》《古史辩今古文学》《辛弃疾的生平》等论文发表于各杂志。工作之余，阅读报刊成为他日常活动的重要内容。由于他与学界、出版界有着广泛交往，经常托人代购或收到赠阅的报刊。他注重学术期刊的阅读和评论，如1928年1月10日记载："佩弦代购《清华学报》三卷二及四卷一寄来。"他对观点新颖的学术论文也较为关注，1928年1月13日，他看《民报》九卷一号及《清华学报》四卷一期；1月14日，看《新女性》新年号；2月14日，又看《国学月报》王静安先生专号；2月16日，看朱偰《中国考试制度》，载《东方》廿四卷廿号，并评论道："其论甚善，实先得吾心矣。"当然，有关时政要闻，他也偶尔记载。如5月11日，他摘录《新闻报》的新闻："南京市政府决改仪凤门为凯旋门，聚宝门为中华门，正阳门为洪武门（疑系洪武为正阳），朝阳门为中山门，神策门为自由门，丰润门为桃源

---

① 钱穆：《八十忆双亲 师友杂忆》，生活·读书·新知三联书店1998年版，第158、159页。胡适在1930年10月28日的日记中写道："昨今两日读钱穆（宾四）先生的《刘向歆父子年谱》（《燕京学报》七）及顾颉刚的《五德终始说下的政治和历史》（《清华学报》六，一）。"钱谱"为一大著作，见解与体例都好。他不信《新学伪经考》，立二十八事不可通以驳之。顾说一部分作于曾见"钱谱"之后，而墨守康有为、崔适之说，殊不可晓。"参见胡适著，曹伯言整理：《胡适日记全编（1928—1930）》（5），安徽教育出版社2001年版，第834页。这直接印证了胡适对钱穆所作论文研读甚为仔细，评价甚高。

② 吕思勉著，文明国编：《吕思勉自述》，安徽文艺出版社2013年版，第77页。

门,海陵门为挹江门。"① 国民政府初定南京,发布了不少新政,但此类"改门"的新闻却引起王伯祥的注意,大约与他对史地掌故较感兴趣有关。

王伯祥专注于文史研究,他对报刊上所载文博方面的消息颇为留意。如他在1929年1月27日记载:"今日《晶报》揭载廉泉所藏洪宪印玺模,足备掌故,剪贴存赏。"作为资深编辑,他对报刊上的各种具文颇为不满。1930年元旦,他读报后评论道:"报端循例祝贺之文多不胜读,予向厌此,粗望一过而已。时局消息,依然浑沌,但国民政府酬庸勋典则沾溉广矣。弹冠称庆,固大有人,如此岁华又何尝不足褒颂哉!"② 他专注于编撰史学书稿,阅读各种经史书籍,偶尔也阅读《国闻周报》之类的刊物。

1932年元旦,王伯祥对近日报刊新闻进行了总结:"锦州撤兵已确然无疑,张学良必与日妥协矣,华北风云真大有变幻耳。南京统一政府方于今日宣布成立,而李宗仁、白崇禧盛唱[倡]西南五省另设政治委员分会及军事财政等委员分会。"他对南京政府颇感失望,指出"统一之名甫立,分割之兆已露,欺人欺己,其谁能信托安心以任之!"东北局势令人担忧,1月3日,他偶阅《时报》号外,"知锦州已陷,辽省府已移设滦州。正式军队始终未抗而退,张学良且通电自白多所曲护也"。他愤然指出:"攫位者方欣然自矜胜利,独不审己之实况正等鼎鱼幕燕乎!"之后,他记载的新闻内容涉及面较广。如他于5月29日"购得《故宫周刊》合订本五册并数张自一一五至一三四册",之后数日内均读此刊。9月4日,他晨起看报,"知军阀遗孽张宗昌昨日下午六时在济南车站被郑继成所刺,当场毙命"。第二天,他读《时事新报》,"载李石岑被控诱奸",他认为"此公淫业太重,食报甚当"。③ 此类读报感想,颇能揭示其对人物之臧否。

1933年元旦,他读报后,对时局颇感忧虑,评论道:"倭图热甚急,而山

---

① 王伯祥著,张廷银、刘应梅整理:《王伯祥日记》(第二册),中华书局2020年版,第694、695、706、707、738页。
② 王伯祥著,张廷银、刘应梅整理:《王伯祥日记》(第三册),中华书局2020年版,第867、1027页。
③ 王伯祥著,张廷银、刘应梅整理:《王伯祥日记》(第四册),中华书局2020年版,第1389、1390、1458、1498页。

海关守将何柱国辞职；党国要人戴传贤、居正等皈依班禅为弟子，而蒙古章嘉加入国民党，是本年开始反见鬼蜮耳。"1月6日，他读报纸号外得知"倭仍占山海关，平、津暂安"。之后，报上坏消息不断，3月5日，他晨起阅报，"知热河失守，倭于三日入承德，汤玉麟不战而遁"。至8月30日，他读报得知"红军于二十八日袭取福建之延平，福州上游之水口已设防"。9月22日，他摘录《大美晚报》所载一则新闻："粤、桂当局限制自来水笔、钢笔、铅笔等舶来品之使用，写中国字须用毛笔及中国纸云。"他评价道："此事虽迂，甚有至理，可深许也。"至1934年，王伯祥仅有一条读报记录，记载十九路军福建事变的消息。1月14日，他晨起阅报，"知十九路军已退出福州，海军陆战队已入城接收各机关云。所谓人民政府者又成泡影，两月以来徒苦真正百姓耳。复何言哉！"① 此类述评，言简意赅，体现了他对时局的深刻认知。

之后两年多，王伯祥日记中的新闻内容较少。1935年，王伯祥日记中除了偶尔记载阅读《东方杂志》《教育杂志》《故宫周刊》之外，所记报刊新闻甚少。1936年，除了关注"杜月笙儿子被绑""鲁迅去世""蒋桂之争"等新闻外，王伯祥对日寇加紧侵华颇感悲愤。如10月7日，他读《新闻夜报》，"知时局一如日报所传，惟谓虹口一带又加紧，迁家者特多云"。18日，他看报后，"知时局将有大转变，法使亦有声明，倭方多少不快矣"。22日，报纸又载和谈新闻："张群与川越茂接谈，仍无结果。"② 中日关系日趋紧张，他对时局颇感忧虑。

与王伯祥类似，邓之诚酷爱文史。他于1930年任燕京大学历史系教授，潜心著述，他平时阅读大量古籍，注意搜集各种古籍版本，日记中所记报刊新闻较少，但他对日本侵略活动保持高度警惕，所记新闻大多与日军侵华有关。如1933年5月23日，他读报后载："日军声明暂不入平津。"1936年9

---

① 王伯祥著、张廷银、刘应梅整理：《王伯祥日记》（第四册），中华书局2020年版，第1587、1589、1610、1679、1689、1760页。

② 王伯祥著、张廷银、刘应梅整理：《王伯祥日记》（第五册），中华书局2020年版，第2144、2148、2150页。

月 3 日，他看报后记载："前日日海军有四条提议，最苛者为要求取消国民党及一切抗日机关，海部已令第三舰队待命。日本各大报馆联名致其政府严重交涉。今日仍无续讯。"① 中日冲突日趋严重，邓之诚留心时局的变化，对国事颇为担忧。

相较于王伯祥、邓之诚等知名学者，毕树棠则是一位自学成才、才华横溢的后起之秀，但他低调沉稳，声名不彰。② 他出身寒微，从济南省立一师毕业之后，于 1921 年至清华大学图书馆担任管理员，此后寄身清华六十余年。他自学外文，涉猎广博，为文清新典雅，文字流畅，翻译和出版了不少文学著作，在报刊上发表了大量散文和译文。他平时勤于阅读各类报刊，尤其关注外文报刊的文艺动态和新作。他的《螺君日记》虽是对 1932 年、1939 年、1940 年、1941 年部分日期的日记摘抄，却有大量阅读报刊的述评，体现他深厚的学术功底和广博的学术视野。他的日记类似学术笔记，尤其是阅读外文刊物的思考，更能体现其学术水准。他与陈寅恪、柳亚子、吴宓、钱锺书、朱自清、周作人、梁思成、张恨水等知名人士有着密切交往，他往往结合报刊作品与作者的关联进行阐述，颇有兴味。如他在 1932 年 1 月 15 日的日记中写道："《大公报·文学副刊》转来张恨水君来信，文甚长，多牢骚语，盖不满意时人对其小说之批评也。并谓近成一新著曰《落霞孤鹜》，已让版权与世界书局，自觉此作为精心结撰，较《啼笑因缘》为佳，嘱余读而评之。又嘱将此信发表于《文学副刊》。"③ 此信一方面反映了张恨水对时人批评之不满；另一方面说明张恨水对毕树棠的书评非常看重，希望借助毕的评论，为其新著制造舆论。这在一定程度上表明了毕树棠在评论界的影响。

毕树棠利用清华大学图书馆丰富的报刊资源，勤于阅读各类外文刊物。如 1932 年 1 月 28 日，他读完两期《亚细亚》（*Asia*）月刊所载勃克夫人之近

---

① 邓之诚著，邓瑞整理：《邓之诚日记（外五种）》（第一册），北京图书馆出版社 2007 年版，第 8、395 页。
② 陶亢德在编《宇宙风》期间，毕树棠曾给该刊写了大量书评。1950 年，陶亢德曾至北京造访毕树棠，陶亢德这样描述毕树棠："他不是清华教授，也不是学生，是图书馆工作人员。他不是名作家，但作品够好，写得一手好字。"参见陶亢德：《陶庵回想录》，中华书局 2022 年版，第 328 页。
③ 毕树棠著，赵龙江编：《螺君日记》，海豚出版社 2013 年版，第 6 页。

著小说 *His Fisrt Wife*,"写中国南方一茶商之旧式家庭,其子娶妻生子后出洋留学,归国,头脑一变,至京为官,弃其发妻,重纳新欢。老父极力维持,无效,终至发妻自缢死。书中描写老人、小孩及少妇之动态及心理,确是中国风味,故事虽简单而平常,而从容演述,亦颇有意趣"。此番述评,言简意赅,对小说作了极为精要的阐释,体现其评述水平和思想高度。他还在当年3月17日的日记中记载:"读 *Red-Book* 杂志新刊小说二篇,一曰 *Anything Happens in New York*(《纽约奇闻》),一曰 *Extra Man*(《额外人》),俱有妙趣,暇当试译之。"① 这体现出他的阅读实践中有潜在的创作冲动,遇到好的作品,他期待翻译成中文,以介绍给国内读者。

毕树棠阅读的国内杂志范围极为广泛,既有《中学生》之类的普及读物,也有《新月》《文艺杂志》等文艺期刊。看到优秀作品,他往往会借题发挥,表达自己的阅读兴味。如1932年4月5日,读完《中学生》杂志所载茅盾之长篇小说《三人行》,认为该文"情节很简单,且似散漫,而纯以精神为连系,与时代相映衬,有近代俄国作品之风味"。11月7日,他翻阅近期《新月》杂志,对其中几篇文章进行了点评:"余上沅之《历史剧之语言》一文,立论虽很平常,实极中时弊。赵少侯之《十七世纪的法国沙龙》,述而不作,而此类文学史的常识文字为一般读者所最需要。何家槐之小说《牙痛》,写病中心理极佳。"寥寥数语,切中要害。11月15日,他又阅《新月》杂志,再次评论其中两篇好文:"中书君评周作人先生所讲之《中国新文学的源流》,博学而精论,可谓一篇标准之书评文字。秋心之《又是一年春草绿》可谓字字珠玉之美妙散文,闻秋心即梁遇春君,如此才华,诚可佩也。"当日,他收到柳亚子先生陆续寄来的《文艺杂志》四期,大略阅过之后,颇为激赏地写道:"此刊物为柳无忌、罗皑岚几位青年文人所办,皆尚留美未归。内容颇纯正,专载文学论评及诗歌小说之创作,诗尤重形式与格律,为新诗坛开一途径。"② 其赞誉之情,溢于言表。

---

① 毕树棠著,赵龙江编:《螺君日记》,海豚出版社2013年版,第9、12页。
② 毕树棠著,赵龙江编:《螺君日记》,海豚出版社2013年版,第13、20—21、23、24页。

除了文艺刊物，毕树棠还留意报纸上发表的各类文艺作品。如 1932 年 12 月 8 日，他读《晶报》之后写道："近载冯玉祥将军日记，文笔颇干净，不似武人笔墨，诗多俗句，盖犹存真也。"12 月 25 日，他阅《益世报》的《文学周刊》之后，对按期登载梁实秋所著的《文学论》评价道："为近年罕见长篇大论，惟内容犹是《浪漫的与古典的》及《新月》杂志中所载诸零篇之重述，而成一有系统之总括，无何新见。"① 此段评论，体现出毕树棠的秉笔直书，他虽与梁实秋私交甚笃，但对其重复发表的作品，评价不高。

与毕树棠类似，学者丁山出身寒微，也是自学成才的典型。他少年时便立志研究古代史，靠半工半读在北京大学旁听文科课程。丁山学识渊博，在甲骨文学、金石学、历史地理学、考古学等领域皆有造诣，并先后在中央大学、中山大学、山东大学等校教学。他的日记中多记载阅读经史著作的心得，对报刊很少提及，偶有记载，也仅是列出报刊名称而已。如 1936 年 3 月 21 日，他晚读廖季平《公羊卅论》及《国论》杂志；1936 年 11 月 7 日，阅十月十四日至十九日《申报》。② 丁山长期在大学任教，阅读报刊的机会应该不少，但其长达 15 年的日记中很少出现阅读报刊的文字，其中可能有选择性记载的问题，也与他的学术兴趣有关。

浦江清则比丁山幸运，他的学术道路与师友的举荐有关。他 1926 年在东南大学毕业后，经吴宓推荐到清华大学担任陈寅恪的助教。他不仅热衷于给《大公报》的《文学副刊》写稿，也喜读各类杂志。他在清华大学教书期间，经常订阅数种杂志，并到图书馆借阅一些杂志。如 1928 年 9 月 8 日，他夜读《真美善》杂志所登载之东亚病夫《孽海花》续作，认为该文"不见佳处"。1929 年 2 月 22 日，他读广东中山大学所出《民俗周刊》及民俗学丛书数种，感叹道："中国现虽有人注意及搜集民俗学材料，但迄未有民俗学专家。"作为评论家，他对徐志摩的诗颇为反感，对于报刊纪念徐志摩的专刊不以为然。1932 年 1 月 10 日，他在日记中评论道："徐志摩之为人为诗，皆可以'肉麻'

---

① 毕树棠著，赵龙江编：《螺君日记》，海豚出版社 2013 年版，第 25、27 页。
② 丁山：《丁山日记》，国家图书馆出版社 2018 年影印本，第 31、73 页。

第三章 十年内战时期时局变动、新闻呈现与读者观感

二字了之,而死后北平《晨报》乃为出专刊一月,耸海内之听闻,青年男女莫不赞叹,以为伟大诗人,得未曾有,几以诗神爱神目之。呜呼,《逆流》不可以不出矣。"① 浦江清借题发挥,在日记中表达了对徐志摩"为人为诗"的不满,揭橥了两人之间的"隔阂"。

应该看到,不少学者潜心学术,博览群书,对所阅报刊很少记载。如抗战前数年,周太玄任四川大学理学院院长,行政事务和教学活动繁忙,很少在日记中提及读报活动,偶尔所载,则颇显用意。1936 年 12 月 25 日,他阅报,"知中日本一时不致决裂,日人大致系取在华北自由行动政策,俟事实已成后,则不待交涉矣。中国政府在外交上必不致让步,但亦不让步而已。至华北问题则大〔太〕难言也"。② 显然,周太玄对华北问题颇为忧虑,对中日矛盾的解决较为悲观。之后数年,他很少在日记中记载报刊新闻。

学者孙宣在日记中也较少记载报刊新闻。孙宣系温州名儒孙锵鸣之孙,曾任北京大学校长室秘书、礼制馆纂修、黑龙江志编撰员、司法部秘书等职,也是《青鹤》杂志的重要撰稿人,平时应有不少机会阅读报刊。但是,他在 1919—1934 年的日记中,所记读报记录很少。1930—1932 年在黑龙江通志纂修局工作期间,他有数条阅报记录。如 1930 年 2 月 24 日记载:"国民党又将召集第三次全国代表大会,然亦掩耳盗铃耳。推原代表大会实为党国最高机关,而地位之尊,直视国会尤过之,今大会所谓代表者,指派二百一十一人,圈定一百二十一人,付选举者仅七十三人。是党国全体大会乃有指定过半数之代表,乌得所谓之党国乎?"显然,孙宣借题发挥,对国民党全会所谓的选举颇为不满。7 月 25 日,他又对报载汪精卫发表党务协商的新闻加以评论:"盖政客政论取悦人耳,目必有堂堂正正之文,至其能行不行,非所论于今日

---

① 浦江清:《清华园日记 西行日记(增补本)》(第 2 版),生活·读书·新知三联书店 1999 年版,第 16、35、61 页。关于徐志摩于 1931 年 11 月 19 日遭遇空难去世的新闻,引发学界的广泛关注。胡适、罗尔纲、吴梅等人的日记中都有记载。如吴梅在 11 月 21 日的日记中写道:"中大同事徐志摩,乘飞机至北京,行至济南,误触山巅,火油爆发,同司机二人,一齐焚毙,迨坠地后,三骨枯焦,不辨谁某,是可惨矣。"此段记载对徐志摩罹难进行了简要的描述。参见吴梅著,王卫民编校:《吴梅全集·日记卷》(上),河北教育出版社 2002 年版,第 47 页。

② 周太玄:《周太玄日记》(第一册),国家图书馆出版社 2015 年影印本,第 97 页。

也。"11月5日,他阅报,"载日本首都前日忽有内阁总理被刺之事"。1932年7月11日,他读报后记载新闻:"高等文官考试以昨日入场,场规甚严,国家抡才大典,固亦此耳。"① 1933年1月11日,他记载报纸新闻:"日本兵舰二十余艘驶入扬子江,陆战队纷纷登岸,上海惊震。"② 从孙宣的几次读报记录看,他仅选择记载重要的时政要闻。尽管他可能经常读报,但在日常生活中,报刊可能只是一种日常的媒介,平时的读报活动似乎不需要在日记中"重演"。

值得注意的是,学者的订报与读报记载并非一致,不少学者在日记中记录了自己所订报刊和具体的消费支出,但他们很少记载阅读报刊的情形。尽管我们强调读者的阅读场景,但从阅读的可能性角度看,学者订阅了某种报刊,除非某种特殊情况,他应该是真实可靠的读者。虽然在已读和已记之间有着显著的差距,学者们缺乏具体的新闻叙事,但并不妨碍他们作为真实读者而存在。以容庚为例,他在燕京大学任教期间,潜心于金石文字学的研究,在学界声誉颇高。他的日记中对搜罗和鉴赏文物、研读古籍的记载较多,很少有读报的具体记载。但1925—1934年,他在每年的"收支一览表"中有不少订购报刊的具体支出。如他记录:1928年1月14日,《艺林旬刊》1元;1月18日,报1.3元;3月1日,报费1元;9月12日,报1.2元;10月13日,年刊1.5元,报1.2元;11月17日,报1.3元。之后几年,他多次在日记中记载订阅报刊的支出。③ 如1930年1月16日,定报十二起,13.2元,《燕大月刊》2元。1932年1月2日,定《东方》一年3.6元;1月12日,《学生平民教育》1元;1月14日,《晨报》1.3元;2月14日,《晨报》1.3元;5月16日,《晨报》1.4元,定《晨报》半年7.2元。1933年1月9日,购《儿童画报》等1.6元;1月13日,《燕京报》2.4元,《晨报》1.3元。这些枯燥的支出记载,证实了容庚长期订阅报刊的经历,表明在他的消费活

---

① 孙宣:《朱庐日记》,卢礼阳主编:《温州市图书馆藏日记稿钞本丛刊》(第五十八册),中华书局2017年影印本,第30829、30923、31000、31123页。

② 孙宣:《朱庐日记》,卢礼阳主编:《温州市图书馆藏日记稿钞本丛刊》(第五十九册),中华书局2017年影印本,第31271页。

③ 容庚著,夏和顺整理:《容庚北平日记》,中华书局2019年版,第153、154、158、159页。

第三章 十年内战时期时局变动、新闻呈现与读者观感

动中，报刊是一大种类。他在日记中偶尔会提及所读报刊的名称，如1933年7月22日看《东方杂志》，1934年2月8日阅《独立评论》。① 他不记载读报的过程，并不能遮蔽他长期作为报刊读者的身份。这在当时的学者私人消费和阅读史中，是值得关注的现象。

值得一提的是，平时疏于记录报刊新闻的容庚，却在日记中剪存了两次报刊新闻。第一次剪报活动与他的职业和研究兴趣相关。1929年5月7日，他剪下报纸所载《发掘古物办法八条》一文。此文由"五团体会议修正通过，呈候行政院采择施行"。其内容主要包括："一、凡与考古学、历史学、地质学及其他人文科学有关之一切品物，如古美术品、自然物、工艺物，皆属于本办法所指之古物范围。……三、发掘古物须先呈请地方主管行政机关，转请中央古物发掘委员会审查许可者，由内政、教育两部发给执照，始可发掘。其不遵其手续者，无论为个人、为团体，以盗掘论。……"容庚特地剪下此文，与他长期关注考古发掘有直接关联。此类剪报活动，事实上映射了他的职业志趣。在1941年3月27日，他于日记中标注"附剪报：人物志·容希白（一）"。这是关注报纸中的"自我"，即借助剪报为自己的人生留下剪影。文中提及："大凡一位学者或伟人，他的历史一定是有些人想像不来的，不是狂放，便是堕落，一定不平常，但他所以能够成功，更不是普通人所学得来的，我们可以看看容希白先生的历史便知道。……说起他的学历，一点不惊人，因为他连大学的课程都不曾读完，他没有出过国，但他的著录里把流传海外的古器，搜集无遗。……"此种语调，大致表明容庚不平凡的学术人生。第二天，他继续剪报，保存"人物志·容希白"的第二部分。文章总道："他生平著作不下三十余种，正起草的还有六七种，这里不再录名。总之他的治学精神，是不难由他的历史来想像出的，同时他的朴素的生活，也正如他的一生，外表是平淡的，但蕴藏着不少活力，不少伟大的魂魄。"② 文中不乏对容庚的溢美之词，他存而不言，通过报纸新闻为自己"发言"，这是一

---

① 容庚著，夏和顺整理：《容庚北平日记》，中华书局2019年版，第208、284、285、288、295、322、358页。

② 容庚著，夏和顺整理：《容庚北平日记》，中华书局2019年版，第182—183、647、649页。

种颇为巧妙的隐喻。

二、海归学者的报刊阅读

民国时期，随着留学热的兴起，许多学生到欧美和日本留学。他们学有专长，接受了较为严格的西式学术训练，学术视野较为开阔。同时，他们深受西方社会思潮的影响，热衷于民主、自由，对报刊言论颇为注重，喜欢在报刊发表政论文章，体现自身的主体价值。然而，由于海归派的留学地与学科类型的不同，有关"问题"和"主义"的研究和讨论，群体内部之间也存在较多分歧。如留美派、留欧派、留日派之间的风格则大为不同，有时还会因政治立场而相互攻讦。因此，海归群体的报刊阅读既有自由、开放的一面，但受各自的家庭出身、社会地位、知识结构、价值取向差异的影响，其个体阅读又呈现多元的格局。

在海归群体中，北京大学的一群自由知识分子颇为典型，如《独立评论》就聚汇了北京大学的胡适、丁文江、陶孟和、任鸿隽、陈衡哲、蒋廷黻、王世杰等海归学者。他们通过这个杂志，在知识界产生了极为广泛的影响。据蒋廷黻回忆：

> 在舆论方面，《独立评论》成了当时著名的刊物。《独立评论》不对某项专题作有系统的讨论，也不刊登知名人士请托的稿件。大家每周聚餐一次，讨论时事，但不作结论。我们不仅对外界是独立的，即是同寅彼此间也互不干扰。我们讨论时都了解彼此不同之点，有时大家的观点也会自然趋于一致。有时，外边作者会发现《独立评论》是真正独立而尊重别人意见的。《独立评论》实在是一个公开的园地，每个人都可以用它发表自己的意见。
>
> 《独立评论》的读者，大部分都是大学生。其次是公务员，再次是开明的商人。令我感到意外的是有些青年军官也一直看《独立评论》。其后几年，我发现有许多人是从《独立评论》认识我的，而非从我花费多年

第三章 十年内战时期时局变动、新闻呈现与读者观感

心血所写成的历史著作中认识我的。①

此外，吴宓、梅光迪、胡先骕等海归学者通过创办《学衡》杂志，使"学衡派"的思想广为传播。柳诒徵在谈到他的办刊经历时说："自在东南大学与梅迪生（光迪）、吴雨僧（宓）等创办《学衡》杂志，始对于当时教育界、学术界加以评论，也止于笼统指摘，绝不评诋个人，又与学生缪凤林、景昌极等创办《史地学报》《文哲学报》，亦止于平心静气讨论学术，不立门户，不争意气。"②而吴宓每星期仍编撰《文学副刊》，"又兼编《学衡》，一己但以勤苦工作自慰自安"。③编刊物，陈己见，聚同人，创学派，是不少留学生回国后的共同志趣。

不少知识分子热衷于为杂志写稿，亦与出版社和报刊提供的优厚稿酬有关。吴宓在1928年2月1日的日记中便透露："陈铨来，为售小说稿与《国闻周报》事。因谈及中国近今新派学者，不特获盛名，且享巨金。如周树人《呐喊》一书，稿费得万元以上。而张资平、郁达夫等，亦月致不赀。所作小说，每千字二十余元。"④ 这说明知识分子向报刊投稿和出版著作，不仅可以博得声誉，还能带来丰厚的经济回报。职业作家以稿费为谋生的手段，与出版市场的繁荣和读者的阅读需求有直接关联。

围绕报刊的创办与阅读，海归精英之间通过"言论"和"主张"建立了更为广泛的社会联系。以胡适为例，在十年内战时期，他先后创办《新月》和《独立评论》，在报刊上发表大量文章，并利用担任中国公学校长和北京大学文学院院长的身份，广泛联系学界同人，大力推动新诗歌运动和人权运动，在知识界具有广泛影响和很高的威望。尤其是在他主编《独立评论》期间，其为该刊撰文一千余篇。在1934年，他一人负责编辑该刊，"每星期一总是终日为《独立》工作，夜间总是写文字到次晨三点钟"。他对夫人

---

① 蒋廷黻：《蒋廷黻回忆录》，岳麓书社2003年版，第145—146页。
② 柳诒徵著，文明国编：《柳诒徵自述》，安徽文艺出版社2013年版，第16页。
③ 吴学昭编：《吴宓书信集》，生活·读书·新知三联书店2011年版，第129页。
④ 吴宓著，吴学昭整理：《吴宓日记：1928—1929》（第4册），生活·读书·新知三联书店1998年版，第17页。

江冬秀说:"我七天之中,把一天送给《独立评论》,不能说是做了什么有益的事,但心里总觉得这一天是我尽了一点公民义务的一天。"正是由于他不懈的努力,"这样一个没有麻醉性与刺激性与消遣性刊物","销数增到五千以上"。①

除了办刊,阅读报刊则是胡适日常生活的重要内容。作为文化名人,胡适经常收到各类赠送的报刊。同时,他还订阅了不少中英文报刊。以1928—1929年为例,他阅读的主要报刊有《申报》《晶报》《觉悟》《生活时代》《风华》《现代评论》《语丝》《字林西报》《东方杂志》《东方晚报》《江南晚报》《上海画报》《华北日报》《时事新报》《民国日报》《浙江民报》《中国评论周报》等20余种,其中英文报刊至少有4种。闲来阅读报刊已成为他的生活习惯,对于他认为重要的报刊内容,除了留意报刊的新闻和各种评论之外,报刊上"朋友们"发表的言论也经常引起他的注意。如1928年4月20日,他在日记中记载:"昨天《觉悟》上有常燕生对'整理国故'意见,其言甚怪,故我今天作《庐山游记》的跋,稍答复他的话。"通过阅读报刊,并有感而发,是胡适阅读与写作结合的重要方式。对报刊史料,他颇有见地。同年6月3日,他与北京大学的学生陈璠交谈,得知对方要研究百年中国人民的生活,便"劝他从《申报》全份下手,注重广告,注重戏剧广告,注重经济商情,可以得一个大概"。对于报刊上的学术论文,如有观点上的错误,胡适读后往往会加以辨析。如10月25日,他见胡怀琛在《东方杂志》第二十五卷第八期上有墨翟《为印度人辨》一文,认为"其论甚谬,不是〔足〕置辩"。又引用方授楚在《知难》第78期的驳论,认为"其言甚有理"。② 读学术论文与摆学术观点,能够体现胡适在阅读过程中的思想痕迹。

作为自由主义知识分子,胡适特别重视言论自由,他对国民党的新闻检查制度颇为不满。1929年7月3日,他在苏州得知当地的11家报纸,因反抗

---

① 胡适著,曹伯言整理:《胡适日记全编(1931—1937)》(6),安徽教育出版社2001年版,第361、387、430页。

② 胡适著,曹伯言整理:《胡适日记全编(1928—1930)》(5),安徽教育出版社2001年版,第60、135、289页。

检查新闻而全体停刊，并引用《申报》的相关报道，认为"这是很重大的事"。对于国民党的风气败坏，他多有感触。11月12日，他读《浙江民报》上叶楚伧所写的《由党的力行来挽回风气》一文，并感叹："我因为'中国本来是由美德筑成的黄金世界'一句名言，最可以代表国民党的昏愦，故留在手头。"①

胡适平时读报关注的内容极为广泛，举凡学术、政论、学运、罢工等问题，他觉得有价值的新闻，都记载并剪下来贴在日记之中，以备查证。如1930年3月13日，他读报得知有几十名工人捣毁《时事新报》馆的印刷部，又通过读《大公报》，"始知其大概"。7月29日，胡适剪贴《新月》和《教育杂志》上有关他与周谷城的几封信函，较为详细地展示了两者之间就"封建制度""封建国家"的争论。胡适不客气地指出："周君压根儿就不懂得什么是封建制度和封建国家。"此类笔墨官司，亦表明胡适在学术立场方面并不温和的一面。当时，国民党元老吴稚晖在《民国日报》上发表的《从东说到西》一文，引用了胡适"写给《字林西报》的一封信里的一段话"。②胡适的原文为英文，吴稚晖在翻译时有断章取义之嫌，胡适便写信给《时事新报》予以纠正。此类与报社编辑、记者"交涉"的函件，胡适日记中多次记载，以证清白。这表明他特别爱惜羽毛，注重维护自己的声望。

1931年年初，报刊多次刊登中国公学风潮。作为曾经的校长，胡适非常关注事态的进展，他认为"君武、隆基诸人不明大体，容纵学生去包围校董会，遂成僵局"。中国公学最终被国民党接收，胡适内心颇有不满。但风潮过后，他仍然关注学界的新观念、新动向。如他读了钱穆在《燕京学报》上发表的《关于〈老子〉成书年代之一种考察》，便"写一长信给他"。③对于《新月》主编徐志摩遇空难亡故一事，胡适读报后甚为沉痛。他认为，"朋友

---

① 胡适著，曹伯言整理：《胡适日记全编（1928—1930）》（5），安徽教育出版社2001年版，第450、570页。
② 胡适著，曹伯言整理：《胡适日记全编（1928—1930）》（5），安徽教育出版社2001年版，第682、744、794页。
③ 胡适著，曹伯言整理：《胡适日记全编（1931—1937）》（6），安徽教育出版社2001年版，第58、98页。

之中，如志摩天才之高，性情之厚，真无第二人！"1933 年 11 月 6 日，他读《国闻周报》上张佛泉的《民元以来我国在政制上的传统错误》一文，认为"其言甚有理"。1934 年 1 月 17 日，他读《文学季刊》创刊号吴春晗所作考证《金瓶梅》的长文，赞扬"此文甚好"。① 可见，胡适对这位昔日中国公学的学生，颇为满意。

1936 年 8 月，胡适赴美参加太平洋国际学会第六届常会。在美国期间，他阅读《纽约时报》《读者文摘》《美国信使文摘》《时报》等英文报刊，并在日记中记载："*Time*（Aug. 4）上有论 Landon（兰登）的智囊团一文，甚好。"回国后不久，西安事变爆发，第二天，胡适看报后，大为吃惊。他认为张学良虽有小聪明，"而根基太坏，到如今还不曾成熟，就为小人所误"。② 至卢沟桥事变前后，胡适对于战局甚为留意，出席各种社交场合发表他的政治主张。在维护国家统一和抵抗外国侵略方面，胡适立场坚定，体现出他的爱国情怀。

与胡适类似，吴宓曾留学美国，1921 年获得哈佛大学文学硕士学位，与陈寅恪、汤用彤并称为"哈佛三杰"。20 世纪二三十年代，他一直担任清华大学的英文教授，在学界颇有影响。他学术兴趣广泛，经常到图书馆阅读报刊，教学之余，他受《大公报》之委托，编辑《文学副刊》，每星期一期，每期约一万字。③ 他对编辑工作颇为投入，在 1928 年 1 月 2 日的日记中记载："《大公报·文学副刊》第一期出版，送到。宓急阅，见仍系一版全面、校对底样之式，心中甚为喜慰。……《大公报·文学副刊》第一期特赠之 30 份，亦已送到，后此以为常。"④ 吴宓为保证这份副刊的质量，特邀他在清华大学的同事朱自清、赵万里、张荫麟、浦江清等人写稿和编稿，形成了一个小型

---

① 胡适著，曹伯言整理：《胡适日记全编（1931—1937）》（6），安徽教育出版社 2001 年版，第 168、249、293—294 页。
② 胡适著，曹伯言整理：《胡适日记全编（1931—1937）》（6），安徽教育出版社 2001 年版，第 616、625 页。
③ 吴学昭编：《吴宓书信集》，生活·读书·新知三联书店 2011 年版，第 120 页。
④ 吴宓著，吴学昭整理：《吴宓日记：1928—1929》（第 4 册），生活·读书·新知三联书店 1998 年版，第 3 页。

的学术团体。浦江清作为吴宓的得意弟子,对《文学副刊》颇为关注,当年1月17日,他在日记中谈道:"自今年起天津《大公报》增几种副刊,其中《文学副刊》,报馆中人聘吴先生总撰,吴先生复请赵斐云君(万里)、张荫麟君、王以中君(庸)及余四人为助。每星期一出一张,故亦定每星期二聚餐一次。"吴宓经常请同人餐聚,就是讨论副刊编辑的具体问题,他对于言论的尺度较为重视。浦江清在日记中的记载可作为印证:"张荫麟君为《大公报·文学副刊》撰一稿,评清华研究院所出《国学论丛》。吴雨僧先生谓其骂得太过火,……"吴宓嘱托浦江清:"于其文后续一段,将《国学论丛》较好数篇略推誉之。"最后,"吴先生终究怕研究院学生和他'捣蛋',张君之文决定不登了"。① 而对于出版的《文学副刊》,浦江清、张荫麟也会及时阅读并加以讨论。

不仅如此,吴宓还广泛邀请国内名家为《文学副刊》写稿。这些接受邀请的学界新秀和名家都积极回应,认真撰写论文,从而使《文学副刊》在学界产生了广泛影响。如天津女子师范学院的青年教师顾随,在《文学副刊》创办时刚刚31岁,但已在韵文、散文方面颇有成就。1928年11月26日,他读《大公报·文学副刊》,特别关注到自己《味辛词》所得到的评论。他说:"有署名'镜'者,批评《味辛词》,大捧特捧,但不知究系伊谁。我词未出售,不知'镜'于何处觅得。" 10天之后,他终于知道"镜"的身份:"在《大公报》批评弟词者,为北平北海图书馆之赵万里君。……弟已允再送他一部《无病词》。"② 历史学家朱希祖在1929年2月27日记载:"灯下作《关于中国古代铁制兵器先行于南方考之讨论》一篇,此篇系再致天津《大公报》文学副刊编辑书。"③ 文字学家杨树达也在1932年4月7日的日记中记录:"吴宇(雨)僧(宓)主办《大公报·文学副刊》,以班固二千年纪念,嘱作文字纪念。因应其请,撰《〈汉书〉所据史料考》。"④ 通过报刊,两位素不相

---

① 浦江清:《清华园日记 西行日记(增补本)》(第2版),生活·读书·新知三联书店1999年版,第5、6、7页。
② 顾随:《顾随全集》(卷八),河北教育出版社2014年版,第302、304页。
③ 朱希祖著,朱元曙、朱乐川整理:《朱希祖日记》(上册),中华书局2012年版,第136页。
④ 杨树达:《积微翁回忆录·积微居诗文钞》,上海古籍出版社1986年版,第62页。

识的读者与作者建立联系，并进一步以文会友，加深相互了解。可以说，《文学副刊》充当了他们之间的交往媒介和学术传播的桥梁。

在大学和学术研究机构中，诸如吴宓之类热衷于杂志和学术论文阅读的海归学者不在少数。与清末士绅热衷于记录报刊新闻相比，在 20 世纪二三十年代，知识分子更多地关注学术思潮与社会动态。尽管他们也经常阅读报纸，但日记中更多地记录的是期刊和报纸副刊上的论文观点。尤其是当学者们获知自己的论文被发表或被学界关注、引用时，往往会留心记载，加以证实。如语言文字学家杨树达曾留学日本，他在日记中很少有读报记录，但有关自己著述在报刊登表的记载却不少。他在 1935 年 3 月 25 日载："余季豫昨见告，余南归后天津《大公报·图书馆副刊》一再论及余著述，今日往本街图书馆览之。"杨树达对于自己已发表的作品，也颇为留意。如 1936 年 4 月 1 日，他收到信件，并获知"《清华学报》十一卷二期出版，载余著《〈吕氏春秋〉拾遗》，寄单印本来"。而对于杂志上的学术观点，杨树达则会从专业角度加以评论。如 1937 年 4 月 28 日，他阅《东方杂志》所载《实庵字说》一文后指出："狱、辱二字说与余同；谓卧、监、临从目，不从臣，甚精确。惜其他多臆说耳。"此类言简意赅的评论，显示出他在文字学上的造诣颇深。对于学界前辈章太炎，杨树达特别敬重，在著述中多次引用他的观点。当他于 1936 年 6 月 14 日读晚报获知章太炎于当日早晨逝世后，为之惊悼不已，感叹道："先生于余多所奖借，有知己之感。"[①] 作为学者，杨树达很少记载与学术无关的内容，对于他而言，报刊更多地体现出作为学术纸的价值。

与杨树达类似，不少学者关注自己的学术活动、论文发表情况，同样留学日本的语言文字学家钱玄同就对学术期刊颇为关注。他与顾颉刚、傅斯年都为疑古学派的重要人物，彼此关注和激励。1929 年 1 月 3 日，他阅读《中山大学语言历史研究所周刊》第十三、十四期时，因涉及自己的学术观点，便评论道："中有傅孟真《与顾颉刚论古史书》，其中对于我将《春秋》一笔

---

① 杨树达：《积微翁回忆录·积微居诗文钞》，上海古籍出版社 1986 年版，第 95、113、133、117 页。

抹杀为非，言《公羊传》中一部分确是孔子思想，我觉得很对。"钱玄同对傅斯年引用自己的观点颇为赞同，有言为心声之意。同时，他对期刊编辑也颇为认真。1930年1月16日，他"因《国学季刊》二卷第二期之英文目录中，译音文字须改从 G. R，故午携回孔德改之"。① 对于学术动态，他也较为留意。如1934年3月13日，他购得《瓯风》杂志第二期，并得知"将印《瓯风丛书》，中有《莫非师也斋文录》"。对于学界的观点之争，他获知后，会购买相关杂志一睹为快。他于1936年1月17日上午至东安市场购《东方杂志》新年号，"因岂明来信言，中有蒋竹庄回忆中国教育会之文，致又引起吴老头儿之牢骚，做了一篇长文，痛骂章老夫子。卅年前公案又重提矣！故将购而观之"。② 对于此类思想性刊物，他的选择性购阅是具有明确目的的。

  抗战前数年，钱玄同的读报记录不多。1932年6至7月，他对当时的学潮颇为关注。6月10日晨，他阅报得知"师大自今日起罢课矣，定明日出发至京索校长"。"报载学潮渐扩大，不特北大、平大，及中大等卷入，则中小学校亦大有卷入之势，其目标为打倒教育之法西斯蒂化云。"7月23日，报纸继续报道有关北京师范大学的消息："知朱家骅提议，△△议决本年师大停止招生，他们要并吞师大了。"③ 因他在师大任教，这学潮自然与他有直接关系。之后两年，他很少记载报纸新闻。至1935年6月28日，他特地记录汉奸白坚武的无耻行径："有汉奸白逆坚武，衔其洋爹之命"；"贴'卖国二十四年元月二十八日下午三时发行之《新北平号外》剪报'"。④ 对于汪精卫被刺事件，他在11月1日读《世界晚报》后剪贴汪精卫被刺杀的新闻："六中全会今晨开幕式后，会议厅外暴徒开枪，汪身中三枪，蒋孙等百余人今午均赶往医院

---

① 钱玄同著，杨天石主编，阎彤、王燕芝、左瑾等整理：《钱玄同日记》（整理本·中册），北京大学出版社2014年版，第730、745页。
② 钱玄同著，杨天石主编，阎彤、王燕芝、左瑾等整理：《钱玄同日记》（整理本·下册），北京大学出版社2014年版，第997、1171页。"吴老头"指的是吴稚晖，他与章炳麟在《苏报》案之后各执一词，相互攻讦，积怨颇深。钱玄同作为章门弟子，对两人积怨之由自然较为清楚。
③ 钱玄同著，杨天石主编，阎彤、王燕芝、左瑾等整理：《钱玄同日记》（整理本·中册），北京大学出版社2014年版，第865、871页。
④ 钱玄同著，杨天石主编，阎彤、王燕芝、左瑾等整理：《钱玄同日记》（整理本·下册），北京大学出版社2014年版，第1111页。

探汪。"对于名学者丁文江的去世,他于 1936 年 1 月 6 日通过阅读《晨报》获知。对于 1936 年 4 月 1 日开始推行的中央党部及行政机关职员一律着中山装及西装,他读当天的《大公报》后评论道:"此事不得谓非进步,因(1)不必穿长袍马褂,(2)不禁止西装也。"① 此外,他偶尔向师大图书馆借阅一些报刊,但从总体上看,他的兴趣主要在学术上,晚年日记的主要内容是文字考据。

钱玄同与朱希祖于 1906 年在日本留学时相识,1908 年又同在章太炎门下学习,还是早稻田大学的同学,回国后同在北京高等师范学校、国立北京师范大学任教,两人私交甚笃。朱希祖特别注重专业领域的学术动态,对学术组织和学术期刊颇为关注。他发起"中国史学会",于 1928 年 12 月 30 日开筹备会。两天后,"此事已见于本日北平《新晨报》及天津《大公报》"。1929 年 1 月 12 日,他收到"天津《益世报》馆寄来一月份《学术周刊》稿费百五十元"。这从一个侧面反映了他的文章稿费颇为优厚。他在中山大学文史研究所工作期间,同事朱谦之创办《现代史学月刊》并出版。他于 1933 年 1 月 16 日记载:"赠余五册。"② 晚年的朱希祖也很少在日记中记载读报活动。1934 年后,他任教于中央大学历史系,在 1935 年 7 月,他对中国财经与经济状况颇为留意,通过阅读《大公报》和《中国日报》了解相关情况。

当然,海归学者的阅读兴趣不仅受专业领域的影响,日常工作和业余爱好也会影响其阅读生活。与钱玄同、朱希祖等人同在日本留学的黄尊三曾加入同盟会,1912 年回国后曾在江汉大学等校执教。1928 年后,黄尊三在北平民治学院任教务长,为学校教学和行政事务殚精竭虑,日记中多记载教学工作和日常交往活动。与他早期在"留学日记"中勤于记载报刊新闻不同,在民治学院的三年中,虽然他读报的机会更多,但有关报刊时政新闻的记载难得一见。偶尔读《新教育》之类的杂志,他也不发表阅读感想。不过,他早

---

① 钱玄同著,杨天石主编,阎彤、王燕芝、左瑾等整理:《钱玄同日记》(整理本·下册),北京大学出版社 2014 年版,第 1152、1169、1187 页。
② 朱希祖著,朱元曙、朱乐川整理:《朱希祖日记》(上册),中华书局 2012 年版,第 116、121、201 页。

年受梁启超的影响颇深。1929 年 1 月 22 日，他得知梁启超去世的消息后，感叹道："任公文章学问，名闻中外。戊戌以来，以革新为志职，屡经变故，其气不衰，虽与民党立于反对地位，乃系政见之不同，非为利禄而然，唯闻其细行不检，卫生不讲，其死也国家丧失一学者，社会上失一指导人物，甚可惜也。"此段评论，颇为公允，亦足见黄尊三对梁启超十分敬重。2 月 23 日，他听闻梁启超追悼会将于第二天召开，又在日记中写道："任公为学界先觉，戊戌政变以后，留寓海外，以文字鼓吹革命，时余留学日本，尝于报纸中得识其议论，归国以后，曾两度亲炙言论风彩［采］，今名宿凋谢，不可无文以之，成诗一首……"① 他见贤思齐，回忆早期阅读《新民丛报》的经历，虽已过去二十余年，但仍感念梁启超对他的深刻影响。

黄尊三很看重民治学院的声誉。1928 年 4 月 17 日，他得知《中华新报》报道民治学院篮球队，"在山西受冯庸大学二百元补助之新闻"，认为"殊有污本校名义，非彻底查究不可"，便派人去报馆交涉。当然，他对于当时报刊上报道的军阀混战也有所关注。如 1930 年 2 月 19 日，他读报得知"阎百川元日通电，请蒋下野，巧日又电蒋，请勿劳师动众，蒋置之不理"。26 日，又记载报纸新闻云："阎百川、冯玉祥、李宗仁等通电，主张一二三届执监委员组织临时国民党党员干部会，于最短期成立四届，由全体党员投票，解决党统。"阎锡山逼蒋介石下台虽然失败，但黄尊三认为"倒蒋者，尚大有人在也"。不过，之后一年多，他很少关注内战新闻。他感叹道："南京新闻事业太不发达，当局对于言论，取缔过严，除颂扬功德外，不准登载。"② 这也许是他不热衷阅报的一大缘由。虽少有记录，但他对国家前途和民族命运仍颇为忧虑。在读到梁漱溟主办的《村治》半月刊之后，他对梁漱溟主张以中国旧文明救国的言论感到疑虑。6 月 28 日，他读完《村治》第二期后，对梁漱溟的言论进行了评论：

---

① 黄尊三著，谭徐锋整理：《黄尊三日记》（下），凤凰出版社 2019 年版，第 772、779 页。
② 黄尊三著，谭徐锋整理：《黄尊三日记》（下），凤凰出版社 2019 年版，第 793、864、866、868、900 页。

梁君谓西洋文化为人为的、现世的、残忍的，故其科学、机械学非常发达，然此向西走的西洋文明，梁君故不表赞同。不向西走，中国科学物质如何能发达？不发达，则生计问题如何能解决，但梁君又言，欲打倒军阀，非从经济入手不可。从经济入手，如何能脱离物质、脱离机械？欲不向西走得乎？余意打倒军阀，一面须为人民谋生计，使一般贫民有饭可吃，自不去当兵；一面尤须知识阶级，根本觉悟，不为军阀作走狗，领导民众，作有力之组织；一面以政治之宣传力，唤起民众，组织文治派之集团，使武人不能任意横行，武力遂失其效用。①

此段评论大致反映了黄尊三在文化与政治方面的主张。他对梁漱溟反对西洋文明的观念不以为然，他不仅希望中国"向西走"，还认为中国要打倒军阀，就必须发展经济，解决民生问题，同时壮大"文人集团"，抑制"武人集团"的暴力活动。此段评论，虽是一己之见，却体现出黄尊三独立思考的精神。

同样有留日经历的学者吴虞，曾在东京法政大学求学。他在"五四"时期以反对礼教而被胡适称为"只手打翻孔家店的老英雄"，曾任教于北京大学、北京高等师范学校，与钱玄同、朱希祖等人共事。不过，这位"老英雄"因性格古怪、生活糜烂而受到学界不少非议，尤其在成都声名不佳，有英雄迟暮之感。吴虞回到成都大学任教后，思想趋向保守，社交圈子也大为缩小。于教书之余，他喜欢阅读各类报刊。他曾先后担任《西成报》主编、《公论日报》主笔、《四川政治公报》主编，对四川新闻界颇为熟悉，对于四川的风俗、地理、人物、掌故亦颇有研究。他早年就养成阅读报刊的习惯，在十年内战期间，阅读的报刊主要有《民力报》《新四川日刊》《九五日报》《四川日报》《国民日报》《新新新闻》《新川报》《平报》《时事周报》《国难日报》《中央日报》《东方杂志》《国粹学报》等。从读报记录看，他主要关注教育新闻、时政新闻、地方新闻和有关自己的报道。

吴虞曾在多所大学任教，对教育界尤其是他所任教的成都大学的相关新

---

① 黄尊三著，谭徐锋整理：《黄尊三日记》（下），凤凰出版社2019年版，第913页。

闻颇为留意，在日记中此类读报记录占有较大比重。当地报纸关于学潮和成都大学的报道较多。1928年2月18日，他读《民力报》，知"今日午前，又在各校捕去教职员多人"。3月3日，他读《九五日报》，"载成大教职员因军部复函，不能满意，无条件一致离校"。3月11日，《九五日报》报道："有唐德安、方琢章等十三人，驳张表方（张澜）辞职电文。"他阅后大发议论："肉麻气涌，吃党饭之徒，真不知人间有羞耻事矣。予常言近日人心趋向，皆以残忍、刻薄、狭小为归，而绝无和平、忠厚、博大之趣。唐德安等其一斑也。"之后，他读《民力日报》，"有李思纯评成都大学一篇，于表方、君毅及聘回之人，皆骂之"。在吴虞看来，于公于私，他都希望学生安心学习，不要闹事，自己能够有份稳定的教职，可以安度晚年。而关于四川大学、成都大学、成都师范大学三校合并问题，在师生中引发较大反响，反对意见亦不少，本地报刊也多次报道。1932年5月29日，《新川报》报道"张表方向教育部辞职电"。1932年8月11日，《新四川日刊》报道："关于三大合并问题，最短期间似难实现，唯对于川大合并，筹办高中，则刻不容缓。张重民于九日召集川大五校长会议，结果本期筹高中，将中国文学院、外国文学院合并为一院，所剩一院校址，即为办高中之用。"10月18日，"川报载省府布告开导三大学生文内云：理法学院就原有成都大学校地址设立。文、教育二学院，就原成都师范大学设立。其组织悉遵照大学组织办理"。① 在省府统一协调下，三校终于合并，而吴虞对合校的态度似乎比较中立，在读到相关报道后，并未表示明显的反对态度。

对于国民政府大学院有关停止祭孔的命令，吴虞阅后自然感到高兴，而报刊有关他当年的反孔言论，他留心记载。1928年3月24日，《四川日报》报道大学院蔡元培令停止祀孔明令，有社评云："打孔家店者喜，而卫道者忧。"4月11日，他记载《国民公报》所登王养冲反对蔡元培停止祀孔文中，"有自吴虞、陈独秀主张非孝、礼教吃人已来云云。乃转上海《时事新报》

---

① 吴虞著，中国革命博物馆整理：《吴虞日记》（下册），四川人民出版社1986年版，第395、396、397、399、563、572、584页。

也"。当日,《新四川日刊》有王雪鸿攻击孔子一文,他认为"颇佳"。有关废止祀孔问题的讨论,在四川引发较大反响,余波未了。吴虞在 12 月 2 日记载:"今日《新四川日刊》载有灌县职业学校皮乃安,与曾述之争论祀孔。皮氏有'徐炯乃经吴又陵先生骂得哑无言之老夜壶'之语。予乃寄皮氏《祀孔问题》一份、《劝进人名表》五张,曾氏《劝进人名表》四张。"1929 年 11 月 5 日,他读《新新新闻》副刊中有雁江生在《文与学》一文中提及自己:"吴又陵亦是文学界巨子,又何尝不是他能够树出中心思想,揭出反孔旗帜,著述流传得名么!"1931 年 11 月 29 日,他读《时事周报》,并记载:"予像同柚、植一并印出,又登予《题皮怀白宴坐图》诗四首。"① 吴虞如此重视报刊关于自己的反孔言论,颇有顾影自怜,引以为荣之意。

  吴虞主张"男女平权",其相关言论在新文化运动时期有一定影响。在成都任教期间,他对报刊的有关报道颇为关注。1929 年 5 月 3 日,他读《九五日报》载南京法院电,"言女子已出嫁者,不能继承财产权"。之后,他又记载《民力报》载国民政府修改民法的新闻:"一、女子有权继承财产。二、子女成年后,在合法之行为,父母不能干涉。三、父债父还。"6 月 17 日,他见《国民日报》"载有廖季平分财产给女事,因买一份"。但是,这位宣传男女平等的老学究,却对报纸上有关北京妓院的报道津津乐道。他于 1930 年 8 月 6 日记载报纸调查北京妓院和妓女数量:"北京全市妓院,现三百四十六家。三等计二百〇八处。头等小班仅四十三处。妓女共二千九百二十九名。属三等者一千七百八十八人。而各妓院之男女仆役侍妈等,共三千八(百)一十六人。"② 吴虞在北京大学任教期间,颇有狎妓之兴,并公开为妓女写诗招嫖,引发舆论不满。多年之后,他尚对北京妓院报道颇为留意,说明他的"男女平权"思想与自身言行并不统一。

  吴虞关心地方时局,地方新闻在他的读报记录中占较大比重。如关于成

---

① 吴虞著,中国革命博物馆整理:《吴虞日记》(下册),四川人民出版社 1986 年版,第 399、401、434、479、597 页。
② 吴虞著,中国革命博物馆整理:《吴虞日记》(下册),四川人民出版社 1986 年版,第 404、411、454、515 页。

都大学每年办学的 60 万元经费，南京国民政府财政部要求四川当局从盐税中拨付，"直交学校"。他在 1928 年 7 月 24 日引用了《国民日报》的报道，并详细记录。1931 年 2 月 27 日，《新四川日刊》出版，记载省政府组成，"刘文辉、郭昌明、向传义、张铮、邓锡侯、田颂尧、杨森、嵇祖佑、林耀辉为省政府委员，并指定刘文辉为主席，兼任民政厅长，郭昌明兼任财政厅长，向传义兼任建设厅长，张铮兼任教育厅长"。1932 年 10 月，刘湘与刘文辉两大军阀阵营展开混战，吴虞对报刊有关两军战况的新闻颇为关注，经常阅读《快报》《新新新闻》等报刊。10 月 26 日，他录《新新新闻》报道："渝军已于二十四号午后正式向江津、永川进攻。渝军舰'巴渝''嵯峨'二艘驶往江津，被击沉一艘。二十九军曾南夫部队，有一部进驻遂宁。" 12 月 7 日，他又录《新新新闻》："刘自乾今日出省过眉州、仁寿、嘉定，战事无大胜负。十二时，侦察机来，但飞甚高，少顷即去。旋又来。" 刘湘与刘文辉之间长达一年多的恶战，终以刘文辉败走西康而结束。1933 年 8 月 14 日，吴虞摘录了《西方夜报》号外："十三日午前二时，半边场对岸，二十四军警卫团叶营率炮兵渡河投诚。……崇庆县城已完全占领。在羊马场缴二十四军枪械两营。邓锡侯已进驻穿心店督率各部前进。刘督办云，非迫刘文辉入西康，军事不得结束。按联军渡河，乃最要官电之好消息，故详记之。刘贼失败，四川始有新希望也。"① 在吴虞看来，刘湘才是四川的真正统治者，而刘文辉的失败是罪有应得。诸如此类战事的新闻，吴虞在日记中有不少记载。

　　与吴虞同在成都执教的陈元畅为四川合江人，清末留学日本民治大学，学习商科，毕业后长期在成都的志诚法政专门学校、蚕业专门学校、民立大学等校任教。他对成都地方社会有深入观察，在日记中对军阀混战、物价行情、世俗人心、社会动态多有记载。他经常阅览各种报刊，对地方报刊的流弊洞若观火。如他 1929 年 12 月 4 日的日记中写道："《民力日报》被封，系中央来电，由城防部执行。近半年来，成都报纸记事与言论之趋向，不外两

---

① 吴虞著，中国革命博物馆整理：《吴虞日记》（下册），四川人民出版社 1986 年版，第 416、547、659、669、710 页。

种，一倒蒋，一记社会淫荡诸事。"至于报刊为何不愿记载"本省重大事件"，他一语道破："因编辑等皆为人所供养也。"这显然是他长期观察成都报刊新闻所得出的结论。报纸热衷于刊登各种奇闻异说，他在1930年7月30日通过摘录一则异闻予以证实："报记有男子由肛门生子，较平常略小。"对此，他评论道："言之凿凿，俨有其事，实则是无常识，以此自名为舆论代表，真可怜哉。成都新闻在旧有者方面，喜记神鬼等等，新出者方面喜记恋爱等事，但所记者大率十之七八皆是虚伪，以现社会能看报者概喜看恋爱一类事情，有时明知为虚报，亦言之有味，如《两角新闻》《新新新闻》即专在此方面造谣，以迎合此种心理，而当局者视之亦丝毫不过问，怪哉。"① 对于四川军阀内战，他也较为留意。如1932年10月16日，他在日记中记载："川战仍无停止希望，街面上多数印刷物，拾视之，其题曰：《为维护川局和平》。"对于民众的读报心态和言行，他也根据时局予以分析。如他在1933年4月9日的日记中写道："近日报纸所记内外消息都觉紧迫，而此间人之言论反多消极，盖被压迫之人应有如是现象耶。"② 此类结论，颇能体现他对时局和社会心理的洞察力。

　　陈元畅还偶尔剪报，对某些要闻予以特别重视。如1932年10月，四川内战正酣，成都人心大乱。他在当月22日剪贴《成都快报》的"紧急号外"，标题为"各团体代表昨日请愿结果，本市治安可保无虞"。③ 此类号外，大有安抚人心，吸引眼球之目的。值得注意的是，陈元畅在他最后一册日记中，集中剪贴了数则报刊新闻，尤其是成都本地报刊的号外，他特别留意保存。如他剪贴了1932年6月18日《醒民日报》上的一则本市新闻，标题为"仁厚街夜间有匪持刀劫行人"；1937年8月2日的《华西日报》"紧急号外"，标题为"我军前线大胜，对日提出最后通牒"；1938年7月7日《新闻夜报》

---

① 陈元畅：《陈元畅日记》，王建朗、马忠文主编：《近代史研究所藏稿钞本日记丛刊》（第七十四册），国家图书馆出版社2020年影印本，第365、366、437页。
② 陈元畅：《陈元畅日记》，王建朗、马忠文主编：《近代史研究所藏稿钞本日记丛刊》（第七十五册），国家图书馆出版社2020年影印本，第216、264页。
③ 陈元畅：《陈元畅日记》，王建朗、马忠文主编：《近代史研究所藏稿钞本日记丛刊》（第七十五册），国家图书馆出版社2020年影印本，第220页。

第三章　十年内战时期时局变动、新闻呈现与读者观感

为"紧急号外",在卢沟桥事变一周年纪念日,号外称"沿江我军大捷,今晨克复马当、彭泽,歼灭日军两个联队,七七的光荣胜利"。另外,他还剪贴了《四川日报》等报纸的号外。这些号外"每份铜元二百文",① 但上面的一些消息并不准确,有鼓吹和煽情之意。陈元畅在日记结束的空白页中,特别剪贴这些"号外新闻",以示对这些特别新闻的重视。

从日本法政大学毕业的余绍宋（字越园）则喜欢剪报,他在日记中剪存了不少有关自己的报刊新闻。余绍宋在民国初年曾任司法部次长,但1928年之后归隐杭州,以书画自娱,对地方志编撰、地方文化和慈善事业颇为关注。以他的阅历,在杭州购阅报刊应较为容易,但他多达数百万字的日记中很少记载报刊新闻,这自然与他的性情和偏好有关。然而,在余绍宋留存的日记中,偶有粘贴于日记中的报刊新闻,这些新闻大多与他自己相关。他剪下相关报道,从报刊上观察"自己",也借报刊来为自己"留名"。1931年9月18日,他在日记中写道:"上海筹募各省水灾急振会为余在《新闻报》登书画助赈启事如次。"之后,他剪贴了该报《越园先生书画助振启事》一文。报道称:"余越园先生前掌法曹,素精书画。鉴于今庚水灾奇重,愿写墨竹二书八十幅,以润资全数助振[赈]。……"② 此则启事虽属广而告之,但表彰了余绍宋的义举。三年后,余绍宋则对《东南日报》报道自己出游的新闻颇感兴味。他在1934年9月20日的日记中记道:"今日《东南日报》载余将出游,尚是实录,因为剪黏如次。"这则题为《余绍宋有京鲁平陕之行》的新闻,在副标题中称"漫游为摄取画材觅佳山水,以扩胸襟,斋中遍悬名拓,案头润笔成林,纸积如山"。③ 此文勾勒了余绍宋的兴趣爱好,颇为生动。作为地方史专家,余绍宋对地方文献报道也偶尔剪存。如他在1936年7月31日记载:"毛春翔有提要补正一篇,内有涉及衢州先正者如次。"④ 遂剪下毛氏所写《四库总目提要补正》一文,以资参证。

---

① 陈元畅:《陈元畅日记》,王建朗、马忠文主编:《近代史研究所藏稿钞本日记丛刊》（第七十七册）,国家图书馆出版社2020年影印本,第455—464页。
② 余绍宋:《余绍宋日记》（第六册）,北京图书馆出版社2003年影印本,第705页。
③ 余绍宋:《余绍宋日记》（第八册）,北京图书馆出版社2003年影印本,第88—89页。
④ 余绍宋:《余绍宋日记》（第九册）,北京图书馆出版社2003年影印本,第97页。

与上述学习人文社会科学的海归学者不同,竺可桢作为科学家,其阅读兴趣与胡适等人文学者有较大区别。他早年留学美国,1918 年便获得哈佛大学博士学位。1927 年之后,他长期任中央研究院气象研究所所长。作为气象学家和地理学家,竺可桢阅读范围极为广泛,如科学领域著名的国际期刊《自然》《科学》《美国科学月报》《耶鲁评论》《气象杂志》《大西洋》等,在国内报刊方面则经常阅读《大公报》《东南日报》《东方杂志》《文史杂志》和一些大学学报。尽管他担任了较多学术和行政职务,平时行政和社会事务极为繁忙,但他始终注意学习,关注国内外学术动态和时政问题。除了自己专业有关的书刊之外,历史、文学、哲学、社会学等学科的专业杂志他也经常翻阅。他平时阅读报刊,对科学和人文知识多有评论。尽管他早年的日记已遗失,但抗战前两年的日记得以存世。我们可以通过部分日记内容分析其报刊阅读活动。

竺可桢接受了良好的西方教育,习惯于阅读外文报刊。他的日记往往是中英文夹杂,有时随手以英文表述,并摘录英文报刊中的篇目和重要观点。如 1936 年 1 月 4 日,他阅《美国科学月报》中有关食物化学一文;1 月 8 日,他午后阅俄国《气象报》所载关于北平气象之历史;1 月 16 日,他"阅《纽约泰晤士报》杂志部有 Binyon 著《关于中国之美术》,谓中国之图画与西洋不同之处,在于中国绘画一笔直下,不做作,不许涂改"。1937 年 1 月 3 日,他阅《气象杂志》,"知美国加省大学 Scripps 之海洋研究所所长 Wayland Vaughan,即三年前余曾在其家住宿者,今年已告老,由脑威〔挪威〕人 Sverdrup 继任";3 月 8 日,他上午阅《哈佛大学同学会周刊》,"见 Lowell 文及若水所书数字"。① 竺可桢往往先用简短文字评述所读篇目,再根据需要摘录。其日记涉猎西方科学进展的内容较多,体现了他具有很高的学术眼光和科学素养。

竺可桢比较关注国内新书刊、新思想、新知识和时政要闻。1936 年 1 月

---

① 竺可桢著,樊洪业主编:《竺可桢全集》(第 6 卷),上海科技教育出版社 2005 年版,第 4、6、10、228、262 页。

2日，他读《申报》并记载："元旦'读书俱乐部'有一平著《民国二十四年出版界回顾》文，谓民二十四年全国出版的书，教科书重版书不在内，仅得新书二千二百六十一本，其中尚有大部头之古书十七种。"这表明当时的新书数量太少，他对此颇有感触。2月7日，他读《字林西报》，"载上月份我国在美大买军火，计值三百万金元，抵全美军火出（口）四分之三云"。2月9日，他读《大公报》，"载财部孔庸之告诫财部人员不得操纵公债，任意买卖"。6月13日，他读《东南日报》，"载西南之兵在湘境有后退之势，则中央军尚未接触，总尚有和平之希望"。10月22日，他阅报得知"鲁迅出殡送葬者六千人"。11月12日，他读《大公报》图书副刊并记载："英国牛津大学图书馆所藏中国文书中，有台湾民主国光绪廿一年八月所发股份票，当时日并台湾，黑旗军刘永福不服，举唐景崧为大总统，发公债以集款云。"① 这些新闻在内容上并无关联，但竺可桢认为较值得一记，能够反映其当日读报的重点内容。

对于国内学术期刊发表的论文，竺可桢凭借自己的专业知识加以摘录和分析。1936年10月8日，他见《地学季报》上盛叙功评晓峰《中国地理之统一性》一文，"抨击不遗余力"，"余亦以（为）此题目即出错，地理安能有统一性"。1937年3月9日，他"看《经世杂志》中褚一飞文，谓根据萧一山之考证，当时之戈登实有通太平天国之嫌疑"。② 作为科学家，竺可桢对人文、地理问题颇为关注。他对专业论文的学术观点进行辨析，体现了其一丝不苟的学术精神。

与博学多才的竺可桢相似，黄际遇是民国时期著名的数学家和文史学者，也是我国最早在东京高等师范学校专攻数学的留学生之一，又是学养深厚的骈文专家，曾同时在中山大学数学系和中文系开设课程，广受学生欢迎，传为佳话。其日记以文言文写就，文字古雅，讲究修辞，注重阐发，意境悠远，

---

① 竺可桢著，樊洪业主编：《竺可桢全集》（第6卷），上海科技教育出版社2005年版，第3、20、21、92、167、179页。

② 竺可桢著，樊洪业主编：《竺可桢全集》（第6卷），上海科技教育出版社2005年版，第157、263页。

极具哲理。由于潜心学术，偏好经史辞赋，黄际遇对报刊新闻记载较少，但对一些新闻事件仍较为留意，在读报后精心选择，简要陈述，并结合时局予以点评。

1930年之后，黄际遇在青岛大学和山东大学任教的6年间，应该有不少机会读报，但在他看来，读报是一种消遣。如他在初到青岛的1930年9月30日记载："卧读报章，叠得慧翰，遂入午梦。"至于所读何事，有何见闻，他略而不写。这大约与他对一般新闻的"不看重"有关。在离开青岛前夕，他在1936年2月4日写道："近日始复以钱得报阅之，阅之殊无可阅，不阅之不足以为报也。"① 这似乎表明他对购阅报刊有些无奈。在中山大学任教之后，他又在日记中表达了对报纸文章的轻视之意。他在1936年12月22日的日记中写道："某来函索予稿上报，立挥毫复之，告以所治者举属朴学家言，与报纸相去甚远。子亦不能见予文字于任何报上，严词拒之，并声明不再复。"② 这就更为直接地表达了他认为的报刊文章与学术论文之间的"区隔"。

黄际遇的读报记载亦较为简约。如1932年6月20日，他读头天出版的《大公报》，"载中央委员陈果夫所提改革教育方案"。对此，他没有抄录新闻，而是剪贴全文于当天的日记之中，并评论道："文法两科空疏糜蠹，固为世所诟病，然国人尤喜为因噎废食之谈、食今不化之论。陈果夫所为云云，亦见其不学之甚而已，斯人柄国，国事尚可问哉？"显然，他对陈果夫所谓的教育改革方案极为不满。但是，他对自己的教育咨询职责非常看重。1933年3月9日，他授课后见《大公报》上刊发"教育部函聘数学物理专家于四月一日至六日举行讨论会事"。此事与他相关。当天，他接到3月4日教育部发来的聘函，主要内容为"讨论天文数理译名，及大学课程标准、中学物理仪器设备最低标准与自制问题，外如大、中学课本参考书编著办法"。收到聘书后，他"即复函应聘，并预拟提案"，当日便列出两条提案。因报纸新闻涉及

---

① 黄际遇著，黄小安、何荫坤编注：《黄际遇日记类编·国立山东大学时期》，中山大学出版社2020年版，第53、406页。
② 黄际遇著，黄小安、何荫坤编注：《黄际遇日记类编·国立中山大学时期》，中山大学出版社2019年版，第88页。

自身的工作，他不厌其烦地加以说明，对这一聘任颇为看重。至于好友黄侃去世的消息，他自然要提及报纸新闻。他在1935年10月12日记载："十日《大公报》载季刚（黄侃）逝世专电。中大教授黄侃，八日晚逝世，享年五十。泽丞特诣公室相告，予方治公，未及阅报也。闻讯为之泫然。"① 泽丞（游国恩）转述《大公报》的消息，讣闻也就成为新闻。

对于有创见的报刊，黄际遇读后予以特别关注。如1933年3月26日，他阅《新月》第4卷第6期后，"觉得崭新旗鼓，有根本摇动之状"。足见他对这份杂志颇为赞赏，喜欢古典诗词的他对新诗运动甚有好感。对于读报偶尔发现的佳文，他便精心收藏。如他在1933年11月30日记载："昨日《大公报》有海门凌宴池《清墨说略》一篇，别存稿。"② 他对凌宴池的作品颇有好感，偶然在报纸上发现其佳作，予以特别重视。

1936年3月，黄际遇到中山大学任教。此后半年间，他很少有读报记载。至1936年12月，他对日寇侵略青岛的相关报道颇为留意。7日，他记载："三日来报倭犯青岛，陆战队登陆者逾千人，检讯行人，有被捕者。五日晨突驰李村水源，冀握全市饮水嗌喉。夜市早闭，沧口居民迁者甚多。"他在青岛生活六年，对此报道颇为悲愤，感叹道："鲁以相忍为国久矣。实逼处此，视如囊中。"四天后，报纸又报道："青岛大学十日晨七时半突遭日陆战队到校包围校舍，强行搜查历四十余分钟，结果未捕人，但搜去某种书数十册。"他哀叹："鲁难未已也。"③ 但是，除了"鲁难"之外，黄际遇很少提及其他新闻。

从总体上看，在学术分科化和专业化的背景下，学者们由于专业领域的差异，对报刊的自主性选择与他们的学术兴趣和爱好有直接的关联。对他们而言，获取专业知识比阅读新闻更为重要。因此，专业书刊和文艺刊物在他

---

① 黄际遇著，黄小安、何荫坤编注：《黄际遇日记类编·国立山东大学时期》，中山大学出版社2020年版，第11、101、102、360页。
② 黄际遇著，黄小安、何荫坤编注：《黄际遇日记类编·国立山东大学时期》，中山大学出版社2020年版，第106、182页。
③ 黄际遇著，黄小安、何荫坤编注：《黄际遇日记类编·国立中山大学时期》，中山大学出版社2019年版，第80、82页。

们的日常阅读中占有一定地位,尤其是杂志的专业知识和观念性知识对他们的阅读生活有更为深入的影响。随着报纸的广泛传播,他们未必刻意在日记中记载所读新闻,或者说,他们在日记文本中呈现的阅读内容有一定选择性。相对于普通民众而言,学者们有较多的机会阅读报纸,尤其是大学图书馆为他们提供了阅读上的便利,但在阅读与记忆之间,不少学者偏重于对书籍知识的理解和思考,将报纸新闻视为"知悉型信息"而疏于记录。不过,对于重大时政问题或突发事件,学者们对报纸上的新闻报道仍然较为关注,并加以评论。这说明,一些学者的读报记忆具有整体上的事件倾向,他们的新闻记录在很大程度上体现出时政要闻的传播力,并反映了其爱国情怀和忧患意识。

第五节 作家、艺术家的文艺报刊阅读与感想

民国时期,文艺报刊得到了快速发展,尤其是大量作家汇集上海,使之成为文艺报刊的出版中心。作家们在创办文艺报刊的过程中,往往与出版商、发行人、读者、文艺界人士有极为广泛的交往。如鲁迅由于学生李小峰创办北新书局,经常委托他出版书刊,也常常收到他寄来的书刊和稿费。一些左翼作家在办刊过程中,也会向鲁迅求教并请求惠寄稿件,还经常给鲁迅邮寄他们创办的刊物。作家胡风回忆:"(《海燕》)印了两千册,出版当天就在上海本埠被抢买光了。鲁迅也很高兴,当即约有关的人们在馆子里吃了一次饭。……高兴地决定了第二期的稿子。鲁迅又给了《"题未定"草》两篇。"① 作家群体不仅热衷于创办刊物以形成阵线,还将刊物作为交往的媒介,与作者、读者与社会各界建立广泛的社会联系。如徐志摩喜欢阅读《创造》,但难以购阅,便于1923年4月写信向成仿吾求助:"《创造》此地颇不易买到,能再寄我两份否?至感。"② 作家丁玲写的中篇小说《韦护》1929年末在

---

① 胡风:《胡风回忆录》,人民文学出版社1993年版,第52页。
② 徐志摩:《致成仿吾》,《志摩的书信日记》,北方文艺出版社2017年版,第67页。

《小说月报》上发表,她对该刊颇有好感。她在1931年刚负责《北斗》的编辑工作时,便借鉴《小说月报》的做法,"希望《北斗》能登载几张像《小说月报》有过的那种插图"。① 可以说,作家的办刊与读刊活动有广泛的联系。

鲁迅是左翼作家的旗手,他与文艺界人士有极为广泛的交往,仅《鲁迅书信集》和《鲁迅日记》中谈及的相关文艺界友人至少有二百余人。在书信中,鲁迅经常会谈及收阅书刊的情况,有时还会对某些文艺刊物发表自己的看法。1927年1月18日,鲁迅抵达广州,应邀赴中山大学任教,26日,他写信给在北京的韦素园,谈及广州的书刊市场:"本地出版物,是类乎宣传品者居多;别处出版者,《现代评论》倒是寄卖处很多。北新刊物也常见,惟未名社者不甚容易见面。闻创造社中人说,《莽原》每期约可销四十本。最风行的是《幻洲》,每期可销六百余。"② 同年9月,鲁迅离开广州,到达上海,与文艺界、出版界人士联系甚为广泛,对文艺刊物也甚为关注。鲁迅在日记中记录较多的是收阅李小峰寄来的各种杂志和稿费,如《语丝》《北新》等。另外,他还收到《新潮》《文学季刊》《萌芽》《词学季刊》和东京的《东方学报》等。鲁迅是《语丝》《萌芽》的核心作者和领导者,他经常将这两份刊物寄给外地的亲友。如1930年2月11日,他写信给好友许寿裳说:"午后寄上《萌芽》及《语丝》共一包,现在一想,《语丝》似乎弄错了,不知是否?其中恐怕每期只一本,且有和先前重出的罢。重出者请弃去,毋须寄还。"③ 3月21日,他写信给章庭谦说:"《萌芽》三本,已于前几日寄上。"④

当然,作为一代文豪,鲁迅经常收到各地寄来的书刊,尤其是文艺刊物较多。如1932年4月23日,他在信中谈及,收到曹靖华寄来的杂志两本,《文学报》数张;⑤ 1933年3月11日,他收到台静农寄来的《晨报》一

---

① 丁玲著,李辉主编:《丁玲自述》,大象出版社2006年,第41、64页。
② 鲁迅:《致韦素园》,《鲁迅书信集》(上卷),人民文学出版社1976年版,第126页。
③ 鲁迅:《致许寿裳》,《鲁迅书信集》(上卷),人民文学出版社1976年版,第245页。
④ 鲁迅:《致章庭谦》,《鲁迅书信集》(上卷),人民文学出版社1976年版,第248页。
⑤ 鲁迅:《致曹靖华》,《鲁迅书信集》(上卷),人民文学出版社1976年版,第302页。

张;① 1935年4月10日，他写信给曹聚仁说："《芒种》三期也读过了，我觉得这回比第二期活泼些。广收外稿，可以打破单调，是很好的，但看稿却是苦事。"② 另外，鲁迅还就一些新闻报道与报刊编辑通信，表达自己的意见。如1933年8月1日，他写信给《科学新闻》的编辑说："今天看见《科学新闻》第三号，茅盾被捕的消息，是不确的，他虽然已被编入该杀的名单中，但现在还没有事。这消息，最初载在《微言》中，这是一种匿名的叭儿所办，专造谣言的刊物，未有事时造谣，倘有人真的被捕被杀的时候，它们倒一声不响了。而这种造谣，也带着淆乱事实的作用。不明真相的人，是很容易被骗的。"③ 此类通信，其实不仅是鲁迅与编辑个人交流，也表达了他对《科学新闻》刊登"不确消息"的态度。鲁迅对于报纸上有关自己的虚假报道，也颇为不满。他1934年11月5日写信给萧军说："我也听说东三省的报上，说我生了脑膜炎，医生叫我十年不要写作。其实如果生了脑膜炎，十中九死，即不死，也大抵成为白痴，虽生犹死了。这信息是从上海去的，完全是上海的所谓'文学家'造出来的谣言。"④ 此外，鲁迅还就《申报》《立报》《时事新报》等报刊的言论发表自己的观点。在与友人的通信中，报刊是他经常谈及的话题。通过报刊，他不仅扩大了自己的交往网络，也提高了他在文艺青年和广大读者中的影响。

由于鲁迅大力倡导革命文学，其文章受到国民党当局的审查，一些报刊迫于政治压力，不敢刊登鲁迅的文章。如《申报·自由谈》原来经常向鲁迅约稿，但在1933年11月，鲁迅早已不在该报发表文字了。他在写给姚克的信中说："《申报》上文章已见过，但也许经过删节的罢。近来报章文字，不宜切实，我的投稿，久不能登了。"⑤ 鲁迅对一些报刊的态度有着深刻的认识，他对友人刘炜明说："中国的事情，说起来真是一言难尽。从明年起，我想不

---

① 鲁迅：《致台静农》，《鲁迅书信集》（上卷），人民文学出版社1976年版，第361页。
② 鲁迅：《致曹聚仁》，《鲁迅书信集》（下卷），人民文学出版社1976年版，第795页。
③ 鲁迅：《致编辑先生》，《鲁迅书信集》（下卷），人民文学出版社1976年版，第1057页。
④ 鲁迅：《致萧军》，《鲁迅书信集》（下卷），人民文学出版社1976年版，第657页。
⑤ 鲁迅：《致姚克》，《鲁迅书信集》（上卷），人民文学出版社1976年版，第443页。

第三章 十年内战时期时局变动、新闻呈现与读者观感

再在期刊上投稿了。上半年曾在《自由谈》(《申报》)上作文,后来编辑换掉了,便不再投稿;改寄《动向》(《中华日报》),而这副刊明年一月一日起就停刊。大约凡是主张改革的文章,现在几乎不能发表,甚至于还带累刊物。所以在日报上,我已经没有发表的地方。至于期刊,我给写稿的是《文学》《太白》《读书生活》《漫画生活》等,有时用真名,有时用公汗,但这些刊物,就是常受压迫的刊物,能出到几期,很说不定的。出版的那几本,也大抵被删削得不成样子。"① 因担心报刊编辑受到连累,一些约稿也被他拒绝了。如《立报》编辑谢六逸向他约稿,他便在 1935 年 10 月 4 日回信说:"《立报》见过,以为很好。但自己因为先前在日报上投稿,弄出许多无聊事,所以从去年起,就不再弄笔了。乞谅为幸。"② 从鲁迅谈及给报刊投稿的经历看,他阅读报刊的范围极为广泛,尽管遭受了种种审查,他仍然设法在各种刊物发表文章。

诗人柳亚子也是文艺界极为活跃的人物,但他在抗战前留存的日记很少,仅有 1927 年 5 月至 1928 年 4 月避居日本期间所记的《乘桴日记》,且记载简略。他对所读的报刊,仅提及名称。如 1927 年 8 月 31 日,他"杂阅《莽原》《北新》《白露》《狂飙》各定期刊物及《文字同盟》杂志《王国维专号》"。③ 之后数月,他在日本阅览了大量国内尤其是上海出版的报刊,其中多为杂志,包括《小说画报》《幻洲半月刊》《创造月刊》《国闻周报》《真美善》《现代评论》《文学周报》《语丝》《新女性》《小说月报》《少年杂志》《儿童世界》《太阳月刊》等。④ 不过,他几乎不记载所阅读报刊的具体内容,更不表达自己的态度和观点。但此类"点名"的方式,说明他涉猎报刊的范围较广。

尽管柳亚子在日记中对报刊简约记载,但在写给亲友的书信中,他较为深入地展现了自己的报刊阅读经历及感受。对他而言,书信不仅是情感交流

---

① 鲁迅:《致刘炜明》,《鲁迅书信集》(下卷),人民文学出版社 1976 年版,第 713 页。
② 鲁迅:《致谢六逸》,《鲁迅书信集》(下卷),人民文学出版社 1976 年版,第 890 页。
③ 柳亚子著,柳无忌、柳无非编:《柳亚子日记》,上海人民出版社 2015 年版,第 13 页。
④ 柳亚子著,柳无忌、柳无非编:《柳亚子日记》,上海人民出版社 2015 年版,第 13—36 页。

的方式，也是他对自我、他者和社会的观察方式。尤其是报刊新闻涉及的内容，往往可以拉近他与亲友的距离，成为一种谈资，影响他的日常生活和精神世界。如1928年8月13日，他在写给子女的信中提及："报上造谣言，说我跟老蒋到申，你们看见了，会相信吗？"① 显然，他对此类虚假报道颇为不满。1930—1932年，他与好友姜长林经常通信，信中多次谈及阅读感受。如1931年7月24日，他在信中对姜长林说："《社会日报》已见过，朱凤蔚是从前南社中的朋友，已有好多年不通消息了。他说我患'心疾'，被人家监护起来，真是其妙不可以酱油，哈哈！"可见，柳亚子对朱凤蔚在《社会日报》上对他的攻击颇为不屑。8月17日，他又在信中提及此事："《社会日报》说我是'心疾'，心疾者，神经错乱之谓；我正苦于神经的不能完全错乱，还有几分明白，奈何！"② 此类借题发挥的倾诉，说明两人之间的关系极为密切，也表明柳亚子非常注重报纸上的"自我"，爱惜自己的声誉。

　　柳亚子还经常与姜长林相互寄阅和推荐报刊，为对方提供阅读机会和查阅线索，并交流阅读心得。如1931年9月2日，他在信中问及："昨天寄上《文学杂志》两本，到吗？请批评一下。"10月28日，柳亚子在信中推荐了两本刊物，他说："《文艺新闻》是一种很好的刊物，不可不看。我想你最好劝健兄定一份全年的，那你也可向他随时借阅了。还有新生命书局出版的《社会与教育》，比较的也还有价值，健兄处有吗？"此类举荐，颇有吸引力。此外，对于读过的重要新闻，他也会在信中直抒胸臆。如11月8日，他对姜长林说："今天看见《申报》上'马占山部击退日军'，极快活，但不知明日如何耳。"至于自己急需阅读的报刊，他便直接找姜长林帮忙。如1932年6月14日，他在信中问道："《南社诗话》是什么人做的，我完全不知道，因为我没有看见过《中华日报》的《小贡献》。现在，请你把关于这一件事情的《小贡献》找来给我看一看，千万千万！！！"四天后，他回复姜长林："《小贡

---

① 柳亚子：《致柳无非　柳无垢》（1928年8月13日），柳亚子文集编辑委员会主编、上海图书馆编：《柳亚子文集　书信辑录》，上海人民出版社1985年版，第101页。

② 柳亚子：《致姜长林》（1931年7月24日、8月17日），柳亚子文集编辑委员会主编、上海图书馆编：《柳亚子文集　书信辑录》，上海人民出版社1985年版，第129页。

第三章 十年内战时期时局变动、新闻呈现与读者观感

献》已收到了。所谓《南社诗话》者,和我并无关系。……我那儿没有《中华日报》,你倘然看见上面登载《南社诗话》的话,请你随时剪下来,将来寄给我,好吗?"7月27日,他告知姜长林:"《中华夜报》廿二至廿四收到了。……《文学月报》我认为是很值得一看的。"① 这些看似琐屑的记载,不仅是两人友谊的见证,也表明报刊对两人的阅读生活有深刻的影响。

柳亚子交游甚广,他与林语堂早就相识。林语堂于1932年之后在上海创办《论语》《人间世》《宇宙风》等杂志,柳亚子是这些刊物的长期读者。他在1934年9月16日写信给林语堂,请求对方惠寄杂志:"弟处尚少《人间世》第一期至第五期各两册,又第八期两册务恳设法补惠,俾成完璧,不胜感谢之至。《论语》合订本如能并惠一部,尤所感盼。"② 言语之中,体现了柳亚子对《人间世》《论语》的喜爱之情。另外,柳亚子还常将杂志借给友人阅读。如他在1936年4月18日写给吉里的信中,谈及昔日爱国学社的情形:"《童子世界》虽然是由我借给你的,但看到你钞录的爱国学社主人翁的名单,却使我悯然不胜今昔之感。"③ 此类由此及彼的联想,是由报刊媒介引发的。在柳亚子的生活世界中,书信与报刊相互渗透,成为他阅读生涯的见证。

音乐家聂耳也对文艺活动和进步文艺报刊非常关注。他1928年就加入了中国共青团。1930年7月,他从云南第一师范毕业,来到上海后,先在云丰申庄从事杂役性的工作,收入低微。在上海期间,他勤于学习,并保持写日记的习惯。他在极为艰苦的环境中坚持阅读各种书报,了解时政要闻,追求思想进步。如他在1930年8月3日写道:"无事不出街,看报,看地图";8日晚,他阅《英语周刊》;9日,他"买了两本《环球》";18日,他从友人

---

① 柳亚子:《致姜长林》(1931年9月2日、10月28日、11月8日,1932年6月14日、6月18日、7月27日),柳亚子文集编辑委员会主编、上海图书馆编:《柳亚子文集 书信辑录》,上海人民出版社1985年版,第131、134、136、145、146、149页。
② 柳亚子:《致林语堂》(1934年9月16日),柳亚子文集编辑委员会主编、上海图书馆编:《柳亚子文集 书信辑录》,上海人民出版社1985年版,第154页。
③ 柳亚子:《致吉里》(1936年4月18日),柳亚子文集编辑委员会主编、上海图书馆编:《柳亚子文集 书信辑录》,上海人民出版社1985年版,第160页。

处借得《拓荒者》杂志。① 他忙于生计，但始终不忘读书看报。11月10日，他走过四马路，"看见夺目的《读书月刊》摆满光华书局的橱窗里"，他在日记中感叹道："看了《读书月刊》以后的一个总的感觉是兴奋和激起我的读书欲和创作欲。我希望着它更充实起来，毫无畏缩地表示出我们的精神和态度，成为中国新兴文化运动惟一的导师。"② 他的语气虽颇为夸张，但反映出他对这份杂志的偏爱。

至1931年，聂耳所阅报刊的范围更广。2月24日，他阅《申报》并记载："英国有一位著名的医士，宣言人们常说工作过度足以伤身，其实没有这回事，致命之伤在多忧多虑。"他特地摘录这段话，就是要在"日常生活里都尽量地避去无谓的忧虑"。3月6日，他购《良友》五十四期；19日，柯达公司送了他一本《柯达》杂志；21日，他"寄了一些《申报》给庚"。③ 彼时，聂耳遭受失业的威胁，生活艰难，但他对报刊如饥似渴。

1932年4月，聂耳由田汉介绍加入左翼剧联及其剧评小组，思想上受到田汉的影响。此后，他经常阅读《电影时报》《电影艺术》之类的专业杂志，并向这些杂志投稿。如他在6月16日记载："金焰在《电影时报》发表一篇《献在爱好我的观众之前》。他大发其牢骚，说明他对时代的认识。不过他个人的力量太薄弱，现在不免是尽一'电影戏子'的责任。他指出中国电影必要走的而且是惟一的出路，只有赶快打消对帝国主义、资产阶级的幻想，集中起力量来打倒帝国主义。他的态度表示得很明显。"金焰是当时的著名演员，二人是上海联华影业公司的同事，都从事左翼活动，但他批评了金焰思想上的局限性。另外，他还关注报纸上的电影专栏。8月20日，他在何宏远屋看《时事新报》，"有电影栏，全是过去《电影时报》的撰稿人尘无、声人、水草，不知他们是如何的变动？有王人美拍《都会的早晨》消息"。④ 此类记载，说明他对电影界的动态颇为留意。

---

① 聂耳著，李辉主编：《聂耳日记》，大象出版社2004年版，第94、95、96、97页。
② 聂耳著，李辉主编：《聂耳日记》，大象出版社2004年版，第104页。
③ 聂耳著，李辉主编：《聂耳日记》，大象出版社2004年版，第121、127、134页。
④ 聂耳著，李辉主编：《聂耳日记》，大象出版社2004年版，第319、352页。

第三章 十年内战时期时局变动、新闻呈现与读者观感

1932年9月1日,聂耳在北平读朋友带来的《世界日报》,得知上海方面形势更严重的消息:"日军在沪西示威,日舰集中黄浦江,向市府提出禁止报纸上反日言论和一切抗日运动。市民以为将再演第二次沪战,所以近来满城风雨,马路上只见搬家的人。最近还有日人组织的和'血魂除奸团'等对称的团体大肆捣乱,空气异常紧张。"彼时,聂耳已是共产党员,他对民族和国家的命运更为关注,阅读的范围也更为广泛。1935年4月,聂耳离开上海,拟途经日本赴欧洲和苏联考察、学习。在日本期间,他仍然关注时局。7月16日,他看《朝日新闻》并记载:"日本又检举共党,他们过去和中国发生联系,现在是通过美国而和国际党发生关系。"① 第二天,他在游泳时不幸溺水身亡,年仅23岁。聂耳自1930年之后的五年间,通过阅读报刊关注时政,身系国家和民族安危,体现出一个进步艺术家的态度和情怀。

与聂耳相似,作家蒲风也是一名具有强烈现实关怀精神和革命斗志的文艺战士。1931年,蒲风从南洋返回上海,在中国公学大学部文史系学习。他此前已有较为丰富的办报经验,回国之后,经常给各地的报刊投稿。在与朋友的书信往来中,他对诗歌、文艺作品的讨论较多。此后的数年中,蒲风日记中有大量的读报记录。他阅读的报刊来源甚广,包括从朋友、同学处借阅的杂志,其作品发表后收到大量的样刊和赠刊,以及自己购买的报刊等。其中,他收阅最多的还是文艺报刊。如当年1月4日,他的好友李远湖带来了《红叶周刊》,他读后摘录了"一碗饭牺牲一条命"的新闻:"周家人口众多……步庆只因多吃一碗饭,竟被其母责备,后步庆感着重大刺激,晚间乘人入睡之际,悬梁自杀。噫!惨矣!"此类反映穷苦人命运的新闻,引发了他的极大同情。彼时,"因穷而自杀,因经济破产而自杀,频见于报端"。1月7日,他描述了上海街头"报贩乘大报未出版之机会,带了好几种小报和一种类似大报的'新年新闻'来售卖",他"翻开一看,并没有什么新闻,似乎通通都是各大报在元旦号登载过的消息"。此类现象,对了解当时上海报刊市场颇有助益。之后数天,他阅读了不少刊物。如1月8日,他读《中国新书月

---

① 聂耳著,李辉主编:《聂耳日记》,大象出版社2004年版,第358、459页。

报》创刊号，摘录关于书本的西哲名言，"取其各言之近于一类者汇之，成为一篇颇有可观的论文"。1月12日，他读《现代学生》第三期，认为"有好几篇文章确是不错。如胡适的《为什么读书》的演词；章衣萍的《作文与读书》；朱伯康的《现代学生生活的观察及其改进》（征文）；陈以德的《现代学生的责任》（征文）等"。1月15日，他收到《小说月报》十月号，"在末一篇现代文坛杂话里头，看见有一段美国普罗文学作家之论战的记载，内有哥尔德的说话，似乎颇能鼓励一般新进作家的勇气般的"。至1月31日，他才看完《小说月报》第十号，并摘录"《艺术的起源》一篇"。①

此后的两个月，蒲风很少记载阅读报刊活动。1931年4—7月，他又阅读《文艺月刊》《生活》《社会与教育》《现代学生》等刊物，并记载了其中一些有趣的内容。如4月29日，他看完《文艺月刊》第二卷第三号后记道："内有一篇剧本，叫做《不变的恋人》的，写一般女子对于爱情之刻板，颇有独到之处。"② 此类评述，颇能体现蒲风对文艺期刊阅读的真实感受。

之后数年，蒲风的日记散失，直至1937年1月后，他的日记中又出现一些有关阅读报刊的记载。1月9日，他读完《现世界》第一卷第十期并评论道："这一期是特大号，其中有几篇是外人之论各国对我国的关系的，很有意义。依现今所有的刊物说来，《现世界》确是不凡的东西呀。"4月6日，他读厦门的《新地》并记载："有鲁迅夫人的文章。其他方面也颇动人，是难得的刊物。"4月7日，他的好友萧桐英"拟代售大批《生活》，因为学生读过后很感兴趣云。凑巧杨君寄来了百余册《生活》，已嘱友人代行交上二十册给他了"。③ 这从一个侧面反映了《生活》在学生群体中的受欢迎程度。之后，

---

① 蒲风著，李文儒编：《蒲风日记》，山西教育出版社1997年版，第7、8、10、11、17—18、22页。
② 蒲风著，李文儒编：《蒲风日记》，山西教育出版社1997年版，第47页。
③ 蒲风著，李文儒编：《蒲风日记》，山西教育出版社1997年版，第99、149、150页。1939年3月20日，作家高敏夫从《大公报》和《火线通讯》第三期上得知诗人蒲风于1938年10月在广州失陷时殉难的消息后，颇为伤感地写道："他是近年来中国文坛上诗歌方面最努力的人。1934年春，我在北平，他在上海和穆木天等主持的中国诗歌会工作，我们曾通过几次信，得到他赠寄的处女作《茫茫夜》。"参见高敏夫著，申春编：《高敏夫战地日记》，中国文史出版社1988年版，第134页。但是，蒲风于1942年6月18日在安徽省天长县逝世，说明《大公报》《火线通讯》的报道有误。

蒲风还阅读了《海风》《广州诗坛》等杂志。

总体而言，鲁迅、柳亚子、聂耳、蒲风等进步作家、艺术家在抗战前数年对文艺报刊颇为关注。他们一方面积极从事文艺创作，通过文艺刊物联络同志，借助社团推动进步报刊的发展；另一方面，他们又是文艺报刊的积极推广者和热心读者，通过交往网络借阅、订阅和赠阅大量报刊。同时，他们关注时局，发表言论，在日记中记载和评论报刊文章，提出自己的文艺主张，记录自己的阅读心得。这些丰富多样的阅读报刊记录，可以从多方面反映他们的思想轨迹、生活历程和价值观念。

第六节　小学教师的读报活动与思想历程

高级知识分子大多在大学、文化机构或其他学术机构工作，他们在十年内战时期的读报条件相对较好，私人订阅报刊也较为方便。但是，对于小学教师群体而言，他们收入低微，教学任务繁重，他们的读报活动由此呈现为另外一番景象。彼时，随着交通条件的改善、报刊发行网络的延伸和公共阅读机构的发展，不少小学教师有了较多的机会阅览报刊。他们的读报活动与其经历、职业和交往网络等方面有较大的关联。我们以乔秋远、朱鄂基、张泰荣、郝星久、罗尔纲等人为例，探讨这一群体的读报活动与思想历程。

乔秋远，本名乔周冕，笔名冠生、秋远，1909年出生，祖籍河南省偃师县夹沟乡。1930年，他考入河南省立第一师范专科学校学习；1933年毕业后留师范附小教书；1936年7月，到北平自修一年，准备考北大，于卢沟桥事变后进入开封《河南民国日报》；1938年4月，以战地记者的身份到徐州会战前线采访，并以"冠生"为笔名发出多篇战场报道；1938年年底，到延安，更名"秋远"，先在鲁艺学习，后以国际新闻社特派记者、华北通讯站主任的身份，在山西、陕北两地报道中共抗日根据地实情；1942年，调任《新华日报》华北版，新华社华北分社，任编辑；1942年5月牺牲。从乔秋远的简历来看，他在师范毕业后有三年多的时间在小学任教，而他留存的日记，始于 1934 年，终于 1937 年。在这段时间里，他主要是以一位小学教师的身份进行自我呈现。

乔秋远作为师范生在开封任教，教学任务繁重，收入低微，但他注意订阅报刊，常摘录和剪存新闻，勤于思考。他的日记中有大量读报、剪报和抄报记录，"饭后阅报"是他的生活习惯。此外，他还通过向报刊投稿提高写作能力。他在 1934 年 2 月 25 日记载："晚上摘录新闻罢，又改笔记。" 2 月 27 日，他读《新亚细亚》上面的一篇《西康图经》，并记载："此篇关于西康番族的戏剧、语言文字、民俗记载，颇有新史料之可研究，尤其是语言、文字二节最好。"他读此类杂志，将它们作为学习的材料，颇能启发思想。3 月 24 日晚上，他"整理所剪报纸"。之后，他在日记中多次提及剪报和抄报活动。4 月 7 日，他读陶行知主编的《生活教育》杂志，颇受启发。他记载："在《生活教育》第二期上，有'思想的母亲'一短篇，他说，杜威所说的思想的步骤：（一）感觉困难；（二）审定困难之所在；（三）设法解决；（四）在许多方法中选择最有效率地去尝试；（五）屡试屡验后再下断语。"他读后评论道："这五种步骤，思想的过程是一个单极电路，通不出电流来。他没有提及思想的母亲——行动。路走不通才有困难。走不通而又不觉得困难是庸人；连脚都不动而心理造出千万困难，这是妄人；走不通发现困难，便想出种种方法解决困难，不到解决不止，这是科学家。于是，整个科学的生活之过程，应当是：行动生困难，困难生疑问，疑问生假设，假设生试验，试验生断语，断语又生行动。如此演进无穷。若是懒得动手去做，哪里会有正确的思想呢？"[①] 此段评论较为通俗地阐释了杜威的实证主义思想，体现出乔秋远独立思考的精神。

1935 年，乔秋远进一步扩大他的阅读范围。2 月 10 日，他到开封的书店街买了两期《世界知识》。2 月 17 日下午，他到北新书局，"又买了数份《申报画刊》，搜集各地民情风俗照片，以备授地理时应用"。7 月 11 日，报纸报

[①] 乔秋远著，乔海燕注：《于暗夜中找寻微光：乔秋远日记·家信集》，新华出版社 2017 年版，第 21、22、37、45 页。

道伊洛水涨,他关注老家的灾情。当天,他看了《国闻周报》,特地指出其中《日本关东军的华北政策》一篇"颇好"。他评论道:"读之可知吾国现处在极端危险时期。河北事件解决,日本将进而为经济侵略,将以善政诱惑中国民族,以经济势力吞并华北。"从文字中可以看出,他对日军侵略行径颇为警觉。至11月22日,他阅报后异常苦闷,指出:"国难以来,人民隐愤所期待者,我政府之决心。九一八以来,我政府之屡次退让、讲和。民气递受懊丧,敢怒而不敢言。爱国之士热血已凉,四万万民众总有为国效死之决心,亦之徒唤奈何耳!"① 言辞之间,表达了他对当局妥协的不满,以及对国家危难的不安。

1936年8月后,乔秋远来到北平,积极备考北京大学。当时,他生活困窘,无力购报。当月23日,他写道:"卖报的来了,很想买份晨报看,但是一问廿二枚,想到廿二枚可以买七个馒头,困苦时可以度过两顿饥饿。我这一个月住十一块钱的公寓,好像不允许我再多花钱。"此种想购报而不得的境况,令他甚为苦闷。但是,报刊是维系他精神生活的重要资源,他仍然在困苦中设法加以购阅。10月8日的日记便记载了他购买杂志的经历:"同赵德超在东安市场买杂志《文学界》一卷四号、《文季月刊》十月号及《现世界》第四期。"② 然而,他难以经常购阅日报,此类偶尔购阅的记载,颇有强调的意味。

1937年,乔秋远继续在北平复习备考,除了到北京大学图书馆读《西风》《世界日报》《华北日报》等报刊,为了强化英语,他坚持读英文报。如他在1月15日记录:"看英文报一点钟。以后要每日阅读,当对于英文进步有很大帮助。"此外,他对革命形势与革命思想有了一定认知,坚持从报刊上不断获取新的知识,其思想观念也发生了转变。1月25日,他读《世界日报》明珠版,认真研读了一篇名为《论革命》的文章。他读后写道:"佩服列宁的伟大,是因为他原谅高尔基不参加政党,孙中山那慈祥、坚毅的气概

---

① 乔秋远著,乔海燕注:《于暗夜中找寻微光:乔秋远日记·家信集》,新华出版社2017年版,第57、61、77、106页。
② 乔秋远著,乔海燕注:《于暗夜中找寻微光:乔秋远日记·家信集》,新华出版社2017年版,第118、143页。

代表了中国人的精神……现在有些人什么事情也不干，帽子歪戴着，好像连破袜子也不以为臭的样子，凡事不肯想半想，每天只忙着给人家送封条封住人家的嘴，自己认为自己是普罗革命家，好像一'普罗'就摇身一变，而成为伟大……我觉得很小。"此番议论表达了他对空谈家的不屑，对革命行动颇为向往。两天后，他读报得知"陕甘局势趋乐观"。当天，《北平新报》登载新闻云："上海文艺界从鲁迅死后，现在茅盾和郭沫若有领袖之争。"他读后认为是谣言，在他看来，"郭、沈二位也决不会是那样浅薄的"。他对革命文艺的兴趣，也从他的论调中得以体现。3月1日，他看到《大公报》登载一篇记者"长江"写的西北游记，记载了范长江在陕变以后，"为要明了事发真相，冒险从宁夏到兰州，又到西安"。他对范长江表达由衷的赞叹："那种为事业服务的精神，真觉得可敬佩。"① 之后，成为一名战地记者是他的理想和追求。1938年，他弃教从戎，奔赴抗日前线，撰写了大量战事新闻。后来他又奔赴延安，成为一名革命战士，采写了大量的新闻和通讯，大力宣传和报道中共抗日活动。

乔秋远三年多的读报活动，与当时高级知识分子的经历有较大的区别。作为一名有志青年，他同时也是一名边缘知识分子。他一方面在小学努力教学，另一方面又对自己的未来颇感迷茫。阅读报刊成为他寻求精神解放并与外界建立联系的重要方式。报刊不仅提供了丰富的新闻和知识，更为他提供了思想资源和精神动力。他希望自己成为一个有作为、有理想的人，但现实又很无奈，尤其是在京应考北京大学失败后，报刊提供的革命道理激发了他的革命热情。乔秋远最终选择当一名战地记者，与他平时从读报活动中获得的知识和观点有一定的关联。

与乔秋远相比，同为小学教师的朱鄂基出身官宦之家，生存境遇大不相同，其祖父、父亲均为进士出身。他从小受到良好的传统教育，又积极学习新学，曾在浙江高等学堂简易师范科学习。1928年，朱鄂生年届48岁，他在

---

① 乔秋远著，乔海燕注：《于暗夜中找寻微光：乔秋远日记·家信集》，新华出版社2017年版，第190、196、197、199、216页。

余姚当地已是有一定声望的人物。之后数年，他一直担任实获小学校董，热心家族和地方教育事业。作为宗族知事，他积极参与家族事务，举凡祭礼修墓、续修宗谱、收租纳粮、民国时期的浙江"二五减租"等，事无巨细，皆亲力亲为。① 作为新旧兼顾的乡村知识分子，朱鄂基一直坚持阅读经史典籍，涉猎范围极广，同时也留心各种人文社科著作，读书、购书、读报、写信、投稿成为他日常生活的重要内容。早在1901年，朱鄂基便阅读《申报》等报刊，养成了读报的习惯。1928年之后的4年，正值盛年的朱鄂基阅读报刊的范围更为广泛，他订阅的报刊有《申报》《新闻报》《时事公报》《甬报》《国闻周报》《宁波时事公报》《姚报》《东方杂志》《国粹学报》等。他注重对旧报刊的回收利用。如1930年3月13日，他在续南堂整理旧报纸，"以师南记所有之产计，陈报三份，托协生代报，附去报费七角二分"。3月24日，他到东驿里、淡竹村处理旧报，"东驿陈报费四元（另）[零]，淡竹陈报费一元三角（另）[零]。三河、九里、两湖拟明日陈报"。这从一个侧面说明，当时余姚乡下的报刊订阅已较为普遍，一般民众都有机会阅读报刊。他平时注意剪报、贴报，往往在日记中剪留重要新闻。如他在1931年3月27日读《申报·自由谈》记录了樊曾祥去世后的琐闻，当日便在日记中"择其可录者剪粘后方"。②

朱鄂基在日记中记载了大量报刊新闻，涉及内容极为广泛，包括时政要闻、地方新闻、教育新闻和学术论文等。南京国民政府成立后，举凡重大会议、人事任免和内政外交，他都会在读报后予以记载。如1928年2月10日，他读头天《申报》所载第四次中全会议宣言，认为"或谓系戴季陶手笔，颇有中肯之语"，这篇长达六七千字的《四次会议宣言》，他觉得颇有史料价值，便"剪下附粘于后"。6月14日，他读报后记载："阎锡山、白崇禧入京，蒋介石辞，慰留。"③ 1929年，他多次记载报刊国内军阀混战的新闻。如他在3

---

① 朱鄂基著，朱炯整理：《朱鄂生日记》（一），凤凰出版社2021年版，前言第2页。
② 朱鄂基著，朱炯整理：《朱鄂生日记》（四），凤凰出版社2021年版，第1132、1134、1236—1237页。
③ 朱鄂基著，朱炯整理：《朱鄂生日记》（三），凤凰出版社2021年版，第926、955页。

月 29 日记载:"中央政府下令讨伐李宗仁、白崇禧、李济深,并派朱培德、刘峙、韩复榘出师。"11 月 5 日记载:"西北军将总退却。"1931 年,他对南京政府政治外交的要闻较为关注,读报后多次予以摘录。如 5 月 9 日记载:"国民代表议案多种而于粤事殊鲜言及。粤中央银行停兑。"6 月 12 日记载:"蒋对孙科表示不敢放弃责任。"① 这些时政要闻散见于他的日记,长短不一,各有侧重。

朱鄂基作为乡村教师,对报刊上有关教育的新闻颇为关注。举凡教育行政、教育规划和教育改革的报道,他在读报后都留心记载。如 1928 年 2 月 25 日,他抄录南京政府禁祀孔的新闻:"大学院训一六九号,废止春秋祀孔旧典,云为令遵事。"他对儒家道德伦理颇为注重,内心并不赞同此类激进的做法。之后,他注重报刊上有关学潮的报道。如 3 月 2 日,他记载:"江苏大学学生初因要求免费,继因驱逐胡刚复教员,屡起风潮,相率罢课,学生代表三人被军事当局逮捕未释,大学校长张乃燕辞职。"4 月 3 日,他留意到《宁波时事公报》所载《浙省派遣留学生办法》"经省政府第九十六次会议通过",他对此颇感兴趣,摘录了其主要内容。6 月 14 日,他记载:"中央大学校长张乃燕免职,学生议定汪精卫、胡汉民、于右任三人继任,蔡已命令吴稚晖任大学校长之职矣。吴辞不就。"② 但是,这则新闻并不可靠,张乃燕辞职传闻已久,之后一年多仍在履职。至 1930 年 11 月 4 日,他仍然关注中央大学校长张乃燕辞职一事,记载张乃燕虽向蒋介石提出辞呈,"而教育部长蒋梦麟以未接受正式辞文,颇有表示不合之意"。12 月 27 日,他记载光华大学学潮的新闻:"光华大学有学生二百余人反对副校长廖君,谓系国家主义,并称校训知行合一与中山知难行易不符,风潮甚大,或须提前放假,有人谓杨杏佛思得校长一席,利用学子云。"1931 年 3 月 6 日,他留意报纸所载湖南省政府主席何键咨询教育部,"陈明教育缺点,请筹改良",并抄录"东安县长条

---

① 朱鄂基著,朱炯整理:《朱鄂生日记》(四),凤凰出版社 2021 年版,第 1044、1106、1253、1266 页。
② 朱鄂基著,朱炯整理:《朱鄂生日记》(三),凤凰出版社 2021 年版,第 937、938、943、955 页。

陈请改良学校课程"的咨文。10月1日，他读报后得知，"九一八"事变后，上海各大学学生三千余人到南京请愿宣战，"中大学子殴伤外交当局，学子宣言愿负此责，而校长朱家骅辞职呈文有其他分子之混杂之语"。① 中央执委会发表《告全国学生书》，他将全文抄录在日记中。对于学潮，他虽未评论，但他的子侄辈和不少学生在大学就读，他内心不希望学生扰乱教育秩序。

朱鄂基热心地方事务，对涉及地方民政、税收、治安等方面的新闻也留心记载。如对于1929年浙江"二五减租"方面的报道，他多次予以关注。8月6日，他读报后得知省政府议决本年佃农缴租办法，评论道："照此办法，须先组织佃业理事局及乡区办事处。吾姚租事正殷，似已不及乃。"② 10月28日，他还全文抄录《浙省二五减租施行细则》。对于地方报刊报道的社会新闻，他也时有留意。如1930年8月14日载："《姚报》登蔡宅被盗事，团总王某因伤重致毙。"1931年3月27日，他记载《姚报》上的新闻："狱犯逃逸二十余人。陈端燮家被匪焚劫。各乡盗案纷起。"5月6日，他读《甬报》后记载："宁绍望日由甬解缆，下舱起火，时未出口，折回镇海，幸即扑灭。"③ 另外，他与《姚报》的记者和编辑人员较为熟悉，经常在日记中记载该报的一些评论和报道。

朱鄂基不仅旧学功底扎实，对于报刊上有关历史、政治、哲学等方面的学术论文，他也留心阅读，并在日记中记载自己的心得体会。1930年之后的两年，他经常阅读《东方杂志》，对于感兴趣的论文，往往予以抄录。如1930年1月18日，他抄录"《东方杂志》二十七卷廿一号《有约无约国民之调查》"。1931年6月22日，他读吴宓所译《白璧德之人文主义》一文。第二天，他读《东方杂志》二十六卷十五号罗素的《东西幸福观念论》一文。他认为该文"对于吾国伦理批评甚为透辟，可与白氏之说参阅"。6月25日，他读《东方杂志》第二十六卷十六号，节录《宇宙间的生命》和《棺椁的使

---

① 朱鄂基著，朱炯整理：《朱鄂生日记》（四），凤凰出版社2021年版，第1193、1203、1225、1306页。

② 朱鄂基著，朱炯整理：《朱鄂生日记》（三），凤凰出版社2021年版，第979页。

③ 朱鄂基著，朱炯整理：《朱鄂生日记》（四），凤凰出版社2021年版，第1102、1177、1236、1252页。

用》二文。6月26日,他读《东方杂志》第二十七卷二十一号所载潘光旦的《家谱与宗法》一文,并节录其核心内容近三千字。7月3日,他读《东方杂志》二十七卷十二、十三、十四号中梁园东著《古史辨的史学方法商榷》一文,并指出:"对于顾颉刚之说抨击甚力,近今学子喜尚新奇,力崇怪癖,顾书风靡一时,得此或能有所矫正。"① 作为年龄已过50岁的乡村教师,朱鄂基对学术论文的理解和评论显示出扎实的学术功底和广阔的学术视野,这与他长期坚持研读各类中西方学术著作有密切的关系。

在离余姚不远的奉化,乡村教师张泰荣参与发起成立奉化孤儿院,并历任募捐主任和副院长等职,是民国奉化县慈善事业的中坚人物。他17岁投身教育界,是一位进取心强、努力学习、勤勉做事的人。其留存的日记原稿35本比较详细地记录了1922—1957年奉化发生的有关政治、经济、文化、社会等各方面的情况,以及其毕生从事的奉化孤儿院事业的信息。② 1927年,奉化孤儿院正式开办之后,他全力投入孤儿院的募款和教学工作。他虽然仅是中学毕业,但平时博览群书,坚持自学,其日记中有大量向报刊投稿的记录。如1929年2月25日,他"寄新闻三则,为蒋来城事",记载蒋介石来奉化并视察孤儿院一事。1930年11月22日,他"抄寄各报新闻数则"。③ 仅1930年,根据他的"发寄报馆函件一览"统计,他向报刊寄各类稿件391篇。④

由于忙于慈善事业和教学工作,他在日记中记载的读报情况并不多。但对于报刊上的学术论文,他仍然颇为留心,认真研读。如1929年2月28日,他读《时事新报》所载张其昀的《北方大旱及其善后之策》,认为该文"引证旁博,令人钦羡张君学问之渊郁无已"。⑤ 1936年,他多次阅读《东方杂志》,并加以评论。如1936年7月20日,他阅《东方杂志》新八十九号内之"宋儒修为方法",他读后感叹道:"以主敬为静之,人手之动静则不为物欲所

---

① 朱鄂基著,朱炯整理:《朱鄂生日记》(四),凤凰出版社2021年,第1208、1272、1273、1274、1275、1278—1279页。
② 张泰荣著,奉化市档案馆编:《张泰荣日记》(卷一),宁波出版社2015年版,序第1页。
③ 张泰荣著,奉化市档案馆编:《张泰荣日记》(卷二),宁波出版社2015年版,第423、524页。
④ 张泰荣著,奉化市档案馆编:《张泰荣日记》(卷二),宁波出版社2015年版,第476—477页。
⑤ 张泰荣著,奉化市档案馆编:《张泰荣日记》(卷二),宁波出版社2015年版,第423页。

蔽，心境自明，得入学之基，甚可效法。"① 虽寥寥数语，说明他对学术性论文颇有兴趣。

郝星久则是山西的一位乡村小学教师，出生于山西万泉县（今万荣县）西孝原村。1932 年之后，他长期任教当地小学，对当地民俗社情有着深入了解。他留存的日记起于 1938 年 1 月，之后的一年多，他任教于南卫村、通化小学，重点关注的是当地的教育动态和教学工作，所记报刊新闻极少。从 1939 年 3 月 17 日开始，他执教于毋村堡学校。此后，他接触和阅读了不少报刊。如当年 7 月 6 日，他读报得知"日苏在满蒙边境又大冲击，空军激战，日机击落六十余架，苏机击落十余架，现华北日军源源开往关外，调来尽系新军。昨谣传未验"。从他的记述中可以看出，他强调国际新闻与华北时局的关联性，并结合新闻进行了研判。7 月 9 日下午，他收到"郭孟贤先生寄来《政治周刊》五份"，此类刊物自然会开拓他的阅读视野。7 月 31 日，他在日记中写道："到××会读报，一位同志介绍我组织阅读会，可以赚一份《老百姓》报看。我说：当教师常常事情繁忙，不能依章按月报告报馆，倒不如出几个钞来的便当。当即修函一封，订购《老百姓》半年，并附带了一点意见批判该报，大意说：'贵报有时通俗的太过火了，粗通文字的老百姓反不易阅读；又多加用陕西方言，外省人读之颇费思索。比较用粗而不野、俗而雅致的文字好些……'"这表明，当地存在公共读报组织，但郝星久并不满足于此，他获悉《老百姓》报之后，便主动订阅，并通过读者来信的方式，主动与该报建立联系，体现出一个乡村知识分子的求知欲和自主意识。第二天，他"托上会之人向里望邮局寄平信一封，内附邮票六角五分，订购《老百姓》报半年"。至 8 月 29 日下午，"新订的《老百姓》报初次来"，他特地记载："载有我给他的批评接受了。回想以前曾给战斗导报社投稿两次，迄未登载，不悉何故。"② 这说明，他兼具《老百姓》报读者和作者的身份，语气中颇有几分得意。

---

① 张泰荣著，奉化市档案馆编：《张泰荣日记》（卷三），宁波出版社 2015 年版，第 836 页。
② 郝星久著，岳谦厚、侯采坪整理：《一个乡村知识分子的抗战记忆：郝星久日记》，南京大学出版社 2021 年版，第 109、128、129、143、163 页。

郝星久不仅自己读报，更愿意充当文化使者，为推动报刊文化的下移而努力工作。1939年9月，他加入山西牺盟会，后任汾南公道区团长，积极投身于民运工作和民众教育工作。他经常为当地民众传送报刊，推动报刊下乡。如1939年9月4日晚上，他"把书报分散到喜欢阅读的村友家去"，并感慨道："他们都是文化的饥饿者，无怪乎村中人心大半颓唐，不知道时局的危殆。以往的民运机关，连最低限度的文化推动也没有普遍，今后我要补充这个缺点。"9月22日，他又记载："中午，偷空儿把带回来的几种报纸分送到几个读者家里去，并谈了片刻时事。"作为民众运动的组织者和宣传者，他送报纸、谈时政，加强民众抗战的宣传，也经常面临各种危险。如10月11日，他记述了一次历险的过程："有一次动身西去联系村支部，道经通化毋庄之间，日寇正在公路剪修电线，我未事先探知，贸然行至路口，被两个日兵持枪拦阻，吓得无计可施，忽见过路人向敌兵敬礼而走，因效礼之，被放走。……所持包袱内有《论持久战》《抗日游击战争》《战斗导报》《阵中日报》等，没［设］被敌军查获，命在旦夕矣！"① 此类惊险的经历真实地反映了他在推广抗战报刊阅读方面的努力。

郝星久虽居乡下，但他善于学习，阅读面甚广，尤其是经常利用报刊进行时政学习，提高了自身对时政的分析和观察能力。如1939年9月27日，他在日记中写道："中午读报大吃一惊！原来本月一日德波揭开欧战之后，五日英法又援助波兰打德国，欧美各国都采取中立，苏联也遵守《德苏互不侵犯条约》（八月三十日）不管闲事，不料本月二十日苏联出兵占领波兰。"对此重大国际变局，远在山西偏远乡村的他却在认真思考之后，作出了自己的独立判断。他指出："臆测苏联并不是助德为恶，也不是侵略波兰，它见德军深入波兰，占领华沙，不但波有亡国之虑，同时德可控制波罗的海，东渐而侵苏联的外围——立陶宛、爱沙尼亚、拉脱维亚，苏联自身也不保了！它（苏）为拯救弱小保护自身起见，不得不出兵波兰，名义上是与德会师，实际上是

---

① 郝星久著，岳谦厚、侯采坪整理：《一个乡村知识分子的抗战记忆：郝星久日记》，南京大学出版社2021年版，第169、180、190页。

阻止德军东进,维护波兰兵力,将来有与英、法、波等军共同对德的可能。所以苏联进兵波兰,是欧战更形扩大的序幕,亦即苏联加入和平战线的准备,我们只有乐观,不必担心!"[1] 很难想象,此类欧战的评述出自一名乡村教师之手。如果没有平时对国际局势的了解,没有一定的时政观察能力,就不可能进行如此细密的分析。尽管郝星久留下的读报记录不多,但其新闻叙事较为深入,体现了读与思、思与行的有机结合,展现出这位乡村知识分子的不同凡响之处。

与长期在乡村执教的小学教师不同,一些学者则有短期担任小学教师的经历。如罗尔纲从上海中国公学毕业后于1931年年底回到家乡广西贵县,1932年之后的一年多,他曾任小学教师,兼任贵县修志局特约编纂。在贵县老家期间,他的阅读环境发生了变化,收阅报刊颇为不易,但他零星的读报活动在与其师胡适的通信往来中得以呈现。如1931年12月9日,他在信中抱怨:"我们家乡消息很闭塞,《申报》须两礼拜后始到,《香港报》也须一个礼拜,所以当这国事紧急的时候,很感到焦灼。"在信中,他又透露了对徐志摩遇难的悲痛之情:"昨天我看《申报》,惊悉徐志摩先生因乘飞机失事逝世。闻讯后,不胜悲悼!忆半年来,在吾师府上,蒙徐先生不以愚猥见弃,曾殷殷训诲。"[2] 徐志摩于1931年11月19日遇难,第二天各大报竞相登载这一消息,但罗尔纲在近20天后才看到《申报》,由此可见其消息的滞后。1932年12月17日,他在写给胡适的信中又谈及自己阅读《独立评论》的感受:"三月来在昔非兄处寄来的《独立评论》上,时时得拜读吾师的言论,在报端上,又不时地欣悉吾师的消息;这些都使学生聊慰孺慕于万一啊!"[3] 虽然是客套话,但表明他是读过这份杂志的。罗尔纲的书信可以从另外的角度证实他的报刊阅读活动,虽然这些零散的记载并无内在逻辑,但书信的客观描述,表

---

[1] 郝星久著,岳谦厚、侯采坪整理:《一个乡村知识分子的抗战记忆:郝星久日记》,南京大学出版社2021年版,第183、184页。
[2] 罗尔纲:《致胡适》(1931年12月9日),罗尔纲:《罗尔纲全集》(第二十一卷·书信),社会科学文献出版社2011年版,第30页。
[3] 罗尔纲:《致胡适》(1932年12月17日),罗尔纲:《罗尔纲全集》(第二十一卷·书信),社会科学文献出版社2011年版,第44页。

明他通过报刊新闻联通了外部世界。

总体而言,小学教师作为乡村知识分子的代表,其所处的地理空间、社会情境和阅读环境有较大差异,获取报刊资源的条件也大不一样,阅读报刊的机会自然也有较大差距。从乔秋远、朱鄂基、张泰荣、郝星久、罗尔纲等人的读报经历看,乔秋远虽出生于农村,但他师范毕业后能够到开封的小学任教,购阅报刊较为便利,到北平之后,他则可以利用北京大学图书馆的公共资源饱览各种报刊。朱鄂基出身书香世家,余姚当地读报风气较浓,他虽在乡下,却视野宏开,通过报刊博闻天下,纵论时政,与一般乡绅的陈腐之气大为不同。张泰荣出身贫寒,自学成才,热衷慈善事业,虽经常给报刊投稿,却很少在日记中留下阅读报刊的记录。这自然与他在经济上的困顿有关,也与他在孤儿院的阅读环境有关。郝星久虽在山西乡下,但善于利用报刊分析时政,并且在彼时充当了乡村报刊传递使者的角色。罗尔纲虽仅有一年多的小学教师经历,但其与导师胡适的书信揭示了他的报刊阅读情形。可见,在十年内战时期,以小学教师为代表的乡村知识分子在报刊阅读上呈现出多重样态,体现出不同社会情境下的个体阅读风貌。但是,与前辈"塾师"相比,他们的阅读方式、知识结构、思想观念也有显著变化,报刊传媒经由不同途径进入他们的阅读视野,并对他们的生活方式和思想世界产生了深刻影响。

第七节 党政官员的报刊阅读与时局观察

南京国民政府成立之后,一些知识分子加入了国民党的队伍。某些官员曾接受高等教育,忠于"党国"事业,在公务之余,他们对报刊较为关注,并抄录一些时政要闻,表达对时局的关注。这些党政官员的私人阅读活动,与他们的职业、兴趣、价值观有一定的关系。彼时,报刊并非唯一的新闻来源,电报、广播新闻由于消息及时、传播速度快,对党政官员的资讯获取有一定的影响。但是,由于使用成本、传播层级和技术条件的限制,普通公务人员仍然难以经常收阅电文和收听广播,即便是高级官员,报纸仍然是他们获得新闻、了解时政的重要渠道。我们通过一些官员日记中记载的读报活动,可以从不同侧面了解他们对时局的认知和评判。

南京国民政府成立后,冯玉祥任行政院副院长兼军政部部长,后来联合阎锡山发动中原大战,反蒋失败后,隐居近三年。1933年5月,他在察哈尔组织民众成立抗日同盟军并任总司令;1935年,任国民政府军事委员会副委员长。在抗战前十年中,他的人生跌宕起伏。作为布衣将军,他体察民情,关注时政,经常阅读各类报刊。如他在1931年2月11日的日记中感叹道:"不看新书、新报如何不落后?须赶速设法去购买,如《大公报》《庸报》《京报》,如《新东方》,如《新亚洲》,如《青年使命半月刊》等,定好寄至某商号转最好。"之后的六年多,他阅读的报纸主要包括《申报》《大公报》《益世报》《国闻日报》《民众日报》《世界日报》等,杂志主要有《供献》《战旗》《东方杂志》《生活杂志》《申报月刊》《三民主义月刊》《国闻周刊》等。当他看到颇有价值的报刊,往往会加以特别注意。如他于1931年5月30日初看《民友周刊》,认为该刊"颇多资料,请徐先生选择数段"。9月20日,他读到《战旗》第四期,"觉得有的颇有价值,故请王士玖先生发电到津多要几份,以便分赠"。1932年5月14日,他见到《生活杂志》,觉得"亦有意思,完全读了一遍"。[①] 1934年3月3日,他读《新中华》杂志,"觉得甚好,不可不读之书也"。[②] 阅读报刊是他日常生活的重要内容,他常在日记中记载报刊新闻和读报感想,并与时政问题结合起来进行评论。纵观他在1929年至抗日战争前七年多的日记,有关报刊阅读方面的内容主要有以下五个方面。

一是记载报刊有关他本人的报道。冯玉祥作为著名政治人物,在社会上有广泛影响。他在军事和政治上的行动,往往会引发报刊关注。作为当事人,他留意报刊上有关自己的新闻,有时还加以评论。如1929年7月8日,他在日记中记载:"阅报见有行政会议议决取消冯玉祥通缉令新闻。"1931年3月

---

① 冯玉祥著,中国第二历史档案馆编:《冯玉祥日记》(第三册),江苏古籍出版社1992年版,第370、427、487、625页。
② 冯玉祥著,中国第二历史档案馆编:《冯玉祥日记》(第四册),江苏古籍出版社1992年版,第288页。

2日，他读太原某报，认为"对余有驱逐出境之记载。走狗咬人，无评论之价值"，表达了自己对阎锡山及其党羽背信弃义的不满。7月15日，他可能是听说《供献》上有《冯玉祥先生》一文，作者为江绍元［原］，他颇有兴趣，但"不知讲些什么"。12月18日，他读报得知"（汪）精卫先生约我到南京之电"。① 1933年10月6日，他读《益世报》上有关自己的报道，在日记中感叹："盖我之一言、一行、一动、一作不可不心细，不可不注意也。我应当没有一刻不是为国家、为人民、为社会打算，不应当为自己打算也。"② 对于报纸上的"自我"，冯玉祥有较为清醒的认识，经常告诫自己，要明辨是非，要为国、为民分忧。

二是关注民生新闻。冯玉祥对民间疾苦颇为留意，经常记载有关报道，并揭露诸多社会弊病。如1931年2月21日，他读《申报》并记载："陕西武功县人市，妇女最高四十元"，他读后"心如刀割矣，作诗一首"。五天后，他读《大公报》，"言江西人民苦况，军队已达十师，不见进展"。3月3日，他见报纸上有关陕西土地问题的讨论："有人主张资本家在灾荒时所买土地应无条件归还卖主，确有见地。"8月4日，他读《益世报》所载张寡妇事，评论道："可见政治不良之为害甚大矣。"③ 1933年6月21日，他读《大公报》，对其中之"小画"颇感兴趣，认为"多是乡间人民疾苦"，"有极大用处"。1935年1月2日，他读《申报月刊》某人写的一篇关于奶母的事，感叹："真是很好的文章，又很有曲折的，可见不可不多读东西也。"④ 有时，冯玉祥会在读报之后逐条记载新闻内容，每天加以评论，其中涉及不少民生新闻。如1931年6月30日，他早起看《益世报》，一口气摘录32条新闻，并一一加以评论。其中，大多为民生和社会新闻。前六条是：

---

① 冯玉祥著，中国第二历史档案馆编：《冯玉祥日记》（第三册），江苏古籍出版社1992年版，第10、376、448、551页。

② 冯玉祥著，中国第二历史档案馆编：《冯玉祥日记》（第四册），江苏古籍出版社1992年版，第201页。

③ 冯玉祥著，中国第二历史档案馆编：《冯玉祥日记》（第三册），江苏古籍出版社1992年版，第373、375、377、459页。

④ 冯玉祥著，中国第二历史档案馆编：《冯玉祥日记》（第四册），江苏古籍出版社1992年版，第89、469页。

第三章 十年内战时期时局变动、新闻呈现与读者观感

一、张某作寿及靳某叩头，此等办法，不异官僚现形记，既表现无耻又表现腐化，然社会之混账，实亦难辞其咎。二、沧县小学留校长，因男女合校，致惹人不满，故也。打倒锣的混账人们，他们不前进，还碍他人前进。三、大城验契，除了打倒锣，便是设法搜刮人民之血汗。四、在晋祠中，以民九参观所记者言，粉饰之外，一无可取。五、东北军开到静海县，向绅民借一千七百元。国家军队，除扰民外，尚有何事可作？六、产销税，虽允缓征，口如蜜，心如刀，究竟如何？①

此类新闻评论表达了冯玉祥对社会动荡、官场腐败、民生凋敝等现象的不满，言简意赅，一针见血。

三是对时政要闻较为留意。时政要闻是冯玉祥读报的重要内容，他对国民党的派系斗争和军阀混战有着深刻体会。尽管他曾在山东泰山等地退隐二年多，但他经常通过报刊了解政局，观察政治动向，并发表自己的见解。作为军人，他对政治要闻和军事新闻甚为敏感，经常记载有关报道并加以评论。如他在1931年4月18日记载："《大公报》载国家与养兵事。养兵是要养成自家的兵，袁是如此，段亦是如此，曹、吴亦是如此，而今亦仍莫不如此也。"4月20日，他读报后指出："云南兵变事。我以为此乃军阀祸国必然之结果，此均由于无知识、无教育所致也。川局突变事。我以为军阀争权利，百姓受灾殃，只有新的组织把真理输入，是一条活路，其余均是死路。"6月29日，他读广东某报所载汪精卫演讲，评论道："满清之为己，袁氏之为己及蒋之为己，均已注定其必然失败之命运也。"7月14日，他读报后，特地记下一条新闻："某部长饮水，须用火车载西湖某处之水。"11月17日，他读报得知"溥仪于十五日早十点在沈阳复辟"。11月20日上午，他因不能读报而心中烦闷，午后，报纸来了，他读报后感叹："国事真是不得了。汪说须增

---

① 冯玉祥著，中国第二历史档案馆编：《冯玉祥日记》（第三册），江苏古籍出版社1992年版，第440页。

兵援马，胡说三无主义必致亡国。"11月24日，他见报上登有章渊若的《救亡御侮与教育改造》一文，"内说须注重真实勤苦俭朴，真实奋斗，对于浮华不实虚骄洋化，颇不赞成也"。12月17日早上，他读16日报纸得知"蒋于十五日通电下野，同时变更四省政府人选，浙鲁、苏顾、赣熊、甘邵"。① 这些时政要闻和相关评论，表明他对军阀混战和社会乱局有着深刻观察。

"九一八"事变后，国难日益深重，国内政治形势亦大变。1932年，他对抗日活动颇为留意。1月22日，他读报得知"上海市国难救济会正式成立"。27日，他摘录新闻："外交部长陈友仁发表谈话，力主与日绝交，因介石先生极力反对，遂决定辞职。"据此，他分析道："这件事极堪注意也。据二十五日国联开会情形看来，中国被侵略事件诉诸国联，毫不发生效力，且国联反有袒护敌寇倾向，中国人的事情，要中国人负责去办，中国人的问题，要中国人自己去解决，徒依靠外力是不中用的。这一点我们应当看清楚！" 5月1日，他阅报得知"日人白川、野村、重光诸人被炸事，乃韩人为之"。他对日寇极为痛恨，进而评论道："这是一件很痛快的事情。我国如要不亡，最少亦得有二十枚这样的炸弹。如张良在博浪沙之击秦始皇，诚万古不朽之英雄也。今日中国正需要张良一类的人物，愈多愈好，愈好愈妙。" 5月17日，他阅外文报，看到日人枪决中国人的照片之后，"心中真是难过之至，此实为中国人之大耻也。我国同胞因热诚爱国，竟横遭敌人残杀蹂躏，怎不令人痛恨"。5月23日，他见日文杂志载有江西、福建两省农民大会告日本人民书，"意在打倒帝国主义及法西斯党徒也"。7月1日，他见《新闻报》登有南京方面上国联各条款事，"作诗记之"。8月10日，他读《国闻周报》张季鸾所著之《中国的危机》一文，认为作者"说的极对"。8月13日，他读报上孙哲生（孙科）有关对俄复交的一篇谈话，"读后心中至快"。②

四是关注中共和红军方面的报道。冯玉祥平时阅读了大量有关马列和苏

---

① 冯玉祥著，中国第二历史档案馆编：《冯玉祥日记》（第三册），江苏古籍出版社1992年版，第405、406、439、448、529、530、533、549页。
② 冯玉祥著，中国第二历史档案馆编：《冯玉祥日记》（第三册），江苏古籍出版社1992年版，第566、568、618、626、628、649、669、670页。

俄革命的书籍，对中国共产党的革命纲领也有一定的了解，经常关注报刊上有关中共和红军活动的报道，并发表自己的评论。如1931年2月14日，他读《大公报》有关"江西苏维埃银行钞票像中有马克思和列宁"的报道，认为"二人的势力日涨，私有制度恐不久要打倒矣"。6月30日，他读《益世报》得知"向忠发将解京"。7月5日，报载向忠发被枪决，他评论道："此人究是如何人，不得而知。然历史上如此死的，真太多矣。"9月17日，他在谈到今后的想法时，大胆写道："为努力不懈起见，须勇敢的加入共产党去。"① 1933年5月，冯玉祥在察哈尔成立抗日同盟军，与共产党开展广泛合作。他在7月4日读到《民众日报》有关预开士兵代表大会的报道，指出："资产阶级报纸很早登载说察省已近赤化，士兵代会除掉使蒋介石快来消灭我们外，别的不会得到好的结果。历史的革命圣人说过，有革命的理论才有革命的行动。在我们内外敌夹击之下，没有革命的应付，断定不会达到抗日除贼的目的。" 1935年3月28日，他得知《大公报》及《国闻周刊》所载有关川、黔打红军失败之事，对蒋介石和国民党当局非常不满，愤然指出："对日本，则不抗到底；对同胞，则大杀、大砍。不是丧心病狂，是什么呢？"② 总体上看，他对中国共产党和工农革命运动抱有深刻的同情，并对蒋介石的倒行逆施颇为不满。

五是注意国际时局的变化。相对而言，冯玉祥的读报记录中，有关国际新闻的比例较低，但他往往会结合形势，对国际问题发表自己的见解。如1931年4月20日，他读报后摘录了十条新闻，其中前五条便是对国际时局的记载和评论：

一、西班牙共和党与其国王挑战。我以为一切一切的帝王暴君，均应一律打倒，不应留这吃人不作事的东西。二、尼加拉瓜内乱，美国军

---

① 冯玉祥著，中国第二历史档案馆编：《冯玉祥日记》（第三册），江苏古籍出版社1992年版，第371、440、444、485页。
② 冯玉祥著，中国第二历史档案馆编：《冯玉祥日记》（第四册），江苏古籍出版社1992年版，第98、510页。

官被杀，美人派军队往剿。我以为帝国主义实如狗狼一样，满口的主啊，天父，同胞，人道，一肚子的男盗女娼，欺人之谈，只有全人类联合起来打倒他。三、若槻已上台，我以为日政局如此改变，只是换汤不换药，与贫苦同胞毫无益处也。四、CCCP 工人新趋势。我以为此是根本之根本，非此不足以谋人类之幸福，非此不足表明真理何在，人人均应注意于此也。五、法人乱用华人拉人力车事。我以为事实俱在，须努力自革，不可以媚人之外交，求人说公理。①

冯玉祥以列举的方式评论新闻，分门别类，言简意赅，直抒胸臆，颇能体现他的风格。此后，他多次评论国际要闻。如 1932 年 5 月 2 日，他读英文报，"知美国共产党员多人包围日使馆事，为反对日本对华作战而向日使馆示威也。内有一女共产党员被美警察打倒昏死于地"。他进而感叹："读此消息，即知统治阶级对于被统治阶级之种种压迫，无微不至矣！" 10 月 11 日，他看《申报》，"知道外蒙古、内蒙、布利亚特蒙古亦动作了"，便作出"此事关系更大，不可不特别注意"的判断。② 1935 年 8 月 21 日，他连日读报，对于意、阿争端之事有了比较详细的了解。他评论道："如非人类有很久的遗传性，恐怕无论如何忍耐，也要把人闷杀。口中说的文明，说的如何如何，可是作的呢？是以大欺小，以强凌弱，既杀人又放火，怎么不是人怎么作，真是再混账没有的。莫索利尼固然是个混账忘八蛋，可是英、法两国同他会议，也不过是分赃的办法，也一定说不出什么人话来。"③ 此段评论，对欧洲列强的各怀鬼胎可谓刻画得入木三分。

与行伍出身的冯玉祥相比，蔡元培则是典型的学者型官员，堪称学界泰斗、人世楷模，在文化教育界享有很高的声望。从 1927 年起，蔡元培在南京

---

① 冯玉祥著，中国第二历史档案馆编：《冯玉祥日记》（第三册），江苏古籍出版社 1992 年版，第 406 页。
② 冯玉祥著，中国第二历史档案馆编：《冯玉祥日记》（第三册），江苏古籍出版社 1992 年版，第 619、706 页。
③ 冯玉祥著，中国第二历史档案馆编：《冯玉祥日记》（第四册），江苏古籍出版社 1992 年版，第 593 页。

第三章 十年内战时期时局变动、新闻呈现与读者观感

国民政府先后任大学院院长、司法部长、监察院长、中央研究院院长等职，虽公务繁忙，但他经常阅读《大公报》《时事新报》《晨报》《东方杂志》《科学画报》等报刊，并间或记载一些时政要闻。如1934年3月8日，他读《时事新报》上胡怀琛所作《金圣叹信天主教（？）》一文，对"李杕所作《徐文定公行实》"进行考证。3月21日，他记载《晨报》有盗卖北齐石佛新闻消息，"称太原天龙山之圣寿寺石窟，为北齐皇建元年所建，有石室二十四，大小造像约百数，近闻被人铲凿一空"。3月25日，他阅《新京日报》载第三军军部高级职员赵云岩追述数年前考察班洪之记录，"称其地人口约十一二万人，汉、回占十分之二，摆夷十分之三……识字者极少"。① 他虽非历史学家，但对文物、民俗、地理问题颇为留意，反而很少记录报刊上的时政要闻。

蔡元培虽为国民党元老，对政治人物和社会名流的评价却不以党派为是非标准。如他对陈独秀晚年学术上的造诣则颇为赞赏，1937年6月7日，他读《东方杂志》第三十四卷第六号上陈独秀所作《实庵字说》，评论道："取声近之字说明相关之义，触类旁通，逼近太炎，惟太炎不信金文及甲骨文，而独秀不然，故更有理致。"此论足见其对陈独秀在学术上的尊重。对于实业家张元济，他的评论也颇为公允。7月6日，他读《大公报》所载张元济信函，指出："此老久不干涉政治问题，近渐渐热心。苏州法院审沈钧儒九人案，张君特赴苏旁听，亦其一端。商务近印其所著之《中华民族之人格》一书，亦其热情所寄也。"② 此类偶尔的读报感想，颇能体现他的真实想法。进入暮年的他还养成剪报的习惯，往往在日记中剪存一些重要的时政要闻，并标明新闻标题，有留存备考之意。

同样身为国民党要员的邵元冲也长期在"中枢"任职。邵元冲在1906年便加入中国同盟会，1928年后任国民党中央执行委员、立法院副院长、中央宣传委员会主任等要职。结合他的政治立场，不难看出他是一个反共的，唯

---

① 蔡元培著，中国蔡元培研究会编：《蔡元培全集》（第十六卷），浙江教育出版社1998年版，第319、323、324页。

② 蔡元培著，中国蔡元培研究会编：《蔡元培全集》（第十七卷），浙江教育出版社1998年版，第53、57页。

蒋介石马首是瞻的维系国民党统治的人物，但他又试图以学术治国，是具有传统文人情怀与现代科学知识的党棍和政客，不失为国民党人的一种类型。① 他曾任《建国月刊》主编、民国日报社社长，又主管党内宣传事务，平时为党内报刊撰写了不少社论。阅读报刊应是他日常工作的重要内容，但其日记中记录的读报内容并不多。他阅读的报刊主要有《申报》《民国日报》《国闻周报》《大美晚报》《国粹学报》《上海日日新闻》等。1928 年 4 月 16 日，他午后至中山大学研究所阅民国六、七年《申报》，并记载："期对照当时外间记载孙公护法之事实，与余日记中相印证。"② 他的此类读报活动，大有史料考证之意。

"九一八"和"一·二八"事变后，他对日本的侵略行径极为愤恨，主张抗日御侮。在他有限的读报记录中，所载新闻大多与日寇的侵华活动有关。1935 年 1 月 25 日，他阅《国闻周报》译载日寇陆军国防小册，题为《跃进日本与列强之重压》，认为"对列国均多诋谋，对中华尤极侮慢"。日本觊觎华北，他对日军的动向极为关注。10 月 18 日，他录《大美晚报》所载新闻："月来倭贼等大连会议、天津会议、上海会议之结果，闻有决定原则十项，其重要者，如（一）日本此后交涉之对象，不专对中国之一党，而为对一切实力派之领袖。……以上十项，为对华之新政策云。"11 月 28 日，他阅报后记载："昨日寇假演习为名，以武力占据丰台及彰仪车站、天津飞机站等处，扣留平浦、平汉南下各客车。又山海关方面，陆续有寇军入关。"他颇为沉痛，并评论道："藩篱尽撤，寇深堂奥，国已不国，而中枢空虚，无人负责，此种情形，为任何国家所无。"1936 年 12 月 4 日，他记载："今日报载倭军在青岛登陆，有所骚扰。刘荆山谓彼在鲁东之民军，亦尚多联络，必要时均能呼应之云。"③ 这是他最后一则日记。八天后，西安事变爆发，他遭到枪击，两天

---

① 邵元冲著，王仰清、许映湖整理：《邵元冲日记》（上），上海人民出版社 2018 年版，整理说明第 5 页。
② 邵元冲著，王仰清、许映湖整理：《邵元冲日记》（上），上海人民出版社 2018 年版，第 429 页。
③ 邵元冲著，王仰清、许映湖整理：《邵元冲日记》（下），上海人民出版社 2018 年版，第 1204—1205、1326、1344、1453 页。

第三章　十年内战时期时局变动、新闻呈现与读者观感

后去世。

另一位国民党元老毛昌杰曾任国民政府监察院长，以经学辞章著称。他勤于研读书画，与学界、政界名流交游甚广。他日记中留下的几次读报记录大多与其兴趣有关。如1928年1月16日，他读头天报并记载："通志局聘芝田为总纂，石笙委提调，拨三千元为开办费，直接隶属于省政府。"3月18日，他读报得知"《说文解字诂林》售预约六十元一部"，随后委托自己的学生于右任"代订"，"并附请王陆一帮忙办理"。他特地指出："此书渴想数年，急欲一见也。"5月2日，他读《新生命》第二册，载有戴季陶《行易知难》一文，"极言国民革命不从科学著手研究，万一与外人开战，我国衣食、医药、战术、器械无一非自杀之具也"。他读后认为"议论甚通"。[1] 之后，他很少记载报刊新闻。

与冯玉祥、蔡元培、邵元冲、毛昌杰此类大人物比较，王子壮虽为高级党务官员，但知名度较低。他是弃学从政的一个典型。他毕业于北京大学法律系，颇有才华。他27岁就担任国民党中央执行委员会秘书，与党内高层有广泛的交往，熟悉党内行政事务。其日记中充斥着各种会议记录，对于偶尔的读报活动，他也会结合时局和自己的见解加以评论。如1934年1月31日，他读《东方杂志》新年号，"最服马寅初先生之个人计画。一方面以国家为重，拟定工作，更积极锻练一己及家庭之体育，以资振作，实堪取法者也"。他对马寅初的家国情怀与强身健体之结合，颇为服膺。4月5日，他读胡汉民创办的《三民主义月刊》，认为是"素持反南京之态度者也"。言外之意，他对胡汉民的言论并不赞同。作为政客，他对曾国藩颇为崇拜，他读到《大公报》有关"论曾国藩之作人用人"的报道后，"觉其的为人生要道"。[2] 作为蒋介石的重要幕僚，王子壮对蒋介石颇为忠诚。1936年1月13日，他读《国闻周报》并记载："某君对于蒋先生在代表大会关于外交之演说，关于民族主

---

[1] 毛昌杰：《君子馆类稿　附：文钞·诗钞·日记》，沈云龙主编：《近代中国史料丛刊（第二辑）》（第18册），文海出版社1966年版，第555、559、562页。

[2] 王子壮：《王子壮日记》（手稿本·第二册：1934—1935年），"中央研究院"近代史研究所2001年影印本，第16、49、335页。

义之内政设施最为重要之一点,认为系总理所未发之一种新的意义。"① 他如此看重"某君"的观点,是以此表达自己的态度,颇有异曲同工之意。

王子壮早年对诗词颇有爱好,但因忙于政务,他很少"旧诗重读"。不过,在1935年1月5日,他以三元购得吴白屋(芳吉)先生遗书一部。第二天,他感叹道:"余于民国十年间,于杂志中曾读其诗,弥觉清爽可诵,十七年来京,深感旧诗之含蓄曼妙。虽未事此,然尝于旧诗作欣赏的诵读。"吴芳吉为著名学者、诗人,王子壮见书思人,引发昔日读诗的记忆,颇有感怀之意。1月30日,他读阅《大公报》上有关北京大学教授、旧体诗人黄节去世的消息后,在日记中感叹:"吾国诗坛宗归又弱一个矣。"②

作为影迷,王子壮是阮玲玉的忠实观众。很少记载报刊新闻的他,对阮玲玉自杀的消息颇为震惊。他在1935年3月9日的日记中写道:

  今晨读报,知吾国电影明星阮玲玉以婚姻诉讼而服毒自杀,昨夜已死于沪上医院。消息传来,至堪痛惜。余与袁清自见彼所演之《故都春梦》《野草闲花》等片后,对彼之表演天才深为赞叹。以故凡彼重要作品到京,无不往观,其表演之出神入化,亦为吾国数年来电影界最大之收获。不意今竟以廿八之青春自尽以终。此事余重思之,盖有二因:一为阮虽自号超脱,对于旧思想(即俗所谓贞操的意识)究不免有若干存在,故于〔与〕张民达〔达民〕同居以后而又与唐季珊恋爱时,一经张之控告,即惶惧难安。又以善演悲剧之故,乃以自杀为解脱之一法门。故于彼所演之新女性,甫经开演即照剧扮演,以终其生矣。③

阮玲玉自杀的新闻在当时引发社会广泛关注,但作为政客的王子壮对此

---

① 王子壮:《王子壮日记》(手稿本·第三册:1936年),"中央研究院"近代史研究所2001年影印本,第13页。
② 王子壮:《王子壮日记》(手稿本·第二册:1934—1935年),"中央研究院"近代史研究所2001年影印本,第194、218页。
③ 王子壮:《王子壮日记》(手稿本·第二册:1934—1935年),"中央研究院"近代史研究所2001年影印本,第256页。

第三章　十年内战时期时局变动、新闻呈现与读者观感

事着墨甚多，并分析其原因，其在日记中流露的真实情感，表明他通过电影媒介了解阮玲玉，并视之为偶像。他对阮玲玉的自杀颇为惋惜，报纸新闻引发了他的联想，激起了他作为影迷的怀恋和想象。

　　与王子壮类似，杨玉清也是学者型官员。他于1926年10月加入董必武领导下的国民党湖北省党部，从事文书、干事、秘书等工作。1928年，他任国民党中央民训会训练部干事。他对北伐之后国民党大肆屠杀共产党人的报道甚为关注，在日记中留下了不少记载。如1928年1月7日，他在日记中写道："报载何羽道被枪决，追回往昔，斯心不胜黯然。从前与共产党为伍，不惜处以极刑，为公乎？为私乎？……林可彝同时被枪决。据我所知，林也不是共产党。唉！共产党跑开了，杀人的人，口口声声是要杀尽共产党，而处处死的都不是共产党，国民党的前途将奈何！总而言之，暴力是不得已而用之，除非是不杀此人，则于党于国于民众有大影响，则杀之可也；否则不但杀之无益，且自堕信用，自伤元气。"此段记载真实地反映了当时国民党当局滥杀无辜的暴行。1月15日，他谈及报刊对自己的种种污蔑："昨夜贺星吾君告我《民国日报》有一则新闻于我不利。本日又接得由武昌寄来湖北《民国日报》一份及汉口电报一份。（本月十三日，本月十二日）侪我于孝感共产党人之流，詈我于邓希禹之义子云云。我深察作此之人，显系蓄意陷害，必与我有宿怨，否则必不为已甚。"这些捕风捉影的报道使他陷入危险之中。1月30日，他读湖北《民国日报》、武汉《革命军日报》和上海的《申报》《东方杂志》。他总结道："报纸上记载的消息很少，尤其是关于本省的就只有杀了好多人。《革命军日报》比较明白些，也许办报的人，多少是过了几天党的生活的。"报纸上充斥着捕杀共产党人的报道，他深感恐惧，希图逃离黑暗中的武汉。当时，他在民训部的工作也遭到威胁。8月16日，报纸报道民训会有取消之讯。9月16日，报纸又有民训会有取消之记载。1929年3月24日，他看报后写道："两湖民众请愿团列有我的名字，这是我事先不知道的。"① 他读

---

① 杨玉清著，杨天石审订：《肝胆之剖析——杨玉清日记摘钞》，中国时代经济出版社2007年版，第12、13、28、31、57页。

之颇感郁闷。这些读报记载的片段，从侧面反映了国共分裂之后的黑暗现实。

1929年10月至1933年5月，杨玉清在日本早稻田大学攻读政治学学士学位。其间，他读国内报刊相对较少，但也关注《醒狮》《再生》《日本国民》等杂志，偶读《甲寅》杂志存稿，偶记国内外要闻。1931年7月6日，他读报得知"朝鲜人击伤我国人三百余名，死者亦在五十余人以上"。他读后感叹："闻之心痛！中国一弱至此，奈何奈何！"7月29日，他读报获知国内洪水成灾，"汉口、武昌，均成泽国"。他读后颇为沉重地写道："人祸天灾，如此频仍，果天之不欲平治天下耶?！呜呼，回首故国，心欲碎矣！""一·二八"事变后，他于1932年3月6日读"上海事件"相关报道后写道："我十九军抵抗月余，最后又遭失败，实堪痛惜。"第四天，他晨起阅报，得知"东三省已成'独立国'，宣统为'执政'，郑孝胥为'国务总理'"。[①] 他虽东渡扶桑，但对民族危亡和国计民生甚为关切。

1934年春，杨玉清担任中国驻法大使馆秘书。之后的三年多，他阅读了法国和国内寄来的不少报刊，包括《巴黎晚报》《东方杂志》《改造》《独立评论》《中山文化教育馆季刊》《逸经》《日日新闻》《申报》《大公报》《救国时报》等，并为国内一些报刊写稿。如1934年10月16日，他收到《大公报》，得知自己所撰《欧游前车录》一文已在该报登出，"重阅者久之"。1935年3月21日，他见《申报》刊登自己所著《现代政治概论》一书的广告，颇为兴奋地写道："已出版。历年心血，积存五载，始得见天日。做事之不易也如此。"对于所读新闻，他往往有感而发。如1935年12月25日，他读报得知唐有壬被刺身死的消息，"为之感叹者，良久"。1937年4月29日，他读《逸经》所载瞿秋白著《多余的话》一文，颇为感慨地写道："所言一切，我多可以取为借鉴。时代之命运，决定有时代下之牺牲者。秋白则其牺牲之最著者乎？"5月8日，他读《救国时报》，得知国民大会组织法及选举

[①] 杨玉清著，杨天石审订：《肝胆之剖析——杨玉清日记摘钞》，中国时代经济出版社2007年版，第103、104、116页。

法已加修改，认为"稍可人意"。①

与上述党政官员不同，外交家颜惠庆于1926年退出政坛后，则在天津投资实业，闲来阅读《社会与政治科学》之类的专业杂志，也看《明星报》《京津泰晤士报》之类的报纸。如1928年1月26日，他读《社会与政治科学》杂志，特地指出："有一篇从社会学角度论述孔子学说的极好的论文。"4月22日，他又指出该刊上"有一篇论中庸的佳文，还有张煜全评论三民主义的文章"。5月7日，他注意到"《明星报》继续撰文抨击胡佛对开滦矿务局的行动，认为非常不利"。7月22日，他读《明星报》，得知发表了他的《废弃了的条约》一文。1931年后，他重返政坛，先后任驻美大使、驻英大使、驻苏大使。他长期在海外生活，读报的记录较少。在苏联期间，他有时阅读俄文报纸。如1936年3月5日记载："报纸公布了斯大林接见蒙古人的消息。这证实了苏联和外蒙古之间的关系。"② 不过，整体而言，他阅读外报的记录较少。

外交家蒋作宾于1928年任驻德、奥公使。当时，他留意中苏关系，主张联苏抗日，他在日记中的数次读报记录大多与中苏问题有关。如他在1929年6月12日记载："报载中俄因哈尔滨领馆事，日本反从中调解，可发一笑，此真所谓失之毫厘，谬以千里。"10月16日记载："《红旗》各报多谓吾国苏维埃政府将成立，俄国一切悬案应俟与新政府交涉。"11月7日又记："英《泰晤士报》载，俄人决心推倒南京国民政府，辅助冯玉祥成功，实无和意，仍积极进兵云。"③ 此类外报的报道大多来自通讯稿，作为外交官，蒋作宾对外交事件自然颇为关注。

除了中央高中级官员留心报刊之外，在地方官场，一些官员的读报活动也值得关注。如金毓黻从北京大学国文科毕业后，长期在东北官场发展。他

---

① 杨玉清著，杨天石审订：《肝胆之剖析——杨玉清日记摘钞》，中国时代经济出版社2007年版，第156、164、175、196页。
② 颜惠庆著，上海市档案馆编译：《颜惠庆日记》（第二卷），中国档案出版社1996年版，第401、419、422、439、974页。
③ 蒋作宾著，北京师范大学、上海市档案馆编：《蒋作宾日记》，江苏古籍出版社1990年版，第60、102、111页。

曾任辽宁省政府秘书长、辽宁省政府委员兼教育厅厅长、伪满奉天省公署参事官、图书馆副馆长等。1934年秋，他任伪奉天通志馆总纂。他长期从事东北问题研究，但日记中所载读报记录不多。1927年4月3日，他读《盛京时报》并记载："康南海先生有为于上月三十一日午前五时三十分在青岛病卒，年七十三岁。"① 尽管他未作评论，但特地录下此讣闻，说明他对康有为去世特别关注。对于沈阳当地出版的《东北丛刊》，他也颇为留意。1930年7月31日，他在日记中记载："行严先生谓《东北丛刊》所刊诸作，篇幅太长，读者恐不感兴味，不如多登短篇。此为《丛刊》销路计，诚为扼要。然余之用意却不如此，非为一时销售计，乃为供异时参考之需也。如景明久《舆地释略》、吴向之《历年节镇年表》、陈慈首《稼轩年谱》，岂仅仅供一时之用者耶！"对于东北的前途，他也留意报刊言论。如9月11日，他从报上读到吴伊贤《论今后东北所应持之态度》一文，记载了其主张的三件事："一、严守中立，为和平运动之预备；二、正式和平运动，以促各方之觉悟；三、实行联省自治，以树法治之基础。"对此，他颇为赞赏，认为"颇中窾要"。② 彼时，东北局势波谲云诡，他内心对此颇感焦虑。

黄体润则是一名典型的县级官员。他长期在江苏丰县耕耘，是民国时期国民党丰县党、政、军首脑人物之一，在丰县当地有广泛的人脉资源，颇有影响。其1933—1939年的日记较为全面地记录了他的日常生活，其中有不少办报与阅读报刊的记载。丰县当地的《丰报》创办于1932年，就由他主编。该报两周年纪念特刊，亦由他负责。他在日记中称："余因搜集材料，校对稿件，至夜深一时始就寝。"③ 作为报人，他对新闻业务颇为关注，特地参加《申报》新闻函授学校学习。1933年9月27日，他阅《申报》并记载："知余夜考之《申报》新闻函授学校已蒙录取，将于明日邮寄学费十五元。"加入新闻函授班的学习之后，黄体润坚持自学，颇为投入。如当年11月21日记

---

① 金毓黻著，《金毓黻文集》编辑整理组校点：《静晤室日记》（第三册），辽沈书社1993年版，第1855页。
② 金毓黻著，《金毓黻文集》编辑整理组校点：《静晤室日记》（第四册），辽沈书社1993年版，第2466、2494页。
③ 黄体润：《黄体润日记》（第二册），国家图书馆出版社2018年影印本，第49页。

第三章 十年内战时期时局变动、新闻呈现与读者观感

载:"整理函授学校讲义。"第二天又载:"开始学习《申报》新闻函授学校讲义。"12月21日,他"作散文研究及本国新闻事业习题三纸,寄兴学诗誊抄,以便转寄《申报》新闻函授学校"。这说明他对新闻函授学习颇为用心。当日,他还阅《新闻报》,"载有金荃君之《三字经考》一段文字,颇有价值",① 遂摘录该文。

虽然黄体润所记新闻较少,但他见到感兴趣的报道,往往予以抄录和评论。如1934年6月16日,他阅读上海《时事新报》的社评《禁毒设计》一文,认为"其办法颇觉可采",② 便在日记中全文抄录。10月14日,他读《申报》国庆纪念特刊《中国民族之复兴问题》一文,认为"有两段颇警策者",也予以摘录。11月3日,他读《申报·儿童周刊》后,对其中"有关于选择食物一段记载"。1935年2月26日,他见《申报》所载《论短篇文》,认为"颇恰余意",便"节录一段"。3月29日,他读报获知"济南发现古代铜器,器为园[圆]形",便加以考据和分析。4月20日,他阅读三天前的《申报》并记载:"德国现正提倡娱乐强身运动,……"摘录之后,他感慨道:"此举实与我心相契合。"③ 之外,他还经常阅读《丰报》,记载了不少丰县地方新闻。从总体上看,黄体润日记中记录的新闻并不多。他长期主编《丰报》,留心地方事务,与当地官员和社会各界联系广泛。作为地方报人,他获知的新闻应不少。但是,他的阅读与记载之间存在明显的选择性,即便偶尔抄录新闻,也是兴之所致,文本之间并无内在的逻辑关联。

1885年出生的沈锡庆,是晚近时期较早系统接受现代司法教育的留学人才。他长期从事地方法院的审判实务,是中国近代司法审判学的开创者、实践者之一。④ 他留存的日记始于1931年,止于1936年,较为详细地展示了他的生活和工作情况。1931年,他在南京司法行政部刑事司第三科供职,日记

---

① 黄体润:《黄体润日记》(第一册),国家图书馆出版社2018年影印本,第116、184、205、206页。
② 黄体润:《黄体润日记》(第一册),国家图书馆出版社2018年影印本,第382页。
③ 黄体润:《黄体润日记》(第二册),国家图书馆出版社2018年影印本,第10、46、169、201、238页。
④ 沈锡庆著,高利华整理:《沈锡庆日记》,凤凰出版社2019年版,前言第1页。

中多记载他办理案件的情况，有关报刊新闻的记载较少。他偶尔读报，很少记录时政报道。如他在当年 1 月 24 日读《中央日报》后记载："附张载有游戏数学二则，颇趣。"① 法学出身的他，特地抄录之，颇有雅兴。他 5 月 10 日"在寓终日阅《生活》周刊"之后，对这份杂志评价极高。他加上按语：

> 此周刊系民国十四年创刊，十六、七年间，老友陈朵如兄语其颇有见地，对于处世立身尤能发挥，颇有购阅之价值。劝予一阅，予领之而屡忘焉。日前，见书店有此寄售，购阅数期。见其批评时事诚有见地，不偏不党，对于处世立身之道，亦切于现世青年。而每期必有欧美、日本等处通信三两篇，尤足以增广智识，洵为现时周刊中不可多得之作。②

此段按语真实地反映出沈锡庆阅读《生活》后的感想。从个体阅读体验的角度看，可以视为《生活》为读者所喜爱的一个重要依据。当然，作为基层干部，他也偶尔对报上的时政新闻加以评论，表达自己的主张。如 1931 年 6 月 4 日，他读沪报，得知杭州市政府被裁撤，便指出："予对于市政府之设置，本极反对，以为骈枝机关莫以此右。……尝闻杭州自设市政府以来，增设烦苛杂税多至五六十种。徒耗国家经济，增加人民负担。于杭州实际有何益处？今果裁撤，不可语非吾浙之一福音也。"当然，对于重大时政要闻，他还是颇为留意。如"九一八"事变发生后的第四天，他在火车上阅报获知消息，对时局深以为忧。他认为，中央政府虽然已向国际联盟会申诉，请国联制止日军暴行，但他认为"弱国外交，结果可想。吾国民气虽极愤激，按诸实际，究有何益？" 12 月 17 日，他读报，"知国民政府主席蒋中正已通电下野，暂由林森代理主席"。③ 对于此事，他沉默以对，不予置评。

1932 年 1 月 21 日，他阅上海各报，得知自己被任命为上海地方法院院长

---

① 沈锡庆著，高利华整理：《沈锡庆日记》，凤凰出版社 2019 年版，前言第 5 页。
② 沈锡庆著，高利华整理：《沈锡庆日记》，凤凰出版社 2019 年版，第 23 页。
③ 沈锡庆著，高利华整理：《沈锡庆日记》，凤凰出版社 2019 年版，第 28、56、67 页。

的消息。他事前并不知道,"姑志之,以待证实"。第二天,消息得到确证。淞沪抗战爆发后,他于三天后阅杭报,"知上海战事甚烈"。彼时,他尚在杭州,报纸纷纷报道国民党军队胜利的消息,他对战事颇为乐观,认为"吾国必居胜利,军队奋勇,民气激昂,殊多佳兆"。3月15日,他到上海地方法院接印视事,公务极为繁忙,此后鲜有读报记录。1933年3月16日,他针对各报刊登的有关监察院调查他的不实之词,"遂致书各报编辑部",① 予以澄清。之后两年多的日记中,他几乎不再记载报刊新闻。

与一般地方官员不同,具有丰富从政经验的白坚武具有很强的政治野心,他对国共两党均不满,最后沦为可耻的汉奸。白坚武出生于1886年,18岁中秀才,1907年即进入北洋法政专门学校学习,1922年之后任吴佩孚的重要幕僚,可谓意气风发。但直奉战争后,吴佩孚失败,白坚武也退隐天津。北伐之后,他对南京国民政府颇为不满,也仇视共产党的革命活动。在1928年之后,白坚武的日记中充满对国共两党的指责,为达个人的政治野心,他于1933年与日本人接触,卖国求荣,1937年被冯玉祥逮捕枪决。在他人生的最后十年中,读报刊仍然是其日常生活中的重要内容。他经常阅读《大公报》《益世报》《庸报》《晶报》等报纸,也阅读《晓光》《新国家》等杂志。白坚武特别关注时政问题,并多以评论来表达自己的观点。如1928年1月4日,他阅《晓光》周刊,认为柳隅君之《论遗产》一文"颇有见到之处"。1月9日,他阅《新国家》杂志,认为该刊"材料尚称平适,反对共产尤确有见地"。1月11日,他读《大公报》社评《农工之前途》一文,"内言民众以农工为最大多数,言建设而对于农工无相当之政策,则殊无以副国人之期望"。他认为"斯言乃最得要领者也"。2月22日,他读《大公报》社评《失业与失学》后指出:"失业、失学,二者互为因果,其终局无救济之策,可以破家亡国灭种。"8月24日,他偶阅《性》杂志,极为愤懑,认为"所谓张竞生者,浮妄狂谬,造作种种名说,引导男女之色情狂;然其所说多无根据,此杂志中人亦泰半驳斥其说。……今之谈色欲者,名实皆无足取,惟好创造新

---

① 沈锡庆著,高利华整理:《沈锡庆日记》,凤凰出版社2019年版,第71、77、223页。

名词以为牟利之具。如张竞生者，可谓谬妄之尤者矣。"① 从白坚武当年的报刊阅读记录看，他似乎更在意对报刊内容的点评，尤其是对报刊的优劣，往往以一己之见进行定性。如他认为《国闻周报》"内容尚佳，惜无巨作耳"；"作品绝少，而纪录事实则甚为详悉，过后可备参考之用。一等杂志有可称创作之品，二等杂志可备掌故，各有其用耳"。② 他评价"天津《晶报》虽不如上海《晶报》，然文笔亦复斐然可观，惟好道人阴事是其所短耳"。③ 对于他在 1916 年创办的《晨钟报》，他颇为得意，偶阅自己在创刊号上发表的《议会与政党之回顾》一文，认为"词意俱美，在当日系有感而作，至今日亦尚有可纪之价值"。④ 此类评论颇能反映他的自负和傲慢心理。

白坚武虽对国民党颇为不满，但对于一些政治人物的言论尚能深入分析。如他于 1929 年 6 月 24 日阅报得知蒋介石北来处置冯、阎问题，大发感慨："任大事要见得到作得出，拿的起放的下，此 12 字妙诀，蒋介石有之，宜其推倒一切有所树立也。"9 月 2 日，他读《大公报》所载胡汉民的《肃清党治下一切腐化分子》一文后记载："内引中山'人民有自由，官吏无自由'。又言'大臣法、小臣廉；大臣守法以后，小臣方能跟着守法，而保守廉洁'，可谓应时立论，对症下药。"1930 年 2 月 7 日，他读《大公报》所载王湘汀辞皖主席的新闻，评论道："在授者既未必具诚意，而受者担兹有名无实之局，谢却亦较为清净，来日尚有希望，不至两误反为得计。"⑤ 此类评述，有感而发，颇为细致，体现出他的时政分析能力。

对于国民党的内政外交政策和贪腐问题，白坚武往往在读报后表达不满。

---

① 白坚武著，杜春和、耿来金整理：《白坚武日记》（第一册），江苏古籍出版社 1992 年版，第 525、527、535、578 页。

② 白坚武著，杜春和、耿来金整理：《白坚武日记》（第一册），江苏古籍出版社 1992 年版，第 544、643 页。

③ 白坚武著，杜春和、耿来金整理：《白坚武日记》（第一册），江苏古籍出版社 1992 年版，第 685 页。

④ 白坚武著，杜春和、耿来金整理：《白坚武日记》（第一册），江苏古籍出版社 1992 年版，第 598 页。

⑤ 白坚武著，杜春和、耿来金整理：《白坚武日记》（第一册），江苏古籍出版社 1992 年版，第 658、682、728 页。

如 1930 年 5 月 23 日，他读《大公报》得知蒋介石聘德国顾问团多人，评论道："有从前鲍罗廷把持之渐。实则整顿军事之秋，雇用外员亦自可取。" 11月 28 日，《大公报》载临清公安局长贪污的报道，他读后记载："长年入十余万元，俱由河中船捐所得，可见中国苛捐酷税到处殃及商民，无可呼诉也！"① 1931 年 7 月 22 日，《大公报》载德国记者克林罗斯氏著《中国之黑化》一文，他认为"写中国现象深澈确切，如燃犀、如拍照，穷形尽致，真令华人愧死"。11 月 24 日，他读报后记载："蒋介石四（中）全会闭幕，宣言以诸葛亮、岳飞自励。彼二人诸事，未有如今日之因循贻误者，种种丧权辱国之后，为匹夫之拼命一死，生既无裨，死亦无赎，当局者不应如是也。"他进而讥讽道："今日当局宣言不卖国，实则误国之罪尤重大耳。"12 月 13 日，他读《大公报》社评《论国难会议》，认为"最当"，进而指出："一党专政之政府，平日无国民参预余地，一旦事变临头，乃欲巧立名目，借会议以为诿责之地，是其罪尤不可恕。"此类批判，颇能体现他真实的想法。1932 年 1 月 25 日，他读报后记载："党府将负责进行对日外交。自东北事变，当局不和不战，数月于兹矣，坐视东北沦陷贻误至此，今日而言进行外交已晚矣。但今日起而负责，较之至死不悟者犹胜耳。"1936 年 6 月 9 日，他读《庸报》记余汉谋、缪培南托病一事，认为"此实为蒋与陈济棠暗斗之机，觇军者于此须注意"。② 另外，白坚武对苏联的农业、经济问题也较为关注，多次摘录相关新闻。他阅读范围较为广泛，喜欢评论时政，抒发见解。他认为国民党内外交困，无力解决中日问题，而他作为北方的政治精英，则希望通过对日妥协来解决问题。此种心态，在他的读报活动中亦有迹可循。

然而，也有高级将领因政治原因，很难读到报刊。西安事变之后，张学良被幽禁，失去人身自由，很难收阅报刊。他在 1937 年 1 月 6 日的日记中写道："早要报纸看，不允。"第二天，他有机会读到《东方杂志》，写下他的

---

① 白坚武著，杜春和、耿来金整理：《白坚武日记》（第一册），江苏古籍出版社 1992 年版，第 761、820 页。

② 白坚武著，杜春和、耿来金整理：《白坚武日记》（第二册），江苏古籍出版社 1992 年版，第 894、929、937、958、1297 页。

阅读心得:"关于中日问题数篇甚得余心,浦薛凤《国难最高峰》,全世界左右集团挑战,甚好!车铭深论新儒家的《理和欲》,余稍明宋、清两派之分,甚感趣,愿再深讨,想请人讲之。"① 之后,他的日记中很少有读报记录。这与他幽禁期间的信息阻隔有关。

通过对以上各类官员读报活动的分析,可以发现,他们在日记中对报刊的理解和对新闻的选择有较大的差异,各自的阅读经历更是复杂多样,对新闻记载和评论更是各有侧重。这不仅与他们的生活经历、社会地位、价值取向及阅读习惯有关,也与个体所处的社会情境和阅读环境有关。在纷乱的时局中,官员们自然对时政要闻比较关注。但是,个体之间订阅和接受报刊新闻的时机不同,阅读的兴趣和范围也有很大差异。有些党政要员虽然经常读报,但很少记载报刊新闻。如曾任南京国民政府主席的谭延闿,他在日记中基本不提及报刊。② 又如国民党元老谢持,其日记中也少有读报记录,③ 且所记新闻并非时政要闻,但这并不代表他平时很少读报。

党政官员的所读与所记之间有很大区别,他们在日记中所记报刊新闻的内容长短不一,对新闻的评论更是体现了各自的认知、立场和观点。虽然他们都在体制内为官,但如何读、如何记,则是个体在日记中的自由选择。尽管他们的日记中都记载了各种报刊新闻,但各有心得,详略不同,评论各异,心态复杂。日记文本呈现出不同的内涵和意义,也体现了个体的性情与风格。然而,从总体上分析官员的读报记录,既能探究他们的所读、所录、所思,又能观察到时局对他们日常生活产生的深刻影响,还能反映他们的阅读兴味和政治话语。

---

① 窦应泰编著:《张学良遗稿:幽禁期间自述、日记和信函》,作家出版社2005年版,第288、289页。
② 谭延闿的日记始于1895年,终于他去世的1930年。中华书局出版的《谭延闿日记》,影印本全套20册,谭延闿对每天的日常生活细节记录甚为详细。作为美食家,他对日常饮食的记载尤其详尽。但作为政治家,他几乎不提及报刊新闻,此类现象颇值得注意。参见谭延闿:《谭延闿日记》(全二十册),中华书局2019年影印本。
③ 谢持在1928年2月1日的日记中写道:"报载李芳宸景林剑术如神龙矫天,惜当日未躬往观之。"同年6月19日又记:"《晨报》载夏重民同志遇难六周年追悼会。"参见谢持:《谢持日记未刊稿》(第六册),广西师范大学出版社2007年影印本,第1、92页。

第三章　十年内战时期时局变动、新闻呈现与读者观感

第八节　建构历史场景：胡适的剪报活动与意义呈现①

胡适虽然在上海求学期间便有剪报的习惯，但他在美国留学期间和"五四"前后，都很少在日记中剪贴报刊新闻。1921年之后，至他去世的1962年，在长达41年的日记中，胡适每年都剪存大量的报刊材料。尤其是1921—1930年的十年间，他剪报的数量极多，涉及面甚广，包括新闻、论文、评论、书信、诗歌、散文、杂谈等多种形式，在胡适日记中占有很高的比例。有时他一天剪贴数份报纸的数则新闻，如1926年11月1日，他剪贴了英文报纸中的九则新闻。② 一天剪贴三五则新闻在胡适的日记中颇为常见。胡适不仅将剪报作为新闻叙事和评论的材料，还通过剪报来记事。他的日记中有不少日期仅仅是贴上报刊新闻，以新闻替代日记。如1928年11月24—28日，他连续五天剪贴查获烟土纠纷的系列报道，③ 对轰动全国的"军警烟土纠纷案"的相关新闻予以持续关注。此类以"报言"作为日记的方式，在民国时期的日记中并不多见。总体上看，胡适的剪报活动具有以下三个特点。

一是涉及报刊类型多样，数量庞多。胡适在剪报时经常不标注具体报名和日期，大部分剪报的来源难以考究。但是，从他列出的部分报刊看，已是蔚为大观。其中，报纸主要包括《申报》《新闻报》《中央日报》《大公报》《京报》《益世报》《时事新报》《民国日报》《商报》《晶报》《国民日报》《北京新社会报》《北京大学日刊》《华北日报》《中央晚报》《世界日报》《华中日报》《东方晚报》《江南晚报》《浙江民报》《苏州明报》等三十余

---

① 胡适的剪报活动从他1904年到上海求学期间算起，至他1962年去世，跨度极大。为了集中论述，这里主要讨论他在20世纪20年代的剪报活动。
② 胡适著，曹伯言整理：《胡适日记全编（1923—1927）》（4），安徽教育出版社2001年版，第416页。整理者在整理胡适日记稿本时，限于篇幅，省略了大量剪报，仅以注释的方式简单提示。因此，我们无法看到胡适剪报的全貌。即便如此，整理移录的部分剪报也在胡适的日记中占有较大比例。
③ 胡适著，曹伯言整理：《胡适日记全编（1928—1930）》（5），安徽教育出版社2001年版，第302—304页。

种；杂志包括《努力周报》《东方杂志》《读书杂志》《上海画报》《新月》《生活》《吴淞月刊》《生活时代》《醒狮周报》《风华》《现代评论》《语丝》等十多种；英文报刊包括《晨邮报》(Morning Post)、《泰晤士报》(Times)、《每日新闻》(Daily News)、《标准晚报》(Evening Standard)、《纽约时报》(New York Times)、《字林西报》(North China Daily News)、《中国评论周报》(The China Critic) 等十余种。尽管这仅是胡适标注的部分报刊，但足以表明胡适与一般剪报者的不同之处。民国时期，大部分剪报者留心剪贴中文报纸，很少关注杂志上的文章，而胡适则较多地剪贴杂志上的论文。至于胡适剪贴的不少英文报纸新闻，更是一大突出特色。彼时，不少学者虽有出国留学的经历，但长期剪贴英文报刊的读者甚为少见。

二是剪报中涉及的国内外新闻极为广泛。胡适兼具学者、报人、政客多种身份，在不同时期，他对报刊新闻的关注重心都有较大差异。在1921—1922年的剪报中，他对有关北京大学和教育界的新闻报道甚为留意。1921年5月3日，他剪贴的新闻之标题为《北大教职员捐俸建筑图书馆》。5月21日，他在日记中写道："前日政府忽用强硬手段对付教职员罢工风潮，有公函致教育部如右。"并剪附国务院第961号公函。6月3日，他在日记中写道："是日北京学潮忽演出一种惨剧，真是不幸的事。今将纪载最详的报纸剪裁一段，以代笔记。"这则剪报的内容出自6月4日《北京新社会报》所载《鸣呼中华民国之教育》一文。1922年10月25日，他剪贴了报纸所载《蔡元培复职后在北大之演说》一文。① 1928—1929年，胡适多次剪贴有关大学院改革、中国公学风潮，以及北京大学、清华大学、中央大学等校的相关报道，如《午时中央大学欢宴详志》《大学院通令》《蔡元培呈请辞职》《清华大学条例公布》《大学院编造国立大学概况统计》《大学院改组教育文化基金董事会说明》，② 等等。这些新闻都事关教育，胡适以剪存的方式体现出他对教育事业

---

① 胡适著，曹伯言整理：《胡适日记全编（1919—1922）》（3），安徽教育出版社2001年版，第242、274、291、867页。

② 胡适著，曹伯言整理：《胡适日记全编（1928—1930）》（5），安徽教育出版社2001年版，第121、137、256、266、274、278页。

的重视。

作为自由知识分子,胡适留心观察国内外的时政要闻,并以剪报的形式较为全面地反映了一些重大新闻的来龙去脉。如1928年5月3日,济南惨案发生后,胡适对日军的暴行深为愤怒。6日,他剪贴了国民政府外交部长黄郛的正式抗议书。7日,他剪贴了英文报刊刊登的日本驻济南总司令福田中将的报告。9日,他剪贴外长黄郛向各报记者报告济南惨案经过的新闻,以及《申报》所载新闻"蔡公时殉难始末记",还有《时事新报》和英文报刊所载外交专员蔡公时惨遭日军杀害的三则新闻,以及中文新闻"福田提出廿一条件式之'哀的美敦书'"。10日,他剪贴济南惨案相关新闻多则,其中四则的标题是《蒋总司令通令》《日军强据济南城》《蒋总司令下令渡河》《日本无理之条件》。① 有关济南惨案的系列剪报勾勒了整个事件的大致面貌。胡适如此细心地搜罗中外报刊的报道,通过新闻叙事拉近与事件的距离,表达出他对日寇入侵济南这一重大新闻的关注。

胡适是新闻自由的积极倡导者,他对报刊的观察也比较深入。如1928年5月16日,他在日记中写道:"上海的报纸都死了,被革命政府压死了。只有几个小报,偶然还说说老实话。下列的一条,大可留作革命史料。"接着,胡适剪贴了5月12日《晶报》的两则新闻,标题为《烟窟中之总理遗像》《张石铭身后一公案》。② 对于南京政府的内政外交,胡适经常通过剪报来表达关注,仅在1928年,他就剪贴相关新闻数十则,内容涉及裁兵、社会改革、禁烟、外交声明等方面的内容。

胡适对军阀混战和言禁颇为不满。1929年,他多次剪贴有关的新闻和评论。如4月1日,他剪贴二则时评,题目为《一件比蒋桂战争还要重要的事》和《明日的蒋介石》。作为自由主义知识分子,胡适特别重视言论自由,他对国民党的新闻检查制度颇为不满,尤其对国民党封禁苏州各报馆的新闻较为

---

① 胡适著,曹伯言整理:《胡适日记全编(1928—1930)》(5),安徽教育出版社2001年版,第75—106页。
② 胡适著,曹伯言整理:《胡适日记全编(1928—1930)》(5),安徽教育出版社2001年版,第110—112页。

关注。7月5日,他剪贴《苏州明报》的报道,标题为《苏州各报馆反对党政军联合新闻检查处之经过》。6日,他又剪贴标题为《苏州新闻检查处议决撤销》的新闻。11月12日,他读《浙江民报》上叶楚伧所写的《由党的力行来挽回风气》一文,并感叹:"我因为'中国本来是由美德筑成的黄金世界'一句名言,最可以代表国民党的昏愦,故留在手头。"① 另外,有关国民政府的重要会议、公告,蒋介石、汪精卫、冯玉祥、阎锡山等政要的言论,以及蔡元培、鲁迅、辜鸿铭等学界名流的相关报道,胡适都留心剪贴,间有评论。

三是胡适剪贴了大量报刊上与自己相关的报道。作为文化名人,胡适写日记有为自己作传的意图。胡适本人也是传媒知识分子的代表,从少年时期编辑《竞业旬报》,在《新青年》"暴得大名",到抗战前独自编辑《独立评论》,胡适对报刊舆论的重要性有极为深刻的认识。他是文人论政的典型,也是极为高产的作家、学者,在报刊上发表文章是展示他文学创作和学术成就的价值所在。他与报刊的互动极为频繁。作为梁启超之后崛起的学界领袖,胡适的一言一行都会引发报刊的关注。"报刊上的胡适"是展示他写作、办报与社交活动的重要内容。作为亲历者,胡适将剪贴自己的作品和相关新闻作为剪报工作的重点,这些剪报是再现其生平和思想的重要史料。

胡适留意自己在报刊上发表的作品,经常在日记中予以剪存,有时还加以说明。如1921年7月11日,他送别恩师杜威,他在日记中写道:"杜威先生这个人的人格真可做我们的模范!他生平不说一句不由衷的话,不说一句没有思索过的话。只此一端,我生平未见第二人可比他。"然后,他剪附自己发表在《晨报》上的《杜威先生与中国》一文。1922年4月23日,他剪贴自己当日在《北京大学日刊》上发表的《我对于运动会的感想》一文。5月14日,他剪贴在《努力周报》上发表的《我们的政治主张》一文。② 此后,

---

① 胡适著,曹伯言整理:《胡适日记全编(1928—1930)》(5),安徽教育出版社2001年版,第380、454、460、570页。
② 参见胡适著,曹伯言整理:《胡适日记全编(1919—1922)》(3),安徽教育出版社2001年版,第368、636、666页。

第三章 十年内战时期时局变动、新闻呈现与读者观感

他多次剪存自己在《努力周报》上发表的文章，如《后努力歌》《政论家与政党》《宣统与胡适》《别赋》等。1929年5月6日，他剪贴自己在《吴淞月刊》第二期上发表的《中国公学时代的旧诗》一文。13日，他再次剪贴于同期发表的《知难，行亦不易——孙中山先生的"行易知难说"述评》一文。① 其中，他剪贴的部分文章在社会上引发了较大的反响。他剪存自己的作品，不仅有保存文献的意图，也从事件的角度为后续的相关争论提供了缘由。

胡适较早于日记中剪贴有关自己的新闻是在1921年5月3日，他提议捐建北京大学图书馆一事被报纸报道后，他便特加剪贴。7月20日，他剪存当天《商报》上张丹斧所写的《胡老板登台记》。该文甚为夸张地描述了胡适在商务印书馆受到的礼遇和欢迎程度。胡适虽然认为作者在"开玩笑"，但颇有几分自得。第二天，他又剪贴7月23日《时事新报》上发表的《胡适之之谈话》一文，主要内容为胡适谈"北京学潮事"。1922年6月5日，胡适剪贴了署名为"天云"的作者所写的《答胡适君》一文。该文回应了胡适对《晨报》的批评。三天后，胡适又剪贴《晨报》所载《再答胡适君》一文，② 通过答问，此事引发舆论的广泛关注。1928年3月31日，胡适剪贴《生活》第二十期上苏雪林所写的《与胡适之先生的谈话》一文。1929年1月10日，他剪贴《金钢钻》所载《胡适之扫兴而回》一文。名为"英俊"的作者在文中对胡适辞去文化基金会董事一职大为讥讽。1929年，胡适所写《知难行亦不易》《人权与约法》《我们什么时候才可以有宪法？——对于建国大纲的疑问》三文在《新月》上发表，引发广泛讨论和激烈批评。胡适隐而不发，并在日记中大量剪贴相关文章。如他剪贴了6月6日报刊刊登的《胡适之揩揩眼镜》《争自由与胡适的胡说》两篇批评文章。之后的两个多月，胡适的言论引发国民党当局的强烈不满，报刊上对胡适的批判连篇累牍。胡适剪贴了报刊上的数十篇相关文章，其中不乏恶意诋毁和人身攻击的言论，

---

① 参见胡适著，曹伯言整理：《胡适日记全编（1928—1930）》（5），安徽教育出版社2001年版，第405、419页。

② 参见胡适著，曹伯言整理：《胡适日记全编（1919—1922）》（3），安徽教育出版社2001年版，第383、391、684—685、691页。

但也有为胡适辩护的声音，一时成为舆论的热点。如 8 月 28 日，胡适剪贴了三篇文章，标题分别是《知难行易的根本问题》《赞美的圣经　拥护胡适博士》《胡适之的反动与迷梦》。8 月 29 日，他剪贴的新闻有《中公校长胡适反动有据　市党部决议请中央拿办》《胡适担不起的罪名　侮辱总理　背叛政府》。之后，北平、上海、江苏等地党部呈请查办胡适的新闻充斥于各类报端，对胡适开展轮番批判和揭发，甚至要求通缉和逮捕他。一些政客和文人也在报刊上发表论文，指名道姓，大力批驳，如《胡适所著〈人权与约法〉之荒谬》《有宪法才能训政吗》《严惩竖儒胡适》《赞成"知难行易"说》等文章。1930 年 1 月 21 日，胡适剪下《时事新报》所载新闻，题目是《市宣传部第四十二次会议呈请辑［缉］办胡适》，主要内容是："一、查封新月书店；二、呈请市执委会转呈中央将中国公学校长胡适迅予撤职；三、呈请市执委会转呈中央将胡适褫夺公权，并严行通缉使在党政府下不得活动。"① 这说明，胡适的言行激怒了国民党当局。胡适留意搜罗相关报道，不作辩驳和评论，并将它们附贴在日记之中，大有来日为自己正名之意。

胡适在日记中的剪报种类繁多，内容极为丰富，很难一一陈述。总体而言，剪报是他的一大爱好，也是他记事、议事、忆事的重要方式。与一般读者侧重记载报刊新闻不同，胡适几乎每天都会收阅大量报刊，他较少复述报刊新闻的内容。但是，通过剪报，他一方面可以节省大量时间来见证报刊的影响，另一方面则以剪报作为替代书写的方式。一般读者以浏览的方式实现报刊的消费价值，而胡适则侧重以剪报的方式展示其再现价值，通过空间上的位移，将报刊内容大量附贴在日记中，形成与他手写文本并行的记载方式。这显然与一般读者偶尔在日记中剪贴报刊不同。从这个角度看，胡适的剪报活动之所以能坚持四十余年，不仅源于他的兴味和毅力，更因为他将报刊文章作为言说方式，通过文本的链接重演具体场景，能见证自己的生活历程和世界的动态变化，从而使自我与报章建立更为紧密的联系。这表明剪报在胡

---

① 参见胡适著，曹伯言整理：《胡适日记全编（1928—1930）》（5），安徽教育出版社 2001 年版，第 18、346、430—433、484—514、601 页。

第三章　十年内战时期时局变动、新闻呈现与读者观感

适的日常叙事中具有特别重要的意义。

小　结

对十年内战时期的私人读报活动进行系统研究存在诸多困难。从读者本位的角度看，一些读者虽然订阅了大量报刊，但很少记载阅读的内容和过程。我们固然可以通过他们订报、提及的报刊名称判断他们是真实读者，但由于缺乏具体的阅读文本，我们很难了解他们何时读、读什么、有何感想。以银行家卞白眉为例，他15岁便成为秀才，后又留学美国，兼学中西，视野开阔。他长期担任中国银行天津分行行长，在金融界颇有影响。公务之余，他多次应邀为《大公报》《益世报》撰文，分析金融形势，并长期订阅《顺天时报》《大公报》《晨报》《益世报》等报刊，关注金融动态和时政新闻。但是，他的日记一般只是简单地记载读何报，很少抄录和评论具体新闻，偶尔提及个别新闻，亦颇为简约。如1928年4月11日，他读《顺天时报》后记载："军费垫款，中、交两行有进退维谷之势，谋之其他第一流银行，均不愿助力。""一·二八"事变后，他在1932年2月21日记载："日军攻击似无大进展。唯《益世晚报》有我方暂时放弃江湾之说。"① 此类简要的文本难以展现他作为"资深"报刊读者的阅读史。

与卞白眉相似，秦润卿是民国时期上海金融界的显赫人物，与沪上报界人士也有较多交往。按常理，他应该有较多机会阅览各种报刊，但他很少在日记中记载读报经历。在他1936年的日记中，仅6月9、10日两次谈及读报活动。他在6月9日的日记中写道："报载西南组织救国军出发湘边之讯。"第二天，他继续关注事态进展："报载西南军已进驻衡阳，究属对内对外，疑团莫释，然市面已受恐慌。"② 此次西南军阀"谋乱"的新闻能引起秦润卿

---

① 卞白眉著，中国人民政治协商会议天津市委员会文史资料委员会、中国银行股份有限公司天津市分行合编：《卞白眉日记》（第二卷），天津古籍出版社2008年版，第15、175页。
② 秦润卿著，孙善根整理：《钱业巨子秦润卿日记》（未刊稿），第26页。《秦润卿日记》原件藏于浙江省图书馆，孙善根整理的繁体本已于2015年由香港凌天出版社出版，时间跨度为1936年1月1日至1950年12月31日，但难以查阅。经整理者同意，这里引用尚未出版的简体版书稿。

的注意，大约与此事件可能导致金融市场动荡有关。此类读报记录在他抗战前的日记中很少见到。

诸如卞白眉、秦润卿之类的报刊读者，我们很难通过日记文本来探讨他们的阅读心理、情感和价值观。从这个角度看，我们要关注个体读报的"流水账"，坚持以具体的阅读文本为基本研究对象，哪怕一些记载缺乏内在逻辑和互文性，且内容甚为枯燥，难以勾连。但是，文本是阅读史研究的核心要素，没有读者的阅读记录，想象的阅读与真实的阅读就难以区分。

阅读是复杂的社会现象，对个体读报活动的分析还要结合阅读群体加以研究，因为对个体阅读经历的探讨需要置于特定的社会情境和群体中进行意义阐释。也就是说，读者虽然是个体，但他们读报纸的行为具有显著的社会性，需要对他们的身份、地位和观念进行群体分类。虽然群体内部的个体具有很大的差异，但通过对不同群体的整体分析，可以进行读者阅读的文化史、社会史研究。然而，我们对十年内战时期的读者群体难以进行全面而准确的分类，有关个体阅读的史料较为有限，下层社会尤其是工人、农民对私人读报活动的记录很少，难以系统研究。不过，我们可以借助有限的材料，从阅读类型的角度，通过对一些个案的深入分析，来探讨读者读报的新闻感知、情感经历与心灵体验，进而对某些社会群体的阅读风格进行归纳和总结，展示其读报活动与社会变迁之关联。但是，从类型的角度对读者阅读进行分类研究也有一定的局限，读者群体的内部往往存在阅读时空、内容和观念上的差异，需要注意他们作为个体的特殊性。

值得指出的是，一些社会底层人员通过自学获得了向上流动的机会，报刊往往是他们与外部世界联系的通道，也是他们向上流动的"阶梯"。比如，陶亢德虽然只读了几年私塾，但他天资聪慧，勤奋好学。1927年之后的3年，他在苏州当学徒期间，便设法阅读《申报》《新闻报》《东方杂志》《小说月报》《幻洲》《创造》《洪水》《生活》等报刊。他回忆道："《幻洲》是小本子，形式很特别，精致可爱，内容似乎有点黄。"至于《小说月报》，他"没有一期不看，没有一篇不看"。1930年之后的一年多，他在沈阳谋生期间，"除在房间里乱写胡作之外，就去离寓居不远的沈阳青年会看看书报"。他订购了《新月》《生活》等杂志,认为《新月》"很中我意","它的封面我也喜欢"。他评价《生活》"亲切诚恳平稳乐观。既不剑拔弩张,也不浮头滑脑"。① 之后,他给《生活》投稿,并由此结识了邹韬奋等人,相继成为《生活》《论语》《人间世》《宇宙风》等杂志的编辑,在杂志界颇有声名。显然,他由读杂志而走上了办杂志的道路。诸如陶亢德之类的自学者,在20世纪二三十年代的报刊读者中应有不少,只是他们没有留下详细的阅读报刊记录,从而难以成为阅读史的研究对象。

总之,十年内战时期的报刊新闻复杂多样,读者在不同时空中阅读的重点也有很大差异,对报刊的理解、保存和使用也大有讲究。比如胡适、顾颉刚、黄炎培等人的剪报活动,颇值得注意。然而,从群体阅读的角度看,学生、传统士绅、学者、作家与党政官员等不同社会阶层都形成一定的阅读圈层现象,他们在读报时的所录、所思、所感,都有一定的身份意识、价值选择和政治站位,在他们的新闻阅读、理解和阐释之下,形成了复杂多样的意义之网,并产生了阅读的涟漪效应。可以说,报刊深度介入了他们的生活与思想世界,他们对报刊新闻的描述与评论不仅体现了新闻事件的传播进程和社会影响,也见证了读者在具体新闻场域中的真实观感。

---

① 陶亢德:《陶庵回想录》,中华书局2022年版,第36、39、58页。

第四章

报刊采编、读者阅读与交往网络

在报刊史研究中，研究者通常对报刊内容较为重视，而关于文本生产与消费的过程，往往关注不够，尤其是报刊生产与消费之间的联系环节，几乎被忽视甚至遮蔽了。报刊作为媒介，其价值需要借助人的生产与消费活动得以体现。与早期传教士办报的"单打独斗"相比，在20世纪二三十年代，大批职业编辑、记者以新闻业为职志，尤其是许多学者、作家兼具报人身份，使报刊的采编、印刷、出版水平有了明显的提高。从生产与消费的角度看，仅从读者本身探讨报刊的影响，并非阅读史研究的全部意义。而且，随着报纸副刊和各类杂志的大量创办，时政评论、文艺作品和学术论文所占报刊内容的比重有显著提高。传统的读者概念已经发生很大变化，许多报刊文章的作者，本身就是读者，甚至是报刊的"首席读者"，而编辑和记者由于经常浏览报刊，也兼具读者身份。一些读者则通过给报刊写稿，成为报刊作者。因此，在发达的报刊市场中，编者、作者与读者的身份可以经常转换，他们围绕着报刊传媒形成了一个广泛的"编—写—读"体系，并通过报刊建立了复杂的社会网络。从这个层面上看，研究读者、编者与作者的关系并非刻意对他们进行身份界定，而是通过他们之间的互动，揭橥报刊作为消费品的意义网络和社会价值。

第一节　编者与读者的互动

编辑对报刊内容而言是最重要的加工者，在很大程度上决定了报刊的质量和风格。在不少人看来，编辑只是从事一般性的文字工作，但事实上，编辑工作要求甚高，"殊不知新闻原稿，异常芜杂，取舍之间，煞费考虑，轻重之间，有待权衡，此种工作，似非全凭学识即可济事，必须累积若干年月，获得经验，方足应付裕如"。[1] 这里我们不讨论编辑本身的工作，而是从编辑者的角度探讨其在报刊发行与阅读方面的作用。

创办报刊，人、财、物三者不可或缺，《申报》《新闻报》《大公报》此类的老牌大报都拥有一流的管理团队、雄厚的财力和先进的设施。诚如陆费逵所言："盖此种事业，非有适当之人才与目的，适当之资本与机关，固不能久大而有裨于社会也。"[2] 资本、技术是报刊业发展的物质基础；管理团队尤其是编辑人才，则是报刊品牌与质量的根本保证；好的主编更是在报刊管理工作中居于核心位置，对整个报刊的发展方向起到关键作用。十年内战时期，中国报刊业的发展与繁荣，与编辑队伍的壮大有直接的关系。彼时，报刊的栏目分工已较为细化，尤其是许多商业报纸开辟的副刊栏目，对编辑工作的要求大为提高。在强大的竞争过程中，编辑人员需要更多地了解市场和社会，更全面地了解读者的需求。作为消费终端的读者决定着报刊的发行量，争取读者的关注，获得读者的支持，是报刊的生存和发展之道。因此，对于报刊编者而言，如何联系读者，让读者更多地了解报刊的议题和动态，发动读者参与报刊的采写编，鼓励读者提出各种批评和建议，是"开门办报刊"的必然要求。

从供应端看，编者对新闻产品的生产有一定偏好，而这种偏好是否满足读者需要，受到读者欢迎，则需要读者来评判。因此，读者的消费力与报刊

---

[1] 赵君豪：《中国近代之报业》，申报馆1938年版，第37页。
[2] 陆费逵：《宣言书》，《大中华》1915年第1卷第1期，第1页。

的生产力相互联系、相互影响。对于编者而言，办好一份报刊，势必要以读者为中心，了解读者之所思、所需。围绕着报刊的编辑与发行工作，编者要主动向读者请教，向读者公开编者的编辑动态和办刊想法，征求读者的意见和建议。围绕着报刊这一精神消费品，读者与编者在提高消费品质方面有共同诉求。

从编辑史角度看，报刊编辑很早就开设读者来信栏目，早期宗教报刊如《遐迩贯珍》《六合丛谈》上就有不少读者来信方面的内容；《格致汇编》《万国公报》的"读者答问"栏目，更是对"西学"传播起到了重要作用；清末《申报》《新闻报》《大公报》的"读者来信"栏目，内容涉及时政、经济、文化、科技、教育、生活常识等方面的内容，尤其是读者针对如何提高办报品质而提出的具体建议，成为报刊编辑"自揭家丑"、改正工作的重要抓手；"五四"前后，各类报纸杂志尤以吸引青年学生、知识分子阅读为重点，读者来信的内容更多地关注青年的精神生活，编者与读者的问答揭示了时代的精神状况，这在《新青年》的读者答问栏目中表现尤甚。

十年内战时期，我国报纸杂志普遍注重读者阅读需求，通过读者来信、读者问答、征稿启事、编辑手记、敬告读者、编后记、编余随笔等栏目，建立与作者、读者和社会各界的联系渠道。这些栏目的开设，体现出编辑"开门办报刊"的思路。一方面，编辑们尤其是主编将报刊编辑的最新内容、设想和动态如实向读者报告，昌明报刊宗旨和为读者服务的目的；另一方面，通过广泛地向读者征求意见和稿件，编辑部能够极大地发挥读者的积极性和主动性，使广大读者参与报刊的内容生产，形成阅读—生产—再阅读的循环系统，推动报刊的社会化进程。从当时的报刊版面和栏目设计来看，这些加强编者与读者联系的栏目，根据版面的安排，多以黑体标题吸引读者的关注。如萧乾在《大公报》文艺副刊开设《读者与编者》栏目，体现了编者、读者之间的密切关系。对此，他回忆道：

> 从一开始，我就强调不要让它成为编者的独白。我曾说："这是个圆桌，不是个讲台。讨论的范围以文艺问题为主，但也可涉及其他……这

是个苦闷年头,谁没有一肚子委屈!这栏一开,我们相信年轻朋友们将争先递给编辑他们的'公开状'。"

这么一来,可开了闸门,每天的来稿增加了不止一倍。文艺问题之外,还有谈升学的,谈恋爱问题的。然而特别多的是由苦闷而谈到青年出路问题。当时,我还不会用木刻或诗来补白,所以每天排版后,师傅说还差三百或五百字,我就站在排字房按照需要的字数给读者写《答辞》。[①]

显然,《读者与编者》就是让栏目成为共同论坛。读者将编者视为知心朋友,畅所欲言,这是报刊获得读者关注和信任的重要方式,也是加强编者与读者沟通的基本手段。诸如《申报》之类的老牌大报,非常注重读者作为消费者主体的作用,利用各种途径与读者沟通,如设立《读者通讯》《读者顾问》《读书问答》《读者来函》《社会服务》《来函照登》《特价启示》等栏目,加强与读者和社会各界的联系;《申报》还广泛刊登书籍、报刊发行广告,为读者了解书刊市场的动态提供极为丰富的信息;《东方杂志》《中学生》《生活》《独立评论》等刊物曾多次在《申报》上刊登广告,介绍其栏目和办刊特色,从而扩大知名度和影响力。

《申报》的《读者通讯》栏目是编者答复读者来信和问询问题的重要信息渠道,其内容极为丰富,既有对读者个人思想和困难的解答,也有对时政问题的深入解析。如"九一八"事变之后,读者纷纷给《申报》写信,编辑部不能一一回应,遂在《读者通讯》栏目进行统一回复,并针对各类读者的问题,归纳了三方面内容:"一、激昂慷慨表示一片爱国热诚,但苦于无办法,此类以青年为最多,不但学生为然,工商界、军界亦不少;二、略知外交危急,而苦不知其详,因向本报询近况,此类以内地热心人士为最多,亦有留心国事,勤于阅报,颇欲探求报纸以外之消息,而以此为问者;三、就一般社会所提倡之抗日救国方法,如抵制日货、训练义勇军等等,指定一种

---

① 萧乾:《未带地图的旅人——萧乾回忆录》,中国文联出版公司1991年版,第69页。

或数种而贡献意见者。"针对这三个方面的内容,编辑在经过归纳总结后,统一向读者进行回答:

> 最近外交变化,确是非常危险,将种种消息归纳起来:(一)中国政府已赞同国联理事会所提议锦州设中立区,果尔,则锦州以东、辽宁省之大部以及吉林、黑龙江两省,完全非我管理权所及,东三省除锦州一隅、各国共管外,其余都非我有;(二)将天津市作缓冲地带,由各国驻兵,果尔,则天津市从此不为我有,究不知有何种需要,而必须出此;(三)日本要求取缔全国抗日运动,保证以后不再有抵制日货情事,政府颇有接受之趋向,果尔,则我国民众所恃为最后之武器,认为比较有效之方策将全归泡影。前二条是失地,后一条是丧权。观近日日本外交官与南京北平当局,狠[很]忙碌的往来,使吾人对于上所云云,不敢信为不会成事实。果尔,(一)置国民党政策与口号于何地?民族主义谓何?打倒帝国主义谓何?(二)置中山先生遗嘱于何地?遗嘱修改不平等条约,乃竟增订不平等条约?(三)置蒋主席历次宣言于何地?"决不签字于丧权失地之条约",此非丧权乎?非失地乎?论理,国民政府万万不该出此,亦不会出此。然而各方消息如此,吾国民苟有爱国心者,对于以上种种,须全国一致严重注意。①

显然,这不仅是对读者来信内容的回应,还通过对"九一八"事变国际国内形势的分析,批判国民党当局的妥协,表达对中国未来命运的忧虑,引发全国读者关注时局,激发爱国的热情。此类通讯事实上是结合重大新闻事件进行议程设置,通过问答的方式,进一步分析时局,表明态度,引发舆论关注。此类时政通讯,在当时的各类报刊中颇为常见。

但是,并非所有的解答都能满足读者的需求。或者说,由于读者立场和观点的不同,对于编辑已经解答过的某些问题,有些读者仍然会私下里表达

---

① 《敬告读者通讯诸君》,《申报》1931年12月4日,第12版。

自己的态度。如温州士绅刘绍宽便从传统伦理的角度，对《申报》的"作答者"表示不满。他在1933年1月25日的日记中抱怨："《申报》设有'读者顾问'一栏，任人投稿，询问作答。看此作答者，是唯物家，反对唯心派。单在实地上以变革社会，驱使自然将造福人类之方法。至于仁义道德、廉耻节操，一概以为鬼话，而不之讲，噫！以实物派驱使自然，则有之；若以变革社会，而弃仁义道德、廉耻节操，吾恐愈去愈远。现在学说如此，而望世之治平，得乎？"① 刘绍宽的此番质疑，代表了传统士绅对读者答问中广泛存在的功用主义倾向的不满。在他看来，不强调道德礼义，很难从根源上解决现实社会的深层问题。

为了加强对读者读书活动的指导，《申报》流通图书馆读书指导部在1934年1月开始在《申报》上开设《读书问答》栏目，每期刊登"读者来信"与"读书指导部回信"。读书指导部坦言："我们对读者，第一是不作欺骗的伪语，不作吓人而空洞的约言。"② 就读者读书与学习中遇到的具体问题展开讨论，如怎样自学、怎样提高读书的兴味、如何制订读书计划、怎样初学社会科学、怎样做读书笔记、怎样学写书信等。每期集中讨论一个问题，从实践、理论、观念等方面引导读者如何读书、如何获取知识，如何认识社会，获得了广大读者的广泛好评。比如，《论"自学"》一文指出："我们为的是实用，是认识实际生活，和如何去奋斗，以开展自己或大众的生活。如果抱了这种态度，我们再选一种或数种与自己个性相近而又便于自学的科学。在一面为生活挣扎，一面去自学，得到一点是一点，多知道一点，就是'成功'，并且这才是实践的知识，对你才有实用。"③ 此类读书指导针对读者的困惑，用平和的语调、实用的方法与读者进行谈心，从而增强读者的自信，提高其阅读兴趣。此类对话式漫谈和针对性的指导是《读书问答》栏目的特色，这个栏目"天天都有整万读者在阅读它"，④ 说明它受到广大读者的

---

① 刘绍宽著，温州市图书馆编，方浦仁、陈盛奖整理：《刘绍宽日记》（第三册），中华书局2018年版，第1254页。
② 《我们所需要的"读书指导"（二）》，《申报》1934年1月12日，第13版。
③ 《论"自学"》，《申报》1934年1月8日，第12版。
④ 《停刊"读书问答"启事》，《申报》1934年10月10日，第18版。

欢迎。

与报纸相比，杂志在知识类型和时效性方面有较大差异。对于编者而言，杂志的发行范围和读者对象需要在细分的市场中去寻求，所以杂志的编者往往注重宣扬其办刊方针，引起读者的关注，进而与读者互通声气。如《现代评论》的撰稿人和编辑多为留学欧美的教授学者，具有明显的自由主义色彩，其第一期的《本刊启事》便强调："本刊的精神是独立的，不主附和；本刊的态度是研究的，不尚攻讦；本刊的言论趋重实际问题，不尚空谈……本刊同人，不认本刊纯为本刊同人之论坛，而认为同人及同人的朋友与读者的公共论坛。"① 其作为"公共论坛"的特色，一直体现在四年多的办刊过程中。《申报月刊》则更多地体现为"公共园地"的角色，其读者范围更为广泛。它的创刊词指出："但使本刊成为学术、文艺界一个公共园地，成为各家作品和一般读者自由的联络机关，实为我们的心愿。"② 《大学杂志》的读者主要是大学师生，内容注重学术探讨。因此，该刊呼吁："本志投稿及读者诸君，望以学术研究的精神，时投珠玉，并希以'止于至善'的态度，赐予批评，俾得以学术的园地，收获齐一步调的果实。"③ 《北新》杂志创立的目的是"欲与全国读者、著作者及各地出版者互通声气"。④ 《主张与批评》的发刊词提出："我们的主张，乃是我们对于改造中国的共同见解。所谓我们，并不代表任何党派，不过指在本刊长期负责撰文的几个人而已……我们发表的主张与所下的批评，乃是代表我们忠实的、负责的信仰与意见。如有人采取我们的主张，我们不胜感激。如有人接受我们的批评，我们更不胜其祈祷。"⑤ 同样，作为同人刊物的《独立评论》并非"自说自话"，而是希望通过同人的言论引发社会的关注，激发读者进行独立思考，形成作者与读者之间的共鸣。其《引言》指出：

---

① 《本刊启事》，《现代评论》1924年第1期，1924年12月13日，第2页。
② 《我们的使命（创刊词）》，《申报月刊》创刊号，1932年7月15日，第1页。
③ 《编后》，《大学》（上海）1934年第2卷第6期，1934年8月1日，第150页。
④ 《新发展——互通声气》，《北新》1926年第1期，1926年8月21日，第1页。
⑤ 《我们的根本主张》，《主张与批评》1932年第1期，1932年11月1日，第4页。

> 我们现在发起这个刊物，想把我们几个人的意见随时公布出来，做一种引子，引起社会上的注意和讨论。我们对读者的期望，和我们对自己的期望一样：也不希望得着一致的同情，只希望得着一些公心的、根据事实的批评和讨论。
>
> 我们叫这刊物做《独立评论》，因为我们都希望永远保持一点独立的精神。不倚傍任何党派，不迷信任何成见，用负责任的言论来发表我们各人思考的结果：这是独立的精神。
>
> 我们几个人的知识见解是很有限的，我们的判断主张是难免错误的。我们很诚恳的请求社会的批评，并且欢迎各方面的投稿。①

《独立评论》以知识分子为阅读对象，坚持独立的精神，在知识界享有盛誉，尤其是傅斯年在主持编务过程中，颇有建树。蒋廷黻曾评价傅斯年在《独立评论》中的作用："他也和其他人一样，为《独立评论》花了许多时间撰稿。他有丰富的历史知识，一旦他撰写一篇稿子，就好像是集合了四千年的历史经验似的。他把文章重要内容摘出来登在前面，此举成为出版界的创举。令许多朋友吃惊的是他的文章不仅能引起读者知识上的共鸣，而且也能引起他们心灵上的共鸣。能够引发最深的情感，也能使某些人感到莫大的嫌恶。"② 1936年年底，该刊的一篇文章攻击了二十九军，宋哲元下令将其停刊。陶希圣作为该刊的重要撰稿人，找到高等法院邓仲芝院长，对他说："《独立评论》每期销一万二三千份。平津一带不过三千份，其余一万份都销南方。这个刊物一停，南方的一万定户，包括传观的人们，大约有三四万知识分子对宋先生和二十九军有什么批评，是可以想见的。"③ 可见，这份有独立见解的杂志在编者与读者之间已形成默契，其社会影响不容忽视。

因此，无论是通俗刊物、专业期刊还是同人刊物，编者都有自己的编辑

---

① 《引言》，《独立评论》1932年第1号，1932年5月22日，第2页。
② 蒋廷黻：《蒋廷黻回忆录》，岳麓书社2003年版，第146页。
③ 陶希圣：《潮流与点滴：陶希圣回忆录》（第2版），中国大百科全书出版社2016年版，第130页。

方针和办刊思路，都希望将杂志作为"言为心声"的媒介，通过发刊词表明办刊目的，让读者了解刊物的宗旨和性质，引发读者的阅读兴味，促使读者对刊物产生认同和热爱，使刊物的主张和观念能够在阅读市场中得到彰显。这体现出编者对读者的鼓动与呼吁，以及对思想、学术、观念市场的期待与想象。

如果说发刊词代表了报刊的宗旨和对读者的期许，那么《编辑后记》《编辑余话》之类的栏目则是编辑对本期刊物的总结和展望，反馈给读者的意见和建议可以进一步加强与读者的沟通和联系。如《新月》杂志在第七期的《编辑余话》中说："半年来承读者的期许，使我们能够得着三千到四千个的同情者；又承朋友们的赞助，使我们对于稿件总是美不胜收。我们除了感谢以外，只有加倍的再继续努力……以后每期再增加'书报春秋''零星''海外出版界'三栏。"[①]《申报月刊》第一卷第三号的《编辑后记》指出："最近我们接到了好多读者来信，对于本刊发表意见，我们很感谢。我们将这些来信贴在簿子上，永远保存，一以资纪念，一以当作我们的座右铭。仍望读者诸君多多赐教，因为我们极愿意受读者诸君的鞭策，力求本刊不断的进步。"[②] 这样的后记虽然有些客套，但表达出对读者的尊重，以及对提高办刊质量的期待。而《越风》第二期的《编辑后记》，则诚恳地接受读者批评，并因稿件延迟刊登、错别字等问题向读者表示歉意。主编黄萍荪代表编辑部指出：

《东南日报》学苑栏有署名平柏的一位先生指教我们，说本刊第一期中犯了一个毛病，是多以人物为对象主体，未免太偏，这真是一针见血的批评。不过这个缺憾，幸而在本期中已稍可弥补，如陈训慈先生的《天一阁》，秋宗章先生的《庚子拳祸与浙江三忠》，都是以事，和根据史为出发点的作品。本刊第一期预告中，原有周作人先生之文，顷周先

---

① 《编辑余话》，《新月》1928年第7期，1928年9月10日，第1页。
② 《编辑后记》，《申报月刊》1932年第1卷第3号，1932年9月15日，第163页。

生自平来函,谓事冗无暇执笔,要展至第四期始可。大超先生的记叶楚伧《小风[凤]杂著》,因稿挤而留刊下期。又第一期中有误字十余,编者虽深感歉愧。但为节省篇幅起见,拟不举列更正,希读者与作者诸君谅恕是幸。①

此类《后记》是编辑部对刊物的回顾和检讨,尤其是对读者在来信中指出的错误,敢于承认和道歉,体现出编辑对读者的尊重和对工作的反思。《燕京学报》也曾因为刊登有抄袭嫌疑的论文而发布启事:"本报第八期出版后,旋发见[现]其中《匈奴王号考》及《鲜卑语言考》二篇,大体译自日本《史学杂志》廿一、二编白鸟库吉之《东胡民族考》。……查本报主旨,在于发表研究心得,凡此类似翻译之文字而不声明其出处者自属不便登载。此后请投稿诸先生注意,苟非自己研究之结果,幸勿见赐也。"② 在读者看来,编辑及时纠正错误是办好刊物的重要基础。读者并不因为一些错误而轻蔑它,反而由于编辑的改正和担当对其产生好感,从而与编辑建立起良好的沟通渠道。

与商业大报不同,不少杂志和报纸副刊人手有限,有些杂志和副刊甚至由一人独任,约稿、编辑、校对都要兼顾,一些杂志主编还兼任发行员,但他们非常重视吸纳作者和读者队伍。如李劼人在编辑《新川报》副刊时,就设法团结一些文艺新秀。他在1927年1月写给副刊作者王介平的信中提及:"《新川报》副刊虽不纯为文艺刊物,但颇欢迎文艺。关于文艺之论文,尤极欢迎。"4月,他又复信王介平:"已嘱报社自四月四号起寄副刊一份(五日一寄)。大稿都已用去,仅剩小诗一章奉还。"③ 这说明他注重作者的需求,通过书信来往,表达出对作者的重视。吴宓任《大公报》的《文学副刊》主编时,从约稿、审阅到编辑,基本上都由他负责,他往往利用私人网络为

---

① 萍苏:《后记》,《越风》1935年第2期,1935年11月2日,第30页。
② 《燕京学报编辑委员会启事》,《燕京学报》1931年第9期,1931年6月,版权页。
③ 李劼人:《致王介平》(1927年1月31日、1927年4月3日),李劼人:《李劼人全集》(第十卷·书信),四川文艺出版社2011年版,第14、15页。

《文学副刊》约稿。又如陶行知在任《生活教育》主编时,除了编务,还要处理不少发行事务。他对订户非常负责,收到订户汇款后,他会认真核对,有余款会及时退回,有欠款也会加以提醒。他曾两次回信给订户刘琼瑶,谈及代订《生活教育》一事。1935 年 8 月 31 日,他给刘琼瑶写信说:"余二十元,照定《生活教育》十五份,每份(全年)一元三角,仍余五角,附上邮票五十分,希即检收。"① 10 月 31 日,他又给刘琼瑶写信说:"附下汇款百元已收到,勿念。代订《生活教育》八十六份,共计洋壹佰壹十壹元八角(优待只算每份一元三角)。除付九十五元,尚欠十六元八角,希即照数汇来,以便转致。"② 再如冯至在 1930 年办《骆驼草》杂志时,于 5 月 12 日写信给好友杨晦说:"《骆驼草》收到了吗?一日的工夫,在北大销出三百份。在青岛、济南销路如何?请速复。以定将来应寄之份数。"③ 此类琐事,主编亲力亲为,虽会花费不少时间和精力,但对巩固发行市场,赢得读者信任是大有裨益的。我们还可以对以下一些个案进行具体分析。

第二节 《东方杂志》与读者和作者的沟通

《东方杂志》是民国时期发行最久、影响最大的综合性期刊,其特色正如王云五在 1943 年的《复刊辞》中所言:"本志以阐明学术为主旨。所刊各文,见解力求客观,议论务期平允,注重新知之介绍,然力避武断,期无悖研究之精神。内容则人文自然,中外新旧,兼收并录。"④ 作为传播新知、阐明学术的百科全书式刊物,《东方杂志》受到知识分子的广泛欢迎。根据该刊的调查,"细细的分析过本志读者的职业,党政界占十之二,高等教育界占十之

---

① 陶行知:《退订〈生活教育〉余款——致刘琼瑶》,陶行知著,方明主编:《陶行知全集》(第 8 卷),四川教育出版社 2005 年版,第 332 页。
② 陶行知:《复订购书刊事——致刘琼瑶》,陶行知著,方明主编:《陶行知全集》(第 8 卷),四川教育出版社 2005 年版,第 338 页。
③ 冯至著,冯姚平编:《冯至全集》(第十二卷 书信、自传、年谱),河北教育出版社 1999 年版,第 107 页。
④ 王云五:《复刊辞》,《东方杂志》1943 年第 39 卷第 1 期,1943 年 3 月 15 日,第 1 页。

三，中等教育界占十分二，其他各界及侨胞占十之三"。① 高中等教育界的读者占到一半，足见其颇受大中学师生欢迎。由于《东方杂志》注重介绍新知、传播学术，对读者了解时政、开阔视野、学习人文自然知识颇有裨益。读者往往将《东方杂志》视为灌输新知的仓库，坚持阅读这份刊物，可以在很大程度上弥补知识上的偏狭和局限。因此，民国时期许多著名学者都喜欢阅读《东方杂志》，如蔡元培、胡适、鲁迅、周作人、竺可桢、顾颉刚、叶圣陶、吴宓等人的日记中，就有不少阅读《东方杂志》的记录，而朱自清、邹韬奋、张荫麟、恽代英、夏鼐、张宗和等人在学生时代便是《东方杂志》的忠实读者。有关《东方杂志》的阅读史，可以折射民国知识分子对新知识、新观念、新思想的不懈追求。

从传播主体与客体的关系看，《东方杂志》特别注重读者的阅读需求，广泛采纳读者的意见建议，不断在栏目和内容上进行改革和创新，尤其是根据时局的变化，有针对性地进行对国际国内政治、经济形势的研判和评论，体现了很高的专业水准。其中，《读者作者与编者》栏目成为联系读者、作者与编者的桥梁，体现出刊物注重品质、广纳意见的态度和诚意。这个常设的栏目以刊登内容说明、栏目设置、读者来信和相关作品评论为主，全方位地展示了杂志的动态和读者的意见。如1932年第29卷第4期的《读者作者与编者》栏目全面介绍了"一·二八"事变后，商务印书馆被日军轰炸，厂房、设备、图书资料遭到毁灭性破坏的情况，告知读者不得不停刊的原因，以及复刊后面临的种种困难。但同时告知读者好消息："本志复刊后，添设了'教育''妇女与家庭'与'文艺'三专栏。'教育'栏是继承以前的《教育杂志》；'妇女与家庭'栏代替了以前的《妇女杂志》；而'文艺'栏则又为《小说月报》的后身。《教育》《妇女杂志》与《小说月报》，都有了多年的历史，在出版界也各有其相当地位。现在我们增设的三专栏，虽然具体而微，但希望能够竭力保存这三种旧刊物的个性及其特长。"同时，为了弥补内容的不足，"又特辟了'东方论坛'一栏，发表我们一些零碎的小意见。……现在暂且试一下

---

① 《读者作者与编者》，《东方杂志》1934年第31卷第14期，1934年7月16日，第301页。

子，看读者对于这一栏有什么反响"。这些介绍是期望读者对《东方杂志》复刊后的面目有个基本的了解。对于新的论文作者，编者也着重进行介绍："本期《印度下贱等级与民族运动》的作者江公怀先生，对于帝国主义和弱小民族解放运动有深入的研究。《哲学中的主观论与客观论》的作者是一位对于自然科学方法及新兴思潮有特殊研究的作家。'亦英'是他的笔名。他们两人都愿我们合作，大概以后我们每期都可以读到他们的文字。"这个简单的介绍有利于读者对新作者有初步的了解。编者表达了殷殷期盼："对于国内外十余万的爱读者们，我们诚恳地盼望给我们一些批评和意见，尤其是复刊以后本志内容及形式的批评。这些批评是我们所热切期望而不易得到的。以后读者的通信，我们将择要在《编者作者与读者》栏内发表。"①

促进编者、作者与读者的互动，提高办刊质量，了解读者需求，关注文章的反响，使杂志得到多方面力量的支持，这是《编者作者与读者》栏目开设的目的。至于编者如何设置议题、提炼读者来信内容、反映刊物动态，则需要编者在栏目编排和内容设置上有所侧重。如在1932年复刊号推出之后，读者反响很大。对此，编者除了表示感谢，及时给一些没有收到杂志的订户补寄之外，还着重强调："许多读者来信，对于本志绝少具体的建议和批评，我们却希望读者不要过分奖掖，最好能给我们以坦白的切实的评判。使我们得以充分了解读者的实际的需要与希望，关于此类来函，以后当在本栏内发表。"这表明编者真诚地需要读者的批评和建议，认可读者的意见是提高办刊水平的重要前提。另外，编者还介绍了两篇新作："《世界经济恐慌之分析》一文，作者曾在巴黎大学专攻经济恐慌问题，故颇堪一读。又谭云山先生曾于年前游印度，遍访佛迹，回国后成《印度游记》一书，不日付梓。现先将其游记中之一章'甘地访问记'，选登本志，以快先赌［睹］。"② 此类介绍新作的内容，虽然言简意赅，却是每期内容的亮点。

"九一八"事变之后，整个东北置于日寇的铁蹄之下，许多读者对国家和

---

① 《编者作者与读者》，《东方杂志》1932年第29卷第4期，1932年10月16日，第91、92、93页。

② 《编者作者与读者》，《东方杂志》1932年第29卷第5期，1932年11月1日，第54页。

民族的命运深以为虑，写信给编辑部表达悲愤之情。有鉴于此，第六期的《编者作者与读者》提出："在这漫长的冬夜里我们至少还可以做一两个甜蜜的舒适的梦。梦是我们所有的神圣权利啊！"因此，该刊向读者发起新年之"梦"的征文："在一九三三年的新年，让我们大家来做一回好梦。对于理想的中国，理想的个人生活，各人应该有各人不同的梦。我们打算把这些梦搜集起来，在《东方杂志》新年号发表。"① 这份"征求梦想"的启事，得到广大读者的热烈响应。除了在正文中刊出，编辑还在《编者作者与读者》栏目中补充了梁漱溟和朱自清的"梦"。梁漱溟所作未来中国之梦，"乃十分清楚明白之梦，换言之即由脚下向前可以瞻见之目的地，现在正自觉地向前一步一步走"；朱自清的"梦"提出："未来的中国是大众的中国，我相信，这不是少数人凭着大众的名字，是真的大众。"②

对于读者提出要增加"软性文字"的要求，编辑解释由于增加了几个新栏目，"正文中只能容纳关于政治经济学术思想的论文，以前所有的各种短篇材料，只好割弃。此外我们也不愿意使《东方杂志》变成坊间流行的庸俗读物，失却学术上的固有地位"。对于读者的具体建议，编辑会挑选一些有价值的内容刊登，并予以说明。如无锡读者陆中行来信希望能够增加篇幅，改为每月出四册，并将定价增加为每年八元。对此，编辑回复道："这是本志所愿意接受的。"汉口读者汪采之来信，指正了复刊号的许多讹字。对此，编辑回应道："复刊号因出版匆促，校对疏忽，以后我们自当竭力注意。"东吴大学法律学院李传濂来信，主张《东方杂志》应该变成一个有个性的杂志，而且必须每一期有每一期的个性。他提议："本志应约定专家长期担任撰稿，多多介绍学术思潮，并作有系统的介绍及批评。"编辑认为："这一位读者的要求和他对于时下定期刊物的批评，我们十二万分愿意接受。"③ 这些读者的建议多从提高《东方杂志》办刊质量和学术影响的角度，指出了杂志发展的具体对策。胡愈之等人作为当时的编辑，对读者来信非常重视，虚心听取各方面

---

① 《编者作者与读者》，《东方杂志》1932年第29卷第6期，1932年11月16日，第44—45页。
② 《编者作者与读者》，《东方杂志》1933年第30卷第2期，1933年1月16日，第73页。
③ 《编者作者与读者》，《东方杂志》1932年第29卷第7期，1932年12月1日，第56、57页。

的意见,及时改正各种问题,得到了广大读者的好评。

《东方杂志》依靠读者办刊,还体现在采纳读者来稿方面。让更多的读者有机会成为作者,激发广大读者的写作热情,鼓励读者写稿和投稿,始终是其团结读者群的基本策略。如在1936年第一期中,编者回顾过去一年的工作,指出:"本志的读者,逐期增加,使我们得到不少的鼓励。本志征来的稿件合[和]投来的稿件,各居其半,因为投稿众多,篇幅有限,很多的稿件,不得不割爱璧还。但是我们对于新生的作家,因为他们的大名尚未经介绍到社会上去,他们的造诣,又莫测深浅,所以编者特别予以注意。他们的大作被登载的机会也比较多一些,宁是词藻差一点,或是结构松一点,只要是内容充实,我们必尽力补救,把他们介绍给读者。我们的用心甚苦,已享盛名的作者不至于责备我们偏袒罢!"① 尽量采用普通的投稿,给普通人更多的发表机会,尤其是给一些大中学生发表文章的机会,鼓励他们从事学术研究和文学创作,这体现出《东方杂志》在培育作者群体方面的不懈努力。如曾为北京大学学生的孙席珍酷爱文学,他回忆道:"在这段时间内,我还试写了一些短篇小说和散文,投寄给《东方杂志》等全国性的大型刊物,都被采登。其中有一篇题为《槐花》,写一个少年漂泊者的孤独感,淡淡的哀愁,轻轻的忧伤,不料竟博得不少读者的同情,连好几位素不相识的著名学者,如心理学家刘廷芳、经济学家萧纯锦、银行学家唐有壬等,都不吝予以称道。"② 又如傅庚生1934年于北京大学国文系毕业后,从1937年至解放前夕,陆续在《国文月刊》《东方杂志》上发表了很多关于中国古典文学研究的论文。③ 这些初出茅庐的大学生和青年知识分子能够在《东方杂志》这样全国著名的杂志上发表作品,离不开编辑的提携和鼓励。正是由于编者对读者和作者的尊重和热爱,《东方杂志》的发行量不断上升。据1936年9月的统计,"本志复刊后的一年以内,订户即达四万,零售每期约在一万份左右,经过这四年的努

---

① 《编者作者与读者》,《东方杂志》1936年第33卷第1期,1936年1月1日,第573页。
② 《孙席珍自述》,高增德、丁东编:《世纪学人自述》(第三卷),北京十月文艺出版社2000年版,第104页。
③ 《傅庚生自述》,高增德、丁东编:《世纪学人自述》(第四卷),北京十月文艺出版社2000年版,第82页。

力，作者不断的惠赐佳作，读者常常来信指示，订户逐渐增加到六万有奇"。但是，编者对这一发行量并不满足，认为其与教育的发展不相适应，"订户的数目，仍有大量扩大的余地"。考虑到刊物的基本读者是大中学师生、公务员和军官等，为减轻读者的负担，扩大发行量，实行特价订阅。"凡自本年（1936年）十月十五日至明年一月十五日共计三个月以内续订或初订本志者，均减收原订费百分之七十，一以优待我们多年的旧订户，一以表示欢迎新读者。"① 这体现出《东方杂志》进一步推广发行，扩大影响的不懈努力。

第三节 邹韬奋与读者的交往活动

邹韬奋自1926年担任《生活》周刊的主编之后，根据社会需求和读者的需要，对杂志进行了全面改革，使之成为读者学习、社交、生活的伴侣。在这一过程中，服务读者始终是《生活》的办刊目的和宗旨。正如邹韬奋所言："当我接办的时候，它的每期印数约有两千八百份左右，赠送的居多，所以这个数量并不算多。我接办之后，变换内容，注意短小精悍的评论和'有趣味、有价值'的材料，并在信箱一栏讨论读者所提出的种种问题。对于编排方式的新颖和相片插图的动目，也很注意。"②《生活》编辑陶亢德也认为："《生活》之能从一二千份畅销到十多万份，原因所在，我看是内容的合乎情理，每期刊登的文章，从韬奋的《小言论》到《信箱》，论的说的，都不是什么奇文，但老少咸宜雅俗共赏。"③ 可以说，关注读者需求，反映读者提出的各种问题，为读者排难解忧，亲切自然，娓娓道来，是《生活》的特色和成功之道。

作为主编，邹韬奋对读者来信极为关注。他说："我每天差不多要用全个半天来看信。这也是一件极有兴味的工作，因为这就好像天天和许多好友谈话，静心倾听许多读者好友的衷情。"他花费极大的精力去阅读读者来信，就

---

① 《编者作者与读者》，《东方杂志》1936年第33卷第20期，1936年10月16日。
② 邹韬奋著，文明国编：《邹韬奋自述》，安徽文艺出版社2013年版，第75页。
③ 陶亢德：《陶庵回想录》，中华书局2022年版，第171页。

是"要顾到一般读者的需要","研究当前一般大众读者所需要的是怎样的'精神粮食'"。观察、了解读者的社会生活,帮助读者解决生活中的各种困难和困惑,是邹韬奋办杂志的立足点。他视读者为知心朋友,将回复读者来信作为编辑工作中的重要内容。这反映出他的生活观、人生观和价值观。正是在这样的办刊方针指导下,当时的《生活》周刊风行海内外,声势日大,"不仅在交通比较便利的城市可以随处见到,即在内地乡村僻壤及远在异域的华侨所在地,也随处可以见到。最有趣的是不但承蒙许多热心读者自动介绍订户,而且订户还有传代的,父亲归天,儿子还要接下去!"① 《生活》注重发行的时效性,"发行四年余以来,每期皆于星期五下午送到邮局付寄,除有一次因上海印刷工人全体罢工而不得不从众延期外,从来未曾延误过一次。自第五卷第一期起,因数量更多,每次并用汽车运至邮局,每星期五下午三时即开车运出,决无一次延误"。② 及时出版和发行也是《生活》受到读者好评的一个重要原因。

《生活》周刊每期都有解答读者提问的栏目,如《短简》《编辑室电话》《编后随笔》《编余随笔》等,都是针对读者在信中提及的问题,进行有针对性的解答。邹韬奋在回答读者问题时,始终视读者为朋友,语气温和、亲切,站在读者的立场上,为读者解决实际问题。其内容本身就是对读者生活史和社会现实的观照,颇能引起读者的共鸣。尤其是针对青年读者如何学习、工作、社交等方面的问题,他往往不空谈大道理,而是告诉读者"如何做"。如他回答读者钟器如何读英语的问题时说:"读英文的简便方法,只有多懂多记有用的习语和生字,多看书报,多听多说英语。"③ 读者王宽想自学国文,他便提供信息:"商务印书馆的函授学校有国文科,可向该馆函索一份章程看看。"④ 在回答读者钱翼崇关于求学和结婚的困惑时,他语重心长地说:"吾国没有好的补习学校,确是憾事。但是勤于自修的人总有成功的日子。学既

---

① 邹韬奋著,文明国编:《邹韬奋自述》,安徽文艺出版社2013年版,第78、83、174页。
② 《附启》,《生活》1930年第5卷第8期,1930年1月19日。
③ 《短简》,《生活》1928年第3卷第18期,1928年3月18日。
④ 《短简》,《生活》1928年第3卷第35期,1928年7月15日。

未成，尚未能自立，决不可听父母为你结婚。父母不能顾到儿子的相当教育，反忙于娶媳，实在是害子的事，你不可不坚持到底。"① 对于当时关于"大家族"和"小家族"之争，他认为老年人不要过多地干涉年轻人的生活，年轻人组成小家庭，更为自由和幸福。他举例说："最近有一位爱读本刊的常州老前辈，他全家住在常州，他的少君在上海供职，那位少奶奶因为是处在大家族里面，只得离开丈夫而陪着大家族住在常州，那位老前辈忽对他的少君说，《生活》周刊既然主张小家庭好，说得也很有理，你不妨接你的媳妇到上海去组织小家庭，试试看好不好，那位少君听了喜得一张嘴合不拢来，这是他亲口告诉我们的。"② 如此娓娓道来，读者读后，自然如沐春风，心领神会。

针对读者学习与工作上遇到的问题，邹韬奋根据自己的见解，往往能给读者提供切实可行的解决方案或答案。如他对读者云鹤先生说："同时服务，同时自修，是一件可能的事，……寻觅机会宜有相当的耐性，必须新机会寻到了，才可以把旧事辞去。经济上既有问题，千万不可先使自己赋闲。"③ 读者孙奇云询问"立变平光药水"是否靠谱，邹韬奋解释："立变平光药水恐怕靠不住，近视眼最好配戴眼睛〔镜〕。"④

除了提供生活常识方面的解答，有关读者对刊物内容的意见和建议，邹韬奋也及时回应。如《时事新报》会计主任赵璞生说："《生活》周刊里的《一位英国女士与孙先生的婚姻》，常常使我着急，每星期未看的时候，着急的要看它，看了又嫌它短，到底爱翡女士与孙先生的结果如何，何不赶快结束，免人着急。"邹韬奋幽默地回答："请你老先生不要着急，如果真把它赶快结速〔束〕了，你又没得看了！"⑤ 鉴于这篇小说颇受读者欢迎，不少读者来信要求购买单行本，邹韬奋告知读者："该书确拟发刊单行，作为《生活》周刊丛书第二种，目下正排印，一俟出版，当在本刊上通告。"⑥ 对于读者的

---

① 《短简》，《生活》1928年第3卷第20期，1928年4月1日。
② 《编辑室电话》，《生活》1928年第3卷第35期，1928年7月15日。
③ 《短简》，《生活》1928年第3卷第20期，1928年4月1日。
④ 《短简》，《生活》1928年第3卷第35期，1928年7月15日。
⑤ 《编辑室电话》，《生活》1928年第3卷第36期，1928年7月21日。
⑥ 《短简》，《生活》1929年第4卷第39期，1929年8月25日。

佳作，《生活》也予以推介。如读者马崇淦寄示他所编的《结婚指导》一书，系由几位专家各就其范围做一篇长文汇集而成的，"其中有几位作者对于我国现今新旧思想递嬗潮流中的'变态'，颇能写得'入木三分'，饶有趣味"。①

由于《生活》畅行海内外，有人想象邹韬奋办刊发了大财。读者焦瀛洲来信询问："有位某君谈起贵报，说先生每年靠着贵报竟有数万元的赚头，住洋房，坐汽车，简直是大发其财了。"邹韬奋回应说："不过在本刊却有一个特殊的情形，就是本刊并非任何个人的私产，乃是公立的性质，每年度都有预算决算经过董事会的审核通过，各项账目每半年都请潘序伦会计师审查盖章，就是有赢余也要用以发展本刊自身的事业，要有收支的报告，绝对不是任何私人可以随意拿点放在腰包里去，也不是可以大家随意分来使用的。"② 此番回答对《生活》的财务收支进行了说明，也向读者解释了杂志的财务制度，相当于公开辟谣。由此可见，广受读者的信任和喜爱，是《生活》取得成功的重要原因。

第四节 胡适的办刊活动、阅读实践与交往网络

胡适不仅是著名的思想家、文学家、哲学家，也是民国时期的重要报人，先后创办了《努力周报》《现代评论》《新月》《独立评论》等刊物。通过这些刊物，胡适结识和团结了大量知识分子。同时，胡适也经常给国内报刊写稿，与学界、报界有广泛联系，并经常阅读报刊。因此，胡适兼具编者、作者与读者的身份，并通过编辑、写稿与读报刊活动，与社会各界广泛交往，"我的朋友"成为他的口头禅。胡适广交朋友，由此也享有深厚的人脉资源和很高的社会声望，尤其在学界具有广泛的影响。

胡适在主编《独立评论》期间，不仅要负责具体编务，还要通过私人网络向一些学界名流约稿。如他在写给施存统的信中说："我们盼望你不要

---

① 《编余随笔》，《生活》1931年第6卷第18期，1931年4月25日。
② 《编后随笔》，《生活》1930年第5卷第7期，1930年1月12日。

忘了替《独立》作文的旧约:六百字的短信是救不了米粮库缺粮的危机的呵!"① 他还写信给蒋廷黻说:"《独立》已出两期了,你有空闲,还得给我们写点文章寄来。这两期实在太苦,因为没有存粮,故颇有杂凑之像。"② 不仅如此,他还经常要将杂志寄给圈子内的朋友。如他写信给陶希圣说:"连日心绪太恶劣,忘了把《独立》早寄给你,乞恕疏忽之罪。"③ 此类细节,体现出他对朋友的真挚。在胡适的办刊生涯中,学界朋友尤其是北京大学的同事,是他最重要的作者队伍。他通过这些社会资源,团结了大量自由派学者。

作为名人,不少编辑部都会寄送报刊给胡适。胡适收到赠阅的报刊后,一般都会回信表示感谢。如他写信给《京报》《诗刊》《金刚钻》《探讨与批判》等报刊编辑,就一些细节和某些文章表达自己的意见。他写信给《京报》说:"承贵社赠阅《京报》,十分感谢。但每回发行处误寄两份——一份的住址是排印好的,一份是油印的,——未免可惜。请停寄一份,以省糜费。"④ 他收到徐志摩寄来的《诗刊》第一期后,回信说:"我觉得新诗的前途大可乐观,因为《诗刊》的各位诗人都抱着试验的态度,这正是我在十五年前妄想提倡的一点态度。"⑤

胡适勤于阅读,他在读到报刊新闻和文章时,会有感而发,给作者写信表达自己的看法。如他在《现代》上读到彭学沛的《主客》后,便写信提出善意的建议:"第一,做文章是要用力气的。第二,在现时的作品里,应该拣选那些用气力做的文章做样子,不可挑那些一时游戏的作品。"⑥ 他在《秋

---

① 胡适:《致施存统》,季羡林主编:《胡适全集》(第24卷),安徽教育出版社2003年版,第200页。
② 胡适:《致蒋廷黻》,季羡林主编:《胡适全集》(第24卷),安徽教育出版社2003年版,第327页。
③ 胡适:《致陶希圣》,季羡林主编:《胡适全集》(第24卷),安徽教育出版社2003年版,第211页。
④ 胡适:《致〈京报〉社》,季羡林主编:《胡适全集》(第23卷),安徽教育出版社2003年版,第495页。
⑤ 胡适:《致徐志摩》,季羡林主编:《胡适全集》(第24卷),安徽教育出版社2003年版,第104页。
⑥ 胡适:《整理国故与"打鬼"——给浩徐先生信》,季羡林主编:《胡适全集》(第3卷),安徽教育出版社2003年版,第145页。

野》第二卷第五期里读到孙佳讯的《〈镜花缘〉补考》一文,感到很高兴,又很感激。1928 年 11 月 21 日,他给作者写信说:"高兴的是你寻得了许多海州学者的遗著,把这位有革新思想的李松石的历史考的更详细了;感谢的是你修正了我的许多错误。但我还有两个小请求:(1)你的《补考》,将来可否许我收到《〈镜花缘〉的引论》的后面作个附录?倘蒙你允许,请将《秋野》所登之稿中的排印错误代为校正,以便将来照改本付印。(2)吴鲁星先生的《考证》,不知载在什么杂志里,你能代索一份赐寄吗?"① 彼时,孙佳讯尚未在学界崭露头角,而胡适已是扬名海内外的著名学者。胡适谦虚地向一位陌生的年轻人表示感谢,并请求将该文编入他的专著,足见其对学术的尊重。

胡适的温和与亲善体现在他对友人言论的关注方面。他阅读友人在报刊发表的言论后,往往有感而发,在信中表达自己的真实感受。如他在报上见到蔡元培先生提出国府会议改组中华教育文化基金董事会一案后,便写信向蔡元培解释:"我以为事后当有详细的正式报告,故当时不曾细细研究此案。"② 胡适与梁实秋在志趣上颇为相投,惺惺相惜。他在《新月》第十期上看了梁实秋的一篇论翻译的短文,对梁的观点很是赞同。胡适认为:"我们研究英文的人应该努力多译几部英美文学的名著,不应该多费精力去做'转译'的事业。"③ 1936 年 1 月 7 日,胡适在读完《自由评论》第七期所载梁实秋《仲夏夜梦》一文后,便给对方写信说:"使我回想到除夕你给我的三个钟头的快乐,我至今还不曾谢谢你。Tieck 的故事,你说给我听过,今夜读你的记述,还觉得很动人。……灵雨的《普罗文学》一文也很有趣。"④ 胡适与王云五也甚为相投。1931 年,王云五任商务印书馆总经理,大力推行改革,大胆倡导"科学管理",颇受非议。胡适以幽默的口吻写信给王云五说:"今天见

---

① 胡适:《关于〈镜花缘〉的通信》,季羡林主编:《胡适全集》(第 23 卷),安徽教育出版社 2003 年版,第 617 页。
② 胡适:《致蔡元培》,季羡林主编:《胡适全集》(第 23 卷),安徽教育出版社 2003 年版,第 514 页。
③ 胡适:《致梁实秋》,季羡林主编:《胡适全集》(第 23 卷),安徽教育出版社 2003 年版,第 524 页。
④ 胡适:《致梁实秋》,季羡林主编:《胡适全集》(第 24 卷),安徽教育出版社 2003 年版,第 266 页。

报纸所载，知前日我的戏言大有成为事实之势！你竟成了'社会之公敌'，阔哉阔哉！我很盼望你不要因此灰心；但也盼望你不要因此趋向固执的态度。"① 此种轻松的笔调和巧妙的安慰，使身处困境的王云五自然备受鼓舞。

对待学生和青年学人，胡适往往不以长者自居，而以平和的态度与他们交流。许多学生都视胡适为可亲的老师和朋友，经常写信给他。傅斯年、顾颉刚、罗家伦、罗尔纲等都是胡适颇为器重的学生，他们经常给胡适写信，从学术问题到生活琐事，几乎无话不谈。而胡适除了及时回信外，看到报刊上的有关消息，也会有感而发，信手给学生写信。他对傅斯年说："我也觉得《大公报》的《星期论文》是值得维持的，所以不但按期作了，还替别位朋友'枪替'了好几次。"② 他看到傅斯年在《国闻》上的一文，便写信赞扬"好极了"。③ 胡适乐于提携年轻人，顾颉刚、沈从文、萧乾等人在办刊过程中多次向他约稿，胡适都会尽量满足他们的要求，并写信鼓励。同时，对于青年学者论文中出现的问题，他也会及时指出。如他在《燕京学报》第二十期上看到冯沅君的《古剧四考》一文，便写信告知对方："和尚称'大德'，唐、宋早已有了。"④ 此类提醒，显然是出于爱护之意。

胡适平时阅读范围极广，他对报刊评论颇为关注，对报刊的言论和主张也极为留意。他总结当时"国家主义"所出刊物："《醒狮》《长风》都是很有身份的。但其余的小杂记，如《探海灯》，如《黑旋风》，……等，态度实在不好，风格实在不高。"⑤ 而对于《大公报》发表的张元济的爱国言论，他在写给该报的信中说："今天读张菊生先生致贵报书，我很感动，也很兴奋。张先生是七十一岁的老翁，他对于国事还如此热心，真可使我们年青人惭

---

① 胡适：《致王云五》，季羡林主编：《胡适全集》（第24卷），安徽教育出版社2003年版，第72—73页。

② 胡适：《致傅斯年》，季羡林主编：《胡适全集》（第24卷），安徽教育出版社2003年版，第201页。

③ 胡适：《致傅斯年》，季羡林主编：《胡适全集》（第24卷），安徽教育出版社2003年版，第321页。

④ 胡适：《致冯沅君》，季羡林主编：《胡适全集》（第24卷），安徽教育出版社2003年版，第317页。

⑤ 胡适：《致李璜、常燕生》，季羡林主编：《胡适全集》（第24卷），安徽教育出版社2003年版，第14页。

愧，……如果人人都能像张菊生那样爱打不平，爱说正话，国家的政事就有望了。"① 此番评论颇能打动人心，对编辑也是一种激励。

　　作为名人，胡适自然是报刊争相报道的对象。对于一些无关大雅的逸闻，胡适往往会一笑了之。如他读到《金刚钻》上有一条《胡适之扫兴而回》的新闻，"读了忍不住要大笑"。② 但是，他如果发现报刊上发表有关他的言论与事实不符，影响他的声誉时，便会与编辑部理论，哪怕是涉及吴稚晖、胡汉民之类的显要人物。如胡适读到吴稚晖在《民国日报》上发表的《从东说到西》一文，发现吴稚晖对自己的引文有删改，便写信给该报记者说："我的原信是用英文写的，蒙吴稚晖先生代译成中文，便成了下列的样子。……吴老先生硬把我的绝对真理删掉了，我觉得有点可惜。……这是讨论翻译的问题，不是谈政治。我盼望先生们肯赏我一个发表的机会。"③ 又如他在1930年10月22日的上海《民国日报》上，见到胡汉民在立法院纪念周的讲演稿，题目是《谈所谓言论自由》，其中有一段话说："最近见到中国有一位切求自由的所谓哲学博士在《伦敦泰晤士报》上发表一篇长长的论文，认为废除不平等条约不是中国急切的要求。"他便写信给胡汉民，颇为严正地指出："这一段文字很像是暗指着我说的。我知道先生自己不会看《太晤士报》，必定有人对先生这样说。我盼望先生请这个人指出我在那一天的《伦敦太晤士报》上发表过何种长长的文章或短短的文章。"去信半个月后，不见回复，胡适继续写信追问："请先生务必拨出几分钟的工夫，令秘书给我一个答复。"④ 胡适对于胡汉民的指责，显然是不依不饶，要与对方明辨是非。至于《十日谈》谣传他与陈衡哲的绯闻，在当事人任鸿隽和陈衡哲告知后，他读后颇不满，写信给《十日谈》的编辑说："我看了这一条，也感觉贵社殊不应登载这种全

---

① 胡适：《致〈大公报〉书》，季羡林主编：《胡适全集》（第24卷），安徽教育出版社2003年版，第337页。
② 胡适：《致〈金刚钻〉报社》，季羡林主编：《胡适全集》（第24卷），安徽教育出版社2003年版，第1页。
③ 胡适：《致〈时事新报〉记者》，季羡林主编：《胡适全集》（第24卷），安徽教育出版社2003年版，第48—50页。
④ 胡适：《致胡汉民》，季羡林主编：《胡适全集》（第24卷），安徽教育出版社2003年版，第59、60页。

无根据的攻讦文字。"① 至于胡适与周谷城的一段笔墨官司,也是由《新月》和《教育杂志》引起的。胡适在写给《教育杂志》编辑的信中道出原委,并批评了周谷城。他说:"我在《新月》二卷十号里引周君的文字,并不曾指出他的姓名,因为我当时注意在就事论事,并不在攻击个人。我自信当时不曾动什么意气。……周君压根儿不懂得什么是封建制度和封建国家。"② 在涉及原则问题时,胡适似乎并不"温和"。

纵观胡适的书信,其与报刊、报人、读者、作者有广泛的联系。他以报刊为媒介,通过报刊新闻、论文和评论关注现实,了解社会动态,加强与朋友的联系和沟通,抒发自己的感想,纠正各种不实言论。书信虽是他的私人交往方式,却随处可见报刊媒介在他生活中的重要影响。他通过"报刊—书信"的有机结合,构建了极为庞大的交往网络,阅读报刊,与朋友、编辑和读者交流,则成为他社会交往的重要方式。

第五节 作者投稿与思想历程

报刊吸引读者的目光,不仅是让读者产生阅读上的兴味,还通过内容激发读者的写作欲望,自觉向报刊投稿,从而使读者转变为作者,让他们的作品能够在报刊上刊登,体现其写作的价值和意义。同时,有吸引力的报刊也非常关注读者的来稿,尽量刊登优秀稿件,扩大自身在读者中的影响力。因此,许多报刊经常刊出征稿启事,鼓励广大读者投稿,希望读者发挥各自的特长,为报刊生产出更优秀的作品。如《越风》的稿约启事就指出:

> 一、凡关于史料掌故,乡先贤及名人之遗事轶闻,诗词联语,随笔小品见寄者,不拘文言白话均所欢迎。惟文笔务求生动,切忌华而不实。

---

① 胡适:《致〈十日谈〉编者》,季羡林主编:《胡适全集》(第24卷),安徽教育出版社2003年版,第191页。
② 胡适:《致〈教育杂志〉编者》,季羡林主编:《胡适全集》(第24卷),安徽教育出版社2003年版,第45页。

二、本刊所需稿件，最宜在二千左右至四千字者，如有特别有系统、有价值之佳稿则例外，惟亦须以能自成段落者。

三、本刊稿费每千字给酬自一元至四元，于月终结算。诗词及补白材料酌赠本刊，板权一律由作者保留。

四、编辑人对来稿有删改之权，不愿删改者得预先声明。又来稿非附有相当邮票者概不退还。

五、来稿请径寄杭州仁和路乙字一号本社编辑部收。①

这份稿约是对读者写稿的邀请，对来稿的范围、稿酬、权限、处理方式等都作出了具体说明。读者可以针对稿约要求，有针对性地向刊物投稿。一方面，读者在写稿与投稿的过程中，会对报刊产生更深刻的认识；另一方面，读者在报刊上发表作品，还会激发其写作热情，对作品产生特殊情感，尤其是读者发表的处女作，对其之后的写作或学术生涯有深刻的影响。

不少读者会对报刊内容有感而发。他们阅读报刊后，通过思考和写作而形成稿件，寄给编者发表，从而进一步引发更多读者的关注。这在许多报刊开设的读者来信、读者园地、阅报有感、阅报漫谈、新闻杂谈等栏目中可以得到证实。一些读者针对时政新闻发表的评论和感想，也成为报刊制造舆论的重要稿源。如"九一八"事变后，国内报刊刊登了大量读者来信和评论稿件，进一步激发了读者的阅读热情。西安事变后，有读者在读了《大公报》和其他报刊的相关报道后，便投稿给《关声》杂志，就国内政治形势发表看法："因为以前中国的政治局面不可否认的，多少总是两个政治体系的对立，经过西安事变和三中全会以后，这个国内的对立因素已经消解了大半。"② 一位读者的来稿便会给更多的读者提供时政分析素材，这是报刊扩大言论影响的重要途径。蒋廷黻回忆他在《独立评论》时期的经历说："我在《独立评论》和《大公报》上所发表的文章引起很多人的注意，其中包括蒋委员长。

---

① 《〈越风〉稿约》，《越风》1935年第2期，1935年11月2日，版权页。
② 二奋：《中国目前的新形势》，《关声》1937年第5卷第9期，1937年3月25日，第881页。

一九三三年夏季，他约我到长江中部避暑胜地牯岭去谈话。促成此事的是《大公报》的发行人吴鼎昌和蒋的亲信干部钱昌照。"① 丁文江在1936年5月6日的《大公报》上发表《我的信仰》一文，是由于"有许多人看了我第一次给《大公报》做的《统一与公共信仰》那篇文章，不约而同问我道：'你的信仰是什么？'"② 此类文章源自报章的启发，又进一步引发舆论关注，扩展其影响。

与蒋廷黻、丁文江这样的名家相比，许多文艺青年和大中学生在报刊的投稿经历，虽不至于会受到政要和社会各界的高度关注，但他们早年在报刊发表作品的经历，则会对其之后的人生道路产生一定影响，也可能引起编辑、亲友、同学和读者的关注。程沧波在圣约翰大学读书时，由于曾经在《商报》的一段投稿经历而受到陈布雷的器重，成为陈布雷的"身边人"。这段经历，他颇为看重。对此，他回忆道：

> 约在民国十一二年间，我因先生介弟行恕（训恕）而识先生于《商报》馆。……在我首次拜访之前，我有两篇文章投《商报》，似是论太平洋会议的。有一天星期六下午，行恕约我同去看他，因为当时我和行恕在上海圣约翰大学读书，只有星期六下午方得出校。我们一见面，布雷先生盛称我的作品，给我极大的鼓励。我在幼时做过多年的策论史论。那与报馆评论与专论性质十分相近，兼以那时在大学中所读的功课，多半为政治与历史，经过布雷先生鼓励我，我经常替《商报》写文章，……我与《商报》馆有三、四年的历史关系，各种文章写过篇数不少，从来没有支过一文稿费。③

与程沧波类似，徐铸成于1926年考入清华大学后，平时注意阅读报刊，

---

① 蒋廷黻：《蒋廷黻回忆录》，岳麓书社2003年版，第151页。
② 丁文江著，文明国编：《丁文江自述》，安徽文艺出版社2014年版，第23页。
③ 程沧波：《重诉生平——为陈布雷先生逝世三周年作》，陈布雷著，张竟无编：《陈布雷集》，东方出版社2010年版，第288—289页。

并尝试给报刊投稿。他回忆道:"天津《庸报》于是年冬创刊,主持人董显光、蒋光堂先期在各报刊出广告征文,条件十分特别。一是长篇小说,至少五千字,故事的时间愈短愈好。二是短篇小说,不得超过五百字,故事愈复杂、涉及的时间愈长愈好。每种录取三名,第一名长篇给奖金二十元,短篇十元。我试写一稿,以我家一个堂侄女凄苦的一生为模型,写了一个短篇,题名《笑的历史》,只有四百五十字左右。想不到揭晓时竟被列为首选。当我看到自己的名字第一次在报上刊出,心上有一股说不出的甜滋滋的味儿;特别高兴的是,过了两天,《庸报》还特地派来一个职员来到清华园,亲手付给我两张伍元的钞票,并带去一张收条,后来也制版刊出,大概是为了证明这次征文是真正公开的吧。"① 此次投稿经历,对徐铸成之后走向办报活动和新闻生涯有深刻的影响。

报人徐懋庸对自己的投稿经历也有深刻记忆。1932年,在浙江临海回浦中学任教的徐懋庸,第一次给《东方杂志》投稿,他回忆:"一九三二年下半年,我从一本日文杂志译了一篇介绍印度爱国女诗人奈都夫人的文章,试寄《东方杂志》,被采用了,得了十八元的稿费。"② 投稿的成功不仅给他带来意外的收益,更增强了他从事文艺创作的激情。一年多之后,他只身来到上海,以"卖文"为生,并加入"左联",成为一名职业作家。

投稿不仅是一些青年学生的谋生方式,也是他们"成名"的重要途径。1926年,在厦门大学读书的吴斐丹就以"映雪"为笔名在厦门的报纸投稿,最先发表的有诗和短剧,之后从1930年起开始以"斐丹"为笔名,在《东方杂志》发表文章。他"从1932年起,就在《申报月刊》《东方杂志》《学生杂志》《世界知识》及《申报》《大公报》《星岛日报》《星洲日报》《珠江日报》等报刊上经常发表文章"。③ 1927年之后的四年,傅庚生在东北大学就读,并先后在《盛京日报》《泰东日报》《新亚日报》《益世报》《大公报》

---

① 徐铸成:《报海旧闻》(修订版),生活·读书·新知三联书店2010年版,第144页。
② 徐懋庸:《徐懋庸回忆录》,人民文学出版社1982年版,第59页。
③ 《吴斐丹自述》,高增德、丁东编:《世纪学人自述》(第三卷),北京十月文艺出版社2000年版,第214页。

等报上发表了一些小说和杂文,还曾在《泰东日报》上发表过长篇连载小说《燕侣莺俦》等。① 1929 年,陈瘦竹在武汉大学读书,他家境贫困,只得抽空写作和翻译,弄点稿费作为零用。他回忆道:"我经常给《武汉日报》和《新民报》副刊写稿。在上海东亚病夫(曾朴)主编的《真美善》月刊上,发表了《大林和小林》等短篇小说以及所译高尔基的中篇小说《滚石》。"② 1929 年,任访秋考入北京师范大学中文系。他说:"那时,我曾在师大《国学丛刊》和北京《晨报》副刊上,发表一些学术论文,……后来在文学上与师大同学许安本和老友徐缵武,组织'草虫社',并在北京《益世报》发行《草虫周刊》,后改为旬刊,由我负责编辑。在这个刊物上,我写了些论文、散文和少量的诗歌。"③ 1934 年,徐中玉考入青岛国立山东大学中文系。他追忆道:"那时,我从两三万字的论文、小说、散文、报告,甚至粗浅的考据文字都学着写。发表在《东方杂志》《国闻周报》《独立评论》《光明》《逸经》《文学导报》《人间世》《宇宙风》等刊物上。写得杂乱,总算学费能自给自足了。"④ 萧乾于 1929 年考入燕京大学,后来改学新闻专业,1935 年毕业。他之所以进入《大公报》工作,与其大学期间在该报发表的大量作品有关。他说:"我进《大公报》,一点也不偶然。1933 年 10 月,我的第一篇小说《蚕》就是发表在《大公报·文艺》上,那时编者沈从文先生要我每月交他一篇。我写旅行通讯也是以《大公报》为起点,第一篇《平绥琐记》(1934)发表在《大公报》所办的《国闻周报》上。"⑤ 1936 年,燕京大学二年级的学生王锺翰将自己写就的第一篇习作《辨纪晓岚(昀)手书简明目录》投给《大公报》,不久即在该报《史地周刊》上全文刊载。他回忆说:

---

① 《傅庚生自述》,高增德、丁东编:《世纪学人自述》(第四卷),北京十月文艺出版社 2000 年版,第 79 页。
② 《陈瘦竹自述》,高增德、丁东编:《世纪学人自述》(第三卷),北京十月文艺出版社 2000 年版,第 376 页。
③ 《任访秋自述》,高增德、丁东编:《世纪学人自述》(第三卷),北京十月文艺出版社 2000 年版,第 387 页。
④ 《徐中玉自述》,高增德、丁东编:《世纪学人自述》(第五卷),北京十月文艺出版社 2000 年版,第 108 页。
⑤ 萧乾:《未带地图的旅人——萧乾回忆录》,中国文联出版公司 1991 年版,第 61 页。

"首战告捷，我自是喜不自胜，27元大洋稿费免不了与同学们美餐一顿，以示祝贺。"① 这些人后来都成为著名学者、作家。他们在大学期间已崭露头角，通过在报刊上发表作品，体现自己学习和研究的价值，获得学术和写作上的自信，并对报刊产生深厚的感情，不少人甚至用稿费交学费和补贴生活。报刊与他们的生活有密切的关联，投稿与发表文章不仅提高了他们的知名度，还对其之后的职业生涯产生了深刻影响。

除了大学生们在报刊发表各种文章外，一些中学生也将自己的习作投给报刊，开始自己的投稿生涯。民国初年，邹韬奋、杨贤江、恽代英、萧公权等人在中学期间就在报刊上发表了不少作品。邹韬奋回忆当时在《学生杂志》投稿最多的有三个人："一个是杨贤江，当时他还在师范学校求学；一个是萧公权，他的底细我不知道，由他文字里看出他似乎是四川人；一个便是我。我的文字虽常常也被采登，但我自己知道都不及他们两位的好，因此愈益勉力求进步，好像暗中和他们比赛似的。"② 1935年，在江苏南通中学读高二的施雅风写了一篇《德意志第三帝国与欧洲政治政局》，被老师看中，登在带有论文选集性质的《南通中学生》1936年第二期上。高三时，他花了相当长的时间写了一篇《战时中国的生存线》，有五六千字。1937年夏天，《五山日报》连续五天刊载了他的这篇小文章。③ 中学生能够在报刊上发表习作，对他们之后的写作热情与读报兴趣有一定影响。

值得注意的是，一些大中学生由于在同一杂志投稿而相识相交，尤其是《中学生》之类的知识性读物，为读者搭建了交往的平台，不少投稿者因为经常在《中学生》投稿而相互倾慕。如后来成为《大公报》记者的徐盈和子冈（真名彭雪珍），在"九一八"后都是《中学生》月刊的积极投稿者。"《中学生》是他们爱苗的媒介。他俩因都在北平，于是约会在北海公园见面。"④ 之后，两人由于志同道合而结为夫妻，成为抗战时期的名记者，在报界传为

---

① 王锺翰：《清心集》，新世界出版社2002年版，第40页。
② 邹韬奋：《邹韬奋自述》，安徽文艺出版社2013年版，第17—18页。
③ 施雅风口述，张九辰访问整理：《施雅风口述自传》，湖南教育出版社2009年版，第22页。
④ 陈纪滢著，许骥编：《陈纪滢文存》，华龄出版社2011年版，第122页。

佳话。

第六节 书信、报刊与读者交往网络

诚如报人任白涛所言："现代人一成报纸读者，便算被置于同社会相接触的状态。在这个意味上，读者在肉体上虽是在分离着，但在精神上是同密集着一样的。但在这个密集着的众人间所行的交互的暗示，是可以常借报纸为媒介的。"[①] 这段话颇有哲理，它表明报纸一旦介入读者的生活，便会将读者推向广阔的"互联之网"。对读者而言，报刊不仅是一种阅读媒介，也是一种交往媒介。不少读者接触报刊之后，通过书信、稿件与报刊展开接触和交流，期待自己的作品能够被编者采纳，从而在报刊上登表，再得到其他读者的关注，最终融入报刊编织的社会网络之中。

从一定程度上看，读者、编者与作者都是报刊网络的有机组成部分，他们之间相互依存，不可或缺。从消费的角度看，读者是报刊实现其功用和价值的最终评判者，决定着报刊的经营能力和盈利水平。因此，如何激发读者的阅读热情，建立与读者的沟通网络，是报刊立足市场、扩大品牌影响力和忠诚度的基础。一份报刊给读者提供什么内容，读者对报刊提供多大的支持，有内在的关联。可见，报刊需要了解读者的需要，有针对性地为读者提供服务。如《读书月刊》提出了办刊的三个使命："本刊的第一个使命，就是要作为出版界与读书界互通声息的一个机关；本刊的第二个使命，就是在介绍优良的书报于读者之前，同时，对于不良的书籍，当加以严正的批判；我们要介绍最新的科学思想，登载严正的基本理论，推荐优秀的创作，成为青年朋友们一个良好的伴侣，这是本刊的第三个使命。"显然，这三个使命的最终目标都是如何使读者读到更好的书。同时，该刊定位于读者的园地，希望读者将之视为精神家园："青年们的一切问题，都可以在本刊上讨论发表，青年们的一切创作，我们都十二分的爱护和欢迎。青年们，你们的欢喜，悲愤，或

[①] 任白涛：《综合新闻学》，上海书店1991年版，第214页。

是兴奋和忧郁,请尽量的写出来吧。这是我们青年们的共同的园地。所以,我们欢迎一切的来稿。"① 与之类似,《读书杂志》也提出办刊的目标,包括三点:"第一是讨论读书的门径,第二是发表读书的心得,第三是沟通海内外各方面读者者的个人与集体的联络。"② 提高读者的阅读质量,发表读者的阅读心得,加强读者之间的相互联系,是读书类刊物的特色。

从传统意义上看,信件是私人交流的媒介,一般不宜公开,但报刊收到的读者来信却具有公共讨论的性质。读者在信中所言大多是给报刊提出的意见和建议,以及自己在阅读过程中遇到的问题。其言外之意,是希望报刊能够引起重视,提供解决方案或作有针对性的解答。此类来信基本上不涉及个人隐私,是可以公开的信,还体现读者对报刊的信任。因此,开设读者来信栏目,是报刊加强读者、编者、作者沟通的一个重要渠道。

读者来信与读者来稿有一定区别,信件多表达私人的询问和意见,稿件则大多是以发表为目的的作品。一般而言,编辑部在报刊上公开读者来信,所提问题有一定针对性,对加强与所有读者的沟通能起到一定作用。从这个角度看,清末白话报刊之所以特别重视读者来信,是因为"智识较低"的读者对如何读报有不少疑问,需要编者广而告之。白话报刊的劝民阅读和指导阅读,大多通过读者来信进行说服式传播。十年内战时期,民众识字率有一定程度的提高,但报刊阅读不广仍是一个重要的社会问题,尤其是农民的读报问题,受到诸多不利条件的约束。一般商业报刊面向社会大众,很少考虑到农民群体的阅读需求。因此,《农民》杂志甫一出版,便大受农民读者的欢迎。《农民》杂志长期开设读者来信栏目,作为普及性读物,其读者对象主要以农民为主,内容多反映农民的生产、生活。读者的观感对杂志而言不仅直接反映了办刊成效,也从多方面体现出读者的态度、价值与诉求。该刊每期刊登数位乃至20余位读者的来信,篇幅一般为2至4页。以1928年第一期的读者来信为例,本期共刊登了全国各地20位读者的来信,其内容大多为溢美

---

① 《本刊的使命》,《读书月刊》创刊号,1930年10月1日,第4页。
② 《〈读书杂志〉发刊的一个告白》,《读书杂志》1931年第1卷第1期,1931年4月1日,第2页。

之词，包括对办刊方针、内容、特色、栏目等方面的阅读感想。如李敬周称赞："拜读贵报，颇觉赏心悦目，况种种材料，愈出愈加丰富，实在令人欣佩。奉读贵报，所有种种材料不独学校与新闻，即是公民常识及卫生，都是有用的话。"读者韩振杰更是赞叹："贵报出版，阅者争购，赐与新知识，灌输新学问，诚贵报施惠与我国我民也。经营搜集之苦心，阅者莫不感戴也。贵报各栏，意味无穷，稍事阅读，莫不精神立生，教导民众，实为振聋惊聩之利器！如不间断读阅，学问自然源源而来，不数年间，即可成一饱学之士。经验阅历，渊博宏深。"读者翟振刚在来信中提及："在友处索得《农民》几份，看过之后，实在不能不使我钦佩的五体投地，我看改良中国农业，提高农民知识的刊物，《农民》可算一种空前绝无而仅有的了。"读者张雪岑说："我这次阅过《农民》报后，觉得里面非常亲热甜蜜，就引起我无限的活泼快乐。里面材料丰富，像趣事实事，没有一种不是有价值的，有效果的。并且极力的欢迎大家的投稿，愿同大家研究关乎农民的事情，真是前途的进境，更不可拿言语来推测了。"读者石书林总结道："本报各栏，能改正我们的错误，增长我们的知识，引入正路，在社会上进化，是不可止境的，对农民生活的好处，是一言不能说尽的。"① 诸如此类的评语，都是指名道姓地说明了出处，从而表明读者的集体观感，体现出《农民》受读者欢迎的程度，当然也有"软文营销"之嫌。

《申报》在加强与读者联系的同时，也注重为读者服务，尤其是后来专门成立了妇女补习学校、《申报》新闻函授学校、《申报》读者服务部，体现其作为大报在服务社会方面的担当。《申报》还开设《读书指导》栏目，为一般读者的读书活动提供有针对性的辅导，提高读者的学习能力，受到读者的欢迎。有读者来信说："知道贵馆创立了读书指导，对于一般失学的青年，热忱地予以知识上的帮助，这使得我们这些闹着知识饥荒的青年是如何的雀跃啊！"② 有读者就平日读书看报遇到的问题，写信向《申报》编辑请教：

---

① 《本报读者的评语》，《农民》1928年第4卷第1期，1928年3月1日，第14—16页。
② 《论"自学"》，《申报》1934年1月7日，第12版。

我近来很喜欢看社会科学的书籍，尤注意阅报，对于报上所载的国际消息，可以说是一字不遗都要阅读一遍的。我对于国际政局之变迁，以及各个国家之组织制度，各个政党之主张，已日渐明了。但现在我所莫名其妙的，便是经济方面之新闻，什么"货币战争""货币协定""美元贬价""美国收买黄金""汇兑安定保证""金解禁""金输出""黄金政策"等之形形色色名词，我都不能很激底的了解。先生！这些问题，有无通俗的说明书籍可以购阅？或者，要怎样我才能获得关于这方面的基础知识，克服我现在这个不了解的困难？左列诸书有无能帮助我解决前面的困难？这些，都请先生明以教我！①

这位读者的来信就国际经济新闻领域的专业术语提出疑问，表明他对报刊和书籍阅读的兴趣很高，而编辑部将此类信件在《读书指导》栏目刊登出来，亦有一定的典型性，即希望借助编辑的回答，吸引一般读者的注意，使读者在增长知识的同时，也会进一步提高读报的兴趣。

事实上，由于报刊在编排、内容、发行等方面不可能完美，读者给报刊提出的具体批评和建议，对于促进编者及时改正问题和错误是大有裨益的。如某位读者在写给《越风》主编黄萍荪的信中提及："顷奉惠赠《越风》第八期，获读陈小蝶君大作《湖上散记》，关于'秋狱'一节，语多失实，碍难缄默，姑就重要各点，纠正如次。"② 又如河北易县小学生张宝文给《农民》杂志提出建议："我看农报上，有增刊注音字母的必要。因为注音字母，是普及教育的要素；更是提倡平民教育的利器。假若有这一栏，那不识汉字而识字母的人，也可以拿起来看看。那末不但于平教前途，多一种发达的希望；而于农报的刊行，还可以增多。所以我以为增刊这一栏，是极有价值的。"③ 此类建议不一定切实有用，却反映了读者对报刊的热爱和殷切期待。对于此类情况，编者则可以根据具体意见，对读者进行解释和说明。如读者

---

① 《如何了解国际的新术语（一）》，《申报》1934年2月25日，第14版。
② 《来函》，《越风》1936年第9期，1936年3月2日，版权页。
③ 《读者意见》，《农民》1927年第3卷第22期，1927年10月1日，第14页。

冯飞君组织中国论坛读者联合会的提议在《中国论坛》发表之后，其他读者纷纷来信表示赞成。编者在《中国论坛通讯》栏目中积极回应道："中国论坛读者联合会的基本目的，应为扶助论坛发行的便利与扩张。这就是我们的主要工作。各地各城市读者联合会的小组如能组织成立，必可以帮助论坛克服其前此发行的重大困难。其次，这种读者联合会一定也可以在中国各地供给论坛更多的通讯员。"①

无论是赞扬、批评还是建议，读者来信大多是围绕报刊媒介本身而与编者进行沟通。从交往报酬的角度看，读者给报刊写信需要付出时间成本和经济成本。如果编者对读者来信置若罔闻，则违背了对等交往的原则，久而久之，读者交往的边际效用明显下降，就会消减其阅读热情，读者与编者之间的情感互动链也会受到影响。因此，负责任、有眼光的编者会将读者来信视为某种信物。通过刊登读者来信，真实地呈现读者的问题和意见，可以让读者在报刊上看到编者的回应。这种展示读者与编者之间的问答栏目，可以视作报刊交往历史的"注释"。在一份报刊如何联系读者、体现读者的需求，如何加强与读者的沟通等方面，读者来信栏目是一种历史见证。让读者与编者在报刊上对话，其本质就是编织报刊交往网络的过程。

读者、编者与作者之间除了围绕报刊本身展开互动之外，他们之间还通过书信就约稿、文章内容等展开探讨，形成了丰富多样的议题。如老舍在1936年写给《宇宙风》编辑陶亢德的信中提出："由八月起，我供给《宇宙风》个长篇。由八月一日起，每月月首您给我汇80元；我给您一万至一万二千字。"② 此类私人之间的要约，颇能体现编者与作者的关系。闻一多在编辑刊物时，则会与作者就稿件的具体问题进行商讨。如他写信给饶孟侃说："刊物已改名《学文》，……大作两诗实以《懒》为最好，好得厉害，公超、梦家均大为赞服，鄙见亦同。"③ 又如常任侠在看到闻一多引用自己的论文后，

---

① 《中国论坛通讯》，《中国论坛》1933年第10期。
② 老舍：《致陶亢德》，舒济编：《老舍书信集》，百花文艺出版社1992年版，第44页。
③ 闻一多：《致饶孟侃（一九三四年三月一日）》，《闻一多书信集》，群言出版社2014年版，第319页。

写信予以说明:"读《人文科学学报》一卷二期所载论人首蛇身像大著,至佩,其中征及鄙说,甚为荣幸。拙稿于廿八年三月初发表于《时事新报·学灯》,《说文月刊》据以转载,均有误字。其后颇有增补处,复交《金陵学报》在沪刊出,附有插图,兹奉一览,惟仅此一册,指正后仍乞赐还。"① 此类读者与作者的对话是因具体问题而形成话题,并通过书信加强了私人情谊。

书信不仅是交往的媒介和阅读的媒介,它还能够为双方提供阅读报刊的"证据"。不少读者在信件中传递、寄送或收阅的报刊信息,便是某些刊物"泛起涟漪"的体现。如梁漱溟在致友人的信件中便多次提及报刊的收阅情况。1926 年 7 月 27 日,他写信给《醒狮》周报时指出:"尊刊四十余期,拜读,谢谢。向虽未订购,固已零星奉诵。"② 而作为《村治》的主编,梁漱溟又为读者的阅读提供指引。他对友人舒新城说:"《村治》前数期早已不全,尊处所缺为某期某期,希径开示北平村治月刊社,嘱其补寄,必然照寄。"③

若读者热爱某份刊物,在书信中往往会对编辑表达自己的心境。如常任侠收到孙望所寄两册《中国诗艺》之后,在信中说:"内容及印刷均可爱。在抗战期中,印刷艰难,能得如此成绩,良不易也。"④ 作家郁达夫曾主编《大众文艺》等刊物,他对文艺刊物有着特殊感情。1928 年 10 月 20 日,他在写给《荒岛》编辑的信中感叹:"近来的生活,正同住在荒岛上的人一样,孤寂得可怜,所以你们寄赠给我的《荒岛》半月刊第六期,竟从头至尾的细细味读了。自第一至第五期,我非但没有见到,就连《荒岛》半月刊这一个名字,也不曾听到过。但读了第六期后,倒很想并前几期的也拿来一读,不晓得你们还有剩余的东西没有?"⑤ 其对《荒岛》的赞美和期待,发自肺腑。1935 年 9 月,他在收到《新小说》编辑郑伯奇的信后回复道:"《新小说》第三期接

---

① 常任侠:《致闻一多》,沈宁整理:《常任侠书信集》,大象出版社 2008 年版,第 233 页。
② 梁漱溟:《致〈醒狮〉周报(1926 年 7 月 27 日)》,梁培宽编注:《梁漱溟往来书信集》(上卷),上海人民出版社 2017 年版,第 37 页。
③ 梁漱溟:《致舒新城》,梁培宽编注:《梁漱溟往来书信集》(上卷),上海人民出版社 2017 年版,第 43 页。
④ 常任侠:《致孙望》,沈宁整理:《常任侠书信集》,大象出版社 2008 年版,第 204 页。
⑤ 郁达夫:《致〈荒岛〉半月刊的同人》,《郁达夫书信集》,吉林出版集团股份有限公司 2017 年版,第 103—104 页。

读了。老舍的《善人》读得很有趣。蒙你在《编辑后记》里赞许我那篇勉强试写的东西，真觉得汗颜，又蒙与这篇《善人》并举，更觉得惶恐。"① 语气中虽带谦逊，但他对《新小说》的喜爱溢于言表。

有时，读者还在与友人交流的书信中分享阅读报刊的心得体会。此类对报刊内容的引入不仅可以表达情感，还能引发阅读联想，推动报刊内容的二次传播。如闻一多在读完《新月》第三卷第二号上沈从文的《评死水》一文后，写信给朱湘和饶孟侃说："看见没有？那篇批评给了我不少的奋兴。陈梦家、文玮德的近作，也使我欣欢鼓舞。梦家是我的发现，不成问题。玮德原来也是我的学生，最近才知道。这两人不足使我自豪吗？便拿《新月》最近发表的几篇讲，我的门徒恐怕已经成了我的劲敌，我的畏友。我捏着一把汗自夸。"② 闻一多对故旧和学生的赞赏，显然有"吾道不孤"的意味。

小　　结

20世纪二三十年代，随着政治纷争的加剧、传播技术的发展和新闻职业化水平的提高，创办报刊已成为许多新式知识分子的职业志趣和价值追求。对于他们而言，报刊不仅能提供新闻和知识，还是他们评论时政、表达观点、广交朋友的媒介。彼时，通讯社事业已比较发达，国内外新闻传播的时效性更强，报刊的特色则更需要自身的新闻生产而加以凸显。由于报刊之间的竞争日趋激烈，报刊业在不断提升内容产品质量的同时，非常注重品牌的塑造和社会关系的构建。围绕着报刊的生产、发行与消费，报刊编者与读者、作者之间的联系更为紧密，读者的中心地位得到强化，尤其是大量读者兼具作者的身份，读者来信、来稿对报刊内容生产起到了重要作用。为了体现报刊的宗旨，编者需要广开言路，广泛吸纳作者投稿和读者来稿，强化报刊共同体的作用与影响。编者的作用不仅是编辑新闻稿件，还要通过各种人脉资源

---

① 郁达夫：《致郑伯奇》，《郁达夫书信集》，吉林出版集团股份有限公司2017年版，第156页。
② 闻一多：《致朱湘、饶孟侃（一九三〇年十二月十日）》，《闻一多书信集》，群言出版社2014年版，第298页。

团结更多的读者和作者。报刊要形成品牌效应，更需要作者和读者通过阅读与投稿培育忠诚度。因此，报刊不仅是读者阅读的载体，更是编者、读者和作者交往的平台。从这个角度看，报刊作为"交往纸"的功能得到了充分发挥。这一时期的报刊特别注重读者来信、编后记、稿约、启事，以及专栏等栏目的设置，体现出编者的良苦用心。编者希图充分利用报刊的交往功能，吸引读者关注报刊内容，表达他们的态度和观点，在新闻生产、供给与消费之间形成有机联系，促使更多的读者和作者一起为报刊写稿，形成"读—写—编"体系，使编者、读者与作者在互动之中形成合力，共同推动报刊的良性发展。因此，报刊设置的大量《编后语》和《读者来信》之类栏目，并非一种摆设或者"客套"，此类栏目在很大程度上充当了报刊的"公共客厅"。它们不仅是报刊对外交往的门面，也是编者、作者与读者之间形成情感共同体的象征。此外，读者、作者和编者之间就报刊具体内容的讨论，通过书信进一步强化了彼此的联系与互动，以报刊为媒介、以书信为桥梁成为私人交往的重要方式。读者、编者与作者之间的多元互动体现了报刊作为"交往纸"的价值和意义，也表明报刊背后具有复杂的人际网络和社会关系。需要强调的是，读者阅读是"活化"报刊的重要前提，是形成报刊意义之网的核心要素。

第五章

十年内战时期中共报刊发行、阅读及影响

十年内战时期,在中国共产党的领导下,中国革命的重心逐步由城市转入农村,尤其是随着中央革命根据地和其他革命根据地的建立,为了推动根据地建设,提高党组织的凝聚力和战斗力,发挥党报党刊的宣传教育作用,各级党组织非常重视报刊发行和阅读工作,将报刊发行量和阅读率作为推动党的工作的重要内容。在这一时期的红色报刊研究中,有关报刊本身的内容和特色介绍较为多见,而对于红色报刊的发行、阅读及其社会影响问题,尚缺乏系统梳理和整体评价。特别是对于这一时期的公共读报组织和个体阅读的研究,除了林绪武、管西荣以《红色中华》为例对苏区公共阅读进行了论述之外,① 相关论文甚为少见。本章从报刊发行、公共读报与私人阅读的角度,考察这一时期中共在推动报刊发行与阅读方面的成就与影响。

第一节 党报党刊的发行与推广

党报党刊是宣传党的方针政策、推动群众运动、提高干部群众学习积极

---

① 林绪武、管西荣:《苏区的公共阅读建构——以〈红色中华〉的大众阅读为例》,《人文杂志》2021年第2期,第103—112页。

性的重要工具，也是广大党员群众进行时政学习的基本载体。从整体上看，中共建设的各种文化教育机构和出版的各类党报党刊，为广大党员群众的读报活动创造了有利条件。土地革命战争之初，中共就特别重视报刊工作，推动党报与基层党组织的学习工作相结合。1927年，中共中央发布的第四号通告就强调："党的出版物之分配和传播，各级党部应该认明是党的重要工作之一，各级党部应该使中央及自己对外的出版物深入普遍于广大的群众，对内的出版物，中央的须使各区委或县委至少有一份，省委以下的则各支部都必须有一份。"① 1928年7月，中共中央在《宣传工作的目前任务》中提出要广泛设立读书报的小组，"宣传委员会即应指派一些不仅能够教读而且政治认识清楚的同志担任小组指导员的工作，以便利用这些小组作宣传的工具"。② 1929年，中共六届二中全会特别强调："建立工厂小报要看成支部最重要的宣传工作。支部为要使党与周围群众经常能有密切的关系，必须特别注意建立工厂小报，如壁报等工作。工厂小报的形式要力求简单而群众化，内容应着重本工厂的新闻，以及与本工厂有关系的其他政治的或地方的新闻，从这些新闻材料中加入我们的宣传作用。"③ 显然，工厂小报是党开展工人运动的宣传武器，是加强党与基层工人组织联系的纽带。此类小报是工人的"身边纸"，对工人运动有重要的推动作用。

为了进一步推广党报的发行，中共中央1930年3月26日发文指出："党报的发行是非常重要的。只有党报的广大发行，才能建立党与群众之间非常密切的联系，才能扩大党报在一般劳苦群众中的政治领导。党报在这一种秘密环境之下，必须深入于每个支部，使所有支部的同志都经常的将党报分给群众。这是每一个共产党员的政治任务。"④ 党报的推广，从根本上还需要普

---

① 《中共中央通告第四号——关于宣传鼓动工作（1927年8月21日）》，中国社会科学院新闻研究所编：《中国共产党新闻工作文件汇编》（上），新华出版社1980年版，第36页。
② 《宣传工作的目前任务（1928年7月10日）》，中央档案馆编：《中共中央文件选集》（第四册），中共中央党校出版社1989年版，第421页。
③ 《中共六届二中全会宣传工作决议案（1929年6月25日）》，中国社会科学院新闻研究所编：《中国共产党新闻工作文件汇编》（上），新华出版社1980年版，第52页。
④ 《中国共产党党报的发行问题（1930年3月26日）》，《中国报刊发行史料》编辑组编：《中国报刊发行史料》，光明日报出版社1987年版，第327页。

通党员和广大群众能够有机会广泛了解和阅读。1930年5月,《红旗》又专文探讨了党员对党报的责任问题,指出:"党报的内容,无论如何丰富精彩,假使没有很好的发行工作将党报撒布到一般党员以及群众中间,则党报的作用亦就等于失掉。因此,每个党员必须认为推销党报,尤其是帮助建立全国全省发行交通网,是自己的一种天职。要使党报经过发行交通网的传递,达到支部中去,更推销到群众中去,不仅是负责党报发行工作者的责任,而且是每个党员的责任。"① 1930年8月,共产国际东方部通过了《中国共产党的最近组织任务》,提出:"采取一切办法去改良和扩大发行机关。在组织党的刊物发行机关时,必须而且应当事先看到,有大量的党员尤其无党的工人群众是不识字的。因此,必须不仅注意将党的刊物发散到全国各处,而且同时必须做到使党的刊物内容真正能达到一切党员和同情的无产阶级群众中去,要做到这一点必须组织特别的读报的小组,责成识字的党员各个人对于不识字的党员与表同情的工农分子,讲解党的刊物的内容。"② 组织党员群众以读报小组的形式推广集体读报,是扩大党报影响力的重要方式。《红旗日报》创刊后,中共中央通过《组织问题决议案》,要求"在群众中党的支部应组织读'红旗'的小组以扩大宣传"。③ 可见,此类读报小组在党的宣传工作中有重要的作用。

为了克服"立三路线"脱离群众的倾向,1931年1月27日,中共中央政治局专门下发关于党报的决议,提出:"以后党报必须成为党的工作及群众工作的领导者,成为扩大党在群众中影响的有力的工具,成为群众的组织者。"在加强党报领导与管理的同时,中共中央特别提出要建立较为完备的党报发行网,"在中央,省委区委成立发行部(或科)管理整个发行网的工作。中央及各级党部应当经过党团,建立工会,青年团互济会及其他团体的自下而上

---

① 《党员对党报的责任(1930年5月10日)》,《中国报刊发行史料》编辑组编:《中国报刊发行史料》,光明日报出版社1987年版,第329页。
② 《中国共产党的最近组织任务——共产国际东方部议决案(1930年8月)》,中央档案馆编:《中共中央文件选集》(第六册),中共中央党校出版社1989年版,第599页。
③ 《组织问题决议案(1930年9月28日扩大的三中全会通过)》,中央档案馆编:《中共中央文件选集》(第六册),中共中央党校出版社1989年版,第315页。

的发行系统"。① 针对各类报刊"多散布在上层机关，很少传布到下层组织中去，更少散布到群众中去"的现象，中共中央于当年3月颁布《中共中央关于建立全国发行工作决议案》，高度重视报刊发行工作，成立中央出版部，建立全国发行网。第一，在全国各种重要中心区域建立完成发行路线；第二，建立对苏区发行工作，供给以党的和非党的各种重要书籍刊物；第三，建立巡视制度，经由中央巡视员或出版部自派的巡视员调查某一省区的发行工作，纠正其错误，并指示其发行工作的布置方针。在中央的统一领导下，各级党委纷纷成立发行组织，"自省委直到群众建立整个发行网"。② 江苏省委贯彻中央精神，"竭力纠正'立三路线'时代一般同志尤其是区委工作同志，不阅读党报的坏习惯，规定阅读党报是每个同志对党起码应负的责任，并应在支部中，群众中，发展读报小组的组织"。③ 这些决议和规定推动了党报的发行，促进了党员读报活动的开展。但是，由于受到"立三路线"的长期影响，宣传工作存在着脱离基层、脱离农民运动的现象，尤其是不少在大城市创办的党报党刊很少送达革命根据地，辐射的范围较为有限。

1932年4月，苏维埃临时中央政府成立中央出版局总发行部，中央发行部提出："要建立和健全发行工作，保障党的每一个决定和定期出版的刊物深入到广大工农群众中去，使我们的刊物真正成为群众的集体宣传者与组织者，使每个工农群众都了解政治上的任务，使我们提出的每一个战斗任务，更胜利的来完成！"④ 1933年1月，中共临时中央由上海迁往瑞金，党报党刊出版发行的重心也随之转移。中央对报刊宣传和发行工作较为重视，各类党报党刊在具体工作中突出了党性、群众性的办报方针。党的机关刊物《斗争》在

---

① 《中共中央关于党报的决议（1931年1月27日通过）》，中国社会科学院新闻研究所编：《中国共产党新闻工作文件汇编》（上），新华出版社1980年版，第71、72页。
② 《中共中央关于建立全国发行工作决议案（1931年3月5日通过）》，《中国报刊发行史料》编辑组编：《中国报刊发行史料》，光明日报出版社1987年版，第1、2页。
③ 《中共江苏省委关于党报的决议（1931年3月8日）》，中国社会科学院新闻研究所编：《中国共产党新闻工作文件汇编》（上），新华出版社1980年版，第78页。
④ 刘象宾：《克服对发行工作的怠工　向博生各区发行站作严厉斗争》，《红色中华》第134期，1933年12月11日，第4版。

《党报启事》一文中指出:"要使我们的党报变为真正党的领导的机关报,那不但需要党的领导者经常的写些指示文章,而且需要能够真实的反映党的下层的实际情形,也只有各级党部经常把实际的材料,和我们工作的缺点与经验告诉党报,党报才能更具体的起(到)它的领导作用。因此党报希望省委、县委、区委、支部以及全党同志能够经常写文章做通讯,按〔收〕集材料,来供给党报,同党报建立经常的关系。如若在工作中有什么困难时,也可写信给党报,党报一定负责答复。"① 党报是联系党员和实际工作的纽带,只有发动广大党员读报、写稿,它才能真正体现出为党员服务的特性。要让更多的党员有机会阅读党报,则必须高度重视党报的发行工作。党员是党报发行的责任人,使每个党员通过各种途径阅读党报,并设法推广党报,是各级党委和各类党报党刊在宣传中强调的重点内容。

在十年内战时期,国民党对红色根据地实行文化封锁,红军指战员和广大群众很难阅读来自白区的报刊。但是,在各红色根据地,各级党委非常重视报刊的政治宣传和指导作用,如闽西苏维埃政府在1931年4月的一份《通知》中强调:"《红报》不只是单纯的宣传教育的作用,不能当着寻常的报纸、刊物宣传品一样看待,它在革命的过程中,是占了一个很重要的推动工作领导斗争的任务。……《红报》上发表的言论,是等于政府通告一样重要。"② 报刊是党和政府的喉舌,由各级党委领导的基层组织,以列宁室、黑板报、识字组、读报组、冬学、夜校、民众学校为依托,进行文化教育活动,将识字与读报有机地结合起来,极大地推动了红色报刊的发行与阅读。

在苏区,党政机关、团体、军队都将报刊发行工作作为重要的政治任务,设法加以推广。"工农红军总政治部于1932年创办的《红星画报》每期发行曾达7千至1万份。1931年7月,共青团苏区中央创办了《青年实话》,它规

---

① 《党报启事》,《斗争》1933年第2期,1933年2月4日,第12页。
② 《闽西苏维埃政府通知第三十五号——关于红报问题(1931年4月18日)》,江西省文化厅革命文化史料征集工作委员会、福建省文化厅革命文化史料征集工作委员会编:《中央苏区革命文化史料汇编》,江西人民出版社1994年版,第146页。

定了销售优待办法，刊登广告，广泛征求订户。它又在各县城和很多区乡都有代销处。《青年实话》还在瑞金、汀州等地组织少年儿童叫卖队叫卖报纸。它又在红军各部队建立分销所。由于努力扩大发行，到 1933 年 11 月，《青年实话》每期发行量已达 3 万份，成为江西苏区最畅销的报刊之一。"① 1932年，湘赣省委创办的《红旗》共出版 14 期，"每次印发五千到六千。《红旗》在群众中有影响，群众看的很多不够分配，因印刷困难不能满足需要。各县除极少数的县份外，都出版了党报，如茶陵萍乡安福等"。② 这些报刊立足于红色根据地，成为联系各级党组织、军队指战员和广大群众的纽带，对于根据地的干部群众而言，阅读党报党刊不仅是政治任务，也是融入集体生活的重要方式。

各根据地依托党的发行组织、邮政系统、代售处、零售点，大力开展党报党刊的发行工作，体现了党办报刊的多渠道发行方式。《红色中华》第 93 期第 4 版以"红中编委"的名义刊发了一份号召书。要求"每个本报的读者同志，都应该来参加这个突破运动，而且要举行竞赛，因为本报销路的扩大，就是本报的影响更加深入到群众中，也就是使本报负起更大的领导革命的战斗任务！"③

在中央苏区，随着政治宣传和群众文化运动的广泛开展，报刊的发行量得到快速增长。1934 年，"已有大小报纸三十四种，其中如《红色中华》从三千份增至四万份，《青年实话》发行二万八千份，《斗争》二万七千一百份，《红星》一万七千三百份"。④ 为了突破四万份，《红色中华》开展优惠订阅活动："读者介绍五人定用，赠送本报一份、信封信纸各五个；介绍十个，赠品加倍；介绍十个以上者有特别赠品（书籍与文具）；成绩优良的个人或团

---

① 程沄主编：《江西苏区新闻史》，江西人民出版社 1994 年版，第 25、161 页。
② 《中共湘赣省委关于宣传工作的报告（1932 年 7 月 20 日）》，江西省档案馆选编：《湘赣革命根据地史料选编》（上），江西人民出版社 1984 年版，第 503 页。
③ 《推广本报销路！突破四万份！！大家来参加竞赛呵！》，《红色中华》第 93 期，1933 年 7 月 11 日，第 4 版。
④ 毛泽东：《苏维埃的文化教育（1934 年 1 月）》，江西省文化厅革命文化史料征集工作委员会、福建省文化厅革命文化史料征集工作委员会编：《中央苏区革命文化史料汇编》，江西人民出版社 1994 年版，第 82 页。

第五章 十年内战时期中共报刊发行、阅读及影响

体除赠报及送奖外，在该报专栏'红匾'上登载他的名字。"① 尽管发行量与有效阅读率之间有一定差距，但大量红色报刊已在广大乡村传播，对推动群众读报运动的开展起到了重要作用。

据不完全统计，红军长征之前出版的红色报刊主要有以下七类，共计115种。第一类，中共中央、苏区中央局及其所属部门出版的报刊，包括《布尔什维克》《战斗》《每周宣传纲要》《实话》《党的建设》《斗争》6 种；第二类，中华苏维埃共和国临时中央政府及其所属部门出版的报刊，包括《红色中华》《苏维埃文化》等 11 种；第三类，中国工农红军出版的报刊，包括《红军报》《红星报》《苏维埃政权》《战士》等 32 种；第四类，中央级群众团体出版的报刊，包括《青年实话》《苏区工人》《少年先锋》《列宁青年》等 10 种；第五类，省级机关、团体出版的报刊，包括《省委通讯》《红的江西》等 17 种；第六类，特委级机关、团体出版的报刊，包括《红旗日报》《东路红旗》等 18 种；第七类，县级机关、团体出版的报刊，包括《剑锋报》《红潮》《瑞金红旗》《上杭红旗》等 21 种。② 事实上，当时苏区的报刊远不止这些，有些内部报刊和油印报刊并未统计在内。如何长工于1933 年受命创建红军大学，他回忆道："红校和红大办了几种刊物：《红校周刊》，后改为《红校生活》；还办过《革命与斗争》《红色战场汇刊》以及后来办的《红炉》，颇受校内外同志们的欢迎。"③ 这表明，在苏区，红色报刊不仅数量众多，而且得到了广泛的传播。

中央苏区和其他根据地在极为艰苦的条件下，广泛发动群众，推广发行，扩大党报的影响力。《红色中华》在《发刊词》中便指出："本报在初出版时期，印刷，及各项物质条件，都有不少困难。我们要在困难中来进行上列工作。要求阅读本报的同志们，将他对于苏维埃的意见与工作经验多多写来在

---

① 《推广本报销路！突破四万份！！大家来参加竞赛呵！》，《红色中华》第 93 期，1933 年 7 月 11 日，第 4 版。
② 江西省文化厅革命文化史料征集工作委员会、福建省文化厅革命文化史料征集工作委员会编：《中央苏区革命文化史料汇编》，江西人民出版社 1994 年版，第 395—405 页。
③ 何长工：《何长工回忆录》，解放军出版社 1987 年版，第 307 页。

本报发表，使本报成为报业苏维埃的指针，大家努力吧。"① 立足群众办报，让普通群众能够读报，是《红色中华》大力开展通俗化工作的重要体现。李富春从健全《红色中华》发行网的角度，要求"每村将应找出推销者，每个大的乡或圩坞均应有叫卖的组织"。② 闽西特委为了推广《红报》，要求"各乡应普遍设立《红报》张贴处，规定时间由政府文化部派人向群众宣读"。③ 闽西苏维埃政府为了扩大《红报》的发行，"决定各级政府和公共看报处，以及白色区域由政府送读张贴之外，要发动各群众团体机关（如工会、雇农工会、贫农团、计济会、少先队、儿童团、读报团、新剧团及其他革命团体，文化团体、机关、学校、商店）个人起来订阅《红报》"。④ 让工农群众识字、读报，了解党的政策，通过报刊加强党与群众的联系，是各级党组织工作的重要任务。一方面，各红色革命根据地，广泛设立起夜校、识字组、读报会、阅报班、读报组、列宁室；另一方面，在中央苏区，组织群众识字与读《红色中华》和其他红色报刊成为一项重要的政治任务。广大红军和工农群众积极参加夜校和各种识字班，通过集体学习的方式更广泛地接触红色报刊。

第二节 公共读报活动与报刊宣教作用的提升

在苏区，广大群众的整体文化水平仍然很低，一些地区绝大部分的群众仍然是文盲和半文盲，即便是在当时的文化教育典型福建上杭县才溪乡，通过大力开展扫盲运动，"在1934年1月，全乡有8 782人，除小孩外有6 400

---

① 《发刊词》，《红色中华》创刊号，1931年12月11日，第1版。
② 李富春：《"红中"百期的战斗纪念》，《红色中华》第100期，1933年8月10日，第3版。
③ 《中共闽西特委关于宣传问题草案（节录）（1930年8月）》，江西省文化厅革命文化史料征集工作委员会、福建省文化厅革命文化史料征集工作委员会编：《中央苏区革命文化史料汇编》，江西人民出版社1994年版，第139页。
④ 《闽西苏维埃政府通知第四十七号——关于充实〈红报〉内容问题（1931年5月20日）》，江西省文化厅革命文化史料征集工作委员会、福建省文化厅革命文化史料征集工作委员会编：《中央苏区革命文化史料汇编》，江西人民出版社1994年版，第150页。

第五章 十年内战时期中共报刊发行、阅读及影响

余人。能看《斗争》的约在 8%，能看《红色中华》与写浅白信的约有 6%"。① 在鄂豫皖苏区，"黄安、麻城、黄陂、孝感等县，占人口总数 90% 以上的人都是文盲。黄安县青壮年中，文盲占 95%"。② 显然，要在广大群众中普及报刊阅读，存在较大困难。苏区报刊要实现宣传党的政策、发动和组织群众的目的，就必须通过"读—听"结合的方式，大力推广公共读报活动。"每乡每村的识字班和夜学及俱乐部，应有读报组的组织。"③ 通过列宁室、俱乐部、夜校、识字班等组织，广泛开展集体读报活动，通过读报员的读报与讲报活动，吸引广大群众听讲，才能达到实际的宣传效果。

因此，如何指导工农群众读报和听报是各级党委和苏维埃政府的一项重要任务，也是苏区文化教育工作的重要内容。赣东北苏区 1932 年制定的《指导群众读报条例》指出："为要加强对苏区内工农群众的政治教育，提高群众的政治水平起见，将苏区内各种报纸（《红旗报》《列宁青年报》《工农报》《红军报》等），所载的文字消息传达到广大工农群众中去，使他们完全了解。组织读报会是主要办法之一。"④ 读报会以报刊为阅读载体，需要有一定文化水平的教员进行领读和讲解。如中央劳动部红军家属夜校的三名教员，其中一名担任读报员，"读报课，差不多隔二天就轮流一次，（《红色中华》报出版的那一天）他们最喜欢听前方的胜利消息，和各地的动员情形"。⑤ 这表明，苏区报刊的主要功能是提高群众的政治水平和加强群众的政治教育。通过群众读报活动，报刊新闻文本转化为"新闻故事"，为广大群众所喜闻乐见。

报纸的宣教作用如何体现，关系到党的路线方针政策的落实。但是，普通群众对报纸的作用和功能缺乏应有的认知，尤其是文化水平较低的群众不能直接阅读报刊，必须借助读报员作为媒介才可以了解报刊的内容。显然，

---

① 为业：《才溪消灭文盲运动成绩》，《青年实话》1934 年第 3 卷第 8 号，1934 年 1 月 28 日，第 23 页。
② 霍文达、王如、刘卫东：《鄂豫皖苏区教育史》，河南大学出版社 1988 年版，第 5 页。
③ 李富春：《"红中"百期的战斗纪念》，《红色中华》第 100 期，1933 年 8 月 10 日，第 3 版。
④ 《赣东北苏区文化教育概况（1932 年 5 月 29 日）》"附二"《指导群众读报条例》，江西省档案馆选编：《闽浙赣革命根据地史料选编》（上册），江西人民出版社 1987 年版，第 562 页。
⑤ 《介绍中央劳动部的红属夜校》，《红色中华》第 217 期，1934 年 7 月 21 日，第 3 版。

各种读报组织在苏区社会教育和政治宣教方面具有特别重要的地位。从当时各地苏区党委颁布的文件看，涉及读报、讲报工作的内容较多，尤其就如何发挥读报组、读报团的作用进行了具体指导。如中共湘赣省委在有关宣传鼓动工作的决议中指出："《红旗》报就是省委对各级党部实际工作领导的材料，各级宣传组织应领导同志划分读报组，使每同志都明了《红旗》的内容，而实际的做《红旗》发行网和读报组，应普遍建立于贫农团工会及反帝大同盟的小组内，党员应积极领导这一工作。"① 除了《红旗》之外，中共湘赣省委对《列宁青年》的发行和阅读也非常重视，指出："各级宣传科应领导同志划分读报组，使每个同志都明了《列宁青年》的内容。而须要实际建立《列宁青年》发行纲［网］和读报组，应普遍建立于少队、童团、反帝青年部、青工部的小组内，团员应积极去领导这一工作。"② 闽西苏维埃政府将建立读报团作为贯彻政府的政治主张和解决各种问题的重要策略，提出必须大力组织群众、发动群众读报。同时，"儿童团应当做卖报的工作"；在"红五月"中建立读报团，"是一个文化的中心工作"。③ 列宁小学校则须按要求建立读报组，"专读《红色中华》《青年实话》《少共先锋》等各种报纸"。④ 可见，各级党组织充分重视读报团、读报组、读者会的建设，希望通过在乡村广泛建立读报组织，使"报纸下乡"能够收到实效，让广大群众及时通过报纸了解党的政策，促进党政军民的团结，推动群众运动的广泛开展。

在各级党委的指示和推动下，各地读报组织结合自身特点开展集体读报活动，不少列宁室、俱乐部、读报团、读报会通过制定相关规则，采取有力措施推进读报活动。1933年5月，《读报问题》一文就提出：列宁室主要读

---

① 《中共湘赣省委关于宣传鼓动工作的决议（1932年7月20日）》，江西省档案馆选编：《湘赣革命根据地史料选编》（上），江西人民出版社1984年版，第497页。
② 《宣传鼓动工作决议——中共湘赣省委常委会通过（1932年6月19日）》，江西省档案馆选编：《湘赣革命根据地史料选编》（上），江西人民出版社1984年版，第432页。
③ 《闽西苏维埃政府文化委员会决议案（补充委员会后第一次会议）（1931年4月21日通过）》，江西省文化厅革命文化史料征集工作委员会、福建省文化厅革命文化史料征集工作委员会编：《中央苏区革命文化史料汇编》，江西人民出版社1994年版，第148页。
④ 《少共乐安中心县委儿童团九月十五号至卅号半个月工作计划（经过少共县委批准）》，赣南师范学院、江西省教育科学研究所编：《江西苏区教育资料汇编》（六），江西高校出版社1985年版，第61页。

《红色中华》及各军团军政治部的机关报,订阅《红色中华》等报若干期若干份,读报要有组织性,联合买报的班次组成一个读报单位,选文化程度较高者读报,阅读重要消息。① 闽浙赣省苏维埃大会要求各村的俱乐部开展读报工作:区读报员于每一期报来,应召集村读报员开联席会议,解释报的内容,讨论读报的技术,并有计划地轮流检查各村的读报工作。征求工农固定读者,虽获得较好的成绩,还须继续征求,增加工农读者的数量,推广工农报的宣传教育作用。② 闽浙赣省苏维埃教育部在1933年7、8两个月的工作中,要求各乡普遍设立俱乐部,"10个县的总数357个",各俱乐部应"读报八次"。各县发展工农报固定读者的数量,应达到表5-1中规定的数字。

表5-1　闽浙赣省1933年7、8两个月发展固定读者数量③

(单位:人)

横峰	上饶	葛源	弋阳	贵溪	德兴	余江	乐平	化婺德	万年	总数
1 700	1 700	300	1 700	1 700	1 700	300	300	300	300	10 000

中央苏区要求各俱乐部成立讲报队,并对如何开展讲报工作进行了具体规定:"讲报队选总队长一人,分队长若干(三人至七人)。队长最好是列小或夜校的教员。总队长将各种报纸屡期的要文,选择出来,交给分队长,到各夜校小学等去,用讲故事的方式讲给学生听。讲了以后,即在学生中挑选优秀分子,组成六个讲报队,拿着报纸,出发流通宣讲。因此,这个工作必须与消灭文盲小组(即夜校,识字班等的学习教育小组),取得最密切的联系。"④ 赣东北苏区在指导群众读报工作中,要求每村组织一个读报会,"凡

---

① 《读报问题(1933年5月12日)》,总政治部办公厅编:《中国人民解放军政治工作历史资料选编》,解放军出版社2002年版,第383—384页。
② 《第二次闽浙赣省苏维埃大会文化工作决议案(1932年秋)》,赣南师范学院、江西省教育科学研究所编:《江西苏区教育资料汇编》(一),江西高校出版社1985年版,第148页。
③ 《闽赣浙省苏维埃教育部关于七、八两月文化教育工作的突击计划——第二次县教育部长及直属区教育部长联会决议(1933年6月24日)》,江西省档案馆选编:《闽浙赣革命根据地史料选编》(下册),江西人民出版社1987年版,第451、452、455页。
④ 《俱乐部的组织与工作》,江西省文化厅革命文化史料征集工作委员会、福建省文化厅革命文化史料征集工作委员会编:《中央苏区革命文化史料汇编》,江西人民出版社1994年版,第224页。

是革命男女群众自十岁以上均须加入,十岁以下者听其自愿。读报会主任由村苏主席兼任(或其他人兼亦可)"。各级党委直接领导读报会的工作,"读报总指导员每七天须召集各区读报指导员开会一次,即读七日内出版的各报,并解释各报上所载的文字[章]消息的内容及疑难字句"。最后,村读报委员"须召集全村群众开读报会,清晰明朗的读给群众听,同时详细解释,务使群众明了报纸上所载的文字[章]消息的内容(读报后并须将报张贴于阅报处),并对于能读报的群众负指导及解释的责任"。① 通过三级读报活动的开展,使党报党刊的重要内容在读报员的领读下得到详细讲解。广大群众通过参加读报会,在听讲的过程中,可以增强对报刊新闻的认知和对党的方针政策的了解。

在苏区各级党委和苏维埃政府的推动下,苏区读报活动得以广泛开展,并取得了明显成效。1932 年,萧锋在第一期列宁团校学习时,列宁室是学员最爱去的地方。室内除了马列著作等书籍外,"还有苏区中央局主办的《斗争》《红色中华》报,红军总政治部主办的《红星报》,少共中央主办的《青年实话》等报刊"。每天晚饭后,学员们三三两两到列宁室"读书看报,讨论战争形势,学习文化"。列宁室成为他们"互教、互学最愉快的场所"。② 1933 年仲夏,李贞在瑞金党校学习期间就遇到了报纸匮乏的困境,"最喜欢看《红星》报和《红色中华》报。可是这两种报纸全班才各有一份。她只好等其他同志看完了再看"。③ 据 1933 年 10 月 8 日的《红星》报道,机关部门"大多数同志(包括通信员,勤务员),都购买《斗争》《红色中华》《红星》《青年实话》等报,并在列宁室领导下,组织读报组"。④ 在福建明溪的列宁室,陈列了不少报刊,"如中央和省各机关出版的《红色中华》《斗争》《红

---

① 《赣东北苏区文化教育概况(1932 年 5 月 29 日)》"附二"《指导群众读报条例》,江西省档案馆选编:《闽浙赣革命根据地史料选编》(上册),江西人民出版社 1987 年版,第 562、563 页。
② 萧锋遗稿,萧南溪、孙翊整理:《萧锋征战记》,中央文献出版社 2010 年版,第 45 页。
③ 刘培一、乔希章、瞿定国主编:《少将风云录》(一),中国大百科全书出版社 2000 年版,第 37 页。
④ 《方面军政治部给予党和政治部的热烈回答》,《红星》1933 年第 10 期,1933 年 10 月 8 日,第 3 版。

星》《苏区工人》《红色闽赣》等"。通过公共读报活动,"既丰富了群众精神文化生活,又使群众受到革命文化的熏陶和教育"。① 毛泽东于1933年1月在福建上杭县才溪乡调查后,提及上才溪的俱乐部所设立的读报团,"逢圩日(五天一圩)读《斗争》《红中》及《通知》《阶级分析》等。每次最少五六十人听,多的八九十人"。② 瑞金下肖区官山乡的讲报团由小学教员担任读报员,并负责宣讲。"每一只屋子都产生三人至五人的听报员,两天每屋子轮流一人前去学校里听讲,回来后再传达给这一屋子的群众。"讲报员在讲报过程中,"废除了死板的念读,抓住了中心紧要的题目,讲完后再行问答,结果听的人非常高兴。大家都说:'回去定要传达,后日[日后]不要喊,吃了午饭一定要来'"。③ 此外,红军队伍中的读报组"每接到《红色中华》《红星》《青年实话》《斗争》等报纸和师团的通讯,若在行军中,便利用休息时读给大家听;在驻扎时则利用午饭后读报;在作战时则利用时机或防御战时读之"。④ 这说明,通过讲报员的精心讲解,听报员事实上已成为报刊的传达员。他们在听报之后,通过二次讲解和传播,使乡村社会的集体读报与听报活动得以不断拓展,为党的群众工作与文化活动的开展打下了坚实的基础。

第三节 个人读报活动与时局述评

关于红色根据地的私人读报记录,相关的一手史料较少。应该说,日记、书信是研究读者读报活动的核心材料。但是,在艰苦的战争环境中,能够坚持记日记并保留下来者非常难得,在大量革命老人的回忆录中,读报也不是

---

① 《明溪苏区文化宣传活动纪略》,《福建中央苏区纵横》编纂委员会、中共明溪县委党史研究室、明溪县革命老根据地建设委员会办公室、明溪县老区建设促进会著:《福建中央苏区纵横·明溪卷》,中共党史出版社2009年版,第93页。
② 毛泽东:《上杭才溪县的苏维埃工作(续)》,《斗争》1934年第48期,1934年2月23日,第20页。
③ 刘伟文:《瑞京下肖区官山乡的讲报工作》,《红色中华》1934年第216期,1934年7月19日,第4版。
④ 《红色记忆》编委会编:《红色记忆——纪念中国共产党建党八十五周年》(第一卷),中共党史出版社2006年版,第248页。

他们讲述的重点，我们只能选择一些零散的材料作局部的探讨。这些文本中呈现的阅读情景和具体细节，对于我们进一步探究红色报刊阅读史具有重要意义。

毛泽东从青年时代就特别喜欢阅读报刊。早在东山小学读书期间，他就阅读《时务报》等报刊；在北大担任图书馆管理员期间，他有更多机会和时间浏览各种报刊。之后，他在湖南创办《湘江评论》，兼具报人与读者的身份。他不仅自己阅读大量报刊，还经常与同学、朋友谈论报刊内容。1921年1月21日，他在写给蔡和森的信中称："出版物一层，上海出的《共产党》，你处谅可得到，颇不愧'旗帜鲜明'四字。"① 在井冈山和中央苏区期间，毛泽东非常重视报刊教育和引导工农群众的作用。同时，他设法与外界取得联系，通过各种途径阅读党报。1929年11月28日，他在《致中共中央》的信中指出："惟党员理论常识太低，须赶急进行教育。除请中央将党内出版物（布报，《红旗》，《列宁主义概论》，《俄国革命运动史》等，我们一点都未得到）寄来外，另请购书一批（价约百元，书名另寄来），请垫付，……我们望得书报如饥如渴，务请勿以事小弃置。"② 他还在同时写信给李立三说："我知识饥荒到十分，请你时常寄书报给我。"③ 1931年，《红色中华》创刊后，毛泽东十分重视它的宣传教育作用，经常给该报写稿，并就报刊编辑发行工作提出指导意见。

一些红军高级指战员在作战之余，对报刊新闻也是颇为留意。如肖劲光1931年12月任由宁都起义部队改编的红五军团政治委员，他非常注重部队的思想政治工作，不少先进经验被中央苏区的报刊登载。他回忆道："从这一时期中央根据地的《红色中华》《青年实话》等报刊上，都可以看到报道当时苏区军民欢迎红五军团的情景。这说明，当时我们党为了争取这支部队走上

---

① 毛泽东：《致蔡和森（一九二一年一月二十一日）》，中央文献研究室编：《毛泽东书信选集》，中央文献出版社2003年版，第11页。

② 毛泽东：《致中共中央（一九二九年十一月二十八日）》，中央文献研究室编：《毛泽东书信选集》，中央文献出版社2003年版，第22页。

③ 毛泽东：《致李立三（一九二九年十一月二十八日）》，中央文献研究室编：《毛泽东书信选集》，中央文献出版社2003年版，第24页。

革命的道路,是花了心血的。"① 显然,他经常关注《红色中华》的新闻报道。陈丕显也对《红色中华》有特殊的感情。他回忆道:"刚上油山时,我们的精神食粮十分缺乏。大家身边只有《雇佣劳动与资本》《论列宁主义基础》《论"左"派幼稚病》等书籍,几张旧的《红色中华报》以及《东方杂志》《小说月报》等报刊。大家在行军的时候抢着背,住下的时候抢着读。大家翻来翻去,这些书刊被翻得破破烂烂,封面裱了又裱,里面补了又补。"② 陈伯钧也是《红色中华》的忠实读者,他多次记载了阅读该报的经历。如1934年4月12日,他在日记中记载:"午后,修改三月份月终工作报告,并看《红色中华》一六八期的于都事件。"7月28日,他读报得知"希特勒政府内讧,挺进队解散,有坍台势"。8月11日,他读《红色中华》新闻,知"我抗日先遣队已过闽江将抵水口"。③ 这些零散的记载虽无内在联系,但表明,即使戎马倥偬,红军高中级将领仍有机会阅读《红色中华》,并对它产生较为深刻的印象。

有关中央红军长征的消息,许多红军高级将领都不清楚内情。《红色中华》则通过"委婉"的方式,让部队官员领会"中央的精神"。杨成武在回忆长征开始时的情形时说:"这次战略转移,确实来得比较突然。那是九月初的一天中午,我正在吃饭,通信员给我送来一份《红色中华》,报上刊登了洛甫同志的一篇文章,文章中透露了中央红军将采取'新战略'的消息。我当即放下手头的饭碗,去找我的上级、二师政委刘亚楼同志。在一间小屋里我找到了他,他也正拿着《红色中华》在看。原来,事前他也不知道这个消息。我们推测:这决非洛甫同志一个人的意见,是中央的决定。"④ 王首道也证实了《红色中华》所登张闻天文章的影响。他回忆道:"一九三四年十月,中央红军撤出根据地,究竟去何处,无人知晓。闻天同志在一九三四年九月二十

---

① 肖劲光:《肖劲光回忆录》,解放军出版社1989年版,第103页。
② 陈丕显:《赣南三年游击战争》,人民出版社1982年版,第86页。
③ 陈伯钧:《陈伯钧日记(1933—1937年)》,上海人民出版社1987年版,第203、266、273页。
④ 杨成武:《杨成武回忆录》,解放军出版社2007年版,第27页。

九日为苏维埃政府机关报《红色中华》写的社论《一切为了保卫苏维埃》中说：'我们不得不暂时放弃一些苏区和城市。……我们必须冲破封锁线，转移苏区，保存军队主力的有生力量。'……闻天同志的这篇文章，为红军转移进行了思想准备。"① 黄克诚也是在阅读这篇社论后，"觉察到临时中央已打算放弃中央苏区，有向外线转移的迹象"。② 这表明，《红色中华》作为中共中央的机关报，其刊发的中央领导人的权威文章，是理解中央重要决策的信息来源。

个别红军指战员的读报活动通过其零散的日记记载得以呈现。如担任红九军团供给部部长的赵镕，他在自己的《长征日记》中记载了1933年12月至1936年10月的个人见闻，为我们提供了了解红军长征的鲜活史料。其中，他多次提及阅读《红色中华》《红星》《斗争》等报刊的经历。如1933年12月24日他记载："昨日，我在宋裕和局长那里见到了一份《红色中华》，上面登载着一张统计表，是记载我主力军自1931年1月至1933年9月的战绩的（游击队和地方部队战绩未列入）。"同时，他抄录下这份表格（见表5-2）。

表5-2 主力红军战绩③

年份	击溃敌人（人）	消灭敌人（人）	俘获敌人（人）	缴获武器（件）	缴获电台（台）
1931	150 000	60 000	52 000	44 000	8
1932	300 000	106 000	71 000	54 900	5
1933	300 000	150 000	75 000	66 800	6
总计	750 000	316 000	198 000	165 700	19

赵镕的记录反映了中央苏区在历次反"围剿"中取得的重要战果。作为从事后勤保障工作的高级将领，他对部队中的报刊颇为留意。如1934年1月

---

① 王首道：《王首道回忆录》，解放军出版社1988年版，第161页。
② 黄克诚：《黄克诚回忆录》（上），解放军出版社1989年版，第206页。
③ 赵镕：《长征日记》，山西人民出版社1990年版，第7页。原文统计1931年消灭敌人600 000人，据表格分析，应有误，改为60 000人。

29 日,他在总供给部看到一张头天出版的红色小报,"介绍了两年前发生的十九路军在上海奋起抗日的'一·二八'事件的经过"。2 月 15 日,他备课后,"在一本《斗争》上,看到了一份《中央关于争取革命在一省与数省首先胜利的决议》,提出党在目前的任务是攻打中心城市,在一省或数省首先取得革命胜利。决议中还把中间派,例如十九路军蔡廷锴部队当作最危险的敌人,号召全党'应该以主要力量来打击这些妥协的反革命'"。这份中央文件说明党内左倾思想有较大的影响,但赵镕并没有作具体评价。3 月 25 日,他看到 3 月 15 日出版的《红星》第 33 期第 3 版登载:"中央军委于 1933 年 8 月决定,组建第九兵团,以罗炳辉为军团长,蔡树藩为政治委员……"这虽然是半年前的任命,但《红色中华》刊登这则旧闻,与赵镕所在的第九兵团有关,他特地在日记中记下。6 月 29 日,他看到 23 日的《红色中华》登载的《中华苏维埃共和国中央政府为国民党出卖华北宣言》。他特别强调:"我们认真学习了一遍。"① 这也意味着,《红色中华》上发布的中央文件成为各级指战员学习的"文本",读报也是一项政治任务,对了解中央政策有重要的作用。

红军长征开始后,赵镕所在的红九军团于 1935 年 1 月 8 日"恢复了其机关报——《战斗报》"。红一军团还创办了《战士报》。1 月 9 日,赵镕有机会读到该报。他在日记中记载:"红一军团目前在湄潭、遵义间的鲤鱼坝休整。今天,他们送给我军团 5 日出版的《战士报》若干份,全版都是关于红一师渡乌江的经过,连篇报道了渡江英雄的事迹。从报道中得知:1 月 2 日首次渡江未能成功,3 日 9 时再次渡江,在火力掩护下,用竹筏渡过去 20 余人,击溃了敌人的增援反扑,接着后续渡江部队向敌猛打、猛冲、猛追,终于胜利地打过了江。"渡过乌江天险,是中央红军生死存亡的关键之举。赵镕通过《战士报》了解到这一重大胜利消息,深受鼓舞。第二天,他在日记中描写了官兵读报的情形:"因天气寒冷,各科及兵站、运输队、监护连的同志们都围在炉火旁,有的讨论工作计划,有的在兴致勃勃地阅看北平《晨报》,上海《申报》,贵州省报。一些报纸把红军讲得象天兵天将,一些报纸把红军骂得

---

① 赵镕:《长征日记》,山西人民出版社 1990 年版,第 27、35、53、85 页。

狗血淋头，闹得战士们啼笑皆非！"彼时，红九军团在湄潭"扩军600多人"。① 五天后，决定中国共产党和红军命运的遵义会议召开。赵镕在长征中留下的珍贵读报记录，为研究红军官兵在极为艰苦的条件下的读报活动提供了可靠的史料。

长征途中，担任红一军团一师三团党支部书记的萧锋，在日记中详细记载了所见所闻。在艰苦的行军途中，收阅报刊极为困难。红一军团政治部编印的《战士报》是他获知红军战况的重要消息来源。他在1934年9月18日读《战士报》后记载："红四团在康多打垮鲁大昌军阀一个营，白军见到红军，撒腿就跑。红军缴到很多物品，还活捉十四师一名营副、一名营医官等二十多人。他们让俘虏兵带路，向腊子口前进。"4天后，他又看到《战士报》，上面登载了"红二师四团攻打腊子口的英雄事迹"，对战争过程进行了生动详细的描写，他抄录了其中的精彩内容。红军到达陕北后，1936年元旦，《战士报》在《新年献词》栏目中发表了朱瑞写的《艰苦的一年，伟大的一年》。萧锋认真阅读后评论道："这篇文章全面系统地总结了我们中央红军自一九三四年十月十六日下午出征以来的艰苦历程和光辉战绩，特别是党的遵义会议以来，全军取得的伟大胜利。这真是不平凡的一年！"② 虽然萧锋仅有数次阅读记录，但说明《战士报》的消息对他的阅读生活有重要的影响。

红军长征之后，赖传珠主要从事政治和参谋工作，有较多机会阅读报刊。他在日记中也记载了不少读报经历，但一般仅提及报刊名称，很少抄录新闻内容。如1936年6月，赖传珠任陕甘宁省军事部副部长兼政治部部长。10月21日，他阅读陕甘宁省委创办的《斗争报》。1938年1月，赖传珠任新四军军部参谋处长，在军部有更多机会阅读报刊。如2月1日，他看《大公报》和《救国时报》，主要报道了"抗日联军情形"。2月2日，他"看《救亡日报》"。2月3日，他上午看报纸，得知"敌已抵临淮关，徐州危急"。2月9

---

① 赵镕：《长征日记》，山西人民出版社1990年版，第207、208页。
② 萧锋：《长征日记》，上海人民出版社2006年版，第108、109、130页。

日,他"看《工商日报》"。2月14日,报纸上登载了毛泽东与《新中华报》记者的谈话。2月17日,他看《群众》杂志9期和《大公报》《新中华报》等。① 仅从这半个多月的记叙看,他阅读了多种报刊。之后,他还多次提及阅读《群众报》《大公报》等报刊的经历。作为一位高级干部,了解报刊时政新闻成为他日常工作的重要内容。

长征途中,林伟是红九军团的作战参谋和测绘员,他勤于收集情报,积极了解时政要闻,在日记中多次记载了读报经历。如1935年1月9日,他收到红一军团送来"五号出版的《战士报》",他读后写道:"全版都是关于红一师此次渡乌江的战斗经过。这期报连篇都是记载的渡江战斗的事迹。二日第一次渡江未成功,三日九时再次在火力掩护下,竹筏过去二十二人,并击退了敌人增援反扑,接着我后续过江的部队向敌猛追。"他颇为兴奋地评论:"在这样险恶地势情况下打过江去,实是一个空前胜利。"1月15日,他在日记中特别提及:"政治部的机关报《战斗报》已经连续出版,部队活跃异常。"这说明长征途中,红军仍然注意报刊出版和新闻宣传。1月20日,他收到总政治部发来的文件报纸,其中有1月15日出版的《红星报》,"登载了右路军一军团在乌江战斗的经过和英雄们的消息"。乌江战斗的进一步胜利对于红军的宣传工作有重要影响。6月20日,在红军三大主力会师后,红九军团政治部机关报,出版了会师专刊,"一幅极为生动的漫画上,画着两个红军战士的巨大拳头共同打得蒋介石四脚朝天"。② 这些零散的记载,真实地反映了林伟在长征途中对报刊新闻的重视和利用。

在艰苦的斗争环境中,党报党刊起到了文件作用。此外,报刊新闻是红军指战员决策的重要依据。1935年7月15日,长征途中的红二十五军通过由原鄂豫皖省委交通员石健民从西安带来的中央文件和报纸,才得知遵义会议的消息,了解到中央红军"已向青海、甘肃边境北上了",从而为部队的行军路线提供了指引。政委吴焕先特别注意对新闻的收集。据程子华回忆:"西征

---

① 赖传珠:《赖传珠日记》,解放军文艺出版社2000年版,第68、113—116页。
② 林伟:《一位老红军的长征日记》,中共党史出版社2006年版,第94—95、97、101、205页。

北上途中，焕先同志常派手枪团搜集各种报纸，借以了解主力红军的行动消息和川、陕、甘边的战事动向。记得打下川陕公路要地双石铺后，就是从截俘敌少将参议的口供和几张《大公报》上，进一步获悉主力红军正在北上的确切消息。"① 从而决定部队继续北上，迎接主力红军。

红军长征结束后，陕北红军的重要领导人郭洪涛撰写了《红26军长期斗争的主要教训》一文，刊登在《西北斗争》上。对此，他回忆道："这篇文章拥护了上海临时中央局及北方代表的错误观点。长期以来，我为写过这篇文章而犯的严重错误深为内疚，多次作过自我批评。"② 此类对"肃反"运动进行反思的文章能够在党刊上登出，说明"左"倾错误路线已得到纠正。之后，红军长征的故事也在一些报刊上刊出。如刘华清在回忆录中提及："《共产国际》刊物1936年登过一篇文章，名为《中国红军第二十五军底远征》，其中一段这样写道：'最堪注意的，就是这支队伍差不多没有年过18岁以上的战斗员。'"③ 这些例子说明，尽管红军指战员很难及时收阅报刊，但偶尔的阅报活动往往令他们颇有心得，难以忘怀。

一些红军指战员在行军作战过程中仍然关注时局，留心阅读书报。1937年年初，独臂将军彭绍辉担任红六军团参谋长，率部到陕西富平、庄里镇一带，协助配合西北军、东北军作战。在紧张的备战工作中，他仍然注意学习和提升自己的知识水平。如他在1937年1月22日的日记中写道："本日仅读了两版《工商日报》，学习了方面军关于建立模范党军的文章。在阅读中，深深感到自己少年时读书太少，文化低，提笔难成文，加上在最残酷的国内战争中因负伤致残，给工作和学习增加了不少的困难。"此段自白，说明他内心对阅读书报有强烈的渴求。但是，残酷的战争环境难以满足他的阅读需求，偶尔读到报刊，他会在日记中留心记载。如当年5月6日，他读《世界知识》，"读有关帝国主义的五个特点及其对原料市场的掠夺等。直至精神疲倦

---

① 程子华：《程子华回忆录》，解放军出版社1987年版，第92—93、98页。
② 郭洪涛：《郭洪涛回忆录》，中共党史出版社2004年版，第47页。
③ 刘华清：《刘华清回忆录》，解放军出版社2007年版，第55页。

时才睡"。第二天,他又记载:"自己利用时间继续阅读《世界知识》。"① 对于偶尔获得的报刊,彭绍辉如饥似渴地阅读,虽是片言只语,却反映了他对报刊新闻和理论知识的高度重视。

在东北,担任东北抗日联军第五军军长的周保中,在极为艰苦的环境中,特别留意国内外时政要闻,通过各种途径阅读《大同报》《盛京时报》《滨江时报》等报纸。作为东北抗联的重要领导人,周保中在游击战过程中对偶尔获取的报刊极为重视,报纸新闻成为他分析时局,决策部署的重要材料,报纸在某种程度上也成为他的"情报纸"。当年,周保中的读报次数虽然不多,但他在读报之后,往往对新闻分类,并进行归纳总结,结合抗日斗争,提出自己的预判和意见。

首先,他注重对日本方面的新闻阅评,日本国内的动向和日寇在东北的行踪是他关注的重点。1936年3月12日,他读《大同报》得知日本东京发生兵变的新闻:"东京近卫步兵第一联队、第二联队、野战炮兵第七联队之将校士卒一千四百名,二十六日午暴动,攻击政府各官邸,杀害政府各要人,……传闻冈田首相已死,但政府故为掩饰。"日本国内的兵变与东北局势有着直接关联,周保中读报后进行了较为冷静的分析。他指出:"事件虽暂告平息,然而以日本帝国主义社会历史以及目前所处环境,统治阶级之不稳与内部倾轧,反革命变动将不断发生且必扩大,同时革命事业亦必因此而迅速生长。"5月21日,他阅五月上旬数份《盛京时报》,对日本在东北的移民问题颇为关注。他对相关新闻进行综述:"日本国会议在军阀戒严令下开会,政争仍炽烈,惟对满增强驻军,则为既定之事实,且将举行大批日民移殖。有主张年移百万者,有主张年移十万者,武装移民实行屯田制。"② 这显然是日寇企图全面吞并东北的重要步骤。对于在深山丛林中作战的周保中而言,日寇的一举一动都可能与他的战略战术产生关联。

其次,周保中对欧洲时局尤其是国际反法西斯战争的进展较为关注。如

---

① 彭绍辉:《彭绍辉日记》,解放军出版社1988年版,第115、161页。
② 周保中:《周保中东北抗日游击日记》,解放军出版社2014年版,第5、6、33页。

1936年3月12日，他了解数则欧洲方面的新闻，包括《法苏互助公约》签订后，"法国国会表决占大多数通过，经政府批准，而德、波均持反对态度"；"意、奥、匈之首脑在××会商，其中有德国法西斯蒂之作用，欧洲形势之紧张一如第一次世界大战前之景况"。这些欧洲列强的合纵连横，预示着世界大战的风险。周保中进而判断："在帝国主义一切忙于进行外交阴谋以及军事上海陆空之军事设施，第二次世界大战之危机有一触即发，有不能超越一九三七年之势，但按参战阵营态观，则可能缓行。"5月21日，他读《盛京时报》后摘录欧洲战事："阿京于五月六日为意大利法西斯蒂军所攻陷，阿政府迁西境，阿皇出走耶路撒冷；所谓之国联理事会状至狼狈，丑态毕露。"6月18日，他又记载法国要闻："法国社会民主党与共产党统一战线领导之人民武装，反法西斯蒂大获胜利，国会选举共产党占优势，社会民主党得助登台组阁，对德、意法西斯蒂外交及国际关系将有新影响。"之后，他两次摘录《盛京时报》有关西班牙反法西斯运动的新闻。8月27日载："西班牙国内战争扩大，人民战线支持之政府军以首都为中心，镇压反革命叛乱之法西斯蒂军。"9月25日又载："西班牙法西斯叛军虽似优势，但前报西京马德里被叛军攻陷说不确。"① 国际反法西斯运动与东北抗日战场有密切关系，此类消息颇能激发他的阅读和思考。

最后，周保中对红军动向和东北抗战报道较为留意。作为已有十余年党龄的共产党员，他关注中共和红军的现状，但他很难获得党中央的文件。偶尔读报获知相关报道后，他会特地记载，甚为重视。1936年3月12日，他读报后欣喜地写道："中国红军二、六军团进入黔滇纵横突击如入无人之境，将与川西北之西北主力军取得联系。""陕西方面之红军毛泽东、徐海东等部向绥远、山西方面伸张，势颇顺利。"6月18日，他又记载红军新动向："红军西北方面之主力部队，又将进出山西、绥远，以热察平津为目标。"② 这些零星的报道，他读后颇为感奋。对于东北抗联的报道，他更是留心记载。6月6

---

① 周保中：《周保中东北抗日游击日记》，解放军出版社2014年版，第6、33、49、80、92页。
② 周保中：《周保中东北抗日游击日记》，解放军出版社2014年版，第6、49页。

第五章 十年内战时期中共报刊发行、阅读及影响

日,他阅读《盛京时报》有关于五军活动之消息:"我穆棱五军部队于五月二十×日袭击穆棱铁路第二号火车,击毙日、满、韩、白俄贼兵十数名,俘虏若干名,夺获相当之物资。又,五月二十八日报载:我穆棱部队在××店附近将寇贼载重汽车八辆完全击毁,护送之敌兵几于全部被消灭。"① 作为五军军长,他了解战况,但新闻报道会增进他的自豪感。另外,对于各地的反日游行、国民党派系之争和内战新闻,他也留意摘录。

在白区,红色报刊的发行面临极大危险,但一些左翼作家在地下工作中通过各种途径接触进步报刊。如夏衍作为左翼文学的重要代表人物,于1927年从日本回国后,便急于了解国内的政治动态。他回忆初到上海时的情景:"到南京路走了一趟,在报摊上买了一大叠报纸、小报和新出的和过时的杂志,回到旅馆,竭力想从报刊上的消息和言论中寻找一些时局的线索。"尤其是他加入中国共产党之后,还参与了"左联"的创办,他经常到北四川路底的内山书店去买一些左翼报刊和进步书籍,"于是很快就认识了书店的老板内山完造"。② 夏衍作为"左联"的重要领导人,尽管会经常阅读上海当地的书刊,但1934年之后,由于党中央随红军长征,"左联"与党中央的联系几乎中断了。夏衍偶尔通过法国的报纸才了解到中央的最新决定。他回忆道:

> 新"文委"组成后不久,大约在十月下旬,我在史沫特莱处得到一份在法国巴黎出版的《救国报》(不是一般所说的《救国时报》)。在一九三五年十月一日的这张报纸上,以专载的形式发表了一份题为《中国苏维埃政府、中国共产党为抗日救国告全体同胞书》的文件,文件后面签署的是:中国苏维埃中央政府和中国共产党中央委员会。由于这个文件是八月一日签发的,所以后来就叫作《八一宣言》。……这之后不久,我们又从南京路惠罗公司后面的一家外国书店里买到了一份九月份的第三国际机关报《国际通讯》(英文版),这上面登载了季米特洛夫在共产

---

① 周保中:《周保中东北抗日游击日记》,解放军出版社2014年版,第38—39页。
② 夏衍:《懒寻旧梦录》(增订本),中华书局2016年版,第79、88页。

国际七月二十五日至八月二十日举行的第七次代表大会上所作的长篇政治报告，其主要内容是根据当时的国际形势，提出了在资本主义国家建立工人阶级反法西斯的统一战线，和在殖民地、半殖民地国家建立反帝国主义侵略的民族统一战线的方针。

正像大旱遇到甘露，"文委"成员一遍又一遍地阅读了《八一宣言》和季米特洛夫报告，然后分别向各联和所属单位的党员进行传达。这在思想上是一个很大的转变。①

此段回忆，从一个侧面表明"文委"成员在上海坚持斗争，渴望党中央指示之心态。由于缺乏消息通道，租界的外国报纸无意中为文艺界的党员作家提供了重要新闻。而在报纸"出口转内销"的过程中，"文委"领导层及时掌握了中央关于建立抗日民族统一战线的重大决策，并及时地在工作和思想上进行转变。

小 结

土地革命时期，中共创办了大量报刊。报刊是贯彻党的路线方针的重要舆论工具，也是发动群众推动革命活动的重要武器。但是，检验报刊传播效果的是读者，作为报刊消费的实现者，他们在特定时空中的阅读、学习与宣传，对于报刊价值的实现发挥了关键作用。基于传播技术相对落后和受众整体文化水平低下的现实，党报党刊要体现其群众运动的组织者和鼓动者的作用，就必须依靠群众性组织进行集体动员。因此，发动群众、组织群众是各级党组织在报刊发行与阅读工作中的重要任务和目标。无论是报刊发行网络建设还是各类读报组的发展，都离不开各级党委和苏维埃政府的组织、宣传和具体指导。读报是各类列宁室、俱乐部、夜校、学校、识字班、读报组的重要任务。通过各级读报员的讲读，报刊文本在二次传播中进入群众的认知

---

① 夏衍：《懒寻旧梦录》（增订本），中华书局2016年版，第189—190页。

系统，成为他们了解时政、学习文化的基本对象。通过读报员的宣读和识字的结合，报刊又成为扫盲的教科书，成为提高群众识字水平的重要载体。读—听—写活动的有机结合从整体上提高了群众的阅听能力，为进一步推动广大群众的报刊阅读提供了有利条件。从报刊发行、公共阅读与私人阅读结合的角度看，中共报刊宣传教育工作形成了一个系统的网络，实现了全党办报与群众读报的有机统一。

党报党刊强调集体动员、集体阅读，但个体如何读报，报刊又如何对个人的精神世界产生影响，则需要通过个体的读报经历加以证实。应该看到，在红色根据地的革命斗争中，由于环境复杂，能够记录私人读报活动的读者较为少见。高级指战员虽然读报的机会较多，但他们未必有意记录。从当时红色报刊的宣传看，干部群众的集体阅读蔚然成风，但个体的阅读则强调"自得"，这就需要更多的阅读文本加以证实。在革命岁月，报刊的流动与革命队伍的流动在空间上并非一致。红军指战员在战斗的空隙中固然可以偶尔读报，但在艰苦的战争环境中，将读报作为日常生活的"仪式"，却在客观上存在诸多困难。因此，即便是那些坚持写日记的高中级指战员也只能在他们的日常生活中留下有关报刊新闻的碎片化记录。这些记录从不同角度反映了红色报刊的传播和阅读的情形，以及读者读报的感受和心得。这对于我们"重访"红色报刊阅读史，探究读者的价值观念和心理活动具有重要意义。

第六章

抗战时期报刊的空间分布、发行范围与时代特色

卢沟桥事变后，随着日寇不断入侵，大片国土沦陷，国民政府被迫内迁至重庆。中国报刊业遭受空前破坏，并且在地理分布上出现显著变化。《申报》《新闻报》等传统都市大报一度受到敌伪的控制，报格降低，影响力大减。重庆报刊业得地利之便，畸形发展，但报刊分布极不均衡。此外，经费紧张，纸张奇缺，印刷技术落后，交通阻滞，都极大地制约了中国报刊业的发展。由于国统区、抗日根据地和沦陷区有不同的政治导向和报刊政策，抗战时期报刊的地理分割非常明显。因此，从类型的角度分析抗战时期中国报刊业的情况很有必要。

第一节 抗战时期报刊内迁与格局变化

抗战时期，中华民族遭受空前浩劫，中国新闻业被战火摧残，损失极为惨重。抗战前，中国报刊主要集中在上海、北京、天津和广州等大都市，报纸的发行存在不少问题。淞沪会战结束后，随着东南地区被日寇侵占，许多报刊毁于战火。据国民党中央宣传部和内政部的统计，"战前全国报纸共有一

第六章 抗战时期报刊的空间分布、发行范围与时代特色

千零十四家，到抗战一年以后，有六百多家被摧毁"。① 抗战初期，南京、上海、天津等地的报刊纷纷内迁至武汉，形成了武汉报刊业的短暂繁荣。1938年10月，武汉失守后，报刊又纷纷迁往陪都重庆，重庆便成为战时的报刊中心。"根据精确的统计，重庆新闻事业最盛的时候，有二十二家报纸同时出版，十二个通讯社同时发稿。"② 但是，内迁报纸遭受了巨大的物质损失，技术、设备、人员都难以在短期内恢复，"元气损伤至重。战时大后方报纸，无不感受物质的匮乏"。③ 抗战初期，中国新闻事业最显著的变化，是外形的变化：规模从大变小，单位由少变多。所有这些原在大都市的大规模报纸，内迁以后，在印刷方面，都从轮转机退到平板机；原来至少出两大张的，内迁后至多出一大张。④ "油墨是土制的，铅字是陈旧的，一切是落后得非常之远。"⑤ 由于纸张、油墨与印刷技术的限制，不少报人提出应大力减少报纸篇幅，并认为至少有以下好处："第一、篇幅少，则没有余地来登无聊的社会新闻。第二、篇幅少，则无聊的广告……可以不登。第三、篇幅少，则编辑要精紧，才能容纳多量的新闻。第四、篇幅少，则排印时间减少，出报时间可以提早，可以节省劳力。第五、篇幅少，可以节省印刷材料。第六、篇幅少，可以把出版的次数增多。第七、阅读方便。"⑥ 而所谓单位由少变多，则是因为内迁报纸鉴于局势危迫，多化整为零，转移至相对安全的地区出版，出现一报多版现象。比如，《大公报》先后有天津版、上海版、汉口版、香港版、重庆版、桂林版；《中央日报》一路西迁长沙后，长沙《中央日报》于1938年元旦出版；另一路向四川撤退，1938年9月1日重庆《中央日报》出版，长沙版遂改为分版。此后，贵阳、昆明、广西、湖南、福建、安徽等地的《中央日报》分版相继创设；⑦ 其他如《申报》《扫荡报》《新华日报》《阵中

---

① 曾虚白主编：《中国新闻史》，三民书局1984年版，第407页。
② 程其恒编著：《战时中国报业》，铭真出版社1944年版，第5页。
③ 赖光临：《中国新闻传播史》，三民书局1992年版，第180页。
④ 曾虚白主编：《中国新闻史》，三民书局1984年版，第406、407页。
⑤ 刘光炎：《抗战时期大后方新闻界追忆》，《报学》1952年第2期，1952年1月15日，第126页。
⑥ 吴成编：《非常时期之报纸》，中华书局1937年版，第48、49页。
⑦ 蔡铭泽：《中国国民党党报历史研究（1927—1949）》，团结出版社1998年版，第196页。

日报》等，都曾在异地出过分版。

抗战时期的报刊内迁客观上改变了西部地区报刊落后的面貌。随着重庆作为战时报业中心地位的确立，许多报人和文艺界人士纷纷西迁，除了重庆、成都、昆明、桂林、贵阳、西安等地甚至西康的报刊也有了空前的发展。① 抗战后四年，成都每日出版的报纸有《新新新闻》《华西日报》《成都快报》《新中国日报》《建国日报》《党军日报》《中央日报》《飞报》《华西晚报》《成都晚报》十家。1937年抗日战争爆发时，《新新新闻》日报的日发行量已达一万二千份；抗战期间，日发行量曾高达二万二千余份。② 自从抗战以来，西部省份的报刊业发展迅速，云南的报纸不仅在质的方面已经提升，并且量的方面也成倍增加。"云南现有报纸二十二家，通讯社也有五个。贵阳有几家大的报纸，以垦荒的姿态出现在市场上……较之战前已是增加了一倍多了。抗战前，山西全省的报社，已经履行登记手续的只有八家，……现在已经调查确实经常出版而有名称、地址及负责人者，亦有六十种之多，这些报纸，只有少数是用铅印，大部分都是用石印或油印，内容活跃新颖。"③ 这些例子说明，由于国民政府的内迁，西部地区所受战争破坏较少，报刊业得到一定程度的发展。

西部地区的报业不仅在技术、人才、设备方面得到西迁报刊的支持，而且在办报理念上也有明显的进步。以昆明为例，当地的报纸向来不到十时不出报，但自从《南京朝报》去后，各报为竞争起见，发行就提早了。昆明《中央日报》创刊后，各报更从增加专栏与改良版面上着手，表现了长足的进步。贵阳的报纸因地瘠民贫一向不进步，但自贵阳《中央日报》出版后，各报就搜求人才，以求竞存，如《贵阳日报》《力报》都大加改良。《力报》在言论、采访、战地通讯等方面均呈现新型作风，尤为可贵。至于广西，桂林《中央日报》创办较迟，但桂林《广西日报》在很早就扩大版面，更新内容，

---

① 刘光炎：《抗战时期大后方新闻界追忆》，《报学》1952年第2期，1952年1月15日，第122页。
② 王伊洛：《〈新新新闻〉报史研究》，巴蜀书社2008年版，第140页。
③ 程其恒编著：《战时中国报业》，铭真出版社1944年版，第78、81、108页。

第六章 抗战时期报刊的空间分布、发行范围与时代特色

并到重庆征稿,一度非常活跃。① 内迁的报纸在很大程度上改变了内地城市的阅读风气,如贵阳战前只有六家报纸,三个通讯社,无论在数量或是质量上,都是十分贫乏的。1936 年,《黔风报》的编辑曾经慨叹地写道:"'我们这里,不只有不读报的学生,而且还有着不读报的老师。'到了抗战四年以后的今日,不看报的人自然还是有的,不过他们大都住在很偏僻的地方,至于城市里的教师、学生以及商民们,却都渐渐养成看报的习惯了。"② 在西安,《秦风工商日报》联合版宣传抗战、民主、团结、进步,是西北国民党统治区唯一进步的大型报纸,受到广大群众的拥护,其销路之广,影响之大,压倒国民党在西北的一切报纸。③

总体上看,由于得到大量内迁的设备、人才、资金的支持,西部地区的报刊业得到了较快的发展。但是,从全国范围看,报刊的空间布局仍然存在很大差异。1941 年,军事委员会战时新闻检查局统计了全国 478 种报刊,其地区分布见表 6-1。

表 6-1 全国报社简明调查表(1941 年 11 月)④

地名	数量(家)
重要市县	83
四川	43
浙江	61
湖南	54
江西	34
福建	28

---

① 刘光炎:《抗战时期大后方新闻界追忆》,《报学》1952 年第 2 期,1952 年 1 月 15 日,第 126 页。
② 程其恒编著:《战时中国报业》,铭真出版社 1944 年版,第 81 页。
③ 《关梦觉自述》,高增德、丁东编:《世纪学人自述》(第四卷),北京十月文艺出版社 2000 年版,第 310 页。
④ 商震著,军事委员会战时新闻检查局编:《全国报社通讯社动态一览》,军事委员会战时新闻检查局 1941 年油印本,第 1 页。原表数据有误,未作改动。

续 表

地名	数量（家）
广东	50
广西	12
湖北	29
山西	4
安徽	20
甘肃	4
陕西	3
云南	5
西昌	3
绥远	7
宁夏	1
总计	478

值得注意的是，表6-1中将重要市县单独列出，主要是指当时国统区的重要城市，尤其是中西部的大城市。这些城市是当时国统区的报业中心，在数量上虽然只有83家报社，但就其发行量和影响力而言，在全国报刊业中居于主导地位，具体数量和分布情况见表6-2。

表6-2 重要市县报社数量分布表①

地名	重庆	成都	西安	洛阳	长沙	衡阳	昆明	桂林	贵阳
报社数（家）	16	9	11	4	6	6	4	3	3
地名	兰州	晋江	福州	金华	绍兴	吉安	—	—	—
报社数（家）	2	5	2	2	4	6	—	—	—

---

① 商震著，军事委员会战时新闻检查局编：《全国报社通讯社动态一览》，军事委员会战时新闻检查局1941年油印本，第2页。

除了国统区，沦陷区和抗日根据地出版了大量报刊，尤其是小型报刊的数量增加较快，包括地方报、战地报和敌后报。这些报纸大多是油印报。以浙江的杂志为例，浙江省图书杂志审查处于 1938 年 12 月起连续进行了五次调查，具体概况见表 6-3。

表 6-3　浙江战时杂志社概况调查表①

（单位：家）

刊物类型	第一期调查（1938年12月）	第二期调查（1939年12月）	第三期调查（1940年12月）	第四期调查（1941年12月）	第五期调查（1942年12月）
综合性刊物	80	94	64	16	19
业务性刊物	11	12	20	6	9
专门性刊物	17	13	18	5	8
通俗性刊物	28	27	21	5	6
文艺性刊物	1	4	4	4	2
公报性刊物	—	1	3	—	3
学校性刊物	19	14	13	1	2
合计	156	165	144	37	49

至于报纸，抗战后不到两年的时间里，浙江就有大小 185 家报纸，几乎每县都有地方报，其中的三分之二是小型油印报。② 这类油印报纸是在沦陷区内出刊，由文化工作人员凭仗一架自制的短波收音机，收听抄录后方中央电台的新闻广播，编写油印，内容除新闻外兼有副刊，由乡人小贩暗中传送。各沦陷区同类型的油印报相当普遍。③ 又如，天津失陷以后，油印报的产生地

---

① 浙江省图书杂志审查处编印：《浙江战时出版事业概况》，1945 年 7 月油印本，第 34—68 页。个别数据有误，已改。
② 曾虚白主编：《中国新闻史》，三民书局 1984 年版，第 408 页。
③ 赖光临：《中国新闻传播史》，三民书局 1992 年版，第 183 页。

是天津租界，起先只有一种，其后增加了好多种。① 当时，在抗日根据地，油印报最为流行。抗战时期，仅冀中区公开出版的报刊，据已知材料，共约200种。② 绝大多数是油印报和石印报。在八路军、新四军中，基层部队创办的油印报纸数量更多。油印报刊简单快捷、经济实用，虽然在质量上无法与铅印大报相比，但它能够深入基层、深入民众，在抗战时期发挥了重要的新闻传播与舆论引导作用。

第二节 国统区报刊的发行与影响

抗战时期，中国报业虽然遭受惨重损失，但国民政府对新闻事业颇为重视。1943年4月，行政院颁布的《非常时期报社通讯社杂志社登记管理暂行办法》要求，报社、通讯社之设立分布，要严格遵守如下规定："一、在人口五十万以上之省政府或市政府所在地及其近郊地区，以报社五家、通讯社三家为原则，逾额得限制增设。二、在人口未满五十万之省政府或市政府所在地及其近郊地区，以报社三家、通讯社二家为原则，逾额得限制增设。三、在前二款以外之重要城市，以报社二家、通讯社一家为原则，逾额得限制增设。四、在县政府所设治局所在地，以有报社一家为原则。"③ 实行城市报刊限额制度虽然不利于报刊数量的增长，但在客观上为报刊的空间布局提供了依据，有利于报刊集中经营，扩大规模和影响。

报刊在西迁的过程中，广大新闻工作者克服经费、技术、纸张、人员等方面的困难，使报刊除了在外形上从大变小，在数量上由少变多之外，表现在本质上的变化则是意志集中，言论统一，战讯新闻增加，社会新闻减少。④ 在抗日民族统一战线的政策导向下，许多报刊始终将团结抗战作为宣传

---

① 程其恒编著：《战时中国报业》，铭真出版社1944年版，第97页。
② 方汉奇主编：《中国新闻事业通史》（第2卷），中国人民大学出版社1996年版，第826页。
③ 中国第二历史档案馆编：《中华民国史档案资料汇编》第五辑·第二编·文化（一），江苏古籍出版社1998年版，第408页。
④ 曾虚白主编：《中国新闻史》，三民书局1984年版，第412页。

第六章 抗战时期报刊的空间分布、发行范围与时代特色

的宗旨。如《抗战三日刊》的创刊号就指出：

> 在这民族抗战的紧急时期，本刊的任务在一方面是要对直接间接和抗战有关的国内和国际的形势，作有系统的分析和报道，显现其重要意义和相互间的关系；在又一方面是要反映大众在抗战期间的迫切要求，并贡献我们观察讨论所得的结果以供国人的参考。……本刊为便于读者记忆起见，每逢三六九发行，……本刊内容力求适合抗战紧急时期的需要，希望作家和读者多多赐教。①

作为新闻学研究的专业刊物，《新闻学季刊》在1939年的创刊号中对抗战时期的新闻学研究任务作了明确的指向：

> 况值此抗战建国时期，新闻界之努力与否，努力途径之正确与否，直接为决定抗建工作成败之重要力量，精神动员，既较人力动员与物力动员为尤要，而肩负精神动员之重任者为新闻界。如何使新闻事业之质量数量增加，如何解决此时此地新闻界所遇之特殊困难，如何集中意志与力量，如何图于最后胜利有所贡献，如何为来日之报业，植一新的基础，如何将旧日新闻界之劣根，激底拔去，发挥宣传效能，扩大领导范围，凡此诸端，均急待报界之共同讨论共同研究，而新闻学之定期刊物尚矣。②

同仇敌忾，同舟共济，激发国民的抗战精神，鼓舞国民的抗战士气，成为抗战时期报刊的精神支柱。尽管经常遭遇意想不到的困难甚至生命危险，但奋斗在"报刊救国"前线的报人们，始终克服各种困难，千方百计地保证报刊的出版和发行，为读者提供精神食粮。如《读者文摘》在创刊号中指出：

---

① 《编辑室》，《抗战三日刊》第1号，1937年8月19日，第7页。
② 《发刊辞》，《新闻学季刊》创刊号，1939年11月20日，封3页。

"我们所愿做的,是传播新知识的工作。我们将尽棉力之所及,搜罗国内国外各种新出版的重要书报,采录其精华,不论直接译述或简接摘录,介绍给读者。"① 又如在武汉保卫战结束的当天,武汉《扫荡报》同人于当日清晨一份报纸编印完毕,并张贴通衢后,始随最后撤退之国军部队,以悲壮沉痛的情绪,撤出武汉市区,距敌军之进入武汉市区,仅一小时。② 尽管在发行方面,由于全国性大报都普遍减少了版面,注重刊登战事新闻和国际新闻,报刊的特色不太突出;加上交通不便,运送极为困难,报纸发行受到很大制约。但是,经过广大报人和发行人员的努力,报刊销量有一定起色。如抗战发动以后,阅报者突增,《福建民报》早刊销到一万多份。③ 据统计,1944年,全国报纸每日总销数约 250 万份,单家报纸发行额最高六万份,普通的报纸也达数千份,万份以上的很少。④ 但是,由于很难具体统计抗战时期出版的大量油印、石印刊物,它们实际上的发行数量可能会高一些。尤其是抗战时期国民党军队创办的报刊基本在军队内部发行,外界所知不多。事实上,军队报刊有严密的组织和发行系统,在军事化管制下,发行量有一定保障。如国民党第十战区政治部统计了 1945 年该战区军办报刊的发行数量为:"《阵中日报》5 万份,《阵中周刊》6.2 万份,《阵中三日刊》4 万份,《中原日报》2 万份,合计 17.2 万份。"⑤ 仅仅一个战区便有如此多的报刊,可见军队系统中的报刊发行量颇为可观。不过,此类军办报刊在各类报刊发行量的统计中,基本未被列入。

值得注意的是,一些进步社团为了满足民众对书报阅读的需求,克服种种困难,成立书报合作社或书报供应所,为战时民众提供书报购买、邮寄、阅读等方面的服务。如浙江书报供给合作社的章程称:"本社以置办书报、杂志、文具,供给社员精神食粮,发扬合作文化为目的。"⑥ 武汉战时书报供应

---

① 《创刊致辞》,《读者文摘》创刊号,1941年9月10日,第5页。
② 戴丰:《〈扫荡报〉小史》,《报学》1960年第7期。
③ 程其恒编著:《战时中国报业》,铭真出版社1944年版,第94页。
④ 转引自曾虚白主编:《中国新闻史》,三民书局1984年版,第410页。
⑤ 《军办报纸发行数量统计表》,《第十战区政治部三十四年年刊》,1946年铅印本,第97页。
⑥ 《浙江省书报供给合作社章程》,《合作前锋(战时版)》1939年第5期,第51页。

第六章 抗战时期报刊的空间分布、发行范围与时代特色

所对抗战初期书报供应不平衡的问题有深刻了解,"一方面前线将士和内地民众咸感'文化食粮'之恐慌……另一方面书报却大汇电销于都市,有臃肿之虞"。① 该所成立的目的就是为前方将士和内地民众提供廉价的书报,并号召社会各界为前方将士捐献书报。遗憾的是,随着报刊的内迁,此类战时书报供应所很少见诸报道。

抗战时期,国民党党报得到快速发展,国民党中央及其宣传部采取了一系列有力的措施,如划拨充裕的经费,统一编发新闻言论稿件,动员各级党政军机关为党报提供一切便利。国民党中央直辖党报由战前的9家发展为1944年的18家,其中16家每日销量总计为8.28万份。至于国统区的412种地方党报,铅印的有130种,石印的有184种,油印的有98种。② 它们的发行量一般在几百份到数千份之间。抗战时期,由于逐步失去了北平、上海、南京、天津等大都市的读者资源,报刊的发行量受到极大影响。即便是国民党依赖的重要市县,其报刊发行量也与抗战前有很大差距。如长沙大火以前的湖南新闻事业,"是畸形地集中于长沙一地,仅仅是日报,便有十余家,在这十余家日报中,能够销报万份左右的,却只有《中央》《大公》《通俗》三家,普通的仅能销到一二千份,有些简直无法维持,只能销到几百份,可是在湖南有广大乡村的民众不能见到报纸"。③ 当时,湖南北部很少有报刊发行,历史学家吴相湘回忆他1944年在老家常德创办一份四开的《民治报》时说:"在当时湘北鄂南赣东是惟一的铅印报纸。美军在太平洋的胜利、罗斯福总统逝世、德国投降等新消息都是这一《民治报》传播给敌后民众。"④

1941年,战时新闻检查局统计的重要市县报刊的发行量显示,《大公报》居第一,为2.1万份,一些重要市县的报刊有一定程度的恢复和发展(见表6-4)。

---

① 维特:《介绍战时书报供应所》,《战时教育》1938年第2卷第10期,1938年5月5日,第9页。
② 参见蔡铭泽:《中国国民党党报历史研究(1927—1949)》,团结出版社1998年版,第201—203页。
③ 程其恒编著:《战时中国报业》,铭真出版社1944年版,第71页。
④ 吴相湘:《三生有幸》,中华书局2007年版,自序第3页。

表 6-4　1941 年重要市县报刊调查表①

报社名称	负责人	背景	发行数量（份）
大公报	曹谷冰	北方金融界实业界	21 000
扫荡报	何联奎	军委会政治部	20 000
时事新报	张万里	财政部	19 000
新华日报	潘梓年	共产党机关报	12 000
新蜀报	周钦岳	四川军财两界	12 000
中央日报（重庆版）	陈博生	中宣部主办	10 000
国民公报	康心如	四川财政金融界	10 000
西南日报	许君武	三青团主办	10 000
自由西报	陈钦仁	与外交部有关	1 500
新民报	陈铭德	营业性质	10 000
益世报	杨慕时	天主教	8 000
商务日报	高允斌	市党部有关	6 000
文化新闻	鲁觉吾	三民主义青年团有关	1 000
中国人报	—	—	1 000
集纳周报	—	—	1 500
千字报	郭登教	教育部有关	1 000
新新新闻	马秀峰	无政治背景	16 000
中央日报（成都版）	张明炜	中宣部主办	10 000
党军日报	邓文仪	中央军校政治部主办	6 000
新中国日报	朱益清	中国青年党机关报	5 000
成都快报	史良	—	3 000

① 商震著，军事委员会战时新闻检查局编：《全国报社通讯社动态一览（1941 年 11 月）》，军事委员会战时新闻检查局 1941 年油印本，第 4—9 页。这里主要节录重庆、成都、西安、洛阳、长沙的报刊及发行量，其他城市从略。

续 表

报社名称	负责人	背景	发行数量（份）
建国日报	周绍芝	潘文华［出］资主办	2 800
华西晚报	罗忠信	—	2 600
西京日报	胡天册	党报（国民党）	8 000
西北文化日报	李贻燕	省党政机关报	8 000
西京平报	李芝亭	进化社	8 000
秦风日报	成柏仁、高桂兹等陕西土著	—	4 000
民意日报	薛萧生	—	2 000
新秦日报	俞嗣如	—	3 000
国风日报	梅景九	—	3 700
工商日报	刘文伯	八路军津贴	8 000
西安晚报	郭紫峻	牺盟会有关	2 000
老百姓编刊社	李敷仁	共产党办	8 500
青年日报	杨中瑛	—	借《新华日报》翻版
阵中日报	袁守谦	西生军委会政治部主办	5 000
河洛日报	史梅岑	中宣部指导	4 003
行都日报	郭拒宇	一战区司令长官部及省党部	3 000
民国日报	王隐三	党报（国民党）	6 500
湖南国民日报	方学芬	省政府	10 000
阵中日报	蔡鸿干	军委会政治部	7 000
商铎周刊	黄佩石	市商会有关	2 000
大公报（长沙）	龙彝	—	8 000
天南日报	伏笑雨	—	2 000
大华报	向郁阶	—	3 000

《新华日报》是中共中央的机关报,在国统区出版长达9年1个月零18天。《新华日报》针对国统区的实际,正确宣传了中国共产党的纲领路线和方针政策,努力把马克思主义的真理传播到人民群众中去,始终坚持为最广大的人民群众服务,为中共在国统区赢得了民心,教育了不止一代人。① 虽然表6-4统计《新华日报》的发行量为1.2万份,但它可能对该报在抗日根据地的发行量缺乏具体的统计。事实上,《新华日报》在抗日根据地军民中的发行渠道较为畅通,中共中央对各级党组织阅读《新华日报》有具体的要求,在抗日根据地的军民中有重要的影响。

尽管当时发行量超过一万份的报纸不多,但1941年之后,地方报刊有了较大发展,报刊的分布范围更为广泛,并渗透到广大乡村地区。以浙江为例,据1940年12月的调查,全省报社共76家,"计杭属十家,嘉属三家,湖属二家,宁属七家,绍属七家,台属十一家,金属七家,衢属四家,严属六家,温属七家,处属十二家"。上述各报的发行量和定价见表6-5。

表6-5 1940年12月浙江战时报社概况调查表②

报刊名称	创刊时间	每日发行数量(份)	地址	每月定价
民族日报	1939年1月	3 200	於潜	八角
浙西日报	1939年1月	3 000	於潜	五角
昌化民力报	1933年6月	300	昌化	三角
扫荡简报	1940年8月	—	昌化	—
武肃报	1933年5月		临安	
新登周报	—		新登	
海宁民报	1940年4月	150	海宁	六角
抵抗报	1939年1月	—	海宁	赠阅
海北日报	—	—	海盐	—

---

① 方汉奇主编:《中国新闻事业通史》(第2卷),中国人民大学出版社1996年版,第686页。
② 浙江省图书杂志审查处编印:《浙江战时出版事业概况》,1945年7月油印本,第68—72页。

第六章 抗战时期报刊的空间分布、发行范围与时代特色

续 表

报刊名称	创刊时间	每日发行数量（份）	地址	每月定价
海盐民报	—	—	海盐	—
嘉兴人报	1939 年 1 月	400	嘉兴	三角
嘉善日报	—	100	嘉善	—
浙西导报	1938 年 12 月	1 000	崇德	四角
湖报	1939 年 10 月	1 000	吴兴	四角
抗建日报	1938 年 12 月	210	长兴	赠阅
宁波民国日报	1927 年 10 月	4 000	鄞县	一元
时事公报	1925 年	5 000	鄞县	一元
宁波商报	1932 年 3 月	3 000	鄞县	一元
镇海日报	1929 年 6 月	500	镇海	—
慈溪日报	1937 年 6 月	700	慈溪	四角
奉化日报	1930 年	600	奉化	—
象报	1939 年 10 月	500	象山	—
绍兴民国日报	1926 年	4 000	绍兴	每份五分
新越日报	1939 年	1 000	绍兴	每份三分
诸暨国民新闻	1929 年	1 000	诸暨	—
浙江亚细亚新闻	1939 年	200	萧山	—
浙民公报	1938 年 11 月	2 000	余姚	七角
嵊新日报	1939 年 1 月	1 000	嵊县	九角
上虞报	1936 年 3 月	1 000	上虞	七角
台州民报	1931 年 7 月	600	临海	三角
台州导报	1938 年 7 月	800	临海	三角
黄岩民报	1929 年 12 月	300	黄岩	二角
黄岩商报	1931 年 10 月	500	黄岩	二角

续　表

报刊名称	创刊时间	每日发行数量（份）	地址	每月定价
路桥商报	1937年2月	300	黄岩	二角
澄江报	1932年8月	500	黄岩	二角
天台民报	1937年10月	1 000	天台	三角
宁海民报	1933年5月	800	宁海	三角
仙居日报	1936年9月	800	仙居	二角
温岭日报	1927年1月	400	温岭	三角
温岭新闻报	1932年10月	400	温岭	四角
东南日报	1927年3月	40 000	金华	一元六角
正报	1936年8月	10 000	金华	八角
新民报	1933年8月	1 700	兰溪	六角五分
大成日报	1939年2月	900	义乌	四角
永康日报	1938年7月	1 000	永康	一角
浦江民报	1936年4月	800	浦江	二角六分
东阳民报	1933年4月	600	东阳	二角
江声日报	1938年2月	400	江山	三角五分
衢州日报	1938年	1 500	衢县	五角
常山新报	1939年4月	500	常山	四角
龙游民报	1932年10月	600	龙游	三角
严州日报	1939年3月	1 000	建德	五角
新淳安报	1940年2月	700	淳安	三角
遂安民报	1939年5月	300	遂安	二角
桐庐民报	1936年8月	500	桐庐	三角
桐江新报	1936年3月	500	桐庐	每份二分
新寿昌报	1937年7月	600	寿昌	二角

第六章　抗战时期报刊的空间分布、发行范围与时代特色

续　表

报刊名称	创刊时间	每日发行数量（份）	地址	每月定价
浙瓯日报	1930年9月	5 000	永嘉	九角
温州日报	1938年6月	3 000	永嘉	九角
平报	1938年12月	750	平阳	七角五分
瑞安新报	1939年3月	400	瑞安	三角
乐清新报	1935年	800	乐清	四角
玉环日报	1939年7月	500	玉环	三角
泰顺新报	1938年5月	1 200	泰顺	—
民生日报	1940年2月	1 200	丽水	八角
松阳民报	1938年5月	400	松阳	二角
松阳行报	1940年4月	200	松阳	非卖品
松阳动员周报	1940年4月		松阳	
遂昌早报	1939年1月	700	遂昌	二角
青田报	1939年10月	500	青田	二角
宣平新报	1939年5月	200	宣平	—
云和动员周报	—	—	云和	—
云和报	1939年8月	500	云和	—
景宁报	1938年4月	400	景宁	二角
龙泉快报	1938年2月	300	龙泉	三角
缙云报	—	1 000	缙云	二角

　　从表6-5可以看出，除了《东南日报》《正报》，大部分地方报纸的发行量在2 000份之内，发行量在500份以下的县级报纸占有较高比例。这一方面说明，战时交通阻塞，民不聊生，报刊发行存在诸多困难；另一方面也表明，战乱使许多报人深入乡村社会办报，利用有限的设备，克服种种困难，坚持在各地创办小型报纸，积极传播战时新闻，在艰难的时局中为抗战救国而努

力,使边远地区的民众有更多机会体验到战时报刊的温度和情怀。

抗战后,一些爱国民主人士通过创办通俗报刊,积极发动群众,宣传抗日救国。如李敷仁、武伯纶、郑伯奇等十二人于1937年11月12日在西安创办《老百姓》报,主张"要先替老百姓说话,后叫老百姓说话",注意使用方言、民谣,联系农民生活,强调"文字要统一,一人读报,众人都能听懂才成"①。报纸发行后,颇受欢迎。在它创办一周年之际,便"发行万份左右",尤其是在中西部地区产生了广泛的影响。陶行知曾请求该报代销《战时教育》。他写信给邹韬奋说:"西安《老百姓》报为一民众刊物,文字通俗,销路很广。主持人李敷仁先生为人可靠,拟代销《战时教育》五十份,不过销不完要求退。"② 这说明《老百姓》报在当地颇有市场。

一些报刊在内迁的过程中,始终坚持抗战救国的使命,竭力推动报刊发行。如上海淞沪会战后,《救亡日报》于1937年8月24日创刊。"这张报纸一出版,由于坚持团结抗日的旗帜和方向,有精辟的战局分析和实际的战地采访,不讲假话,把真实的战况报告给人民群众,而且把日本占领上海后可能发生的祸害告诉大家,希望人民群众有一定的精神准备,因此,《救亡日报》尽管处境困难,每天仍能销到一千份以上,最多的时候能销到三千五百多份。"③ 之后,《救亡日报》于1938年迁至广州出版。夏衍回忆道:"在当时广州有大小报纸十多份,而《救亡日报》又是知识分子看的报纸,因此销路不广。……《救亡日报》在许多报纸相继停刊,连长堤一带的报贩都已很难找到的时候,还是坚持每天出版。我们动员了全体工作人员亲自上街卖报,直到二十一日日寇逼近广州东区时。"迁移至桂林后,《救亡日报》克服资金、纸张、印刷等方面的困难,积极宣传抗战,团结社会各界人士。"到一九三九年底,《救亡日报》发行数接近了八千大关,这在当时可以说是一个奇

---

① 李敷仁:《抗战二年的〈老百姓〉报》,政协陕西省委员会文史和学习委员会编:《陕西抗战史料选编(全4册)》,三秦出版社2015年版,第1021、1022页。
② 陶行知:《〈战时教育〉代销事——致邹韬奋(1939年12月16日)》,方明主编《陶行知全集》(第8卷),四川教育出版社2005年版,第560页。
③ 夏衍:《懒寻旧梦录》(增订本),中华书局2016年版,第261页。

第六章 抗战时期报刊的空间分布、发行范围与时代特色

迹。"① 夏衍等报人对抗战救国理念的坚守,是《救亡日报》在艰苦环境中发展壮大的重要原因。

同时,一些抗日民主人士在上海沦陷之后,将一些报刊迁移至大后方,根据抗战形势变化,更改报刊名称,突出抗战救国的主题。如陶行知将《生活教育》改名为《战时教育》,加大战时的时政报道与团结抗战宣传力度,并利用各种社会网络推动《战时教育》的发行与传播。他曾多次写信给该刊主编戴伯韬,对办刊方针和发行问题提出中肯意见,他说:"老在'教育'圈里打转,《战时教育》半月刊会办成一个酸溜溜的教育杂志。我们希望有时跑到圈外来看看,甚至于要坐一只飞机,飞出圈子,在高处远处往下看看,对着四面八方看看,这样才能把《战时教育》办好。"② 有位叫张禹平的读者很久没有收阅《战时教育》,陶行知便亲自写信向戴伯韬过问:"据他说,曾订了半年的《战时教育》,可是一期也未收到。望你向生活书店查一查,他的通信处是开县东街王永兴转张禹平。此人好学,倘没有下落,即由社送他一份。"③ 对于该刊的具体发行事务,陶行知也经常过问。如他对代理订阅该刊的刘琼瑶说:"订阅《战时教育》之社员名单已收到无误,惟自五卷一期至五卷六期因出刊已久,再订颇为困难……优待社员办法,书店只允八折,再再交涉。能否达到六折,尚未可知。"④ 另外,他还写信给友人殷金陵,委托他代为发行。他说:"寄上《战时教育》社员名单。见信后望能到生活书店,将《战教》从五卷一期到六期搜集数份,一份烦您送交曾家岩求精中学高级妇女干部训练班,一份寄交福建三元公务人员训练班王江山先生转刘琼瑶。"⑤ 作为文化名人,陶行知的日常工作极为繁忙,但他始终坚持读者至上的办刊方针,为该刊的发行尽心尽力,体现出他对这份刊物的高度重视。

---

① 夏衍:《夏衍自传》,江苏文艺出版社 1996 年版,第 120、124—125、133 页。
② 陶行知:《〈战时教育〉半月刊方针——致戴伯韬》,《战时教育》1939 年第 4 期。
③ 陶行知:《请为张禹平先生查找〈战时教育〉——致戴伯韬(1940 年 1 月 15 日)》,方明主编:《陶行知全集》(第 8 卷),四川教育出版社 2005 年版,第 583 页。
④ 陶行知:《关于订阅〈战时教育〉事宜——致刘琼瑶(1940 年 2 月 20 日)》,方明主编:《陶行知全集》(第 8 卷),四川教育出版社 2005 年版,第 635 页。
⑤ 陶行知:《请送〈战时教育〉给妇女干部训练班——致殷金陵(1940 年 2 月 20 日)》,方明主编:《陶行知全集》(第 8 卷),四川教育出版社 2005 年版,第 636 页。

在国统区，中共各级党组织利用各种机会，通过创办油印报刊宣传党的政策，起到了很好的效果。如 1939 年，李欣在东北军 112 师 667 团担任党的宣传工作。他回忆道："我们还在团部办起了名为《火线下》的油印小报，由郭虹隽任主编，王希坚任编辑……《火线下》的文章短小精悍，出得及时，有消息，有评论，有表扬，有批评。主编郭虹隽是北平的大学生……此时，112 师各单位都有我党掌握的油印小报，667 团的叫《火线下》，668 团的叫《火炬》，671 团的叫《火光》，672 团的叫《火焰》，师部的叫《火把》，为党的工作在全师范围铺开创造了极为有利的条件。"[1] 此类油印小报发挥了自身短小、灵活、通俗的特点，深入基层部队和党组织，为广大基层干部和战士所喜闻乐见。

第三节 抗日根据地报刊的发行与影响

全国抗战爆发之后，中国共产党特别注重报刊的舆论宣传作用，除了在国统区创办《新华日报》，在陕甘宁边区和其他抗日根据地也创办了大量报刊。在全党办报的政策导向下，党中央十分重视党报的发行问题。1938 年 4 月 2 日，《中央关于党报问题给地方党的指示》中指出：

> 在今天新的条件之下，党已建立全国性的党报和杂志，因此必须纠正过去那种观念，使每个同志应当重视党报，读党报，讨论党报上的重要论文。党报正是反映党的一切政策，今后地方党部必须根据党报、杂志上重要负责同志的论文当作是党的政策和党的工作方针来研究。在党报上下列几种论文：（一）《新华日报》上的社论；（二）《新华日报》《解放》《群众》上中央政治局负责同志的文章，必须在支部及各级委员会上讨论和研究。[2]

---

[1] 李欣口述，许建中整理：《李欣口述自传》，中国大百科全书出版社 2014 年版，第 141、145 页。

[2] 《中央关于党报问题给地方党的指示（一九三八年四月二日）》，中共中央党校党史教研室选编：《中共党史参考资料：抗日战争时期（上）》（四），人民出版社 1979 年版，第 32 页。

这表明，中共中央将全党办报与全党读报有机地结合起来，尤其是将《新华日报》《解放》《群众》等全国性报刊作为传达、贯彻中央精神的重要媒介。为了进一步在边区建立发行与通讯网络，中央书记处专门下发通知，要求延安市的党、政、军、民、学各机关须由党支部指定一定数量的同志担任《新中华报》通讯员。通讯员之责任在于："（一）按时（至少一月一次）将各单位之工作，学习，生产，生活等情形写成通讯或论文送交新中华报；（二）在各单位中帮助新中华报、解放、军政杂志及新华日报之发行工作；（三）发起和组织各单位中之新中华报或解放、军政杂志之读者会工作（或党报读者会——即包括新中华报，解放、军政杂志、新华日报等）。"① 中央书记处对通讯员的工作要求不仅是为党报写稿，还要负责发行和组织读者会，起到联系党报与党组织的中介作用。对于党员而言，学习党报则是一项政治任务，所以推广和发行党报便是每个支部、每个党员的责任。为了加强党的出版物的发行，中共中央于1939年3月22日专门下发通知，指出：

> 为了适当的散发、分配与推销党的各种出版物，统一对于各种发行机关的领导，打破各地顽固分子对于本党出版物的查禁与封锁，研究各种发行工作的经验，中央特决定：
>
> （一）从中央起至县委止一律设立发行部，必要时区委亦应设立发行部，支部委员会设发行干事，地委以上发行部除部长及必要的干事外，得依工作的需要，设立巡视员若干人。
>
> （二）发行部下有必要时可成立发行委员会，吸收各种发行机关的负责同志参加，以发行部长为主任，经常讨论发行工作中的各种问题。
>
> （三）各级党委应动员一批有发行工作经验的同志担任发行工作，并注意于培养此类发行工作的干部，不宜轻易调动他们的工作，以求得专门化与熟练。

---

① 《中共中央关于建立〈新中华报〉的边区通讯网问题的通知（1939年3月31日）》，中国社会科学院新闻研究所编：《中国共产党新闻工作文件汇编》（上卷），新华出版社1980年版，第87页。

（四）发行部应与在本党领导下的各种交通机关的负责同志取得密切联系，后者在接到发行部交来的出版物后，应尽量保证党的刊物的迅速传递。

（五）各级发行部应依照各种不同的环境，建立公开的、半公开的或秘密的发行网。

（六）各级发行部直接受同级党委之领导，但上级发行部应经常给下级发行部以工作上的指示，检查其工作，下级则应经常给上级做工作报告。①

这实际是在组织与管理上为发行部的建设作出了具体规定，以确保党的出版物能够通过党组织的发行网络送达基层党员，从而进一步保证党报发行制度的执行。这就为基层党员的读报活动提供了有利条件。

为了将发行和读报活动结合起来，还需要从党性上认识到读报的重要性，推动党员积极读报。中央组织部长陈云在1939年5月30日发表的《怎样做一个共产党员》一文中指出："文化程度低的党员，首先要长期的进行识字与读书读报的工作，以提高自己的文化水平，只有文化程度的提高才能求得政治上的更加进步。"② 读报是党员文化教育的重要内容，也是党员提高文化水平的重要途径。针对各抗日根据地的国民教育活动，中央不仅要求各乡村小学"组织各种识字组、大众黑板、读报、演讲、娱乐体育、壁报、戏剧等一切适合于民众需要及为民众所喜欢参加的活动"，还要求"各种报纸、杂志，应经常披露国民教育的消息与材料，并加以指导与帮助。可能时，应专办推广国民教育的刊物与报纸"。③ 中共中央非常注重报刊的大众化，努力为普通

---

① 《中共中央关于建立发行部的通知（1939年3月22日）》，《中国报刊发行史料》编辑组编：《中国报刊发行史料》，光明日报出版社1987年版，第3—4页。
② 陈云：《怎样做一个共产党员（一九三九年五月三十日）》，中共中央党校党史教研室选编：《中共党史参考资料：抗日战争时期（上）》（四），人民出版社1979年版，第77页。
③ 《中央关于开展抗日民主地区的国民教育的指示（一九四〇年三月十八日）》，中共中央党校党史教研室选编：《中共党史参考资料：抗日战争时期（上）》（四），人民出版社1979年版，第151、152页。

第六章 抗战时期报刊的空间分布、发行范围与时代特色

民众服务,提出"各地党报的文字,应力求通俗简洁,不仅使一般干部容易看懂,而且使稍有文化的群众也可以看。通俗简洁的标准,就是要使那些识字不多而稍有政治知识的人们听了别人读报后,也能够懂得其意思"。① 对于干部教育,中共中央也十分重视报刊作为政治教材的作用。如《中共中央关于延安干部学校的决定》指出:"在学校政治教材方面,应该充分利用《解放日报》、中央文件及中央各部委出版的材料书。"② 同时,中共中央还将报刊发行作为发展文化教育的重要内容,要求各根据地"要注意组织报纸刊物书籍的发行工作,要有专门的运输机关与运输掩护部队,要把运输文化粮食看到比运输被服弹药还重要"。③ 张闻天在《党的宣传鼓动工作提纲》一文中指出:"报纸、刊物、书籍是党的宣传鼓动工作最锐利的武器。党应当善于充分的利用这些武器。办报、办刊物、出书籍应当成为党的宣传鼓动工作中的最重要的任务。除了中央的机关报、机关杂志及出版机关外,各地方党应办地方的出版机关、报纸、杂志。除了出版马恩列斯的原著外,应大量出版中级读物、辅助读物以及各级的教科书。应当大量的印刷和发行各种革命的书报。"④ 邓拓也特别重视党报的发行,指出:"目前我们的同志,应该普遍地重视党报,把关于党报的一切工作,当做党的生活和党的工作中的重要的环节之一,应该把发行党报当成为我们的'基本引线'(列宁)之一。……我们必须详细根据党中央在全国所出版的各种公开的报纸杂志上重要的论文,如《新华日报》上的社论,《新华》《解放》《群众》上中央政治局负责同志的文章,在支部及各级党的委员会上讨论和研究。"⑤ 胡乔木则将党报视为党的教科书,对党的教育工作起到关键作用,指出:"报纸是人民的教科书,而党

---

① 《中共中央宣传部为改造党报的通知(1942年3月16日)》,《解放日报》1942年4月1日,第2版。
② 《中共中央关于延安干部学校的决定》,《解放日报》1941年12月20日,第1版。
③ 《中央关于发展文化运动的指示(1940年9月10日)》,中共中央党校党史教研室选编:《中共党史参考资料:抗日战争时期(上)》(四),人民出版社1979年版,第199页。
④ 张闻天:《党的宣传鼓动工作提纲(一九四一年六月二十日)》,张闻天选集编辑组:《张闻天文集》(第3卷),中共党史出版社1994年版,第107页。
⑤ 邓拓:《论党报与党的工作》,《邓拓文集》(第一卷),北京出版社1986年版,第243—244页。

报，就还是党的教科书。党报的每一个写作者、编辑者、校订者，都是党和人民所聘请的教师。"① 可以说，中共中央和各级党委宣传部门的负责同志始终将党报的发行与传播作为各级党组织的重要任务和内容，将党报党刊视为宣传党的方针政策，开展政治学习，理论联系实际，反映群众生活的有力工具。

抗战初期，陕甘宁边区文化教育事业处于初步发展阶段，延安作为中共中央所在地，报刊业有所恢复，但除了《解放》周刊，其他报刊的发行量并不高。《红色中华》改名《新中华报》出版之后的一段时间使用油印，其副刊积压了大量稿件，故刊发启事云："本刊照目前的形式，因篇幅有限，编辑方面受极大的困难，许多文章不能登载，使读者们失望，因此自下期起改作《苏区文艺》，用本子式并定为周刊，字数亦略加多，内容更求充足，仍随《新中华报》发行。"② 1938年10月，国民政府对边区的文化事业进行了调查，统计延安的报刊及发行情况如下：

1. 新中华报——五日出一小张，为边区政府机关报（铅印），每期一千份。

2. 边区儿童——十日刊，石印两小张，边区教育厅主办。

3. 抗敌画报——半日刊，石印一张，边区抗敌后援会编印。

4. 抗敌小丛书——边区抗敌后援会主编，现已出版五种。

5. 街头诗——不定期壁报，为文化界抗敌协会与鲁迅艺术学院合编，每期出十余份。

6. 街头壁报——每期毛笔缮写三四张，不定期。

7. 大众报——街头壁报。

8. 解放——解放社出版，为中央理论刊物，每周铅印一大本，现出至五十三期。

---

① 乔木：《报纸是教科书》，《解放日报》1943年1月26日，第4版。
② 《本刊启事》，《新中华报》1937年2月3日，副刊第2版。

9. 文艺突（击）画——文艺突击社编。

10. 团结——每月一期，铅印一小册，为中共边区党委刊物，现出至九期。

11. 我们的生活——抗大政治部机关报，十日油印一张，现出至五十一期。

12. 每日新闻——为边区政府油印之扩播收音，内容多苏联电台消息。

13. 路——不定期诗刊，油印，鲁迅艺术学院编。

14. 公安壁报——延安市政府编，每期四五份，张贴延安街头。

15. 木刻画报——鲁迅艺术学院编，每期一份，张贴延安街头。①

从整体上看，除了《新中华报》《解放》《团结》采用铅印出版，其他报刊多为油印、石印，还有不少街头壁报和手抄报，发行量最高的《新中华报》也不过一千份。但是，对于《解放》周刊，当时的调查语焉不详。《解放》周刊是抗战时期公开发行全国的党报，除延安外，它还一度在各抗日根据地和山西、北平、天津、上海、南京、武汉、重庆、西安等全国各大城市（包括港澳地区）进行翻印，每期的销售数量都十分可观。"《解放》周刊出版至第10期时销售就已经突破一万份，读者也遍布各党各派和各个阶层。"② 1938年5月17日，任弼时在给共产国际的口头报告中提及："我党出版的各种刊物，在群众中有很高的地位。党中央出版的《解放》周报，销售到三万余份。"③ 这在当时已是很高的发行量。从1939年到1941年5月《解放日报》创办，在这段时间内，中共创办了一批重要报刊，其中最重要的事件便是《新中华报》的改组。④ 另外，《八路军军政杂志》《中国青年》《中国妇女》《共产党人》《中国文化》等刊物在整体发行量上要低于《解放》周刊。如

---

① 《国民党关于边区文化教育事业状况的调查报告（1938年10月）》，中国第二历史档案馆编：《中华民国史档案资料汇编》第五辑·第二编·教育（二），江苏古籍出版社1998年版，第520页。

② 王峰：《延安时期前期中共中央机关报〈解放〉周刊考述》，《延安大学学报》（社会科学版）2013年第6期，第46页。

③ 任弼时：《任弼时选集》，人民出版社1987年版，第202页。

④ 方汉奇主编：《中国新闻事业通史》（第2卷），中国人民大学出版社1996年版，第736页。

《八路军军政杂志》在军内主要以营以上领导干部为读者，代表共产党、八路军发表对于抗日民族解放战争的意见和对于抗日战争中军政建设的意见，并研究抗日战争的经验，报道前线将士英勇苦战的事迹和战绩。这本杂志是八路军总政治部的机关刊物，是在党的直接领导下开展工作的，毛泽东、周恩来、朱德等中央领导对它很关心。这本杂志于1942年3月停刊，历时3年零3个月，共出版了4卷39期，每期约11—12万字，发行量约为3 000份。①

作为大众读物，创办于1940年3月25日的《边区群众报》，出版后受到读者的普遍欢迎，"先是十日刊，很快改为七日刊、五日刊，各地纷纷要求增加份数。……当时，在经济文化相当落后的陕甘宁边区，只有一百五十多万人口。《边区群众报》竟然发行到一万多份，可说是一个奇迹"。② 1940年11月30日，毛泽东给延安大众读物社社长周文写信说："群众报及《大众习作》第二期都看了，你的工作是有意义有成绩的，我们都非常高兴。"③ 由于它的发行量很大，普遍深入各乡村，在传播时事新闻和宣传政治政策方面的作用越来越重要，共产党边区中央局很快就确定它是党委的机关报。1941年5月，边区中央局改为西北中央局，《边区群众报》自然成为西北局的机关报。④

经过抗战后三年多的发展，延安的报刊发行有较大的进步。1940年12月7日，马千里参观陕甘宁边区印刷所后记载："它是边区新文化的产院。……《新华日报》每日印六千张，《每日新闻》印四千张，还印刷大量的书刊、杂志。"这大致反映了延安出版业的现状。1941年3月3日，马千里到延安文化沟俱乐部参观报纸展览，他在日记中写道："此间陈列着八百余种报刊、杂志。延安好学不仅仅限于学生，它是一个庞大的学习机体，任何场所，任何角落都充满了昂扬的学习热潮。"⑤ 这说明，延安广大干部群众对报刊的学习

---

① 郭化若：《郭化若回忆录》，军事科学出版社1995年版，第159、161页。
② 胡绩伟：《青春岁月——胡绩伟自述》，河南人民出版社1998年版，第174—175页。
③ 毛泽东：《致周文（一九四〇年十一月三十日）》，中央文献研究室编：《毛泽东书信选集》，中央文献出版社2003年版，第151页。
④ 胡绩伟：《青春岁月——胡绩伟自述》，河南人民出版社1998年版，第175页。
⑤ 马千里著，重庆红岩革命纪念馆整理：《峥嵘岁月——马千里抗战日记选》，四川人民出版社1998年版，第287、334页。

第六章　抗战时期报刊的空间分布、发行范围与时代特色

非常重视，当时敌后各根据地出版的各类报刊也蔚为大观。

从 1941 年开始，由于抗日根据地遭到严重破坏，为了实行精兵简政，许多报刊停办，延安只保留了《解放日报》和《边区群众报》。由于条件的限制，《解放日报》于每日下午四时才能出版。到出报的时候，各中央首长和中央机关的通讯员到清凉山下中央印刷厂的收发室领取，报纸送达延安各单位的时间在晚上七时左右。报纸初创时，发行科的业务尚未开展，暂时委托延安北门外的新华书店办理外埠邮购业务。为方便往来商贾和过延旅客阅读报纸，报社在新市场口和文化沟两处特设"卖报员"，每日下午五时左右在这两个地方叫卖零售。① 1942 年 4 月后，随着《解放日报》在版面、社论、新闻报道、副刊的全面改革，其在宣传报道方面的作用得到了充分发挥，影响力进一步扩大。《解放日报》改版后，马千里对该报的变化有着直接观感。他在 1942 年 4 月 2 日的日记中记载："整风收效，立竿见影。《解放日报》的编排上换了新貌，内容充实而活泼，使人看后印象极深。"②

抗战时期，各敌后根据地的一些报刊编辑人员缺乏办报经验，一些从上海等大城市来的作家则具有较为丰富的办报经历。如萧军于 1940 年到达延安之后，便受到毛泽东等中共领导人的重视。萧军不仅经常给延安的文艺刊物写稿，而且常就如何办报的问题与编辑通信，交流办报经验。他在写给轻骑队壁报的信中指出，办壁报有三点是值得注意的：一是态度，二是方向，三是编排。③

为了推广报刊发行，积极发动群众读报，陕甘宁边区特别重视报刊的通俗化与大众化，在广大农村广泛设立读报组，推动报纸下乡的工作。1944 年 11 月，陕甘宁边区文教大会对农村读报工作进行了具体安排，要求报纸增加份数，加速发行，并指出："纸厂及其主管部门应从各方面努力增加报纸的产量，以便各种报纸能够按照需要与可能增加份数，并以分区及县为单位，统

---

① 王敬主编：《延安〈解放日报〉史》，新华出版社 1998 年版，第 19 页。
② 马千里著，重庆红岩革命纪念馆整理：《峥嵘岁月——马千里抗战日记选》，四川人民出版社 1998 年版，第 480 页。
③ 萧军：《致轻骑队壁报》，《萧军全集》（第 17 卷），华夏出版社 2008 年版，第 3 页。

一筹划调剂，保证每个读报组、通讯组与黑板报编委会都有它所需要的报纸，在发行方面，政府主管部门应努力加强边区各地通讯站的效率，各县均应建立负责的发行登记制度，并负责规定县区乡报纸的运送办法，以便加强由县到区乡的发行速度。"①

在抗战中，各抗日根据地经济困难、战争频繁、交通不便，报刊的发行遇到很多困难。但是，由于中共中央特别重视党报的发行，鼓励各报社建立通讯员和交通员制度，加强对交通员的培训。如邓拓回忆《晋察冀日报》发行工作时说道："过去报社交通员七十多人，几乎全数是经过区党委动员来的，为了改正发行工作的缺点并开展发行工作起见，分局在1940年曾经召开过短期发行人员训练班，训练了不少发行干部，今天坚持各地发行工作的同志，也大都是这一时期训练出来的。……我们的发行工作是依靠群众来发展起来的，依靠着广大群众对报纸的爱护，才能使我们的报纸传递到读者的手里。最初我们还没有建立发行组织时，完全是依靠群众沿村转送的办法把报纸送出的。由此可见如果没有群众的依靠，报纸的运送将是不可能的。"② 遵照党的指示，走群众路线，是党报生存和发展的基础。1940年下半年，报社健全了发行科，增加了交通人员，并在各分区建立了分社，负责新闻采访和报纸的发行工作。中共北岳区党委还帮助在灵寿漫山、阜平马棚和行唐口头建立了报刊转送站。由于采取了一系列措施，报纸的发行份数有了很大增长。从1940年上半年起，报纸由三日刊改为隔日刊，每期印发6 000—10 000份，而且出版的书刊种类和数量也不断增加。1940年下半年，由于报纸的新闻宣传报道进一步提高和改进，报纸的发行数量又有了迅速增长，最高已发行到2.1万份。③ 其中，"北岳区1.82万份，冀中区2 200份，冀热察区800份，晋

---

① 《陕甘宁边区文教大会关于发展群众读报办报与通讯工作的决议（1944年11月16日，边区文教大会通过，边区二届二次参议会批准）》，中国社会科学院新闻研究所编：《中国共产党新闻工作文件汇编》（上卷），新华出版社1980年版，第169页。

② 邓拓：《晋察冀日报五年来发行工作的回顾》（1942年12月11日），《中国报刊发行史料》编辑组编：《中国报刊发行史料》，光明日报出版社1987年版，第330、331页。

③ 赵国臣、吴述俭：《抗日战争、解放战争时期〈晋察冀日报〉的发行工作》，《中国报刊发行史料》编辑组编：《中国报刊发行史料》，光明日报出版社1987年版，第359页。

第六章　抗战时期报刊的空间分布、发行范围与时代特色

东南（北方局及晋冀豫）200份，延安（党中央）60份，大后方34份"。①

1942年2月，中共山东分局成立了山东战时邮务总局，通过战时邮局的努力，《大众日报》形成了三条主要交通干线，还把报纸送到了延安。当时延安的中央图书馆管理员看到人们对敌后报纸爱不释手，曾要求《大众日报》除每期寄50份外，再增寄些合订本。②《大众日报》自1943年党报发行工作与邮局交通工作实行一元化后，在分局的直接领导下，发行工作有了很大的进展，在工作上有一定的规律性，使交通、发行工作得到了密切配合，这一工作也逐渐步入巩固阶段。"1943年1月—1944年5月共出版180期，共付印报纸3337260份，共发行数3324060份，因〔另〕有合订本13200份。"③ 从发行范围看，主要集中在本省的滨海、鲁中、鲁南地区，华中地区的淮海也有一定的发行量，具体情况见表6-6。

表6-6　《大众日报》发行概况统计表④

时间		1943年6月1日	1944年1月1日	1944年6月1日
每期报纸分布情况		502期报纸分布情况	599期报纸分布情况	672期报纸分布情况
每期出版总数（份）		10 106	14 051	14 961
本省各战略区分布情况（份）	滨海	3 253	4 831	5 437
	鲁中	5 191	6 823	5 331
	鲁南	678	1 350	1 870
	胶东	—	45	65
	渤海	—	2	50
	机关	256	182	318

---

① 参见晋察冀日报史研究会编：《晋察冀日报史：1937—1948年》，人民出版社1993年版，第583页。
② 赵志刚：《把党报送到人民手中》，大众日报社报史编纂委员会编：《大众日报回忆录》（第一集），山东人民出版社1998年版，第111页。
③ 《1943—1944年山东战邮的发行工作（1944年8月15日）》，《中国报刊发行史料》编辑组编：《中国报刊发行史料》，光明日报出版社1987年版，第343页。
④ 《1943—1944年山东战邮的发行工作（1944年8月15日）》，《中国报刊发行史料》编辑组编：《中国报刊发行史料》，光明日报出版社1987年版，第342—343页。

续 表

时间		1943年6月1日	1944年1月1日	1944年6月1日
华中地区分布情况（份）	华中局	200	160	167
	苏中	—	46	46
	淮海	476	1 493	912
	盐阜	—	41	43
其他地区分布情况（份）	中央	—	—	—
	北局	—	—	—
	野政	—	—	—
	冀鲁豫	—	—	15
	冀鲁边	—	—	10
	湖西	2	8	8
	冀南	—	—	10
	太运	—	—	580

除了《大众日报》，山东抗日根据地还创办了不少地方报纸，如中共胶东特委主办的《大众报》，自1938年8月出版后不久，它就获得了广大人民的喜爱。不到半年时间，《大众报》就销到一万三四千份，打破了战前山东任何报纸的纪录。[①] 大众报社还印刷胶东文协、胶东青联主编的一些刊物，如《文化防线》《胶东大众》《胶东文艺》《大众戏剧》《农村戏剧集》《大众歌曲集》，还为军队印刷了《前线报》《胶东画报》、军用地图和大量的宣传品。[②]《群力报》是一份通俗性的农民报纸，发行地区仅为胶东十几个县的老区，最多时发行到八万多份。许多村庄都订几十份《群力报》，有的村订到上百份，人民互相传播小报上刊登的事，常常是家喻户晓。这些情况反映了这

---

① 致平：《我与〈大众报〉》，烟台日报社编：《战火中的胶东报坛》，烟台日报印刷厂1988年内部发行，第7页。
② 王人三：《胶东〈大众报〉的特点》，烟台日报社编：《战火中的胶东报坛》，烟台日报印刷厂1988年内部发行，第16页。

第六章 抗战时期报刊的空间分布、发行范围与时代特色

张小报的广泛群众性。① 这些报刊广泛发动群众参与发行工作，深入敌后，深入乡村，努力贯彻全党办报、全民办报的方针。因此，1943—1944 年，山东抗日根据地报纸的发行量有了很大提高（见表 6-7）。

表 6-7　1943—1944 年各战略地方报纸发行数量统计表②

（单位：份）

时间＼报名数目	《大众日报》	《鲁中日报》	《太山日报》	《鲁南日报》	《渤海日报》	《胶东大众报》
1943 年上半年	10 106	1 500	1 100	700	1 760	12 452
1943 年下半年	14 051	2 000	1 250	1 490	3 612	14 300
1944 年	14 961	5 000	1 500	2 703	4 415	16 000

其他抗日根据地也出版了不少报刊，如晋绥抗日根据地出版的《抗战日报》坚持地方化的方针，从多方面满足当地群众的实际需要。《晋西大众报》注重地方化、通俗化、杂志化，新闻力求简练、具体、通俗、活泼，在晋绥根据地发行很广，数量由原来的四五千份增加到最多一万二千份。③ 在晋察冀边区，《抗敌报》于 1937 年 12 月 11 日在阜平创办。它是群众的报纸，注重在群众中推广发行。邓拓在《抗敌报》出版五十期之际提到："我们当时已经在各部队、各机关、各团体、各学校、商店中得到了相当数量的读者，他们并不以我们报纸形式的简陋与内容的空虚而见弃。……十二期的革新之后，我们报纸的销数有了很大的增加，在我们的征求之下，定户已达千余，同时我们在边区各地也有了不少的特约通讯员。……自二十五期以来，我们的报纸，随着军区的扩展，而更广泛地流传开去。……在冀中平原上，我们得到

---

① 宫策：《一张群众喜爱的通俗报纸》，烟台日报社编：《战火中的胶东报坛》，烟台日报印刷厂 1988 年内部发行，第 273、274 页。

② 《1943—1944 年山东战邮的发行工作（1944 年 8 月 15 日）》，《中国报刊发行史料》编辑组编：《中国报刊发行史料》，光明日报出版社 1987 年版，第 343 页。

③ 邵挺军：《〈晋绥大众报〉工作回忆》，《新闻研究资料》1988 年总第 44 辑，第 26—32 页。

了大量的读者,而在军区中心县份,我们的读者更是大大地增加了。"① 1941年8月1日,冀鲁豫边区党委机关报《冀鲁豫日报》创办,由报社发行科负责发行。1942年之后,发行科专门有交通员负责送报,送报的主要交通工具是骡马和自行车,有时也需要交通员肩挑背驮,徒步日行几十里或百多里。当时每期报纸大约印四五千份,在环境极其恶劣的条件下,完成这些报纸的发行任务是很不容易的。② 在各级党委的高度重视下,《冀鲁豫日报》发行到边区70余县的广大农村,在广泛的读者群众中受到热烈的欢迎,有相当高的声誉。③ 抗战时期,冀中区、专区、县三级都有报纸,除了各级党委的机关报,还有政府、军队和抗日群众团体的报刊,达262种。冀中区党委要求,对于地方党报,争取做到"小村一二份,中村二三份,大村三五份。实事求是提高报纸质量和缩短发行过程"。④

在华中抗日根据地初创时期,新四军于1938年5月1日创办了《抗敌报》,是当时共产党在东南地区的主要报纸之一。《抗敌报》在新四军中享有很高的声誉,干部战士把它当作"自修大学校""很好的教师",并作为"教育部队的教材"和"宣传材料"。⑤ 该报1940年5月改为铅印4开,由三日刊改为二日刊,期发行数由两千多份增加到四五千份。⑥ 新四军淮北根据地出版的《拂晓报》,1939年由第一阶段的每期印刷300份、500份发展到第二阶段每期印刷1500—2000份,仍是供不应求。从10月19日第89期起,《拂晓增刊》第1期二版附报发行,内容多为延安新华电台播发的社论等文章。此时的报纸还被邮寄至重庆、延安、西安、立煌(战时安徽临时省会,今金寨县)

---

① 《〈抗敌报〉五十期的回顾与展望》(一九三八年六月二十七日),《邓拓文集》(第一卷),北京出版社1986年版,第236—238页。

② 《冀鲁豫日报史》编委会编:《冀鲁豫日报史》,贵州人民出版社1993年版,第151页。

③ 周川:《〈冀鲁豫日报〉在农村》,《冀鲁豫日报史》编委会编:《冀鲁豫日报史》,贵州人民出版社1993年版,第230页。

④ 杜敬编:《冀中报刊史料集》,河北教育出版社1995年版,第90页。

⑤ 王传寿主编:《烽火信使——新四军及华中抗日根据地报刊研究》,合肥工业大学出版社2010年版,第134页。

⑥ 参见方汉奇主编:《中国新闻事业通史》(第2卷),中国人民大学出版社1996年版,第850页。

第六章　抗战时期报刊的空间分布、发行范围与时代特色

及华北根据地和阜阳等地,得到了社会人士的不断赞扬。① 据李欣回忆:"新四军四师彭雪枫那里出的《拂晓报》,好像拿到国际上去比赛还得了奖。《拂晓报》是用魏碑体的字体刻的。"② 《拂晓报》的刻印、排版、印刷都颇为讲究,作为油印报纸,受到读者的广泛好评。在淮南根据地,《新路东》报于1940年12月初创刊。"在《新路东》报出油印版时,开始每期最多印300份。为了把有限的报纸分发到整个路东根据地,就实行分配法。首先保证本地区党、政、军、民领导机关、领导干部的需要,然后逐级分配到县、区、乡,每乡最多摊到一份,发到驻乡工作干部手里组织读报。改为铅印报时,实行订阅,报社根据各单位需要数字发报,发行数剧增,每期约需1700—1800份,……到1944年4月1日《新路东》报改为《淮南日报》时,发行数达5 000份。"③

事实上,在抗日根据地,数量最多的是部队官兵和基层党组织自办发行的油印报。油印报成本较低,印数不多,贴近基层官兵生活。正如萧向荣所言:"在目前交通极困难,后方书报难以适时甚至根本不可能送到前方及敌后方作战之部队的情况下,每一部队按照其战略任务之单位(如师,单独行动之旅及团或支队),自己出版一种油印的报纸,供给本部队阅读,是非常必要的。"④ 以部队的编制为单位创办油印报,可以结合自身的实际情况,为部队政治工作作出贡献。刘华清作为亲历者,回忆了129师政治部创办油印报的情况:

> 政治部编了一个刊物,刘伯承师长定名叫《抗日战场》,是油印件,就我们部里几个人负责编辑、刻印和分发。我们几个都算是红军中有文

---

① 王传寿主编:《烽火信使——新四军及华中抗日根据地报刊研究》,合肥工业大学出版社2010年版,第138、139页。
② 李欣口述,许建中整理:《李欣口述自传》,中国大百科全书出版社2014年版,第141页。
③ 沈文英、田野:《〈淮南日报〉简史》,《淮南日报》史料集编纂委员会编:《淮南抗日根据地党的喉舌——原〈淮南日报〉史料集》,中共党史出版社1992年版,第20页。
④ 萧向荣:《部队中的课外工作》,《八路军军政杂志》1939年第3期,1939年3月15日,第63页。

化的人，但也只是中小学的底子，较费力。后来地下党送来了几个大学生，对编杂志、写新闻电讯等起了大作用。

刘师长和邓政委对《抗日战场》很重视，他们还常在上面发表文章，谈游击战略战术问题，谈抗战形势和部队政治思想工作。……

每期《抗日战场》上，我们都要转发毛主席、党中央的有关指示、文件，登一些宣传提纲和讲话材料，既供各级领导干部学习，又供他们宣传、讲话参考。[①]

据不完全统计，到 1938 年深秋，敌后山西铅印、石印和油印的大小报刊，总共有二百四五十种，杂志在一百种以上，其中大多数是油印报刊。经过一段时间的摸索，不仅油印技术提高很快，而且一般油印报纸，差不多都由单纯的消息报道发展为添加了社论、短评、通讯、战地文艺、漫画等，有的还出各种专刊或副刊，有的油印报还能用三四种不同的颜色套印。[②] 在晋绥边区，1944 年冬至 1945 年春出版的油印报，据不完全统计有 60 种，其中经常出版的地方报纸有 24 种，部队油印报 20 种。部队油印报的优点是有深入连队的通讯组织，报纸能充分反映战士的战斗生活，有许多粗通文字的战士写稿，还有一些英雄人物口述，别人代笔而成的文稿刊出。[③] 在物资奇缺的抗战时期的鄂豫边区，油印报很多，不少地委、县委、部队的旅、团甚至乡的农救会也办有油印报纸。鄂豫地区的各种油印小报，在抗日战争时期至少有 26 种之多，[④] 如《小消息》《大洪报》《新钟祥报》《先锋报》《学习》《七七报》《老百姓》《襄河报》《挺进报》等。这些油印报因陋就简，大多面向基层群众和官兵，内容丰富，形式多样，稿件多来自基层民众和官兵，直接反映了根据地军民的真实生活情景，可读性较强，发行量从数十份到上千份不

---

① 刘华清：《刘华清回忆录》，解放军出版社 2007 年版，第 99 页。
② 邵挺军辑录：《抗日战争时期山西报刊简介》，《新闻研究资料》1985 年第 4 辑，第 183、184 页。
③ 穆欣：《抗日烽火中的中国报业》，重庆出版社 1992 年版，第 326—328 页。
④ 鄂豫边区革命史编辑部、湖北日报社编：《楚天号角：抗日战争和解放战争时期鄂豫边地区的革命报刊》，武汉大学出版社 1990 年版，第 100 页。

等。它们的发行范围虽然不广,却能集中在基层部队和乡村传阅,体现出小型报刊的灵活性、针对性和趣味性。

在敌后战场,部队的灵活性和机动性较强,出版油印报不仅可以向根据地的军民宣传党的抗日主张,发动广大民众支持抗战,还可以争取一切可以团结的社会各界人士。曾生在创建广东大岭山抗日根据地的过程中,就非常注重发挥油印报的宣传作用。他回忆道:"一九四一年一月,由杜襟南主持办起一个油印小报,我提议名叫《大家团结》,先是十六开,登载从新闻电台收来的电讯以及我们撰写的短文,后来又改为八开。报纸出版以后,果然受到部队和党政部门的欢迎。……第五大队那边,王作尧同志也亲自抓新闻出版工作,三月份,他与曾经在马来西亚共产党办过油印小报的李征等几位同志一起,办起了一张油印的《新百姓》报,八开四版,每周一期,除供指战员阅读以外,还向各乡村群众发行,宝安一带订阅这张报纸的也很多。"[①] 由此可见,各类油印报虽然较为简陋,但能深入基层和干部群众,不仅缓解了敌后干部战士和基层群众的"信息饥渴",还在传达党的政策、促进军民团结、宣传抗战事业、活跃文艺创作等方面发挥了重要作用。

第四节 沦陷区及上海"孤岛"时期的报刊发行情况

对沦陷区报刊发行的研究存在诸多困难和疑虑。一是难以统计沦陷区的报刊数量。由于各地被日寇侵略时间不一,东北、华北、华中、华南沦陷区的报刊数量存在较大差异,且伪满、汪伪政权及日寇对报刊缺乏具体的统计。二是沦陷区的报刊经常被日寇禁毁,有关创办与发行的资料较难查阅,还有不少秘密发行的报刊已很难找到原件进行研究。三是对沦陷区报刊史的研究相对薄弱,尤其是对发行量的研究较为少见。不过,沦陷区的报刊基础条件较好,设备、技术相对先进,并且形成了较大规模,发行范围较广,值得关注。

---

① 曾生:《曾生回忆录》,解放军出版社1992年版,第178—179页。

在沦陷区，识字率仍是制约报刊发行的一个重要因素。伪新民会中央指导部调查科在1938年的一份调查报告中指出："全国的文盲，据过去统计所得，约在百分之七（十）五以上，中国新闻纸之没有可观的发行数字，这是一个极大的原因，所以仅仅是都市地方，或者是大的县村镇地方作为报纸的发行最尖端，中国的报纸根本不能侵入到广大的农民层去。"这大致说明了广大农民不能读报的重要原因。此外，报纸发行不畅还与报馆经营管理水平尤其是报纸广告收入来源有直接的关系。该调查报告还认为："中国的新闻事业的经营，因为生产界对于新闻广告的认识非常不普遍，因此使新闻社广告收入，也就非常低微了，新闻社为了补足这个经营上的缺点，便不得不在报纸发行上，增加读者的阅读费，一般的读者——农村或下级社会——没有能力购买。"① 由于报纸定价过高，下层民众缺乏相应的购买能力，从而影响了报刊的发行量和普及程度。

日本侵略者在其占领的中国沦陷区实行新闻统制政策，将新闻事业置于法西斯的军事管理之下。在东北，伪满洲国作为日本操纵的傀儡，于1938年发布《通讯法》《新闻社法》《记者法》，时称"弘报三法"，规定通讯社、新闻社（报馆）、新闻记者的全部活动，都由伪政府严格管制。伪满的报纸绝大多数是由日本人直接掌管。在华北，实际控制新闻界的是日军北支派遣军报道部和当地日本陆军特务机关。华北地区最大的报纸北平《新民报》是劫夺《世界日报》资产改组而成的，日本人担任社长；北平的另一家较大的汉奸报纸《武德报》，也是日本人担任社长。在华中、华南，日本侵略者主办过一些报纸，如上海的《新申报》、广州的《迅报》等。当时，沦陷区新闻界的爱国力量，奋勇抵制与反抗日伪的新闻统制，并在北平、天津等地秘密出版了一批抗日报刊，如《纪事报》《练铁工》《自学》等。② 据1940年上半年的统

---

① 《北京市之新闻社》，（伪）新民会中央指导部调查科编：《京津新闻事业之调查》（调查资料第2号），1938年铅印本，第4页。

② 方汉奇主编：《中国新闻事业通史》（第2卷），中国人民大学出版社1996年版，第868、869页。

第六章 抗战时期报刊的空间分布、发行范围与时代特色

计,敌伪在我19省市就有139家报纸,① 但这些敌伪报刊往往颠倒黑白,宣传法西斯主义,沦为日军的宣传机器。以南京为例,1942年,汪伪政府主要的报纸有《中报》《民国日报》《京报》《南京晚报》《时代晚报》等。"掀开来观看,颇有落寞和衰老之感。"② 除了敌伪创办的报刊,沦陷区各种抗日力量还出版了大量油印报刊。这类油印报纸由一些文化工作者创办,借助电台和收音机,收听、抄录广播新闻和其他新闻稿,并刊登地方新闻和文艺副刊,以激发沦陷区民众的抗敌热情和爱国情怀。这些油印报纸散见各地,无法进行精准的统计,据说只是华北就有两百多家。③

日伪对沦陷区的报刊发行较为重视,一些小报也取得了不错的发行成绩。如江苏武进的《武进日报》是一份日伪创办的地方小报,特别注重发行,采用赠阅或廉价试阅的方式吸纳读者,在城乡均取得了较好的销售成绩。其调查报告指出:"本报发行方面,最初仅及城区,每日仅数百份,逐渐设法推广至千余份,近年对于四乡各大镇,已多数分销。推广方面,在城区派员向各商店居户推销,或先行赠阅三天,或廉价试阅一个月,但既经赠阅或试阅,即长期订阅绝少停止者,此诚是一良好之现象。对于乡区,择某一乡镇秩序较安定者,即就地接洽公正人士,托其推销,亦赠阅二三天,然后确定,订阅户数截至最近,每日销数已逾二千份。"④ 一份县级小报能有两千份的发行量,说明该报在营销方面下了很大功夫。还有江苏无锡的《新锡日报》,1938—1942年发行量逐年上升,以每日平均发行数量统计,1938年为1 200份,1939年为2 000份,1940年为3 500份;1941年为4 800份;1942年为7 000份。⑤ 此类日伪控制的报纸,政治立场自然有较大问题,但其发行方面也有一定特色。

---

① 彭革陈:《抗战期中敌我新闻动态》,《战时记者》1940年第2卷第6—8期合刊,1940年4月1日,第6页。
② 慕松:《南京的报纸》,《上海记者》1942年第3期,第22页。
③ 赖光临:《中国新闻传播史》,三民书局1992年版,第184页。
④ 《武进日报》,(伪)宣传部直属报社苏州区改进委员会编印:《苏州区报业调查报告书》,1942年10月铅印本,第7页。
⑤ 《新锡日报逐年发行报纸数量增加表》,(伪)宣传部直属报社苏州区改进委员会编印:《苏州区报业调查报告书》,1942年10月铅印本,第10页。

上海沦为"孤岛"后,华文报纸相继停刊。其后,租界当局采中立政策,各报又恢复出版。不过,各报为避免敌人的干涉,纷纷争取与有正义感的外人合作,以洋商的名义出版。① 尤其是各种抗日报刊,如《华美晚报》《大美晚报》《译报》《文汇报》等。同时,"孤岛"时期出版的各种文艺期刊至少有 252 种。②《文汇报》1938 年创刊后,由于宣传抗战,立场鲜明坚定,得到"孤岛"人民的热烈拥护,发行量曾接近六万份,实为上海各报的首次。③ 1938 年 10 月 10 日,《每日译报》创办《译报周刊》,内容既具有原来各种周刊的综合性,又灵活多样,面目一新,甫一创刊即受到广大读者的欢迎,销数高达 2 万份。④ 该刊十分重视与读者的沟通,开设《读者信箱》和《读者·作者·编者》栏目。如该刊第 20 期便告知读者:"下期起,我们还想每期增刊'世界现势图解'一幅,用地图分析世界政治,并加以简要轻松的说明,以增进一般读者对于国际政治的认识。这项图解,我们已约定劳人、马忠耀两先生合作编译中。"⑤ 1939 年春是上海反日、反汪报纸的全盛期,各抗日报纸的销数仍远高于内地各报,具体统计见表 6-8。

表 6-8 1939 年春上海沦陷区各报的发行量⑥

报名	纸张数(张)	发行量(份)
《新闻报》	5	60 000
《申报》	4	30 000
《文汇报》	3	30 000
《译报》	1	20 000
《导报》	1	10 000

---

① 曾虚白主编:《中国新闻史》,三民书局 1984 年版,第 423 页。
② 王鹏飞:《"孤岛"时期文学期刊研究》,华东师范大学博士学位论文,2006 年,第 154—164 页。
③ 徐铸成:《报海旧闻》(修订版),生活·读书·新知三联书店 2010 年版,第 299 页。
④ 方汉奇主编:《中国新闻事业通史》(第 2 卷),中国人民大学出版社 1996 年版,第 920 页。
⑤ 《读者·作者·编者》,《译报周刊》1939 年第 1 卷第 20 期,1939 年 3 月 2 日,第 550 页。
⑥ 曾虚白主编:《中国新闻史》,三民书局 1984 年版,第 429、430 页。

第六章 抗战时期报刊的空间分布、发行范围与时代特色

续　表

报名	纸张数（张）	发行量（份）
《大美报》	1	8 000
《中美日报》	2	8 000
《华美晨报》	1	30 000
《时报》	2	2 000
《生活日报》	1	500
《大美晚报》	1	20 000
《大晚报》	1	15 000
《文汇晚报》	1	15 000
《新闻夜报》	1	10 000
《大英晚报》	1	10 000
《华美晚报》	1	8 000
《国际夜报》	1	3 000

上海沦为"孤岛"之后，日寇大肆打压、迫害进步报人，捣毁报馆，新闻业遭受严重损失，新闻界面临巨大困难。日本对于上海新闻界中主持正义、不畏强权的外商华文报纸，主要采用以下几个方式进行摧残："（一）投恐吓信。……（二）提抗议。……（三）阴谋放火烧报馆。……（四）制造谣言，诬蔑各报。……（五）借口侮辱'天皇'或'皇军'的名义，一方面来刺激日本的侨民，另一方面想以这样的大题来把主持正义反抗侵略的外商华文报纸，连恐吓带蛮干的打倒。……"日方除了使用这些手段对付外商华文报外，又发明了一些新的方式加以严酷镇压："（一）办冒牌的洋商报。……（二）竭力在租界中推销内地出版的汉奸报。……（三）以广告来作诱惑。……"当时，汪精卫及其党羽为加强对上海新闻界的控制，采取的主要方式有："（一）成立小组织，分散在各学校以及各界中从事卖国宣传活动；（二）收

买报纸；（三）发刊杂志。"① 在日寇和汪精卫叛国集团的联合破坏下，上海报业处于风雨飘摇之中。尤其是在汪精卫集团的残酷迫害下，办报环境日益恶化。正如鲁逸所言："上海成了个人鬼角斗的战场，尤其是自汪逆及其无耻党徒到了上海之后，这斗争更来得猛烈。这里两个新闻阵线在对抗着，一面有着三百万市民的声援，一面却拥有'特权'、金钱和持刀携械的恶汉。战斗现在还在继续中，有几个人已为了这神圣的事业而牺牲而遭枪击了。"② 总体上看，"孤岛"时期的上海报业在极为艰难地谋求出路，报人遭受威逼利诱，报刊数量大幅减少，发行量也大幅萎缩。

上海租界被日寇侵占之前，报刊的种类仍然较多，尤其是不少中外文报刊仍然在租界发行。毕树棠在1941年7月22日的日记中记载："阅第六期《西书精华》，内有谈上海出版界一文，据云目下上海有报章杂志共五百三十四种，用十种不同之文字。计：中文报纸杂志四百零八种，英文报纸九种，杂志六十二种，俄文报纸五种，杂志二十一种，日文报纸二种……此仅就公共与法租界之正式登记者而言。"③ 这说明当时租界的报刊业仍较为发达。随着太平洋战争的爆发，租界反日、反汪的报刊全部停刊，上海完全成了敌伪报纸的天下。在销数方面，据1944年9月的调查：《新申报》销8万份，《新闻报》销6万份，《中华日报》销5万份，《申报》销4万份，《大陆新报》销4万份。就数字来说，不能算少。其原因，一方面是敌伪强迫订阅，另一方面读者是买"纸"而不是"看报"。④ 当时这些所谓的"大报"发行张数较多，战时纸张腾贵，不少人买印张多的报纸是因为可以"论斤卖出"而比报费有盈余。因此，敌伪报刊宣称的发行量与实际阅读量之间有很大的差距。

小　　结

抗战时期，日寇的肆意破坏和残酷的战争使中国报刊业遭受空前损失。

---

① 乔荄：《上海新闻界的新困难》，《战时记者》1939年第10期，第19页。
② 鲁逸：《两年来的上海新闻界》，《译报周刊》1939年第2卷第10—11期，第976页。
③ 毕树棠著，赵龙江编：《螺君日记》，海豚出版社2013年版，第68—69页。
④ 曾虚白主编：《中国新闻史》，三民书局1984年版，第443页。

第六章 抗战时期报刊的空间分布、发行范围与时代特色

尽管重庆作为战时报业中心的地位得以巩固，但不少大报在西迁的过程中元气大伤，发行量骤降；由于纸张奇缺，印刷设备落后，报刊的印刷质量大为下降，版面也大幅缩减，报刊的观赏性、消遣性功能亦受到制约；加之战时交通阻滞，读者很难及时收阅报刊，"一报难求"成为战时的普遍现象。常任侠与友人的通信表达了抗战后阅读环境的变化。他对好友田汉说："弟自中大实校迁屯溪开学，因即随之西来，此间地处乱山中，极为闭塞。书籍杂志，毫不能得。即《立报》《救亡日报》之类，亦不获一读。弟之书籍，又不能携带，惟有日读一份《申报》而已。救亡工作，进行亦极不易。"[①] 常任侠在抗战之初随中央大学西迁的境况如此，一般读者读报之难，可以想见。即便在抗战后期，梁漱溟在桂林东郊穿山村居住，读报也颇为不易。他在1944年对《大公晚报》的记者说："晚报从来少看。"[②] 百业凋敝、民不聊生，整个社会被战争撕裂，抗战时期的报刊发行与阅读亦困难重重。但是，中国报刊业在空前的民族危机中艰难生存，国统区和敌后根据地的报刊以抗日救国为宗旨，努力扩大发行，在制造舆论、鼓舞士气、发动群众等方面发挥了重要作用，各种类型的抗战报刊在激发民族凝聚力、战斗力方面的作用尤为突出。尽管战时报纸的发行量遭到抑制，但各种类型的地方小报、油印报、墙报、黑板报立足于基层官兵和广大乡村群众，为全民抗战的胜利作出了很大的贡献。同时，沦陷区的敌伪报纸颠倒黑白，卖国求荣，报格低下，沦为日寇的侵略工具，其种种劣迹，在报刊史上留下了极不光彩的一面。

---

① 常任侠：《致田汉》，沈宁整理：《常任侠书信集》，大象出版社2008年版，第216页。
② 梁漱溟：《致〈大公晚报〉记者》，梁培宽编注：《梁漱溟往来书信集》（上卷），上海人民出版社2017年版，第47页。

第七章

抗战时期读者的报刊阅读活动

识字率是研究总体阅读水平的重要前提,在清末民初,很少有国民识字率的调查统计,对读者数量的估计也非常困难。南京国民政府对民众教育较为重视,将扫除文盲数量作为社会教育的重要成果。据统计,1928—1944年,全国共扫除文盲 69 327 395 人,抗战时期扫除文盲的数量见表 7-1。

表 7-1　抗战时期扫除文盲的数量①

年别	扫除文盲的数量（人）
1937	3 937 271
1938	2 815 608
1939	5 399 235
1940	8 109 498
1941	8 603 558
1942	9 021 851
1943	10 407 612
1944	9 608 378

---

① 参见中国第二历史档案馆编:《中华民国史档案资料汇编》第五辑·第二编·教育（一）,江苏古籍出版社 1997 年版,第 327 页。

从整体上看,抗战时期的扫盲运动取得了很大成就,国民识字率逐年提高。1939 年,政府曾发动自战区内来的中小学教师,在后方各大城市如重庆、成都、西安、兰州、昆明、贵阳各地成立民教班,推行识字教育。同时,因配合抗战的需要,教学方法多利用电影、戏剧、歌咏、巡回施教车等,故实施结果,反较战前成绩进步。①我们可以通过 1936 年、1942 年、1943 年、1944 年四年的识字人数与不识字人数进行比较(见表 7 - 2)。

表 7 - 2 历年度全国识字与不识字人数比较表(1936—1944 年)①

学年度别	已识字人数(人)	不识字人数(人)	识字百分比
1944	182 973 919	190 931 081	48.94%
1943	167 867 199	206 037 801	44.90%
1942	151 170 279	222 734 721	40.34%
1936	87 572 464	286 332 536	23.42%

与 1937 年相比,抗战结束后国民识字百分比提高了一倍多,国民文化程度有了显著提高。尽管对"识字"的标准存在争议,且识字者并非意味着阅读者,尤其是识字不多的人在读报方面存在困难,但识字率的明显提高至少为报刊增加了潜在的读者。同时,报刊文字是否浅近,发行是否畅通,阅读条件是否可行,消费者是否具备实际购买意愿,都会对报刊阅读产生实际影响。在抗战时期,由于社会动乱、战争频繁、交通阻滞、经济恶化,国民读报的客观条件受到极大的限制,潜在读者与实际读者之间存在显著的差距。

报刊阅读是读者在特定时空对报刊内容的感知与精神活动。读者所处的时间、地点对阅读效果本身不一定有显著影响,但报刊发行的地理空间与送达读者手中的时间却能直接影响读者的接触面和知识面。也就是说,读者在何时读何报会受地理位置、交通条件、发行技术、文化水准、经济水平等因素的影响。全面抗战爆发后,随着南京国民政府的西迁,从政治、经济、文

---

① 中国第二历史档案馆编:《中华民国史档案资料汇编》第五辑·第二编·教育(二),江苏古籍出版社 1998 年版,第 85 页。

化等方面看,国统区、沦陷区、敌后抗日根据地三个区域之间有很大的差异,尤其是意识形态对报刊的影响最为显著。抗战时期,由于交通阻塞、经济困难、文化封锁,统一的全国报刊网络受到了极大的破坏,三个区域之间的报刊发行与阅读具有一定的区隔性。

由于战乱,这一时期公共文化设施的建设受到很大制约,尤其是大量的文化教育机构或毁于战火,或因经费支绌而停办,或因被迫迁移而造成巨大损失。与战前相比,社会教育事业面临种种困难,尤其是民众教育馆、民众阅报处、图书馆等公共阅读机构的数量大幅下降,对公共阅读造成了极大的负面影响。根据中华民国主计部统计局的统计,我们可以对当时数年间中国社会教育机关的数量进行对比(见表7-3)。

表7-3 全国部分社会教育机关数①

(单位:个)

学年度 机关别	1936	1942	1943	1944	1945
民众教育馆	1 509	1 059	1 148	1 093	1 269
民众阅报处	29 374	31 014	26 807	14 844	22 669
通俗讲演所	2 576	2 378	1 736	1 831	1 285
图书馆	1 848	1 135	940	706	704
民众学校	67 803	38 533	36 039	27 001	20 995

从表7-3可以看出,全国各类社会教育机关的数量,在抗战之后大幅下降。值得指出的是,抗战时期的民众教育馆、民众阅报处、图书馆仍有一定数量,政府也对民众教育寄予厚望,如对民众教育馆的定位是"为实施社会教育之中心机关,其主要业务有十六项",包括"办理书报杂志阅览,编印民众读物,并征存地方文献"等。②但是,由于缺乏经费和基本的报刊图书资

---

① 主计部统计局编:《中华民国统计年鉴》,中华民国主计部统计局1948年铅印本,第330页。
② 杜元载主编:《革命文献:抗战时期教育》(第五十八辑),中国国民党中央委员会党史史料编纂委员会1972年版,第78页。

料，社会教育机构的功能已大受影响。在抗战极为艰苦的环境中，报刊的主要任务是宣传抗战，所以有关公共阅读的新闻很少，当时报刊上有关阅报社、阅报所等公共阅读场所的报道也较为少见，即便是大中学校也因经济条件的制约而缺乏报刊和图书资料。从阅读环境看，民众免费阅读报刊的范围和机会受到了较大的制约。由于战时经济极为困难，尤其是普遍存在"纸荒"，民众购阅报刊的概率大为下降。同时，在兵荒马乱之际，许多民众困于生计，即便是有机会读报，也很少记录报刊新闻，抒发读报心得。而一些人虽然坚持记日记，但原始记录也很可能遗失在战乱中。从总体上看，抗战时期留存的读者读报记录并不多见，这客观上增加了读者报刊阅读研究的难度。

但是，在国家和民族存亡的关头，民众对报刊新闻的渴求极为强烈，尤其是对关注时局的民众而言，相关的战时新闻极为重要。因此，在抗战时期，民众对报刊的阅读需求极为强烈，即便在一些边远地区，偶尔获得的一份报纸，会通过各种途径广为传播。对于急于了解战时新闻的民众而言，读报远胜于读书。正如《战时记者》的一篇评论所言：

> 万一因限于事实不可兼得而须强为去取者，那末读书尚可中断几天，而读报却一日不容间断，否则就衔接不上，而有毫厘千里之差。这个假定原不足为训，但不得已要取舍其一时，则我宁取报。因为报纸的供求是需要在定时供应与定时消融两大条件下完成其任务的，则其不容有一日（甚或短于一日）之停留，可不言而喻。加以报纸是最新的现代史记，最完备的大型日历，综赅万类的活页辞书，尤为国民常识之总枢，现代人士能一日无此君，而须臾或离乎？[①]

由于报纸是"现代史记"，与现实社会紧密相联，所以更贴近读者的心理距离。在抗战时期，报刊普遍注重对战时新闻的报道，内容的同质化比较明显。这一方面是由于报刊的采编能力有限，另一方面是由于民众有强烈的战

---

① 忆安：《读书与读报》，《战时记者》1939年第2卷第6—8期合刊，第11页。

事信息消费需求。因战时纸张供应极为紧张，各报普遍压缩了版面，有关文艺作品、读者来信、读者答问的版面较为稀缺，读者在报刊上"说话"的机会不多，所以从报刊本身来研究读者的阅读兴趣、风格和类型也更为困难，尤其是在战时普通民众的阅读感知方面，可靠的一手史料较为少见。因此，我们只能利用一些零散的日记、书信、回忆录、自述展开研究，尤其是通过新闻事件、个案分析来解读读者在战乱中的读报体验、情感变化与精神世界，并结合一些重大新闻事件探讨读者的读报反响和心理反应。由于意识形态、报刊类型和读者群体的差异，我们主要对国统区、抗日根据地的读报活动进行分析，而沦陷区的读报史料较少，只能简略讨论。

第一节　卢沟桥事变与读者读报的反响

震惊中外的卢沟桥①事变发生之后，相对于电话和电报媒介的传播，报纸的新闻传播较为滞后。但是，在事变后的第一天，北京的报纸便刊登了号外，1937年7月9日，《大公报》《申报》《盛京日报》等国内主要报刊都在显著位置刊登了卢沟桥事变的消息。以后的一个多月，各大报刊几乎每天都刊登有关卢沟桥战事的消息和评论，舆论虽然对战局变化有不同看法，但卢沟桥事变作为日本侵略中国的标志性事件，对中国社会产生的冲击极为深远。在卢沟桥事变后的一个多月里，中日之间存在两条战线的斗争：一方面，日本假和谈之名要挟华北地方当局，提出各种无理要求，企图控制华北；另一方面，日本从国内调集大量军队，做好了全面侵华战争的准备。对于国人而言，报刊上有关和谈与战争的报道，都是对中国作为主权国家的极大侮辱。由卢沟桥事变引发的空前危机，使整个中国社会笼罩在民族危亡的悲愤之中。报刊读者对于卢沟桥事变的阅读和思考虽然有时空上的差异，但急切、焦灼、愤恨的心情却较为相似。当然，在"和"与"战"方面，读者的立场也有分

---

① 卢沟桥也称芦沟桥，一般混用。本书采用"卢沟桥"之名，但引文中使用"芦沟桥"的，则不作改动。

第七章 抗战时期读者的报刊阅读活动

歧，他们对新闻文本的选择与自身的判断有关，有些读者甚至对和谈心存幻想。随着战火的延烧，尤其是随着平津沦陷和"八一三"事变的爆发，报刊持续一个多月对卢沟桥事变的报道使读者逐步认识到，抗战救国乃必然的选择。

对于卢沟桥事变的研究已是成果斐然，尤其是《申报》《大公报》上有关卢沟桥事变的系列报道，相关论著已进行了较为全面的引证和分析。但是，在谈及这一事变的影响时，学界多从政治、经济、文化等方面进行探讨，多注重新闻内容方面的事件研究，很少从读者的角度探究这一新闻事件产生的冲击和影响，或者说读者的主体价值长期被忽略和遮蔽了。从媒介的性质看，"报纸是一种群体的自白形式（group confessional form），它提供群体参与的机会。报纸可以给事件抹上一层偏见的色彩，因为它既可以借用事件也可以完全不借用事件。然而，正是由于将许多新闻和事件并列于报端使公众每天耳濡目染，才使报纸具有令人感兴趣的多重性的广阔范围"。① 报纸为不同时空的读者提供新闻和观点，为读者的集体参与提供了可能。同时，读者也是"偷猎者"，"每个读者群体都有着自己独特的实践网络与阅读规则"。② 报纸提供的新闻文本虽然相同或相似，但读者的解读则丰富多样。由于阅读是特定社会情境下的即时性体验，如果读者不及时记录，有关阅读的细节则会消失于时空之中。我们无法估算有多少人通过阅读报刊了解了卢沟桥事变，也无法对读者的阅读心态进行系统的研究，但读者阅读的文本为我们进行意义阐释提供了基础。正如美国文化史学家达恩顿指出："史料文献本身从来不会告诉我们，阅读是在什么情况下发生的，读者当时究竟是怎样理解文本的。再说，文献本身也是文本，需要我们读解。"③ 读者有关卢沟桥事变的读报记录是我们从主体的角度理解事件影响的重要依据。就报刊传播的时空而言，

---

① ［加拿大］马歇尔·麦克卢汉：《理解媒介——论人的延伸》，何道宽译，商务印书馆2000年版，第256页。
② ［法］罗杰·夏蒂埃：《书籍的秩序——14至18世纪的书写文化与社会》，吴泓缈、张璐译，商务印书馆2013年版，第89—90页。
③ ［美］罗伯特·达恩顿：《拉莫莱特之吻：有关文化史的思考》，萧知纬译，华东师范大学出版社2011年版，第132页。

处于不同地方的读者在了解事变的时间上有一定差异，而且各家报刊报道的内容和态度也有一定区别。不过，阅读本身就是事件，读者在与报刊文本相遇的过程中会产生深刻的印记。虽然就个体而言，他们读报之后存在着选择性记忆的问题。如抗战一周年纪念日，在安徽歙县避难的大学生汪荫祯便感叹道："忆去岁今日，此时正在家中阅报，得知卢沟桥事变也，而今年不觉在此度此生活也。"① 但是，他们对卢沟桥事变本身的记载和阅读感想，在日记中有真实的表露。日记是个体生活的"思想史"，并能够"重演过去的事件"。② 从日记中抓取有关这一重大事件的新闻记载，可以分析读者的读报时机、阅读心理、时局观察和心理活动，进而从读者的角度探讨卢沟桥事变产生的深刻影响。就阅读的影响而言，我们需要阐释个体读者的文本意义，"但应该着眼于阅读的集体特征。着眼于读者社群共有的阐释策略"。③ 尽管卢沟桥事变对读者产生的冲击可能有较多相似之处，但不同类型的读者在阅读中产生的情感、观点又有较大的差异。因此，我们需从社会群体的角度，通过不同阶层对卢沟桥事变的集体阐释探讨其社会影响。

一、卢沟桥事变与官场的复杂阅读心态

卢沟桥事变发生之后，南京国民政府的高级官员自然可以通过电报获得最新消息。如蒋介石在1937年7月8日凌晨就从电文中获知事变的消息："日军驻丰台部队炮四门、机枪八挺、兵五百余人，自阳夜十二时起，借口夜间演习，向我方射击。"④ 之后，他在日记中对卢沟桥事变后的政务、军事活动都有详细记载，但很少提及有关卢沟桥事变的报刊新闻。这并不意味着他没有阅读《中央日报》等报刊，而是有可能存在选择性记忆的问题。对中央

---

① 汪荫祯著，邵宝振整理校注：《徽州记忆·1938——汪荫祯日记》，安徽师范大学出版社2017年版，第68页。
② [英] 柯林武德：《一切历史都是思想史》，陈新译，丁耘、陈新主编：《思想史研究（第1卷）：思想史的元问题》，广西师范大学出版社2005年版，第10页。
③ 戴联斌：《从书籍史到阅读史：阅读史研究理论与方法》，新星出版社2017年版，第19页。
④ 《冀察绥靖主任宋哲元呈蒋委员长报告日军企图占领卢沟桥城我军与其对峙电（1937年7月8日）》，秦孝仪主编：《革命文献：卢沟桥事变史料（上册）》（第一〇六辑），中国国民党中央委员会党史史料编纂委员会1986年版，第119页。

政府而言，如何判断时局和应战是当务之急。与以宋哲元为代表的华北地方当局保持密切的电报、电话联系，则是决策层获取资讯的重要通道。然而，除了少数中枢人物之外，即便是一些国民党高、中级官员，也未必能在第一时间了解卢沟桥事变的真实情况。许多党政官员是在卢沟桥事变发生的两天后，通过读报才知道这一重大事件。如时任中央研究院院长的蔡元培，在7月9日才知道卢沟桥事变的大致情况。他在当天的日记中写道："报载日军连日在芦沟桥郊外演习。七日午十一时许继续进行。先有日方便衣队二百余名进至我军在芦沟桥河北岸工事附近，要求二十九军退出，未允。有日军六百余续至，集中进攻，我方抵抗，损失颇重。并另有一部分日兵包围宛平县城。八日午十一时许，芦沟桥日军忽又进攻，但旋被我军击退。"报纸上描述的卢沟桥事变是从战事的角度进行报道，而对于中日冲突的内在动因，新闻中则很难体现出来。身处上海的蔡元培对事态的严重性尚无深刻的认知。11日午后，他"偕养友率儿辈游赵庄，荷叶茂密，红白菡萏相间"。至13日，"报载中央社电：大井村日军于十二晚十时许向财神庙进攻（距平市广安门约五华里）。我军还击，日军退去"。同日，他读《大晚报》转载北平十四日路透电文云："中日军队又起冲突，幸几小时后炮声停止。"这显然不是好迹象。14日，战事又升级，报纸报道："日增援军到平郊。十四日上午一时集结兵力千余向南苑猛攻。"15日，蔡元培读报后得知："华北局势严重性，今益趋深刻化；对方大欲渐形显露，已获成议之和平，有为新欲望所阻断之势。"他希望二十九军能够奋勇抗敌，打击日军的嚣张气焰。之后11天，他似乎较为放松，没有记载报刊新闻。至27日，《大公报》报道日军司令官向宋哲元下最后通牒的消息，战事一触即发。28日午后，他得知各报出号外，"称我二十九军克复廊坊、丰台"。① 他读报后为之振奋，但日军的攻势凌厉，当天北平便沦陷。之后，蔡元培义愤填膺，在上海与文化界知名人士联合组织成立了上海文化界救亡协会，投身抗日救亡运动。

---

① 蔡元培著，中国蔡元培研究会编：《蔡元培全集》（第十七卷），浙江教育出版社1998年版，第58—62页。

对于卢沟桥事变的影响，不少党政官员在初期尚缺乏了解和研判。如时任国民党监察委员会铨叙部次长的王子壮，在卢沟桥事变之后的十余天内，日记中很少对它加以记载和评论。直至 7 月 20 日，他才通过与国民党元老居正的电话，了解当日下午北平"已大战暴发"。他颇为急迫地四处打探消息，"知日军华北司令部曾有通告，限我军于今日正午退出卢沟桥，否则必采断然之处置云云。至目前已否正式作战尚未得确报"。对于当天下午发生的战事，他自然无法通过报纸来了解详细情况，但作为国民党高级官员，他在夜间通过听广播电台的新闻证实了电话中获知的消息。对于广播报道"今午卢沟桥有剧烈炮战"，他收听后仍表示疑虑："然则战争即将暴发乎？抑仍属遭遇战，须俟明日始能明其究竟。"在他看来，事态仍需进一步证实。而他在 29 日读报后，得知"宋哲元已率部离平赴保，平市交张自忠等负责"。对此，他大为失望，指出："战事不利，原在意中，何竟抗战一日似失名城，此不能不责宋之颠顶糊涂。当卢沟桥事变以后，彼尚居原籍乐陵，蒋先生电其赴保定，准备军事，而彼不听，径赴天津屈颜求和，于战事方面毫无准备。"① 在王子壮看来，宋哲元没有听从蒋介石的劝告，又在大敌压境之际撤退，是不负责任之举，有误国之罪。

与此同时，1935 年就在南京担任行政院参事的陈克文，虽然职位不高，却身处中枢，且与不少政界要人颇有私交，信息应较为灵通。但是，卢沟桥事变后的第四天，他才通过读报获知消息："芦沟桥中日军冲突，前日有已解决之说，现又复决裂。中日战争似难避免矣。"两天后，他根据报纸新闻报道对时局进行了分析："芦沟桥事变后，日政府已紧张万状，舆论亦一致赞助，俨如战时状态，仿佛中日、日俄战争时代。我国上下尚极镇静，对日愤恨，郁结数年，决非消沉，一哀一骄，战争万一不免，哀者胜矣。可虑者，地方与中央未能完全一致，地方对中央若尚存疑虑，则敌人各个击破之技售矣。据今日所得情报，廿九军内部似未能一心一德，此则真可忧也。"话虽如此，

---

① 王子壮：《王子壮日记》（手稿本·第四册），"中央研究院"近代史研究所 2001 年影印本，第 201、210 页。

对于和谈之进展，他较为关注。7月17日，他仍然看不到和谈的新消息，感叹道："华北消息沉闷已极，和战皆不分明。"面对未卜的局势，"朋友见面只有相叹息"。三天后，他根据局势和报纸新闻判断："中日决战，大概已无法避免。"至22日，他得知二十九军撤退的消息后，指出当时国内的情势是"人人失望"。[1] 显然，他希望前方守军奋勇杀敌，抗战到底。

与陈克文在南京的经历不一样，身处北平的袁崇霖则对战事的感受较为直接，且对报刊的利用更为充分。1937年年初，袁崇霖从天津到北平谋职，经人介绍，就任大兴县县长胡蕴章的秘书。他平时订阅《大公报》《实报》《盛京日报》《世界晚报》《宇宙风》等各种报刊，对时政新闻颇为留意。卢沟桥事变后的第二天，他很快便得知各种消息："十时据闻，昨夜芦沟桥方面日军炮声竟夜不绝，真象亦不明。午后二时，据报永定门已关，城内外交通断绝，仍不得确实消息。……抵寓后，见各报号外始悉，昨夜芦沟桥苑〔宛〕平城外中日两军已开火一夜，现仍在相持间。"这说明北平的报纸对这一重大新闻颇为关注，袁崇霖通过阅读号外证实了之前的听闻。9日，他阅读报纸号外，得知"芦沟桥截至今日正午止，双方确已停战，静待协商，渐有和平解决之途径等语"。10日，他根据报载，详述事态进展："芦沟桥日军昨午（九日午），正在撤回原防，我军已奉令回原建制。惟当双方复员之际，适值大雨淋漓，彼此颇有小误会，致伤我排长一人。此役，宛平县城内被炮火甚烈，县政府已多被炮击毁，燕郊八景之一之芦沟桥亦被炮火损失甚巨。又闻，此次口头商洽和平解决，并无任何条件及文字规定云云。"11日，他根据当日早晚各报所载消息，归纳了双方交战的新闻："昨夜双方互又开火，至明始停，日军仍有新开来增援者，时局未可乐观。"12日，他阅当天《大公报》并记载："芦沟桥事变自经九日交涉停战，日方屡次失信开炮，昨日交涉竟看今日情形如何，彼倘再挑衅，事态不难扩大。"连日来，报纸上有关和战的消息真假难辨，作为低级公务员，他期待战事早停。至18日，他阅读当天的

---

[1] 陈克文著，陈方正编辑、校订：《陈克文日记（1937—1952）》（上册），社会科学文献出版社2014年版，第79、81、82、83页。

《大公报》和《世界晚报》，"均载宋委员长在津与日驻津司令香月会晤，和平空气似仍浓厚。《大公报》短评暗示，大局在三五日内亦可见分晓"。但是，根据北平方面各报的报道，"日军在平西有掳掠妇女及逼某村村长索大批青年妇女消息"。19日，他参考各报新闻后指出："日来宋公在津进行和平似有进步，宋今日并有来平消息。"他对和谈消息似乎有很高的期待。但至20日，他读报后获知庐山谈话的新闻："蒋委员长在庐山谈话会宣布我国外交立场，全文数百言，严肃中寓悲壮气概，最后对芦事表明最低限度四点。"22日，他据《大公报》记载："宋委员长为求和平起见，昨日午前派石友三所部保安队程希贤旅至宛平接防，已令廿九军三十八师原驻防之团兵撤退，此本与日军所约定之双方同时撤退部队以待交涉办法也。"他进而期待："我方既履约后退，不知日军有无诚意，但看如何解决。"23日，他综合晨晚各报的消息，写道："芦沟桥自我三十七师撤退，改由一百三十二师赵登禹部填防后，日军亦渐退至丰台，华北大局似渐和缓。"① 袁崇霖刻意抄录大量和谈方面的新闻，隐喻了他内心的想法，"和平解决"一直是他期待的结果。

不过，和谈仅是表象。至26日，形势恶化。袁崇霖记载了战事的新进展："郎［廊］坊已由早开火，战事剧烈。"天津危机、华北危机，日军步步进逼。28日早上八时，他购得《实报》号外，得知"宋哲元昨发通电，历叙近数日日军在各处炮轰机炸情形，并表示抵抗，听命中央云云"。他根据新闻分析道："日方今日似有威胁宋氏签订城下盟之意，但究不知要求何种条件耳。"至十时，各报刊又有号外载："两军已正式开战，我军已将丰台、芦沟桥、廊坊于今早夺回，北平四郊已无大批日军，已向天津败退，我军在奋勇追击中。"显然，此类获胜的消息并不靠谱，而且蒙蔽了许多读者。29日，他甫一醒便看《实报》，消息果然令人绝望。他写道："始悉大局已于今晨一时急转骤变。盖昨日夜廿九军与日军接触，各线均败，牺牲损失均甚巨，南苑军部战事尤极激烈，被炮轰机炸亦最烈。"北平已经沦陷，他自然深为恐惧。30日，

---

① 袁崇霖著，刘奥林、李强整理：《袁崇霖日记》，凤凰出版社2020年版，第53、54、55、56、59、60、61—62、62页。

第七章 抗战时期读者的报刊阅读活动

他阅《世界日报》及《大晚报》，"均载天津战事仍极激烈，南开大学校被日军轰炸，并纵火焚烧秀山堂、思源堂、图书馆及教授住宅，并波及附近民房，火势日夜未熄"。天津已危在旦夕。31 日，他据《晚报》载："天津今晨四时半左右，日军向中国阵地攻击，五时左右炮声不绝，震动全市。又载，日军已抵长辛店，良乡以北不见华军踪影等语。" 8 月 2 日，他记载天津沦陷后日方的舆论攻势："午后四时余，由南方天空飞来飞机数架，散布《国民晚报》，该报系在天津日界宫岛街。平寓院中落下三张，检得一张，系八月一日第五号报，盖为日方新出版之机关报也。"14 日，他晚间听无线电报告新闻，并阅当日各晚报和天津《庸报》，"均言沪战甚激烈，中央军飞机轰炸甚得力，南口战事亦正剧，日军有退昌平讯"。20 日，他阅报得知"河北省各县地方维持联合会已于十日成立"。① 他决定参加河北维持会，最后沦为可耻的汉奸。

曾任伪满洲国总理的郑孝胥，在卢沟桥事变之后，对中华民族之存亡并不关心，很少在日记中提及卢沟桥事变的影响，而是对南京政府的动态甚为留意。如他在 8 月 7 日记载："报言，白崇禧、李宗仁皆至南京，白为参谋长。张学良亦至南京，将统帅东北余军。蒋欲战后纠合余众为南北之分立，即自求瓜分而已。"② 77 岁的郑孝胥，与 40 年前热心时务、锐意维新的态度大不相同。他心系巩固伪满洲国的政权，对卢沟桥事变中日军的恶劣行径视而不见，反而热衷于品评南京国民政府的内部事务。

早在 1935 年就投靠日本，任伪冀察政务委员会参议的白坚武，已是臭名昭著的汉奸，他对南京政府极为仇视。卢沟桥事变发生后，白坚武始终怀疑中国军队的抵抗能力，为自己的投降卖国寻找借口。在之后的近一个月，他对中日双方的和战问题颇为关注，每每会在读报之后发表自己的悲观论调。7 月 8 日，他读报后了解"中日兵冲突地点在芦沟桥"。之后，他几乎每日通过报纸了解事态的进展。9 日，他读到《大公报》号外，得知"中日军停止冲

---

① 袁崇霖著，刘奥林、李强整理：《袁崇霖日记》，凤凰出版社 2020 年版，第 63、65、66、68、69、71、77、79 页。

② 郑孝胥著，中国国家博物馆编，劳祖德整理：《郑孝胥日记》（第五册），中华书局 1993 年版，第 2681 页。

突,保安队接防宛平县城",便颇为消沉地写道:"图穷匕首见之局,能拖几时?"其言外之意,便是期待国军早日妥协。11 日,他得知"中日冲突有扩大之势,但当夕讯又有和平呼声"。在他看来,"以中日现情及东京方面测之,果走何途,未可定也。华北今日之局一味拖延,迟早为不了耳"。他认为,对日妥协、投降便是最终的出路。他进而哀叹:"沦胥在即,经济齐困,受者不足,筹者万难矣。"但是,和议并没有如他所愿,事态进一步恶化。至 26 日,他读报后感言:"中日战不可免。逆心事迭出,病不易治。"他认为抗日是错误的决策。27 日,他看报后得知"战局扩大,工作之用度急切难筹"。29 日,战事激烈,和议彻底失败,他感到"苦痛之至"。① 这种"苦痛"并非对国土沦陷的痛惜,而是他主张妥协求和而不达目的的失落。

卢沟桥事变发生后,担任中国驻法国使馆秘书的杨玉清对事态的发展甚为关注。他在 7 月 13 日的日记中写道:"中日形势紧张,仍未稍减。"这表明他已阅览不少新闻。18 日,他看各报后总结道:"日本对我,仍提极苛条件,恐大战将不免也。"21 日,他读报得知"中央已任命冯玉祥为北方军总司令,张学良且出而领导其旧部"。他认为"此均好消息,士气民气,当为之一振矣"。28 日,他读报后颇为兴奋地写道:"知我方已将日本占去之丰台、廊坊、通州等处均夺回,且给日本以最后通牒,限于四十八小时内日军全部退出河北省境,是一国家前途喜信也。我方苟能即将失地收复,则个人之进退,均无足轻重,我之责任亦减去泰半。不至于如现在之寝食不安,终日皇皇也。晚归途中有喜色。"然而,此消息乃报纸的虚张声势。第二天,他阅报后,"始知日人已占北平,形势较昨大变"。读罢,他"闻之欲泪"。② 报纸的胜负报道左右了杨玉清的情绪,也证实了他对事变的高度关注。

二、传统士绅的阅报记录与悲恨情绪

传统士绅大多拥有功名,且经历了清末民初的纷乱,思想相对保守。但

---

① 白坚武著,杜春和、耿来金整理:《白坚武日记》(第二册),江苏古籍出版社 1992 年版,第 1351、1352 页。

② 杨玉清著,杨天石审订:《肝胆之剖析——杨玉清日记摘钞》,中国时代经济出版社 2007 年版,第 202—203 页。

是，面对日寇入侵，事关国家危亡的卢沟桥事变发生后，年迈的他们通过阅读报刊，表现出对国事的空前关注和爱国情怀。他们坚决要求当局予以还击，维护国家的根本利益，展示了"士以天下为己任"的士大夫精神。如旗人豫敬曾为清外务部主事，虽对清廷非常眷恋，但卢沟桥事变爆发之后，他对国事极为担忧，通过报刊密切关注事态的进展，情绪颇为激动。卢沟桥事变的当天晚上，他初闻炮声，不甚注意。第二天中午，"忽有号外登载，日军演操，我军驻扎，相离甚近。我军向日军攻击，日军停操应战，双方均开火，当由宛平县会同我军上级官长，日方亦派武官调查真相"。这号外使他颇为惊慌，他持续关注报刊的报道。9日夜间，他又阅号外并总结道："自午双方停止攻击，静候商议。如能互谅，仍由外交解决。但愿如此。"但他的期望很快落空。11日，"晚报载昨夜日军又枪炮齐放，不得已还击，约一小时始退。现又双方对峙，仍待谈判"。然而，13日的报纸报道："日军由东又来两列车到津，原议两方撤退，彼仍观望，反而增兵。又有来南苑大红门之说。大致东南西北四面均有日军，数目多少无定，已将北平包围。"他读报后心情沉重，进而指出："不知我方如何对待。……事体一定扩大。无论胜负，均无好结果，乃意中之事。至将来到如何地步，实难拟料。"形势的确难以预判。14日报载："日军在大红门与我军冲突，不久退却卢沟桥，双方撤兵。"他仍然感到很不乐观，指出："倘不幸开火，演成何等局势，实难预测。"16日，"报载日军陆续开来甚多"。他开始对报纸新闻的真实性感到怀疑，写道："向来报话无论事体大小，所登未免言过其实。"对于报纸谈及英、美、法有出面调停之说，他认为未必有效。在他看来，"此事全在日本。彼能退让，我方自能和平也"。之后数日，关于和谈的各种传闻不一而足，但坏消息仍然不少。令他忧虑的是，一旦战事一开，民众将无地可避。至8月3日，豫敬看到各报没有什么新消息，但他的朋友巴先生云："消息仍不佳，恐仍须赴使馆躲避。"这位巴先生"每日看报廿分，中外皆有"，可谓消息灵通人士。彼时，北平已沦陷。6日，他看报后得知"宋哲元休养，张自忠辞职"。在近一个月的时间内，他疲于打探各种消息。在得知北平失守的消息后，他在日记中表达了自己的心迹："余近日精神恍惚，心绪烦乱，以后愈想愈无头绪。究竟南政府是何举动，对日若何，各国有何议论，是何态度，果若抗战，系在何地应付，抑系北来。令人闷闷。"①此种烦闷不仅表达了他内心的不安，更展示出他对国难的深切忧虑。

与豫敬在北平几乎每天读报不同，内地一些乡绅拥有的媒介资源相对有限。卢沟桥事变爆发后，山西乡绅刘大鹏已是80岁的耄耋老人，但他对国难极为关注。7月13日，他通过阅读报刊了解到"有日寇围攻北平京城，又在芦沟桥与官军激战，日寇说占华北之地为日已久"。这是刘大鹏对事变后初期报刊新闻的综述，虽然简约，却表明他在太原乡下能够较快地了解事态的进展。但之后，他对平津方面的消息记载较少。至8月3日，他总结了近日见闻，写道："倭贼近逼之讯日迫一日，人民莫不惊慌。"这说明平津沦陷后，山西社会也动荡不安。7日，他记载道："省城演习防空，业经多日。……"10日，他写道："见报，曰贼攻击居庸关之南口，官军守御得力，敌又添兵进行。"此类综述，可谓句短意长。之后，他通过阅读壁报获知新闻。16日，他见壁报后得知"居庸关南口血战三日，敌军战败退入昌平县，官军夺敌坦克车六辆，打落敌之飞机一架。倭犯上海，战事亦开"。②这说明壁报转抄的新闻较为快捷。彼时，刘大鹏已老眼昏花，但他仍利用有限的新闻资讯渠道，关注时局变化，对日寇的劣行深恶痛绝。

在浙江温州，一向仇共、反共的乡绅张棡在抗战前坚持阅读《东南日报》《东方杂志》等各种报章杂志。1937年，张棡已是77岁的垂暮老人。卢沟桥事变前的7月3日，他到杭州，在其四儿家小住，闲看《大公报》《浙江青年》等报刊，颇有雅兴。9日，他翻阅《大公报》，"知昨日倭人于芦沟桥与中国开火，将占宛平，于是北平将特别戒严"。这说明张棡看到的是当日的报纸，并对新闻进行了简要综述。之后两天，他读钱穆所著《中国名人列传》、叶昌炽所著《语石》，尚未留意报纸新闻。至12日，他阅当日《大公报》后指出："言芦沟桥之事，日本仍强硬进占北平，战事终不能免，中国岌岌乎危

---

① 豫敬、果勒敏著，李芳整理：《豫敬日记　洗俗斋诗草》，凤凰出版社2020年版，第119、120、121、122、126、127页。

② 刘大鹏遗著，乔志强标注：《退想斋日记》，山西人民出版社1990年版，第507、508、509页。

矣。"通过报纸,他读出了言外之意,但他仍然参观图书馆,游西湖,抄录《青鹤》杂志的清宫逸闻。15 日下午,他读报后记载:"倭人仍刻刻调兵进关,大局殊可虑也。"他没有提及中日和谈之事,而是偏向于对日寇的侵略活动进行分析,这显示出他内心的危机意识。不过,他仍然以抄书为乐,日常生活并未受到多大影响。至 19 日,他从《大公报》上看到相关新闻,对华北地方当局的和谈表达不满。他认为"日寇则着着进步[逼],措词强硬,中国则步步退让,专望和平。呜呼!拜虎求其勿噬,虎宁能怜而免之乎?此真今日之劣根性也"。这表明他对和谈从不抱幻想。26 日,他回顾头天所阅《大公报》,对黄炎培的庐山训话感言颇为留意。对此,他评论道:"撇却人民不屈伏不抵抗之套语,而专慨近日政体之不良,人民之苦痛,言能解人民倒悬,方可望一心御侮。"他非常赞同黄炎培的观点,认为"黄君洵有心人也"。当日,他读到杭州出版的《东南日报》号外,得知"今晨已有激烈战事,日机且轰炸二十九军,直强占廊坊车站,并定今晚有总攻宛平之事"。他读后对近日和议之举大为愤怒,指出:"敌横至此,政府尚忍与之周旋,是之谓无廉耻,谓之无人心。"可见时局危迫。27 日,他读《大公报》后得知"中日已双方开火,我方兵士损失极重,日本且取包围之势,攻夺宛平,使北平陷于孤立无由援救云云"。他对战火的延烧颇为担忧,在心理上拉近了与前线的距离。他写道:"如果北方尽入敌人之手,岌岌乎南方从此不堪设想矣。"这表明他已预测战事很快就会在身边发生。但 28 日晚上,他读《东南日报》号外得知"中日激战,中国已占优势","为之一快"。不过,这显然是报纸的讹传。29 日下午,他读报纸号外并记载:"石友三、张自忠等已率兵投顺日人,北平直完全落入日本手矣。"之后三天,他连续关注《大公报》有关日军侵略天津的报道。天津沦陷后的 8 月 2 日,他在日记中沉痛地写道:"近日暴徒刻刻进占,无可挽救,数千年炎黄之胄,其将自此斩乎,不能不痛恨于纤儿之败国也。"① 并赋诗二律以感怀。坏消息不断传来,杭州、上海接连被轰炸,

---

① 张棡著,温州市图书馆编,张钧孙点校:《张棡日记》(第九册),中华书局 2019 年版,第 4117、4118、4119、4124、4127、4129、4130、4131 页。

温州轮船也停开。张棡不仅担心家人的安危,对国事极为焦虑,感时伤怀,悲愤不已。

与张棡相稔的温州乡绅刘绍宽,在卢沟桥事变期间几乎每天读报,他对一些重要新闻的记载颇为详细,对卢沟桥事变的动态有较为完整的记录。对于拥有40余年读报经历的刘绍宽而言,虽然长期居住在温州,他却对重大新闻事件有一定的洞察力。7月9日,他综述了报刊对这一重大事件的报道:

> 日本在芦沟桥演习之日兵,于七日十二时突向廿九军驻芦军队射击,双方接触至八日晨始止。芦沟车站附近煤厂皆被占,县政府亦被围。驻芦军队现在永定河对峙中。八日晨,丰台日军与我军冲突,至上午九时始止。是日,天津日军开往丰台有千余名,宛平专员兼县长王冷斋以日人久欲占据丰台与芦沟桥,苦心应付,使不得逞,日人深为愤恨。此次事变发生,以宋哲元久滞乐陵,交涉乏人,而国大代表选举遵令举行,乃始速成恐怖局面。日方交涉,欲我驻芦军队先退,我军誓死守土,王冷斋许以宛城内退出一部分兵,以示诚意。余须双方同退原地,日人未允,现尚在进行中。①

此前,虽有不少人记载卢沟桥事变的新闻,但很少有人如此详尽地根据新闻报道进行系统描述。刘绍宽的这一段话,可以说是较为全面的新闻述评。之后,他始终关注事态的进展,每天读报后集中记载有关新闻。10日,他读报得知"芦沟桥事初步解决,双方同时撤军,石友三保安队接防宛平,日军退五里店,离芦浦六七里"。11日,他继续关注北平方面的消息,报载:"今晨芦沟桥日军又与我军起激战,日驻防五里店二百余名,九日不如约撤退,我方与交涉无效,至十日下午六时又起冲突。日军自通县开来六百名,辽宁

---

① 刘绍宽著,温州市图书馆编,方浦仁、陈盛奖整理:《刘绍宽日记》(第四册),中华书局2018年版,第1756—1757页。

第七章　抗战时期读者的报刊阅读活动

开来车十列，每列约兵千余人，已到山海关。"① 刘绍宽对日军投入的兵力颇为关注，担心战事会升级。果然，12日，报纸又传来不利消息：

> 报载，芦沟桥发生战事后，日方逗留部队二百余名于五里店，继调大队千余人于东北三里许大瓦窑。十日下午六时起，芦沟桥猛烈进攻，同时调集大军络绎向平津进发。日本出云舰昨晨到沪。十一日晨，日开五相会议，决定对华态度，令在华日侨作撤退准备。香月任驻屯军司令，昨飞抵津。敌攻宛平，未逞。通县及平津闻已起小冲突。十二日一时，平郊东北及西南各方日炮队猛烈攻击，我军力抗，始退，民众损失甚大。北宁线榆、昌等地，日军集中唐山。关外日机十三架飞平津侦察。②

坏消息不断，但刘绍宽显然更多地选择记载战事，而非关注和谈消息，可见他对事件的后果深感忧虑。7月14日，他又摘录报纸上转载的天津电讯："津日军成立统监部，准备作战，香月就任统监。闻东军将积极援助驻屯军。永定门外今晨又起激战。日军陆续到津，前昨两日共到三千人以上。"日军步步紧逼，战事迫近。15日，局势进一步恶化。"报载，日备战益积极，征调朝鲜及关东舟车军兵第五及熊、平两师团，将开华北。南苑杨村、永定门外均发生冲突。平通道上日军络绎，势欲包围北平。昨今入关抵津兵车已达十六列。五里店、大瓦窑日军仍构筑阵地。通县日军埋设地雷。各部会驻芦人员续返京。津浦路西沽镇桥被日骑兵占守。东京十四日电，日统一国民意志，实现全国动员。"日军来势汹涌，在刘绍宽看来，满眼皆是战云，这与一些官场人士对和平的期待大不相同。17日，日方大兵压境。"报载，日调大军来华，五师团已开拨，人数在十万左右。宛平县政府已暂移长辛店办公。日在丰台筑机场，又占车站，构筑工事。"日军已向华北派出大量兵力，战事对国

---

① 刘绍宽著，温州市图书馆编，方浦仁、陈盛奖整理：《刘绍宽日记》（第四册），中华书局2018年版，第1757页。
② 刘绍宽著，温州市图书馆编，方浦仁、陈盛奖整理：《刘绍宽日记》（第四册），中华书局2018年版，第1758页。

民党北平守军甚是不利。19日，刘绍宽读前一日的报纸，新闻云："日方欲迫卅七师撤至永定河以西，已发到训令，命川樾回京交涉。沪各团体电宋哲元，请勿接受辱国条件。日拟动员四十万人实现侵华野心，飞机四百架飞台待命。"当天报纸又载："中日正式谈判停顿，宋哲元今返平，由张自忠折冲。朝鲜至平津一带，日军输运络绎。"至此，和谈无望，战局有扩大之势。22日，他读报得知"二十日，日二次炮轰宛平，我方损失甚巨，居民血肉横飞，惨不忍睹。驻丰台日军共六联队，方拟增一联队。第十九师团一部抵津"。24日，他读报"知芦沟桥驻军一联被日军四联攻击，仅遗四名。李（吉）星文团长以一部沉着应战，方始夺回。又组袭击队，夜入敌营，死者二三百人，敌方死者加倍半云"。至28日，"平郊战事激烈，平城四面受围，情势甚危急。敌机轰击南北苑、芦沟桥等处"。8月1日，"天津已完全为日占领，津市悉为灰烬，人民死者无算"。①刘绍宽在二十多天的时间内，尽量引用报刊新闻，选择以战事作为记载重点，尤其对日军的部署颇为留意。在他看来，和谈不太可能实现，战事不可避免。从报纸报道的倾向看，其对中国军队的局部胜利有夸大之嫌，而作为读者，刘绍宽也似乎相信了报刊的一些宣传。然而，当他得知北平、天津相继沦陷后，内心颇为悲凉和愤恨。

三、知识分子和社会精英的读报感想与家国情怀

卢沟桥事变后，对于身处北平、天津等战争前线的知识分子而言，卢沟桥的炮火直接危及他们的生命财产安全，打断了他们往日的生活节奏。著名画家齐白石自从1919年定居北平后，生活比较安定。1937年4月，他从北平艺术专科学校辞职，专心艺术创作，但卢沟桥的枪声让他惊魂不定。他回忆道：

七月七日，……后半夜，日本军阀在北平广安门外卢沟桥地方，发动了大规模的战事。卢沟桥在当时，是宛平县的县城，城虽很小，却是

---

① 刘绍宽著，温州市图书馆编，方浦仁、陈盛奖整理：《刘绍宽日记》（第四册），中华书局2018年版，第1758、1759、1760、1761、1762、1764页。

一个用兵要地,俨然是北平的屏障,失掉了它,北平就无险可守了。第二天,是阴历六月初一日,早晨见报,方知日军蓄意挑衅,事态有扩大可能,果然听到西边嘭嘭嘭地好几回巨大的声音,乃是日军轰炸了西苑。接着南苑又炸了,情势十分紧张。过了两天,忽然传来讲和的消息。但是,有一夜,广安门那边,又有啪啪啪的机枪声,闹了大半宵。如此停停打打,打打停停,闹了好多天,到了七月二十八日,即阴历六月二十一日,北平天津相继都沦陷了。前几天所说的讲和,原来是日军调兵遣将、准备大举进攻的一种诡计。①

齐白石大致描述了卢沟桥事变后二十天的情景。其间,日军以和谈作为诱饵,侵略华北乃至全中国才是其真实目的。

同样身处北平的清华大学教授吴宓,则在日记中记录了卢沟桥事变产生的影响。7月8日,他回顾道:"日军占卢沟桥,攻宛平县城,与中国军冲突。是日上午,闻炮声。"之后数日,他多次听到炮声,但对事变的相关报道尚未引起他的重视。至14日,他阅报"知战局危迫,大祸将临",进而对时局进行了判断:"今后或则(一)华北沦亡,身为奴辱。或则(二)战争破坏,玉石俱焚。要之,求如前此安乐静适丰舒高贵之生活,必不可得。"② 国难当头,作为学者的吴宓深知今后将面临许多灾难。尤其是日军发动向北平、天津的全面进攻之后,清华大学的师生也面临逃亡的命运。30日晚,他阅报得知天津、北平遭到日军的严重破坏,损失惨重:

> 昨(二十九日)天津大战,日机掷弹轰炸市府、南开大学、中学,及女师、工业各学院。至今日,战事犹未止。又悉日昨(二十八日)通州保安队之反正,结果,全城俱毁,杀人甚多。保安队败退至北平城

---

① 齐白石口述,张次溪笔录:《白石老人自述》,生活·读书·新知三联书店2010年版,第144页。
② 吴宓著,吴学昭整理:《吴宓日记》(第六册),生活·读书·新知三联书店1998年版,第164、168页。

外，已不及追附二十九军，仍被日军歼灭。又闻人谈及二十八日之战，宋氏事前未多布划，战时，军士忠勇异恒。而张自忠附敌，由南苑攻我军之后，并以阵势军情随时报告敌营，致我军大败。重要将领均殉（见报），兵士死者尤众。今宋已率残军退保定，但二十九军已损伤过半矣。①

北平、天津沦陷后，8月1日报载："平津稍南一段，均为日军占领，火车中断。" 2日，他读《世界日报》得知"清华将迁长沙"。闻此消息，他长叹道："宓雅不欲往，但又不能不往。"② 这大约反映出北平沦陷后知识分子愁苦无奈的心态。

同样身处北平的燕京大学历史系教授邓之诚，在卢沟桥事变爆发后，心情极为沉郁。他经常与洪业、孟森、王锺翰、侯仁之等师生交流看法，探讨时局，对国难深以为虑。之前数年较少记载报刊新闻的他，自卢沟桥事变后的一年多，几乎每日读报，并记载战局的最新动态。尤其是在卢沟桥事变后的一个多月里，他每天摘录新闻，发表评论，日记中几乎全是国事，原来正常的学术活动几乎都被战事打乱了。危难之际，他唯有以报为媒，通过报纸新闻来表达自己的关切。7月8日，他阅各报"知日人有意启衅，而廿九军颇愿息事宁人"。北京城内消息混乱，他心绪不宁。13日，他读报后记载："昨夕七时，宋哲元在天津发表谈话，语极含糊。"宋哲元成为报纸关注的焦点人物，有关他与日本方面交涉的新闻较多。16日报载："昨日日本陆军部正式发表出兵令，宋与日人交涉，其事有牵就之说。南京亦遣望英赴日本，且语川越南下交涉，似乎不愿战矣。"不少报纸似乎以和谈作为新闻基调，各方面也在急切关注事态的进展。邓之诚之后几天的读报内容都与和谈相关，他内心希望事态不要继续恶化。但至20日晨五时，其大女儿来电话告知："得津

---

① 吴宓著，吴学昭整理：《吴宓日记》（第六册），生活·读书·新知三联书店1998年版，第183页。

② 吴宓著，吴学昭整理：《吴宓日记》（第六册），生活·读书·新知三联书店1998年版，第184、185页。

电，日人将于今午下总攻击令，……蒋中正在庐山发表谈话。"日军虎视眈眈，但不少报纸仍然积极报道和谈新闻。至 26 日，报载："南京对十九日协定似容纳，唯云盼日本从速撤兵。"然而，这仅仅是幻想而已。27 日，他读报得知"日本以飞机十七架炸廊坊驻军"。很快，北平沦陷。至 8 月 2 日，他读《北平晨报》得知"三十日日军公布消息，已进至长辛店，又南京广播宋哲元遣秦德纯赴宁，宋当在保定也"。① 彼时，天津已沦陷，人心惶惶。之后，他多日在家听闻炮声，极为烦闷。国难至此，他无法安心写作，每天都急于了解报纸新闻，并听广播消息。但是，报纸经常夸大中国军队的战况，还有不少前后矛盾之处，令人难辨真伪。战事新闻打乱了邓之诚的生活节奏，使他无所适从，心绪恶劣。

在上海，身兼专栏作家、电影导演、中学教师等多重身份的陆澹安，与孙玉声、周瘦鹃、严独鹤等报人往来密切，平时在日记中很少记载读报活动，偶尔提及，仅记"阅报消遣"，不谈具体新闻。但在卢沟桥事变之后，他一改往日风格，对报刊新闻甚为关注，事变之后的一个多月，几乎每日都有读报记录，并结合时政加以评论。可见，他对这一具有转折性的事件及其影响甚为留意。如 7 月 9 日，他记道："今日报载，北平电，八日晨五时许，丰台日本驻军忽向我芦沟桥宛平县城守军挑衅，在县城东西，以大炮、机枪不断攻击，我军因伤亡过众，即作正当防卫，予以抵抗。……"在详细记载事件的经过之后，他感叹道："日之谋我益亟，其借口一军士失踪，殆仍师九一八故智。北方局势之危急不言可知，未识我政府如何处置。阅读既竟，不禁感慨系之矣。"10 日，报纸报道中日双方军队已经撤退至宛平县城，"双方代表在宛平县谈商以后手续"。但陆澹安认为，"日人蓄意寻衅，宁能即此而止？华北和平恐仍未易保也"。11 日，当日报纸上的新闻报道日军仍未撤退，"关东军且大批出动，络续入关"，"日军又向宛平及芦沟桥进攻，我军正抵抗中"。他进而强调："由是观之，和平仍不易保，予昨日之推测为不谬矣。"12 日，

---

① 邓之诚著，邓瑞整理：《邓之诚日记（外五种）》（第一册），北京图书馆出版社 2007 年影印本，第 566、567、569、571、577、589 页。

报载卢沟桥的战事更激烈,"我守军奋勇抵抗,将日军击退"。之后数日,陆澹安继续关注卢沟桥方面的战事进展。报纸对北平守军的积极抵抗颇为赞赏,也不断透露和谈进展,他的心态有所变化,对中日和谈颇有期待。14日,报纸报道日军包围北平,但敌人被守军击退,北平市长秦德纯发表谈话,"和平尚未完全绝望"。15日,报纸重点报道宋哲元自乐陵原籍返津,"和平空气又弥漫一时"。16日,新闻称:"天津和平谈判正在进行。"17日,报纸新闻云:"北方局势无大变化,和平正在进行,日本运军队十万来华。"① 显然,陆澹安数日留心和谈消息,内心不希望战火延烧。

但至7月20日,各报纷纷登载蒋介石在庐山谈话的全文,形势急转。"我外部派科长董道宁向日使馆面致备忘录,日本华北驻屯军声明谓二十日正午以后将采取独自行动,昨晚已在大井村等处挑衅矣。"战事有扩大之势。陆澹安在日记中对和谈疑虑重重,对战事前景甚为不安。21日,他读报后记载:"蒋委员长自庐山飞京,平津间仍有战事,日军曾猛攻芦沟桥与宛平南苑大井村等处,亦有敌机在相持中。"22日,对于报纸所载"华北又笼罩和平空气,双方相约撤兵"的消息,他认为:"日人夙狡狯,仍未可以乐观也。"23日,报纸又传递有关和谈的消息:"吾平津当局已遵约将冯治安部之三十七师撤去,易以赵登禹之一百三十二师,芦沟桥事有和平解决之希望矣。"之后三天,时局似乎无大的变动。至27日,新闻称:"华北形势紧张,廊坊又有冲突。"然而,28日,各报大登号外、电台也宣称我军大捷,并克复丰台、廊坊。闻此消息,上海民众极为振奋。陆澹安也喜上眉梢。是日,他在日记中写道:"忽闻爆竹声大作,亟以电话向市政府询问,据答复云,华北吾军大胜,已夺回丰台、廊坊,经无线电传播后,各界正在庆祝,众闻之,皆欣然色喜。谈至六时许,归。见各店铺皆高悬国旗,叫卖捷报号外者,络绎途中。"然而,第二天,噩耗传来,是日报载:"丰台、廊坊得而复失,宋哲元率部退出北平,华北局势已大变矣。"形势如此反转,令人难以置信。30日,

---

① 陆澹安著,陆康主编:《澹安日记》(上),上海锦绣文章出版社2010年影印本,第337、338、339、340、341、342页。

报纸传来更多坏消息。他记载："华北吾军失利，二十九军副军长佟麟阁及一百三十二师师长赵登禹均阵亡，津埠正在大战，吾军民伤亡甚众，诚惨劫也。"① 之后数日，报纸不断报道北平、天津失陷的消息，日军烧杀抢掠，无恶不作，国民党军队节节败退。上海谣言纷起，民众惊慌失措，纷纷出逃避难。听闻上海危在旦夕，作为老上海居民，陆澹安目睹日寇入侵上海的种种暴行，报纸新闻不再是他记载的重点，如何组织家人避难成为他的头等大事。

卢沟桥事变后，上海很快成为新闻舆论的中心。身处上海的文史学者王伯祥长期在商务印书馆编校书籍。他平时记载报刊新闻较少，但卢沟桥事变之后，他对战局极为关注。7月8日，他便通过沪上报刊了解到卢沟桥事变的相关新闻："今晨一时，倭兵在北郊演习，强欲入宛平城（即卢沟桥拱极城），与廿九军守兵开火。沪上报纸多出号外，惟《申》《新》两报独镇静如恒，从《大美夜报》得较确之息，我军仍坚守龙王庙阵地，幸未少却。"他读报后甚为愤怒，写道："倭横至此，虽尽夷之，不足平我懑也。"但他又认为："当不致扩大，依旧不生不死地拖延苟安下去耳。"9日，他读夜报，得知双方协定撤退前哨，"但究竟如何尚未见官方公表，想仍附有丧权辱国之条件也，思之恨恨！"10日，他读报纸所载"北平消息，时好时坏，忽而表示撤退，忽而遽加炮击"。他表示疑虑，认为"倭情叵测，虚实均难置信也"。11日，"报载卢沟桥事件已协定双方撤兵"，但他并不乐观，评论道："然倭无诚意，时时偷袭，故冲突仍不免也。且廿九军退出宛平而易以石友三部之保安队，尤觉可笑。石友三何人，非殷逆第二乎，乃以前方委之，是不啻拱手让倭矣，小冲突何为哉！思之愤愤。"12日，他读《新闻夜报》，记载协定条款，双方各撤兵，但他仍感怀疑，"究不知如何情形也，闷损之极"。然而，所谓"协定撤兵"很快化为泡影，战事已迫近北平。至18日，卢沟桥事件的交涉中心已转移至天津，局势进一步恶化，"宋哲元、张自忠以次似受倭方包围矣。而

---

① 陆澹安著，陆康主编：《澹安日记》（上），上海锦绣文章出版社 2010 年影印本，第 343、344、345、347、348、349 页。

报载倭决动员四十万侵我,且筹定军费一千万元云"。19日,他读夜报得知"宋哲元已自津返平,拒绝发表言论,似屈辱条件已接受矣"。此类臆测源自报纸的模糊报道。20日,日本夜报载:"宋哲元已派齐燮元往洽,允接受三条件。"但国内报纸则无报道,"令人不能无疑"。他读报后对北平军方的卑躬屈膝极为愤怒,"牙龈痒痒,恨不能生嚼无耻汉奸也"。21日,各大报刊一致登载谈判破裂,"平西有剧战,蒋中正留汪兆铭在庐山主持谈话会,而身自返京主持一切"。他读后颇感欣慰。但22日的报纸报道称北平已撤防,城门亦开,"卅七师已调开,而倭队迄未移动,日有增加势"。27日,廊坊战事已扩大,"据云宋哲元已下令廿九军抗战,不识确否不移耳"。29日,报载:"北平形势突变,宋哲元、秦德纯、冯治安等已退保定,丰台、廊坊俱复为倭据,盖张自忠、石友三倒戈,宋等被迫离平也。"他读报后感叹:"一时群丑跳梁,故都已无形断送矣,痛哉!"30日,他看号外及各夜报得知"天津已尽陷敌手,焚杀甚惨,而八里台之南开大学所遭尤烈,盖轰毁之不足,且浇油放火也"。至31日,报载:"平津全落敌手,敌机且飞保定侦察及投弹。"① 通过连日阅读报纸,王伯祥全面记录了卢沟桥事变后二十余天的战局变化,从读者的角度对时局进行了认真分析和研判,体现了其对日寇的仇恨和拳拳爱国之心。

与王伯祥私交甚笃的舒新城,长期在中华书局工作。卢沟桥事变发生后,他对战事甚为关注。7月10日,他读报后综述:"中日和议已成,双方同时撤兵,芦沟桥则交由石友三之保安队维持治安。"他愤而评论道:"石素有亲日之名,芦沟桥交彼,不啻间接交于日本也。日得该地可以控制平汉路,不仅北平为孤城,即军事运输上亦大受影响也。"此论与王伯祥如出一辙,两人对石友三的亲日行径极为痛恨。11日,他摘录《立报》新闻:"中央已有电达二十九军,责其(一)不得接受任何条件;(二)不得后退;(三)必要时准备牺牲。"他进而分析道:"则此次之事变彼此均有计划,当非短时间所能解

---

① 王伯祥著,张廷银、刘应梅整理:《王伯祥日记》(第五册),中华书局2020年版,第2265—2275页。

决。"12 日，他读报得知"北方战争甚剧，日兵百余人在宛平由我军缴械，宋哲元亦去津，形势将扩大"。他对事态的后续影响很不乐观，对和谈方面的消息也不以为然。至 20 日，报纸报道北方时局日趋严重，他遂剪报并贴于日记之后，认为中日交涉难有好结果。27 日，他读报，得知形势进一步恶化："日华北驻军司令香月竟于下午三时半向宋哲元致最后通牒，限芦沟桥八宝山一带三十七师全部于二十七日正午为止撤退长辛店，……据南京消息，谓宋不堪压迫，已通令抵抗。"北平沦陷后，战事扩大。30 日，他记载报纸新闻："蒋介石发表谈话，决定发动全国整个计画应敌。"① 至此，中日全面开战已成定局。舒新城继续关注战事的变化，多次在日记中剪贴报刊新闻，作为将来查阅和研究之可靠史料。

长期定居上海的胡朴安在报馆谋生，又在上海多所大学兼职，是上海报界和学界的名人。抗战前夕，他编辑《民国日报》的《国学周刊》，在日记中很少记载读报情况。卢沟桥事变后的几天，他尚未对其加以特别注意，很少记载报刊新闻。至 7 月 16 日，他读报后得知中日冲突事，并评论道："日本狃于丰台之已事，欲借此占据芦沟桥，中国无论如何决不可退让寸地，……中国此时惟有沈着的应付，决不可稍有屈服而为退让之和平。"这一论断显然与不少报刊的议和基调大有不同。19 日，他从报上得知事态恶化，进一步强调自己的立场："中国万不能再有退让，而日人侵略日甚。"20 日，他得知蒋介石在庐山谈话会的内容，认为"态度极为坚决，意义亦极为明瞭"，表明了他坚决抗日的主张。之后，他每日看报，关注事态进展。至 28 日，他读《大晚报》有关"通州亦已收复"的消息，认为"此是极可喜之消息"。但二天，他得知"昨日所传收丰台等事皆不确，宋哲元退出北平，张自忠代理冀察委员会主席兼北平市，局面大变，天津市激战极烈"。此时，北平已沦陷，但之前报纸却在报道胜利消息。作为资深报人，他深感失落。至 8 月 1 日，他在日记中感叹："今日消息非常沈闷，且谣言日多，不是好

---

① 舒新城：《舒新城日记》（第十册），上海辞书出版社 2013 年影印本，第 287、289—290、305、327、336 页。

气象。"而他身处上海,也感到气氛极为紧张。与此同时,日寇在上海亦挑起事端。11日,"上海形势愈加紧张,贫苦者皆纷纷迁居,已有一触即发之势"。① 战争打破了他平静的生活,8月13日后,他几乎每天"读报一小时",关注沪上战事,国家危亡,读报在此时便成为他表达抗日救国理念的重要方式。

卢沟桥事变爆发后,身处上海的金融家秦润卿第二天便得知中日军队冲突的消息。在之后一个多月的时间里,他几乎每天都在日记中提及战事,但着笔极为简约,多用"事急""严重""悲观""恶化""绝望"等词进行概括,很少抄录具体新闻。从行文的语气看,他应该看了不少报刊,并经常与亲友讨论时局,表达自己的观点。如他在7月10日记载:"中日宛平交涉暂告段落,双方撤兵。宛平城归石友三保安队扼守。然对方非彻底解决,人民总不能安枕也。"第二天,他又综述:"日军卢沟桥一部分未撤,又起冲突,且调军入关,或有扩大势。"此类新闻概述应该源自报刊新闻,说明他对时局有较为全面的了解,只是他惜墨如金,每日日记一般不超过一百字,用来描述时局的内容更是精练。即便如此,他偶尔也会转述报纸新闻。如他在14日记载:"晨阅报,日又违约增兵,续向永定门激战,被我击退,人心不免惶惑。"28日又载:"报传我军克复丰廊,人心喜极放炮,殊觉嫌早。"当日,他还写道:"沪市抗敌后援会征募组成立,予推为副主任,事关民族存亡,勉为之。"② 这些细节表明他非常关注战事,往往结合各类新闻加以分析,不盲从市面上的各种传闻,对时局有较为清醒的认知和判断。

卢沟桥事变之前,书画家吴湖帆已在上海居住。他与张大千、江小鹣、叶恭绰等书画家往来密切,经常在一起鉴赏字画,聚谈宴饮,颇为风雅。但是,卢沟桥事变打破了他的生活节奏。之后的一年多,他的日记中满是战事新闻。关注战况、抄录报刊要闻成为他每日所载的主要内容。7月8日,他"闻芦沟桥日人起衅",但并未记载报刊新闻。9日,他读报纸新闻后,对卢

---

① 胡朴安:《朴学斋日记(1899—1947)》,复旦大学图书馆稿本(善本,编号:4019),1937年7月16日、7月19日、7月20日、7月28日、7月29日、8月1日、8月11日。
② 秦润卿著,孙善根整理:《钱业巨子秦润卿日记》(未刊稿),第63、64页。

沟桥事变的起因有了大致了解，当日便在日记中写道："日军攻宛平城，强占龙王庙。为日军昨夜演习，称有一兵失踪，要求率队入宛平城搜查，正在交涉间，忽东西两路进攻。中日军对峙在丰台、芦沟间之平汉路上及永定河交叉处，前方已有战事。我方驻芦为廿九军之吉星文团长。我军闻死伤有六七十人。北平各城均闭。"这大致勾勒了战事肇始时的情况。10日，他阅《夜报》后得知"日军未撤，借口寻日军，又向宛平射击"。至13日，《夜报》报道中日军队在北平郊外激战，"永定、朝阳门外均有日军，北宁车已停矣"。之后三天，日军包围北平，在永定门外、大红门一带激战，后双方在天津议和。至18日，他读当日的报纸新闻，知形势又变："日准备动员四十万来华。"他读罢感叹道："真如狂如疯了。暂静数日，恐大战即在眼前。闻天津西车站又被占矣。我国最高当局正在庐山开两次谈话会，不知研究些什么。恐如此从容，敌兵已至门也。敌兵大举进国门而不见政府发一兵一卒，可谓镇静之至。"言辞之间，可见他对当局的消极和懈怠颇为不满。20日早晨，他阅报后，重点关注"蒋氏发表谈话四点"。22日，有传闻又开和谈之说，但"我军退二里，日军依然爽约"。他阅报后，"殊感闷气"。①

报刊对战与和的各种报道令吴湖帆甚为不安，局势危迫。26日，新闻报道"日运军火十万吨来塘沽、秦皇岛启卸"。之后，他又摘录苏联报纸上有关中国华北局势的分析，并指出："华北一旦失去，经济、工业将无复有发展之望，独立亦成问题矣。"然而，28日下午各报及号外均大字登载国军克复丰台、廊坊的消息，令读者为之感奋。他当日回忆："午刻（一时）余方吃饭，闻各处爆竹声，初不知为何事，及闻卖报声，知丰台、廊房［坊］捷报，一时兴奋之状不可言逾。无线电中亦报告各路大捷。"然而，第二天便出现了新闻反转。报纸纷纷报道："昨克丰台、廊房［坊］后日军猛烈反攻，不数时复失去。南苑鏖战尤甚。"30日，他读报得知"蒋氏又发表意见"。他颇感不满地写道："专发议论而不出救兵，不知究竟如何。"当天，"日机轰炸天津，市

---

① 吴湖帆：《丑簃日记》，梁颖编校：《吴湖帆文稿》，中国美术学院出版社2004年版，第89、90、91页。

府与南开大学俱成焦土。北平城内无我一兵，故都云亡矣"。面对如此惨局，他甚感失落，感叹道："不意昨日今朝之大不同也，事实惝恍，益觉消极。"① 京津沦陷，身处上海的吴湖帆无心钻研书画，满面愁云，甚感悲愤。

在杭州，浙江大学校长竺可桢在7月8日便读报得知"日本兵在北京与我兵冲突"。但之后的十余天，他很少在日记中记载有关卢沟桥事变的报道，对事态的后果并未引起高度关注。至26日下午四时，他读《东南日报》号外，"谓日本兵欲强占廊坊车站，则知中日战端即将开始矣"。竺可桢以此判断战事不可逆转，内心颇为焦灼。8月8日，友人谢景苏来询时局，他回答道："国家如将亡，则皮之不存，毛将焉附？"此后，他留意报刊对战局的报道。27日晚，他阅头天的《字林西报》，在日记中感叹道："不见西文报已两星期，则知中文报所载多系一面之词，因胜则不免张大其辞，而败则讳莫如深，此亦各国之通例也。"这大致反映了国内报刊报喜不报忧的倾向。彼时，中文报刊很少报道淞沪会战中方失利的消息，但通过《字林西报》，他获知"日本兵在吴淞、浏河、罗甸诸地均登陆，并有乍浦登陆之说"。② 显然，中文报刊的选择性报道，对于读者了解时局真相，产生了一定负面影响。

同样身处杭州的词学家夏承焘，长期潜心经史阅读，苦研词学。在卢沟桥事变发生后，他日记的内容发生了明显变化，并持续关注报刊上的相关新闻。虽然他记载的报刊内容甚为简约，但字里行间充满了对国难的忧虑。7月13日，他阅报后评论道："中日卢沟桥战事日亟，日本殆欲大举矣。"其言外之意便是国无宁日，中日之战不可避免。第二天，他读报后得知"中日战事移北平西南郊，日机轰宛平"。至17日，他读报后判断"华北事益亟"。19日，他读《东南日报》号外有关和谈进展的报道，认为"华北和战决于二三日内"。21日，报纸报道："卢沟桥中日已开战。"但之后报纸又有谈判消息，真假难辨。对此，他颇感疑虑。22日，庐山谈话的消息传来，他在日记中记

---

① 吴湖帆：《丑簃日记》，梁颖编校：《吴湖帆文稿》，中国美术学院出版社2004年版，第92、93页。

② 竺可桢著，樊洪业主编：《竺可桢全集》（第6卷），上海科技教育出版社2005年版，第331、341、348、359页。

载:"胡才甫自庐山训练归,闻谈国事,谓华北事中央已决应战,谓不战中国即无出路。又闻各要人治事精神极好。"得知南京政府的态度后,他"为之甚喜"。28日,对于夏承焘而言,报刊上渲染的前方获胜消息令他喜不自禁。他在日记中写道:"早阅报,宋哲元昨已通电决心抗战,连日郁闷为之一快。晚阅午后一时号外,我军已于今晨八时收复丰台,几乎不敢置信。"对于突如其来的好消息,夏承焘有些疑虑,但他的好友黄式金致电问报馆,"云八时号外已证实",他"为之兴奋无似"。经常填词的夏承焘,遂词兴大发。他情不自禁地写道:"近日方欲作一词记华北事,此绝好材料矣。"中国军队获胜的消息使他极为兴奋,"颇动从戎之兴"。但至第二天,报纸的消息发生了反转:"平绥路沙河保安队附敌,宋哲元等已率部离平,张自忠代宋职。"读报后,夏承焘大为失望,并颇为不安地写道:"此事不知内幕如何,极可怪。丰台得而复失,昨晚杭州市民大燃花炮庆祝,皆成空喜矣。"30日,报纸传来坏消息:"我军并退出天津矣。宋哲元退出天津,由张自忠、石友三反叛。退时南苑我军死伤五千人。"闻此噩耗,他"为之愤怒无已"。① 之后数月,他几乎每天读报,关注前方战事,对于日军暴行,他甚为激愤,日夜为国事所忧。

卢沟桥事变打破了不少学生在北平的求学梦。1937年上半年,在北平准备参加北京大学入学考试的乔秋远,由于卢沟桥事变而中断了考试计划和"北大之梦"。卢沟桥事变的第二天下午,乔秋远便买到号外,但他作为外地人的观感不一样。他读报后写下了自己的观感:"事件的发生,给人民暂时安静而沉重的心理上一个兴奋的刺激。全城的人民谁也不着慌,都抱着与城共存亡的决心,等待着事态的演变。"当日,他判断这一重大事件的新闻报道具有很高的史料价值,故在日记中剪存了报纸上的重要新闻,题目为《今日炮声 日军包围宛平县》和《王外长与日本记者谈话:对侵略者必起抵抗》之后,他又对事件展开了分析:"这件事能不能扩大呢?据中日两国整个情形看起来,双方尚没有扩大的意向。日本林铣十郎内阁的倒台,近卫文麿内阁或

---

① 夏承焘著,吴蓓主编:《夏承焘日记全编》(第五册),浙江古籍出版社2021年版,第2929、2930、2931、2932、2933、2934页。

主中间。经过很严重的政党争斗,很明显地表示出日本民众及政党不需要带危险性地对中国再加强侵略。在中国西安事变以后,确已走向逐渐统一之道路。日本朝野一致呼吁对中国要有新认识。……在这种情形下,此次卢沟桥事件,当然没有扩大的可能。结果不过把两国外交账上多添一笔纠葛而已。"这番分析代表了国内不少乐观派的观点,即认为这是一次偶发事件,大概率不会导致日军全面侵华战争的爆发。之后几天,形势似乎朝着他预想的方向发展。同时,报纸夸大了和谈的进展。表面上看,似乎有通过和谈解决的希望。但至11日,他的语气有了变化:"卢沟桥事件有逐渐扩大的可能。日军不惟没有撤退,反而增加援军,坦克车、子弹车从山海关滚滚而来。"这大约是他综合各种消息之后而得出的结论。13日,他记载《北平新报》新闻:"日军已占领天津东车站。"这显然不是和谈的迹象。14日,他得知日本报纸对华论调一致,主张强力侵略。他改变了之前的看法,指出:"这一次的武力压迫,似非得到收获不可。……由此看来,此次事件有两条路:中国屈服,暂时和平;战争开始。"然而,暂时和平也没有可能。16日的报纸载:"日本外务省已经有令川越回南京交涉。"而交涉事实上就是威胁。他进而判断:"侧面挡不住,正面摩擦更危险。我们更不必乐观,要留心敌人恼羞成怒,来一个大暴乱。"之后,他更关注中国方面的备战情况。20日,他摘录报纸新闻:"我全国军政领袖蒋介石委员长对卢沟桥事件发表演说,表示了中国坦白、明确、坚决的立场。中国政府之沉着应付,不求战而应战。"他读报后颇为兴奋,指出:"中华民族酷爱和平之光明磊落之态度,已昭告全世界,只看奸险渺小的日本人将如何善其后。"但是,日军很快就侵占北平,中国军队溃退。至29日晨,他听闻房东主妇由门外归曰:"我们都做了亡国奴了!"① 面对国难,他毅然抛却了求学之梦,决心参军报国,直接上前线参加战斗。

随着报刊的广泛报道,卢沟桥事变的新闻很快传到成都,引发巨大震动。

---

① 乔秋远著,乔海燕注:《于暗夜中寻微光:乔秋远日记·家信集》,新华出版社2017年版,第259—260、261、262、264—265、266、268页。

长期在成都任教的陈元畅，1937 年 7 月 9 日便在日记中记载了周遭的反响："北平中日冲突消息传来，人皆惊动。今晨起，大办公室内纷纷议论，秩序甚不好，都未办公，概在谈论此事，皆曰不了。以此情形观之，果到大战发生，其惊扰混乱，不知是何光景。"10 日，他记载当地民众从报纸上获知北平停战消息后的反应："卢沟桥停战，人皆有喜色。人人能关心国事，是好现象也。"11 日又记："卢沟桥战事继起，人皆愤然，昼间多数人尚（以为）中日战争可以幸免，当无危险。"报刊往往捕风捉影，消息真假难辨，令读者喜忧无常。如他在 28 日记载："午后得消息，我军大捷，丰台廊坊等皆夺回，人心大快，傍晚各处放边［鞭］炮，街面号外继续发行，皆争买。"这显然是报刊舆论的误导。29 日，"《新新新闻》四处张贴报告，北平失守，石友三等叛变，宋哲元退保定"。受此影响，"人皆惊异，昨夜有此捷电，今日突又来如此消息，四处探问，终无确信"。如此反差，令人颇为不解。30 日，"昨日《新新新闻》记华北事，措词俨如谓日方说话，人皆恨之，省府将令其停刊三日"。这反映民意在"裹挟"报纸。至 8 月 10 日，他又指出："日来谣言甚多，总说前方失利或说中央无能，又有说统一终不能，尚有说十三省联省自治者。"① 这反映出各种虚假消息对社会心理的冲击和影响。陈元畅以读者和"他者"的双重身份，通过日记记录了报刊在制造舆论方面的深刻影响。

卢沟桥事变发生前，作家蒲风在家乡广东梅县积极从事进步文艺活动。他积极创办刊物，大力提倡"国防诗"，讴歌抗日救亡运动。卢沟桥事变后，蒲风时在厦门，并没有很快得知消息。至 7 月 26 日，他读报后记载："芦沟桥事件尚未解决，平津间又战争起来了。昨天，上海又被制造了失踪事件。汕头方面也复有要求我方驻军他调之消息云。"国难当头，他立即想到的措施就是："这个危急存亡之秋，我们可以不再起来组织后援会吗？"保家卫国，匹夫有责，他立即行动起来。第二天，他就拟"开抗敌后援会筹备委员会"。

---

① 陈元畅：《陈元畅日记》，王建朗、马忠文主编：《近代史研究所藏稿钞本日记丛刊》（第七十六册），国家图书馆出版社 2020 年版影印本，第 303、308、312 页。

至 8 月 13 日，"各报出了号外，上海又大战起来了"。① 全面抗日爆发后，蒲风积极投身抗日前线，并加入中国共产党，到皖南从事文艺宣传工作。

在香港，卢沟桥事变之后的数日，陈君葆于 7 月 18 日综述了各方新闻。他指出："华北局面，日来转趋沉寂，然日本纷纷调动大军入关，此时平津方面进行谈判殆系缓兵之计。" 7 月 22 日上午，消息称"中日双方同时撤兵，和局似可成"，但至晚上，他看晚报，"则载廿九军撤退后因见日兵不履约，又复回阵地掘濠〔壕〕固守"。至 30 日，他看报纸所载北平失陷的消息，"心胸里一面扑扑在跳跃"。至 8 月 4 日，他看当天报载"白崇禧飞京谒蒋"，他认为"国难到了如此危急关头，甚么嫌怨此时也应抛弃了"。②

卢沟桥事变的消息通过各种途径传递至海外，在海外留学生和华人社会产生较大影响。1937 年，正在英国伦敦大学攻读考古学博士学位的夏鼐，在卢沟桥事变发生一周后便开始关注报刊上的相关报道，急切了解事态进展。7 月 21 日，他读晚报得知"宋哲元已应许日军要求"，并"为之气沮"。至 26 日，报纸又报道："华北形势又变，日军昨向我军下最终通牒。"他进而认为"战争恐不可免"。27 日，他记道："报载日军于通州城外，残杀我军至四五百人之多，廊房〔坊〕已被占。" 28 日，在他去不列颠博物馆的途中购买午报，知悉"北平已开火，我军恢复丰台及廊房〔坊〕"。晚上他又读晚报，"谓占领丰台时得飞机 300 架"。他内心固然高兴，"然颇疑其过于夸张，未必合于事实"。这说明他在读报过程中较为理性，并非盲从于报纸的宣传。29 日，他阅报知"丰台及廊房〔坊〕又失守，宋哲元已离北平，城中由亲日派主持。午报谓我军已退出北平，天津日机轰炸。晚报则天津被难之情形，记载更详，死伤在千数以上；北平则宋哲元、秦德纯率二十九军皆已退出，由亲日派张自忠主持，与日人谈判和约；南京中央政府开紧急会议"。他感到时局更为危迫，颇为不安地指出："不知后事又将如何，痛心之至。"之后平津沦陷，淞沪会战开始，他在 8 月 14 日便读报得知"吾军飞机轰炸日舰"，遂

---

① 蒲风著，李文儒编：《蒲风日记》，山西教育出版社 1997 年版，第 220、232 页。
② 陈君葆著，谢荣滚主编：《陈君葆日记全集》（卷一：1932—1940），商务印书馆（香港）有限公司 2004 年版，第 320、321—322、324、325 页。

感叹并自责道:"国事已至存亡危急之秋,自己反仍从事于此不急之务,故纸堆中弄生活,殊自惭自恨也,每天看几番报纸、听无线电,亦干着急而已。"29日,他读报后,又甚为愧疚地指出:"国难如此之深,自己反从事于此不急之务,自惭自恨而已。"① 此种自责,是夏鼐作为海外学子爱国情怀的真实写照。

值得指出的是,一些读者对卢沟桥事变的记载和描述较为零散。如天津的银行家卞白眉在7月9日便记载了《大公报》号外上的新闻:"现双方已各撤回原防,善后待商。平、津车仍未十分通畅。"至20日,卞白眉指出:"《庸报》新闻本无价值,亦不足以摇动人心。此间当局如此注意,几于惟日人之言是听矣。"② 与之相似,学者毕树棠在留下的零散日记中,仅在7月8日提及:"今日,二十九军与日兵在卢沟桥冲突,形势严重。(其实是前一天的事,不过第二天见报纸才知道,就记了这么两句。)"③ 报刊新闻仅是他们了解事态的一种资讯来源,但不少读者通过记录报刊新闻和事件的进展,证实报刊媒体在事件传播中发挥了重要影响。读者的日记可以"重访许多被忽略的面相、重访一些基本的问题",④ 并能对事件的影响加以注释。读者对新闻的摘抄和阐述具有选择性记忆的倾向,他们记载的重心、描述的语气和对新闻的判断各有特色,在文本中呈现出个体的心路历程,尤其是对具体新闻内容的评论,隐喻了他们的立场和观点。官员、传统士绅和知识分子等不同读者群体对新闻的解读、判断和评论,受到各种复杂社会因素的影响,阅读的情境有较大差异。尽管他们都在进行新闻叙事,但所读报刊的时机、心态不同,对新闻记载的侧重点也有所区别。作为重大新闻事件的阅读者,他们对"和谈""抵抗"的判断也有一定分歧,这在他们的读报记录中得到反映。

---

① 夏鼐:《夏鼐日记》(1936—1941 卷二),华东师范大学出版社2011年版,第117、118、119、121页。
② 卞白眉著,中国人民政治协商会议天津市委员会文史资料委员会、中国银行股份有限公司天津市分行合编:《卞白眉日记》(第二卷),天津古籍出版社2008年版,第375、376页。
③ 毕树棠著,赵龙江编:《螺君日记》,海豚出版社2013年版,第77页。
④ 王汎森:《执拗的低音:一些历史思考方式的反思》,生活·读书·新知三联书店2020年版,第1—2页。

可以说，每个读者对新闻的记叙和评论都存在个体的主观选择。即便是同样的新闻，读者记载的重点也有一定差异。但在国家危亡之际，读者对事件的急切关注和焦虑不安表明这一事件对中国社会影响极深。除了如白坚武之类极少数的民族败类，绝大多数读者对日寇的仇恨和捍卫国家尊严的强烈情感都跃然纸上。从这个角度看，读者阅读卢沟桥事变的新闻，本质上就是将自我与民族危机空前地结合在一起。同时，报刊新闻传递的危险信号又使许多读者在不同的阅读时空中产生了共同的心理体验，那就是平津危急，国家危难，匹夫有责。由此可见，读者对卢沟桥事变的集体记忆见证了这一重大事件产生的深刻而广泛的影响。

第二节　淞沪会战报道与读者阅读心境

卢沟桥事变后，日军于1937年8月13日在上海发动大规模侵略战争，中国军队奋起还击，双方投入总兵力近百万人，进行了历时3个月的淞沪会战。淞沪会战是整个抗日战争期间规模最大、战斗最为激烈的战役，它粉碎了日军"三个月灭亡中国"的计划，具有深远的影响。淞沪会战期间，"上海的新闻纸更显然踏入有史以来空前热烈的时期。旧有的报纸如《申报》《新闻报》等固然满纸都是血泪的记载，满版都是动人的故事，新创的新闻纸如《救亡日报》等，更雄集了大批文化人一致从事笔端的战斗。这时候新闻纸的销数激增，当然是上海新闻事业的一个转捩点"。[①] 报纸销量激增的重要原因，是整个民族和国家处于生死存亡的关键时刻，引发广大读者对战事新闻的渴求，并通过阅读报刊表达对国事的强烈关注。读者读报不仅是为了了解新闻动态，更是将自我"介入"战事；新闻不仅是一种资讯，更是一种"言说"，一种战时动员，一种心理需求。读者由此而形成的新闻叙事、战事评论和阅读感想，成为整个事件史的主体呈现方式，表征了战事新闻对读者的深刻影响。

---

① 刘宇：《八年来的上海新闻界》，《月刊》1945年第1期，第67页。

第七章　抗战时期读者的报刊阅读活动

从事件史的角度看，淞沪会战的叙事方式是多元的，除了报刊铺天盖地般的报道，电报、电话、无线电等电子媒介也对新闻传播起到了重要作用。但就后者的影响而言，普通读者一般都是通过报刊获知新闻资讯，与"耳闻"相比，"目见"的新闻更能引发读者的深度思考和联想。在战时的阅读环境中，新闻往往拉近了战事与读者的心理距离，产生了强烈的共振效果。读者的读报活动不仅是读新闻，也是在读战事，读现实，读国运。他们由此对新闻进行选择、对比、综述，在日记中抒发自己的情感，表达自己的喜怒哀乐，形成具有个体独特经历的叙事文本。我们可以通过一些读者在日记中的记载，重现战事场景，在整体的事件史与个体的记忆史相结合的过程中，展现战事新闻话语及其影响。

胡朴安是民国时期上海的著名报人、诗人和学者，曾担任《民国日报》社社长，与报界有广泛的联系，他在日记中对淞沪会战的全过程进行了详细的记载。他身处上海，目睹日军暴行，也经常听到前方传来的枪炮声和各种消息。同时，上海各种报刊纷纷报道前线战况，他几乎每天都留心报刊新闻，并给报刊撰写时评。8月13日，淞沪会战爆发，他在日记中写道："中日在横浜桥一带开火，就此战事开始。……入晚战事加烈，炮声隆隆。"这表明他离战场很近，战事与他个人的安危紧密相关。第二天，报纸报道中国飞机误炸中汇大楼、大世界马路，死伤数百人。至27日，新闻报道日军炸伤英国驻华大使的消息。结合战争初期报上各种传闻，他在28日总结道："数日内报纸消息皆不能证实。"至30日，他进一步结合自己的见闻进行分析："连日报纸所载之消息皆不甚确，……报纸上包围消灭等消息太过于乐观。总之，未能真到前方，于是有许多模糊影响之谈。"① 这大致说明上海报纸在战事报道方面存在不少误报、假报和虚报等问题。

至9月，上海战事激烈，报纸对沪战的报道更为频繁。9月6日，他总结当日报纸新闻："宝山县昨陷于敌。各报皆载有此消息，惟《民报》不载。"

---

① 胡朴安：《朴学斋日记（1899—1947）》，复旦大学图书馆稿本（善本，编号：4019），1937年8月13、14、27、28、30日。

这说明他浏览了不少报刊。11 日，他见报纸新闻云："昨日浦江之战极烈，我方极胜利。"报纸制造了较为乐观的气氛。至 13 日，沪战已一个月，他回顾连日来报纸上的新闻："日军总攻击，结果我军仅在杨行、月浦两处稍退却而已，沪战开始已满一月，参与战事者两方各约十万人，死伤虽无确数，大约亦各在一二万人之数，洵可谓大规模之战。我军原有阵线特少退却，日军挟其海陆空三部大力相迫，不过如是。"显然，他对我方抗战的决心和成绩感到欣慰，希望能够迎头痛击日寇。但是，敌我实力悬殊。第二天，他看报得知"我军于昨日起放弃市中心区，从刘［浏］河起至北站止，约一百余里，成一弧线，为第一道防线"。之后，报纸陆续报道了不少国军获胜的消息，他也在日记中陆续记载着沪战方面的新闻。至 10 月中旬，沪战仍处于相持阶段。20 日，他阅报后评论道："沪战甚烈，在激战中，胜负未定。"但之后，报纸报道我军不断退却的消息。至 29 日，报纸纷纷刊载"八百壮士"坚守四行仓库的新闻："八十八师谢晋元（广东人）团长、杨瑞符（河北人）营长与士兵八百余人掩护撤退，之后失其联络，乃入据四行仓库作最后之阵地。日军四五次攻不能破，极引起中外人士热烈沉痛之同情。"31 日，报纸又报道国军撤退的新闻："守闸北之孤军二时奉蒋委员长命令退出沪战。"之后，国军不断撤出，战事颇为不利。至 11 月 12 日，他阅报后得知守南市之军已退出上海。对此，他颇为担忧，写道："局面必有变化矣。英法两租界是否能保原有状况？新闻事业是否能继续发行？"13 日，在沪战两个月之际，"我方军队完全退出上海矣"。① 至此，他对淞沪会战的集中记载也大致结束。胡朴安对战争期间的各种新闻予以记载和分析，较为全面地展示了这场大规模会战的具体细节。

在上海中华书局任职的文史学者舒新城对淞沪会战也特别关注，他经常通过报刊了解战局变化。8 月 15 日，他读报并记载："昨日下午四时三刻，大世界门首，我机因受伤，误落一炸弹，伤路人及难民五百余，死四百余。可

---

① 胡朴安：《朴学斋日记（1899—1947）》，复旦大学图书馆稿本（善本，编号：4019），1937 年 9 月 6、11、13、14 日，10 月 20、29、31 日，11 月 12、13 日。

称空前浩劫。"但之后，他对沪战初期的新闻记载较少。至9月6日，他读报得知"宝山县于昨日失守"。13日，沪战已整月，他"剪《救亡日报》之纪事及言论如下"。说明他注重保存报刊资料，留以备考。14日，他先摘录报纸要闻："我军于昨日自动退至江湾北站一带第一道防线。中央社发表军事要员之视察一文，对于我军此次应战与敌军增援情形言之甚详。"当天，他将新闻详细内容剪贴于日记之后，"以作将来之史料"。① 之后近一个月，他较少记载战事新闻。至10月28日，他简要总结报纸新闻："昨日闸北北站我军亦均退却。"之后，他剪贴《大公报》报道的《闸北退却记》《闸北撤兵之后》《闸北一幕剧战》《闸北房屋千万间　可怜转眼成焦土》四篇新闻，有相互观照和引申之意。29日，报纸报道谢晋元等壮士的英勇事迹："闸北四行仓库中之战士仍固守不动，且将国旗高悬屋上，拒绝英兵弃械入租界之劝告。其效死之精神，实足感泣。"他剪贴《我孤军死守四行仓库　青天白日旗飘扬闸北》一文，予以特别重视，留以备考。30日，他综合当日各报所载，指出："敌我两军战事仍在小南翔及沪西凯旋路一带。"并记载《立报》之有关"八百壮士"的真相："所谓八百人者，实只四百人，安全退出者共为三百七十七人，均缴械入英军防区。"11月11日，他关注日人在《联合新闻》所发表言论："主张将公共租界上所有反日份子及行政机构驱逐出境。"12日，淞沪会战全面结束。14日，《立报》载《值得知道的上海公共租界地位》一文，述公共租界之法律地位，他予以抄录。15日，《立报》又载《法租界地位》一文，他剪贴于日记之后。16日，他阅报并记载："我军已退守福山、常熟、苏州、嘉兴一带，太仓、昆山等均陷敌手。苏州被日空军轰炸投弹至七百余枚。"② 上海沦陷后，日军向江苏大举进攻。舒新城继续关注战局变化，但有关阅报记录明显减少。

淞沪会战前夕，书画家吴湖帆于8月7日在日记中写道："余生四十四岁

---

① 舒新城：《舒新城日记》（第十册），上海辞书出版社2013年影印本，第366、420、435、438页。

② 舒新城：《舒新城日记》（第十一册），上海辞书出版社2013年影印本，第65、74、76、80、83、112、125、126、129页。

诞辰，虽时局不靖，岌岌可危，总算一家欢聚在此。"彼时，中日在北方混战，在吴湖帆看来，上海短期内应较为安全。但是，13日九时许午刻，他在沪上便听到"炮声已隆隆不绝"。第二天他又记载："昨夜终宵炮声未停，闻闸北香山路一带火光烛天。"① 淞沪会战已正式开始，沪上从此不得安宁。之后，他将目光聚焦于战场，每天阅读大量报刊，并将抄录各报的沪战新闻作为重要任务。此后的三个月间，他抄录的报纸包括《新闻报》《申报》《新闻夜报》《神州日报》《大晚报》《华北晚报》《中华日报》《大公报晚刊》《华美晚报》《社会晚报》《时报》等，一天抄录五六家报纸的战事新闻成为常态，他的日记也成为淞沪会战的"新闻汇编"，每天都有数百上千字的淞沪战事最新报道。限于篇幅，我们仅择要分析。

在淞沪会战的前两个月，报纸上连篇累牍地刊载国民党军队在前线获胜的消息，传递前线形势大好，日军屡受重创的信息。这迎合了读者对抗战的期许和心理需求。尽管吴湖帆经常在家里听到前线的炮声，但他最主要的资讯来源是报纸和与友人聚谈，而友人带来的"好消息"也大多源自报纸。他的淞沪会战新闻叙事深受报纸态度的影响，行文中充满了希望和信心。8月16日，他读报后记载："窦乐安路日海军武官室完全被我包围，武官本田殒命。"第二天，仍然是获胜的好消息："浦东水陆大捷，击退偷渡日军，兵舰遁去。"第三天，日军更是全线退入租界，"我军昨午占大康、裕丰两纱厂"。至19日，"八字桥敌军反攻，激战，经我军击退，未逞"。连续几天，新闻总是鼓舞人心，尤其是中央社的电文称："自十四至十六日击毁敌机卅八架。"19日的《新闻夜报》还报道："我军中路午后进至其美路底、岳州路、塘山路一带，敌全部退沪租界东区南部。"② 这些新闻都意在说明日军进攻屡屡受挫，国军在前线的阻击颇为有效。

在吴湖帆的新闻叙事中，特别强调战事进展、地理布局和重要据点的争

---

① 吴湖帆：《丑簃日记》，梁颖编校：《吴湖帆文稿》，中国美术学院出版社2004年版，第94、95页。

② 吴湖帆：《丑簃日记》，梁颖编校：《吴湖帆文稿》，中国美术学院出版社2004年版，第96、97、98—99页。

夺。如 8 月 22 日，他读报后记载："我军左翼抵渔市场，右翼抵北四川路，上海大戏院一带之残敌经两小时扫荡净尽。闸北我军冲锋，八字桥边依然对峙。"23 日，《新闻报》报道了一则令读者大快的消息："日军司令对外国记者发表承认作战失败，敌军十日中死伤达九千余人。"这间接证明了日军在作战初期并不顺利。至 24 日，《新闻报》又报道"狮子林、蕴〔蕰〕藻浜等敌军登陆全被歼灭"。当日，《神州日报》《新闻夜报》《大晚报》《华北晚报》均从不同侧面报道了前线的好消息。之后，中日军队在罗店、浏河等地激战。25 日，他摘录了多份报纸新闻，如《中华日报》报道："我空军第四次日夜袭敌舰。罗店精华尽成焦土。"《申报》上的新闻强调："狮子林竟日猛烈血战。浦东、虹口又大火。"《新闻夜报》则称："炮台湾敌亦已解决，并将敌舰击沉二艘。"《华美晚报》报道："浏河登岸敌军，经缴械解决。"各报都强调中日战斗激烈，敌军遭受重创。之后数日，报纸新闻多传捷报。如 26 日，《新闻报》新闻称："狮子林炮台、吴淞炮台登岸之敌业已全部解决。虹口方面较沉寂。……华北战事开展，我军三路告捷。"《大公报》报道了最新动向："战事重心移吴淞。蕴〔蕰〕藻浜、张华浜之敌已歼，罗店方面正在激战中。"① 另外，当日的《时事新报》《新闻夜报》《中华日报》《大公报晚刊》《华美晚报》都从不同角度报道了前线战士英勇杀敌的事迹，令吴湖帆抄之不疲。

对于前线的拉锯战，各报报道尽力突出国军的"优势"，但报道的重点有所差异。其中，《新闻报》态度最为鲜明，吴湖帆亦着重抄录。如 27 日，《新闻报》声称"罗店残敌已解决"，意在表明国军获得重要胜利。28 日，《新闻报》又强调："敌援军集结吴淞口。盛家桥一带尚在激战中。"29 日，《新闻夜报》则进一步报道："罗店我军大举进攻，今晨拂晓敌溃江边。敌陆援军三千开虹口。"围绕罗店、吴淞、浏河之战，各报相继报道前方的最新消息。30 日，吴湖帆遍阅各报，大量抄录。其中，《新闻报》特别指出："吴淞区敌踪

---

① 吴湖帆：《丑簃日记》，梁颖编校：《吴湖帆文稿》，中国美术学院出版社 2004 年版，第 100—101、102 页。

全灭,罗店区残敌亦成强弩之末,四面受围中。"9 月 1 日,《新闻报》报道称:"吴淞我军浴血大战。"2 日,《新闻报》则宣称:"吴淞、罗店全日血战,毙敌甚众。"① 之后数日,《神州日报》《中华日报》《时报号外》《新闻夜报》《大美晚报》均大量报道了前方激战、国军大捷的消息。

9 月初,日军向宝山等地发起数次进攻。7 日,《神州日报》传来捷报:"宝山城解围,敌军伤亡在我一倍以上。"8 日,《新闻报》又传捷讯:"宝山敌溃退江边,被我夹击,狼狈不堪。"但至 9 日,《新闻报》一方面指出"敌大举攻我市中心,我军三度冲虬江码头,白刃相接,敌死亡枕藉",但也提及"宝山城内音讯隔绝"。战火延烧至市中心,这显然与之前报纸声称的连续大捷有较大的出入。之后,坏消息不断传来,各报报道的语气也发生变化。13 日,《新闻报》称:"敌以重炮数千击射我杨行、月浦,阵地乃告陷。"第二天,新闻又称:"我军全线退守第一道防线,放弃市中心杨树浦等地,以避敌舰炮火威胁。"这表明国军在不断退却,战事前景不妙。之后,报纸也报道了国军局部反攻的消息,并渲染前线激战的场景。如 17 日,《时报》新闻指出:"我军克罗店后,中路反攻杨行。"22 日,《新闻报》报道:"敌猛攻顾家宅与刘行镇,血战二日夜,敌伤亡二千人以上。"② 但至 9 月底,日军已在市中心多处发动猛烈进攻,形势大为不妙。这些战事细节,吴湖帆都在日记中详细记载。

10 月,吴湖帆重点关注中日军队在杨行、刘行、小南翔等地的激战,抄录了大量相关新闻。如 10 月 3 日,《新闻夜报》报道:"敌军猛攻刘行,我守新阵地。"10 月 6 日,《新闻夜报》又报道:"刘行左翼我军胜利。沪战重心移至蕰[藴]藻浜,两岸对峙,昨夜炮火甚烈。"至十月底,日军已越过真如,直接向苏州河两岸进犯。30 日,《新闻报》新闻称:"苏州河两岸激战。前日起敌犯小南翔十余次之多。"上海大部分地区已沦陷,报纸新闻的语气也

---

① 吴湖帆:《丑簃日记》,梁颖编校:《吴湖帆文稿》,中国美术学院出版社 2004 年版,第 104、105、107 页。
② 吴湖帆:《丑簃日记》,梁颖编校:《吴湖帆文稿》,中国美术学院出版社 2004 年版,第 111、112、115、116、118、123 页。

随之转变。至 11 月 12 日,《新闻夜报》报道:"南市精华尽成焦土。浦东焚烧昼夜,今晨续有多处起火。"上海事实上已沦陷。第二天,《新闻报》报道:"昨晚居然沉寂,而上海已非我国有矣。"接连抄录 3 个月沪战新闻的吴湖帆,在日记中真实地描述了当日上海沦陷后的景况:"昨南市沦陷后,尚有孤军数百抵抗混战。……自战事以来,今日始未闻炮声,市面恐慌今日最盛矣。"① 至此,战事大致结束。之后,吴湖帆日记中抄录新闻的内容大为减少。

卢沟桥事变之后,寓居上海的收藏家徐乃昌对时局甚为关注。彼时,徐乃昌已是 68 岁的老人,"八一三"事变的第二天,徐乃昌便留心战事新闻,读报后在日记中简述:"中日陆、空军大战。"至 8 月 25 日,他读《时事报》新闻并记载:"沪战发生后,商界订立贸易合同四万七千万元已完全取消。又载,南京路炸弹惨案后现重要证据,弹颈上安字证明敌军所掷炮,台湾日军联队长击毙。报载,美总统决定对华方针,维持门户间〔开〕放政策,令国务卿韦尔士赴欧洲通告各关系国政府。"显然,他综合了沪战后各方面的新闻。之后,他对战事新闻的记载较少。11 月 9 日,他阅报,"知沪西兵退,日兵进至枫林桥"。11 月 21 日,他读报得知"嘉兴、常熟、苏州先后沦陷"。② 这些零散的读报记录虽无内在的联系,但反映出暮年的徐乃昌仍然关注国事,忧心时局。

全面抗战爆发后,身处杭州的词学家夏承焘对战事进展甚为留意,几乎每日读报并记录时政要闻。北平、天津沦陷后,日寇觊觎上海,夏承焘除了阅读《申报》《东南日报》等报刊,又订阅了《大公报》,对战局和南京政府的动向颇为留意。1937 年 8 月 9 日,他读报纸号外得知"津浦、京汉两路将有大战"。10 日,他读报后记载:"上海虹桥机场击死二日本军官,毙一中国保安队。"他进而判断:"此恐为战事爆发之起因矣。"之后两天,上海、杭州人心惶惶。13 日,报纸纷纷出号外,新闻报道云:"上海中日军队已于今早

---

① 吴湖帆:《丑簃日记》,梁颖编校:《吴湖帆文稿》,中国美术学院出版社 2004 年版,第 135、138、162、167、168 页。

② 徐乃昌著,南江涛整理:《徐乃昌日记》(四),凤凰出版社 2020 年版,第 1790、1791、1798 页。

九时一刻开始接触矣。"淞沪会战正式开始。杭州上空拉响警报，沪上空战颇为激烈，杭州、南京亦遭到日机袭击。17 日，他阅《东南日报》后记载："上海、杭州我陆空军皆大胜。"各报均报道国军大胜的消息，颇能鼓舞人心。他读报后也乐于记载各类"空前胜利"的新闻。但至 24 日，报纸报道云："昨日淞沪间日大军强欲登岸，战事甚烈，先施公司被炸，伤人六七百，租界中人大惶恐矣。"日寇狂轰滥炸，沪上平民死伤无数，而汉奸黄秋岳、黄晟父子等十八人被处决，大快人心。之后数日，沪战消息模糊不清。至 31 日，他阅报得知"张北已于廿七日失守，南口亦失"。他进而判断："上海如不支，苏杭大劫不可免矣。"①

9 月，沪战更为激烈。1 日，报纸新闻称："传苏俄来二百架飞机，美来八十架。"夏承焘颇为兴奋地写道："如真有此，可东去击三岛矣。"2 日，他读报后记载："日军在沪蜂拥登陆，日内有大决战。昨日机轰炸镇海、宁波。"之后数日，沪战惨烈，双方死伤甚多，报上各种消息真假难辨。5 日，夏承焘以实际行动支持抗战，他"捐二十金买麻袋抗敌"。6 日后，中日在宝山激战，报纸对国军血战情形有详细披露。9 日，他阅报后记载："沪战尚相持，松江客车被炸死数百人。"对此，他愤然评论："惨哉！日人如此蛮恶，恐永为两国子孙不解之仇。"第二天，宝山失守。12 日，他记载《大公报》报道："前日军工路之战甚烈，今日敌似突破杨行，云将于十六日前占领上海。敌精锐已伤亡一万五千，顷改派金泽大将来代松井，但望我能维持三四月，敌恐不能支矣。"日军大肆进逼，相继进攻江湾等地，他极为焦虑。15 日，他在日记中写道："终日阅报，沪战以后，惟以此过日，读书了无心绪。"之后数日，报纸报道日军空袭南京，沪战处相持状态，各地民众捐款捐物，战事影响日益深入。但至 24 日，报纸新闻称："北方军人思想尚不统一，战事恐尚难乐观。"26 日，他读报得知"沧州、保定皆失守"。②各种坏消息传来，他

---

① 夏承焘著，吴蓓主编：《夏承焘日记全编》（五），浙江古籍出版社 2021 年版，第 2936、2937、2938、2941、2944 页。

② 夏承焘著，吴蓓主编：《夏承焘日记全编》（五），浙江古籍出版社 2021 年版，第 2945、2947、2948、2949、2950、2954、2955 页。

第七章 抗战时期读者的报刊阅读活动

读报后甚为不怿。

至 10 月，夏承焘除了关注沪战消息，对全国各地战事动态亦甚为留意。2 日，他阅报后记载："日军沪上四次总攻仍不逞，沪北兵忽退至江边，遥似欲图犯浦东。"4 日，他阅报后对新闻进行了综述："日军在沪四次总攻开始，罗店至刘行，战甚激烈。北方消息甚恶，晋军已失雁门，转战于代县附近。津浦将到德州，平汉已迫正定，日本五省自治计划恐将完成。前报传山东韩复渠〔榘〕有不稳说，土肥原将飞济南谈判。"形势不妙，他读报后甚为焦灼。但也有好消息传来，6 日，他阅报后记载："晋北收复三县，北方战局今惟望朱德八路军之游击战矣。日本同盟社电传阎锡山已逃，断不致此，今日报方载其枪决李服膺也。"7 日，他阅报后又载："八路军仍在雁门关外游击日军后路。"① 可见，他对八路军的抗战活动颇为关注，并对持久抗战充满期待。战火的蔓延使他心绪恶劣，常常难以抑制悲愤之情。抗战初期的持续读报活动，一方面表明他对国家危亡的忧虑，另一方面也促使他与报纸建立了更为紧密的关系。

在北平，历史学家邓之诚抗战后继续在燕京大学任教。他在艰苦的环境中坚持以学术报国，坚决抵抗日本人的威逼利诱，保持自己的民族尊严和独立人格，即使被日军逮捕入狱也毫不妥协，宁死不屈。在淞沪会战之后，邓之诚一直勤于读报，报刊新闻成为他日记的主要内容。他记载各类报刊的报道，特别关注战事新闻。由于上海的得失事关全局，邓之诚对沪战进展甚为留意，在近三个月的时间内，记载了上百页有关淞沪会战的新闻，全景式地描绘了战事的发展过程。如 9 月 4 日，他阅报后记载："昨日上海大战，日军攻宝山者似未得手。"7 日，他读报得知"日军攻陷宝山。六日上海日军全线总攻"。但第二天，报纸又载："我军夺宝山，两军仍恶战不已。"战事于国军颇为不利，日军步步紧逼。至 15 日，报载日军进占上海市政府，向江湾猛攻。之后，报纸经常连续刊载国军失利和阵地失守的消息，令人愤懑、焦灼。

---

① 夏承焘著，吴蓓主编：《夏承焘日记全编》（五），浙江古籍出版社 2021 年版，第 2957、2958、2959 页。

23日，他读报后记载："昨日日飞机五十架两炸南京，又三十架炸广州，死伤至多。"日军战线不断扩大，国军伤亡惨重，坏消息不断传来。10月5日，日军攻占德州，报载："平汉线我军十五万人在石家庄扼守。"连日来，报纸报道上海江湾、闸北等地失守的消息，上海战事甚是剧烈。至11月，日军向无锡、南通、江阴等地大举进攻。22日，他阅报得知"日海军进占福山矣"，江阴危在旦夕。国军节节败退，报纸上的所谓"胜利消息"往往被之后的坏消息证伪。至12月7日，他阅报得知日军已至南京。11日，报纸报道日军于10日傍晚"已攻陷南京各城门"。① 上海、南京相继失守，国民政府被迫迁移，邓之诚读报后心情极为沉重。

在温州平阳县城，抗战爆发后，乡绅刘绍宽虽是风烛残年，但他忧心国事，关注时局，注意浏览各种报章，对中日战况尤为留意，经常在日记中记载报刊上的战时新闻。卢沟桥事变后，刘绍宽的目光从北平移向上海。淞沪会战的三个月间，他非常关注战事的进展，对报刊有关新闻详加记录。如8月14日，他阅报后写道："昨沪战颇胜利。"这一简要回顾颇能体现他的喜悦之情。第二天，他得知日机轰炸大世界难民收运所的新闻："炸死路人三百余。"17日，报纸新闻载中日军队在虹口、浦东一带作战，"敌出云舰受伤"，"敌巡洋舰一艘被击"。消息颇能鼓舞人心。之后，他多次转述和概述前方获胜的消息。23日，他读报后记载："浦东残敌肃清。敌舰、敌机轰炸各江口，不得逞。南口，我军反攻大胜。"报纸不断传来好消息。24日，报纸又传捷报："敌在宝山及吴淞登陆千余人，尽被我歼灭。炮兵助战吴淞口外，击沉敌舰一艘。"② 报纸还大力宣传前方将士奋勇作战的事迹，颇令他感奋。

但至9月，刘绍宽对沪战的记录风格有明显变化，这与报刊新闻的转向有直接关系。前方战事并非节节胜利，日军疯狂进攻，坏消息令他揪心。2日，他读报后综述："敌军吴淞上陆，与罗店连合，扰及宝山县，或传失守。"

---

① 邓之诚著，邓瑞整理：《邓之诚日记（外五种）》（第一册），北京图书馆出版社2007年影印本，第631、633、634、639、644、650、678、686、688页。

② 刘绍宽著，温州市图书馆编，方浦仁、陈盛奖整理：《刘绍宽日记》（第四册），中华书局2018年版，第1768、1769、1770、1771页。

这显然不是好迹象。3日，报纸新闻又报道："吴淞登陆敌军分作两路进攻。"之后，敌军数日内加强攻势，进犯杨行等地。12日，报纸称："杨行镇第一线被突破。"战事甚为激烈，日军不断增兵。18日，他读报后记载："敌在沪兵力已达八师团，大炮百余门，飞机二百五十架。"19日，形势稍有好转，他简要总结了报纸新闻："沪上我军前晚退出罗店，我炮火猛轰虹口及杨树浦阵地，甚得手。"日军攻势甚猛，报纸新闻宣传的基调有所变化。23日，他记载报纸新闻："敌用毒弹及瓦斯，杨行我军发现为达姆弹所伤，同安敌施窒息毒气，损及平民。"30日，他读报后描述战事场景："浦江空气骤紧，罗店将有大战。暗淡月色下，敌方炮弹密如联珠，敌机二十架昨轮流轰炸闸北。"日军大举进攻，多地沦陷，坏消息不断传来，令刘绍宽心绪不宁。至10月4日，他读报得知"罗店至刘行一线，我军西移守新阵地，盖不支矣"。第二天，他择要归纳新闻："敌已至德州，津浦路全失矣，上海我军尚未移动。山西朔县第八路军告捷。"① 之后，日军在闸北展开猛烈进攻，战争极为惨烈。至11月14日，他读报后得知"十二日上海完全沦陷敌手"。各地失陷的坏消息不断传来，他读报后甚为沉郁。淞沪会战的3个月间，报纸新闻牵制着他的目光，也直接影响了他的心境。

在成都，向来关注重大新闻事件的陈元畅，在淞沪会战爆发后的第二天，便结合报纸报道和自己的见闻对事件进行了综合述评："夜间各报出号外，上海方面战事，中国处处占优势，而成都方面谣言仍多，不知是何心理。昨日上海战事号外，叫卖时读者多愤慨语，又有喜色。年来日人欺人可谓至矣尽矣，拼一死战可谓是人人心中的事，今忽见战事展开，自有此种景观。"此种普遍的仇日心理，影响了报刊态度和读者的期待。在沪战初期，报纸捷报频传，陈元畅心情大好。8月15日，他记载："夜报记我军胜利，空与陆皆得势，皆大欢喜。"此类好消息激发了他的阅读欲望，他持续关注报纸上的战事捷报。8月17日，他记载国军空军大捷的新闻："击落敌人飞机已有四十五

---

① 刘绍宽著，温州市图书馆编，方浦仁、陈盛奖整理：《刘绍宽日记》（第四册），中华书局2018年版，第1774、1776、1777、1778、1781、1782、1790页。

架，我飞机损失只八架耳。"此类捷报令人鼓舞，"多数人极乐观，每至晚间候买《新闻夜报》及等号外，其数甚多"。好消息不断。8月18日的晚报又载："华北华南皆胜利"。但是，陈元畅对四川的抗战工作似乎并不满意。他评论道："回头看四川到处工作与从前无异，只是口头大家在说此事，喜欢有胜利之详报，后防中应如何紧张工作，则未见也。"[①] 与不少民众的盲目乐观相比，陈元畅则更关注"行动救国"，即以扎实的工作支援抗战。

在香港，"八一三"淞沪会战当天，陈君葆便得知消息，之后的两个多月，他几乎每天阅读中外报刊，关注沪战最新进展，并结合时局进行分析，在日记中展示了整个淞沪会战的过程。战事新闻成为他叙事的基本方式，报刊报道的不少细节，他都予以关注。这些细微的记录拉近了他与前线的距离，表达了他强烈的忧患意识和爱国情怀。8月14日，他读晚报得知"上海战事，已入真正大战状态。我三轰炸机二次出炸出云旗舰。虽未命中，但日舰高射炮齐发，只震得租界各房屋窗户俱破"。15日，晨报便登载头天国军战机误炸平民的消息："我空军昨日轰炸出云舰，有两弹误落公共租界及法界，炸死外国人十余名，我同胞数百，伤者不计其数。"他"读之心为之怦然"。16日，晚报特刊称"某轮船公司接到电报谓出云舰被轰沉"，但他"对此消息的疑信参半"。他认为，"飞机从五千尺高度投弹，又有许多顾忌，确不容易命中"，并进一步提出："中央此时宜利用优势陆军军力在最短期内解决日本陆战队，使全部驱出租界方为上策，乃苦战累日仍不得大效，未免令人焦急耳。"此类建议固然不可能被军方采纳，但作为心系战场的香港读者，他的建议颇有深意。17日，他阅西报得知"我空军大胜利"。他读后"为之一快"。18日，他午间在回家的途中见各报发特刊，载"敌机出现图袭攻广州消息，后查敌机于十时许便被发现，但卒被我机驱退未施轰炸"。战事有进一步扩大之势。之后，报刊不断传来各种好消息，他为之振奋。如25日，他据官报新闻记载："敌援军屡图登陆卒归失败，我军阵地并无变动。"30日，他综述头

---

① 陈元畅：《陈元畅日记》，王建朗、马忠文主编：《近代史研究所藏稿钞本日记丛刊》（第七十六册），国家图书馆出版社2020年影印本，第313、314、315页。

天报纸初次登载中苏缔结互不侵犯条约的消息。当天,"各报根据上海昨日电经已证实了"。至9月初,沪战消息逐渐减少。至12日,他清早读报,前方传来好消息,"谓上海敌第三次大举总攻完全失败"。他颇为畅快地总结:"日寇在沪作战已逾三星期而所得结果则微乎其微。"① 之后,他很少记载沪战新闻,而是进一步关注国内其他地区的抗战新闻。

在海外,淞沪会战的相关报道也引发了留学生的关注。1937年,考古学者曾昭燏在德国柏林大学研究院实习,她留存的日记起于当年10月28日。之后一个多月,她通过学生会和借阅、购阅等方式,阅览了大量有关淞沪会战的报刊新闻,并在日记中进行记载、综述和评论。29日,她简要综述了淞沪会战的最新进展:"我大场已失守,我军自动退出北站、江湾、闸北,扼守苏州河南,南翔、嘉定、浏河一线。"这已是国军进行战略撤退的阶段。她在柏林得知的新闻,并不迟缓。30日下午,她至友人杨君处阅报,消息较为平淡,她用一句话总结道:"我军北方战争情形似较前略好。"31日下午,她至学生会阅中文报纸,新闻描述了战场的悲惨场景:"北方将士艰苦之情形:重伤者倒卧沙场,无人过问,稍轻者勉强行向后方,而人民逃避一空,救护无人,饮食不给。有饿死者、有自投河死者,转徙流离以达到后方救护所在者盖无几!"她读后极为自责地写道:"此伤心惨目之情况,真不忍言。余尚偷生此间,过欧洲人之普通生活,真何以对我战士耶!归后思此事,夜不能眠,念我战士,伤痛之极!"② 作为海外游子,她为自己不能为国效力而感到愧疚。此种心理,真实地反映了她强烈的爱国情怀。

至11月,她抓紧一切机会阅读中外报刊,了解战事进展,并抒发感想。1日,她阅读英报论评数则,并择要记载:"我军在上海之战争,其道德之价值将永不磨灭;又谓我誓死不退,据守闸北之数百勇士实与九国公约会议一教训,不可以维护正义相号召之国家,反不如中国一士兵云云。"4日,她读伦敦所出战报得知"我据守闸北货机[仓]之三百余勇士奉令退入租界,沿

---

① 陈君葆著,谢荣滚主编:《陈君葆日记全集》(卷一:1932—1940),商务印书馆(香港)有限公司2004年版,第327、327—328、328、330、331、334页。

② 曾昭燏著,南京博物院编:《曾昭燏文集·日记书信卷》,文物出版社2013年版,第1页。

途中外人士欢呼不绝"。她特地记载此类消息,对前线勇士有赞誉之意。6 日下午,她了解战事新况:"敌军一部分渡过苏州河,然进展甚少。"7 日,报纸新闻传来双方激战的消息:"上海方面敌军正面攻击不得势,以三万人在杭州湾之奉贤登陆。我急调浦东军队应援,毙敌四千人,敌尚未退。"9 日,她读德国出版的报纸,并简要综述:"日军夹攻我沪西守军之计划已成。"日军疯狂进攻,形势甚不乐观。11 日,她综合报纸新闻后写道:"敌军自乍浦登陆者攻我后方,我守浦东之军不得不退,淞沪遂陷敌手。"新闻的叙述虽然较为中性,但前线遭受重大挫折已成事实。12 日,她读报得知"我军退后,敌方要求管理上海之公共租界及法租界"。上海沦陷已难以避免。四天后,她了解国际方面对沪战的态度:"九国公约会议英、美、法态度颇强硬,于敌似不利。"但是,此类所谓的"公约"并无约束力,日军变本加厉,步步进逼。17 日,报纸传来更多不利消息:"我南翔、昆山、浏河均失守,战事集中苏州附近。"之后数日,日军大肆进攻江苏,苏州、常州、无锡等地相继失陷。21日,她读报后颇为伤感地写道:"战败不足悲,惟今日国人而尚不能团结,则真可悲也。"22 日,她读《曼彻斯特卫报》(*Manchester Guardian*),据以分析沪战国民党军队败退缘由:"我此次退军之速,由于在前线之中军不奉命令,自动向后撤退,敌人乘而深入,致左右两翼不得不仓皇退却。"对于淞沪会战之后的上海情形,她仍然高度关注。12 月 3 日,她读伦敦中国抗战后援会新出的期刊及画报,并择要记载:"敌军在上海不特攫我海关、邮电,且于今日将军队开过租界。有人于南京路某公司楼上掷下手榴弹二枚,伤敌兵三人。"① 上海沦陷后,江浙多地接连失陷,身处柏林的曾昭燏极为焦灼。国难当前,她一方面更加投入考古业务的学习和实践,另一方面积极准备归国。1938 年,她毅然放弃在英国大学的教职,归国效力。

淞沪会战的前一天,在中国驻法使馆任秘书的杨玉清阅读了多份日文、中文报纸,并记载:"上海戒严,市政府已迁入法租界,日本兵舰已将吴淞口

---

① 曾昭燏著,南京博物院编:《曾昭燏文集·日记书信卷》,文物出版社 2013 年版,第 1—2、3、4、5 页。

陡塞，南口已发生激战。"但对淞沪会战的具体新闻，他较少提及。至 9 月 2 日，他读报后得知《中苏互不侵犯条约》已于 8 月 21 日在南京签字，认为"是吾国外交方面一转变也"。① 之后不久，他决心回国，投身抗战洪流。

从上述读者对淞沪会战的记载、叙述和评论看，彼时报纸新闻传递的速度较快，即便是在温州乡下，读者都能较快地读到前方战事的最新进展。阅读报刊的地点对读者获知新闻并无多大影响，但由于读者在阅读习惯、新闻取向和叙事方式等方面的差异，他们虽然可以从报刊上获取大量战事新闻，其笔下记录的事件史却呈现为详略程度不一、复杂多样的文本。即便是同样的新闻，不同读者归纳和概述的内容也各有侧重。不过，面对国难，读者的心境却十分相似。他们将报纸视为"连接"前线的媒介，通过读报，读者不仅关注到战事的最新动态，也注入了自己的情感，战事的微妙变动都会牵扯他们的敏感神经，激发他们的爱国激情，引发他们的心理变化。从事件路径的角度看，淞沪战场在某种意义上是报刊读者的"战场"。报纸呈现了战事的细节，读者则通过新闻叙事展示他们在这段历史中的"在场"。他们在日记中的言说，真实地反映了淞沪会战产生的深刻影响。

第三节 抗战时期读者群体的报刊阅读、时局观察与精神世界

抗战时期，国统区的地理范围是不断变化的。也就是说，国民党实际控制的地区，在抗战的不同阶段有较大区别。我们主要从国统区的实际范围探讨读者的报刊阅读问题。从读者群体的角度看，国统区报刊阅读的主要群体包括党政官员、军人、学者、作家、学生，下层民众的读报记录极为少见。与抗战前十年比较，有关阅报处、民众教育馆等公共阅读机构的报道也相对较少，对公共读报活动的探讨较为困难。因此，本节主要结合日记、书信、回忆录、自述等方面的史料，对党政官员、军人、学者、作家和学生等群体

---

① 杨玉清著，杨天石审订：《肝胆之剖析——杨玉清日记摘钞》，中国时代经济出版社 2007 年版，第 204、205 页。

的读报活动进行初步探讨。

一、党政官员、军官的读报活动与时局评析

抗战时期,处于军事一线的国民党党政军官员很少有日记留存,勤于写日记的国民党总裁蒋介石也很少记录其读报活动。普通的党政军官员,应该有较多机会接触和阅读报刊,尤其是国民党主办的《中央日报》和各类地方党报,官员们是不难搜获的。但在"可能"与"现实"之间,我们不能仅凭借想象与判断。阅读史强调"谁在读""读什么",需要"真实读者"的出场。相对于普通民众,党政官员和军官对国内外时局和战事新闻更为关注,他们在日记中对报刊新闻的解读,体现出他们的新闻感知、时局观察和心理状态。这里,我们以冯玉祥、翁文灏、陈克文、王子壮、林一厂、谢晋元、马千里等人的日记为例,探讨他们在抗战时期的读报活动及影响。

卢沟桥事变之后,冯玉祥呼吁全国军民团结一致,协力抗战。他以军事委员会副委员长的身份积极奔走于前线,深入湖南、湖北、四川、贵州等地视察,了解各地备战情况,关心基层官兵尤其是伤病官兵的疾苦,接受各地报刊的采访,利用各种会议发表谈话,坚持抗战到底。与抗战前相比,冯玉祥的公务活动更为繁忙。当时,他对战时新闻的了解多依赖电报、广播和电话。相对而言,他阅读报刊的时间大为减少。不过,他对战时报刊的作用有深刻的认识,曾多次就报刊的创办与发行作出指示,还为不少报刊题词和撰写文章,鼓励士气。如 1937 年 10 月 27 日,他与董先生谈话,谈及"《抗日早报》继续出版事"。1938 年 1 月 15 日记载:"王(向晨)先生携《抗到底》《战时教育》《文摘半月刊》来,中皆有余所写文字。今后对此等事,实应特别注意也。"12 月 22 日,他又记载:"执委会来信云菲律宾《中国日报》二十八年元旦发行'抗战新年专刊一万册',请我题词。我题写'唯有打倒日本帝国主义大家方能象个人样的活着'。"① 这说明他对发挥报刊在抗战宣传中的

---

① 冯玉祥著,中国第二历史档案馆编:《冯玉祥日记》(第五册),江苏古籍出版社 1992 年版,第 211、341、567 页。

作用是较为重视的。另外，对于《新华日报》出版与发行方面的困难与阻挠，他也多次予以协调解决。

抗战之后的三年，冯玉祥的读报记录多与时局和战事有关。1937年11月14日，他在报上看到徐季龙的广播演讲稿，题目为《信仰三民主义，才能抗日》。他认为"很有力量，亦可敬佩之作也。剪存细读之"。12月21日，他读《大公报》所载《最近的兰州》一文，"详述兰州政治腐败，官吏贪污，鸦片荼毒，绅士横行，以及贺耀组〔祖〕主席之大批更换县长，揭破一切病根，殊为难得之文章，命人剪存之"。他对贺耀祖整顿吏治颇为赞赏，也隐喻了他对官场腐败的不满。23日，他读报后，简要摘录日军入侵的情况："一、敌人已过扬州；二、敌人已至滁州；三、敌人已到巢县附近；四、敌人已至黄河北岸；五、敌人已至彰德附近；六、敌人已至文水太谷之线，平遥已有敌踪。"作为副委员长，他对日军的动态颇为留意，内心甚为焦虑。而高级指挥官的渎职行为，他颇为痛恨。1938年1月25日，他特地摘录报上所载"韩复榘昨日枪决"的新闻。对于国民党军事上的胜利，他甚为高兴。3月11日，他读报得知"淮河南北昨激战甚烈，毙敌甚众"。他读后颇为激动地指出："我军从高级将领到万万千千的士兵，都一样地燃烧着火一般的敌忾，炽烈的'战意'，从行动上表现出来。"①

1939年，冯玉祥多次阅读《中央日报》《武汉日报》《扫荡报》《新华日报》《八路军周刊》《大风月刊》等报刊。1月2日，他看到报上有关"汪案"发表的消息，对汪精卫投敌卖国甚为愤怒。3月20日，他读《中央日报》，"知道前方战事尚无多大进展"。9月8日，他在四川巴县中学视察，闲时读《扫荡报》，关注欧洲时局，记录道："知道欧洲战云紧张，惟于最近尚不敢断定如何发展，如何结局。"10月25日，他读该日《新华日报》社论，"感觉颇极兴趣，很有新〔心〕得"。11月6日，他读报得知马相伯去世，他当日写道："本来想发电报吊唁，并安慰其家属，可是没发电报，发了一封快

---

① 冯玉祥著，中国第二历史档案馆编：《冯玉祥日记》（第五册），江苏古籍出版社1992年版，第259、310、312、353、406页。

信，因为什么呢？电报每一个字须六元，要是有五十个字就得三百元，因为我是穷小子，所以没发电报。"这无意中透露出他的节俭奉公。25 日，他看了几份报纸的社论，对于宪法的议论不少。他在日记中发表了自己的意见："第一，以兵为主，第二，以民为主。现在兵吃不饱、穿不暖、睡不着，这些应当想法子改良。其次要解除农民的痛苦。"1940 年，他读报的次数很少，但所记内容都与前线战事有关。当年 6 月 8 日，他读报后惊讶失色，"不料鄂境之敌已渡襄河，南漳、沙洋等地均竟失陷，沙市、宜昌也趋紧张，其中的教训很可值得我们深思的"。第二天，他又看到报载敌人正攻沙市的新闻，进而判断："我想敌人一占沙市，宜昌就受危险了。"[1] 尽管他所记新闻内容较为简约，但这些零散的记载大多与抗战有关，表明他对抗战形势和民族命运甚为关注。

与冯玉祥行伍出身不一样，翁文灏是学者从政的典型。他是著名地质学家、地理学家，1935 年末开始担任国民政府行政院秘书长。自 1938 年至抗战胜利，他一直担任经济部部长兼资源委员会主任委员、工矿调整处处长，是蒋介石的重要幕僚，也是不少重要历史事件的决策者或参与者。他在日记中记录了不少内政外交的重大事件，其中的读报活动往往与时政要闻相关。与一般读者阅读中文报刊不同，他还阅读《字林西报》《泰晤士报》等外文报刊，涉及面较为广泛。如 1936 年 3 月 15 日，他读报得知"日大使有田将返日任外相，重光将来华"。6 月 29 日，他读《字林西报》后记载："中德交换货物新闻。" 1936 年 12 月 3 日，他阅报后特别强调"《独立评论》被禁出版"。[2] 他曾是该刊的重要撰稿人，主编胡适又是他的密友，但他身在官场，得知这一消息后并未发表评论。

作为长期主管经济的高官，翁文灏对经济新闻较为留意。如 1937 年 2 月 10 日，他记载了《字林西报》上的报道："日商百福洋行函内言，大连至冀

---

[1] 冯玉祥著，中国第二历史档案馆编：《冯玉祥日记》（第五册），江苏古籍出版社 1992 年版，第 576、623、702、730、737、747、867、868 页。

[2] 翁文灏著，李学通、刘萍、翁心钧整理：《翁文灏日记》，中华书局 2010 年版，第 27、56、95 页。

东进口，可较天津进口减少进口税四分之三，末言中国将再提抗议。"5月23日，他读到《泰晤士报》有关孔祥熙的报道："载孔来英借款消息。"卢沟桥事变爆发后，他在俄罗斯参加国际地质学术会议。至7月14日，他阅报得知"日军围北平"。30日，他关注《国闻周报》所载《陕北之行》一文，并摘录："毛泽东代表共产党声明，服从三民主义，红军具体改编，从前称'反蒋抗日'，现称'拥蒋'"；"又言，共产党要求中国走上宪政民主之路，共党放弃土地平分及苏维埃政府及红军等名"。8月23日，他在回国途中阅英文报并记载："因日人不接受英法要求中日退兵□上海□中立地，皆表示不满。□为意见日本用兵目的不仅保护彼邦在上海侨民。"27日，他在去往香港的船上读《星洲日报》，上面有新闻称："日人调查中国巡洋舰九只如下：□□，另有驱逐舰二只，炮舰二十八只。"28日，他又记《星洲日报》新闻："日方调查中国空军现有□□□。"1938年1月19日，他读《新华日报》评论："最可纪念的一日。"1939年3月27日，他在日记中记载汪精卫"在港《南华日报》发表《举一个例》"。他对汪精卫投降卖国的行径颇为不满。4月5日，他读《大公报》《新华日报》后得知"汪精卫与日本所商协定办法，由日供给活动费每月三百万元，进兵至西安、宜昌、常德、南宁等地，至时汪可得二十师兵力，倒蒋议和，在南京成立新国民政府，并自任反共救国同盟会总裁"。① 显然，汪精卫的倒行逆施进一步加剧了国家的危机，他深为痛恨。

1940年之后，翁文灏读报次数较少，记载的新闻大多与国际时局和新闻人物相关。如7月23日，他摘录林语堂在《大公报》发表的《回国试笔》一文："主张中国应联美及联苏，使中苏美成为对付日本之三雄。"8月22日，他关注前日《大公报》所载孔祥熙将往峨眉休息的新闻，并摘录当日消息："财政部秘书谈话，孔病已愈，不往峨眉，不日即可照常办事。徐可亭今日往江南岸见孔，未到四行理事会议。"1941年5月2日，他摘录日本《广知报》

---

① 翁文灏著，李学通、刘萍、翁心钧整理：《翁文灏日记》，中华书局2010年版，第116、139、153、158—159、166、167、205、321、324页。

(外务省之机关报)发表和平条件:"(一)欧洲大陆归德国控制;(二)英美海军休假,任轴心国建立同等海军;(三)地中海、太平洋之英美海军均解除武装;(四)英海军退出地中海,苏伊士运河归美及轴心国共管;(五)美仍控制本国,但不得取美洲之霸权;(六)太平洋美势力不得逾夏威夷群岛;(七)太平洋各岛建立共荣区域,推行合作并聘日本顾问;(八)苏联解除西伯利亚及海参崴之武装。"① 至1942年12月31日,翁文灏的日记结束。他记载的报刊新闻并不多,但从阅读报刊的范围与感兴趣的话题看,他偏重于国际要闻和经济新闻。整体上看,他在日记上所记的内容与一般读者有很大不同,尤其是摘录外文报刊的新闻,在当时国民党高官的日记中甚为少见。

与翁文灏同在中央政府为官的陈克文,在抗战之后继续担任国民党行政院参事,主管总务人事。他虽职位不高,但权责颇重,且与蒋介石、汪精卫、宋子文、孔祥熙等国民党军政重要人物有较多接触,了解不少高层机要和内幕,尤其对行政院日常行政事务颇为熟悉。北京、上海陷落后,陈克文对南京安危颇为关注。至1937年12月14日,他得知南京于头天已经陷落。他读报后哀叹:"以中国之大,仿佛已无吾人托身立命之所矣。"至27日,他读报后得知济南失守,"敌兵偷渡黄河的不过千人,一千人便把偌大一座城池夺去,真是太便宜了敌人,中华民族亦太丢人了"。② 对于国民党军事上的节节败退,他颇为不满。

之后的一年间,陈克文很少记载报刊新闻。至1938年年底,他特别关注汪精卫的言行和相关报道。作为他昔日的顶头上司,他对汪精卫颇有好感,对报纸上报道汪的卖国投日行径颇感怀疑甚至不满。他在12月29日的日记中写道:"有些报纸对汪先生离渝表示很不好的批评。共党的《新华日报》语更讥刺刻薄。汪先生此时既为时势所禁,不能发表其意见与主张,人之误会

---

① 翁文灏著,李学通、刘萍、翁心钧整理:《翁文灏日记》,中华书局2010年版,第494、513、652页。
② 陈克文著,陈方正编辑校订:《陈克文日记(1937—1952)》(上册),社会科学文献出版社2014年版,第142、149页。

第七章 抗战时期读者的报刊阅读活动

不免日深,诚可痛也。"当时报纸上揭露汪精卫发表的"艳电",事实确凿,但陈克文仍然为汪精卫辩解。对于汪精卫投敌的处罚,国民党高层取得一致意见,但他职务不高,并未参与其事。1939年1月2日,他阅报,"始知昨日下午中央党部会议结果,汪先生已受开除党籍,撤消一切职务的处分"。当然,汪的党羽自然也受到影响。3月16日,陈克文在日记中谈及汪的亲信李圣五,因受汪案牵连,辞去《东方杂志》总编辑和商务印书馆编译所的职务。其中重要原因是:"《南华报》的广告,他有一篇《怯懦与无畏》的文章,必然是响应汪先生的合议主张的。"另外,汪精卫的秘书曾仲鸣在越南河内被暗杀,他听到各种传言。28日,他读报后对新闻来源予以澄清:"前记《商务日报》载仲鸣被刺详情,今日始查得并非该报,系《扫荡报》,内容亦无刺客十余人之事。可见传闻之不可靠。"但他仍然没有看清汪精卫出走重庆的真实意图,并认为报刊对汪精卫存在较多的误解。4月5日,陈克文又看到报纸上汪精卫投敌的新闻:"各报忽又有汪先生派人赴日与敌订立协议消息。《大公报》所载最详,谓每月受敌三百万,组织救国反共大同盟,自任总裁。"他读后为汪精卫辩解,但语气似有变化:"这些消息的来源谓出于日方翻译之手,一似甚有根据者,但我未敢相信。不过曾仲鸣被害之后,汪先生精神受刺激过深,或不免走向极端。报载消息虽未必完全可靠,亦未必全非事实。如因情势所迫,趋入歧途,则真可叹也。"第二天,他看到报纸上仍有汪精卫通敌卖国的消息和评论,"《时事新报》刊载吴稚晖的学步词,尤尽挖苦的能事。这样一来,恐怕真要迫上梁山了"。陈克文虽然继续为汪精卫辩护,但对汪氏投敌的报道不再辩解了。至9日,他看到汪精卫最近在《南华日报》发表的《举一个例》一文。汪精卫在文中对其投敌行为进行自我辩护,其大意是:"主和的并不是他一个人,政府里许多人都主和。……文章的意思说,大家都是主和的,为甚么我不可以主和。……这分明不是当局不主和,只是客观事实不能和而已。"显然,汪精卫的诡辩迎来了猛烈的反击。11日,吴稚晖在各报发表一篇文章,题为《对汪精卫的〈举一个例〉进一解》。陈克文读后指出:"这一次对汪嘲骂更为厉害,汪先生看见,必定更加生气,不过其中论点确有道理,非纯然漫骂可比。此文一出,各方面攻击汪先生的必定风起云涌。"语气中虽有对汪精卫的同情,但已经觉察到汪的投敌行径。12 日,他接到 3 月 25 日的《南华日报》。他读后记载:"曾仲鸣被暗杀一文,其中有两句说'此次汪先生若不幸而死,则中华民国将随之而亡,民主政治将随之而绝'。这种宣传真不知对汪先生有何好处,只给吴稚晖们做奚落文章多添一些资料而已。"《南华日报》为汪精卫所操控,陈克文自然知道其中玄妙,久历官场的他,了解此类自欺欺人做法的后果,他对汪精卫的态度又有了新的变化。至 30 日,他读到《国论周刊》上的一篇短文,专门评论汪精卫的为人,他又有新的认识,认为"虽不免有偏见,惟其中一段甚为中肯"。[①] 陈克文借题发挥,虽已了解部分原因,但语气中仍然认为汪精卫是一介书生,尚没有认清其卖国贼的真实面目。

当时,国际通讯社不断报道汪精卫投敌的消息。1940 年 7 月 4 日,他记载:"报纸刊载外国通讯社消息,说汪先生快要(做)傀儡〔傀儡〕组织的首领了。"10 日,他看到路透社新闻后得知"汪先生竟在上海用无线电广播,为日本的近卫首相的所谓和平政策宣传辩解"。当天,他在日记中第一次去掉了"先生"的尊称,终于对汪精卫表达了愤怒:"所以我敢断言,汪所提的主张,不论他的价值如何,以他这样的作法,除了供现在和将来历史上给人恶骂的材料之外,还有甚么是处呢?"通过半年的观察、阅读和研判,他看清了汪精卫投日卖国的丑恶行径。自此,他对汪精卫的语气大不相同,坚决与他划清界限。当他在 8 月 15 日读到《大公报》上有关汪精卫的传单由日本飞机散放于江门等处的报道,又看到《时事新报》报道汪精卫的广播是由上海杨树浦的日本电台发出的报道之后,对汪精卫极度厌恶。他愤然指出:"今日的汪精卫已十足日本军人的工具矣。……我想今后他非甘心做日本军人的走狗,即当自己愤怼怨恨而死。"三天后,他得知汪精卫要在广州组织傀儡政府,报刊充斥着各方声讨的文章。他从一本新发行的《时代精神》月报看见两篇论汪精卫的文章,"一篇是郑学稼写的,又一篇是日本人吉冈文六

[①] 陈克文著,陈方正编辑校订:《陈克文日记(1937—1952)》(上册),社会科学文献出版社 2014 年版,第 322、325、364、368、372、373、375、376、385 页。

第七章 抗战时期读者的报刊阅读活动

写的"。10月6日,他看到报纸上有关汪组织伪中央的希望已经不能实现的评论。他认为,汪精卫"将来必陷于身败名裂,追悔莫及的绝境"。① 彼时,他与所有的爱国者一样,对汉奸汪精卫恨之入骨,认为他必然会自食其果,留下千古骂名。

陈克文在抗战后两年多的读报记录,几乎都是围绕着汪精卫展开,这在国民党官员的报刊阅读史中甚为罕见。他从初期对报刊报道的怀疑,自觉为汪精卫辩解,到后来对报刊言论的半信半疑,再到开始怀疑汪精卫的言行,最后终于根据报刊报道的大量事实,认清了汪精卫作为汉奸的本质。在两年多的时间内,陈克文对这位昔日顶头上司态度的变化,与其阅读报刊的历程有直接的关联。尽管他身处行政院,对高层信息了解较多,但有关汪精卫投敌卖国的判断,他却经历了两年的认知过程,表明人际传播对他的认知转变并没有产生很大影响。需要说明的是,报刊文本在不同时段呈现的意义,与他本人的"汪精卫情结"有极为复杂的关系。但是,通过两年多的文本分析和新闻解读,他终于走出了自己固化的"汪精卫形象",认清了汪精卫的汉奸面目和叛国劣迹。陈克文这段时期的读报经历与心理变化,颇值注意。

与陈克文相稔的王子壮,在抗战之后担任国民党中央监察委员会秘书长和铨叙部政务次长,他对时局甚为留意,在日记中经常记录报刊新闻并加以评论,发表自己的感想。在卢沟桥事变之后的一个多月间,王子壮几乎每日阅报,记录中日和战进展。至淞沪会战之后,王子壮对南京的危亡颇为忧虑。1937年9月25日,他在日记中写道:"昨阅报得知二十二日敌机轰炸中央党部,落弹五枚,所载不详,深以为念。"战局对中国军方很不利,王子壮与很多国民党要员一样,期望国际社会支持中国抗战,谴责日本的侵略行径。10月8日,他读报得知"罗斯福总统有惊人之演说发表,其意在宣示美国维持和平之决心及反对侵略国之违背条约之行动"。这似乎给他带来了心理上的安

---

① 陈克文著,陈方正编辑校订:《陈克文日记(1937—1952)》(上册),社会科学文献出版社2014年版,第420、423、441、443、464页。

慰，但在抗战初期，国际社会并未给中国以实际的支援。中国军队在组织淞沪会战之后，开始实行战略上的转移。日本所谓"速战速灭"的妄想并未实现，国民党军队在一些局部战役中也取得了胜利。报刊宣传的获胜消息引起了王子壮的关注。12月3日，他读报得知"广德、泗水已为日人所占，今又反攻大捷"。他颇为振奋，认为"我军虽败犹保有反攻之力，为此长期支持，前途有望也"。但是，国民党军队节节败退，坏消息不断传来。13日，南京沦陷。14日晨，他读报后记载："蒋先生已令南京守军退出，盖巷战苦斗，已损失甚大，为免更大之牺牲，遂不得不放弃我宝贵之首都。"王子壮随国民政府迁都重庆后，积极反共，抵制中共的抗战宣传。同时，他也关注战时新闻。1938年1月25日晨，他阅报"知韩复榘于昨日军法会审，由何应钦任审判长，即予枪决，以正其罪"。对于韩复榘的临阵脱逃，他认为"阅及者莫不称快"。6月28日，他读报后记载："英外长哈里法克有调查中日之表示，谓现在中日战争已至调解之时机，英国外相以为英国最宜担任此事。"但他认为"为期尚远"，① 对所谓的"调解"并不抱希望。

1939年之后，王子壮的日记中有关阅读活动的记载较少。当年9月11日，他读王亚南在《扫荡报》发表的《对于日本之基本认识四点》，认为议论恰当，"实获我心"。② 作为高级官员，王子壮也感受到战时物资供应的紧张。他曾透露，1939年的日记本为蒋介石统一赠予，但至1940年，"多赠与军事将领，行政长官则多付阙如"。③ 此后，他的日记颇为简约，较少记载报刊新闻。1943年1月17日，他读《时与潮》副刊之新年号，"对于《是否将发生第三次世界大战》及《英国之战时生活》二文，最感同情"。④ 1944年6月至8月，中日双方进行衡阳会战，极为惨烈。8月9日，王子壮阅报得知

---

① 王子壮：《王子壮日记》（手稿本·第4册：1937—1938年），"中央研究院"近代史研究所2001年影印本，第268、281、337、348、388、481页。
② 王子壮：《王子壮日记》（手稿本·第5册：1939年），"中央研究院"近代史研究所2001年影印本，第326页。
③ 王子壮：《王子壮日记》（手稿本·第6册：1940年），"中央研究院"近代史研究所2001年影印本，第1页。
④ 王子壮：《王子壮日记》（手稿本·第8册：1943年），"中央研究院"近代史研究所2001年影印本，第26页。

最新战况。第二天,他在日记中记载方先觉等将领的英勇抗战事迹:"我守衡阳之第十军军长方先觉电呈蒋主席,谓敌人猛攻,自北城攻破,无兵可调,决一死殉城,有来生再见一语。是苦战四十七日之结果,以军火悬殊,虽敌外尚有我军围攻,终不能胜。"王子壮得知消息后,"心为悽然。欲绝一切,作事均觉无绪"。① 此种感叹,反映出他对前方将士英雄壮举的崇敬之意。

与王子壮忙于行政相比,林一厂属于"闲散官员"。他是国民党党史专家,自1934年开始在国民党中央党史史料编纂委员会工作,抗日战争时期兼任总纂办公处秘书。他留存的日记起于1942年7月12日,终于1947年12月5日。除了大量记载党史会的日常运作、史料征集和日常生活琐事外,他勤于阅报,几乎每天都有阅读记录,在日记中记载了抗战后期的大量新闻。林一厂是广东梅县人,他长期订阅梅县《中山日报》。此外,他经常阅读的报刊有《中央日报》《大公报》《新民报》《世界日报》《益世报》《太平洋杂志》等。有时,他一天会读数种报刊,并就重要新闻相互参证。作为党史专家,他注意记录报刊史料和时政要闻,尤其是报刊上有关国民党政要事迹的史料,他往往全文抄录。如他多次抄录有关孙中山、田桐、邓仲元等人的史料。另外,他酷爱诗文,积极向报刊投稿。如1942年9月9日,他阅报得知自己所作"九九"补充稿,"已在《中央日报》登出"。27日,他拆阅梅县报纸,见"卅年十一月廿三日《中山日报》内载:陕西富平县有张老虎祠,系为梅人张其翰兄弟而立"。1943年10月2日,他夜阅梅县《中山日报》,8月31日报尾"有古公愚所撰《钟辟生事略》及《哭钟天静》诗一绝,不称辟生而称天静"。此类来自家乡的奇闻趣事,颇能引发他的注意。当然,对于国际要闻,他也留心记载。如1943年1月6日,他阅《大公报》,"载美国白皮书社评,谓美国主张:一、战后东北四省归国际共管;二、将四省划交苏联管辖,而将越南划归中国;三、将四省宗主权归还中国而将经济权益给日本。《大公

---

① 王子壮:《王子壮日记》(手稿本·第9册:1944年),"中央研究院"近代史研究所2001年影印本,第320页。

报》痛驳其荒谬，文甚正当"。①

1944年3月后，林一厂经常读《大公报》《中央日报》。如3月23日，他阅前一天《中央日报》所载《"苏报案"之前后》一文，认为它是一则党史资料，便"抄存如左"。28日，他读《中央日报》，"再抄《"苏报案"后相连之行踪述略》"。30日，"阅廿九日《中央日报》载第一届青年节。……蒋主席发表告全国青年书"。他择要抄录之。5月6日，他见《中央报》"载许昌禹县纵谭一则"，②遂摘录其文。在他的日记中，抄录的报刊史料占有较高比重。这与他的职业和兴趣有一定关联。对他而言，每天到办公室读报已是工作中的重要内容，家里亦订阅不少报刊。他热衷于抄录史料，在日记中再现历史人物和事件，体现了他在报刊利用方面的特殊目的。

1944年4月之后，日军发动豫湘桂战役，进犯河南，合围洛阳。林一厂十分关注战事的进展，经常阅读《中央日报》和《大公报》，并记载重要新闻。5月7日，他读《中央》《大公》二报并记载："倭寇复西犯，至洛阳南三十里之龙门及更南之宝丰。惟连日中美空军往豫轰炸，寇亦受创不小。"15日，他读报得知"洛阳城郊仍苦斗中"。25日，报载："豫省战事已大转机，洛阳坚守，他县亦为我军反攻克复城镇多处，寇势渐衰。"显然，包括《中央日报》和《大公报》在内的大报，对中日战争的许多战役，都存在"报喜不报忧"的倾向，即特别突出局部战争的胜利，对国军在重大战役中的失利往往轻描淡写，甚至避重就轻。5月25日，因敌我力量悬殊，洛阳失陷。6月8日，林一厂阅7日《大公报》得知欧洲第二战场已于6月开辟，"英美及其他各国之同盟军是日晨在法国北海岸登陆"。这对世界反法西斯战争局面而言是颇为令人振奋的，但日寇却在攻陷河南后继续进犯湖南。22日，林一厂读报后，摘录"长沙失陷情形"。之后，日军又南下入侵衡阳。25日，报载："长沙未有克复消息。寇便衣队已扰及衡阳。"衡阳会战开始后，林一厂连日摘录

---

① 林一厂著，李吉奎整理：《林一厂日记》（上册），中华书局2012年版，第23、29、94、63页。

② 林一厂著，李吉奎整理：《林一厂日记》（上册），中华书局2012年版，第214、228、230、317页。

第七章 抗战时期读者的报刊阅读活动

报纸新闻。7月3日,他在日记中记载:"衡阳连日恶战,寇屡用毒瓦斯弹,我守军仍拼死固守,卅晚城垣仍无恙。"4日,他读《大公报》,得知"衡阳仍在剧战。粤战未见扩大,华莱士副总统于卅日下午由成都飞至兰州"。5日,他阅本日《中央日报》和《大公报》,得知"衡阳仍屹立"。① 至8月8日,衡阳沦陷。

9月之后,日军大举进攻广西,桂柳会战爆发。林一厂通过读报获知了前线战况,较为全面地记载了桂柳会战的进展。如11月10日,他阅《大公报》,报道称:"桂林四郊战仍激烈相持,柳州之北已有战事。"14日报载:"桂林已巷战,柳州城郊亦激战中。"之后不久,桂林、柳州相继沦陷,国民党军队遭受重创。之后,日军向贵州进犯。12月9日,他阅《大公报》上的新闻,得知"黔省战事略好。我军克复八寨以南之三合县城,仍在追击中,又向独山攻击前进"。18日,他补阅前一天的《中央日报》《大公报》,记载战事进展:"缅境八莫十五日为我军第卅八师攻克。桂境我军已攻迫河池近郊。其攻达保平圩部队亦有进展。美军在菲律宾群岛之明多罗岛登陆。"中日军队仍在广西河池恶战。19日,他阅报后知悉河池战况:"桂境我军攻克五圩后,已进至距金城江约二十里之地。"20日,他阅当日《中央日报》并记载:"桂境我军仍攻河池……欧洲西部德军三路反攻。中美空军向倭本土及我国各沦陷区开始大攻势。"前方战事仍然吃紧。22日,《大公报》有报道云:"河池我军攻薄城垣。另队先锋迫全〔金〕城江。缅境我军续克据点十三处以上,现距国境仅二英里。自中国基地起飞之美超级空中堡垒约三十架,廿一日白昼轰炸沈阳大连。"② 之后十余天,林一厂持续关注河池战役的情况,摘录了大量战事新闻。

至1945年,中日战争的形势发生了改变,林一厂通过报刊新闻了解了战局的变化。1月26日,"中印公路(即雷多公路)首次通车完成"。中国为修

---

① 林一厂著,李吉奎整理:《林一厂日记》(上册),中华书局2012年版,第318、323、325—326、329、336、338、340、341页。
② 林一厂著,李吉奎整理:《林一厂日记》(上册),中华书局2012年版,第436、441、455、460、461、462页。

建这条公路作出了巨大牺牲,报刊有不少相关报道。29日,《中央日报》报道,蒋介石宣布将中印公路命名为"史迪威公路"。之后,报纸上有关抗战形势的报道颇能振奋人心,林一厂也详加披露。2月1日,他记载《中央日报》上的新闻:"曲江郊区我军连日与敌拼斗艰苦,凡一据点之争夺,莫不舍身以赴。"日军进一步进犯广东韶关、江西赣州等,但已是强弩之末,美军在东南亚战场给日军以沉重打击。7日,林一厂阅《大公报》,得知"美军已攻入马尼拉"。之后,好消息不断。15日,他阅《中央日报》《大公报》后记载:"粤省我军攻克坪石,美、英、苏三国自本月四日在黑海之克里米亚会议……内决定于四月廿五日在美国旧金山举行联合国会议,并邀请中、法两国共同召集。"国际形势对中国抗战较为有利。他在4月25日记载:"旧金山联合国会议今日开幕,《中央(日)报》自本日起增半张刊载此会新闻。"之后,国军展开反攻,胜利消息不断传来。6月5日,《大公报》报道:"桂境我军于二日克复罗城、融县。"广西、浙江一带捷报频传。林一厂心情大好,每日关注最新战况。8月9日,他阅报得知"苏联八日对日宣战"。15日,《大公报》消息称:"昨传日本复文正式无条件投降者。"16日,他读前一天《中央日报》社论,"题为《莫候消息 加紧奋斗》"。20日,他阅本日《中央日报》,得知"日本投降事渐见确实。惟投降书尚未发表耳"。[①] 至此,林一厂通过报刊新闻,终于等来了日寇投降的消息。三年多来,他对中日战事持续关注,通过报刊新闻记录重要战事,表达了他对国家和民族命运的关切之情。

与林一厂相似,杨玉清也是典型的学者型官员。抗战之后,他先后任国民党中央社会部文化事业科科长、中央政治学校训导教授、中央训练委员会编审处长、三青团中央团部宣传处副处长等职,还担任《三民主义半月刊》杂志社社长兼总编辑,公务甚为繁忙。同时,他勤于笔耕,为大量报刊撰写稿件,日记中记载了自己在各类报刊发表文章的情况。此外,他关注时政,阅读了大量报刊,并结合自己的工作和国内外形势,展开深入思考。1938年

---

① 林一厂著,李吉奎整理:《林一厂日记》(下册),中华书局2012年版,第486、490、494、500、505、571、615、644、648、649、651页。

1月21日,他读报得知行政院将设立非常时期服务团,"召集在外之疏散人员填单登记"。他当即决定填表登记,并表示"今后为报国之时期,苟得为国事出一份力量,则辛苦委屈,均在所不辞也"。对于国民党的动向,他也甚为关注。4月3日,报纸报道国民党临时全国代表大会已闭幕的消息,"党中已确定领袖制,以蒋介石为总裁,以汪精卫副之。并发表宣言、纲领,以为号召"。他读后评论道:"词意极好,尚待看以后实行如何也。且有设国民参政会之拟议,亦系善政之一。"9日,各报又报道中央党部常委及各部长变更的新闻:"顾孟余任宣传部长,周佛海、(董)显光副之。"① 高层人事的变动名单中,他特别关注宣传部要员的任命,大约与他身兼报人的新闻敏感有关。

杨玉清与汪精卫有旧交,但对汪精卫沦为汉奸的内幕并不知情。对于报纸的报道,他将信将疑。1938年12月24日,有报纸便报道汪精卫已出国就医于河内的消息,他读后并未特别留意。1939年1月2日,他读报得知"汪根据日方近卫声明书认为可以进而商谈和平,电中央采纳此种意见。昨中央已开临时会,决定开除汪党籍且撤一切职务"。他并未谴责汪精卫,而是感叹内部分裂,指出:"国家至此而有此不幸事,思之喟然!"至4月5日,报纸大篇幅报道汪精卫投降日本的新闻,"其条件亦公布",但他仍然指出:"想非真相也。"② 之后,随着汪伪政府的成立,他才幡然醒悟。

杨玉清阅读报刊后,对一些重大新闻也留心记载。如1940年8月22日,他看各报后记载日机轰炸重庆的惨状:"昨前两日,重庆精华,均已付之一炬也。"9月30日,他看报后得知德意日军事同盟已成立,写道:"是日本旗帜鲜明,非如我所言,在十字街头也。"③ 之后四年多,他记载报纸新闻较少。但至1945年4月,他对欧洲战事较为留意。23日,他读本日报纸后记载:

---

① 杨玉清著,杨天石审订:《肝胆之剖析——杨玉清日记摘钞》,中国时代经济出版社2007年版,第214、221、222页。
② 杨玉清著,杨天石审订:《肝胆之剖析——杨玉清日记摘钞》,中国时代经济出版社2007年版,第239、242、245页。
③ 杨玉清著,杨天石审订:《肝胆之剖析——杨玉清日记摘钞》,中国时代经济出版社2007年版,第274、276页。

"苏联军队已攻入柏林。英美军与苏军即将会师也。"5月2日,他看各报后颇为震撼地写道:"墨索里尼日前已在米兰被枪决,本日报载希特勒又病死。两魔已去,欧战结束,即在目前也。"德、意法西斯统治垮台,欧战即将结束,中国的抗日战争也即将迎来最后的胜利。8月10日,当日报纸声称二十四小时内或有重大事件发生。他在日记中描述了当日的所思所见:"我辈想像,彼系日本投降事。我谓明日报纸必有记载,但今晚应有号外。语尚未已,则有人过此,已大喊'日本投降了'。儿辈闻之,狂喜跳跃不已!"第二天,他阅报始知日本非无条件投降,"要求有保留天皇特权之附带条件,四国正共商答复也"。至14日,他买得《新民报》号外,得知"日本已全部接受无条件投降"。① 其欣喜之情,难以言传。

作为具有政治学和法学背景的专家,杨玉清在专业领域有较高造诣,经常接受各类报刊的稿约。对各种时政类杂志,他广泛涉猎。抗战时期,他阅读的杂志包括《新战线》《文化建设》《国论》《国光》《国是公论》《时与潮》《新政治月刊》《今日青年》《服务》《青年向导》《民意》《群众》等。他读杂志,往往注意品评,突出重点,体现个人的学识和价值判断。如1938年2月15日,友人周一志带来《新战线》六册,他披阅之后认为"作者仍不免时下浮暮气习,恐不足以济事也"。6月1日,他读《青年战线》所载贺衷寒之《现代政治与中国》一文,"不禁感叹以其所见,将误尽天下苍生";又"读国家主义派所出《国光》",认为"内容仍极空虚"。11月6日,他读《青年向导》青年问题专号,评论道:"均系一时要人所作,均无可取。仅张知本所草一文,尚有是处。"1939年1月12日,他阅读了《民意》《青年向导》各一册,对这两份刊物印象不佳,认为"值得一看之文太少"。1940年1月11日,他披阅《新政治》宪政专号,颇为失望地指出:"或则漫骂,或则党八股毫无内容,如此中国,欲求学术之独立,民族之向上,岂非缘木求鱼。"1945年1月11日,他读张光人主编的《希望》杂志,认为"内容极

---

① 杨玉清著,杨天石审订:《肝胆之剖析——杨玉清日记摘钞》,中国时代经济出版社2007年版,第422、423、431页。

好"。2月11日,他读老友聂绀弩主编的《艺文志》月刊,认为"各文意义均极深刻"。① 由此可见,对于所阅的各类杂志,他都会根据内容和风格予以点评,表达自己的观点和态度,也展示自己的真实阅读感受。

值得注意的是,他对自己在各种刊物上发表的文章颇为看重,收到刊物之后,往往会在日记中提及,为自己的"著作史"提供参证。如1938年11月3日,他在日记中记载:"《新政治月刊》已出版,我文《中国政治建设论》已刊出,晚饭后就灯下披阅此刊物。"1939年5月6日,他读《新政治》二卷一期,特加说明:"我文《政治习惯建设论》已刊出,重要处均被删去,为之三叹。"1940年3月29日,他收到《新认识》月刊创刊号,特地指出:"我文《民族主义之认识》已刊出,批阅一过。"1944年3月31日,他读《中山月刊》复刊号,其文章《宪政初阶》亦刊出。他读后写道:"因未送审,我读之深感不安。恐语气太重,惹起麻烦。我操心危而虑患深,于今益甚!"② 此类阅读各类杂志中自己已发表作品的记载,在他的日记中多次出现。这说明他勤于写作,著述丰富,且在学界有较大影响,也表明他注重自己的言论,亦有顾影自怜之意。

与上述文职官员在后方记载战时新闻不同,谢晋元在淞沪会战中声名鹊起。他在四行仓库英勇抗击日军,蜚声海内外,令国人振奋,后被迫撤退至租界,成立孤军营。从1938年1月开始,谢晋元开始写日记。虽然孤军营的生活条件极为艰苦,但谢晋元坚持从严治军,时刻准备为国征战,赢得了上海民众的普遍尊重。他在军事训练和工作之余,勤于学习,坚持阅读各种报刊,认真分析国内外政治形势,并经常在日记中记载时政要闻,进行深入思考,提出自己的见解。如他在1938年4月21日记载:"本晨遍阅本市各报,对昨日发出之《告同胞书》,均节减刊登,想因顾虑环境,而有所忌惧故也。"这是谢晋元对报刊刊登他的《告同胞书》的感想。由于上海沦陷,不少报刊

---

① 杨玉清著,杨天石审订:《肝胆之剖析——杨玉清日记摘钞》,中国时代经济出版社2007年版,第216、225、236、243、258—259、411、413页。

② 杨玉清著,杨天石审订:《肝胆之剖析——杨玉清日记摘钞》,中国时代经济出版社2007年版,第236、246、266、381页。

对日军有所忌惮，只好删减了他的稿件。谢晋元在孤军营中能够阅读上海出版的各报，说明孤军营与外界的通信联系尚未中断。报纸提供的时政新闻，为他了解时局提供了重要的资讯。如5月28日，他读完"本日各报"后，记载："知英法苏互助协定，有成功希望。似此世界大势，业较清晰，不若前之模糊不清也。"9月4日，他读到两天前出版的《大美晚报》，并记载："登载英法对德宣布入战时状态后，人心转紧；英法因德武力侵入波土，两国以'哀的美敦书'致德，限期答覆。"① 他在日记中对第二次世界大战的局势颇为留意，深知中国反法西斯战场与西方战局有密切的联系。

至1940年，谢晋元已在孤军营生活了一年多，他坚持每天记日记，并留心时事，关注抗战形势的变化。1月4日，他读报得知"粤北大捷，歼敌万余"，故颇为兴奋地写道："粤人精神，初现身手。"同时，他也关注上海当地的新闻。如1月13日，他读报后记载："永安公司被扣三职员，业于昨日释放矣。"作为公众人物，他还设法为报刊撰写文章，激发抗战斗志，但一些报刊不敢刊载。如3月7日，他浏览各报新闻后记载："昨日发出消息，各报均无刊载，不知何故。恐工部局有阻碍也。"② 工部局害怕谢晋元的言论会给他们带来麻烦，往往设法限制报纸发表谢晋元的文章。比如，谢晋元的母亲去世后，他撰写的《母逝感言》仅有《申报》《新闻报》刊登。尽管环境甚为恶劣，但谢晋元仍然坚持备战，利用有限的读报机会关注时局，抒发爱国情怀。

与谢晋元一战成名的英雄人物不一样，马千里则是一名默默无闻的低级军官。抗战初期，他在国民党第32军军部担任参谋，负责接收和记录广播新闻。彼时，军中仅有一部收音机，抄收广播新闻成为他工作中的重要内容。比如，中苏签订互不侵犯条约、上海沦陷等消息，都通过他向部队官兵传播，直到1939年11月，他才结束这项工作。这说明，当时国民党杂牌军中，通信条件较为落后，报刊传阅甚为困难。马千里在行军中也是偶尔读报，对报刊新闻颇有印象，一般都会择要记载。如1937年10月14日，他在列车上偶

---

① 谢晋元著，朱雯编选：《谢晋元日记钞》，正言出版社1945年版，第12、35、58页。
② 谢晋元著，朱雯编选：《谢晋元日记钞》，正言出版社1945年版，第71、84页。

然看到几张近日的报纸，读后深感失望。他写道："真是白日说梦，前线的溃败只字不提，满纸充斥着'寸土必争''战果辉煌''石门激战，平汉大捷'之类的谎言。与我日前亲身所见的判若两个世界，欺骗群众达到顶峰。"此段评论反映了当时报刊为追求宣传效果而虚假报道新闻，刻意制造"胜利氛围"的普遍做法。对此，身在军中的马千里自然有极大的心理反差。四天后，他再次对此大发感慨，国民党军队四处溃逃，"但报纸却刊载：平汉胜利。把败说成胜，自欺欺人。气得我把它抛掉"。① 此种举动表明马千里已对报刊的虚假报道忍无可忍。

1938年之后的两年，马千里阅读《东南日报》《新华日报》《抗战导报》《世界知识》等报刊，对欧洲战事特别关注。如1939年1月24日，他连日读《世界知识》后评论道："凡是侵略者都有一个共同规律：'过高的估计自己，过低的估计被侵略者'，到头来总是走向可耻的失败。"此段话显然是针对德、意、日等法西斯侵略者而言。1940年4月13日，他读报得知"英、德海军展开空前大海战"。他根据自己掌握的相关材料研判："英、德在海上，德海军占劣势，希魔在海上要吃到苦头。"7月3日，他看了旧报纸后记载："法国贝当元帅厚颜无耻向德寇投降，走了汪逆精卫的道路。"② 这些零散的记录虽是马千里偶尔看报所载，却表明他注意研判欧战动态。

总体上看，党政官员和部队军官拥有一定的政治资源，有较多的机会阅读报刊新闻，他们对时政问题和战事新闻都较为关注，留心抗战形势和国内外时局的变化。不过，他们的读报经历详略不同。由于各人的年龄、文化程度、地位、兴趣等方面的差异，他们对报刊新闻的解读、记载与评论各有侧重，详略不一。他们可能阅读了相同或相似的新闻，但在日常生活中感知和阅读的新闻重点并不一致，即便是对同一类型的新闻，也各有选择，相关的新闻评论更是带有个体的主观情感。比如，对汪精卫投敌卖国这一重大

---

① 马千里著，重庆红岩革命纪念馆整理：《峥嵘岁月——马千里抗战日记选》，四川人民出版社1998年版，第30、34页。
② 马千里著，重庆红岩革命纪念馆整理：《峥嵘岁月——马千里抗战日记选》，四川人民出版社1998年版，第104、193、207页。

新闻，陈克文在半年多的时间里持续跟踪报刊新闻，而相关内容在其他人的日记中却难得一见。因此，每个读者都是"偷猎者"。在抗战时期海量的新闻报道中，他们抄录和记载的新闻文本丰富多样，行文中也体现出个体的态度和判断。这恰恰反映出他们的个性和阐释策略，也表明他们读报后的"记"与"忆"具有相当的独特性。

二、学者的报刊阅读与家国情怀

抗战之后，我国文化教育事业遭受惨重损失，许多大学、研究机构、文化单位被迫西迁。这些文教单位在大后方虽有所恢复，但战时条件极为艰苦，图书资料极为缺乏。许多学者在大后方艰苦的工作条件下，甚至在日寇的狂轰滥炸中，仍坚持进行写作与研究。与战前相比，他们收阅报刊更为困难，即使有机会读报，也因工作条件、生活环境的限制，无法及时加以记载和评论。不少学者虽然经常读报，但无意"重演"他们的阅读经历。从总体上看，战时国统区知识分子在艰难的生活境遇中，留存下的读报记录较为少见。西南联大是战时最著名的学府，名家云集，但这些学者留下的读报记录甚少。如潘光旦曾任西南联大教务长，但他的读报记录是在来西南联大之前的一次旅途中。1937年9月16日，他"事先购得隔日《庸报》一份，偶一寓目，聊遣沉闷与免人过于注意而已"。① 而郑振铎在抗战时期也很少有读报记录，他仅在1940年1月23日的日记中记载报刊新闻："阅报，见前昨二日冻死者在百数十人左右，为之愕然，悽然！这是世界任何大都市所未有之现象也！'朱门酒肉臭，路有冻死骨。'诚可为今日之上海咏也。"② 在抗战时期，潘光旦、郑振铎日记中几乎没有读报的记载。同样，在西南联大任教的许寿裳也很少在日记中记载读报心得，仅于1941年3月11日记下"收靖华寄来《抗战文艺》一册52号"，③ 但其内容如何，他并无评论。在川北三台东北大学主

---

① 潘光旦著，潘乃穆、潘乃和编：《潘光旦日记》，群言出版社2014年版，第10页。
② 郑振铎著，陈福康整理：《郑振铎日记全编》，山西古籍出版社2006年版，第115页。
③ 许寿裳著，黄英哲、奉贤次、陈漱渝等编校整理：《许寿裳日记（1940—1948）》，福建教育出版社2008年版，第605页。

持东北史地经济研究室的金毓黻，抗战时期也少有读报记录。1940 年 3 月 6 日，他阅报"知蔡子民先生于昨日病逝于香港，年七十有四。此老近年体孱多病濒殆者，屡以调治得法延至今，兹亦可谓令德考终矣"。① 此则有关蔡元培去世的新闻，他予以特别关注，是难得的阅读感想。

历史学家朱希祖在日记中对读书活动着笔甚多，但对读报的记载却惜墨如金。朱希祖在 1937 年 11 月随中央大学西迁至重庆，之后的日记中，仅有一些零碎的读报记载。如 1938 年 4 月 3 日，他阅报得知"《国民党临时全国代表大会宣言书》及《抗战建国纲领》七项三十二条全文。党选蒋中正、汪兆铭为正副总裁"。8 日，他读报知台儿庄大捷，记道："我军完全克服台儿庄，寇死伤两万人。"7 月 18 日，他阅《时事新报》后写道："昨日星期增刊某君所撰《中国美术之精华》一文，觉美术家胸中多剑戟不能为美术家，止可称为美术匠，颇多感慨。"之后，他在日记中记载了几次战事新闻。25 日，有日报载"敌于二十三日由九江姑塘登陆。昨晨敌机飞四川之梁山、涪陵，故重庆有警报"。10 月 13 日，报载"信阳南柳林车站已克复，敌又在广东惠州图登陆，又将积极南侵"。14 日，他读报得知"敌在惠州大鹏湾登陆，拟截断香港、广州之交通"。他对广东地理颇熟，进而分析道："大鹏即在香港东边，距离甚近。广九路若为截断，则广州不守而粤汉路亦可截断，此计甚凶恶，而英、美在香港商业亦将被害，甚且香港亦难保矣，不知英、美将何以对付。"② 此后，他很少有读报记录。

与朱希祖相似，在抗战时期，历史学家刘节也少有读报记载。1939 年后，他从香港至昆明、贵阳、重庆等地，1940 年后在中央大学任教。他潜心古代史、古文字学等方面的研究，日记所载内容大多与读书心得和学术研究有关。但在 1939 年 1 月 1 日，他阅报后，对汪精卫议和的新闻予以评论："和议诚然不可，但汪氏之主张必定失败。中国之前途当会走上英美法

---

① 金毓黻著，《金毓黻文集》编辑整理组校点：《静晤室日记》（第六册），辽沈书社 1993 年版，第 4495 页。

② 朱希祖著，朱元曙、朱乐川整理：《朱希祖日记》（中册），中华书局 2012 年版，第 874、875、906、907、932 页。

一集团里去，我认为这是最正当的步骤。"之后，他记载的几次读报活动多与战局有关。如4月16日，他阅报后得知"昆明至河内之中国航空公司飞机又遭敌机袭击，邮航不通已二日。……"进而感叹道："交通时受打击，将来信件来往更难矣。"5月25日，他"忽忆昨日报载故乡又遭敌机轰炸，无心读书，乃取旧诗读之"。11月17日，他记载："下午一时左右晓峰兄来谈，携来报纸，知北海又有敌人登陆，战事不了，将如之何？"第二天，他阅报知"北海登陆敌已入钦州，其目的似在趋南宁，宜山又加紧矣"。① 这些零散的读报记录仅是他平时读报过程中的偶然所记，在艰苦的全民抗战中，作为一名学者，他留下的简约记载亦表明他对时局的关注和对国家前途的忧虑。

向来注重在日记中记载报刊新闻的吴宓，在抗战时期也鲜有读报记载，偶尔记录，亦非要闻。如1938年7月28日，他偶见本年4月18日上海《大美晚报》晨刊，记载第五版《记天然婚姻信托社出现》一文，并摘录："自然，去世不久的熊希龄在四年前刮光了胡子与年方花信的毛彦文结婚之后，不但打动了那些老年人，而且还暗示了当时的社会，流行了集团结婚。"② 毛彦文为吴宓苦恋多年的情人，却因种种原因与吴宓分手。毛彦文嫁给老迈的熊希龄，他读报后自然大发感慨。1940年4月17日，他听闻友人言，"北京《新民报》有人作文赞扬宓之诗。甚欲得读之也"。不过，他后来是否读了该报上的文章却不得而知。但4月27日，他至校中图书馆检阅本年3月18日北京《新民报》，见到第一版王一叶（王荫南）所撰之文，"斥驳胡适之白话，而称道宓与梁实秋之介绍人文主义。结处盛加勖勉。谓不患此二三子势力影响之小，而惟忧其志气信仰之不坚云云"。③ 作为文学评论家和诗人，吴宓比较在意外界对自己的评价，对报刊上有关自己的报道颇为关注，而对时政要

---

① 刘节著，刘显曾整理：《刘节日记（1939—1977）》（上册），大象出版社2009年版，第4、68、89、174页。
② 吴宓著，吴学昭整理：《吴宓日记》（第六册），生活·读书·新知三联书店1998年版，第340页。
③ 吴宓著，吴学昭整理：《吴宓日记》（第七册），生活·读书·新知三联书店1998年版，第156、160页。

第七章 抗战时期读者的报刊阅读活动

闻则很少评论,与抗战前的风格大不相同。

抗战之后,身处北平的学者俞平伯很少记载时政要闻,即便是卢沟桥事变,他在日记中也很少提及。他在1937年7月14日记载"订阅英文《时事日报》",但11月14日又"停阅英文《时事日报》"。1938年5月29日,他提及"托健君在津代订之《华北明星报》今日初寄来",但没有详记报纸的具体内容。6月9日,他读报后记载:"开战十一月以来,死伤约二百万人,无家可归者约三千万人。日军则死伤四十万云。"① 然而,此类战事新闻在他的日记中极少见到。以他当时的阅读条件,收阅报刊并非难事,这大约与他的记事偏好有关。

上述这些学者在抗战中记载的报刊新闻相对较少,自然与他们所处的生活环境和阅读条件有关,也与他们的性情与选择性记忆有关。但在抗战中,黄炎培等学者仍有机会订阅报刊,并在日记中记载了不少战事新闻。对于他们而言,及时记载这些消息不仅表达了他们对国家危难和民族命运的关切,也是他们战时生活内心痛苦的呈现。国难当头,学者们对战事新闻的获取在阅读的时机、空间和内容方面存在较大差异,他们对新闻文本的阐释与意义呈现也各有所见,各有心得。

抗战之后,黄炎培忧心国事,竭力团结各党派一致抗战,社会活动极为繁忙。与此同时,他坚持订购、借阅、收阅不少报刊,留心时政报道。如他在1939年10月27日记载:"续订《大公报》10.26—11.25,价3.00,《新新新闻》10.27—11.27,价1.20。"② 1942年3月11日,他向陈叔澄借阅武汉大学出版的《文哲季刊》,"中有儿方刚所著《拟倡立哲学研究院缘起》及《释老子之道》文"。4月28日,他收到姚维钧五天前所寄信件,"附贵阳《中央日报》号外"。8月25日,他"得叔昂信,附成都《中央日报》公告文"。③ 这些零散的记载说明他对报刊的来源较为重视。

---

① 俞平伯:《俞平伯全集》(第十卷),花山文艺出版社1997年版,第282、292、319、321页。
② 黄炎培著,中国社会科学院近代史研究所整理:《黄炎培日记》(第6卷,1938—1940),华文出版社2008年版,第196页。
③ 黄炎培著,中国社会科学院近代史研究所整理:《黄炎培日记》(第7卷,1940—1942),华文出版社2008年版,第234、261、326页。

尽管黄炎培订阅和收阅了不少报刊，而他在日记中记载的新闻内容相对较少，但一些新闻记述仍能体现他对时政和社会问题的关注。如1938年6月12日，他读各报后记载："黄河在开封、郑州间白沙地方决口。"① 他虽未评论，但有意凸显。11月28日，他读《新新新闻》并记载："本学期上海统计，大学五十四所，学生一万五千六百余人。中学二百二十一所，学生六万三千九百余人。小学四百零三所，学生十一万三千三百余人。补习学校百余所，学生数万人。"他长期在上海从事教育工作，虽身在重庆，但特地记载有关上海教育现状的新闻，表明他对此颇为重视。另外，他还简要记载了一些国内外时政新闻。如1939年8月17日，他读完本日《新中国日报》后记载："西昌会理间夷匪蔡三老虎即蔡长发，为官军击退。"② 1945年2月14日，他读当日各报所载克里米亚会议有关新闻，并记载："罗、邱、史联合声明发表，自四日至十一日会议，凡八日。"12月4日，他读报后得知"昆明学生为反内战集会游行，被打死四人（一号事）"。③ 显然，这几则新闻是他读报后经过"挑选"而刻意记述的，表明他对这些事件的印象较为深刻。同时，他在《大公报》《星岛日报》《时事新报》《新华日报》《国讯》等报刊上发表了大量文章，在收阅报刊后，他也会在日记中特加说明，印证自己的写作和发表历程。

对于某些自己感兴趣的新闻，他往往予以剪存。在抗战时期，他剪贴了不少报刊新闻。如1941年2月7日，他剪存当天《新民报》所载《白米多石送下江人》一文。1942年2月22日的日记后，附存当月25日《新民报》所载《寇在港横行》一文。④ 1943年7月26日，他剪存当日《扫荡报》号外，题目为《墨索里尼下台》；7月28日，他剪贴当日《大公报》所载

---

① 黄炎培著，中国社会科学院近代史研究所整理：《黄炎培日记》（第5卷，1934—1938），华文出版社2008年版，第309页。
② 黄炎培著，中国社会科学院近代史研究所整理：《黄炎培日记》（第6卷，1938—1940），华文出版社2008年版，第48、169页。
③ 黄炎培著，中国社会科学院近代史研究所整理：《黄炎培日记》（第9卷，1945—1947），华文出版社2008年版，第15、104页。
④ 黄炎培著，中国社会科学院近代史研究所整理：《黄炎培日记》（第7卷，1940—1942），华文出版社2008年版，第64、225页。

《上海战后复员计划委会成立》一文。① 1945 年 8 月 27 日，他剪存《中央日报》当日所载《中苏友好同盟条约公布》一文。② 在黄炎培看来，这些剪存的新闻具有较高的新闻价值和史料价值，特地剪贴于日记之中，不仅是为了节约抄录时间，更是有意"再现"新闻事件的细节，为之后的回顾提供"记忆"。

与黄炎培类似，抗战之后，陶行知忙于战时文化教育活动，设法推动抗战救国运动。他的社会活动极为繁忙，日记中有关阅读报刊的记录较少，多关注的是大众教育问题，致力于提倡报刊的通俗化与大众化。他对《老百姓》报的主编李敷仁说："《老百姓》报到手必读，如获至宝。……用老百姓的话语说出老百姓的心中事，才有如此成绩。"③ 他与邹韬奋等民主人士保持着密切联系，如他读报得知国际友人发表抵制日货的宣言后，便写信给邹韬奋说："昨天杜威、爱因斯坦、罗素、罗曼·罗兰四先生共同发表宣言，主张全世界各国人民自动组织抵制日货，……我们希望明天各报各通讯社都可以披露出去。"④ 彼时，生活书店的中心已移往汉口，陶行知希望生活书店在宣传抗战方面多作贡献。后来，他将《生活教育》改为《战时教育》，委托生活书店代为销售。1938 年 8 月，陶行知在香港创办"中华业余学校"，鼓动香港同胞团结抗战。其间，他对香港报刊非常关注，对汪精卫在香港收买报刊，充当汉奸报纸的行径极为不满。他写信给国民党高官陈诚说："精卫主和电发出，香港五十家大小报馆，附和他的只有《香港日报》和《南华日报》。《香港日报》是日本人办的，'南华'是他自己办的。第三天遍买'南华'不可得。一个卖报人对我说：'你为什么要买汉奸报？'我说：'看看有没有人卖汉奸

---

① 黄炎培著，中国社会科学院近代史研究所整理：《黄炎培日记》（第 8 卷，1942—1944），华文出版社 2008 年版，第 137 页。
② 黄炎培著，中国社会科学院近代史研究所整理：《黄炎培日记》（第 9 卷，1945—1947），华文出版社 2008 年版，第 73 页。
③ 陶行知：《为〈老百姓〉报题词——致李敷仁》，方明主编：《陶行知全集》（第 8 卷），四川教育出版社 2005 年版，第 514 页。
④ 陶行知：《杜威等人发表抵制日货宣言——致邹韬奋》，方明主编：《陶行知全集》（第 8 卷），四川教育出版社 2005 年版，第 375 页。

报.'至此，我才知道香港报贩已经封锁'南华'了。"① 香港报贩都明白是非，至于一般爱国民主人士，则更能与报纸划分界限了。陶行知通过书信偶尔谈及报刊新闻，但他本人并没有留下日记，无法证实他平时如何读报。

文史学者兼书法家余绍宋也热心文化教育活动。他是《龙游民报》《东南日报》等报刊的读者，但对时政要闻鲜有记录，偶尔所记和剪存的新闻也与自己的行踪和活动相关。如1939年2月4日，他剪贴《龙游民报》一则新闻，题目为《鸡鸣堰疏浚大工程已完成　余越园等前日往察勘》，文中称："工程极坚固，堰水畅流，视察结果甚圆满。闻余氏将撰文立碑，以示表彰而垂不朽。"显然，此项工程与他的视察、撰文立碑活动有关，剪存下来也有为自己"立传"之意。同年9月1日，他在日记中对报刊刊登自己的讲演稿进行了一番评论，指出："各报皆登余圣诞纪念讲演稿，但句读多误，文任意分段落，以致脉络不清，此种时髦办法，实不知其有何好处。晨将《东南日报》所载黏存于此，其中误谬之处，日后备重加订正，并拟分数段落，各为标题，以清眉目。予之讲稿不下百篇，从前皆未收辑，遂致沦失。此后当加珍惜矣。"②这番话大有借题发挥之意，说明他注重自己的言论和形象，颇有顾影自怜的味道。作为曾经的高官和法律专家，余绍宋关注地方文化和社会事业，在浙江颇有声名，但这样一位地方名人却很少记载时政要闻。这并非他不关心时局，而是他的所读与所记之间存在着明显的取舍。

与老派学者相比，不少年轻学者在高校和文化机构学习和工作，阅读报刊相对便利。抗战初期，夏鼐仍在英国攻读博士学位，与他抗战前在清华读书期间的读报活动相比，他的读报记录相对较少。不过，他对抗战形势颇为关注，除了英文报刊，国内的《大公报》《西风》等报刊，他也有机会一阅。他较为关注报刊上的重要新闻，并在日记中加以记载和评述。1938年10月22日，他读报，知"日寇入广州"，战局变化之快，使他颇感困惑。他评论道："广州失守如此之速，殊出意料之外，汉口亦在危急中。"1940年2月23

---

① 陶行知：《除夕除秦桧——致陈诚》，方明主编：《陶行知全集》（第8卷），四川教育出版社2005年版，第424页。
② 余绍宋：《余绍宋日记》（第十册），北京图书馆出版社2003年影印本，第4、157页。

日,他读到《大公报》有汪精卫叛国的报道,便愤然写道:"《大公报》所发表之汪日协定,令人气愤,汪某附逆,丧心病狂,一至于此。"另外,他也关注欧战局势。5月10日,他阅报"知荷、比及卢森堡,皆已卷入战涡。欧洲大战,可云已于今日正式开始,前途变化,未可逆料"。6月6日他读报得知"英首相丘吉尔在众院报告,英法军队自 Dunkerque [敦刻尔克] 退出,死伤达三万人以上,重炮损失近千,铁甲车等亦多不能运出,可谓惨败"。五天后,报纸又报道:"意国对英法宣战,但对其他地中海沿岸小国,则仍不取敌对行动云。"① 有关二战的新闻报道,使身处英国的他颇为焦虑。

1941年2月,夏鼐回国。作为颇有声望的考古学家,他颇受舆论关注。20日,他甫到昆明,《中央日报》(昆明版)便登出他公开讲演的通告。回国后,他关注国内学界动态,尤其对历史专业的杂志颇感兴趣。3月31日,他阅北平研究院《史学集刊》第3期后评论:"其中王振铎《指南车、记里鼓车之考证及模制》,即此次得杨杏佛奖金之论文,写得颇不差。"4月1日,他阅《史学集刊》第3期顾颉刚《潜夫论中的五德系统》及其他数篇。当然,他对考古领域的重要成果颇为关注。6月27日,他阅《学术》第三辑,特别提及"关于山东大辛庄商代遗址及长沙楚墓之报告"。② 之后,他记录专业杂志的次数较少。1943年3月6日,他"阅北大《国学季刊》中关于古韵诸篇(如魏建功《阴阳入三声考》《戴东原对于古音学的贡献》等)"。③ 关于抗战新闻,他回国后则很少在日记中记载,尤其是在抗战后期,他日记中更多地呈现专业主义精神,考古动向和专业杂志论文成为他关注的重点。

与夏鼐相稔的历史学家顾颉刚在抗战之后热心于办杂志,做研究,先后创办了《老百姓》《责善》《文史杂志》等,为杂志筹稿、编稿和发行付出了极大努力。他利用自己的学术网络,向一些学界好友征集稿件,寄送刊物,不断扩大刊物的社会影响。他在给丁山的信中说:"《文史杂志》,现由弟主

---

① 夏鼐:《夏鼐日记》(1936—1941卷二),华东师范大学出版社2011年版,第230、291、300、303、304页。

② 夏鼐:《夏鼐日记》(1936—1941卷二),华东师范大学出版社2011年版,第355、365、376页。

③ 夏鼐:《夏鼐日记》(1942—1945卷三),华东师范大学出版社2011年版,第90页。

持，该刊每月有稿费二三千元，请兄暨三君多多作文，寄重庆小龙坎下戴家院一号该社，弟即可奉上每千字十五元至二十元之稿费。如可维持生计，一时不离三台亦好。待将来弟布置就绪，再行奉邀。《季刊》第二册已嘱寄。齐大出版物不多，在成都印者只《半月刊》及《季刊》两种，余在上海出，则敝所自己亦见不到，邮递之难，至今而极。"① 1944年秋，顾颉刚受聘于成都的齐鲁大学，他仍极为关注《文史杂志》的出版，写信给编辑金兆梓说："《文史》久未出版，读者多来信催问，未知四卷三、四期已将出版否？又四卷一、二期出版多日，此间尚未收到，请即寄下为祷。又查前寄稿中，有蒋逸雪君《老残游记考证》稿一篇，兹据作者来书云，该稿已登《东方杂志》，如已印就则已，否则请即抽出寄下，当另换他文补充也。"② 彼时，顾颉刚虽已离开重庆，但对《文史杂志》的用稿和出版仍然极为关注。同时，作为该刊的读者，他希望能够及时收到杂志。

顾颉刚兼具语言学家、文史学家、编辑、大学教授等多重身份，他长期在大学任教，对报纸杂志的传播力有深刻的认知。在抗战时期，虽然及时收阅报刊颇为困难，但他还是坚持读报和剪报。表7-4摘录了他在抗战时期的一些读报和剪报记录。

表7-4 顾颉刚抗战时期剪报与读报记录③

日期	剪报与读报摘要	出处
1937年8月31日	【剪报】廿六，九，二，《中央日报》，《妇女文化促进会工作紧张 救护人员昨出发》	第三卷，第686页
11月30日	【剪报】廿六，十一，十一十四，《甘肃民国日报》，《如何可使中华民族团结起来 顾颉刚先生在伊斯兰学会的讲演词》（一）—（四）；【剪报】民廿六年十二月一日，《秦风日报》，《介绍通俗读物编刊社》（刘克让）	第735—741页

---

① 顾颉刚：《致丁山第三函》，《顾颉刚书信集》（卷三），中华书局2011年版，第139页。
② 顾颉刚：《致金兆梓第四函》，《顾颉刚书信集》（卷三），中华书局2011年版，第156、212页。
③ 表7-4的参考书目均为顾颉刚：《顾颉刚日记》（第三、四、五卷），中华书局2011年版。

第七章　抗战时期读者的报刊阅读活动

续　表

日期	剪报与读报摘要	出处
1938年1月1日	【剪报】中华民国二十七年一月一日，《甘肃民国日报·元旦特刊》，《边疆教育和边疆文化》（顾颉刚）	第四卷，第1页
1月31日	【剪报】《临洮小教寒假讲习会日前正式开学　顾颉刚为该会正会长》	第12—13页
1939年1月7日	看《今日评论》	第186页
2月5日	看《中研院集刊》	第196页
4月15日	前在《益世报》发表两文，方神父告我，转载者极多，如《中央日报》、《东南日报》、安徽屯溪某报、湖南衡阳某报、贵州某报，皆是	第221页
1940年11月1日	看《良友》西康专号	第445页
11月2日	看《责善》13期	第445页
1941年1月9日	看新到杂志报纸	第470页
9月30日	【剪报】卅，十一，二十，《重庆新民晚报》，《山城夜曲：顾颉刚轰炸白沙》，……闻顾颉刚君，游敦煌南来，到白沙访友，故旧张筵洗尘，轮流东道。原拟小住匝月，以尽游兴，至此，三宿即便兴辞，人询其故，答云："如此厚扰，何异轰炸？……"	第587—588页
1942年4月30日	【剪报】《重庆新民报·天方夜谭》，《读〈汉代学术史略〉》（璧岩）	第672—674页
5月31日	【剪报】三十一年三月二日，星期一，第三五八期《学艺》，《我的父亲——顾颉刚》（顾德辉）	第686—689页
7月31日	【剪报】卅一年七月底，《中央日报》，《中大推进出版事业　编辑丛书及三种季刊教授多利用暑期著述》，……《文史哲季刊》系顾颉刚教授主编，……	第716—718页
1943年9月24日	看《宋史·外国传》及《东方杂志》	第五卷，第158页
10月31日	【剪报】卅二，十，十，重庆《大公报》，《高一涵等由西宁返兰》	第180—181页

续 表

日期	剪报与读报摘要	出处
1944年6月30日	【剪报】卅三，七、十、十一，重庆《大公报》，《张静秋　顾颉刚启事》：兹已于七月一日在北碚结婚，值此国难严重之际，不敢备礼，各亲朋处均未柬邀，务乞鉴谅，并乞勿致馈贻是幸（登此广告花五千余元！）	第306页
10月3日	看昨日《新华日报》载沈钧儒所作邹韬奋事略	第347页
10月31日	【剪报】民国三十三年十月三十日，《新华日报·新华副刊》，《饮水思源尊"考据"》（舒芜）	第358—361页
1945年2月28日	【剪报】民国三十四年二月二十二日，《新华日报》，《文化界发表对时局进言　要求召开临时紧急会议　商讨战时政治纲领　组织战时全国一致政府》	第415—419页
3月31日	【剪报】民国三十四年四月二十四日，《中央日报》，《国府明令公布第四届参政员名单　增名额延揽各方人士　首次会六七月间举行》（江苏省：顾颉刚等）	第431—435页
5月10日	看《西风杂志》	第465页
5月12日	看《康导月刊》	第465页
8月31日	【剪报】卅四，八、廿七，重庆各报载《傅斯年先生谈中苏新约的感想》；【剪报】《新华日报号外》，三十四年八月十九日下午四时发：《朱总司令致电蒋委员长　提出六项严正要求》（下略）、《中共主席毛泽东电复蒋委员长》（下略）、附件：《蒋主席电邀毛主席来渝》（下略），附件：《最高统帅部电各战区将士》（下略）……【剪报】《社论：祝中苏友好同盟条约》（下略）	第519—521页

从顾颉刚的剪报与阅读报刊记录看，在整个抗日战争期间，他很少记录战事新闻，阅读报刊新闻的具体记载也不多，附贴在日记中的剪报占有一定比重。顾颉刚长期以来形成了剪报的习惯，剪贴下来的报刊新闻大多与顾颉

第七章　抗战时期读者的报刊阅读活动

刚本人有关，或是他发表在报刊上的作品，或是别人对他作品的评论，或是他学术成果出版的消息和相关社会活动的报道。作为学术名流，顾颉刚关注报刊上的"自己"，并以之作为史料，留存于日记，这无可非议。但是，在整个抗战时期，顾颉刚经常浏览报刊，并曾在写给胡适的信中说："先生在美经历，前数年常从报纸见之。自去年卸大使篆，报纸即无记载，不审近在何处？是否讲学？有无著述？身体健否？师母及两世弟是否都到美团聚？均以为念，便中幸见示一二，以释悬悬。"① 这从侧面说明他是通过报纸获知胡适的消息的，证实了他经常读报。而且，从他剪报的种类看，至少包括《中央日报》《大公报》《新民晚报》《新华日报》《甘肃民国日报》《东方杂志》等十余种报刊。这些报刊应为他私人订阅，否则就不会经常剪贴在日记中。与他在抗战前的读报记录相比，抗战时期的顾颉刚很少记录读报心得，在读、记、剪之间，这位学者更多地采用"剪存新闻"的方式，较少抄录新闻和评论时政。

顾颉刚的中学同学王伯祥抗战后继续在上海开明书店任编辑，并对时局颇为关注，报刊上的战事新闻成为他日记中重点记载的内容。尤其是在卢沟桥事变后的一年多，他经常阅读各种报刊，对前线战况甚为留意。1937年9月12日，他读报，所载消息殊不见佳："津浦线又失陷马厂，保定右翼已大感迫胁。"16日，他阅报后大发感慨："不禁血脉偾张矣。此间之倭已悉数登陆，力向西推，罗店之防线已后撤，浦东亦垂危。"他认为："艰危临头，任何人不能卸责，今后惟有咬紧牙关与倭不共戴天耳。"至25日，他看报得知"平绥线大捷，倭主力部队被击破，而保定电报不通，情况难明；……武汉、南昌、广州昨日均受倭机袭击，汉口死伤平民达五百余"。10月1日，他在大炮机枪声中读《立报》，知上海战况："阵地屹然，且稍进展，浦东亦仍稳，倭图登陆，复被击退。"4日，他看《立报》，"知嘉兴、昆山、南翔昨俱被轰炸甚烈"。之后，他几乎每天读报，记录战时消息，对各地战况进行详细记载和分析，尤其对上海战局的动态记录尤详。至11月17日，上海已沦陷，噩耗频仍，他"几于手颤不克自持，痛愤塞膺，气胀欲死矣"。22日，他读

---

① 顾颉刚：《致胡适第151函》，《顾颉刚书信集》（卷二），中华书局2011年版，第492页。

《立报》，得知"我军已退集无锡，苏州、常熟俱陷、平望线已失南浔，嘉兴线已失乌镇，湖州危在旦夕矣"。日寇到处烧杀抢掠。至12月17日，沦陷后的上海报刊已遭受重创。他记载："《新闻报》今日终于停刊矣，向日流行大报，仅存《时报》，其所以获存之故，亦正难言，今而后尚有所谓舆论邪。"① 作为资深媒体人士，他对上海报业深以为忧。

日寇步步紧逼，王伯祥留心观察战局，所记新闻往往具有一定代表性。如1938年1月1日，他阅报，"知宁波又不通"。2月1日，他读报得知"津浦南段战事剧烈，池河两岸血战一星期"。9日，他读报后记载："淮城战事甚烈，寇未必即能遂逞。"18日，报纸报道国军战况："津浦北向已克邹县；南向已复小蚌埠。"他进而颇为乐观，指出："如此克捷，何得遽有求成之谰言，其为寇方故纵以惑民心可知，奈何自瞙信心以倾听之耶！"3月9日，报载战况也对中方有利，"寇虽沿河猛扑，分路欲渡，迄未逞。潼关无恙，陇海线当在我军握中也"。至4月10日，他看报，上面仍是国军得胜的消息："已攻入济南东南西三门。正在搜歼留寇。"但新闻似乎有报喜不报忧的倾向。至5月，报纸则刊登各种国军失利的消息。15日，他看报得知"厦门则已征实全陷"。读报后，他甚是不安地写道："手披目凝，不觉神索，日来情形殆有日下之势也，愤悒兼至，不能自已。"至6月，报纸关注武汉的防务。23日，他读晚报后得知"汉口防务大定，留守各院部已奉令缓迁"。8月，战火不断延烧。22日，他记载："寇在星子登陆，正激战中，山西寇军亦南逼，志在渡河截陇海线。"9月23日，报纸传来捷报："豫东血战，汉川附近据点仍在我军手，歼寇将及四万。"至11月，日军进攻广东，战事进一步扩大。20日，他看报得好消息："粤省我军总攻得手，已克白云山，寇退守市区。重庆盛传已全复广州。"② 但此类胜利的消息并不可靠，报纸有片面夸大之嫌，胜负之间往往前后矛盾，这在他的日记中多有"冲突"。

---

① 王伯祥著，张廷银、刘应梅整理：《王伯祥日记》（第五册），中华书局2020年版，第2296、2298、2303、2306、2308、2332、2334—2335、2347页。

② 王伯祥著，张廷银、刘应梅整理：《王伯祥日记》（第六册），中华书局2020年版，第2371、2391、2396、2402、2415、2437、2460、2484、2521、2542、2587页。

1939年之后至抗战胜利前的6年，王伯祥的读报记录较少，但对重要战事仍予以记载。如1939年3月22日，他记载报纸要闻："寇已渡富春江，江东流沙发生激战。……浙东形势陡紧张。"28日，他又记载日寇进犯南昌要闻："已迫近城郊，我力抗，西郊战甚烈。"8月21日，他摘录报纸要闻云："蒋训练新兵三百万，随时可供调用。寇方宣布封锁香港。"① 至1940年元旦，他读当日报纸，记载了各政要发表的时局文章，以及近日的战局情况："寇机轰炸柳州，我空军应战，击落寇机八架。粤北战事激烈，寇图犯翁源及韶关。"至9月30日，他又记载数则要闻："英政府公开警告日本，决积极援华，对寇方不再采取绥靖政策。滇缅路决可重行开放。晋东南我军克复榆社，并数度冲入晋城。"② 之后的数年，王伯祥很少记载报纸新闻，但对日本内阁的变动，他颇为留意。1944年7月21日，他阅报后记载："东国东条内阁已辞职。"1945年4月6日又记载："报载日小矶内阁总辞职，苏联宣布废止日苏友好条约，人心乃大震奋。"③ 抗战胜利在望，王伯祥阅报后自然颇为兴奋。

与王伯祥相似，文史学者胡朴安在抗战后也长期居留上海。胡朴安在卢沟桥事变之后的两年间，几乎每天早上五点半起床，练拳之后，读报一小时，然后以精要文字概括当天报纸的核心内容，并经常结合时局在日记中对新闻进行简要评论。作为一位资深评论家，他对时局的观察和评论具有专业的眼光。他日常的读报活动与新闻观察成为这一时期日记中最为重要的内容。这些记载可以说是抗战初期的新闻摘要汇编，对我们了解战时动态提供了重要的史料。通过日记，胡朴安对新闻的理解，对战局的分析，以及对国难的关切，亦跃然纸上。

1937年8月之后，日寇主要在津浦线、山西一带发动大规模战争。胡朴

---

① 王伯祥著，张廷银、刘应梅整理：《王伯祥日记》（第六册），中华书局2020年版，第2664、2669、2762页。

② 王伯祥著，张廷银、刘应梅整理：《王伯祥日记》（第七册），中华书局2020年版，第2841、2992页。

③ 王伯祥著，张廷银、刘应梅整理：《王伯祥日记》（第八册），中华书局2020年版，第3556、3646页。

安一方面关注上海的局势,另一方面则对全国抗日战场予以全面了解,经常在日记中记载有关津浦线和晋战的新闻。如他在 8 月 16 日阅报得知大同已陷,用"可虑"两字表达对局势的担忧。第二天,他读报得知"津浦线战甚烈,未知结果。平绥线大同虽陷,我们固守大同四周高地"。至 23 日,他阅报得知日机轰炸南京的消息,"国际上皆认为违背公法,英法美皆对日提出抗议"。之后,他持续关注南京、山西、津浦线、平绥线的战事。至 9 月 27 日,报纸报道:"沧州失陷,平绥线我胜歼日军二千余。"28 日,他读报得知山东战场的消息后,评论道:"山东事可忧。军事可以抗战,所无把握者,政事与民众耳。"至 10 月 2 日,他看报后记载:"津浦线我军反攻,达到冯家口站。"但第二天报上的消息是"晋战不佳,平汉线消息沈,津浦线尚好"。之后,报纸似乎又在夸大前方获胜的消息,他的日记中多见"晋战佳""晋战甚佳"之类的记载。可见,报纸显然存在报喜不报忧的倾向。至 24 日,他阅读各报战讯后评论道:"皆未免稍有夸大,实则此次抗战,惟沪战两方未有大胜负,余皆中国败也。绥远全省陷落,更不必言矣。"① 这是他对两个多月战事新闻阅读的总结,也是对新闻报道的总体评论。

至 1937 年 11 月,他在日记中的笔调似乎要消沉一些,各地战场不利的消息不断传来。1 日,他在日记中称:"今报载知日军炮火淹〔掩〕护过苏河,但终不逞。晋北、津浦、平汉正面无甚发展。惟游击队收复数县,晋东未有转机。"7 日,报纸又有坏消息:"太原有不守消息,金山卫日军登陆。"他读报后评论:"战局大势甚可虑。"之后,嘉兴、苏州沦陷,局势恶化。至 23 日,上海的《民报》《立报》《时事新报》《中华日报》《神州日报》得租界当局通知,劝告停刊,上海报业遭受重挫。之后,他读报后得知"中央通信社亦得通知,二十四日亦停止发稿,闻第二次停刊之报为《大晚报》《时报》,第三次停刊之报为《申报》《大公报》,可不停刊者,惟《新闻报》一家而已"。各家报馆歇业,消息面自然受到极大影响。至 12 月 1 日,他总结

---

① 胡朴安:《朴学斋日记(1899—1947)》,复旦大学图书馆稿本(善本,编号:4019),1937 年 8 月 16、17、23 日,9 月 27、28 日,10 月 2、24 日。

近期新闻:"消息极其沈闷,报纸上之消息皆在若信若疑之间。"之后,宣城不守,芜湖沦陷的新闻不断传来,战事颇为不利。27 日,他对中日战争进行深入分析和评论:"此次中日之战为空前之大牺牲,为战事初发之时,所不及料,将来结果亦难逆知。最近或稍远将来,中国之破败必要更甚于今日,最好的结局为两败俱伤。此粗浮浅薄之心理有以致之也。"①

1938 年 1 月之后,他重点关注津浦线战事,日记中有较为具体的记载和分析。1 月 31 日,他阅报后认为:"津浦战事为重要之决战,已届爆发之时,当拭目观之。"2 月 1 日,他阅报后进一步分析:"津浦线战事消息沈闷,或不能如吾人意想之所期,国际情形亦复杂,虽有助我者,但终不能不有所顾忌耳。惟已走到此路,只有拼命之一法。结果中日两方面皆为最后之失败。"之后,徐州局势紧张,四川内部也有不团结抗战的传闻。11 日,他结合上海形势观察时局:"中国全国皆入战争之状态中。上海租界一隅,多数人似尚无有若何之感觉者,顾影汲汲,惟一己生计是忧。其不直接受生计迫压者,尚行所无事也。"针对一个多月各地战事失利的报道,他在 3 月 3 日的日记中感叹:"中日战事结果遥遥无期,无论如何,中国必糜烂不堪,国际情势又变,求得一两败俱伤之结果,亦甚吃力。然直逼处此,除拼命外,亦无他法。"尽管如此,在胡朴安看来,坚持抗战是唯一的选择。随着战事蔓延,他在 7 日的日记中进一步指出:"吾人伏处上海,纵身体上无多大危险,生计将渐渐成为问题,精神上之痛苦更不待言矣。然必能撑过此关。……在本位上努力读书,虽是无用之事,读古书更是无用之事。然我自己问自己,除了读古书以外,只有饱食终日,无所用心,所以,读古书在我自己的意志上讲,并非堕落。此是我本位上奋斗的一条路。目睹许多堕落者,不知其作何思想也。"② 这段自白大致反映了知识分子对山河破碎的无奈和内心的彷徨、焦虑。读书不能化为杀敌的力量,但又不失为一种寄托,这就是困境中读书人痛苦的根源所在。

---

① 胡朴安:《朴学斋日记(1899—1947)》,复旦大学图书馆稿本(善本,编号:4019),1937 年 11 月 1、7、23 日,12 月 1、27 日。
② 胡朴安:《朴学斋日记(1899—1947)》,复旦大学图书馆稿本(善本,编号:4019),1938 年 1 月 31 日,2 月 1、11 日,3 月 3、7 日。

至 1938 年 4 月，报刊报道台儿庄战役胜利的消息颇能激励士气。连日来，胡朴安读报后心情为之一振。8 日，他记载《大美晚报》报道："台儿庄日军七日上午三时弹尽援绝，全线摇动，我军乘胜进击，将日军一举歼灭，是役日军伤死万余人。"报纸就此造势，颇能鼓舞人心。18 日，报纸进一步加大舆论宣传，颇能激发士气。他读报后记载："津浦线十日半月内将有空前之大战，报载日本兵士厌战，自杀者颇多。中日战事中国不退即是胜之机，日本不能进即是败之机。"津浦线战事似乎大有扭转之势，好消息激发了胡朴安的想象。他在 21 日的日记中展望："临沂之战极为激烈，我军能于此再打一大胜仗，则立脚更形巩固，最后之胜利可操矣。"但第二天，他阅报后得知"临沂已失，津浦线战我国稍失利，大势尚占优胜，三五日内将有大发展也"。即便前线战事失利，但报纸大造舆论，宣传日军自杀者颇多，士气低落，中国士气旺盛，令胡朴安读后颇为开怀。但经过一段思考之后，他在 28 日读报后分析："津浦战事极烈，此次战事之后，如我军失败，则战事之延长殊难预计，如我军胜利，中日战事或可告一段落。"5 月，报纸仍在报道国军在鲁南等地取胜的消息，胡朴安又变得乐观起来。他在 9 日的日记中判断："以沉静头观战事前途，我国战势确已转机，已能立定抗之脚点。"但是，至 6 月，坏消息不断传来。9 日，他阅报得知"兰封、开封皆不守"。之后，日军大举南下进攻湖北。至 10 月 6 日，报纸又传来坏消息："汉口已于昨日陷落。"面对报刊上显露出的是否应坚持抗战的疑虑，他认为"切不可稍有消极的萌芽，即万万不幸有暂时之亡国，亦必要做一个亡国人，而不要做一个亡国奴"。尽管国民党内部有汪精卫的投降言论，但胡朴安在 11 月 1 日读报后写道："蒋委员长宣言，继续抗战，和平之空气完全消散矣。"1938 年年底，报纸上有关和战的讨论令人担忧，且广东、湖南、江西方面的战事很不乐观，尤其是汪精卫卖国投敌引起巨大震动。至 1939 年 1 月 2 日，他阅报后记载："汪精卫永远开除党籍，并撤一切职务，许多揣测之辞当时涣然冰释。与抗战前途毫无影响。"① 是

---

① 胡朴安：《朴学斋日记（1899—1947）》，复旦大学图书馆稿本（善本，编号：4019），1938 年 4 月 8、18、21、22、28 日，5 月 9 日，6 月 9 日，10 月 6 日，11 月 1 日，1939 年 1 月 2 日。

第七章 抗战时期读者的报刊阅读活动

年,胡朴安患脑溢血,身体瘫痪,行动不便。至 2 月后,他日记中的读报记录甚少,但他仍然关注抗战局势,对形势加以研判。

从胡朴安两年多的日记可以看出,他读报后对新闻的摘录和评论,受到报刊舆论、战时环境、阅读心理等方面的影响。作为一名资深报人,他深知报刊新闻具有一定主观性,但他"宁愿信其有",对国军在前线获胜的消息大加摘录,内心颇受鼓舞。然而,当各地陆续失陷的消息传来后,事实上否认了之前的"胜利",他又不得不承认报纸不实报道所带来的负面影响。之后,当新的"获胜"消息传来后,他又进入亢奋状态。如此循环反复,战局牵动着他的神经,使他的日常生活与战事紧密结合在一起,令他魂牵梦萦,神不守舍,几乎每天一小时的读报时间和之后的新闻抄录、评论,消耗了他大量的时间。他日记中的抗战记录,展示了他保家卫国、团结抗敌、忧国忧民的立场和情怀。

与胡朴安等文化名人一样,抗战之后,吴湖帆仍然在上海居住,但他一改之前每日抄录大量报纸新闻的习惯,开始在日记中记载日常起居、社交和研习书画的内容,提及的抗战新闻相对简约,报纸上报道江阴、嘉兴、常州、苏州等地失守的消息,他虽提及,但不再大段抄录。如 1937 年 12 月 13 日,他在日记中写道:"闻南京失守矣,不知确否。"14 日,他简要记载:"今日报载南京于昨日失守。"此类一句话新闻,有对昨日消息释疑之意。15 日,他阅报后记载:"汤尔和等在北京组新政府,恢复五色国旗,与日方签反共协定。"对此,他并未予以评论。而对于杭州失守,他于 26 日获知新闻后评论道:"如此抗而不战,徒费生命财产,造成民穷而已。"①

至 1938 年,吴湖帆仍留意各地沦陷的新闻。如 1 月 9 日,他读报后记载:"青岛又被日军接收。"此外,他对时局也偶尔发表自己的看法。如 11 日,针对新闻所云"日本开御前会议,有宣战之说,观者皆为疑虑,恐引起世界战争",他读后认为:"此皆神经过敏之见,无用过虑,即使宣战,与此不宣而

---

① 吴湖帆:《丑簃日记》,梁颖编校:《吴湖帆文稿》,中国美术学院出版社 2004 年版,第 178、179、181 页。

战有何别乎?"2月24日,他评论道:"但阅各报言论,犹在鼓吹战争,真是无心肝之禽兽矣。还有一辈异国妄人,借外国牌子以鼓吹战争,其居心搅乱,真是可杀。"此类激愤的观点较为真实地表达了他的厌战情绪。之后,他很少抄录战事新闻,偶尔所记,则是民生新闻。如1939年11月27日,他阅报后记载:"法租界冻死廿四人之多。《夜报》云两界共冻死四十七人。"① 此时,他的读报心境与抗战初期的激情大不一样。

与吴湖帆等人能避居"孤岛"上海不同,在北京大学任教的历史学家郑天挺在北平沦陷后,不得不随北大西迁,并在抗战期间任西南联大历史系教授,1940年后兼任西南联大总务长。他博览群书,关心时政,在工作之余浏览报刊,心系国家和学校安危,留心学术动态。不过,他记载读报的次数较少,且比较简约。如1938年2月10日,他上午阅报,"知昨日北郊机九架落炸弹二十余枚,死伤三十余人"。1939年12月26日,他读《朝报》后记载:"昨日克复南宁未确。"1941年1月30日记载:"十二时午饭,饭后询工友,尚无预行警报旗。上楼读报未终,工友来告预报旗出。"② 这反映了当时他阅读环境之恶劣。1943年5月14日,他读《大公报》,并特地记载傅斯年所作《盛世危言》一文,评论道:"甚佳。就历史以箴勉当世,并以汉文、唐太、宋仁、明孝四人为况,盖有所望于斯也。"1944年11月21日,他读报后记载要闻:"中央政府有更调,何应钦专任参谋总长,陈诚任军政部长,俞鸿钧任财政部长,陈立夫调组织部长,朱家骅任教育部长,梁寒操改海外部长,王世杰任宣传部长,张厉生任内政部长,周宗岳任考试院副院长。"他进而评论道:"此在近年来为最大一次之改组,孔、何、陈之去亦为国内外舆论所最注意,或可一新耳目。"1945年6月29日,他读《大公报》有关西南联大校长蒋梦麟的谈话:"知行政院事以外仍可暂兼北大、联大校务,闻之欣慰无量。"③ 尽

---

① 吴湖帆:《丑簃日记》,梁颖编校:《吴湖帆文稿》,中国美术学院出版社2004年版,第184—185、196、276页。
② 郑天挺著,俞国林点校:《郑天挺西南联大日记》(上册),中华书局2018年版,第18、224、371页。
③ 郑天挺著,俞国林点校:《郑天挺西南联大日记》(下册),中华书局2018年版,第689、958、1052页。

第七章 抗战时期读者的报刊阅读活动

管郑天挺记载的读报次数非常有限，但其字里行间充满了对教育事业和对国家的关切之情。

与郑天挺随北大西迁不同，邓之诚因在燕京大学任教，抗战之后仍滞留北平。他虽遭日军骚扰，但保持民族气节，拒与日方合作，平时注意浏览报刊，关注战事进展。1938年年初，国民党仍然处于内外交困之中，日军向山东、河南等地入侵。1月11日，邓之诚阅报得知"日军昨日已占青岛，盖不战而得也"。21日，报纸刊登"刘湘昨日以胃病死于汉口"。他评论道："果良死耶。蒋在四川可以如取如携矣。"可谓一语破的。国难当头，地方军阀仍然各自为政，如韩复榘违抗军令一事引发巨大舆论。邓之诚在25日读报得知"韩复榘已于昨日枪毙矣"，但前线战事仍然不利。2月19日，邓之诚阅报又见坏消息："日军在山西者十二日起开始攻击。十三日陷平遥。"① 之后，他几乎每天都记载各地沦陷的消息，日军接连进攻河南、山西、湖北。山河破碎，他与洪业、王锺翰等人每每谈及国事，都是沉郁长叹，殊为不安。

1938年下半年后，邓之诚日记中有关报刊新闻的内容明显减少，各种失利的消息令他不堪重负。在湖北、江西多地失守之后，中日进入战略相持状态。他在1939年之后的一年多，记载的报刊新闻不一定与战事相关。如1940年3月8日，他读报得知蔡元培病逝于香港，并回忆道："此人在民国六年予以叶浩吾之介识之。"但1941年之后，他对国际时局颇为关注，读报后往往记载第二次世界大战的消息，并进一步研判国内外时局。如2月13日，他阅报得知"美总统有纵使美国卷入远东战争，对英援助仍不变之语"。② 之后一年多，他记载报刊新闻较少。至1943年，他又多次记载国际新闻。如5月26日读报后记载："美国海陆空军俱将东移。"6月30日，他抄录报纸新闻云："英政府对报馆宣称，将于七月三日在欧洲登陆作战。"但他认为"空有此事

---

① 邓之诚著，邓瑞整理：《邓之诚日记（外五种）》（第一册），北京图书馆出版社2007年版影印本，第705、709、712、721页。

② 邓之诚著，邓瑞整理：《邓之诚日记（外五种）》（第二册），北京图书馆出版社2007年版影印本，第250、353页。

也，可谓怪事"。7月31日，他阅报后记载："意大利尚无异动。"英美等国的动向与中国战场有着密切关系，他对国际新闻的记载和分析颇有寓意。之后，他多次抄录欧战新闻。至1945年5月2日，他读报后记载："莫索理尼上月二十六日在科摩为民军所禽［擒］，二十八日枪毙。"他进而评论道："此亦一世之雄也，不料结局如此。"9日，报载"德军全体无条件投降"。① 而在中国战场，中国军队大举反攻，八年全面抗战，终于胜利在望，邓之诚在日记中流露出难言的喜悦。

邓之诚因在教会大学执教而滞留北平，尚能维持生计。但在国内大中学校任职的教师则大多流离失所，四处逃奔。如文史学者范耕研是著名的"淮阴三范"中的长兄，他治先秦诸子，著述颇丰。抗战爆发后，随着日寇进逼江苏，范耕研不得不舍弃教职，逃避战祸。之后数年，他仍然苦读经史，研习西学，潜心学术，在日记中留下了不少读书心得和学术感想。同时，他关注时政，偶阅报刊也会择要记载，揭露时艰，阐发思想。如他在1939年5月13日的日记中记载："阅报知重庆于三、四两日被炸，全城尽毁，死伤三四千人。"此类记载颇为简要，但总结到位。又如1940年3月5日，他连日阅报，并加以概述："各路战讯多有克捷，而敌人厌战之情益盛，吾人胜利不远矣。"这显然是他受到报刊"捷报"的鼓舞，产生发自内心的喜悦。另外，他也偶记报纸讣闻。如1944年10月25日下午，他看报得知王伯沆逝世消息，对其中的内容颇为不满，写道："欧济甫为撰哀启。文格甚俗陋，不足以见先生之学养，且并子姓年寿亦不详，何也？"②

相较于对新闻资讯的简述，他对报刊的知识资源和学术思想更为看重，日记中有不少阅读报刊的学术感悟。如他在1940年4月22日记载："连日看旧《国闻周报》，拟将'九一八'后事，撰集一文以存史实。惜材料不足，又少暇晷，终恐难就耳。"此类由报刊内容联想到学术创作的自白，说明他平时注重积累，在战乱中不忘著书立说。之后三年多，他很少提及报刊，但1944

---

① 邓之诚著，邓瑞整理：《邓之诚日记（外五种）》（第三册），北京图书馆出版社2007年版影印本，第8、32、46、430、434页。

② 范耕研：《蠹砚斋日记》，文史哲出版社2005年版影印本，第103、143、281—282页。

第七章 抗战时期读者的报刊阅读活动

年 9 月后,他阅读《浙江图书馆刊》《中和》《同声》《学海》等学术刊物,注重吸纳、考证和对比,将知识融入自己的学术活动。如 10 月 9 日,他借阅《中和》杂志,认为该刊多载文史掌故,"甚可观览"。10 日,他又看《中和》杂志,"载邓孝威、程璲诗各一首,皆咏宝应乔云渐酿酒事"。16 日,他看《杂志》,并特加说明:"此即以此二字为名,一文史之刊物也。"同时记载一则旧闻:"去年春,日军在南京雨花台掘出玄奘头骨石函。……去年在报端曾见此事,未知其详,观此稍得眉目,前曾作诗一首以记之,中多误传之语,故备载其始末于此,以为更正耳。"29 日,他看《同声》,介绍该刊"乃龙沐勋所办,专以诗词为主,颇有可观",并认为"俞陛云之《宋词选评》尤好"。11 月 9 日,他见到《学海》中有杨沂孙解干支一文,评论道:"虽未必全是,亦略有可取。"1945 年 3 月 4 日,他看《同声》杂志,对张孟劬所著《论中国文化》一文,认为"颇有可取"。① 从这些简要的评述中可以看出,他往往以学术眼光评判杂志,尤其对文史类刊物颇为偏爱,虽然言简意赅,但往往一语中的,颇具思想高度。

与范耕研同样逃避战祸的文史学者陈训慈,曾于 1932—1941 年担任浙江图书馆馆长。抗战时期,他创办《抗战导报》,组织馆藏文澜阁《四库全书》和其他善本图书的搬迁,他的《运书日记》较为全面地介绍了搬迁书籍时经历的种种艰难困苦。同时,他关注时局,摘录了大量报刊新闻。其日记始于 1938 年元旦。1 月 3 日,他坐船抵永康,"乃在民众教育馆得阅本日之《正报》及《东南日报》,所记翔确,乃知浙西沿线我军确已收复南星桥,敌军退拱宸桥、笕桥"。他阅报后颇为振奋,但又担心,"然由其动因想知敌又有以退为进之准备,则又不禁殷忧"。4 日,他阅本日《东南日报》并记载:"我军已进杭州,进薄笕桥矣。然电讯简而不详,不知真相究竟如何。"他读《东南日报》后,对其编辑水平和新闻质量均感到不满,在 10 日的日记中抱怨道:"欲得知前线消息,惟有《东南日报》,而读之又每感失望,不但消息欠

---

① 范耕研:《蒿砚斋日记》,文史哲出版社 2005 年版影印本,第 146、273、274、282、283、303 页。

翔实无轻重多矛盾,而社论一篇每日空论幼稚。今日一文更不通,如此而欲为本省领袖报纸,且颜'东南'广大之名义以自娱,亦太不自量矣。"此后,他很少提及该报。15日,他阅《国闻周报》转载《大公报》社论《孤岛杂感》各篇。26日,他读报,对浙江战局予以披露:"报载我方反攻以来,日敌无不恐皇[惶],今已增援芜湖,而杭、富亦自后方调来新兵。"不过,对于报纸所谓的好消息,他较为清醒,指出:"吾人固未可自馁,然亦决不能惑于报上宣传文章而轻敌也。"当日,对于韩复榘在汉口经军审后处死的新闻,他评论道:"民国以来,显官大将以罪伏诛者,韩殆第一人矣。御侮不战,大误戎机,明正典刑,为之一快。"27日,他读报后记载:"敌军运到坦克车三百六十辆,分编六团,以四团分驻浙皖,两团开赴津浦线。其注意津浦线同时固不忽沿海各省之占领。"他读报后评论道:"有谓敌不重视东战场之进取,误也。"30日,他关注浙江前线战事:"今报载钱塘江畔炮声疏落,无何变化,而富阳城仍不下,敌军且进行构筑坚强工事。"①

至1938年2月,战事更激烈。1日,他读近两天报纸,了解前线战事,"虽有剧烈战斗,似仍形胶着状态。津浦路线上敌已于卅日渡明光之池河,然攻定远、蚌埠之企图犹渺远"。他分析道:"浙境军力太薄,绍、萧与桐庐前线并可忧也。"2日,他读报得知"政院会议以程潜主皖政,以鹿钟麟继唐生智为军法总监"。5日,他阅广东《中山日报》,认为该报编印俱进步;又阅《广西日报》,评价甚高:"于抗战论调新闻俱甚尖锐,虽文物逊而果毅远,足愧煞两浙江南文弱之民众矣。"之后数日,他颇为关注浙江富阳的战事。8日,他读报后得知"我军力攻富阳,似已规复大部分,余杭敌退,我逼闲林埠"。9日,报载前线最新进展:"我军六日下午收复余杭后,当晚敌增援反攻甚烈,至七日晨,我又放弃余杭,现退结余杭山乡……"10日,"报载富阳、余杭战事剧烈"。之后,他又关注江淮方面的战事。13日,"报上消息似不佳,淮河战我已被迫离河而北退平汉线,敌亦进展,富、余无大变化,进

---

① 陈训慈著,周振鹤整理:《运书日记》,中华书局2013年版,第7、8、11、27、42、71、74、82页。

展不易可见也"。14日,"报载江淮间我克湾沚,淮南收复凤阳,鲁境收复。战线略有转机,前言之牺牲必大"。① 在四十天的时间内,陈训慈每次读报都关注前线动态,并记载具体战况,他在运书途中的读报活动和时政评论体现出强烈的爱国情怀。

与上述文史学者相比,竺可桢作为科学家的读报活动则另有一番景象。竺可桢在抗战时期一直担任浙江大学校长,行政事务繁忙。他既是气象学家、地理学家,又是教育家,他的阅读兴趣极为广泛,除了经常阅读国际学术期刊,他还长期订阅数种报纸,有关历史、地理、政治、文学等方面的期刊,他也经常涉猎。淞沪会战后,杭州岌岌可危。浙江大学成立了"特种教育执行委员会",竺可桢担任主席。至1937年10月,日寇经常轰炸杭州,竺可桢非常关注时局的变化。8日,他阅报,"知美国政府态度变佳,自前日罗斯福指斥国际侵略者之演说而后,美国有与国际合作之势,英、俄、法均极欢迎,而意大利与日本则大反对"。这似乎给他以某种希望。22日,他读浙大的《国命旬刊》二期,上面有钱子泉(钱基博)《吾人何以自处》一文。他认为,对于大敌当前,学者如何自处,该文颇有见地。24日,他到校,"开会讨论迁校址问题"。11月16日,浙大已迁移至建德,他读当日《东南日报》,"知我军扼守乍浦、嘉兴、吴江、昆山一线"。但是,日寇进一步进犯嘉兴,建德也非常危险,浙大遂向江西吉安迁移。1938年1月19日,他在吉安"阅江西省农业院所刊《江西农讯》(半月刊)三卷廿三期,有陈虎侯著《节制食粮消费声中江西人民食米量初步研究》"。至22日,他读到当地的《明耻日报》,对该报的讹传进行了更正:"载浙大于十六号为五十日本兵所焚,图书馆仪器迁往日本云云。查浙大图书馆本无专屋,各圕亦无仪器之存在,校中重要仪器亦均移出,显非事实。"② 这也反映出他为保存浙大图书仪器而殚精竭虑。

---

① 陈训慈著,周振鹤整理:《运书日记》,中华书局2013年版,第90、93、98、108、111、113、119、121页。
② 竺可桢著,樊洪业主编:《竺可桢全集》(第6卷),上海科技教育出版社2005年版,第380、388、399、457、458页。

之后，浙大又迁至江西泰和。尽管校务繁忙，他仍忙中偷闲，阅读外文杂志和中文报刊。5月12日，他在泰和阅各种杂志，包括《大西洋月刊》（Atlantic Monthly）等外文杂志。16日下午，他读《浙光》第四卷第一期，载有沈一隆著《浙西沦陷对于本省之影响》一文。19日上午，他为《浙大日刊》作百期纪念感言。《浙大日刊》迁至泰和后，继续出版，"二十一号适为一百期也"。在抗战一周年纪念日，竺可桢阅《扫荡报》《武汉日报》，并评论道："汪、蒋各有宣言。蒋《告国人书》及汪昨在国民参政会之演讲，均甚佳。惟孔祥熙所发表一年来之财政，谓救国公债五万万元已悉数销去，金公债一万万元亦有着落，殊为自欺欺人之语。"尽管泰和地处偏远，但竺可桢通过各种途径阅读报刊，十分关注如《大西洋月刊》《耶鲁评论》等英文杂志上有关时局的评论。如8月21日，他"在《大西洋》杂志上见Owen Lattimore关于《Rising Sun, Falling Profit》（《上升的太阳，下降的利润》）一文。其中劝美国人弗以巨款借日本以攻中国，谓日本未必胜"。9月14日，他在泰和大原书院看9月5日出版的《战旗》杂志，得知"印度诗人太戈尔《寄中国人民一封书》，由谭云山带回"。其中有云："胜利之种子已深殖〔植〕于诸君艰苦卓绝奋斗之中。"① 国际名人对中国抗战事业的支持，令他感到振奋。他对战乱中的高等教育也颇为留意，关注新学期大学招生考试的情况。

之后，战火又延烧至泰和附近。10月，浙江大学三迁至广西宜山。25日，他在宜山购得《柳州日报》，得知"广州之陷落确已证实"。11月26日，他阅读《教育通讯》上邱椿（大年）所著《中国教育简史》一文。② 但1939年12月，浙大校舍遭日机轰炸，损失惨重，在极为艰难的条件下，浙大的在校生仍然保持一定规模。据竺可桢1939年2月7日记载："现校中有学生共七百七十九人，内女生八十二人。"在颠沛流离中，竺可桢对时政、学术问题

---

① 竺可桢著，樊洪业主编：《竺可桢全集》（第6卷），上海科技教育出版社2005年版，第518、520、521、545、568、580页。

② 竺可桢著，樊洪业主编：《竺可桢全集》（第6卷），上海科技教育出版社2005年版，第601、618页。

颇为关注。他多次阅读《自然》《科学》《读者文摘》《浙光》《新民族》等杂志，关于报界动态，他也甚为留意。7月15日，他摘录《扫荡报》新闻云："香港历史最悠久之《华字日报》，销数最多之《工商日报》，以何东为后盾。张数最多的《华侨日报》与《循环日报》四家，近均为汪精卫所收买，此外《华南日报》是汪精卫私人办的，《天演日报》和《华南》一鼻孔出气。港中之中央报有《大公报》《国民日报》《大众日报》及《星岛日报》，后者系胡文虎所办，注意国际新闻。《申报》有一共产党气味。小型报有《立报》《天文台》及《早报》云云。"在抗日战争相持阶段，他留心与第二次世界大战有关的新闻和评论。7月29日，他看《浙光》上杜宋绥的《战时英美借款之经过》一文，"谓英、美两国近顷借与我国五次借款，共有二千三百五十万镑之多"。8月23日，他读《新军日报》，"谓俄德已订互不侵犯条约。东京路透电谓日本舆论大不满。从此日本将更孤（立），英、美两国自可于此时再开一远东国际会议，以正义迫日本退让也"。① 在他看来，中国的战局与国际形势密切相关，国际力量的向背，对中国的抗日战争有着直接影响。

  1940年1月16日，竺可桢抵达贵州遵义，决定将浙大迁往遵义、湄潭。之后，浙大在贵州开始了近七年的办学，并进入稳定的发展期。竺可桢往来于遵义、湄潭、重庆之间，但生活相对安定。他的报刊阅读范围更为广泛。除了之前提及的报刊，他还阅读《字林西报》《科学月报》《环球文摘》《亚洲文会汇报》《读书通讯》《读者服务》《中国青年》《当代评论》《文史杂志》《时与潮》《文讯》《宇宙》《哈佛同学会会报》《浙大同学会会刊》《思想与时代》等杂志，涉猎广博。初步统计，从1940年至抗战胜利前，竺可桢阅读的报刊至少在20种以上，内容涉及自然科学、人文社会科学和时政新闻各个方面。作为科学家和教育家，他的报刊阅读是"百科全书式"的，无论是时政要闻、天文地理还是文史哲知识，他都博采众长，广为摘录。同时，

---

① 竺可桢著，樊洪业主编：《竺可桢全集》（第7卷），上海科技教育出版社2005年版，第26、124、131、146页。

他也留心记载时政要闻。1940 年 1 月 23 日，他读《贵州日报》及《中央日报》新闻后记载："汪精卫与倭所订《日支新关系调整要纲》及附件，由高宗武、陶希圣披露。"① 他对汪精卫叛国之行径颇为愤怒，对《字林西报》的歪曲报道也甚为不满。他读到该报的社论后指出："其社论中对于中国之抗战无一赞助之语，但赞扬留华之外国人员，可称无是非之心。此辈商场买办阶级，只知利害，不知是非，可胜浩叹。"②

  1941 年之后，竺可桢在浙大可以经常阅读《中央日报》《大公报》等报刊。同时，由于他兼任气象研究所所长，经常到重庆公差，社会活动进一步增多。此时，他仍勤于阅读，涉猎甚广。如 2 月 7 日上午，他"阅 House and Gardening《家园》杂志"，记载了"有关于美国首都华盛顿之建筑计划"。5 月 10 日，他读新近寄到的《中央周报》，看到咏霓（翁文灏）在沙磁区学术演讲会上讲《科学精神与中国前途》，"与余昨讲不约而同，内容亦相似"。1942 年 1 月 14 日，他读重庆《大公报》12 日所载英使馆专员的《中国与战后世界》一文。4 月 23 日，他阅《亚洲文会汇报》上"Porterfield《中国之竹》文"。11 月 19 日，他关注到《读书通讯》第 49 期"有读者席世锽询中华民族起源问题"。③ 这些文章涉及面颇广，说明竺可桢学识渊博，勤于思考。

  时至 1944 年，浙大已在贵州办学近四年，学校的办学规模和学术影响进一步扩大，各项事业稳步推进。竺可桢在工作之余广泛阅览各种报刊，既通过报刊关心亲朋和学界师友的近况，又关注专业领域和学界动态，尤其对报刊上有关政治、法律、历史、文学的专业论文颇感兴趣。如 1 月 23 日，他阅《中国青年》第 5 卷第 9 期上缪凤林所著《唯物史观与民生史观》一文，认为该文"批评马克司唯物论，以辩证法论证解释"。28 日，他阅《大公报》、贵

---

① 竺可桢著，樊洪业主编：《竺可桢全集》（第 7 卷），上海科技教育出版社 2005 年版，第 282 页。
② 竺可桢著，樊洪业主编：《竺可桢全集》（第 8 卷），上海科技教育出版社 2005 年版，第 115 页。
③ 竺可桢著，樊洪业主编：《竺可桢全集》（第 8 卷），上海科技教育出版社 2005 年版，第 15、75、280、328、430 页。

阳《中央日报》，认为后者"之通讯与社评均平庸，惟纸张较佳，以后家中拟定《大公报》矣"。29日，他阅《大公报》所载林继庸著《南疆记行》一文，"述及南疆之行，感觉中国之伟大"。31日晚，他阅《中央日报》，"载有委员长本月十日召集军政部教导第一团从军学生训话"。2月2日，他阅《当代评论》第4卷第4期所载《宪政与法治》一文，"谓权势主义是我国法治的致命伤"。3日，他阅天文学会所出版的《宇宙》杂志。14日晚，他阅读《文讯》杂志，并指出："有刘朝阳著《天文学与吾国上古史》，中有关于经史上天文记载。"3月20日，他阅读顾颉刚主编的《文史杂志》，"内有龚骏著《两汉与罗马丝贸易考》"。5月15日，他阅读《东方杂志》上史念海、娄敬和的《汉朝的建都》一文。8月3日晚，他阅读《思想与时代》，上载有"全增祐著《清代幕僚制度论》"。① 此数月间，竺可桢的阅读重心主要集中在国内的学术性杂志上，对一些学者的新论重点阅读，体现出他对人文领域的学术成果颇为关注。

竺可桢1918年毕业于哈佛大学，获博士学位，他对哈佛有特殊的感情，抗战前经常阅读《哈佛同学会会报》。1944年4月6日，他读到两年前的《哈佛同学会会报》，感叹道："真如多年阔别之友人。"同时，他对国内大学教育状况颇为关注，在日记中对大学招生录取、经费开支等情况多有记载。如1945年4月4日，他读郭大智寄来中央大学所编的《大学新闻》杂志第17期，内有《穷教授之声》一文，"中以特别救济费事谤毁浙大不遗余力，当作函为更正也"。② 1944年5月6日，他特地抄录第4卷第2期《时与潮》社副刊上所载郝景盛著《中国大学之教授》一文，记录了当年全国高校的教授情况："教部所审查之教授中共1 023人，其（中）苏、浙两省为最多，计苏185人、浙159人，各占百分之18.3与15.7。次为粤128人，皖71，湘68，闽62，鄂60人，赣56，川42，豫40人，燕39，辽宁22，鲁21，桂12，黔

---

① 竺可桢著，樊洪业主编：《竺可桢全集》（第9卷），上海科技教育出版社2005年版，第16、20、22、23、24、31、57、102、159页。

② 竺可桢著，樊洪业主编：《竺可桢全集》（第9卷），上海科技教育出版社2005年版，第71、366页。

十一人，晋十，陕十，滇九，吉、察二，黑一。"由于他订阅了贵阳《中央日报》和《大公报》，故在日记中多次记录战事新闻。如 8 月 11 日，他晚间阅报，并记载："衡阳失守时，衡阳城内最高统帅第十军军长方先觉，七日晚十点电告委员长。谓敌人今晨（七日）由北城突入以后，即在城展开巷战。我官兵伤亡殆尽，刻再无兵可资堵击。职等誓以一死报党国，勉尽军人天职。"① 方先觉英勇抗敌的事迹，令他感佩。

至 1945 年，竺可桢对教育与学术动态更为关注。2 月 9 日，他"阅《中央日报》（贵阳）二月六日所载美国 V. T. Thayer'战后世界教育的再造'"一文。可见，对于战后教育如何发展，他颇为关注。9 月 3 日，他阅《大公报》社论《教育复员》一文，文中指出："主张教育要与建国相配合，要充实内容，特实要注意理工科的扩充。"② 对于学界的新动向，他通过阅读报刊进行观察，并记录一些有心得的论文。如 2 月 19 日，他读了重庆《中央日报》上黄绰卿所著《掸族研究》一文。5 月 19 日，他阅读《中国青年》第 12 卷第 4 期上所载夏风《顾亭林与近代社会思想》一文，"谓亭林颇主张言论自由及民主政策"。8 月 14 日，他读到浙大教授张荫麟在《思想与时代》第 3 期发表的《从政治形态看世界的前途》一文。11 月 26 日，他又关注到缪钺在《思想与时代》第 40 期上发表的《论欧阳永叔治学之精神》一文。③ 他虽然不从事人文社会科学研究，但一直关注着人文社科学者的新论，体现了他作为科学家的广博学识与深厚修养。这些看似烦琐的阅读记录，正是他日常生活的"自我呈现"。报刊作为思想资源、新闻汇编和知识仓库，与他的生活如影相随，不可或缺。

与竺可桢的博学多才类似，黄际遇兼具数学家和骈文专家的身份，在学界颇有影响。他记录的读报活动主要集中在抗战初期。1937 年 8 月 11

---

① 竺可桢著，樊洪业主编：《竺可桢全集》（第 9 卷），上海科技教育出版社 2005 年版，第 95、164 页。

② 竺可桢著，樊洪业主编：《竺可桢全集》（第 9 卷），上海科技教育出版社 2005 年版，第 322、506 页。

③ 竺可桢著，樊洪业主编：《竺可桢全集》（第 9 卷），上海科技教育出版社 2005 年版，第 333、404、484、572 页。

日，他在澄海老家度暑假，针对香港报纸所云"两国邦交濒于断暌，大战曝〔爆〕发近在来复"，他读后"心潮起伏，怒焉如捣，靖康之朝，寇日深矣"。8月31日，他读晚报得知广州被日寇轰炸的消息："敌机二架晨五时四十分飞省，空袭白云山，投弹数枚，死厨役一，伤二人，又在士敏土厂上盘旋未得逞，六时许被击退。"他愤然写道："然则谓秦无人，深入腹地，谁食我毛，谁践我土，岂其使有肆于民上，而纵其涂毒哉。"9月4日，当日汕头《商报》有"机飞鹿儿岛、朝鲜投弹"讯，又有"向我国宣战"讯。10月底，他返回广州授课。11月5日，他课后阅报得知"九国会议三日开会比京，意国代表为日张目，英美法联合迁就"，他认为"依人本非易也"。12月14日晨，他听到卖报声，得知"金陵告失"。此三个多月间，是他日记中记载报刊新闻最多的时期。战乱打破了他平静的教学和读书生活。坏消息不断传来，他甚感焦灼。如1938年3月28日，他阅报后感叹道："屡隳名城，自焦其土，浩浩万劫，不堪卒读。"① 但第二天，报纸传来好消息，香港《华字报》转载《孟者士打卫人报》的评论："日军谋打通津浦线，已有三月之久。……中国各路军队改守为攻而获大成功者，以此为初次。日军作战久无进步，国内人民已渐觉悟前途之危险，各报亦微显露政府欲设法缩小战区之意。……"至4月9日，报传台儿庄大捷，"俘馘各以万计"。他读报后颇为兴奋地写道："军兴九月，以今而言，津浦线为两军必争之局，徐州遂系一线之安危。台儿庄在其东北，踞运河北岸，为津浦陇海两线之生死关头，军民腾欢可知也。"② 此次大捷颇能鼓舞人心，他读后自然喜不自禁。

但是，日寇在各地狂轰滥炸。4月11日，香港《工商日报》报道，长沙湖南大学、清华大学被日寇轰炸，"陨难者二十余人，耗损二百万"。他读后写道："念万物莫非刍狗，科学乃成刀剑，亦为之哑然失笑。"之后，香港、

---

① 黄际遇著，黄小安、何荫坤编注：《黄际遇日记类编·国立中山大学时期》，中山大学出版社2019年版，第122、123、128、139、157页。
② 黄际遇著，黄小安、何荫坤编注：《黄际遇日记类编·国立中山大学时期》，中山大学出版社2019年版，第158、161页。

广州等地也遭到轰炸。5月29日，报纸上详细揭露了广州被炸所受损失："昨日落弹百五十余，圮屋六百余，间毙六百余人，伤九百余口。"6月6日，报纸报道广州"又死难二三百人"。① 此类日寇不断炸死平民的坏消息，使他读后心绪恶劣，寝食不安。

除了上述学界名流之外，抗战时期，一些乡绅的爱国主义情结甚为浓厚，他们虽居乡村，但留心时局，关注战事新闻。1937年，曾任温州中学教师的张棡已是77岁高龄，当时已退休赋闲近10年。他长期以教书为业，曾在各类私塾、中学任教近40年。至晚年，他已在温州当地颇有名望。自1888年开始阅读报刊以来，他已成为资深的报刊读者。从他人生最后五年的读报记录看，他主要阅读《大公报》《东方杂志》《东南日报》《浙瓯日报》《瑞安报》《温州日报》等报刊，其中温州当地的报刊占有较高比重。自卢沟桥事变后，他对战事极为关注，记录的报刊新闻大多与中日战争有关，尤其是日寇在浙江及温州本地的侵略活动。如1937年8月30日，他阅读《浙瓯日报》，上有报道云："日机暴行日甚。廿六日飞至南昌投弹，致农学院及乡村师范炸毁房屋甚多，伤民众三百余人。又同日飞南京乱掷炸弹，致中央大学之实验中学毁屋八十余间，……无辜之民被焚者计数百人。"彼时，日军对南昌、南京等地进行轰炸，但地面部队尚未推进。至10月，日军开始向温州进犯。10月25日，他看《东南日报》，"知国联九国议约，美总统直责日为为侵略国，吾等应协助中国，免致战祸蔓延"。当日，他收到六天的《东南日报》，特地记载了此则新闻，隐喻了他对"国联"介入中日战争的期待。26日，他读《瑞安新闻报》，"知近两日有日寇兵舰一只，驶停平阳江口镇霞关，不知有何举动，然而形势已岌岌矣"。至11月19日，他看报得知"上海已沦落敌手"。上海沦陷后，日军向苏州、南京方向进犯。他感叹道："大局如此糜烂，所赖我国人同心敌忾，方能免于危亡也。"11月23日，他阅《瑞安报》，"知日寇攻苏州城，投炸弹千余枚，全城被毁三分之一，百姓遭殃者不计其数"。12

---

① 黄际遇著，黄小安、何荫坤编注：《黄际遇日记类编·国立中山大学时期》，中山大学出版社2019年版，第162、182、184页。

月13日，南京沦陷。第二天，他读当日的《瑞安报》号外，"记蒋中正训令唐生智司令长官：因敌炮火无情，不宜无谓牺牲……于是南京首都遂告沦陷矣"。之后，日军进犯杭州，12月27日他看《瓯报》，"记杭城人民避乱，万户皆空，西湖游艇悉沉水底，杭城已入敌人之手"。当日报纸记载了南京大屠杀的惨况："难民被杀者不下四五万人，可谓空前之大劫矣。"①

局势进一步恶化，至1938年10月2日，张棡读报后记载："中日之战在江、浙、武汉各方面已着着失败，而倭人犹狂咋不退，了无悔心。"对于抗战危局，他对中国政府谋求国联会的调解颇为不满。他读报后指出："中国政府刻刻求国联会主张公道，赞成援助，抑制寇焰，而国［联］会仍虚与委蛇，不大出力。此真与虎谋皮，徒耗空言，无大效果。甚矣，谋国者不可不急求自强也。"这说明他对国联所谓的"调停"有着深刻的认识。至10月底，广州、武汉失守，时局危迫，张棡读报后甚为焦灼。11月6日，他读到《大美晚报》上有关中国空军富于强韧性的报道："记去年八月间，中国共击日方六十次，空战十二次，击落日机六十一架，炸日舰十艘，日死空中勤务者一百四十六人。"他对中国空军的战绩颇为自豪。但第二天，"报载日人飞机有三十架飞金华投弹"，②日军继续向西推进。

1939年1月8日，张棡阅读近日报章，知汪精卫为通日议和，被政府开除党籍，为之感赋四绝，认为汪精卫"一旦行踪狐尾露，可怜万劫不翻身"。3月22日，他读当日《温州报》，"详记日机炸郡城房屋计五十四间，炸死锯板栈书记一人，政府督练员阮某一人，伤囚犯十二人"。③ 温州经常遭受敌机轰炸，但汪伪集团的不少骨干竟然是温州人。张棡获知胡立夫、高宗武、梅思平等温州人为汉奸的报道后，认为"三人平时颇有声政界，何不自爱若尔，恐外间谣传未必确有佐证也"。之后，年过八旬的张棡仍然关注温州安危，对

---

① 张棡著，温州市图书馆编，张钧孙点校：《张棡日记》（第九册），中华书局2019年版，第4140—4141、4155、4160、4168、4173页。
② 张棡著，温州市图书馆编，张钧孙点校：《张棡日记》（第九册），中华书局2019年版，第4252、4262、4263页。
③ 张棡著，温州市图书馆编，张钧孙点校：《张棡日记》（第九册），中华书局2019年版，第4288、4321页。

于地方政务、商务、社会新闻也积极发表自己的评论。1941年5月19日，他读《浙瓯日报》，得知温州永邑（今鹿城）已沦陷，"凡市商银行登记损失者不下数百家"。他指出："上批评者亦只言民人宜警省，汉奸宜唾骂，并不敢咎守土者渎职殃民。畏祸无公理，媚上无公评，殊令人废书而叹。"日本进犯温州，烧杀抢掠，无恶不作，之后撤出，但《瓯报》虚张声势，歪曲事实。政府布告称："与敌周旋十四日，始将顽敌击退，克复县城。"5月27日，他在日记中长叹："呜呼，吾谁欺？欺天乎？欺人乎？……国无清议，掩耳盗铃，何人而无耻乃尔！"① 日寇虽然撤退，但敌机仍然经常轰炸。年迈的张棡在忧愤中仍然坚持读报，揭露日寇暴行和地方官员的胡作非为。1942年3月24日，这位有着51年读报经历的乡村知识分子离开人世。他暮年日记中的读报记录体现出其对日寇的仇恨，对民族命运的忧虑和对家乡的热爱。

刘绍宽比张棡小7岁，但他俩交往多年，都长期担任中学教师，在温州当地颇有声望。上海沦陷后，他关注南京的安危。1937年12月11日，他读报并记载："日军今日开始总攻南京，昨向我致最后通牒，将大肆屠杀南京民众。"南京大屠杀开始后，14日，他读报得知南京已陷落，举城为墟。他愤然写道："唐生智竟不待奉令退却，民死而官不死，此之谓民国！"② 此段评论表明他对唐生智临阵脱逃的强烈不满。

刘绍宽对国民党正规军寄予厚望，但对各种游击队抱有偏见，尤其是对八路军、新四军在敌后的抗日活动并无好感。在他看来，游击队游而不击，危及地方治安。1938年1月1日，他读报获知新丰、高邮、太仓、昆山游击队大活动，劫车毙敌。他评论道："游击队之名始于'赤军'之化整为零，于是中国各地陷落后，中央鼓吹人民组为是队，以扰敌方，而实非策。此等零队决不可以当堂堂之阵、正正之旗，如以长围之法剿灭，甚易，徒苦吾民耳。

---

① 张棡著，温州市图书馆编，张钧孙点校：《张棡日记》（第十册），中华书局2019年版，第4571、4575—4576页。

② 刘绍宽著，温州市图书馆编，方浦仁、陈盛奖整理：《刘绍宽日记》（第四册），中华书局2018年版，第1797、1798页。

秉钧者出此下策，以卸责于下民，罪不容于死也。"但他对整个战局进展仍然极为关注，通过阅读《大美晚报》《瓯报》《平阳报》等报纸了解战事，并在日记中记录重要新闻。如24日，他记载当日报纸新闻："韩复榘叠［迭］次违令撤退，致济南、泰安、济宁俱失，蒋令拿交军法会治罪，本日枪决。"之后一个多月，他获知河南新乡、原武、阳武，江苏南通等多地失守，深感惊惧和不安。3月13日，他记录《字林西报》上的新闻："蒋主席与各将领讨论计画，所知者：一、军队之调动；二、战略之改变。"至4月1日，他读报得知台儿庄战役的消息："台儿庄战争空前激烈，敌大部溃退。《大美晚报》云，京沪、沪杭两线游击队不下十万人。"此时，他改变了对游击队的看法，评论道："此时游击队组织，杂牌皆在内，将来贻害地方匪浅，但此时无可言耳。"4月22日，他摘录报纸新闻："枣庄连日激战，我军伤亡达五万余人，敌伤亡尤重。"之后，他读报记载厦门、汕头、广州等地不断遭到敌机轰炸，损失惨重的消息。6月，日军进攻郑州、开封，蒋介石命令国民党军队于9日在花园口决堤阻挡日军。14日，刘绍宽读到相关新闻："敌决黄河南岸，豫东、豫北洪水横流，中牟即尽成泽国，难民数万集郑州。"之后，安庆、济源等地沦陷，武汉岌岌可危。但是，对于报纸所载"晋全省游击队布新，政治机构已健全"，他颇为不满，并荒谬地认为"中日长期战斗，正为共产造成机会，此天数也"。① 这说明他对中共敌后抗日根据地的发展抱有极大的偏见。

1938年9月后，报纸新闻报道国民党军队不断失利，武汉、广州等重要城市相继沦陷，金华、桂林、南宁等地遭到轰炸的消息，刘绍宽都择要记录，并简要评述。对于汪精卫叛国、蔡元培去世等新闻，他也留意记载。同时，他关注欧洲局势和第二次世界大战的进展。9月12日，他记载报上所载伦敦合众社电文："欧洲各国忙于备战，希特勒或不惜冒险以图一逞，英国表示即与法国共同应付。"1939年9月2日，他阅报后记载："德机轰炸波兰，欧战已开始。"1941年2月6日，他读报后评论："现时欧西战局，英、德相持，

---

① 刘绍宽著，温州市图书馆编，方浦仁、陈盛奖整理：《刘绍宽日记》（第五册），中华书局2018年版，第1801、1804、1814、1817—1818、1822、1835、1852页。

美助英，日助德，法为德所败，义为希所败。"4月14日，他摘录《时兆月报》所载文章："美国哈柏杂志有《民主主义之本身弱点》一篇，作者为赫尔顿氏。言民主国家之人民，由于多年之自私与放纵，已经变成懦弱了。"他读后感慨道："此数语亦是中国人顶门一针，其在'自私放纵'四字。"① 至1942年4月，75岁的刘绍宽去世。其暮年的读报活动虽有所减少，但他关注战事，留心国际局势，经常抄录报刊新闻，并评论时政，忧国忧民，体现出传统知识分子的家国情怀。

与暮年的刘绍宽不同，抗战爆发后，35岁的张泰荣勉力维持奉化县孤儿院的经营，四处设法募捐，在日记中较少记载读报情况，但他偶尔也对重要新闻予以评论。如淞沪会战爆发后，他对报刊新闻颇为关注，多次记载相关报道。他在1937年8月16日记载："沪战胜利，举国欢腾。"10月27日，他读报后得知大场、庙行均告失守，认为"关心国事者，无不引以为沪战危"。30日，他读报得知谢晋元率军保卫四行仓库的新闻后，颇为欣喜地写道："闸北虽失，而八百忠勇将士尚留四行仓库与敌作殊死战，此种壮烈之举，令人钦佩无涯。"但至12月，上海沦陷，日军进逼浙江，他颇为忧虑。他读报后记载："杭州我军已移至钱江南岸，敌已进城。"他哀叹道："大好河山，遽告沦亡，此中悲痛，宁忍言哉。"1939年，奉化县城被日机轰炸，孤儿院被迫搬至楼岩村祠堂，他仅偶尔读报，并记载片言只语。如1939年8月23日，他阅报，得知德、苏将签订互不侵犯条约，他欣然写道："变则有利于中国抗战前途……无限愉快。"1942年2月19日，他在日记中写道："久未阅报，新闻久疏，今日得读《浙江》《东南》等，虽明日黄花，要亦能知形势于什一也。"4月25日，他读报得知"东京神户被我机轰炸，损失甚重"，颇为激动地写道："抗战以来仅有之消息，不胜欢忭。"5月2日，他阅报了解国际局势："大战正在酝酿，而美机轰炸日本与滇缅路之捷——拉杂消息，至感兴奋。"之后数年，他几乎没有读报记录。至抗战胜利前，1945年6月1日，他

---

① 刘绍宽著，温州市图书馆编，方浦仁、陈盛奖整理：《刘绍宽日记》（第五册），中华书局2018年版，第1854、1925、2054、2080页。

第七章 抗战时期读者的报刊阅读活动

阅报,"知南宁、福州克复,总反攻开始",继而颇感兴奋地写道:"黎明可待,不禁馨香祷祝。"① 这说明他在偏僻的乡下很难读到报刊,对国内外新闻了解极少,偶尔读报,便会关注时局,忧心国事。

除了国内知识分子留心时局,忧心国事之外,在海外,不少学者关注国内局势,广泛涉猎各种报刊。淞沪会战后,在香港的陈君葆将目光转向全国各地的抗战新闻,并择要进行述评。11 日,各报登载朱德、彭德怀遵令就第八路军总指挥新职消息,红军已改编完成,"不日东出由陕北经绥入察以抚敌军之背,则平绥战事当有重大变动"。可见,他对八路军的参战充满期待。但是,之后的一段时间,报刊不断报道各地遭到日军飞机空袭的消息。19 日,他读晚报得知"敌机四十五架袭京,被我击落四架,我方亦损失两架"。第二天,报纸继续报道日机袭击南京的消息。21 日,他在午间听到街上的报贩叫着"今晨日机炸广州,向岭南大学一带掷弹",他"心头怦然"。24 日,他到图书馆去看当日的英文报纸,记载三天来日机轰炸广州的灾情。11 月 17 日,西报载昆山失陷的消息。晚报则称首都拟迁重庆,"惟蒋介石则拟誓守南京,情势顿形紧张"。② 之后,报刊不断刊登各地沦陷的消息,他甚感沉郁。

1938 年后,抗战进入相持阶段,陈君葆对战事新闻的关注度有所下降,但一些突发事件仍引起了他的注意。如 8 月 25 日,他在日记中记载:"中航机桂林号被敌机迫降,并用机关枪扫射乘客乙[一]事,《立报》著论谓为敌对美国的试探,我亦以为然。"此事引发国际舆论的广泛关注。8 月 27 日,他提及事件的后续影响:"外国报纸对于敌机迫降中航机桂林号并枪杀乘客乙[一]事,一致抨击其残暴行为,此间《德臣西报》更著论谓中航机为中美合资,深望美国此一次能采取有效的步骤。"但是,他对事件有清醒的认识。

---

① 张泰荣著,奉化市档案馆编:《张泰荣日记》(卷三),宁波出版社 2015 年版,第 890、899、906、976、1042、1051、1052、1186 页。

② 陈君葆著,谢荣滚主编:《陈君葆日记全集》(卷一:1932—1940),商务印书馆(香港)有限公司 2004 年版,第 334、337、338、339、347 页。

他认为:"美国外交此次仍不过照巴纳事件敷衍了结而已,不会有甚么实际行动。"① 作为政治活动家,他对国内政治和抗战形势有较为深入的了解,并不为外报的观点所左右。

之后数年,陈君葆在日记中提及抗战新闻的内容相对较少。至1944年,欧战局势发生明显变化,他又持续关注国内外战事。3月22日,他读当日报纸,认为"东线消息颇简短,但甚重要"。第二天,报纸登载英宣布封锁英伦海峡的新闻,"又传英美大军已结集于巴普孟及英国南部都市",他进而判断:"西欧海岸风云日告紧张。"4月11日,他在日记中总结道:"报章久不见德轰炸苏军后方基地之消息,近忽连载此项事件,前有四日之轰炸哥洛斯坦,现有七日之轰炸基辅,此项纪载不可等闲视之也。"② 这说明他读出了新闻的弦外之音,对欧战格局有着深入剖析。

至8月,他又集中记载了欧战新闻。6日,他提及报纸转载的《朝日新闻》上的观点:"中太平洋及西南太平洋美军攻势已渐加紧,正利用占领塞班岛企图一战而胜。"他认为太平洋战争的形势"不利于吾人",但美、法等国军队接连出击,形势大变。17日,报纸新闻称:"美机动部队十三至十五间袭击小笠原群岛。"25日,报载又报道:"巴黎发生巷战,然则混乱之情势可想见。"28日,报纸进一步报道:"巴黎为反轴心军突入,已成为战场。"至9月,反轴心军已在法国获得胜利,并向德国进攻。12日,报纸纷纷报道:"反轴心军六路进攻齐格非线。"至1945年年初,苏军则展开全面反攻。1月19日,报载东线战局重大变化,"苏军百余师大举进攻,华沙已被放弃,……"28日,他晨起读报,得知"东普联络已中断",他判断"包围东普鲁士的形势已完成"。③ 至此,他认为德军败局已定,第二次世界大战行将结束,而他的欧战叙事也就画上了句号。

---

① 陈君葆著,谢荣滚主编:《陈君葆日记全集》(卷一:1932—1940),商务印书馆(香港)有限公司2004年版,第402页。
② 陈君葆著,谢荣滚主编:《陈君葆日记全集》(卷二:1941—1949),商务印书馆(香港)有限公司2004年版,第238、243页。
③ 陈君葆著,谢荣滚主编:《陈君葆日记全集》(卷二:1941—1949),商务印书馆(香港)有限公司2004年版,第271、274、277、279、283、337、345页。

从上述学者的读报经历看,在抗战时期,学者们的读报活动可谓复杂多样,差别甚大。由于他们的职业、身份、性情、兴趣不同,个体所处的社会环境、阅读情境和阅读条件也大不一样,报刊消费地理条件和阅读时空也较为悬殊。尽管学者们都具备很好的报刊阅读能力,但在报刊的可得性与有效阅读之间,存在明显的距离,加上读者的选择性记录与记忆的问题,个体阅读史可谓"月映万川",个人的记述长短不一,各有侧重。有些学者虽然长期订阅报刊,但很少在日记中呈现其读报经历。如顾廷龙于1939年就聘于上海合众图书馆,任总干事,有大量机会阅读各种报刊,其家中也长期订阅报刊。他在1942年8月1日的日记中记载:"理拓片上所有旧报,并将《大美晚报》亦已零落一并售出,以惠诸仆,实则旧报不尽违碍也。"这可以从侧面证实他是《大美晚报》的长期读者。另外,他还收到不少友人赠阅的报刊。他在1943年10月12日记载:"仲芳来赠《旅行杂志》八卷八册。朱如堂亦赠四卷,所缺尚多。"1944年3月15日又记:"菊丈还书,并赠《时代》。"[①] 这些赠阅的杂志很可能是他涉猎的对象。因此,仅从日记中记载的读报活动来判断记录者是否为"真实读者",有较大的局限。事实上,"我读故我在"的表述方式较为复杂,更多的学者虽然长期读报,在日记中却隐藏了自己的读者身份。

从总体上看,由于战乱,学者们颠沛流离,迫于生计,读报时间大为减少。从阅读记录看,在抗战之初的一两年,他们对战事的记载和评论较多。在抗战中后期,他们对战事的记载较少。有些学者只是偶尔读报,简略提及相关信息,但记载的国际时局所占比例相对较高。从记载的内容看,抗战新闻占主导地位,尤其是前线战况牵动着他们的神经,影响着他们的喜怒哀乐。在民族危难,国家危亡之际,心系战场,关注时局,抗敌救国,是他们读报的共同心境。虽然各自笔端之下的战事新闻各有侧重,但通过报刊新闻的记载,折射了他们对日寇的憎恨,以及对民族和国家前途的忧虑。他们的读报活动既是感知时局的过程,也是他们丰富多样的情感经历的见证。

---

① 顾廷龙著,李军、师元光整理:《顾廷龙日记》,中华书局2022年版,第255、334、361页。

三、文艺界人士的报刊阅读与精神寄托

抗战初期,大量进步作家云集上海进行抗日救亡活动。上海沦陷后,许多作家向大后方转移。但是,战时交通阻滞,报刊投递极为困难,在后方生活的不少作家难有机会阅读报刊。茅盾在写给楼适夷的信中说:"《文艺战线》尚未收到,因内地刊物,此间十不见一,老刊物尚可于三个月后见到,新刊物则因不为此间所知,所以根本不知道世间有此物也。"① 内地信息闭塞,对于旅途中的作家而言,更是感同身受。1938年秋,沙汀、何其芳、卞之琳等人从成都出发奔赴延安,经广元到达陕西,来到一个叫作宁羌的小县城时,"就是在城内西南角的山上,有一所带角檐的房子,挂着'宁羌中正图书馆'的破牌牌。阅览室里居然有《大公报》《西京日报》《新新新闻》。他们已经有八天不知道战争的消息了,便'狼吞虎咽'地读了一通"。② 沙汀等人的偶尔读报,是旅行中难得的精神享受。一旦出了县城,他们要见到报刊,就极为困难了。这在一定程度上反映了抗战时期西部落后地区的报刊发行状况。对于原来在上海等大都市生活的作家们而言,迁移至后方之后,在办报与读报活动方面都会受到一定的影响。如萧军在抗战初期的日记中很少有读报记录,仅在1938年8月6日的日记中记载:"今天时事新刊载这样一段新闻(剪报),阴谋案要犯闵诚等六人被枪决。"③ 此类偶尔的记载说明他平时读报并不多。

抗战之后,桂林、成都、昆明等后方城市吸引了大批从上海、北平、南京、武汉、广州等地迁来的文艺人士,成为战时后方的重要文化中心,并逐步形成重要的报业中心。这为当地的文艺人士提供了相对宽松的阅读与写作条件。我们以几位文艺界人士的日记、书信为例,探讨他们的读报与写作活动。

丰子恺于1938年年底来到桂林。不久,《文汇报》上刊发他到桂林的消

---

① 茅盾著,钟桂松主编:《茅盾全集第三十七卷·书信一集》,黄山书社2012年版,第215页。
② 转引自吴福辉:《沙汀传》,北京十月文艺出版社1990年版,第256页。
③ 萧军:《萧军日记补遗》,牛津大学出版社(香港)2014年版,第52页。

息,由于报道中的一段话,引起了"某报"攻击,他在 1938 年 12 月 22 日的日记中对此事进行了详细说明:"上海一班无聊小文人,在报上攻击我。起因是我寄表侄徐一帆信,中有句云:'此次流离来桂林,虽道途劳顿,但一路饱览名山大川,可谓因祸得福。'一帆以此信交《文汇报》发表,次日即有某报攻击我与叶圣陶。因叶圣陶有诗句云:'全家来看蜀中山',亦曾在此报发表也。此事上月章雪村先生最早来信相告。但言之甚略。今日得《文汇报》高季琳君来信,附辩护文二篇。我读该二文,始知其半。但攻击之文,终未见及。"忙于创作的丰子恺,其日记较少记载报刊新闻,但 1939 年之后的日记中,则有一些涉及报刊的内容。如 1939 年 2 月 9 日,他读《扫荡报》所载 2 月 5 日宜山被炸新闻,并记载:"是日宜山四门均受弹,城外浙江大学校舍,受弹八十余枚,几乎全毁。幸为星期日,学生皆出外,仅一学生受伤。"此则记载可与竺可桢日记中的记录相互参证,说明日军的攻击是有目的的。但是,当时广西尚未遭到日军地面部队的进攻,丰子恺的漫画创作尚未受到太大影响。3 月 2 日,他收到好友谢颂羔的来信,告知有人模仿他的漫画和署名一事,他在日记中记道:"上海《申报》常刊漫画,署名'次恺',其画与字皆酷似我,甚于慧和。不知此人是否吾徒。得信甚喜。摹我画者,以前不乏其人,惟吾徒鲍慧和最得吾心,今此君似吾甚于慧和,则吾画派中又得一有力分子,殊可喜也。"得知自己的漫画被人模仿,丰子恺感到非常高兴,希望能弄清楚模仿者是谁,但因为他在桂林没有见到《申报》,故无从判断。两天后,他收到上海《文汇报》编辑高柯灵的来信,告知上海《申报》时有署名"次恺"者投画稿,"字画均酷肖吾笔,特剪一幅见寄。吾初见画,亦疑为自己所作。难得此君如此恪摹,复以谦怀署名'次恺'。不知是何许人。他日有缘,当图一见"。[①] 丰子恺见到模仿者的画之后,期待与此人见面,颇有爱护和提点之意。他是通过友人读报的二次传播获得这一信息的。报纸新闻转变为"新闻信",影响了他的精神世界。不过,至抗战胜利前夕,他获知报刊新闻的时效性大不一样,1945 年 7 月 14 日,他写信给好友夏宗禹说:"我于七

---

① 丰子恺:《子恺日记》,海豚出版社 2013 年版,第 78、127、143、145—146 页。

月十二日到成都，……我未到上二天，《新民报》上已登'欢迎丰子恺先生'的文章，到后又发消息，因此访客甚多。"① 仅两天间，他对成都《新民报》有关自己的报道及其反响已了然于胸。

另外，丰子恺还通过报界友人获得了上海方面的杂志。如1939年2月23日，他收到上海《宇宙风》杂志编辑陶亢德寄来的《众生月刊》数册，"翻阅之，见中有夏先生（夏丏尊）作《怀晚晴老人》一文，述抗战后老人言行之镇静"。晚晴老人即李叔同，为丰子恺的恩师，他读后自然要在日记中加以记载。5月9日，他收到《国命旬刊》一册，"内载竺可桢校长宜山开学式讲稿一篇，读之，见其中有良话，摘录于此"。他对竺可桢有关大学在抗战中应如何培养人才的演讲颇为折服。9月14日，他读9月5、6日的《广西日报》，"见巴黎五日亦发警报。繁华之梦醒矣。华沙距侵略军只五十三公里。恐现已失守矣"。② 总体而言，丰子恺在日记中记载的报刊新闻并不多。他的《教师日记》收录了于1938年10月24日—1939年6月24日间共161篇日记，重点记载了其两年间辗转各地的教育、教学生活，尤其是师德、师能及美育教学方面朴素而本真的理念与方法，而一些日常的阅读活动，他可能并未记录。《教师日记》也通过在《宇宙风》的部分转载，在社会上引起了极大的反响，后来汇编成书，发行颇广。他在写给好友黎丁的信中说："此书一出，预料读者必多。因近年相见的人，识与不识，皆言'读过你的日记'。"③ 尽管战时图书的发行颇为困难，但丰子恺的漫画通过报刊传播已广为人知，其《教师日记》的热销也得益于读者通过报刊对丰子恺有所了解。

与丰子恺相似，1938年10月，武汉沦陷后，宋云彬来到桂林，在桂林文化供应社工作，后在桂林师范学院任教。他与夏衍、巴金等进步作家联系密切，积极参与《一九三九》《中学生》等刊物的创办，并经常为《广西日报》《救亡日报》《扫荡报》《新华日报》《南方》《中学生》《文化通讯》《广西妇女》《进修月刊》《艺文志》等报刊撰稿，创作极为活跃。尤其是1939年3月

---

① 丰子恺：《丰子恺全集·书信日记卷2》，海豚出版社2016年版，第75页。
② 丰子恺：《子恺日记》，海豚出版社2013年版，第134、209、250页。
③ 丰子恺：《丰子恺全集·书信日记卷2》，海豚出版社2016年版，第59页。

第七章 抗战时期读者的报刊阅读活动

《中学生》决定复刊后,他主编该杂志,每月都为该刊编稿、写稿,并利用自己的社交网络为该刊约稿。在抗战期间,他在日记中经常记载约稿、写稿、发稿的情况,并与桂林的多家报刊保持密切联系。如他在1938年12月24日记载:"为《国民公论》撰短文一篇,约千字。"28日记载:"赴《广西日报》社,晤编辑莫、沈两君,赴《扫荡报》社,晤编辑钟君,皆为接洽《元旦特刊》事。"1939年1月11日记载:"为《救亡日报》写短文一,千五百字。"2月15日记载:"为《广西日报》副刊《南方》写杂谈二则,睡稍迟。"① 此类记载经常出现在他的日记中。

由于他与多家报刊编辑私交甚笃,同时还积极参与报刊举办的各种义卖活动,他平时可以经常读到多种报刊。如他在1939年1月1日记载:"今日生活书店及《广西日报》举行义卖,余买原稿纸五圆,又以桂币壹圆购《广西日报》一份。"10日,《救亡日报》在桂林复刊,"送来一份"。2月3日,他读《救亡日报》并记:"吴佩孚已就伪职之新闻,林参谋长认为失当,批交政治部办。"7月12日,宋云彬读到《扫荡报》及《广西日报》有关自己的报道:"余等奉令调部之新闻。"对于物价,他也偶尔通过阅报提及。如7月20日记载《扫荡报》登有出售马铃瓜广告,"定价每磅法币一元云"。②

宋云彬与《救亡日报》的联系极为紧密,对中共的抗日主张颇为赞赏。该报的一些重要稿件,在尚未刊登之前,他也能提前获知。如1939年9月6日,他得知毛泽东有关目前国际形势与中国抗战的谈话将在《救亡日报》上刊出。第二天,《救亡日报》刊出毛泽东的谈话,"毛泽东认为那时候还没有得到英法宣战的消息,但他肯定欧洲战争一定要爆发的"。宋云彬对毛泽东的预测高度赞赏,他积极参加桂林进步人士组织的各种活动,并为进步刊物撰稿,为文艺界人士寄送《文化通讯》《扫荡报》等报刊。抗战胜利前,宋云彬参加中国民主同盟。在重庆期间,他阅读《中央日报》《时事新报》《扫荡

---

① 宋云彬著,海宁市档案局(馆)整理:《宋云彬日记》(上册),中华书局2016年版,第4、6、9、18—19页。
② 宋云彬著,海宁市档案局(馆)整理:《宋云彬日记》(上册),中华书局2016年版,第7、9、15、54—55、56页。

报》等报纸。1945年5月13日,他收到《扫荡报》社送来的10份报纸,因他的文章"于今天刊出也"。① 总体上看,宋云彬作为文史学者和杂文家,更多地是为报刊"输送"稿件。相对而言,他记载的写作活动远高于阅报活动。

广西本土作家陆地曾在绥渌(现扶绥)、桂林等地学习和工作。抗战爆发之初,陆地在老家八南乡中心小学教书。1938年元旦,他看《救亡日报》,其中有一篇延安通讯,他读后极为兴奋,在日记中记载:"那里,陕北公学,抗日军政大学和青年训练班,都在敞开大门,随时欢迎'到陕北去'的广大青年啊。那里,传开来的《延安颂》,'抗大'校歌多么雄壮,多么激动人心!只要不甘于做醉生梦死的落伍者,谁不为之得到鼓舞呢!"作为一名师范毕业的小学教员,他对延安的学校甚为向往,到延安去学习,参加八路军,是他在抗战后一心向往的目标。之后,他到桂林参加省建设厅办的一所速成学校"合训所"的学习。在桂林,可以读到大量的抗战报刊,令他耳目一新。2月17日,他在日记中描述当地的报刊市场:"汉口出版的报纸杂志:《新华日报》《全民抗战》《七月》《激流》等等,一个星期便到这里了,这对我们来说,倒是挺解渴。"当天,为了应付复试,他"先买一本薛暮桥的《中国农村经济基本问题》和新到的《解放周刊》《七月》和《激流》"。他迫不及待地阅读《激流》,其中有篇延安通讯,生动地报道了那边的一个崭新的社会:"在那里,到处充满阳光,到处洋溢着歌声,到处体现集体力量的同时,个人的才能得到合理、健全的发展;……当然,通讯并没有把现实渲染成天堂,那里还有缺点,有困难,有不足的一面,比如,吃的食物是南方人吃不惯的小米、高粱,生活条件简陋,身上长虱子;……一句话,物质生活贫困,精神生活丰富。"② 读完此文后,激发了他去延安的热盼。

之后,他多次阅读进步报纸和文艺刊物。3月1日,他在桂林生活书店买到一本胡风主编的文学期刊《七月》,其中有艾青的诗,有黄既的小说,有吴

---

① 宋云彬著,海宁市档案局(馆)整理:《宋云彬日记》(上册),中华书局2016年版,第65、133页。
② 陆地著,陈南南、陈田田整理:《陆地文集》(第六卷 日记·一),广西师范大学出版社2018年版,第256、290、291页。

伯箫的散文等。他甚为兴奋地写道："内容充实。能经常看到这样的读物该多好。"5月18日，他逛新开张的前进书店，书架上摆的几乎全是当前进步的书刊，他"买了新到的第十二期《七月》，又花三元预订《文艺阵地》《救亡日报》和《烽火》"。之后几个月，他对《救亡日报》甚为偏爱，设法购阅和借阅，多方了解战事新闻和各种资讯。6月2日，他读到5月28日《救亡日报》上刊载的一篇姚潜修写的前线通讯，"披露一八七师师长彭霖生在开封，向记者谈关于保卫大武汉外围战的态势"。11日，他读《救亡日报》后得知"敌机轰炸广州与日俱增，市中心的永汉、惠爱、教育、维新、正南、吉祥、丰宁和小北等等，我所熟悉的马路，以及市政府、中山纪念堂、中山大学文明路的校舍、西村水厂和电厂等公用建筑都落了炸弹，断墙颓壁，比比皆是，无辜平民尸横满街……"他曾在广州生活数年，触景生情，对日寇的暴行极为愤怒。7月12日，看到《救亡日报》载有汉口"阅读写作函授班"诞生的新闻后，他便"写了几个字附上邮票，请寄一份章程来，很想做个学员"。26日，他在乡下看到了《救亡日报》，在日记中描述了当日的阅读情形："我高兴的欢呼了起来！'抗大'——延安抗日军政大学，'陕公'——陕北公学，'鲁艺'——鲁迅艺术学院的扩大招生广告刊出大大的篇幅。另外一篇署名徐有声的通讯——《告有志于陕北的朋友的信》，更是火上加油，把我刺激得几乎疯狂了！思潮澎湃，心弦紧张，仿佛战士闻到冲锋号，雄鸡听到第一声的啼鸣，又像是喝得微醉，浑身不能自持。"① 之后，他决心参加革命。9月1日，他回家告别母亲，启程奔赴延安。经过一个多月的长途跋涉，10月3日，他终于来到了梦寐以求的革命圣地，并成为"抗大"学员，投身于热烈的政治学习和革命工作。

与陆地在后方学习写作，探索革命道路不同，朱自清在抗战前已是著名学者和作家。抗战后，他在昆明担任西南联大中文系主任，他在极为艰苦的条件下从事文艺创作和学术研究，平时的阅读面极为广泛，尤其是阅读了大

---

① 陆地著，陈南南、陈田田整理：《陆地文集》（第六卷　日记·一），广西师范大学出版社2018年版，第302、365、374、377、391、398页。

量的文艺书籍。这一时期，朱自清对刊物的兴趣大于报纸，阅读的杂志类型较多，除了国内的文艺刊物、学术期刊，还有国外的《时代》《读者文摘》《新闻周刊》等。他关注时局，关心民间疾苦，跟踪学术前沿研究，治学非常勤勉。与他读书的时间相比，读报刊所占的时间相对较少，他在日记中往往会简略提及读过的报刊。如 1938 年 8 月 19 日，他"读容君发表于《燕京学报》上的文章：《焦竑及其思想》"，并作简要评论："年谱颇有趣，而思想部分则甚平凡。此焦氏思想即如此平凡故也。" 1939 年 12 月 1 日，他读《图书馆》季刊。1940 年 2 月 8 日，他读《大公报》的《民族形式之讨论》一文。① 他往往对报刊上的学术论文比较关注，对报刊上的文艺作品则很少提及。1942 年之后，朱自清经常阅读《时代》《读者文摘》《新闻周刊》等外文杂志，但他对这些外文杂志的具体内容鲜有评论。如 1942 年 1 月 7 日，他读《时代》2 册。9 月 2 日，他读《读者文摘》。即便是有印象的外文文章，他也仅提及作者和篇名。如 1945 年 2 月 1 日，他读《生活》所载的约翰斯顿（Johnston）的文章《访问俄国》。对于国内杂志，他比较关注《民族》和《民族文学》，阅读次数较多。如 1943 年 8 月 30 日，他"谈《民族》杂志与《书经》上两篇文章"。10 月 3 日，他在《民族文学》上读梁宗岱翻译的《莎士比亚十四行诗》，评论云："甚好。"② 尽管他在成都可以购买到不少报纸，但除了《大公报》，他多次读蒋经国在赣南创办的《正气日报》，个中缘由，不得而知。

然而，在云南保山板桥的小学教师马力生却没有朱自清那样幸运。马力生虽然喜爱书法绘画，嗜书如命，但在滇西抗战过程中，他的妻子、子女、姐姐、弟弟等家人或被日军飞机炸死，或因霍乱而死亡，他自己又遭遇牢狱之灾。这位乡村文艺青年在极端困难中寻找精神食粮，即便在牢房中，对于偶尔获得的当地《保山日报》，他认真阅读并抄录。如 1942 年 1 月 1 日，他

---

① 朱自清：《朱自清日记·上（1937—1941）》，石油工业出版社 2019 年版，第 123、226、246 页。

② 朱自清：《朱自清日记·下（1942—1946）》，石油工业出版社 2019 年版，第 3、142、143、245、142、149 页。

读《保山日报》元旦献词后，在日记中充满激情地写道："太平洋的腥风血雨在怒号，胜利之神在微笑，（民国）三十一年（1942年）的日历，已现出鲜红的一页，恐怖的阴霾将随之已消逝，一般人期待着胜利的光芒。"第二天，他抄《保山日报》副刊所载《李英题送出征将士》一诗。1月8日，本地新闻报道了县参议会中有提议组织公颂龙师长德政一事。对此，他指出："以此歌功颂德，实当道诸公勇于乐为的事了。"2月10日，监狱中同室的一位唐姓室友收到友人送来的几本画报，马力生"一见高兴极了，诚如久旱遇雨"。几本画报令他如此激动，是由于久困于牢房，与外界信息阻隔。对他而言，读报是一种强烈的精神寄托，"时有感动而跃跃欲飞"。①

抗战之初，一些文艺青年虽没有投身前线的战斗，但对日寇极为仇恨，在日记中记载了日寇的暴行。如亢庆抄录了一些战事新闻，他在1938年农历七月的日记中记载：

> 阅报，浦北段血战一记。当徐州失手时，随某军记者云，于某处遇一老妇人，憔悴风尘，暗无人色。因询以寇兵状况，老妇言之，泪涔涔下，有不胜其悲者。述其子为寇所掠迫，令其作输送队，其媳为寇敌轮奸，媳不能堪，忤寇众意，遂剖出其心肝五脏后，乃割下其两乳并携之而去。又阅报，载某青年学子不幸为寇所获，迫令服务，某佯许之。嗣乘间以手枪击寇酋，仓皇未中。寇酋大怒，命剖其腹，以火油灌入脏腑，惨罹焚死。寇之毒辣行为，类此者甚多，此特其一端耳。②

报纸记载的这两段新闻揭露了日军的兽行，读来令人发指。亢庆不惜笔墨予以抄录，其对日寇的仇恨已跃然纸上。

文艺界人士除了在日记中呈现自己的阅读经历之外，往往通过书信展示他们的新闻感知和思想世界。抗战之后，柳亚子并无日记留存，他与友人的

---

① 马力生：《马力生日记》，云南人民出版社2014年版，第152、155、171页。
② 亢庆：《笔记存略》（卷三），复旦大学图书馆抄本，戊寅年（1938）七月。

书信联系较多。相对于抗战前十年，他的书信中有关赠报、读报内容较少，但也提供了他阅读报刊的隐蔽线索。1940年，柳亚子滞留上海。9月27日，他给已瘫痪的老友胡朴安写信："奉上《越风》一册，内有《南社大事记》一篇，请察收。"① 胡朴安曾是南社的重要成员，柳亚子将自己在《越风》上发表的文章寄给好友阅览，颇有感时伤怀，留恋往事之意。10月11日，他读到钱杏邨在《正言报》副刊《草原》上发表的《关于郑成功的戏剧》一文，发现文章中引用自己的函件有误，遂写信给钱杏邨申言："节引拙函，除误排数字无关大体外，尚有原函因疏忽致误数处，特自行检举，希仍在《草原》露布，以志吾过，或亦研究南明史实者所乐闻欤？"② 彼时，柳亚子潜心研究明史，对钱杏邨的问询，表明他的学术态度极为严谨。1943年，在桂林的柳亚子应该有较多机会读报。他在4月6日写信给好友曹美成说："顷阅报载，敌机狂炸曲江市区云云。未知你们那儿怎么样，极为挂念。"③ 简短的问候表明报刊新闻经过书信的二次传播，不仅可以制造"话题"，也是战乱中表达关切的重要方式。然而，此类或隐或现的读报活动在抗战时期文艺人士的书信中并不多见。

"七月派"重要作家贾植芳则通过与胡风的书信来往，表达了对《七月》杂志的关注，也证实他是这份刊物的忠实读者。1938年4月21日，贾植芳写信给胡风说："来武汉后，得见《七月》，颇觉喜欢。因为生活的缘故，不能用热烈的体材，现即寄上来汉写的《蜘蛛》一篇，现在用这样晦涩的写法，似觉不当。但也就真存在着这样的境遇。如认为不合格，请即退下。"④《七月》杂志是贾植芳与胡风在信中关注的重点。贾植芳虽已成为该刊的重要作者，但对于自己所投稿件，仍然道明原委，希望胡风秉公办事。对于《七月》

---

① 柳亚子：《致胡朴安（一九四〇年九月二十七日）》，柳亚子文集编辑委员会主编、上海图书馆编：《柳亚子文集 书信辑录》，上海人民出版社1985年版，第203页。
② 柳亚子：《致钱杏邨（一九四〇年十月十一日）》，柳亚子文集编辑委员会主编、上海图书馆编：《柳亚子文集 书信辑录》，上海人民出版社1985年版，第207页。
③ 柳亚子：《致曹美成（一九四三年四月六日）》，柳亚子文集编辑委员会主编、上海图书馆编：《柳亚子文集 书信辑录》，上海人民出版社1985年版，第276页。
④ 贾植芳：《致胡风》，《贾植芳文集（书信日记卷）》，上海社会科学院出版社2004年版，第3页。

的发行，贾植芳也甚为留意。1939年10月10日，他在信中描述了《七月》在西安热销的情形："报贩们手持着卖，据在茶馆里听几个报贩们的议论，则也是很好卖呢，差不多来了就光了。"他欣喜地指出："这证明在这个城市里，群众们也还是需要着文化。这真是中国的活力素，值得乐观。"① 此种心情不仅表达了贾植芳对《七月》的热盼，也表达了他对"七月派"的深厚感情和文化认同。

在沦陷区，不少文艺界人士不屈服于日寇的淫威，视艺术为生命，保持民族气节。如京剧演员程砚秋在北平沦陷后一直坚决拒绝日寇的威逼利诱，最终以停演抵制，到西山开始务农生活，并关注农事。1944年2月24日，他阅《农友》杂志，并记载："种芝麻千万不要用猪粪，若用，苗未出来便枯死，当告金头等注意，因玉泉山内预种芝麻故。"3月2日，他读《实报·杂说》，记录宣永光先生言论："自民国以至今33年，社会上有三种买卖最为赚钱：第一是军阀，不用本钱可得很多厚利，无条件的；第二是官吏，下极少数本钱能得极大利益，所谓本小利宽；最次为商贾。"他评论道："可谓形容妙极。"5月3日，他关注新创办的《华北新报》，"由一日起开始降生，不知其寿长短，连读三张，第一张确系内容丰富，第二三张恢复普通现状"。24日，他阅报，"见顾兄珏荪病故一文"。1945年2月9日，他读报并记载："前日飞机炸西郊机场油库，打落飞机两架，亦未见如何打下来的。"8月10日，他记载："今日见报，日俄开战了。"日寇投降后，29日，他在日记中欣然写道："连日街上大热闹，卖报声已有六七种之多了，卖报者大大小小，恢复8年前的状态了。"② 尽管他所记读报内容很少，但报刊仍是他了解时局的重要资讯来源。

与程砚秋一样，曾长期在清华大学任职的作家毕树棠，坚决拒绝为敌伪政府服务，他在辅仁大学等校兼课，并兼职翻译，以养家糊口。平时，他

---

① 贾植芳：《致胡风》，《贾植芳文集（书信日记卷）》，上海社会科学院出版社2004年版，第12—13页。
② 程砚秋著，程永江整理：《程砚秋日记》，时代文艺出版社2011年版，第393、394、409、414、466、479、481页。

注意浏览各类中外文报刊,并在日记中怀念故人,评述作品,阐发己见。其中,对于报刊所载名人去世的讣文,他甚为留意。如1939年1月21日,他读两天前报载有关"钱玄同先生病脑冲血逝世"的新闻,当日又有报纸发布纪念专页,他认为"惟有一二史实可记"。文中提及北大教授林损在授课时大批钱玄同,曾拍案大怒曰:"当然不姓钱!他姓疑古。"以此表达对钱玄同疑古风格之不满。他记此类逸闻,颇能体现当事人的风格。2月13日,他读到前日英文报载叶芝(William Butler Yeats)逝世的消息,并评论道:"此公为爱尔兰诗人,亦戏剧作家,为晚近'爱尔兰运动'之领袖,……尝得一九二三年之诺贝尔文学奖金。"6月1日,他读当日《新民报》,得知吴瞿安(吴梅)先生在云南逝世的消息。他对吴瞿安的词曲研究评价甚高,故写道:"余与瞿安先生无一面之识,惟粗知曲之为物,实自读先生之《顾曲尘谈》始。"9月26日,他读外文报所载弗洛伊德(Sigmund Freud)于9月23日逝世于伦敦客寓的消息,在日记中介绍了弗洛伊德"以首创心的分析(Psycho-analysis)闻于世,而以治脑病为专医","于近代文学中之心理描写多所启示"。1940年3月6日,他读报得知蔡元培在九龙逝世的消息,颇为惆怅地写道:"余与蔡先生素不相识,惟读其文章听其演说而已。《中国伦理学史》及《石头记索隐》至今犹珍爱之。又蔡昔年尝提倡'美育',颇与孔子以礼乐为教化之旨相通,此种理想亦余所神往者。"言辞之间表达了他对蔡元培的学术成就充满崇敬之情。7月21日,他在日记中记载:"报载罗振玉于上月二十九日在旅顺逝世。郑孝胥死后,人多记念其字,罗之可记念者似应有多事,而余惟不忘其字。"可谓一语道破罗振玉对文字学的贡献。1941年9月9日,他读报得知张季鸾在重庆逝世的消息。他对张评价甚高,指出:"昔年主持《大公报》,以善作社论为人所称,同时《益世报》之罗隆基与《晨报》之陈渊泉虽亦时发明论,而终不如张氏之稳健而切要,至其文章之能练辞达意,独成风格,尤非只作动听之佞语者所可比拟。老成凋谢,求之于今日,不可得矣!"① 此类针对名人

---

① 毕树棠著,赵龙江编:《螺君日记》,海豚出版社2013年版,第31—32、36、41、44—45、50、58、70—71页。

去世讣闻的评论，毕树棠往往发今昔之幽思，评逝者之学行，颇为中肯。

毕树棠在文艺界、学术界有广泛的人脉资源，平时可收阅、借阅、查阅、赠阅不少报刊，他往往会在日记中对这些偶然获得的报刊作出品评。如1939年9月30日，他在日记中记道："午后友人来访，示以辅仁大学刊行之《文苑》第一集，有《关于〈老残游记〉》一文，系刘铁云之子大绅先生所作，颇有小说史料价值。"1940年1月8日，他从政会图书馆借来《新共和》周刊二十五周年纪念号，"内有 Malcolm Cowley 之《十年回顾》(*A Farewell to the 1930's*)一文，谈过去十年间的社会文学，所谓社会文学即美国式之左派文学也"。寥寥数语，对专刊的内容进行了综括。10日，他"阅十月号 *Forum* 月刊，内有 Mary M. Colum 之文评，攻击 Peral Buck 不遗余力。此位女士主持此月刊之书评已数年，向以'人生艺术'为立论标准，余颇喜之"。言辞之间，也表达了自己的文艺主张。29日，他收到友人自上海寄来的《西风》杂志一册，"内载批评 *A Moment in Peking* 之短文一篇，读之不得要领"，可谓"差评"。3月17日午后，他至图书馆查阅新到的杂志，谈及当天阅读外文期刊的感受和印象："三月份 *Political Quarterly* 有《德国纳粹文学概况》一文，一月份 *Contemporary Review*（《现代评论》）有《意国法西斯文学概况》一文，前者之述论颇空泛，态度似太偏激，后者所言较为详实。吾人读此等文章，犹如闲看新闻，略窥其粗枝大叶即足，不易求深解。"① 足见他并不"崇洋媚外"，对外文期刊的一些文章的评价亦较为客观，还提醒读者注意区分，有选择性地精读和泛读。可见，他平时涉猎外文报刊之广博，评论之深入，这在当时的学人日记中并不多见。

总体来看，抗战时期国统区和沦陷区的文艺工作者的报刊阅读受到所处环境的极大影响。国统区的不少文艺工作者深入后方，坚持办报和文艺创作，虽然极为艰辛，但他们仍然以报刊为阵地，积极宣传抗日。他们在日记中记载的读报活动较少，但内容大多与抗战救国相关。所记新闻，往往笔下充满情感，体现出强烈的忧患意识。还有一些作家很少记载时政要闻，如著名科

---

① 毕树棠著，赵龙江编：《螺君日记》，海豚出版社2013年版，第45、46—47、48、50—51页。

普作家贾祖璋经常在报刊上发表科普文章，但在日记中却很少谈及阅读经历，仅在 1944 年 3 月 13 日谈及自己"收到 71 期即新年号《中学生》"，当天他还"把自己写的《达尔文物种原始》看了一遍，又胡乱地看看其他文章"。① 贾祖璋勤于写作，收阅的报刊应有不少，但他可能疏于记载报刊阅读的过程。在读与写之间，这类文艺界人士更多地专注于创作。在沦陷区，不少文艺工作者遭受日寇的迫害，没有言论自由，接触报刊的机会也较少，精神上的苦闷自不待言。从这个角度看，他们的创作和阅读与战局和政治密不可分。

四、学生的报刊阅读与社会焦虑

抗战时期，许多大中学校内迁，各类学校的办学条件极为艰难，尤其是各类大学或停办，或西迁。在抗战初期，学生数量急剧减少，至 1943 年，大学生总数才恢复至战前水平（见表 7-5）。

表 7-5　抗战时期全国高等教育情况表②

学年度	大学				学院				专科			
	校数（所）	教职员数（人）	学生数（人）	毕业生数（人）	校数（所）	教职员数（人）	学生数（人）	毕业生数（人）	校数（所）	教职员数（人）	学生数（人）	毕业生数（人）
1937	35	6 028	53 644	3 108	32	1 657	5 265	735	24	928	2 279	2 908
1938	—	—	26 259	—	—	—	7 110	—	—	—	2 811	—
1939	—	—	31 102	—	—	—	9 750	—	—	—	3 570	—
1940	—	—	37 351	—	—	—	11 418	—	—	—	3 617	—
1941	—	—	40 477	—	—	—	13 414	—	—	—	5 566	—
1942	—	—	42 905	—	—	—	14 148	—	—	—	7 049	—
1943	—	—	49 481	—	—	—	16 865	—	—	—	7 323	—

---

① 贾祖璋：《贾祖璋全集》（第五卷），福建科学技术出版社 2001 年版，第 443 页。
② 参见国民政府主计处统计局编：《中华民国统计提要（1940 年辑）》，国民政府主计处统计局 1940 年铅印本，第 194 页。国民政府主计处统计局编：《中华民国统计提要（1935 年辑）》，国民政府主计处统计局 1945 年铅印本，第 96—97 页。两个表格统计数字有一定差异，据原表格。

但是，在抗战时期，全国中等教育得到了较为快速的发展，中等教育在校人数从 1937 学年度的 389 948 人增加到 1944 学年度的 1 163 113 人，八年间在校人数增长了近 3 倍（见表 7-6）。

表 7-6　抗战时期全国中等教育在校生数①

学年度	中等教育在校生（人）
1937 学年度	389 948
1938 学年度	744 585
1939 学年度	622 803
1940 学年度	768 533
1941 学年度	846 552
1942 学年度	1 001 734
1943 学年度	1 101 078
1944 学年度	1 163 113

从阅读能力的角度看，大中学生是报刊极为重要的阅读群体。一般而言，大中学校都设有图书馆、资料室或阅报室，即便是条件简陋的中学也可能会订阅一些报刊。这在客观上为学生读报提供了机会。同时，不少中学生在校期间便参与校报、校刊的编辑、发行，他们既是读者又是编者。如吴相湘在明德中学读书时，更喜欢"舞文弄墨"，担任《明德旬刊》的总编辑。② 当时，诸如《中学生》《战时中学生》之类的杂志专门面向中学生发行，《小朋友》之类的杂志则主要面向小学生，一些地区还创办了以本地学生为主要对象的杂志，如《湘中学生》等。与学者的读报活动相比，大中学生的报刊阅读重心不太一样，他们除了关注战时新闻，更多地将报刊视为"知识纸""思想纸"，通过课外阅读获取新知识、新观念。如著名报人马达在 1937 年抗战

---

①　参见《抗战期间全国各级学校校数及学生数一览表》，中国第二历史档案馆编：《中华民国史档案资料汇编》第五辑·第二编·教育（一），江苏古籍出版社 1998 年版，第 347 页。

②　吴相湘：《三生有幸》，中华书局 2007 年版，第 7 页。

爆发那年只有13岁，流落到上海的他，在亲戚的资助下成为大同大学附属中学初二插班生。他对中学时代读报经历有这样的回忆：

> 我来到了五光十色又繁华的大上海，没有什么东西可以吸引我，我惟一关心的是报纸。从家里到学校坐电车有五站路，每天早晨上学，我从未坐过车，而是开动两只脚奔走。每天，家里给我一副大饼油条的早餐钱，我都饿着肚子省下了，跑到书报摊上买报纸。我最关心的是报上每天发表的战报、战况，我最爱看的是战地记者写的战地通讯和军事评论文章。每天，路边的草地、学校的图书馆和家里的楼梯旁，都是我专心读报的地方。报纸，给了我一个窗口，使我看到孤岛以外烽火连天的抗日斗争的景象；报纸，好似一根纽带，把我和家乡、和各地父老兄弟的心紧紧连在一起。①

由于时局动乱，加上大中学生功课较多，坚持记日记并抒发读报心得者甚少，我们很难大规模地获取大中学生的报刊阅读史料。因此，从总体上研究大中学生的读报过程、内容与特色，有较多困难。不过，有报刊偶尔关注女学生的读报问题，认为女生读报的积极性不如男生。如《战时记者》有关云南女子师范学校女生在集训期间购买花生米与报纸的报道，颇饶兴味，兹引如下：

> 九月十六日重庆《新民报》有一则小统计，是统计"集训女生一日的口粮"，据云女师校贩卖部，第一天交易的情形是：售出面包五百八十余个，花生米四百五十包（全部在上午售出），蛋糕二百三十余个，花生糖三百余块，炒米糖六十余封，交易之盛以食品居第一位。据该报记者某君对我说，《新民报》一共仅销二十余份，言下颇有感慨。
> 这是一个很有趣味的小统计，配合某君的话也的确能反映出集训女

---

① 马达：《马达自述——办报生涯六十年》，文汇出版社2004年版，第11页。

同学们对时局关心的程度。不过,这里我还应该声明一句,我不知道集训各区,每区每队订了多少种报,如果每队设备有阅报室,连看报的时间也有了规定,那某君的感慨也自然是多余的。

可是《新民报》既能卖出去二十余份,至少可以证明,报纸还是同学们所需要的。然而,报纸销数远不及花生米,这里是包含了相当严重的意义的。

过去我们常常听到在校的同学多没有养成看报的习惯,据说女同学更甚,抗战爆发以后,我相信,这情形是应该有了改变的。受集训的同学们除开正规的训练以外,还应该自己注意生活的学习,看报应该变为每天喝茶一样的习惯,在今日,一个学生是不应该还有不看报的。

自然,我们希望集训同学们并不像这一统计所表现的对时局的不关心,但同时我们更希望的是,贩卖部的统计数字,能将书报逐渐的提到第一位来。①

当然,这仅是一则有趣的评论,并不能从整体上反映女学生的阅读倾向。不过,作者试图说明,女生对阅读报刊的重要性方面尚未得到足够重视。

值得一提的是,在抗战时期,许多大中学生非常重视他们的投稿经历,不少人后来在回忆大学、中学期间的投稿经历时,颇为自豪。如徐中玉回忆他1937年从山东大学转入中央大学后,从阅读刊物到尝试投稿的经历:"胡风办的《七月》,是当时很有成绩的进步文艺刊物,……那时我写的主要是论文,发表在《抗战文艺》《七月》《全民抗战》《抗到底》《自由中国》《大公报·文艺》等刊物上。'全国文艺界抗敌协会'吸收我为会员,似乎是当时协会中惟一尚在读书的学生。"② 徐中玉对这些刊物记忆深刻,大体说明他投稿前后是有机会阅读报刊的。而对于一些中小学生而言,能在刊物上发表作品

---

① 方直:《花生米压倒新闻纸:川女生阅报习惯的贫乏》,《战时记者》1938年第3期,第24页。
② 徐中玉:《徐中玉自述》,高增德、丁东编:《世纪学人自述》(第五卷),北京十月文艺出版社2000年版,第109页。

更激发了他们写作和阅读的积极性。1941—1943年,在江西国立十三中读书的胡汉炎,与他的同学热衷于向杂志投稿。他回忆道:"由于奖金的办法,使得当年江西、福建一带几个报刊……便成了十三中同学的固定'地盘',……我还曾为在吉安发行的《真情日报》写过好几篇'专论',领得相当优厚的报酬呢。"① 吴相湘则在小学时就有在刊物上发表文章的经历。他说:"我在楚怡小学四年级时,级任老师王廷阆先生看到我的作文好,要我投稿邮寄上海中华书局吕伯牧主编的《小朋友》周刊,被采取刊载了。"② 显然,早年的投稿与阅读经历对他们的人生道路产生了重要影响。

一些在抗战之初尚是中学生的青年,则因为参加抗日救亡运动而对文艺刊物有强烈的阅读需求。1937年,15岁的桐城中学学生舒芜便参加抗日宣传队,还在桐城县的小报《桐报》上编了一个副刊,起名叫《十月》。在中学期间,除了读书,舒芜最爱读的期刊就是《抗战三日刊》,他几乎每期必读。他回忆道:"它是邹韬奋办的,是一份非常有力的好刊物,生活书店出的,完全适应抗战的形势,薄薄的一本,连装订都没装订,也没有正式封面,就那么一折,封面就是正文,直截了当、快速、及时、短小、生动,当时风行全国,影响大极了,真是启发了一代青年人。"他还试图给一些报刊投稿。他谈到1938年左右,"那时桂林有份《广西日报》,副刊叫《南方》,后来知道,主编就是大名鼎鼎的诗人艾青。我很爱读《南方》,就投了个稿子,好像是谈理论的,自我感觉不错。……后来,我就以'废墟'为题写了一篇散文,叫《我留废墟在后面》,署上'舒吴'这样一个笔名,用我们桐城乡音来念这两个字,也就是'虚无'的谐音……这篇文章投到艾青编的《广西日报》副刊《南方》,一下子登出来了。……接着,我再次写稿投给《南方》,又登了第二篇,……署名改了一下,觉得那个'吴'字不好,改成了'芜'字,这就是我用'舒芜'这个名字的开始"。③ 舒芜本名方管,学名方硅德,由于阅读《南方》

---

① 胡汉炎:《胡汉炎回忆录》,"中央研究院"近代史研究所2001年版,第36页。
② 吴相湘:《三生有幸》,中华书局2007年版,第6页。
③ 舒芜口述,许福芦撰写:《舒芜口述自传》,中国社会科学出版社2002年版,第42、62—66页。

副刊，在投稿过程中与艾青结缘，并由此走上文艺创作的道路。可以说，是《南方》和艾青为舒芜提供了进入文艺界的机会。

相对而言，一些大学生的日记更能反映他们的阅读活动与精神世界。如翻译家许渊冲出生于1921年，1932年他考上南昌二中。他在初中二年级时便合编了一份手写刊物，叫作《战号》。当时林语堂编的《论语》风行全国，他虽然不懂得什么是幽默，但因为喜欢笑话，就跟着林语堂写起半文半白话的语录体文章来，登在《战号》上面。1938年11月5日，他读10月30日的《江西民国日报》，得知自己考取了西南联大外语系。进入西南联大后，他课余喜爱看电影、读报刊。如1939年3月26日，他晚上同吴琼、万兆凤看了一部有关非洲探险的电影。6月11日，他记载"报上说江西省要办中正大学"。9月5日，他读英文报《每日新闻》，记载"英国对德宣战，第二次欧战开始了"。9月28日，他看《新民报》，得知"涂莱生考取中央大学农艺系，阳含和取中大航空系，万绍祖取联大航空系，刘匡南取联大电机系，二中同学又多两个，非常高兴"。从许渊冲提供的阅读书单看，除了报纸，他在小学期间便阅读了《东方杂志》；大学前夕，读《进步周刊》（英文杂志）；大一期间，读《今日评论》《西风》杂志。①

在辅仁大学读书的董毅，在日记中记载了1939—1943年在北平生活的经历，包括一些读报记录。他在1939年2月13日写道："早起来，到午后四五点，都是大半消磨在报纸和整理旧画报的工作上，没有做什么事情。"14日记载："早上起来洗脸吃过早食后，看看报，听一刻无线电，一晃就又是中午了！"4月5日又记载："今天看《沙漠》画报第二卷十一期中《友谊的商榷》，内有一段说得好，和我的意见相合。"② 在董毅看来，读报基本上属于消遣。他很少关注时政新闻，这或许与沦陷区的政治环境有关。

在沦陷区，由于条件极为艰苦，有些大学生中途辍学，在流离失所中精神极为苦闷。而内迁的大学办学条件虽然简陋，但仍然为学生提供了不

---

① 许渊冲：《许渊冲西南联大日记》，云南人民出版社2020年版，第31、32、45、98、121、144、152、359、360页。

② 董毅著，王金昌编：《北平日记》，人民出版社2009年版，第24、50页。

少读报的机会。在不同的阅读情境下,他们的读报活动则大为不同。这里,我们以汪荫祯和杨静远的日记为例,探讨他们在抗战时期的报刊阅读活动。

汪荫祯是一名大学生,抗战爆发后,他随校西迁至庐山,又因故无法继续跟随校方西迁至重庆,为躲避战乱而到安徽歙县的呈坎和许村暂住。他的日记记载了其1938年在歙县避难时的日常生活。他忍受丧妻之痛,离开父母和年幼的爱儿念慈,百无聊赖,整天在忧惧和苦闷中度过,只得以读书、看报、记日记、打麻将等方式来打发时光。在战火纷飞、亲人离散、生死未卜的境况下,他的日记真实记录了时局的变化,以及在战乱之中抛家离子的一个普通百姓的喜怒哀乐。① 汪荫祯的日记中有大量的读报记录,由于很少受到外界干扰,他通过摘录报刊新闻来关注时局,关心亲友的安危。因此,他对报纸有极为急迫的阅读需求,一旦数日间收不到报纸,便会心绪不宁。从他阅读的报刊种类看,主要有《东南日报》《大公报》《大美晚报》《字林西报》《徽州日报》等,他还通过亲友借阅了不少报刊。在呈坎和许村的乡下,他能够广泛阅读如此多的报刊,表明当地尚未受到日寇侵占,交通较为便利,报刊发行渠道还比较畅通。通过一年间对报刊新闻的记载和评论,这位住在乡下的读书人与外界建立了一条信息通道。

1938年1月12日,初到许村不久的汪荫祯便急于了解消息。彼时,他还没有收到报纸。午后,他出外观壁报,"只见上载,日皇开御前会议,此为昭和即位来第一次,此为日本最大会议,计议如何使我国屈服,真可笑也!"第二天,他读到1月11日的《徽州日报》(屯溪),上面报道:"孙家埠、宣城皆有敌人。"但初到许村的一个多月,他主要通过观看壁报了解战时新闻。至2月28日,他读《东南日报》附刊,抄录"《一人大学联》《南市孤军》《乡村并无诗意》三文"。②

---

① 汪荫祯著,邵宝振整理校注:《徽州记忆·1938——汪荫祯日记》,安徽师范大学出版社2017年版,前言第2页。
② 汪荫祯著,邵宝振整理校注:《徽州记忆·1938——汪荫祯日记》,安徽师范大学出版社2017年版,第2、3、9、16—19页。

第七章 抗战时期读者的报刊阅读活动

3月下旬,他开始频繁阅读本地的《徽州日报》,以获知战时新闻。如23日,他阅四天前的《徽州日报》并记载:"有敌军铃木部侵入南通江岸登陆之新闻一则。"他读后"心为之急甚!"29日,他见当月27日的《徽州日报》,上有新闻云:"孙家埠已失陷;津浦北段,我军反攻,甚为得利[力]。"但两天后,他阅读报纸得知日军"在南通登陆,不过旬日,而东地失陷矣,闻敌(总)共不过一千余人"。他读报后心急如焚,写道:"东地家人不知安全如何?我见之,五内交迫,心碎矣!眼中之泪,期然欲坠,恨问苍天,为之奈何!"① 由此可见,报纸拉近了他与战事和家人的距离。读报纸,忧国事,念家人成为他身处异乡的日常生活方式。

报纸不仅报道战事新闻,也向读者灌输观点。日军占领南通、东台后,继续进犯盐城等地。至4月间,汪荫祯断断续续获知了一些战况。22日,"报载扬州邵伯仙女庙之敌,因不堪游击队袭击,已有渡回镇江之意。江南各地敌军,因不堪游击队的袭击,京沪路各站,集中军队甚多,以戒防我袭击也"。报纸似乎偏向于报道国军的"好消息",而作为读者,汪荫祯也期待中国军队取胜。他指出:"闻不日在台、临、枣线有第二次大会战之举。我军已增援备防,不知鹿死谁手也?"至30日,他收到潜口邮局寄来的汉口《大公报》,认为该报的消息"当较各地方报好得多了"。② 在他看来,严肃的《大公报》在新闻报道方面相对客观。

5月,战火延烧至津浦线一带,1日,他阅当日《徽州日报》,得知"津浦线北段二次会战,首次捷音,我攻克郯城"。4日,报纸开始报道徐州会战的情况,他评论道:"敌我两方展开血战,不知鹿死谁手也?深愿我军捷报早传,杀退强寇,早日恢复河山也!"5日,他读报后记载:"鲁南战事尚佳;江南我军亦大捷,……江北战事,则反之,步步皆失利,日军已进抵盐城,侵上冈,而欲得阜宁。"他读报后,心中急甚,哀叹道:"一家之人皆在战

---

① 汪荫祯著,邵宝振整理校注:《徽州记忆·1938——汪荫祯日记》,安徽师范大学出版社2017年版,第24、25、26页。
② 汪荫祯著,邵宝振整理校注:《徽州记忆·1938——汪荫祯日记》,安徽师范大学出版社2017年版,第31、34页。

区之中，只有我个人逃出了，亲友亦相继为敌人之俘，继我家而入为战区了。此间无信息可通，不卜安全如何也？"10日，新闻报道国联开会，中国代表将重新提出关于日本侵略我国之事件。但是，他对国联不抱希望，认为国联"已形成傀儡组织，根据前两次开会之证明，恐无非出一纸空文，对事实无补也！"之后，报纸不断报道一些好消息。15日，他读报后记载："我军攻克巢县，已进逼合肥。"两天后，报纸又称"厦门已克复，敌人已乘舰他〔它〕去"。18日，他阅读5月8日的上海《大美晚报》，并记载："我军于津浦线有军队八十万之众，浙江、安徽、江苏等之军队，尚不在内，此数省约有百万壮丁之多。器械虽不如人，而精神则倍之，胜利之门，不难在望也！"这些报道明显具有政治宣传和激励士气的意味。第二天，他阅读5月8日的《字林西报》，"不能全看懂"。至21日，坏消息传来，报载有关徐州失守的新闻，他感叹："此后徽里也非安宁土，因暴日恐由此进攻江西，图得汉口也。"22日，他读报得知"我军与敌相持于兰封（河南）之野鸡岭"。29日，报纸所载新闻又颇鼓舞人心："我军收复兰封、陈留口。"他继而写道："连日报载：为下一代子孙事，组儿童保育会，扶育各地流亡之儿童。各报皆有社论，评之得当也。"至30日，他读《东南日报》社论并摘录："连日因浙海面局势紧急，浙赣路西上车拥挤甚。……劝人民不要存逃难之心，走遍天涯海角，国亡，一样做人奴隶。"① 这些新闻虽经过报刊广为传播，但各种消息莫衷一是，汪荫祯通过持续关注将之串联起来，从整体上展示了徐州会战前后的新闻报道，而他的心境也明显受到消息好坏的影响。

徐州会战失败后，局势进一步恶化。6月1日，他阅报得知"宣城克复之消息未有，想系谣传也！"10日，报载"敌军陇海路西犯中牟县"。16日，他阅报得知"日军已在安庆及对岸之大渡口登陆，我军已撤退安庆，想不到其又登陆了，闻有一万人之众"。之后，报上虽有一些局部好消息，但日军由河

---

① 汪荫祯著，邵宝振整理校注：《徽州记忆·1938——汪荫祯日记》，安徽师范大学出版社2017年版，第36、37、38、40、42、44、45、46、47、49、50页。

第七章 抗战时期读者的报刊阅读活动

南继续向南入侵。23 日，报纸报道豫北战事沉闷："敌军南调，集中皖西，进逼武汉。"《徽州日报》则多次刊登国军派飞机轰炸敌舰的消息，"甚有收获"。① 武汉似乎还比较安全。

七八月间，汪荫祯的阅读范围发生了变化，除了读报，他的表弟于 7 月 3 日带来杂志数本，有"《文艺阵地》半月刊（第一卷第三期），《时事类编》（特刊第十二期），《文摘战时旬刊》（第十九号），《战地》半月刊（第五期），《群众》周刊（第二十五期），《抗战》三日刊（第六十九号）"。他见后大喜，认为"精神食粮近数日可得温饱了"。之后，他的表弟又带来《战地》《世界周报》《新阵地》《新中国》《全民抗战》等杂志，他认真阅读，颇为兴奋。他还读旧《申报周刊》，对该刊甚为佩服："对证现实时局，确有预言之不离开进行之目标也，实可拜服伊其眼光之远大，不愧有读者之崇拜也！"② 杂志带来的新知识与报刊提供的战事新闻有不同的风格，这使他在阅读中产生了"沉浸感"。

9 月间，汪荫祯留意国际时局和战事的变化。20 日，他阅报得知"欧局又因法首相德拉弟及外长庞莱，飞伦敦访晤而转有新气象"。23 日，他阅报并记载驻外使节的变动："我国驻美大使王正廷辞职，由胡适继任。……苏联大使由杨杰继任，德大使由外次陈介继任。"同日，报纸又载"国联大会讨论滥炸平民问题"。24 日，他记载前方战事："豫鄂赣边境我敌血战，毙敌五万，战况惨烈。"26 日，他留心报纸所载欧洲局势："希特勒拒绝张伯伦之要求——谈判一日未止，德国军队，即一日不侵入捷克境内。英德谈判已破裂，法捷均动员，现局入严重阶段。"③ 这些消息关乎世界大局和中国战场，他选择记载的新闻与自己对新闻价值的判断有关。

至 10 月，虽然报纸仍在刊登各种国军获胜的消息，但武汉已岌岌可

---

① 汪荫祯著，邵宝振整理校注：《徽州记忆·1938——汪荫祯日记》，安徽师范大学出版社 2017 年版，第 52、55、58、61、63 页。

② 汪荫祯著，邵宝振整理校注：《徽州记忆·1938——汪荫祯日记》，安徽师范大学出版社 2017 年版，第 66、71 页。

③ 汪荫祯著，邵宝振整理校注：《徽州记忆·1938——汪荫祯日记》，安徽师范大学出版社 2017 年版，第 96、97、99 页。

危。汪荫祯对各种捷报颇为留意。1日，他记载："德安以西我军又获捷，毙两千余，夺获无算。"9日，报纸称："战局稳定，我军可抱乐观，江岸敌军已渐肃清。"但至29日，报纸上的消息称："我已从［重］新决定战略，配备于武汉外围，武汉核心已无固守价值，我准备自动放弃。今后仍将随时随地于寇以更重大之打击。"① 报纸似乎总能找到理由来表明抗战形势大好，即便是放弃武汉，也以"无固守价值"说明国军是"主动撤退"。

11月，报纸纷纷转载蒋介石《告全国国民书》，报道各党政机关和社会各界如何积极响应的盛况。汪荫祯读后"心为之一快"。当时，日军正进攻福州、郑州、泰兴等地，报纸对各地备战的报道颇为正面。至11日，他读报得知广州战事："沙面闻炮声清晰可数，我三路直逼广州，寇军腹背受击，四郊均有战事。"显然，报纸新闻在虚张声势。事实上，广州数天内便沦陷。对于13日发生的"长沙大火"的惨烈情况，他在22日阅报得知"军委会政治部发表长沙市大火真相，由于军警误信流言，民众基于义愤所造成的，将准备工作变为行动，一处起火，到处发动"。② 而对于这场由人为造成的灾难之严重后果，他在日记中则没有披露。

12月，日军进犯山西、湖南、广东等地。1日，汪荫祯读到报上有关山西战事的报道，认为"日来战局，我极有利"。报纸似乎在有选择性地报道"胜利"消息，汪荫祯对各种捷报也似乎颇为偏爱。如11日，他读报记载："襄樊形势愈形稳定，浙河、皂市同克复。"26日，报纸宣称："我军已收复麻塘，现在抵岳阳城外。"31日，报纸又传捷讯："我击退来犯敌军，仍守张公渡北岸，游击队活动益多，敌颇感恐慌。"③ 从他记载的报纸新闻看，中国军队似乎在不断取得胜利，这使得汪荫祯在日记中对战局总是表示出较为乐观的态度。如此看来，报纸新闻似乎为他提供了"安慰剂"，使他陷入了虚幻

---

① 汪荫祯著，邵宝振整理校注：《徽州记忆·1938——汪荫祯日记》，安徽师范大学出版社2017年版，第103、107、119页。
② 汪荫祯著，邵宝振整理校注：《徽州记忆·1938——汪荫祯日记》，安徽师范大学出版社2017年版，第121、127、134页。
③ 汪荫祯著，邵宝振整理校注：《徽州记忆·1938——汪荫祯日记》，安徽师范大学出版社2017年版，第144、152、164、169页。

的"获胜场景"。

当月,他还对国际局势的变化也较为关注。20 日,他读报获知国际援助的新闻后难掩兴奋之情,写道:"我国外交上一大胜利,英美贷款已成功,美贷款作购买汽车、汽油及粮食之用。"三天后,他又记载:"英拟进一步行动,除信用贷款外,将维持我币价。"① 此外,他还设法阅读一些杂志。如 19 日,他阅读"《中学生》第七十四期(二十六,四月号),《青年文艺》之'四月日记'"。31 日,他抄录《战地》第七十四期上的雄文,文章强调"光明就在明天!"②

从汪荫祯持续一年的读报记录看,他在安徽歙县乡下能够通过各种途径接触不少报刊,几乎每天都在日记中抄录报纸新闻。他的日记呈现了 1938 年中日战争的重要新闻,而作为一名逃难的大学生,他内心中对日寇有刻骨铭心的仇恨,且对中国军队的抗战抱有极大的希望。这种心态在他的读报日记中展露无遗,表现为在忧虑中寻求"获胜"的宽慰。所以,他在一定程度上迎合了报纸的价值取向,往往将记载新闻的重心转向各种"捷报"。因此,汪荫祯一年间的读报记录,在一定程度上展示了一名战时青年学生的心路历程。

与汪荫祯在乡下的读报活动不同,作为武汉大学在校学生,杨静远的阅读情境则有较大差异。1941 年,18 岁的杨静远考入抗战时期地处四川乐山的武汉大学。她的父亲杨端六是著名经济学家、武汉大学经济系教授,母亲袁昌英是著名作家、武汉大学外文系教授。杨静远从 1941 年 7 月 14 日开始记日记,至 1945 年 8 月 10 日毕业为止。日记记录了她美好而艰困的大学时光,并对乐山小城里的武大生活进行了全面而深刻的描绘。在此过程中,书报阅读的记录所占比例虽不多,尤其是读报的记载较为零散,但她在读报时的所思所想,对于回顾其抗战时期的阅读体验和情感经历颇有价值。

1941 年 7 月,杨静远初入武大,并数次听到日机轰炸武大的警报,师生

---

① 汪荫祯著,邵宝振整理校注:《徽州记忆·1938——汪荫祯日记》,安徽师范大学出版社 2017 年版,第 158、160 页。
② 汪荫祯著,邵宝振整理校注:《徽州记忆·1938——汪荫祯日记》,安徽师范大学出版社 2017 年版,第 157、169 页。

惶惶不安。9月4日，她"拿起《新时代》来看，反增加昏烦"。7日，她的祖母离开武大，回湖南老家。至22日，报载湘北激战，全家担心祖母安危。她在日记中写道："爹爹又急了，说是把婆送回湖南是再错。唉！世界太乱了，今天不知明天会变得怎样。"第二天上午，报上所载战况使她全家非常着急。她记道："爹爹提起送婆的事，大烦躁一顿。妈妈后来想想事情不顺利，哭了一大场，说做人无聊，只是舍不得小孩，不然死了干净。"他们无法与老家的亲人联系，只能通过报纸新闻来了解湖南战局。至1942年1月5日晚，她和家人读到报纸号外，"报道湘北三次大捷，歼灭鬼子兵三万五千人"。她感叹道："啊！真了不得！但不知婆和大伯、三叔怎样了，希望有好消息来。"① 此类好消息能让她对家人的担忧有几分缓解。

作为外文系的学生，杨静远一方面努力学习英文，另一方面在母亲的指导下练习翻译，并向刊物投稿。1942年4月23日，她得知自己的作品发表后，特地加以记载："妈妈给我看《世界学生》上发表的我的译文。纸很坏，但印刷得相当清楚。"半个月后，《世界杂志》寄来了稿费单，稿费是30元。她欣喜地写道："同学们看见了，要我请客，我也答应了。"之后，她又在《世界学生》发表了第二篇翻译文章《我一生的大转折》，表示"高兴之下，又鼓起文兴"。② 这段投稿、发表与读刊的经历，对于一个大学一年级的女生而言，自然是颇值得骄傲的。

除了翻译文学作品，杨静远还尝试写小说，并给杂志投稿。同时，在她与同学阅读文艺刊物的过程中，还会对文坛作家进行讨论。比如，她的同学冼群就佩服胡风和曹禺。至大学三年级，她在读报过程中注意结合现实问题进行思考，尤其是对社论颇为关注。如1944年5月31日，她看了《大公报》上一篇社论《认识苏联》，不禁又勾起"千头万绪"。她在日记中记道："那篇东西是给社会主义做反宣传的。说苏联现在又渐渐由极端的社会主义缓和下来，一度改制还原。今日苏联仍旧恢复国家意识，对德作战是以俄对德的

---

① 杨静远：《让庐日记：1941—1945》，商务印书馆2015年版，第13、15、38页。
② 杨静远：《让庐日记：1941—1945》，商务印书馆2015年版，第62、65、101页。

态度，而不是以社会主义对纳粹主义的态度出现。我看了很迷惑。我半意气地和爹妈讨论起来。我毫不顾忌地说：'到底中国政府能不能代表国家？是不是有改组的必要？'"平时浏览报纸，她对新闻内容的记载有时则较为简约。如1944年6月8日，她看报后记载："三个标题触动了我：《德军撤出罗马城》；《美空军产量惊人，每五分钟出机一架》；再看我们自己：《禁烟节》！"①

她与同学常绍温交往密切。通过常绍温，她认识了彭泽益。在彭泽益的介绍下，她开始阅读《时与潮》杂志，指出该刊所登袁俊的《山城故事》不错。同时，她注意浏览时政新闻。如1944年9月24日，她看完《衡阳四十四天》，感动得流泪。她接着记载："16日的报却长篇大论地登出参政会讨论国共问题，有林祖涵和张治中发言。现在有五位参政员被推选到延安视察。无论如何，事情公开了总是一个进步。"对于同学所办的壁报《新闻部队》，她也注意浏览，认为"内容丰富，有吸引力。无论国内外校内外，包罗万象"。②

当然，有些学生虽然有较多机会读报，但似乎很少记载读报活动。1936—1940年，叶盛吉就读于日本人管理的台南第一中学。该校是台湾南部最好的中学，图书和报刊资料较为丰富，他在日记中对课程学习和日常生活记录甚详，但平时记载的读报活动较少，偶尔读报，也与励志有关。如他在1940年9月16日记载，8月下旬的《受验旬报》上，赤尾氏的卷头语曾说："成一个流派的宗师的人，不只是精通此道，也广泛理解世间之事。"他读后发表感想："我们在中学时代，应该使自己接触又广又深的领域，而为了达到这个目标，对于所有的事情应该要有大略的理解。同时，除了要理解广泛的事情以外，还要针对其中某一件事特别卓越与专精。"③ 此类感想颇能展露他的心迹与理想。

台湾作家吕赫若1942年在日本东京留学，之后他返回台湾，参与《台湾

---

① 杨静远：《让庐日记：1941—1945》，商务印书馆2015年版，第251、255页。
② 杨静远：《让庐日记：1941—1945》，商务印书馆2015年版，第278、310页。
③ 叶盛吉著，许雪姬、王丽蕉主编：《叶盛吉日记（一）（1938—1940）》，"中央研究院"台湾史研究所2017年版，第371页。

文学》的编辑工作，担任《台南新闻》记者，其日记中偶见购阅报记录。如1942年3月2日，他记载："两点半左右到神田买《华文日日》（《华文日日新闻》）和《近代剧全集》（斯特林堡）。"3月8日，他"看《现代》三月号"。8月14日，他看《台湾时报》八月号，发现"自己的作品《庙庭》刊载在上"。1943年8月10日，他读报得知"高雄州境内霍乱为猖獗"。第二天，"报纸报道德苏之战德军大败，从奥勒耳撤退——哈里科夫之役。还有义大利法西斯党解散的政变"。欧战出现新转机，当日，他"买回一张欧洲地图贴在墙上"。① 这些零散的读报记录虽然并无逻辑关联，却反映出报刊对他的日常生活产生了一定影响。

从群体阅读的角度看，学生应该是报刊阅读的主要群体。抗战时期，虽然我国教育事业遭受空前破坏，但学生总数仍保持一定的增长。学生思想活跃，喜欢接触新事物，在国家危难之际，报刊对他们有强烈的吸引力。学生对国家和民族的前途和命运极为关注，对日寇的残暴行径极为愤慨，但在艰苦的战时生活中，他们接触和阅读报刊甚为困难。一方面，由于大量公共阅读机构遭到破坏，尤其是许多图书馆、资料室、阅报处停歇，无法为学生提供课外阅读的机会；另一方面，战时报刊发行困难，不少中小学生很难订阅报刊。即便如此，一些学生仍然通过各种途径阅读报刊，了解时政要闻，关注抗战形势，抒发家国情怀，并通过投稿与通信，热切期待在报刊上发出自己的声音。同时，不少学生留心记载报刊新闻，抒发自己的读报心得，展现了报刊对其日常生活和精神世界的深刻影响。不少学生的记载虽然只是一些新闻的片段，但通过这些零散的文本，仍然可以"重访"他们读报的种种场景。

第四节 抗日根据地的报刊阅读

由于抗日战争时期敌后根据地条件极为艰苦，有关八路军、新四军官兵

---

① 吕赫若：《吕赫若日记：1942—1944年》（中译本），台湾文学馆2004年版，第76、80、191、391页。

第七章 抗战时期读者的报刊阅读活动

和群众如何读报的历史资料较为少见，一些老报人在回忆录中回顾了抗日根据地的报刊阅读状况。如杜敬谈到《冀中导报》的影响时指出："抗日战争时期的冀中平原，既没有广播电台，县级以下也没有电话、电报，上传下达，最快的要算报纸了。世界大事，国家大事，党中央的声音，抗日战争进行的情况，广大干部群众主要通过报纸知道的。报纸发到各级各部门，发到各村，再经过读报组、黑板报、高房广播，就到了群众当中。"① 此类回忆文章可以大致反映当时根据地干部群众对报刊的关注和了解。但是，从个体阅读的角度看，要寻找抗日根据地历史上的真实读者，需要通过当事人的日记、回忆录等相关记录来进行研究。然而，相关资料中有关读报的记录颇为少见，我们只能根据一些零散的材料进行个案分析。

红军长征到达陕北后，毛泽东便布置恢复《红色中华》的出版，并多次为党报党刊的出版题词，关注报刊时政新闻。如1936年9月8日，他写信给邵力子说："阅报知尚斤斤于'剿匪'，无一言及于御寇，何贤者所见不广也！窃谓《觉悟》时代之力子先生，一行作吏，而面目全变。今则时局越作越坏，不只一路哭，而是一国一民族哭矣！"② 这是他对邵力子反共言论的回应。毛泽东在延安的窑洞里设法阅读国内重要报刊，并经常就时政问题为党报撰写评论。对于党报的大众化问题，他非常重视。1936年9月11日，他给彭德怀、刘晓、李富春写信，同意"组织流动图书馆"。③ 创办流动图书馆就是为了满足广大群众的阅读需求，开展送书报下乡活动，这后来在边区得到推广，《新中华报》《解放日报》都有大量报道。1939年10月，中央机关刊物《共产党人》创刊，毛泽东特地为该刊写发刊词，指出："中央很早就计划出版一个党内的刊物，现在算是实现了。为了建设一个全国范围的、广大群众性的、思想上政治上组织上完全巩固的布尔什维克化的中国共产党，这样一个刊物

---

① 杜敬：《抗日战争时期冀中的262种报刊》，杜敬编：《冀中报刊史料集》，河北教育出版社1995年版，第10页。
② 毛泽东：《致邵力子（一九三六年九月八日）》，中央文献研究室编：《毛泽东书信选集》，中央文献出版社2003年版，第47页。
③ 毛泽东：《致彭德怀、刘晓、李富春（一九三六年九月十一日）》，中央文献研究室编：《毛泽东书信选集》，中央文献出版社2003年版，第52页。

是必要的。在当前的时机中，这种必要性更加明显。"① 1940年2月7日，他为《中国工人》写发刊词，指出《中国工人》的宗旨是："将以通俗的言语解释许多道理给工人群众听，报道工人阶级抗日斗争的实际，总结其经验，为完成自己的任务而努力。"同时，他对该报的发展目标提出要求，即"《中国工人》应该成为教育工人、训练工人干部的学校，读《中国工人》的人就是这个学校的学生。工人中间应该教育出大批的干部，他们应该有知识，有能力，不务空名，会干实事"。对于如何办好一张报纸，毛泽东作为资深报人很有心得，他认为好的报纸需要编者与读者的协作与互动。他强调《中国工人》要办好，"这不但是办的人的责任，也是看的人的责任。看的人提出意见，写短信短文寄去，表示欢喜什么，不欢喜什么，这是很重要的，这样才能使这个报办得好"。② 《边区群众报》创办后，特别注重通俗化、大众化，毛泽东很喜欢看。他写信给社长周文说："群众报及《大众习作》第二期都看了，你的工作是有意义有成绩的，我们都非常高兴。"③

毛泽东长期坚持阅读各种报刊，他在书信、报告、讲话中引用了不少报刊新闻，同时还融入了自己的观点，一些"间接证据"可以从侧面表明毛泽东留心报刊文章。如徐懋庸回忆道："当时的党报《新中华报》的负责人向仲华来看我，约我为报纸写文章。我当时正读列宁的《"左派"幼稚病》一书，受到一点儿启发，写了一篇短文。……过了两三天，陕北公学举行开学典礼，请我去参加，吃饭时恰好坐在毛主席的旁边，他对我说：'我看到你在《新中华报》上发表的文章了，写得不错嘛，这样的文章望你多写写。'"④ 毛泽东关注初到延安的文艺青年徐懋庸的文章，此类细节说明他对《新中华报》的阅读甚为仔细。

抗战时期，重庆是战时文化教育和书报出版中心，毛泽东希望能够广

---

① 《毛泽东选集》（第二卷），人民出版社1991年版，第602页。
② 《毛泽东选集》（第二卷），人民出版社1991年版，第727—728页。
③ 毛泽东：《致周文（一九四〇年十一月三十日）》，中央文献研究室编：《毛泽东书信选集》，中央文献出版社2003年版，第165页。
④ 徐懋庸：《徐懋庸回忆录》，人民文学出版社1982年版，第100页。

泛阅读各类报刊。1941年3月1日，他写信给在重庆的周恩来、董必武，交代订阅书报一事："自三月一日起，请代订下列日报各一份：中央日报，扫荡报，新蜀报，新民报，时事新报，新中国日报，华光日报，国家社会报及云南各种报纸。并请即向重庆中四路中国国民经济研究所代购下列书刊：四川经济参考资料，贵州经济，日本对支经济工作，列强军事实力，中外经济年报（三九、四〇年版），中外经济拔萃（创刊起全要）。以上书刊请妥托该所直寄。又前托购商务版中国工业资本问题，亦请挂号邮寄。"① 这说明毛泽东对重庆等地出版的书报较为关注，希望广见博闻，开阔视野。

《解放日报》创办之后，毛泽东经常给该报撰写社论，并就编辑出版和通讯员工作对该报提出具体要求，亲自安排报社重要稿件，经常在读报后与作者和报社工作人员交流，还为该报约稿。如他曾告知中宣部副部长何凯丰："解放第四版缺乏稿件，且偏于文艺，我已替舒群约了十几个人帮助征稿。"② 他在该报上看到谢觉哉所写的《一得书》专栏后，于1942年8月17日给谢觉哉写信说："我对一得书感到兴趣，是有益的；虽间有一二点觉说得不甚恰当，但不要紧。"③ 两天后，他从报上看到《精兵简政在晋冀鲁豫边区》一文，认为该文很好，并致信谢觉哉、陈正人说："请你们也看一看，是否我们这里可以完全仿效？"④

党报是党的喉舌，毛泽东对党报的宣传工作极为重视，除了亲自审阅重要稿件，还对党报工作提出具体指导意见。他对何凯丰说："谈到各部门利用报纸做工作的事，我想还要讨论一次，以促中央各部门同志的注意。各根据地当局也还未把报纸看作极重要武器，我想要写一电报（或须用书记处名

---

① 毛泽东：《致周恩来、董必武（一九四一年三月一日）》，中央文献研究室编：《毛泽东书信选集》，中央文献出版社2003年版，第154页。
② 毛泽东：《致何凯丰（一九四二年九月十五日）》，中央文献研究室编：《毛泽东书信选集》，中央文献出版社2003年版，第182页。
③ 毛泽东：《致谢觉哉（一九四二年八月十七日）》，中央文献研究室编：《毛泽东书信选集》，中央文献出版社2003年版，第179页。
④ 毛泽东：《致谢觉哉、陈正人（一九四二年八月十九日）》，中央文献研究室编：《毛泽东书信选集》，中央文献出版社2003年版，第180页。

义），提出此种任务。"①

　　1944年6月30日，延安《解放日报》发表了丁玲写的《田保霖》和欧阳山写的《活在新社会里》两篇文章，文章介绍了陕甘宁边区合作社工作中的模范人物。第二天，毛泽东便给两位作者写信说："快要天亮了，你们的文章引得我在洗澡后睡觉前一口气读完，我替中国人民庆祝，替你们两位的新写作作风庆祝！"②毛泽东在读报后迅速给作者写信，表明他非常看重这些文章的价值。1945年2月12日，他看到当天《解放日报》所载张平凯《晋察冀机关部队大生产的第一年》一文，认为非常有意义，便指示主管宣传的秦邦宪："请全文分数日广播。此文写得生动，又带原则性。早几日《贯彻减租》社论及路加口村新闻，谅已广播了，也是很好的。我们报纸自己能写这样的社论，大进步了。（谁人写的？）"③显然，与普通读者不一样，毛泽东通过报刊报道能够敏锐地发现新闻价值和政治意涵，并与党和军队的工作联系起来，加以总结和提升，进一步推广和宣传。

　　"延安五老"之一的谢觉哉也是一位资深报人，长期从事文化教育和宣传工作，曾担任《大江报》《红旗》《工农日报》主编，对党报有特殊的感情。卢沟桥事变后，谢觉哉担任中共中央驻兰州办事处代表。淞沪会战期间，谢觉哉非常关注前线战事，经常阅读报刊。1937年8月18日，他便在日记中记载"八一三"事变的情况："十三日晨九时，日军突由宝山路、天通巷路一带，向我挑衅。江湾路、老靶子路、北四川路同时发生战事。下午战重起，我军占领八字桥、中兴路桥。"当天，他还记载了14—17日上海的战况。这些内容应来自报刊的记载。26日，他读报后得知"战事剧烈已极，报纸对我方损失不具说。但据前载，南口罗芳珪团全团殉国，平汉平顶山某某两连壮烈牺牲。今日报罗店恶战，牺牲的壮烈为前所未有。又昨日歼上岸敌六七千

---

① 毛泽东：《致何凯丰（一九四二年九月十五日）》，中央文献研究室编：《毛泽东书信选集》，中央文献出版社2003年版，第182页。
② 毛泽东：《致丁玲、欧阳山（一九四四年七月一日）》，中央文献研究室编：《毛泽东书信选集》，中央文献出版社2003年版，第211页。
③ 毛泽东：《致秦邦宪（一九四五年二月十二日）》，中央文献研究室编：《毛泽东书信选集》，中央文献出版社2003年版，第256页。

第七章 抗战时期读者的报刊阅读活动

人，我方死亡应亦不少。可畏哉战事也"。① 之后，他多次记载前方战事。

对于甘肃地方时局，他也甚为留意，比如他在 8 月 18 日读甘肃《民国日报》副刊《甘肃青年》时，发现"论文有'共匪'以及视'共匪'者如日本，要认清谁是我们的朋友，谁是我们的敌人……等语"。两天后，他致信甘肃省主席贺耀祖，对甘肃报刊及当地舆情提出自己的看法："阅此间报纸，及与一些人士接谈，忠愤笃实胜似东南，惟不免有一弱点，即一、不很了解每一事件的实际情况，或不知道怎样去了解；二、不能联结每一事件之纵的横的关系，常常截去片段以为论断。"27 日，他读《民国日报》，得知甘肃武都县国大代表选举贿选一事，报上有一鸣谢启事，他揭露内情："武都国大初选人李蔚春、蔡景忱，李把所得票数让给蔡，使蔡当选。所谓让，不待说是卖。所得票竟可以公开出让，不能不说是件奇事。"② 此类公开出卖选票的现象，在国民党地方选举中并不鲜见。

兰州虽为省会，但交通不便，《大公报》《中央日报》等大报递送至订户手中颇为迟缓。如谢觉哉在 8 月 27 日才看到当月 3 日的《大公报》。他没有订阅延安出版的《解放》杂志，只好写信向甘肃省主席贺耀祖借阅。由于公务繁忙，谢觉哉在日记中记载读报的次数并不多，每次记载的新闻都言简意赅，突出重点，有时还加以评论。10 月 3 日，他读报后记载："上海日寇有退却模样。今又载，平绥路因第八路军游击得势，日寇也有后退的传闻。同时东京传出妥协之说，疑说'妥协即千古罪人'之人，还有胆来做千古罪人罢！"显然，报纸有时存在主观臆测，并误导了读者。事实上，战事于中国军队极为不利，所谓"日本妥协之说"，只是臆想而已。12 月 9 日，谢觉哉读报得知日寇侵略南京，并预言："南京恐有不守之虞。"③

1938—1940 年，谢觉哉在日记中很少记载读报的情况，仅在 1938 年 4 月 6 日记载兰州当地报刊被禁的情形："某书店人说，……查禁的期刊有：《解放》《前线》《群众》《全民》《抗战》《战斗》《妇女生活》《大团结》《西

---

① 谢觉哉：《谢觉哉日记》（上卷），人民出版社 1984 年版，第 130、142 页。
② 谢觉哉：《谢觉哉日记》（上卷），人民出版社 1984 年版，第 130、134、142 页。
③ 谢觉哉：《谢觉哉日记》（上卷），人民出版社 1984 年版，第 155、193 页。

北》《西北青年》《战时青年》《少年先锋》《救亡》。查禁的日报有:《新华日报》《文化日报》。"① 这说明国民党当局对进步报刊防范甚严。

1941年5月16日,《解放日报》正式出版后,任陕甘宁边区参议会副议长的谢觉哉就一直是该报的忠实作者和读者,他在该报开设的《一得书》专栏受到毛泽东的赞赏。他于1921年参加毛泽东创办的新民学会,与毛泽东有深厚的友谊,对于毛泽东的文风也颇为熟悉。29日,他读《解放日报》刊登的社论《造谣与烟幕》,便指出:"似是老毛执笔。毛文章深入而浅出,生动有趣,赞美他文章的多,学他的很少,固然不易学,但也是颇能文的不肯学。"对于《解放日报》的新闻动态,他非常关注,并结合边区的工作予以评论。如1943年3月16日,他读到四天前出版的《解放日报》第四版上的一则新闻:"……他(孟庆成)说:因为给兄弟问下媳妇,花了三石粮食、二头牛、七坰川地、半坰稻地,五千元法币……"对此,他质问道:"有这样贵的老婆吗?"对于《解放日报》刊登的农业生产新闻,文字不太易懂,他建议:"报上载有些农业术语,应加音注义释。"②

对于日寇的暴行,他极为气愤,并摘录了报上的一些相关新闻。如1943年6月16日,他摘录《解放日报》所载《血海深仇狼牙山》一文:"一群鬼子疯狂地把四十多个妇女婴孩、三个老头子刺杀了。七十六岁的李洛铁被敌人推下山崖,用石头把他的脑袋打烂。"又摘录该报上的另一则新闻《清区河[清河区]控诉敌暴行》:"广饶北部数百逃难人民,被敌当肉靶射击,死伤数十名。其中十余个同胞,被敌寇挨个自高处掷落,脑浆迸裂,借以取乐。"7月7日,他又读《解放日报》有关日军暴行的新闻,并愤而抄录:"五月七日敌在完县野场一次杀死群众一百一十八人,还有五十四人受重伤,许多百姓因此灭门绝户。死者有白发苍苍的高龄父老,有未及周岁的幼儿,有青年妇女及儿童。日本法西斯向我手无寸铁的群众用机枪扫射之后,犹恐死之不惨,复用刺刀在血肉模糊的尸堆中乱刺。"③ 日军

---

① 谢觉哉:《谢觉哉日记》(上卷),人民出版社1984年版,第248—249页。
② 谢觉哉:《谢觉哉日记》(上卷),人民出版社1984年版,第313、428、447页。
③ 谢觉哉:《谢觉哉日记》(上卷),人民出版社1984年版,第491、506页。

烧杀抢掠，无恶不作，谢觉哉在日记中多次抄录相关报道，其对日寇的仇恨跃然纸上。

与老革命家谢觉哉相比，于光远是延安城内典型的"知识青年"。他出生于1915年，在1935年参加"一二·九"运动，1936年毕业于清华大学物理系，抗战前加入中国共产党，1939年到达延安，是延安少数接受过正规大学教育的青年党员之一。于光远是延安《解放》周刊的忠实读者。他回忆："入党之后我有机会经常看到延安编辑发行的《解放》周刊，还是在抗战前的北平，我就看到了延安的《解放》周刊的第二期——就是登着丁玲《一颗没有出膛的子弹》的那一期。第一期我没有看到。在北平、太原、武汉工作期间，这个刊物的以后各期我没有遗漏过。后来它正式成为党中央的机关刊物，发表在这个刊物上的毛泽东的言论著作我没有一篇不仔细反复阅读的。"1938年1月11日，《新华日报》创刊之后，于光远在延安经常阅读这份报纸。对于延安出版的《新中华报》，于光远注重该报的理论动态，尤其是有关毛泽东发表的文章，特别留心阅读。如1940年1月，陕甘宁边区文协大会上，毛泽东在延安女子大学作了《新民主主义论》的报告。于光远对《新民主主义论》非常感兴趣，特别关注《新中华报》和其他报刊的相关报道。他说："《新中华报》在会议闭幕一周后发表了会议的报道，其中有不到两千字的毛泽东的演讲摘要。全文是在《中国文化》创刊号上看到的，内容就是后来毛选上收入的《新民主主义论》，是1940年1月9日演讲稿的整理和补充，但从《新中华报》发表的摘要来看，《新民主主义论》中的内容在这次演讲中已经突出地表达了出来。张闻天的讲话经过整理也在《中国文化》创刊号发表了。"在接任延安中山图书馆主任之后，于光远有更多机会阅读书报，尤其是《新中华报》有关文艺和科学方面的报道，他颇为留意。比如中山图书馆成立理事会，他从《新中华报》看到了名单。又如1940年6月，延安新哲学年会举行的第一届年会的第一次会议。他后来看到《新中华报》报道，"说到会的有五十余人"。他还提及："《新中华报》对自然科学研究会的工作是一直支持的，在《新中华报》上做过许多次的相关的报道。"1941年5月，《解放日报》创刊后,"发表了很多次自然科学研究会的消息"。① 于光远作为清华大学物理系毕业的高才生,是自然科学研究的积极参与者,延安报刊上的相关报道是他关注的重点。

值得注意的是,对于延安出版的"轻骑队"墙报,于光远作为亲历者,描述了当时它受欢迎的情况。他记载:"这张小小的、大约只有两平方米的墙报一'出版',消息传开,延安许许多多人都知道了。住在文化沟口旁边的单位,近水楼台先得了月,在黄昏时分到延河边散步的人,转到这木牌跟前先睹为快。就是远处的,在南门外靠近新市场、杜甫川的,在北门外靠近杨家岭兰家坪的人也老远过来看看这张墙报上都写了些什么。看过之后回去就讲。《轻骑队》的创刊成了延安'出版界'的一件大事。"② 这段回忆大致反映出当时的墙报拥有广泛的读者群体。

在抗战时期,萧军、丁玲、高敏夫等作家不仅是延安文艺报刊的编辑和重要作者,也是文艺刊物和党报的重要读者。以萧军为例,他于1940年到达延安之后,担任《文艺日报》《文艺月报》等报刊的主编,创作了大量的文艺作品,与毛泽东等中共领导人有颇多交往。在《延安日记》中,萧军较多地记载了他的读书、写作和日常生活经历,有关阅读报刊的内容较少。与一般读者着重记载报刊内容不同,萧军在偶尔的读报记载中,更多地是抒发自己的阅读感想。如1940年8月16日,他读完《中国文化》(五期)上的一些文章,对茅盾、杨松、尹达、刘春等人的文章进行了详细摘录和点评。9月23日,他偶尔看到两册《文艺阵地》,读后评论道:"那里面胡吹乱捧地很使人感到气闷。无论从哪方面看,他们是全要企图抹杀我在中国文学的路程上的功绩。"③ 1943年1月6日,他借到《文艺阵地》第七卷第二、六期。对这份刊物,他颇为不满地写道:"看到一些庸俗的文章,实在为一些读者们可

---

① 于光远:《我的编年故事·1939—1945(抗战胜利前在延安)》,大象出版社1998年版,第24、25、32、55、76页。
② 于光远:《我的编年故事·1939—1945(抗战胜利前在延安)》,大象出版社1998年版,第85页。
③ 萧军:《延安日记(1940—1945)》(上卷),牛津大学出版社(香港)2013年版,第2、3、47页。

怜，他们还是那一套题材和写法，平庸得近乎自然主义式的素描。"1943年5月8日，他读完《文艺创作》上所载沈从文的《水云》一文，直率地指出："读了觉得他的文笔很抒软美丽，但无多大的意思，只是一种个人小感情的抒写，但对于这个人我是并不憎恶的。"① 这些偶尔的阅读感想颇为真实地反映了他对一些文艺刊物、作品和作者的态度。

与一般读者着重记载新闻事件不一样，萧军偶尔阅读报纸之后，会结合时局进行联想，并加以研判和评论。如1940年9月25日，他读报后记载："日本已和法国成立协定，可以由安南进兵中国了。"他由此判断："这样在上海、香港等处的文人又要不容易居住了。"② 1943年4月2日，他读了3月30日和31日《解放日报》上孔厥所作《一个女人翻身的故事》一文，并简要地进行评论："这是一篇朴质的对于当前妇女运动很有用的文章，只是有时候不必要的地方方言用得太多，就有些贫气。"1944年12月21日，他读完报纸上有关英国外交政策两面性的新闻后，颇为感慨。他认为："同样，一切国家外交全是两面性（包括苏联），只在最终目的不同（反革命与革命），其实也还是一个实体——保卫自己，消灭敌人。"③ 以萧军在延安文艺界的地位，他是有较多机会接触和阅读革命报刊的。尽管相对于他的读书活动，他记载读报的内容甚少，但这些偶然的读报记载反映出萧军对新闻的深度思考，也体现出他敢于直言，勇于质疑，善于独立思考的风格。

作家高敏夫则通过他在敌后抗日根据地的见闻来记录自己的读报活动。1938年8月，陕甘宁边区组织参观团，慰问前方抗日将士，高敏夫等人组成抗战文艺工作团第二组（高敏夫担任组长），随参观团到晋西北、晋察冀、冀中、冀南、鲁西、豫北、晋东南等抗日根据地慰问，历时7个多月，途经37个县。作为文艺界人士，高敏夫对各抗日根据地的报刊发行、宣传与阅读状况特别关注，通过实地考察、参观、交谈等方式，较为全面地了解了各地抗

---

① 萧军：《延安日记（1940—1945）》（下卷），牛津大学出版社（香港）2013年版，第4、104页。
② 萧军：《延安日记（1940—1945）》（上卷），牛津大学出版社（香港）2013年版，第52页。
③ 萧军：《延安日记（1940—1945）》（下卷），牛津大学出版社（香港）2013年版，第75、582页。

日报刊的发展状况。高敏夫在日记中详细记载了各根据地所办报刊的名称、数量、编辑人员、发行状况、社会影响等方面的内容。同时，他每到一地，就广泛阅读各类报刊，采写新闻，与编辑座谈，还通过编稿、写稿、投稿、读报、剪报、集报、寄报等活动，对敌后报刊进行全面、深入的考察。他记载的敌后报刊主要有《政治日报》《西北战线》《抗敌报》《冀中导报》《新华日报》《抗战日报》《抗战时代》《战斗报》《文艺战线》《青年战线》《红星》《火线》《前线》《中国人报》《解放》《八路军军政杂志》《新华日报》《文艺突击》《新闻记者》《战地》《七月》《大地画报》《新地》《中苏文化》等 20 多种。另外，他也读到不少国统区、敌伪区出版的报刊，如《大公报》《庸报》《正报》《新民报》《新天津报》等。可以说，高敏夫在 7 个月的行程中，对当时各抗日根据地的各类报刊，包括油印报刊、墙报都进行了全面的调查、分析和描述，为我们了解当时敌后报刊的发展状况提供了较为可信的资料。

8 月 27 日，高敏夫来到晋西北的孟门镇，令他印象深刻的是，"此间墙壁上张贴有岚县出版的《政治日报》，岢岚出版的《西北战线》，第六集团军政工队出版的《西北前哨》。一般居民对战讯及时事消息都知道一些"。两天后，他看到战动会的墙壁上，"挂有晋西北出的石、油印的 20 多种小型报纸、刊物"。1939 年 3 月 7 日，他在黎城县，到城内访何县长，"得到黎城两张地方报纸"。① 这说明敌后根据地已有不少地方报刊，尤其是石印、油印小报的数量较多，在抗战宣传中起到重要作用。

1938 年 9 月 21 日，高敏夫在晋察冀边区的王东村参观，第一次看到《抗敌报》。之后的一个多月，他多次阅读《抗敌报》。作为诗人，他对《抗敌报》发起的街头诗运动颇感兴趣。10 月 26 日，他在小觉镇看到《抗敌报》第 94 期副刊《海燕》第 1 期创刊号，"刊载关于街头诗的文章"。第二天，他对《抗敌报》上刊载的诗进行了评价，认为"太概念化，不成熟"。但街头诗一直是他关注的重要内容，之后他到冀中根据地参观，看到了《冀中导报》

---

① 高敏夫著，申春编：《高敏夫战地日记》，中国文史出版社 1988 年版，第 12、14、128 页。

报道当地组织街头诗社的消息，他进一步设法推广街头诗。12月3日，他找到《冀中导报》彭社长，后者答应"加印街头诗歌特刊300份，以后可以带到冀南、鲁西、晋东南总司令部、一二九师、一一五师分发"。1939年2月14日，他赠给鲁西根据地第十支队张维翰司令员《抗战时代》六份及《导报》"街头诗歌运动特号"。3月24日，他在八路军总部得知"宣传部主编的《新地》，拟出街头诗歌运动专号"。① 此外，他与各地文艺人士多次座谈，讨论街头诗运动，对街头诗在抗日宣传中的作用颇为重视。

高敏夫对各地报刊报道的新闻也较为留意，往往在看报后进行选择性记载，多次述评了《冀中导报》上的相关新闻。如1938年11月23日，他在冀中读了10月30日—11月20日的《导报》，"谈到了黄敬在冀中区国民党座谈会的讲话；看到了延安中央六中扩大会议的决议；重读了陈绍禹先生欢迎世界学联代表团的讲演词"。这当然是他对重点内容的综述。两天后，他读当天的《导报》，特别突出了"4 000伪军反正的消息"。12月25日，"《导报》发表吕司令员关于'博野事件'的谈话"。28日，当天《导报》"载汪精卫出国的消息"。他读后判断："从蒋介石谈话中可看出他的行动是有问题的。"1939年1月3日，他进一步关注汪精卫的消息，当天《导报》便载"汪精卫被国民党开除党籍和撤去他本兼各职的决议"。8日，他阅读了当天《导报》所载"日陆军参谋总部高岛中柱发表题为《向中国展开百年战争》一文"，并评论道："这一方面意味着日本法西斯的狂妄、夸大，过高地估计自己的人力、物力和财力；另一方面反映出日本军国主义者对目前战局失去自信，速战速决的迷梦已破灭。由于我全民抗战和坚持持久战方针，迫使敌人发出这惊人的狂吠，来掩盖行将惨败的战局。"② 这些零散的记载是他对报刊重要新闻的"提炼"，也表明他对《导报》之类的地方性报刊较为重视。

由于高敏夫在各地获得了不少新出版的报刊，自己饱览众报之余，还将

---

① 高敏夫著，申春编：《高敏夫战地日记》，中国文史出版社1988年版，第34、53、54、76、118、136页。

② 高敏夫著，申春编：《高敏夫战地日记》，中国文史出版社1988年版，第70、71、88、89、92、97页。

它们邮寄给延安等地的好友和家人。如 1938 年 10 月 26 日，他给延安的艾思奇、柯仲平写信，"内附《抗敌报》两份"。12 月 19 日，他"给袁勃、依平、艾思奇、柯仲平及三妹写信，连同《前线》《导报》7 份由教育股送肃宁吕司令员的夫人带西安办事处分别转重庆、延安两地"。通过书信夹寄，他的亲友们可以看到敌后根据地出版的报刊。另外，他也收到一些报刊编辑寄来的报刊。如 12 月 23 日，他收到《导报》社副刊编辑逸风的一封信，"附来 22 日《导报》7 份，8 日的 7 份"。此外，他还常向别人借阅报刊。如 1939 年 4 月 1 日，他"认识最近由延安来的程广文同志"，"借阅《八路军军政杂志》第 2 期，《解放》65、66 期"。①

另外，高敏夫还偶尔剪贴报刊，留以备考。如 1938 年 12 月 27 日，他晚间"剪贴《导报》"。敌后根据地也有其他同志喜欢剪报，如他在冀南认识的张昭就是一位剪报爱好者。高敏夫在 1939 年 1 月 22 日记载："张是一位很能干的人，爱好诗歌，《导报》刊载的诗歌他都剪下来。"② 这简短的介绍有一种"吾道不孤"的意味。

与萧军、高敏夫这样的作家相比，高鲁仅是延安普通进步青年的一分子，他年仅 15 岁便在家乡武汉参加抗日救亡运动。1938 年，他到延安鲁迅艺术学院学习并担任文学系秘书，其间养成了写日记的习惯。他在"鲁艺"学习期间，积极参加记者协会的活动，学习新闻写作，注意阅读马列著作、文艺作品和党报党刊。如 1939 年 4 月 4 日，他归还"鲁艺"图书馆的书刊中，便包括"《解放》（30—70 期，共 4 册）"。7 月，高鲁到华北联合大学文学系学习，多次阅读《八路军军政杂志》。8 月 24 日，他更是"把第六期的《军政杂志》中的几篇文章重新装钉起来"。11 月 18 日，他"读《七月》杂志"。1940 年，高鲁到八路军 120 师政治部战斗剧社、战斗报社任演员、记者、编辑，工作极为繁忙，偶尔在日记中记载阅读刊物的经历。如 1 月 29 日，他读"《文艺阵地》三卷二期"。1942 年 1 月 28 日晚上，他"读《科学画报》直到

---

① 高敏夫著，申春编：《高敏夫战地日记》，中国文史出版社 1988 年版，第 53、85、86、137 页。
② 高敏夫著，申春编：《高敏夫战地日记》，中国文史出版社 1988 年版，第 88、104 页。

深夜"。4月7日,他"看《谷雨》二三期合刊"。① 延安整风运动之后,高鲁通过阅读《解放日报》,结合"王实味事件",开展自我反省。他在日记中写道:

> 深夜,读6月20几日的《解放日报》。上有陈伯达的文章《关于王实味》。读后有一种害怕的感觉。以前曾读过《中国文化》上刊载王实味的文章《民族形式的新偏向》,虽只读过一遍,但颇有同感。但王实味是个披着美丽外衣的托洛斯基派,我却同意他的观点,多可怕。虽然我不是托洛斯基派,身上也存在着非无产阶级的思想,不论过去或现在,我肯定存在许多的小资产阶级思想,这是不正确的。我为此苦闷,躺在床上睡不着,心情像在小组会上作检讨一样。②

此后,高鲁多次阅读《解放日报》。如当年7月13日,他读《解放日报·学习》副刊第三期所载王凯的《批评者与被批评者的态度》一文,并摘录:"一些同志把非党员同志的缺点和错误看成是路人的,很少关心别人、帮助别人,这总会影响党的工作。"他进而进行自我批评:"我也存在这种情况,批评别人时常忘记反省自己。"③ 此类根据报刊文章进行摘录和分析的记载,在高鲁的日记中并不多见。作为职业革命者,他的日记更多地反映了革命工作的动态。

高鲁在"鲁艺"的同学陆地,比高鲁到延安的时间要晚。陆地先后在"抗大""鲁艺"学习和工作,各种集体学习和政治活动令他颇为兴奋。街头的黑板报、墙报和"生活小报"使他大开眼界,他同时还阅读一些延安出版的党报党刊。他在1938年12月16日记载:"参加考试的各人端着小凳,排成一路纵队,……重点放在对《论持久战》的理解。碰巧最近在《解放》

---

① 高鲁著,理红、理京整理:《高鲁日记》,内蒙古大学出版社2004年版,第3、24、49、68、167、214页。
② 高鲁著,理红、理京整理:《高鲁日记》,内蒙古大学出版社2004年版,第279页。
③ 高鲁著,理红、理京整理:《高鲁日记》,内蒙古大学出版社2004年版,第281页。

周刊发表的这篇文章，读来印象特深，答案并不作难。"这表明他平时注重政治理论的学习。不过，在抗战时期，他很少看到《大公报》《新华日报》之类的大报，对报刊新闻的记载较少。1945 年 7 月 26 日，他读到《时事简讯》号外，特地记载新四军的一则新闻："国民党军队在浙东和我们天目山游击队发生武装冲突！抗战八年，国民党把东南半壁丢弃不顾，我们新四军与广大人民群众坚持与敌伪游击，至今眼看敌人快要被赶走了，才来抢地盘了。"① 在戎马倥偬的军旅生涯中，陆地作为基层文艺干部，经常读报并非易事。

与陆地相比，马千里则由于长期在延安的军校学习，有较多机会读报。他和国民党中将周思诚受周恩来的影响，决心投奔延安，并于 1940 年 11 月抵达延安。在延安的五年间，他将报刊作为了解时政、学习政治的重要工具，读报成为他日常生活的重要内容。他阅读的报刊主要有《解放日报》《八路军军政杂志》《解放》《时与潮》《共产党人》等，还在学校图书馆和中山图书馆阅览各种报刊。作为一名长期从事参谋工作的职业军人，他一方面通过学习党的文件和理论书籍改造思想，另一方面对时政问题尤其是国际时局有特别的兴趣。他读报时关注的重点主要是欧洲战场和国内抗战新闻，尤其是《解放日报》的相关报道，成为他记载和评论的主要来源。

第二次世界大战尤其是苏德战争是马千里在日记中记载的重要内容，占有相当的篇幅。1940 年 9 月之后，他几乎每次读报后都会记录此方面的内容。他对欧战的记载往往将相关新闻进行压缩、改编和提炼，形成自己的话语，还经常加上自己的读后感和评论，在日记中形成一系列的文本。这些详略不同的文本，可以大致反映他对欧战作为整体"事件史"的重视。这在当时延安抗战日记中是难得一见的。我们通过抽取一些简略的记载，反映其对国际局势的分析和评判。

1940 年 9 月 9 日，马千里读报后记载："德酋戈林指挥德机四千架轰炸伦

---

① 陆地著，陈南南、陈田田整理：《陆地文集》（第六卷 日记·一），广西师范大学出版社 2018 年版，第 469、511 页。

敦。张伯伦绥靖'妙计'放虎出笼，英人自食苦果。"他据此分析："看来欧战愈来愈烈，德寇已掌握制空权，现代战争有了制空权相继而来的握有制海权，舰队无空中掩护，寸步难行。"第二天，他简述欧战新闻："英德大空战，隔海峡炮战激烈，海战未卜胜负。"11月6日，他读《大公报》后归纳："第二次世界大战中的土耳其；日寇内阁近况。"三天后，他读报后写了一句话新闻："罗斯福当选美国总统。"这些新闻都经过他的加工整理，凸显他对国际新闻的重视。他在1941年4月4日的日记中坦陈："我对国际时局是最感兴趣的。"当日，他阅读近日报纸并综述："地中海英、意海战，意大利失败了，被击沉巡洋舰、驱逐舰各三艘。"他继而分析："看来地中海上英国海军仍占优势，还能掌握海军的主动权。"7月14日，他读报得知"英、苏缔结了对德作战的联合行动的协定"。对此，他寄予厚望，指出："这是反侵略者关键性的联合行动，它给蠢蠢欲动的日寇也是当头棒喝。"① 此类夹叙夹议的方式，在他的国际新闻记载中随处可见。

马千里对苏德战场特别关注，他认为这不仅关系到世界大战的结局，也与中国抗日战争密切相关。他往往以相关新闻为议题，结合反法西斯战争作为时政学习和评论的重要内容。1941年7月25日，他在日记中自述，用一个半小时来看报，但仅记载了德军轰炸莫斯科的新闻："德国机群于本月二十二日、二十三日两度空袭莫斯科，但多被苏军完善的防空措施所阻挡，未侵入市中心区。"这说明他对新闻的记忆具有明显的选择性。8月7日，他去俱乐部看了近几天的报纸，继续记录有关苏德战场的报道："德寇接二连三的猛攻基辅，都被英勇的红军阻挡回去。"他内心对苏军获胜充满期待，并认为："人们关心这个世界大战的主战场，已从其进程中进一步摸索到，双方军力雄厚，全力对抗。"10月21日，他看了前三天的报纸，总结苏德战争的新进展："显然德寇攻势受挫，但莫斯科仍在危险之中。"他结合时局并根据社论进行分析："日寇南进的可能性大些，如果日、美谈判破裂的话"，并认为"资产

---

① 马千里著，重庆红岩革命纪念馆整理：《峥嵘岁月——马千里抗战日记选》，四川人民出版社1998年版，第233—234、235、269、342、379页。

阶级'军事家'一般是目光短浅，只顾眼前"。①

之后的两年多，苏德战场仍然是他读报关注的重点，他对希特勒恨之入骨，称之为"希魔"，对国际反法西斯战争的胜利抱有热切的期待。如1942年8月18日，他晚间读报后，记载丘吉尔去莫斯科与斯大林商讨开辟第二战场的新闻。他根据国际时局分析："老奸巨猾的英首相是有其独特算盘，拖延第二战场的开辟，使苏德战场上两者进一步伤耗，第二战场迟迟开辟对英、美来说则更为有利。"但之后不久，苏联反攻取得巨大胜利。10月13日，他读头天《解放日报》上有关苏军在斯大林格勒胜利的社论，颇为激动。之后，苏军获胜的消息不断传来。11月23日，报上大字标题为《苏联红军全面出击》。他兴奋地写道："英勇的红军不失时机的全力反攻，令人鼓舞。"1943年1月23日，他晚间阅报得知"苏联红军收复萨尔斯科，瓦杜丁部直趋亚速海"。4月19日，他综合相关新闻指出："苏德战场上，苏联红军正向诺瓦西斯克进攻，在顿河与敌相持于衣兹尤姆、尔果洛德等地。"苏军节节胜利，他内心充满喜悦。1944年11月15日，他读报后记载："苏联人民举国欢庆十月革命节，斯大林发布命令致庆，给这个节日最大的献礼是苏联卫国战争的胜利，全部国土上的解放。"② 报纸对苏联卫国战争全面胜利的报道也使他的整个苏德战争的新闻叙事得以结束。

对于太平洋战争和其他国家的反法西斯战争，马千里也注意相关报道，读报后进行了较多的记载和评论。1941年12月8日，他读《解放日报》号外，得知日美太平洋战争爆发，报纸对珍珠港事件进行了详细报道。他形容："这一消息传来，延安沸腾了。"他继而展望："今日反法西斯之战，世界各国的共同敌人是德、日、意法西斯匪帮。反法西斯的人民携起手来打败共同的敌人，我国的抗日是反法西斯战争不可分割的一个战场，今后我们定能得到全世界反法西斯人民的援助。延安人民激动了，我们的胜利更加接近了。"之

---

① 马千里著，重庆红岩革命纪念馆整理：《峥嵘岁月——马千里抗战日记选》，四川人民出版社1998年版，第382、389、412页。
② 马千里著，重庆红岩革命纪念馆整理：《峥嵘岁月——马千里抗战日记选》，四川人民出版社1998年版，第523、544、561、586、637、819页。

后，美国的参战使世界大战的格局发生巨大变化，马千里特别留意美军的动向。1942年2月9日，他看了前两天的报纸，获悉英美在华府设联合参谋部，统一对德寇、日寇的作战行动。他认为"这是适时的重要措施"。12月8日，他晚间阅当日《解放日报》，整版多是关于太平洋战争一周的评论。他读后写道："其中，美国公布日寇偷袭珍珠港时，美国海空军遭到的极其严重的损失，使我感到十分惊讶。"另外，他还对报刊上有关世界大战的理论文章感兴趣。如1943年2月2日，他阅读《时与潮》中《大空军主义下海军没落》一文，认为该文立论片面，"是资产阶级对空军作用的夸大，而忽视了海军在作战中的不可缺少的作用。这是为机械唯物论的说教开脱，而走向了极端的一些错误观念，不符合战争现实"。① 由此可见，马千里对抗战时期国际时局的阅读和分析具有一定的专业眼光和理论水平。

当然，马千里对国内抗战局势也非常关注，经常结合新闻事件，对国民党的消极抗战、积极反共行为进行评述。1940年11月6日，他读《大公报》，关于日寇撤出南宁的报道，他认为"并非如报上所载的'大胜利'，以国军实力而言，如敌固守大城市不退，实无有夺取大城市的军力"。由此可见，他对国民党的实力有清醒的认识，而皖南事变后，他对国民党反共面目有了进一步的认识。1941年1月20日，他在日记中记载："皖南事变，好似一颗巨弹投在延安。在这次事变中，我们伤亡无数战友和物资，引起了延安人无比的愤怒。人们成群结队的走上街头，围在报架周围，争看《今日新闻》……"2月5日，他见报上刊登出蒋介石消灭新四军军部的谈话，认为蒋介石"理屈词穷，不打自招，破坏抗日的嘴脸原形毕露了"。② 之后，他积极向党组织靠拢，成为一名立场坚定的中共党员。

马千里对抗战相关的新闻较为留意，读报后记载了不少相关内容，并结合时局进行思考和分析。如1941年3月3日，他读《解放》登载的晋察冀根

---

① 马千里著，重庆红岩革命纪念馆整理：《峥嵘岁月——马千里抗战日记选》，四川人民出版社1998年版，第433、459、570、592页。
② 马千里著，重庆红岩革命纪念馆整理：《峥嵘岁月——马千里抗战日记选》，四川人民出版社1998年版，第269、315、323页。

据地建设的报道。5月22日,他读报后记载:"晋东南中条山仍在战斗中,而沿海之敌撤离了若干据点,此乃日寇兵力不足之证见。重庆与南京勾搭,和谣未息。"10月23日,他去阅览室读敌后各根据地的报纸,"看到一二〇师的《抗战报》刊登的晋西北顽军赵承受的骑兵胡作非为,鱼肉人民,令人发指"。1942年12月2日,他看到《解放日报》上刊登了国民党召开十中全会的消息,其会议文告称:"对中共采取宽大政策,但必须是不组织军队,不扰乱社会治安,不妨害抗战,……"他愤然指出:"从全篇谎言中看出其胡萝卜与大棒兼施的伎俩,暴露其反动阶级的本来面目,有识之士应嗤之以鼻。"而对八路军的英勇作战,他读报后往往大为赞扬。1943年6月8日,他读报后记载:"山西方面我军民反'扫荡'已围攻临汾,攻入太谷,敌人向边区进犯,我向敌腹部进攻,这是敌后抗敌斗争的一幅图画。"1944年7月8日,他集中阅读了报刊上有关中国抗日形势的报道,指出:"国际有识之士均对我党和八路军、新四军在敌后抗日所做的贡献有正确评论。对国府、国民党及其军队抗日消极,反共、反人民给与抨击。义正辞严。"① 他读后颇有同感,十分痛快。

有关日本政局和日寇侵略动向,关涉抗战形势的新闻,他也留心阅读,并加以评述。如1941年10月19日,他读报得知日寇东条英机组成战时内阁的消息。他认为:"日寇向战争深渊迈进,到了不能自拔的地步,必将诱导日寇走向死亡。"11月6日,他读报后发表感想:"日寇趁火打劫,其舰队在太平洋方面日渐活跃,日、美海战一触即发,而多树敌对日寇极其不利。……我国在敌后反'扫荡'日以继夜,日寇在我反'扫荡'中总是要吃亏的,但其反转头来打国军占些城市,打打退退,虚张声势,其目的在于向欧洲法西斯声援,最近打下郑州又撤出郑州,可以看出兔子的尾巴是长不了的。"1941年12月30日,他读报得知日寇又要第三次攻打长沙的消息。他进而判断:"看来日寇确系胜利冲昏了头脑,在南洋肆意到处行凶侵略,到处分兵进攻,犯

---

① 马千里著,重庆红岩革命纪念馆整理:《峥嵘岁月——马千里抗战日记选》,四川人民出版社1998年版,第333、361、412、567、657、784页。

了兵家之大忌，简直是胡作非为，以后，定会自食苦果的。"之后，他经常关注日寇在东南亚和其他战场的战事，对日寇在太平洋战场的动向也留心观察。1944年4月4日，他结合《先驱论坛报》的相关报道认为："日寇主力调集中国战场，意在从湘北、粤北夹击以打通粤汉铁路交通。"但是，随着国际反法西斯战场的节节胜利，日寇黔驴技穷。1945年夏，中国军队展开全面反攻，八路军、新四军对日军进行痛击。8月15日，他摘录《解放日报》社论："目前紧急任务是，由游击战转为运动战，解除敌伪武装，强调指挥工作的统一集中；扩大解放区要放手工作。"① 抗日战争最终取得全面胜利，马千里随部队挺进东北，开始了新的战斗征程。

值得注意的是，马千里在延安留守兵团军研班学习期间，不仅经常阅读各类报刊，还多次剪报，保存报刊资料。他在1942年11月8日的日记中记载："我以极大的兴趣剪报竟日。"11月21日，他整天阅报、剪报，"关注反法西斯军事动向"。12月3日，天气寒冷，他"剪报贴报时手感到冰冷"。② 这些零散的记载表明他对剪报工作较为重视。

与马千里在延安得"地利"之便阅读报刊不同，王恩茂则由于政工工作的关系，有较多机会读报。卢沟桥事变后，王恩茂担任红二方面军政治部总务处处长。红军改编之后，他在八路军120师359旅先后任政治部宣传部教育科科长、政治部副主任、副政委。他长期担任政工干部，对部队政治宣传工作非常熟悉，经常为《战斗报》《抗战报》《战声报》等报刊写稿。他在日记中多次提到120师政治部会不定期地给359旅政治部递送报刊，这就为阅读报刊提供了便利条件。他在抗战时期的日记中有不少读报记载，阅读的报刊包括《新华日报》《解放》《解放日报》《救国时报》《大公报》《山西日报》《太原日报》《今日新闻》《烽火》《前线》《群众》《抗敌周报》《共产党人》等。由于工作繁忙，他一般仅记载所阅报刊的名称，有关报刊具体新闻

---

① 马千里著，重庆红岩革命纪念馆整理：《峥嵘岁月——马千里抗战日记选》，四川人民出版社1998年版，第411、418、443、732、901页。
② 马千里著，重庆红岩革命纪念馆整理：《峥嵘岁月——马千里抗战日记选》，四川人民出版社1998年版，第555、560、567页。

的评论较少。但是，通过这些零散的记载，可以看出他对报刊新闻颇为注重，办报、读报成为他工作中的重要内容。如他在1937年8月2日的日记中记载："帮助宣传部写了一篇'红军改编的意义'，登在《战斗报》上，并看了《战斗报》的全部稿子。"8月29日，他编辑《战斗报》，并对当期的《战斗报》"来了一次改革"。① 之后，他还长期编辑《抗战报》《战声报》，重视报刊在编制、经费、印刷、发行等方面的工作。部队报刊的编辑有相当一部分的内容是转载电台和其他报刊的内容，可以说他的编报工作与读报活动关系密切。

王恩茂在日记中也会记录"读什么"，对感兴趣的报刊新闻予以简要的综述。如他在1937年10月15日读到《解放》第14期，"看到广东军阀一五七师黄师长破坏民族统一战线的阴谋，值得我们提高阶级警觉性"。之后，他多次记载收阅《解放》《群众》的情况。对于收到的其他新报刊，他也会留意记录。如1938年1月12日，他阅看总政发来的报纸，如《救国时报》《新中华报》《大公报》和《烽火》等。2月13日，他接阅师政发来的27、28两期《解放》报。16日，他"接阅师政发来的报纸和文件：（1）《新华日报》第11、12、15、16等期；（2）《前线》第1期；（3）《群众》第5、7期"。他描述自己的阅读心得："看了以后非常兴奋，了解了我们党在汉口出版了许多刊物，扩大了我们党的政治影响。"②

在部队行军作战的过程中，收阅报刊极为困难。王恩茂虽然期待能经常阅读党报，但报刊传递迟缓，使他的读报活动经常断断续续。他1941年2月5日写道："看了一天的《今日新闻》与《新中华报》。因为发来的报，有时四五天不来，有时一天来四五天的。"由于难以定期阅报，他记载的新闻较为零散，前后之间并无多大的逻辑关联。如1943年7月28日，他看到26日《解放日报》上登载的三个胜利消息："一个是斯大林颁布命令，德寇7月攻势已于23日全部破产，击败其38个师。德寇损失是：官兵阵亡7万余、坦克2900辆、飞机1392架、野战炮844门、炮车195辆、卡车5000余辆。一个

---

① 王恩茂：《王恩茂日记——抗日战争》（上），中央文献出版社1995年版，第17、38页。
② 王恩茂：《王恩茂日记——抗日战争》（上），中央文献出版社1995年版，第68、89、113、115页。

是墨索里尼倒台，由意皇爱表虞根任命巴多格利奥为政府首脑、总理与国务员。一个是西西里胜利，盟军占领特拉巴尼，俘敌5万，感到极大兴奋。"① 1945年1月27日，他随八路军南下支队在南征途中"看到《七七日报》《挺进报》《农救报》三张报纸联合出版的'欢迎八路军特刊'"，他和战友们感到"非常兴奋"。之后，在南下过程中，他偶尔读报，获知不少重要消息。如1946年3月10日，《七七日报》公布："延安7日电，马、张、周三人小组在汉发表的书面谈话内讲到湖北中共军队因粮食不够，转移安徽五河地区就食，决定返渝解决。"他读后判断："我们在此地区将还有一个时期，但粮食困难已到了极点，一天也难得过去。"4月14日，他读报得知王若飞、博古、叶挺、邓发等人在兴县因空难去世。他沉痛地写道："这是党的重大损失，令人惊心动魄，万分悲痛。"5月2日，他读《七七日报》后记载："中共中央声明揭露国民党围歼中原军区的阴谋及挑动全国内战的企图，战争随时有爆发的可能。"这些消息来源对帮助他研判时局起到了一定作用。另外，他还偶尔剪报。如6月14日，他"从《七七日报》上剪裁连续登载的'窃国大盗袁世凯'，准备好好阅读一番"。② 这些断断续续的记载表明他留心选择新闻，一些新闻事件成为他记忆的重要内容。

作为政工干部，王恩茂将党报党刊作为时政和理论学习的重要读物。他读《解放》和《解放日报》等报刊时，往往会结合思想政治工作的实际，留意其中的相关论述。如1938年7月8日，他看了《解放》第39期，"特别注意看了'论青年的修养'"，并摘录其要义："（1）要有高尚的理想；（2）要为自己的理想奋斗到底；（3）要学习实现理想的办法；（4）要同群众在一起去实现自己的理想。"③ 1939年11月12日，他看了《解放》第87、88期，特别关注"共产主义者对于三民主义关系的几个问题"。1940年12月12日，他看了"《解放》上的'什么是社会主义'及最近几日的新闻"。④ 之外，他1941

---

① 王恩茂：《王恩茂日记——抗日战争》（下），中央文献出版社1995年版，第235、365页。
② 王恩茂：《王恩茂日记——南征北战》，中央文献出版社1995年版，第77、284、308—309、317、338页。
③ 王恩茂：《王恩茂日记——抗日战争》（上），中央文献出版社1995年版，第206页。
④ 王恩茂：《王恩茂日记——抗日战争》（下），中央文献出版社1995年版，第41、217页。

年在延安军政学院学习时,经常阅读《解放日报》上的理论文章,并在学习笔记中加以记载和评述。

与王恩茂等高级政工干部相比,刘荣只是抗战时期晋察冀军区的一名基层政治工作者,他曾长期担任连指导员、营教导员。同时,他还是一名从延安来的知识青年,曾在陕北公学、抗日军政大学学习。他留存的日记起于1940年8月,止于1945年9月,较为全面地记录了晋察冀军民团结抗战的历程。在戎马倥偬之中,刘荣设法阅读各类书报,所读报刊包括《晋察冀日报》《解放日报》《黎明》《前线》等。从他五年多的读报活动看,他主要记录了以下三个方面的内容。

一是剪报活动。刘荣是文艺爱好者,对报刊上的诗词尤其是讴歌军民英勇事迹的诗歌,他往往读后会剪存下来。1941年10月,他曾多次剪报。如他特别留意报纸赞颂狼牙山五壮士的诗歌,并剪存在日记中。其中,《五战士歌子》写道:"……就在那狼牙山上呀,躺下了我们英勇的弟兄。五个壮士的名字,从此永远流传在四方。"而对于日寇扫荡中进行的经济封锁,我方采取挖交通沟的办法,根据地军民反封锁则以平沟办法,开展了交通战。报纸刊登了《互助歌》《到处开展交通战》《日本鬼子扫荡战》等诗歌,鼓舞民众在党的领导下团结抗敌。对此,他全文剪贴,并写下杂感:"共产党员如果离开党一步便不会向前走,甚或后退一步,那就是发生错误或严重错误,甚至离开革命,走到深谷大海里去了。"1942年2月13日,他在日记中记载:"三次治安强化运动中,敌人施行毒化政策、经济政策,我们军民对这里政策的表白如下。"他剪下《抵制仇货》一诗予以证实,诗中称:"日本鬼子毒心肠,运来仇货骗大洋。暗地吸干咱们血,不用刀来不用枪。……抵制仇货好主张,自力更生要加强。打垮敌人毒计策,责任全靠大家当。"① 此类剪报,以诗证事,以诗言志,方式较为独特,对读者具有强烈的感召力。

二是与国内时局尤其是敌后抗战新闻有关的内容。作为基层指战员,刘

---

① 刘荣著,梁山松、林建良、吕建伟编:《烽火晋察冀:刘荣抗战日记选》,中国文史出版社2015年版,第19、20—21、23—24页。

荣的读报活动与部队的战斗环境有关,他很难每天坚持读报,但往往会对报刊新闻择要记载。如1943年4月11日,他读完当日《晋察冀日报》后记载:"豫省灾荒惨重,自上年(1942)入秋后,民间粮食即极度缺乏。七十六县之发生不能自给之人民达一千六百余万人,占全省人口三分之一强,其中数百万人几无颗粒之存储,草根树皮为其度日之主要食品。"此类新闻关乎民生,关乎抗战前途,他特加记载,颇有忧虑之情。5月2日,他摘录了《晋察冀日报》的两则新闻。对日寇在各村庄张贴《大日本驻屯军告民众书》一事,该报描述:"慈河人民眼睛是雪亮的,只看到几句,便恨恨地说'谁当你的"敬爱的父老兄弟"'而撕得粉碎。"另一则新闻则报道了边区高等法院深入群众巡回审判的事迹:"第五庭,为了深入下层,实际为人民解决诉讼纠纷,并解除群众长途跋涉'打官司'的痛苦。委派郭书记亲赴滹沱河两岸,进行巡回审判工作。"两则新闻各有侧重,反映了边区的民意和党为群众服务的细节。7月4日,他对自己的读报活动进行反省:"对报纸的学习走马观花,很少细心研究时事、政治形势论文等,看什么只是随心所欲,缺乏学习中心。"这反映了他平时对时政新闻分析不够深入的问题。而经常收不到报纸,也使他有些失落。正如他在1944年1月26日的日记中所言:"报纸也来得很不经常,往往很久不来,很苦闷地生活。"①

对于报纸的社论,他读后往往会结合自己的工作实际予以评论和思考。如1944年6月16日,他读《解放日报》发表的社论《我们从科尔内楚克的〈前线〉里可以学到些什么》。之后,他在日记中对社论内容进行了阐释,强调党员要忠诚,要养成学习热忱,并提出今后应该"从看文艺作品入手","当习写作","多注意时词运用即毛主席指示,多学语言文字。……应该很好地多做自我检讨,多接受别人批评,也要很好地学会批评别人"。这说明,他注意通过报刊理论来指导自己的工作和学习。日记还表现出,他对历史人物的评论与个人的价值判断有关。如他在10月17日的日记中记载:"刘晓春同

---

① 刘荣著,梁山松、林建良、吕建伟编:《烽火晋察冀:刘荣抗战日记选》,中国文史出版社2015年版,第34、42、43、58、101页。

志所存旧报中,在张资平忆邓演达将军一文中了解到大革命前后情形。将军英姿、气魄、简朴留我脑中深刻好的印象,可以说和廖仲恺相等,也给了我未来奋斗以很大鼓励。"这说明他对邓演达颇为敬佩。对于报纸刊登的新闻,他还根据自己的立场和经验予以判断,提出自己的看法。如 1944 年 12 月 6 日,他看到第六期《晋察冀画报》,"登的有我营解救出的美国十四航空队飞行员白格里欧上尉相片同文章"。他描述自己的阅读心理:"当时初看到心中有种不快感,觉得登它并没有很大价值,后又有陈恒非同志讲评'很好!很漂亮!'表面未作声,心内仍然不痛快,但最后并没有肯定自己这种认识对否。主要原因,相信党报上登出的不会有错误,但始终心里留着不快感。"之后,该期的修正版又来到,取消了那幅照片和文章,他"心眼儿里才痛快。若加以检讨,观点同立场还是对的"。① 他对这篇报道的判断,表明他具有较强的新闻敏感度和政治立场。

三是与苏联新闻和欧洲战事有关的新闻。1944 年 5 月 4 日,他看到报上刊登苏联反法西斯名将瓦林丁将军逝世的消息。他读后写道:"我心中实如针刺般,有的同志立刻发问是怎样死的,有的问多大年纪。他是在医院病死的,才四十四岁,是一位青年军事战略家,不仅苏联人民爱戴,而且我们中国人民也是同情爱戴。"此种心境表达了他的英雄情结。6 月 12 日,他看到《黎明报》上刊登欧陆第二战场在 6 日正式开辟的消息,得知美英军在法境登陆,两天内,"开展四百多里滩岸阵地,战舰四千艘、飞机万余架,联合进攻希特勒。决定人类命运之第二战场已经实现了"。他读后,"心中总有一种说不出之快乐"。他形容当时的情景:"背着行李正在炎日下行军,听到此消息顿时不觉疲劳和热。把这消息告诉了老乡,他邀我们树下乘凉给他报读。"这说明,老百姓也通过他的转述获知这一重大新闻。对于苏联红军取得的决定性胜利,他同样在读报后将信息传递给战友们。他在 1945 年 8 月 2 日的日记中写道:"最令人兴奋的事情,就是今天看到的画报,苏联红军在苏德战争的动

---

① 刘荣著,梁山松、林建良、吕建伟编:《烽火晋察冀:刘荣抗战日记选》,中国文史出版社 2015 年版,第 166、220、240 页。

作,还有斯大林同志的伟像,战争以来是第一次看到。午睡后给战士读讲,战士们看了很兴奋。"① 这说明他在部队中还兼任读报员的角色,讲解新闻也是他在基层政治工作中的重要内容。

与刘荣等基层政工干部不同,作家阿英在抗战前就蜚声文坛。抗战爆发后,阿英在上海从事救亡文艺活动,曾任《救亡日报》编委、《文献》杂志主编。1942年,他到苏北参加新四军革命文艺工作,并参与宣传、统战工作的领导。在苏北期间,阿英留下了一些断续的日记,尤其是1942年7—9月间的《停翅小撷》日记,内容较为丰富。阿英于1942年7月14日抵达新四军军部,并居住在停翅港华中局招待所,在此停留了50天。当时阿英身患疟疾,但在病中仍然坚持读报,了解时政,关注前线战事。7月18日,他餐后阅7月16日的《新华报》,关注第二次世界大战局势,并记载:"苏德战争形势愈趋紧张,顿河争夺战甚为激烈,而第二战场之建立,消息仍渺然。"21日,他到《新华报》编辑室,访问总编辑陈修良。陈修良为"此间重要的女干部之一,前在上海党工作,对于党的政策与主张把握得甚牢。旋参观《无线电讯》排字部,规模虽小,顾求之游击环境中,已极不易得"。②《新华报》和《无线电讯》是华中局和新四军创办的重要报刊,阿英在新四军军部期间经常阅读这两份报刊。

7月23日,阿英读21日的《新华报》,并摘录于岩所写的《宋公堤》,他认为这篇文章"详述阜东筑堤经过,不仅艰苦,且极富于戏剧性;显示我军除对敌伪残酷斗争外,对于自然斗争,亦在无限迫害中开展"。26日,他接阅《新华报》,"有《八路军新四军年来的反扫荡》诸题"。对于中央发动的整风运动,《新华报》作为华中局机关报,多转载《解放日报》的社论。8月3日,他读《新华报》转载《解放日报》的《把我们的报纸办得更好些》《审判通讯的党八股》,及给各分社指示信《关于新闻写作》三篇文章,认为这是"完全为新闻上的整风,颇切实际,以之应用于一般写作,亦无不

---

① 刘荣著,梁山松、林建良、吕建伟编:《烽火晋察冀:刘荣抗战日记选》,中国文史出版社2015年版,第150、163、292页。

② 阿英著,王海波编选:《阿英日记》,山西教育出版社1997年版,第108、111页。

当"。11日，他读《新华报》，"载有朱靖《冀东潘家峪的大惨案》通讯一篇，其事真惨绝人寰"。21日，《新华报》转载《解放日报》社论《报纸和新的文风》，"内容有关写作，又载《八路军勇士脱险记》一文，写几个战士与鬼子捕逐赛跑六小时故事，甚有趣"。9月2日，他收到《新华报》第13期并增刊一张，为《延安日本士兵代表，日本反战团体大会特刊》。① 从这些记载看，阿英经常阅读《新华报》，并对重要新闻加以披露、记载与评论。

7月27日之后，他还经常阅读《无线电讯》。这份报纸比较注重刊登国际新闻，尤其对第二次世界大战的新闻颇为关注。如8月4日晚，他读《无线通讯》后记载："斯大林已下令，谓战略的撤退时间已过，现届坚守期，命战士不许后退，只能战死！"13日，他记载《无线电讯》新闻云："英、印谈判决裂，印度国民大会领袖十七名被捕。"18日，他读《无线电讯》并记载："德军在克勒特斯喀雅地区进攻已告失败，科蒂尔尼科夫苏军在反攻中。希特勒自己亦已承认，此番战争不知将带给伊些什么。其不能自信，已达如此境地。然其孤注一掷之此类攻势，确属可怕。据《红星报》载，苏联军队虽已使敌蒙受重大损失，但迄未能阻其前进，攻势猛烈可知。不过此凶猛之攻击，终不能改变希特勒本年垮台之肯定的大前提也。"20日，他读最近三天的《无线电讯》，并综合判断："苏德战争形势，苏方已愈趋有利，即德访员亦承认德军已深陷泥淖。大批美军抵英，欧洲形势有剧转之势。"30日，他记载《无线电讯》报道："德军百万，进攻甚剧，斯大林格勒将展开保卫战。"② 由此可见，《无线电讯》注重转载国际新闻，对敌后战场的读者而言，他们可以通过阅读新闻了解国际时局变化，增强国际视野，提高对国际问题的研判能力。

由于阿英身处华中局机关和新四军军部，辖区内的地方党报他也可以浏

---

① 阿英著，王海波编选：《阿英日记》，山西教育出版社1997年版，第131、118、125—126、1131、149、64页。

② 阿英著，王海波编选：《阿英日记》，山西教育出版社1997年版，第126、132、142、146、162页。

览。如 8 月 2 日,他收到《盐阜报》与《淮海报》,他读后颇有印象,认为"副刊颇有足资材料者"。17 日,他读《新华报》上易河所著《洪泽湖边的文化事业》一文,介绍了淮北、苏皖边区有下列刊物:"《拂晓报》(已有四年历史)、《奋斗报》(旅)、《创造报》(旅)、《铁流报》(以上皆以连队为工作对象者),《人民报》、《大众半月刊》、《淮北青年》、《文娱资料》(师部)(以上为一般读物)。"这说明新四军的各级部队对报刊颇为重视。上述报刊面向新四军官兵和根据地民众发行,对新四军的抗日宣传和群众运动起到了重要作用。20 日,他造访谭伟,"在彼处获得《淮海报》连刊者数份,最重要者为八月一日的一期,附送淮海区美协筹备会所编《淮海木刻》创刊号,收木刻五幅,惟印刷甚模糊。又附刊为独立旅文艺习作分会所编之《文艺习作》第五期,载云龙《一支枪》及《草地生活片断》两文,皆记二万五千里故事"。27 日,他"阅一九四一年六、七月份《江淮日报》合订本,及《盐阜报》合册,得知过去事件不少,惜系办事处某同志所存,未能假归详读择抄。《江淮》副刊,有苏北诗歌学会发行之《诗刊》,及转载之茅盾、夏衍、韬奋文字多篇,大多为大后方致其愤慨者"。9 月 5 日,他读《盐阜报》自创刊号起的合订本,认为副刊《新地》中"间有佳作"。10 日,他"到访聂大鹏同志所在总部,并索该团所刊《儿童生活》四至十四期归,盖铅印本自第四期始也"。① 从这些记载看,阿英广泛收集华中根据地和新四军出版的各种报纸杂志,并及时阅读和摘录,了解地方新闻和各地抗日宣传活动,对地方报刊的成就颇为赞赏。

阿英还非常关注沦陷区出版的各种报刊。8 月 10 日,他前去拜访好友杨帆,不遇,"其室内堆积京沪敌伪报纸杂志不少,乃详加披阅,得知沦陷区,特别是上海状况,生活日高,束缚亦日深"。他对这一偶然的发现颇为兴奋,敌伪报刊为他了解沦陷区状况提供了一手资讯。20 日,他在调查研究室剪得傀儡戏剧场面一幅,"题《汪主席访问'满洲国'》,载《政治月刊》三卷五

---

① 阿英著,王海波编选:《阿英日记》,山西教育出版社 1997 年版,第 124、139—140、145、157、174、185 页。

期，伪政府之重要杂志也"。25 日，他读上海出版的《经纬月刊》，"并剪得仲玉《宝文堂书目所录宋元明人话本内容考》一篇，又伪《民国日报》上剪《古印与木笺》（顾蔗园讲）一篇。"① 对于身处苏北乡下的阿英而言，这些来自沦陷区的报刊为他提供了更多的资讯来源，使他能够获知沦陷区新近的状况，产生阅读上的新奇感。

上述读者的读报活动相对丰富，但需要指出的是，抗战时期的纸张奇缺，尤其是敌后抗日根据地，条件更为艰苦，八路军、新四军官兵在艰难的战争环境中保持记日记的习惯非常困难。因此，尽管中共中央和地方各级党委极力推广"全党办报""群众办报"，但要寻找"真实读者"仍十分困难，因为少有读者记录他们的读报过程，对新闻的述评则更少。在抗战时期，陕甘宁边区和其他根据地的读报组分布较广，群众读报听报运动得以广泛开展。但是，有关抗日根据地官兵阅读的记录，则需要通过具体的读者来证实。我们还可以通过一些零散的日记、回忆录来探讨某些八路军、新四军指战员的读报活动。

抗战初期，担任八路军 129 师 386 旅旅长的陈赓在前线很难读到报纸。1938 年 1 月 8 日，他收到后方送来的《解放》共 3 期，有《新中华报》一份。他在日记中写道："正如久旱逢甘雨一样，简直令我不好择哪一篇读起，因为是篇篇重要。"② 但之后，他的日记中便少有读报的记录。作为八路军的高级指战员，他喜欢读报，却很难收到报刊。至于一般官兵，订阅报刊的难度可想而知。作家周立波的情况也较为类似。抗战之后，他作为战地记者到华北前线采访，多次与 129 师师长刘伯承交谈。1938 年 1 月 2 日，周立波在刘伯承的临时办公室里看见了一份《大公报》。他在日记中记载："有好久没有看见报了，连广告也都读完。"③

在晋察冀边区，作为中级指挥员的王紫峰也很少在日记中记载读报的情况。1942 年 6 月 22 日，他在日记中写道：

---

① 阿英著，王海波编选：《阿英日记》，山西教育出版社 1997 年版，第 130、144、153—154 页。
② 陈赓：《陈赓日记》，解放军出版社 2002 年版，第 50 页。
③ 周立波：《战地日记》，上海杂志公司 1938 年版，第 21 页。

第七章 抗战时期读者的报刊阅读活动

《晋察冀日报》第九三一号公布了北岳区子弟兵献给抗战五周年的礼物：从去年六月至今年四月，作战三九四次，攻克重要据点十三处、堡垒一百二十四个；击伤敌伪二万三千三百九十六名，俘日军二十名、伪军五百五十一名，日军投诚三名，伪军反正七十九名。此外，还有伪工作人员及汉奸五百三十七名归附过来。缴获轻机枪二十七挺、步马枪三百八十八支、电话机五部、战马三十七匹、望远镜三个、煤油一百四十八桶，其他军用品及弹药很多。①

王紫峰的这段记录抄自《晋察冀日报》。对于一线指挥员而言，他们戎马倥偬，抄录新闻颇为不易。又如冀中边区的基层干部李春溪，在 1945 年 7 月 19 日偶尔翻阅《晋察冀日报》和《冀中导报》，②但他读报的内容则语焉不详。

与王紫峰、李春溪类似，汪大铭也是偶然阅读报刊。作为进步青年，他于 1938 年 5 月由上海到皖南参加新四军。1939 年 1 月，他担任章家渡地区的工作组长，从事民运工作。18 日，他在日记中记载："昨天在兵站里看到十二月二十三日的《东南日报》。"但他并没有谈及具体的新闻，此类"偶遇"报纸的经历在他的日记中较为少见。3 月 7 日晚，"炳辉来，带来了几张报纸"。他认真阅读报上的内容，并对国际新闻加以总结："从报上看，西班牙战争已经停止，德、意法西斯在狂笑了。法国政府也右倾了，成了英国的尾巴。欧洲局势又笼罩上一层阴影。"但他认为："西班牙和欧洲人民反法西斯的斗争不会停止的，人民与正义终将战胜法西斯。"然而，此类有关欧洲战场的时局分析，难得一见。26 日下午，他"看到很多新的《新华日报》"，但并未提及具体内容。1942 年 4 月，23 岁的汪大铭担任茅山地委副书记。19 日，他偶然看到几本《时代》杂志，"主要是报导苏德战争动态，反映和宣传苏联人民反法西斯的英勇斗争"。他读后评论："内容充实具体，对反法西斯

---

① 王紫峰：《战争年代的日记》，中国文史出版社 1986 年版，第 88 页。
② 李春溪：《战时回忆和日记》，中共保定市委研究室 1997 年内部印刷，第 53 页。

战争的英雄故事,描写尤为生动,还有许多珍贵的照片。文字短小精干,编排醒目活泼……许多新的军事科学知识和战术技术的介绍,增加了我们新鲜的知识,最主要的还是鼓舞我们自己的努力和斗争。"① 汪大铭的几次报刊阅读活动并无内在的逻辑关联,但他对国际反法西斯斗争较为关注,偶读报刊也使他有机会了解国际时局。

相对而言,八路军基层官兵创办的油印报,由于自办发行,在连队中容易读到。如萧向荣在日记中便记载了连队官兵阅读报纸的情形:

> 小休息的时候,各连自动的进行读报——我们的《战士》报,三四四期,时评是"以我们的胜利,来纪念九一八……"《八路军捷报》:李支队袭占陶林城;陈纵队袭回龙,楚王镇;徐部之一部消灭伪皇协军李台王治各一部……。
>
> 每一个字都激动着战士的心,于是他们兴奋地提出:"我们和他们比赛吧。"
>
> "是的,同志们!"指导员继续读报,"晋敌增兵万余,晋南敌图渡河,晋西敌扰碛口柳林,敌机轰炸宋家川……""打大仗去!""缴新式武器去!""捉俘虏去!""保卫晋西抗日根据地!"震撼山岳的口号,打动着每个人的心灵。②

显然,此类油印报通俗易懂,结合基层连队生活的实际,颇受基层官兵的喜爱。在谈到如何区分干部和战士们读报的差异时,萧向荣指出:"战士读报的中心,是在于使其经常了解国内国外之重要时事问题,……干部的读报,除使其明瞭上述诸问题外,并应发挥其对时事问题之研究的兴趣,使其了解在某种环境下面,我们应采取何种策略方针。"③ 战士与干部在文化水平、工

---

① 汪大铭著,中共镇江市委党史资料征集研究委员会、中共句容县委党史资料征集研究委员会编:《汪大铭日记(1939—1945)》,句容印刷厂1987年印刷,第11、48、56、168页。
② 萧向荣:《六天的日记》,《八路军军政杂志》创刊号,1939年1月15日。
③ 萧向荣:《部队中的课外工作》,《八路军军政杂志》1939年第3期。

作性质上的差异导致他们对读报的要求有所区别。事实上，萧向荣提出了知晓性阅读与研究性阅读的问题。

从总体上看，各抗日根据地虽然创办了不少报刊，但有关读者长期读报的记载却较为少见，上述个案分析仅表明他们是报刊读者中的某些代表。有些共产党人的报刊阅读可以通过政治学习和他人的回忆得以证实。如吕惠生1942年任皖中行政公署主任，1943年10月任皖中人民抗日自卫军司令员。1943年11月26日，他在日记中记载："择［摘］录《大江报》社论（20日）：一、顽固军——国民党反动派的目的……二、我们实行自卫战斗的意义……三、我们必须百倍警惕，紧张起来，认清打击反动派的重要（性），否则，他们不会觉悟与转变的……四、我们必然胜利……五、我们应该做的……。"[1] 又如薛暮桥在抗战时期创办了《中国农村》杂志。在他的回忆中，他"到八路军驻长沙办事处，求见徐特立同志。徐老是办事处主任，……他见到我很高兴，说他是真正爱看《中国农村》的。有时他想不起我的名字，就叫我'中国农村'"。[2] 此类"间接"的材料亦不多见。由此可见，关于抗战时期中共党员、部队官兵和普通民众的私人读报问题，由于史料的缺乏，很难全面呈现。不过，通过一些个案分析亦可以看出，虽然敌后抗日根据地条件极为艰苦，但广大官兵和普通民众关注时局，渴望了解时政要闻。他们通过各种途径接触报刊，特别珍惜难得的阅读机会，注重对新闻的理解和阐释，通过陈述新闻拉近与报刊的"距离"，并结合自己的阅读心得分析时局，观察形势，学习政治，从不同侧面呈现了敌后抗日根据地官兵的学习热情、思想动态和斗争精神。

第五节 《新华日报》的读者本位意识及其影响

1938年1月11日，《新华日报》在其《发刊词》中指出："本报更希望

---

[1] 雨花台烈士陵园管理局编：《雨花英烈日记·2》，南京出版社2019年版，第74、75页。
[2] 薛暮桥：《薛暮桥回忆录》，天津人民出版社2006年版，第98页。

全国人士及读者诸君,对本报力加扶持、赞助、培植、指导,使《新华日报》能与我们光明灿烂的新中华同时生长发育与同垂永久。"① 依靠全国人民办报,为读者服务,是《新华日报》创刊以来就一直坚持的方针。作为中共在国统区的机关报,《新华日报》代表了中共在抗战时期的立场、政策和宣传策略,"是党在民主革命时期创办时间最长、影响最大、办得最好的一份机关报"。② 关于《新华日报》的研究,董昊、王建华从发行、阅读与编读互动关系进行了探讨。③ 从阅读史的角度看,《新华日报》的成功与其贯彻中共的抗日统一战线政策,团结最广大的人民群众,坚持以读者为中心的办刊宗旨有直接的关系。因此,研究《新华日报》的传播与阅读,始终要以新闻文本和读者阅读文本为史实,结合有关日记、回忆录、档案、书信等方面的史料进行综合分析。

一、以读者为中心的办报精神

关注读者的呼声,了解读者的需要,是《新华日报》获得社会关注的重要原因。该报甫一成立,便设立"读者信箱"。编委吴敏在《我们的信箱》一文中指出:"我们有一个理想,就是做到读者们都替本报写文章,凡是看本报的人,都是替本报写文章的人。……我们都不是什么专家,以后遇到我们不了解的事情,我们将特别邀请懂得这问题的朋友们,来参加讨论,使问题能够得到尽可能的正确的解答。"让所有读者都能成为作者,这是编者的办报理想,而编者则是联系作者与读者的中介。在该报周年纪念刊上,编辑吴克坚对一年来收到的来稿情况进行了说明:"根据不完全的统计,共有四千六百余件,投稿人数在二千五百以上。(外稿写给私人名义的不计算在内,而这个数量是不少的。)外稿分配地域如下表:四川70.6%,陕甘宁边区6.4%,云南3.4%,贵州2.5%,广西2.1%……以职业出身阶层来说:学生40%,店员

---

① 《发刊词》,《新华日报》1938年1月11日,第1版。
② 方汉奇主编:《中国新闻事业通史》(第2卷),中国人民大学出版社1996年版,第481页。
③ 董昊、王建华:《发行、阅读与编读互动:重庆〈新华日报〉的阅读史》,《新闻与传播研究》2021年第12期,第21—37、126页。

公务员15%，工人10%，作家与记者5%，各种问题专家5%，妇女5%，其他（包括不明者）19.7%。"① 统计数字表明，《新华日报》平均每天收到投稿13件左右，尤其是四川地区的作者最多。尽管大部分稿件不能在报纸上发表，但这些自由来稿对充实报纸版面有重要的作用。

  读者的积极投稿是保证报纸深入群众、深入基层的重要前提。《新华日报》的编辑们希望报纸与读者的日常生活联系起来，内容要通俗易懂，便于解决实际问题。因此，读者信箱希望读者"替我们写一篇关于生活和工作的报告，提一个生活和工作中发现的问题，也是对于救亡工作，尽了一份责任"。② 这个信箱是"我们的"，任何读者都可以给这个信箱写信。"在这里读者们可以提出自己的疑难和问题，喊出自己内心的呼声。这些问题中，从个人日常生活起，以至于事□［业］问题、家庭问题，救亡工作问题，一直到有关抗战建国大计的理论策略问题，无不应有尽有。对于一切问题，我们都凭我们有限的智识，向读者朋友们提出商讨的意见，作为他们解决问题时的参考。"③ 解答读者提出的问题，为读者服务的理念，使《新华日报》能够贴近生活，贴近实际，并虚心接受读者的批评和建议，从而成为读者自己的园地。该报号召："我们征求本报各地读者及社会人士对于本报社论、专论、通讯、特写、信箱等等，及全部编辑工作，提出批评和意见。对于发行工作，提出批评和意见。"④ 读者可以就报纸的编辑、发行提出自己的意见，从而促进编辑部及时发现问题，提高报刊质量。为了感谢读者，《新华日报》多次在创刊纪念日的社论上突出读者的贡献，并表示"将竭尽自己的力量，从工作上来回答读者诸君的厚爱"。⑤ 尤其是在"整风运动"中，《新华日报》多次刊出"敬告本报读者"，请求读者提出中肯意见，以便改正工作，声明："本报敬以十二万分的诚意，恳求读者对本报之内容及发行等等提出全面之批评，本其所见，畅所欲言，使缺点得以尽量揭露，使改进得以有所遵循。这样，

---

 ① 吴克坚：《向读者报告本报一年来的工作》，《新华日报》1941年1月11日，第7版。
 ② 吴敏：《我们的信箱》，《新华日报》1938年1月11日，第4版。
 ③ 《一年来本报与读者的关系》，《新华日报》1939年1月11日，第4版。
 ④ 《本报征求读者意见和批评的号召》，《新华日报》1939年12月12日，第4版。
 ⑤ 《本报创刊六周年》，《新华日报》1944年1月11日，第2版。

就能使本报得以肃清主观主义、教条主义及党八股的残余，而成为我党中国化、大众化，反映人民意志，而又能站在实践前面的党报，成为更有力的团结抗战的号角和人民大众的喉舌。"①

为了便于与读者联系，加强读者之间的沟通，促进各地读者群体之间的互动，《新华日报》在成立之后不久便设法在各地建立读者会。关于读者会的性质，该报认为"读者会是各地读者朋友们利用职业和工作的余暇，进行集体自我教育并且帮助本报改进工作的组织，所以无论何种职业、何种工作，何种信仰、何种身份、何种年龄性别，只要爱读本报，愿意帮助本报的，都欢迎参加。同时，读者会是完全独立的、自愿的组织，虽然与本报相互帮助，并不是本报的附属机构，所以相互不负任何责任"。② 这说明读者会是松散的民间组织，只要读者自愿，都可以参加，而组织读者会则是报纸进入地方社会并扩大社会影响的重要举措。该报在1938年5月11日的《我们的期待》一文中呼吁："已组织读者会的地方，要把他巩固和扩大起来，尚未组织的地方，赶快成立并建立自己的经常工作。"③ 之后，郑州、武汉、长沙、成都等地都成立了读者会。各地的读者会经常组织讨论，就如何办好报纸广泛收集读者的意见和建议。对于读者会的功能和作用，该报指出："读者会可以讨论如何利用本报的材料，以开展救亡工作，讨论如何响应和参加本报所组织的各项活动，随时向本报提供批评的意见，经常向本报提出各种工作上和生活上的问题求得解答，并且扩大本报的传布，供给本报通讯员等等。"④

读者会作为集体组织，在汇集读者意见、反映读者需求方面起到了重要作用。郑州读者会1938年2月11日便召开第一次会议，征求读者意见。长沙读者会第一次会议召开后，该报特别致信，表达殷切希望：

现在长沙本报读者，经过座谈会和本报发生更密切的联系，并且更

---

① 《敬告本报读者——请予本报以全面的批评》，《新华日报》1942年5月23日，第2版。
② 《本报读者会的性质和工作》，《新华日报》1938年4月22日，第4版。
③ 《本报的期望》，《新华日报》1938年5月11日，第1版。
④ 《答复读者意见的一封公开信》，《新华日报》1938年4月5日，第4版。

有组织的把本报的主张和意见传播到广大群众中去，把广大群众的生活和救亡工作反映到本报上来，使本报真能成为全国民众在抗战中共同的喉舌，使本报能够顺利完成宣传者和组织者的任务。这样一定可以更加提高群众们在抗战中的积极性和觉悟程度，使我国神圣的抗日战争，早日得到胜利。①

通过组织读者会，《新华日报》在每期上设置读者来信栏目，经常刊登读者来信。通过不断反映读者的意见和建议，《新华日报》始终与读者保持着紧密的联系。

从职业的角度看，读者的类型包括军人、学生、工人、店员、公务员、作家、记者等社会各界人士。从读者来信的内容看，涉及报刊新闻生产与读者消费过程中的各种问题。印刷工人亚飞在来信中指出了该报的缺点："第一，社论方面，对于我们工农的生活讲得很少；第二，关于第四版，工农大众的文章也太少。"② 同为印刷工人的读者"晓白"首先表达了对该报的喜爱之情，"山城的十多张报纸中，《新华日报》要算我最爱读的一张。这原因是我本身是一个印刷厂的排字工人，而它时常报道战时工人生活情况，为改善工人生活而□呼，并予我们行动与学习上以极大正确的指示"。至于编辑方面，他提出建议："第一版社论的写作，应当特别注意目前急□的问题，……四版所有专论、通讯、信箱等，所论问题都很切实，以后应当注意我们日常生活所发生的问题，用明白同浅显的字句表达出来。"③ 读者章希永在来信中"希望报纸能够创造特色"。④ 另有读者指出该报需要改正的几个问题："一、文章登得复杂些。二、描写要浅明些。三、多登专论和通讯。"⑤ 还有读者"希望贵报多来点特写"。⑥ 这些意见和建议源自读者的阅读实践和积极思考，

---

① 《祝长沙本报读者会——致第一次座谈会的一封信》，《新华日报》1938年4月10日，第4版。
② 亚飞：《一个印刷工人的意见》，《新华日报》1939年12月27日，第4版。
③ 晓白：《一点贡献》，《新华日报》1939年12月15日，第4版。
④ 章希永：《创造特色》，《新华日报》1939年12月20日，第4版。
⑤ 《直爽的批评》，《新华日报》1939年12月20日，第4版。
⑥ 《读者对改进本报的意见》，《新华日报》1939年1月17日，第4版。

为《新华日报》全面提升质量和改善服务提供了很好的思路。

为了体现读者来信的广泛性，《新华日报》注意刊登不同阶层、职业和年龄段读者的来信。该报既刊登茅盾这类社会知名人士的意见，也登出一些中学生、工人的批评和建议。如茅盾指出："'新副'评介之书刊，范围尚嫌不广，而时间也觉迟些。……'英美书讯'很好，但是我们要求更多些。"① 中学生陶镕提出了两条具体建议："第一，短评可为报章必需的一栏。……所以《新华日报》也应该有短评。第二，第一版右上角的漫画，……希望永不间断，并希望能与社论结合起来，使它发生更大的效力。"② 另一位中学生则直言不讳地指出："你们报纸上的错字很多，有时读不成句。……四版的文字太长了，我不喜欢看。……我希望你们登载青年学生的文章。"③ 读者徐作吾则指出："报纸要通俗易懂，要注意水平较低的读者。"④ 这些读者来信都直指内容和版面等方面的问题，并提出具体改正的措施和建议，对《新华日报》寄予了厚望。

有关出版和发行方面，读者也提出了不少意见。如署名为长工的读者认为，该报"应当提早出版时间"。⑤ 读者郭泰则指出报纸在发行和纸张方面的问题："第一件事情，就是报不能按期的经常的收到，有时收到要过半个月而且次序是凌乱颠倒的。……第二件事情，就是印报纸张的问题，《新华日报》的纸张实在太差了。"⑥ 这些意见和建议都较为具体，对提高报纸质量大有裨益。

针对读者来信提出的问题，《新华日报》在第四版经常回复并解答读者提出的具体问题。如回答读者干戈的提问时，编者首先对他进行了表扬："你在上海那样环境恶劣的地方，竟能帮助推销《解放》至五十份之多，更值得我们钦佩。"对于如何开展读者会的工作，编者则从两方面作出回应："一、每

---

① 茅盾：《一点零碎的意见》，《新华日报》1943年9月20日，第4版。
② 陶镕：《两个中学生的意见（一）》，《新华日报》1939年12月28日，第4版。
③ 王思媛：《两个中学生的意见（二）》，《新华日报》1939年12月28日，第4版。
④ 徐作吾：《要注意水平较低的读者》，《新华日报》1939年12月29日，第4版。
⑤ 长工：《一个工人的意见》，《新华日报》1940年1月8日，第4版。
⑥ 郭泰：《在一个读者座谈会上》，《新华日报》1939年12月13日，第4版。

周编刊时事时论大纲,并介绍参考材料。二、派人出席读者会报告和参加讨论等等。"① 针对读者金石来信对抗战的疑虑,编辑在回信中则充分进行说理和鼓励:"在抗战中,暂时的、局部的失利,是可能的,这种失利的原因,是很多的。我们不能因此降罪于某个人,也不能因此而消沉。……你是有为的青年,你坦白的说出你的苦闷,正说明你是真诚的。希望你不要灰心,快积极起来,参加救亡工作!"② 此类回答虽然是针对具体的来信者,但其问题具有一定普遍性,对其他读者也有一定的启发作用。

不过,报纸的版面非常有限,对于大量的读者来信,编辑不可能一一刊登并回复。《新华日报》在与读者互动的过程中,既注重设置议题,引发读者讨论,又通过总结归纳大量读者来信的内容,集中处理和回复了读者普遍感兴趣的问题。在《新华日报》创办两个多月之后,该报对读者意见进行了总结,以公开信的方式进行了统一回复:"此次本报征求读者诸君意见,参加者社会成分以学生为最,占总数百分之二十四,工人占百分之十九,……关于社论,其优点是正确,能把握事件发展的中心,有政治指导性。其缺点是太长,字句欠通俗,分析战局的文章还太少,缺乏财政经济问题的文章。"③ 在该报创办两周年之际,又根据读者意见和批评进行了全面总结:"第一,言论力求迅速反映国际国内时事以及有关大众生活的切要问题。第二,新闻编排力求新颖,标题力求通俗而有启示性,增加与新闻相配合之地图照片等。第三,四版上增加四个专页,讨论文艺、青年、经济、工人等问题,每个专页每月出两次。第四,每月最少刊登问题讨论大纲,给读书会、时事讨论会进行自我教育做参考。"④ 在办报六周年的纪念版上,该报总结并归纳读者的意见,指出自身存在的问题:"(一)社评、短评和其他论文……但须更加'把握现实',多谈'国内问题';(二)新闻……有时二版的新闻大标题过重,一般消息的标题嫌少;(三)通讯、特写、生活一角……有时边区敌

---

① 《组织本报读者会等问题》,《新华日报》1938年11月27日,第4版。
② 《读者信箱》,《新华日报》1938年4月16日,第4版。
③ 《答复读者意见的一封公开信》,《新华日报》1938年4月5日,第4版。
④ 《读者意见和批评的初步总结》,《新华日报》1940年1月11日,第5版。

后的报道很不够，战区、灾区、士兵、农民生活的报道都嫌少，似偏重渝市一地，国外通讯也很少；资料，有时文章嫌深一点，……内容要更充实。"① 可以说，读者的意见和批评是报纸不断改正缺点、提升质量的重要动力。确立以读者为中心的办报方针，是《新华日报》能够在全国各地不断扩大影响的重要原因。读者与编者以报刊为中介，建立了某种意义上的"公共论坛"，而相关议题的呈现不仅体现了读者议报的热情，也是报纸风格和品质的展示。

二、突破封锁与发行推广

《新华日报》自创办之后，一直受到国民党当局的严密监控和打压。在该报创办的第六天，"突有匪徒二三十人，身着便衣，手持短斧，行动健捷，蜂拥闯入本馆营业部，首将电话割断，肆行捣毁"。之后，该报多次遭到骚扰和破坏。1939年10月9日，重庆南岸警察"连日拘捕报贩，禁售报纸"。1941年1月16日，国民党重庆执委会密令："一、自即日起，凡在《新华日报》张贴之处，设法秘密撕去，以杜流传。二、如遇散贴反动传单或标语之人，应随时扭送当地宪警机关或卫戍司令部讯办。"皖南事变后，国民党对《新华日报》的迫害更甚。据潘梓年报告，主要有如下事实："（一）派报业同业工会在三青团重庆市团部副团长兼该会主席之邓发清控制下，威胁利诱全市报贩，不卖本报。近更变本加厉，竟悬赏捕捉贩卖本报报贩，并出重金收买报贩，不卖本报。（二）社会部所领导之各工会、商会，竟通令制止会员购阅本报及送登本报广告。（三）三青团宪警特务人员，仍到处禁卖本报，撕毁本报，拘捕报贩，甚至拘禁本报接取中央社稿及送稿检查之交通。（四）工厂厂警任意拘禁本报送报人员。（五）逮捕读者。（六）各省市县禁止分销。（七）各省市县邮检扣去报纸。" 1943年，针对《新华日报》向广大师生低价销售的策略，国民党当局要求重庆市教育局加以禁止："查该报实行贬价推销，足以影响青年思想，亟应严加防制。除分令外，合行令仰该局转饬所属对于该

---

① 《读者的批评与建议》，《新华日报》1944年1月11日，第7版。

报不予订购及张贴,并禁止报童进校贩卖。同时晓谕学生勿阅言论欠妥、纪载失实之报纸,以养成正确思想为要。"① 国民党当局千方百计打压《新华日报》,试图通过行政手段严控《新华日报》的言行,阻拦《新华日报》的发行,严重破坏了《新华日报》的社会声誉。

面对国民党当局的诬陷、封锁和打击,《新华日报》在极为艰苦的条件下,团结进步人士和社会各界人士,采取各种方式扩大发行,尤其注重在工厂、学校和边远乡村的发行,在国统区的影响不断扩大,成为传递中共声音的重要喉舌。1940年8月,"《新华日报》之总销数约为一万五千余份,其在重庆区销售者,约为一万余份,派报工会每日仅已销两千份以上"。1945年1月,该报每日销数已达二万二千份。"最近乃大肆开展扩充,拟增至五万份,并在化龙桥、小龙坎等地设立分销处,同时招收报童专送。"1945年7月,《新华日报》在歌乐山推销日增,"每日竟达五千份之多。住户每月报费一百二十元,工人七十元,机关、团体、学校每月专送不取分文。每日清晨七时左右即行送达"。② 关于《新华日报》销量大增的原因,国民党军委办公厅在密电中指出:"(一)各报报业联合会自三十年起决议报费加价,该报切未遵行,仍暗地贬价倾销;(二)发价低廉,派报处乐于代销,尤其对工友、学生,订价尤廉;(三)公营工厂工人因直接订阅该报为厂方取缔,乃变相以工人宿舍为送报地点,订户更多。"③ 这从另外的角度道出了《新华日报》在发行上的目标和策略。

彼时,《新华日报》在一些学校几乎成为人手一份的普及读物。如重庆力行中学高中部学生共三百余人,"计已订阅《新华日报》者竟在两百人以上。以是该校学生久受《新华日报》之宣传,现对该报所登文字已感特殊兴趣矣云"。在重庆红岩嘴的复旦中学,报贩每天早上七点前便携《新华日

---

① 重庆市档案馆、中国第二历史档案馆编:《白色恐怖下的〈新华日报〉——国民党当局控制新华日报的档案材料汇编》,重庆出版社1987年版,第279、331、376、400—401、430页。
② 重庆市档案馆、中国第二历史档案馆编:《白色恐怖下的〈新华日报〉——国民党当局控制新华日报的档案材料汇编》,重庆出版社1987年版,第373、588、589页。
③ 重庆市档案馆、中国第二历史档案馆编:《白色恐怖下的〈新华日报〉——国民党当局控制新华日报的档案材料汇编》,重庆出版社1987年版,第394页。

报》至该校食堂,"订阅该报者已有百余人"。《新华日报》还设法将报纸直接送至工人宿舍,受到广大工人的欢迎。如重庆化龙桥附近住户工厂等,"订阅《新华日报》者,已达八十余户二百六十余份。该地每日零售者亦达二十份左右"。① 又如重庆盘溪中央工业试验所机器制造厂全体工人约二百人,"每月订阅《新华日报》达八十余份"。② 另外,《新华日报》还设法将报纸送到重庆郊区和边远农村。如洛碛镇"订阅《新华日报》者日益增多,计有国立女子师范学院八份、通惠中学七份、益商职校四份、洛碛书报社二份、乐社评剧组一份、商业街四十八份、军委会军法执行总监部及执法大队六份,共计七十六份。究其原因,系该报出版较早,该地当天能阅之故云"。在重庆乡村,"除较远之地区如北碚缙云山、江北静观场等用邮寄方法外,其它近郊各处,均由报童直接送达,并沿途叫卖张贴,其影响颇巨。如江北附近兴隆乡一带,日销五百份以上"。③ 这说明《新华日报》通过拓展发行渠道,尤其是通过报贩和报童的直接递送,将报纸送达广大学生、工人和普通群众手中,在基层社会产生了广泛影响。

正如陆定一在《新华日报》创办八周年纪念时所言:"《新华日报》是人民的报纸的典型,他所受的压迫因而是一切压迫形式的最集中的形式,但是,他也受到人民的爱戴,而且是最大的爱戴。"④ 坚持走群众路线,为广大人民所喜闻乐见,是《新华日报》在国统区克服国民党当局打压,克服各种困难而顽强生存和发展的重要原因。熊复便证实:"《新华日报》曾经对自己的读者对象进行过一次调查。调查结果发现,在重庆地区的读者群众中,工人占第一位,学生占第二位,国民党机关公务员占第三位。这个发现曾经使编辑部所有同志大吃一惊。这就是说,事实证明,只有坚持通俗化、大众化和密

---

① 重庆市档案馆、中国第二历史档案馆编:《白色恐怖下的〈新华日报〉——国民党当局控制新华日报的档案材料汇编》,重庆出版社 1987 年版,第 577、592 页。
② 重庆市档案馆、中国第二历史档案馆编:《白色恐怖下的〈新华日报〉——国民党当局控制新华日报的档案材料汇编》,重庆出版社 1987 年版,第 584 页。
③ 重庆市档案馆、中国第二历史档案馆编:《白色恐怖下的〈新华日报〉——国民党当局控制新华日报的档案材料汇编》,重庆出版社 1987 年版,第 578、579 页。
④ 陆定一:《人民的报纸——为〈新华日报〉八周年纪念作》,《新华日报》1946 年 1 月 11 日,第 5 版。

切联系群众的方针,力求具有普通文化水平的人看得懂,才适合自己读者群众的需要。"① 尽管一些工厂主严厉禁止阅读《新华日报》,但工人们能克服种种困难看报,则与报丁、报童们的巧于配合有关。尽管冒着被开除的危险,但"工人们有的在夜里躲在被子里打开手电筒看《新华日报》。在很多地方,报纸不能直接送到读者手里以免影响读者安全。在这种情况下,工厂附近的面馆、饭铺和香烟摊,就成了《新华日报》的'转递站'。我们的报丁、报童同志们,同这些群众交上了朋友,'言语拿顺了',就能够在他们的帮助下,使读者安全地取到报纸"。②《新华日报》在重庆复杂的政治环境中,能够不断壮大发展,与其在实践中不断扩展的发行渠道有直接关系,尤其是广大报童为报纸发行作出了重要贡献。主编潘梓年总结道:"如果按照一般报纸的发行方法,《新华日报》就根本发行不出去。《新华日报》只好自己请了一批人员(当时叫报童,因为他们都是比较年轻的)来做发行工作,他们有的时候靠两条腿跑十几二十里甚至上百里的路,把报纸直接送到订户手里,较远的还要抱着一大捆报纸乘公共汽车往外送,至于外地就由报馆在那里设的分销处发行。这批报童为数一百多,没有一天不要同国民党的特务搏斗,常常还要被打被押。他们虽然也有一定的工薪,但主要是靠政治觉悟的提高才能对工作保持着饱满的热情和坚强的斗志。"③ 这是《新华日报》能够及时与读者见面的重要策略,也体现了该报对订户高度负责的态度。许多报童以送《新华日报》为荣,并与特务展开各种巧妙的斗争,设法扩大订户数量。曾为该报报童的秦鹏皋回忆道:"一九四六年下半年,……我去时接送的是新、老西门、青羊宫、苏坡桥、茶店子等城郊工厂、学校和居民地区。当时由于国民党反动派的破坏,在这一广大地区内,只有八个订户。没有工人、学生订阅。订户少的原因,是有些群众害怕看了《新华日报》后被特务机关扣'共产党嫌疑'的'红帽子',怕遭迫害。我们即根据党对报丁'既是送报员,又是宣传员'

---

① 熊复:《在党的委托和人民的期望下战斗》,《新华日报的回忆》,四川人民出版社1979年版,第119—120页。
② 于刚:《回忆"新华"》,《新华日报的回忆》,四川人民出版社1979年版,第135页。
③ 潘梓年:《〈新华日报〉回忆片段》,《新华日报的回忆》,四川人民出版社1979年版,第56页。

的教导,采取一面沿街叫卖的方式扩大影响,一面登门拜访,深入宣传,消除顾虑,征求订户。发展对象以工厂、学校为重点,经过这样的工作,果见成效。不到半月,订户即由原来的八份增加到四十份左右;在不到两个月的时间内,这条线的订户就发展到二百余个,其中工人、学生订户占整个订户的百分之八十以上。"① 这印证了在《新华日报》的历次调查中,读者对象以工人、学生为主的事实。

作为中共中央的机关报,《新华日报》的发行与阅读是全党政治生活中的大事。早在1939年4月2日,中共中央在对各地方党的指示中便提出:"各地方党部应当尽一切力量来帮助新华日报,以达到加强报纸与群众的联系。(一)每个支部应有一份新华日报,每个同志应尽可能订一份新华日报,并帮助推销和发行;(二)帮助建立通讯工作;(三)帮助建立读者会。各地方党部应把这通知给每个支部每个党员知道,并讨论具体执行的办法。"② 这说明,各地方党组织负有发行、订阅《新华日报》的义务,党员同志要尽可能订阅《新华日报》。

《新华日报》在抗日根据地广受欢迎。为了便于延安的普通民众阅读,在《新华日报》创办之后不久,《新中华报》编辑部"在中山大街前张贴了《新华日报》,阅览人极多"。③《新华日报》创刊两周年之际,秦邦宪赞扬该报是"抗战的号角,人民的喉舌","因而它获得了无数读者的爱戴,成为他们机器旁、田垣上、战壕中、自修室里、办公桌上的不忍释手的伴侣"。④ 在延安的中央领导,如毛泽东、朱德、张闻天等人自然是《新华日报》的热心读者。毛泽东非常关注《新华日报》,经常就该报的具体内容给周恩来等人写信。1945年1月26日,《新华日报》发表了《民主同盟宣言》,一时洛阳纸贵,轰动重庆,民众争相购买。2月12日,毛泽东在给秦邦宪的信中提到:"《民

---

① 秦鹏皋:《坚持斗争,就是胜利——报丁生活的片段回忆》,《新华日报的回忆》,四川人民出版社1979年版,第415—416页。
② 《中央关于党报问题给地方党的指示(一九三八年四月二日)》,中共中央党校党史教研室选编:《中共党史参考资料:抗日战争时期(上)》(四),人民出版社1979年版,第32页。
③ 《新中华报》,1938年5月5日,第4版。
④ 秦邦宪:《祝〈新华〉二周年》,《新华日报》1940年1月11日,第1版。

主同盟宣言》请予发表，广播。当《新华》发表时，当局动员没收，但由于报童勇敢，大部分发出去了；最后没有了，卖到200元一份，可见民众情绪。十项主张上打的红圈是若飞标出叫我们注意的，请不要刊落了。"① 这表明《新华日报》在国统区发挥了独特的作用，成为广大读者了解中共的重要窗口。

三、读者阅读与社会影响

在国统区，《新华日报》发行范围较广，一些地下党组织在开展文化教育工作的过程中，要求各级工会订阅《新华日报》。如湖南的地下党组织在二十几个工会中都订有报纸，大部分都订《新华日报》。有些小的工厂，工人也集体订阅《新华日报》。② 为了鼓舞士气，《新华日报》还多次进行义卖。如1939年1月3日，新知书店及《新华日报》在桂林举行义卖，宋云彬"购《新华日报》一份及新知书店稿纸若干，各付法币两圆"。③ 复旦大学学生曾编成六支义卖队伍积极参与《新华日报》的义卖。④《新华日报》广泛发行至各大中学校，不少教师和学生都有机会订阅。如中央大学西迁至重庆后，历史系教授朱希祖便阅读了《新华日报》。他在1939年8月22日的日记中记载："上午阅《新华日报》社论法币问题，摘其要语。"⑤ 同在重庆中央大学任教的历史学家刘节也曾阅览《新华日报》。他在1941年8月24日的日记中记载："今日阅《新华日报》，得某君所作随笔数条，其中云，道高一尺魔高一丈，道高一丈魔高一尺。又云圣人之道为而不争，愚人之道争而不为。又云以枉尺直寻始者常以枉寻而不直尺终。又云人不能有创伤，有了便随时被人碰着。皆可以发人深省。"⑥ 历史学家顾颉刚在重庆期间也经常阅读《新华

---

① 毛泽东：《致秦邦宪（一九四五年二月十二日）》，中央文献研究室编：《毛泽东书信选集》，中央文献出版社2003年版，第256页。
② 湖南省档案馆编：《抗日战争时期湖南地下党历史文献选编》，湖南人民出版社1985年版，第24页。
③ 宋云彬著，海宁市档案局（馆）整理：《宋云彬日记》（上册），中华书局2016年版，第8页。
④ 《参加〈新华日报〉义卖运动》，《复旦大学校刊》1939年第1期。
⑤ 朱希祖著，朱元曙、朱乐川整理：《朱希祖日记》（下册），中华书局2012年版，第1079页。
⑥ 刘节著，刘显曾整理：《刘节日记（1939—1977）》（上册），大象出版社2009年版，第235—236页。

日报》，并在日记中多次加以摘录。1939年秋天，何兆武进入西南联大学习后，也成为《新华日报》的忠实读者。他回忆道："联大的时候我订了一份《新华日报》，那是唯一在国民党控制区发行的共产党报纸，在昆明找的都是十三四岁的小孩送，可是后来被三青团给砸了，以后就收不到了。当时也有些其他同学订，我不知道具体的数字，但《新华日报》一般都可以看得到。"① 1941年后，杨静远在位于四川乐山的武汉大学读书时，也能读到《新华日报》，她的同学彭泽益则是该报的长期订户。杨静远在1944年8月23日的日记中记载："彭泽益来了。他思想很左，每次给她带来大摞《新华日报》，也无意掩饰。"② 这说明《新华日报》在知识分子与进步青年中颇有感召力。

国民党当局对《新华日报》屡加打压，但该报却为国民党军政要员提供了不少"另样"的新闻。蒋介石就经常阅读《新华日报》，他"明知有反对政府的言论，可是倒要看看"。③ 1938年，冯玉祥在《新华日报》创办后不久的2月9日就详细阅读了该报，并在日记中对所阅中共及八路军启事加以记载："各种小册如非经其直接指定之书局出版者概不负责，盖因日来发现其'二万五千里'中有人故加二页，诋共党领袖携眷同行，且享优逸生活，故加辩解云。"对于各种污蔑中共的言行，冯玉祥甚为不满。他指出："可知有人对统一战线肆加破坏。然吾人之态度，一言一行应力对统一抗日予以拥护，以达民族解放之目的，他则无所计及云。"之后，冯玉祥在日记中多次赞扬《新华日报》。如1939年10月25日，他在日记中写道："读该日《新华日报》社论，感觉颇极兴趣，很有新［心］得。"1940年5月21日，他又在日记中称赞："在《新华日报》上看见有'国际两周述评''国内一周述评'，这才象报纸，不唯先读了两遍，而且又把它剪下来贴到墙上。"④

身处重庆的国民党官员杨玉清也在日记中留下了阅读《新华日报》的记录。1945年10月21日，杨玉清"阅《新华日报》连载《郭沫若之苏联纪

---

① 何兆武口述，文靖撰写：《上学记》，生活·读书·新知三联书店2006年版，第125页。
② 杨静远：《让庐日记：1941—1945》，商务印书馆2015年版，第270页。
③ 《三年前的蒋主席怎样读报?》，《公年报》1949年第9期，第19页。
④ 冯玉祥著，中国第二历史档案馆编：《冯玉祥日记》（第五册），江苏古籍出版社1992年版，第374、730、857页。

行》与纪念鲁迅各文"。他读后感叹:"我至今仍对鲁迅诸人不改昔年爱慕之忱,可见我之努力,总站在时代前面,不因现实关系而汩没我之志趣也!"1946年7月27日,他看完《新华日报》上的相关报道后,颇有感触地写道:"李公朴、闻一多先后在昆明被刺,陶行知在沪病死,民主同盟及共产党诸人,对彼辈之哀悼备至。此种亲爱精神,在朝党所不及也!"① 语气中对国共两党的态度已昭然若揭。

老报人曾虚白在抗战时期担任国民党中央宣传部国际宣传处处长,对《新华日报》一直颇为关注。他注重新闻检查,但1941年《新华日报》的一次漏检事件令他颇感惊异。他在6月1日的日记中记道:"今日新华日报载周恩来郑重声明,力辩中央社所称十八集团军尚未有所动作之消息。清晨六时,十八集团军驻渝办事处即派员乘汽车来本处记者招待所发送该报,各记者即根据发电,负责检查同志见已见报载,料无问题,当即放行。即忽得讯,街头新华日报有禁售模样,因急以电话询新闻检查局,始悉确有此事,且悉新华登载此项消息,系故意漏检。"② 曾虚白所称的新闻检查局,自然是每日必阅《新华日报》的,他们是最早读报的"读者",因为他们一旦发现有所谓"违规"的言论,便会立刻下令禁止该报出版和发行。

对延安颇为向往的马千里则通过阅读《新华日报》了解时局,对国共两党的抗战路线有了深刻认识。他在国民党32军担任参谋时,便有机会读到该报。如1938年9月8日,他以极大的兴趣一口气读完了《新华日报》,其中刊登了"痛斥汪精卫叛国投敌的社论"。1940年9月8日,他在重庆读《新华日报》《大公报》等报纸,"其中《欧战一周年》《英美海军协定》《日本在越南》等有关军事资料,一气看完"。9月9日,《新华日报》详细刊登了华北八路军出动百团打击日寇的胜利,鼓舞人心。马千里读后,"看到了抗日致胜的道路和曙光"。他进而评论道:"仅就我这个在第六、九战区工作的小参谋所知,大江沿线三、五、六、九各战区,出兵二百团打击日寇,是容易

---

① 杨玉清著,杨天石审订:《肝胆之剖析——杨玉清日记摘钞》,中国时代经济出版社2007年版,第438、460页。
② 张克明、沈岚编选:《曾虚白工作日记(二)》,《民国档案》2000年第3期,第20页。

抽出来的，但却按兵不动。若全国全军学习八路军英勇善战，出兵一百团与敌搏斗，定会加速恢复失地之进程。"9月22日，他在重庆旅馆门口从小报童手中买到《新华日报》。当天报载："越南危在旦夕，是投降，还是抗日？已到了十字路口。"他对报童印象深刻，动情地写道："这些孩子，神通广大，机智得很，他们逃过警、宪、特务的搜查，把《新华日报》转送到读者手中。"第二天，他将《中央日报》和《新华日报》的标题进行了对比："今日《中央日报》一版头号标题：《英美约苏联制止日本》，《新华日报》鲜明大字标题是：《越南屈膝投降》。一样事，两样态度。"表达了他对《新华日报》的赞誉之情。11月，他到达延安后便很少看到《新华日报》了。1945年1月14日，他在王家坪高参室看了一周的《参考消息》和近日的《新华日报》。他特别强调："《参考》与《新华日报》（重庆版）一般干部是看不到的，我能读到是份外的享受。"① 这说明重庆版的《新华日报》要发行到延安的基层单位尚有难度，一般干部群众难有机会阅读。

《新华日报》通过各种途径在敌后抗日根据地传播，许多进步青年和八路军的干部战士都喜欢读它。于光远1939年到达延安后，就通过《新华日报》学习毛泽东著作。他回忆道："那时我就是在《新华日报》上学习毛泽东的《抗日游击战争的战略问题》和《论持久战》这些著作的。这几部著作的逻辑力量更加强了毛泽东在我心目中的崇高地位。"② 1938年11月至1939年年初，沙汀与何其芳在随贺龙部队转战晋西北和冀中的行军途中，不仅关注《新华日报》，还为该报的《文艺之页》写稿。何其芳的好友方敏受其影响，参加救亡工作，并写信告诉何其芳，自己已经订了一份《新华日报》了。沙汀写道："这一切都叫人很感动。"③ 1938年参加八路军的文艺战士徐光耀在1944年1月20日的日记中，谈及自己接触《新华日报》的过程："吃饭时，刘副政委和俊卿、韩志华都来了。……后来留下两份《新华日报》来看看。"

---

① 马千里著，重庆红岩革命纪念馆整理：《峥嵘岁月——马千里抗战日记选》，四川人民出版社1998年版，第158、233、234、244、838页。

② 于光远：《我的编年故事：1939—1945（抗战胜利前在延安）》，大象出版社1998年版，第25页。

③ 沙汀著，吴福辉编：《沙汀日记》，山西教育出版社1998年版，第89页。

第二天，他的战友张同印来了，"忽然谈起看报的问题，他要走一张《新华日报》，使他很高兴"。① 而在太行山根据地率部抗战的秦基伟，对《新华日报》颇感兴趣，阅读之后经常在日记中记载读报心得。如 1940 年 3 月 6 日，他午前看《新华日报》第 27 期，"继续将 15 日的新华报再看一次，即是毛主席论新阶段中的形势与任务，特别是力争时局好转与共产党的十大任务等重要文章知[值]得深入的了解的，以作为目前工作指南"。6 月 4 日，他读 5 月 21—27 日的《新华日报》，"其中最兴奋人的即是豫北大战胜利，此系抗日战争中空前伟大的胜利之一"。12 月 29 日，他又接阅《新华日报》，"当时很有兴趣的看他并首先找国际问题看。这里自己感觉得以往确是由于不大注意去研究也不愿意问别人，这是最大缺点之一而存在小资产阶级色彩"。然而，在战争环境下，收阅报刊极为不易，秦基伟之后很少记载《新华日报》的相关新闻。至 1946 年 8 月 27 日，他又读到当月 19 日《新华日报》转载的《解放日报》社论，"指出当前全面内战的火烧进关内来了，蒋介石动员 85% 以上陆军及全部空军投入残杀中国人民的内战上来了"。② 这些零散的记载表明秦基伟对《新华日报》有深刻的印象。

长期在 359 旅担任政治部副主任、副政委的王恩茂对《新华日报》也颇为留意，通过该报了解了一些国际新闻。如 1938 年 7 月 5 日，他看了一上午的《新华日报》，"关于英意协定、法意会谈、英法同盟、德意会谈等问题有了进一步的了解"。③ 之后，他虽然很少在日记中提及这份报纸，但偶尔一阅，记忆深刻。如他在 1946 年 1 月 28 日记载："下雨不停，到朱早观同志处看《新华日报》。很久没有看到《新华日报》，现在一看，极感兴趣，一直看到天黑不愿丢手，到看完了才回去。"④ 此种阅读体验真实地表达了他对《新华日报》的特殊感情。

作家高敏夫对《新华日报》的发行和传播也较为关注。1939 年 1 月 2 日，

---

① 徐光耀：《徐光耀日记》（第一卷），河北教育出版社 2015 年版，第 11 页。
② 秦基伟：《本色：秦基伟战争日记》（上册），新华出版社 2013 年版，第 59、81、126、211 页。
③ 王恩茂：《王恩茂日记——抗日战争》（上），中央文献出版社 1995 年版，第 201 页。
④ 王恩茂：《王恩茂日记——南征北战》，中央文献出版社 1995 年版，第 258 页。

他得知"《新华日报》的印刷机器也搬到晋南了"。1月29日,他记载:"晋东南《新华日报》分馆已于1月1日出版4版的《新华日报》(华北版)。"3月7日,他"看到2月中、下旬,3月初的《新华日报》(华北版),读到抗战文艺工作团第三组林火同志写的街头诗"。3月16日,他与友人塞克谈到重庆2月27日的《新华日报》,认为"该报用中国纸印刷副刊似不如以前好"。当日,他认识了《新华日报》分馆的华民,得知"《新华日报》华北版为间日刊,每次印两万份"。①他对《新华日报》华北版的关注不仅表明他是该报的忠实读者,也以自己的见闻证实了它在敌后根据地的传播及影响。

在东北,1938年年初,周保中任东北抗联第2路军总指挥,率领部队多次痛击日伪军。1939年后,在日寇重兵围困之下,抗联部队遭受极大挫折。周保中指挥部队在丛林中坚持游击战,很难获得报刊资源,但偶然几次接阅《新华日报》和《群众周刊》,他都认真研读,并结合新闻进行时政分析。如1939年12月12日,他读八月的《新华日报》和七月的《群众周刊》,虽然已是几个月前的旧报,但他认为这是中央的机关报和群众刊物,刊登了内地抗战各方战线的作战情形,"尤其对于欧洲局面紧张和远东形势变化的实际消息与观察,及抗日民族革命战争快要过渡到第二阶段——相持阶段的对峙与蓄力反攻,值得参考和记忆"。结合报刊报道,他联系时局进一步分析:"现时所发现的日贼新阴谋:'以战养战'及速战速决——诱降与分裂我内部的各种诡计;在内部除汪精卫等公开无耻卖国活动外,隐有各种悲观失望、投降妥协之酝酿。此辈专以破坏国共合作,破坏共产党以至瓦解全民族统一战线,为其妥协投降的前提。"对于报刊新闻的价值,他非常重视,并指出:"凡此种种,在不久以前游击运动生活中,皆为不易得知之时局材料。现在有此良好机会,自应充分注意、浏览。惟中文新闻材料仍嫌太少,读外国文又甚困难。随行秘书同志两人,对于消息材料的广泛搜集及有系统的整理与摘要笔记诸工作,又欠缺完满,更不可能对东北游击运动现时全部情形分别拟稿发

---

① 高敏夫著,申春编:《高敏夫战地日记》,中国文史出版社1988年版,第92、109、128、133页。

表。余则以问题讨论解决羁身,并因东北游击运动今后措施颇劳思构,故对全盘局势无暇顾及,不能撰文分述东北现状及东北抗日联军对内地应有之要求与联系,殊为此行中最大缺陷也。"① 这种无暇顾及全盘的遗憾,真实地反映了周保中对党和人民的忠诚,及他对报刊新闻的渴求。

在极为艰苦的游击战中,偶尔阅读《新华日报》成为周保中抗战生活中的"事件",每次阅读,他都强调其重要性。如1940年11月19日,他"阅过去之《新华日报》",认为"甚为重要"。11月20日,他又接到一批《新华日报》,"虽参差不全,东鳞西爪,且属过时颇久,堆积一处,但都为斗争生活所必要,均须一一浏览之"。当天,同事比切还送来"五月份《新华日报》十余份,阅读更需要相当时间"。1941年6月22日,他又收到"最近以前半年份的《新华日报》"。虽然读的是旧闻,但周保中认为《新华日报》具有文件的性质,对理解党中央的大政方针具有重要意义。值得注意的是,周保中率部到苏联建立东北抗日联军教导旅之后,仍然有机会阅读《新华日报》。1942年7月11日,他在日记中记载:"金日成同志仍盼余前往,并请转寄《新华日报》,以供政治工作参考。"② 彼时,金日成是教导旅的重要骨干,他也颇为看重《新华日报》,同样有着迫切的阅读需求。

抗战胜利后,《新华日报》仍然坚持在重庆出版。在苏北解放区坚持文艺宣传的作家阿英非常关注《新华日报》上的新闻。如1946年9—10月,他在《思毅斋日记》中多次提及《新华日报》。9月23日,他读《新华日报》,"知淮阴之战,我歼敌5 000余人"。24日,他获知《新华日报》发表淮城我撤离消息。27日,他买到前一天的《新华日报》,记载粟裕发表退出两淮后谈话,"谓两淮郊外,即是敌人坟墓"。10月11日,他记载:"《新华日报》发表毛主席答美国《先驱论坛报》记者谈话,干脆拆穿美国'西洋景',以及我对蒋方之基本态度,极为明朗。美国之两面政策,已达尽头矣。"10月13日,他读四天前的《新华日报》,并记载:"北平游击队已占香山。我军

---

① 周保中:《周保中东北抗日游击日记》,解放军出版社2014年版,第539—540页。
② 周保中:《周保中东北抗日游击日记》,解放军出版社2014年版,第665、666、681、850页。

论蒋军之与美械，语甚幽默：'败家子拿了黄金，到底也发不了财！'"20日，他在日记中记载："《新华日报》刊爱伦堡美国印象《墨水与鲜血》16、17，深刻辛辣之至。"21日，他看18日《新华日报》，得知"陕甘宁边区已要求召开全国人民代表大会"。① 阿英在这段时间集中阅读《新华日报》，记载该报上的军事新闻、重要评论和国际时局，并将之视为重要的资讯来源。

抗战胜利前，《新华日报》在沦陷区的发行渠道有限；抗战胜利后，《新华日报》在上海获得了读者的热烈欢迎。有读者描述该报热销的情形："每天下午三时左右，分送到各书报摊的二日前的报纸（从重庆航运来的），总是被一买而光。……一个报摊可以在三小时以内卖去一百七十份。这只是半公开状态下的发卖，而且每个报摊拿到的份数是很有限定的。不然的话，还更卖得多哩！"② 此种情形表明《新华日报》在抗战后仍然具有广泛的影响。

《新华日报》在九年的办报过程中，尽管经历了种种曲折和困难，但它长期立足于国统区，成为中共统一战线的一面旗帜。作为中共历史上的重要大报，其影响力无疑是巨大的。从内容生产与消费的角度看，新闻供给、内容品质和价值导向是奠定其大报地位的基础。有关它如何突破重重限制和封锁，怎样采取各种方式扩大发行，怎样践行抗日统一战线政策，怎样落实群众办报、群众读报的路线，需要通过读者收订和阅读来加以检验。通过对其采编、发行、销售与阅读层面的分析，可以看出该报始终注重读者需求，反映读者心声，建立读者网络，采取低价推销、报童直送、面向基层等多种途径推广发行，在"普通社会"赢得了广泛的赞誉，尤其受到广大工人、学生的欢迎。不同类型的读者阅读《新华日报》的记载，表明该报的新闻和言论有广泛的社会影响。

---

① 阿英著，王海波编选：《阿英日记》，山西教育出版社1997年版，第221、223、226、240、242、249、250页。

② 穀子：《新华日报在上海》，《新华日报》1946年5月6日，第4版。

小　结

抗战时期，中华民族遭受空前灾难。由于战乱，民众教育也受到了极大破坏，图书馆、民众教育馆等公共阅读机构数量大为减少，普通民众获取公共报刊资源较为困难，报刊发行量与民众阅报率也大为降低。不过，战事激发了广大民众的抗日热情和团结抗战精神，报刊对战事新闻的报道对读者有着强烈的吸引力。尤其是卢沟桥事变爆发后，报刊纷纷报道战事进展，引发国内舆论高度关注。尽管一些日记、回忆录对事件的记载和描述较为片面，角度不一，详略不同，但当事人通过记录报刊新闻报道的过程和事件的进展，证实了报刊媒体在事件报道和传播中发挥了重要影响。读者的"在场"可以对事件的影响进行"注释"，读者对新闻的解读、判断和评论则受到各种复杂社会因素的影响。需要指出的是，在国家面临危亡之际，读者对抗战新闻的急切关注和焦虑不安，表明抗日战争对中国社会的影响极深。从这个角度看，读者阅读各种抗战新闻，本质上就是将"自我"与国家空前地结合在一起。两者通过报刊媒介产生了广泛的联系，激发出普通人巨大的爱国热情，形成了现实的"民族共同体"。同时，读者对战事的回忆和记载可以建构多样的新闻景观，使阅读本身成为"事件"，产生广泛的社会冲击和心理影响。从某种程度上看，抗战新闻阅读史与个体的情感史有机结合在一起，成为个体生命中较为漫长的"事件史"。

在全面抗战的八年中，即便是高级官员也很难保持每天读报的习惯。因此，绝大部分读者的阅读记录是零散而片面的，对新闻的选择也具有一定的偏好和主观判断。尤其是读者受到身份、职业、兴趣差异的影响，对报刊新闻的选择和评析多有侧重。如党政官员、文艺界人士、大学教师和学生的阅读偏好各有不同，区别较大，呈现出一定的群体特色。党政官员注重战局和政治形势分析；学者们则对山河沦陷无比痛惜，感时伤怀，难抑悲愤之情；文艺界人士积极宣传抗战救国，笔下充满激情。同时，国统区、敌后根据地和沦陷区报刊的整体风格和政治导向差异又较大，不可避免地会影响读者的新闻选择和价值判断。相对而言，沦陷区的读者尤其是汪伪政权的官员有关读报的史料较少。如曾在汪伪政府担任要职的周佛海，在日记中对汪伪政权的要事多有记载，但有关读报的记录却颇为少见，仅在1944年有两次读报记录。一次是他在8月28日记载："报载西、葡、土及瑞士、瑞典均声明取消维希政府之承认，或声明绝交，此虽为英美之策动，维希运令（命）亦可悲也。"另一次是在9月6日记载："报载特戈尔（戴高乐）政权大捕维希政府官吏，颇有感触。"① 对于国内时政，周佛海则很少通过记录报刊新闻而加以披露。由此可见，在"可记"与"所记"之间，不同读者的情况有很大差异。

从总体上看，全面抗战时期，战时新闻是广大读者都极为关注的内容。面对日寇的入侵，读者虽不在战场，但国难当头，每位具有爱国心的读者都会关注战局的变化和时局的发展。报刊作为读者了解战事的主要信息来源，在整体上塑造了战事新闻的"巨大话语"。读者在阅读过程中，受个体所处的地理空间、社会境遇、文化水平、政治态度和价值判断的影响，对新闻的理解、判断、评论自然会有较大差异。但是，战事新闻反映了现实生存境遇和时局动态，关涉国家危难和民族前途命运，在阅读情境和社会心理上又体现出"共情"的作用。因此，读者在读报时无疑充满着焦虑、痛苦和悲愤。从这个角度看，抗战时期读者的阅读记录揭橥了他们的社会境遇和精神世界。

---

① 周佛海：《周佛海日记》，上海人民出版社1984年版，第470、476页。

第八章

中共延安时期读报组的知识共享、群体互动与社会影响

读报组是由三个人以上组成的报刊阅读与听讲小组,一般是由某个读报员根据报刊内容进行阅读和宣讲,其他人则集中听讲,并结合相关议题进行讨论。作为一种政治、文化和社会现象,读报组是中国共产党组织党员群众进行以党报党刊为载体的集体学习组织。它与清末民初中国社会广泛存在的阅报社有很大区别。阅报社是官方出资或民间集资设立的公共阅读组织,有固定场所、设施和一定数量的报刊,读者在遵守规则前提下可以在阅报社内阅览报刊。在公共阅览空间,读者的个体阅读体验虽然有较大差异,但阅报社强调个体阅读的可得性和自由度。读报组则强调集体参与,无需固定的场所与设施。基于群体文化水平整体较低的状况,读报员起到新闻与知识导向的作用,组员则是听众。读报活动类似表演,当读报员在读报组读报时,"他的行动将会影响他人此刻的情境定义",目的是给他人造成某种印象,使他们做出他预期获得的特定反应。整个读报组就类似于一个"剧班","他们通过相互间的密切合作来维持一种特定的情境定义"。① 读报员与听众之间密切配

---

① [美]欧文·戈夫曼:《日常生活中的自我呈现》,冯钢译,北京大学出版社2008年版,引言第5页,第89页。

合，通过阅读、宣讲、听讲塑造了集体在场的"情境"。在读与听之间，参与者围绕着报纸新闻与现实问题形成议题，从而激发了群体的高度关注。显然，阅报社强调公共资源的供给，而对读者之间的情感互动关注不多；读报组则是一个集体组织，强调成员的主动性、互动性、参与性与社会效果，并融合了印刷媒介和口语媒介，充分发挥报刊新闻与口语宣传的优势。另外，读报组与传统的讲报所也有很大差异。讲报所是官方或民间组织设立的报刊宣讲组织，强调对讲报员的职业训练，听众则通常被排除在组织之外。讲报员在街头或其他公共场所的讲报，基本上体现出政治宣教的功能，听众并不承担主动学习和讨论的义务。读报组则具有集体规训的特征，强调组织引导、价值共享和群内互动，要求参与者遵守规则，在群体目标导向下认真完成各自的任务，体现出组织化运作的基本要求。因此，对于读报组的研究，需要结合特定的政治背景、组织方式、社会活动、价值取向，进行多方位的解读。

近年来，学界对读报组问题有所关注，但主要探讨新中国成立初期的读报组与群众运动问题。[①] 对解放前的读报组问题的研究，除了田中初在其专著中提及之外，[②] 专题论文甚少。总体上看，已有成果着重探讨解放初期读报组的政治宣教作用，且重点考察其对城市社会的影响，对于读报组的空间布局与历史演变，读报员如何读报与群众如何听报的过程，以及读报组与乡村社会发展等问题，缺乏深入探讨。

本章主要以中共延安时期（1935年10月—1948年3月）的读报组为研究对象，以报刊相关报道及各种相关文件、日记、回忆录、文集等为主要史料来源。值得指出的是，对于当时报刊有关读报组的报道，本章主要是从发

---

① 关于读报组的研究，主要论文有詹佳如：《集体读报：新中国成立初期的上海读报组研究》，《新闻与传播研究》2018年第11期，第93—108、128页；周海燕：《意义生产的"圈层共振"：基于建国初期读报小组的研究》，《现代传播（中国传媒大学学报）》2017年第9期，第27—38页；王晓梅：《建国初党报领导下的"读报组"发展探析——以建国初〈解放日报〉"读报组"发展为基本脉络》，《新闻与传播研究》2010年第6期，第15—22、109页。

② 田中初：《革命情境中的大众传媒与乡村民众——以"群众办报（1927—1949）"为视点》，中国社会科学出版社2017年版，第21—83页。该书第一章系统阐述了组织化读报问题。

第八章 中共延安时期读报组的知识共享、群体互动与社会影响

展脉络、内容呈现与社会影响的角度进行解读，而非逐一的史实考证。这一时期，延安和陕甘宁边区成为中国人民抗日战争的领导中心、解放战争的总后方，中共关于读报组的政策和发展策略具有较强的延续性和稳定性。从读报组的作用与功能看，读报与识字仅为其部分内容。中共推广读报组，与加强党报的发行，贯彻宣传党的政策，推动群众运动，促进生产，讲究卫生，发展社会教育，提高群众政治觉悟，等等，都有密切关联。也就是说，中共发展读报组，一方面是要加强干部群众的文化教育与政治学习；另一方面也是作为巩固农村政权，加强党与群众联系，促进"全党办报、全民读报"的一项长期政策。

总之，读报组是中共在抗日根据地和解放区大力推广的集体组织，它吸纳了之前在土地革命战争时期的相关经验和做法，首先在陕甘宁边区得到快速发展，然后在各根据地和解放区普遍推广，它大量存在于中共管辖的乡村社会，是反映中共政治文化和乡村社会面貌的一项重要指标。从读报组的形成过程来看，它是中共倡导的大众文化传播体系的有机组成部分，是贯彻群众办报，推动群众运动的重要依托。因此，研究读报组，势必要从其领导方式、组织架构、阅读文本、参与成员、集体讨论、功能作用、社会影响等方面探讨其作为群众组织的社会影响，而非仅将其视为读报活动。

第一节 读报组的发展轨迹与地理分布

红军长征结束后，延安成为中国革命的圣地。在抗日战争爆发后，中共特别重视抗日统一战线的宣传工作，贯彻"全党办报"与"全民读报"的策略，认为"报纸是影响人民的思想的'最有力的工具'，因为它是天天出版，数量最多，读者最广的一种刊物，没有任何其他出版物可以与之比拟"，[①] 进而努力推动报刊宣传与群众运动相结合。中央要求"发起和组织各单位中之

---

① 《党与党报》，《解放日报》1942年9月22日，第1版。

新中华报或解放、军政杂志之读者会工作（或党报读者会——即包括新中华报、解放、军政杂志、新华日报等）"。① 推动基层党组织建立读者会，就是发动广大党员按照"单位"的形式集体学习党报，贯彻党的方针政策，提高党员的政治文化水平。同时，为了加强社会教育，便于读报活动的推广，中央宣传部对各抗日根据地的报刊工作作出指示："各边区可以出版一种作为社会教育工具的通俗报纸（如晋西北的大众报及陕甘宁的群众报），其读者对象是广大的群众和普通党员，它担负着政治的、社会的、科学的和大众文化的有计划的启蒙任务。"这就明确提出报纸的通俗化、大众化问题。此外，中央宣传部还要求各级党组织高度重视发行工作，要"建立发行网及同读者有联系的发行工作，废止非党内刊物的赠送制度，克服发行工作中与读者脱离及迟缓、不经常的现象"，提出"建立党外读者会和党内的读报制度"。② 这表明建立党外的读者会需要群众参与，而党报的主要任务就是宣传党的政策，贯彻党的指示，反映群众生活。因此，中央宣传部在 1942 年有关改造党报的通知中指出："各地党报的文字，应力求通俗简洁，不仅使一般干部容易看懂，而且使稍有文化的群众也可以看。通俗简洁的标准，就是要使那些识字不多而稍有政治知识的人们听了别人读报后，也能够懂得其意思。"③ 促进党报的通俗化，推进基层党组织和群众通过读者会的方式进行集体阅读，是中共贯彻群众路线的重要举措。

另外，在集镇和乡村建立阅报室也是推动民众报刊阅读的重要途径。早在 1937 年，延安一带便设立了一些阅报室。据《新中华报》报道："陕北省教育部为了提高大众文化水平，……蟠龙市建立了群众阅报室，于四月廿二号正式开幕，收集了好多报章刊物书籍……除日常阅报看书外，还组织了本

---

① 《中共中央关于建立〈新中华报〉的边区通讯网问题的通知（1939 年 3 月 11 日）》，中国社会科学院新闻研究所编：《中国共产党新闻工作文件汇编》（上），新华出版社 1980 年版，第 87 页。

② 《中宣部关于各抗日根据地报纸杂志的指示（1941 年 7 月 4 日）》，中国社会科学院新闻研究所编：《中国共产党新闻工作文件汇编》（上），新华出版社 1980 年版，第 115—116 页。

③ 《中宣部为改造党报的通知（1942 年 3 月 16 日）》，中国社会科学院新闻研究所编：《中国共产党新闻工作文件汇编》（上），新华出版社 1980 年版，第 127 页。

第八章　中共延安时期读报组的知识共享、群体互动与社会影响

市男女群众十九名的识字班（男十，女九）。"① 此类阅报室不仅便利民众读书看报，还承担着组织群众识字的功能。

　　从现有的资料看，在抗战初期，除了《新华日报》发行量较大之外，在延安等地出版的党报党刊，由于受到印刷技术、纸张和发行网络的限制，发行量不多。而陕甘宁边区和各根据地的广大农村地区，文化教育水平普遍较为落后，民众识字率极低，阅读报刊普遍存在困难。1939 年，陕甘宁边区政府主席林伯渠在边区第一届参议会政府工作报告中指出："边区是一块文化教育的荒地，学校稀少，知识分子若凤毛麟角，识字者亦极稀少。在某些县如盐池一百人中识字者有两人，再如在华池等县则两百人中仅有一人。平均起来，识字的人只占全人口的百分之一。"② 对于不识字和读不到报纸的乡村民众而言，听读报纸新闻便是了解时事的重要方式。刘荣在 1943 年 7 月 26 日的日记中便描述了晋察冀边区民众对报纸新闻的关注："每当拿上报纸看时，只要被老百姓望见，一定要跑到你面前：'同志！是新报吗？陕甘宁边区消息怎样！还没有撤回吗？同志，国民党顽固的家伙们想取消共产党、边区、八路军！那是办不到，那是办不到的！'——带着十分肯定的神气说——'他们简直妄想，他们甜蜜美满的反共计划一定在全国人民面前变成泡影！'"③ 老百姓的问话表明，他们很反感国民党的反共行径，特别关注报纸的最新报道，希望部队官兵能够给他们讲解新闻。

　　尽管各敌后根据地大力开展普通教育和社会教育，但从《解放日报》等报道各根据地读报组的文化程度看，一个十余人甚至二十多人的读报组，粗通文字者不过一两个人。中共在农村开展社会教育工作，首先需要考虑如何扫除文盲，如何为民众提供通俗易懂的知识。对于文盲和识字极少的农民而言，他们无法购阅最简单的书本。而诸如《边区群众报》之类的通俗报刊，

---

　　①　《阅报室工作开始》，《新中华报》1937 年 5 月 6 日，第 3 版。
　　②　中国社会科学院近代史研究所《近代史资料》编译室主编：《陕甘宁边区参议会文献汇辑》，知识产权出版社 2013 年版，第 27 页。
　　③　刘荣著，梁山松、林建良、吕建伟编：《烽火晋察冀：刘荣抗战日记选》，中国文史出版社 2015 年版，第 62—63 页。

只要认识四百个汉字的人便能够阅读，起到了知识启蒙的作用。从知识形态看，"报纸只不过是书籍的一种'极端的形式'，一种大规模出售，但只是短暂流行的书"。① 在文化教育落后的根据地，报纸本身就是"知识纸"，是对民众进行普及教育的重要工具；通俗化的报纸在一定程度上发挥了"教科书"的作用，是推动农村社会教育的基本载体，与农村识字工作有密切的联系。从陕甘宁边区读报组的报道看，各根据地的农民普遍对农业生产、反对迷信、讲究卫生、治病药方方面的知识颇感兴趣。如陕北鄜县的20个识字读报组主要读《边区群众报》，"所读的是生产消息、各地劳动英雄动态、卫生等。识字是和农民实际生活有关的东西"。② 又如庆阳三十里铺一乡小寨村的读报组在筹备过程中，"由村长向大家解释了读报的好处，接着，就由读报的人试读了一次，读的都是农村群众需要的东西，如治牲口的药方及农作法等"。③ 再如庆阳合水城区药行读报组在读完《解放日报》的卫生副刊之后，组员贾芝芳说："我们现在最需用的就是报上登载的这些治病救人的新道理，像这样的药方多给我们介绍些。"④ 此类实用的知识对于读者和听众颇有吸引力。此外，不少时政要闻经过通俗化改写后，也成为大众化的知识。可以说，通俗化报纸为读报组带来了"总体性知识"，读报组围绕着报刊的读—听活动，是读者和听众一起学习、理解和运用报刊知识的过程，是集体意义上的知识共享，其本身具有仪式化的特征。

由此可见，读报组的发展与中共在抗战中加强"报纸下乡"工作，推动报纸宣传与农村社会发展相结合的思路有密切的关联。1941年3月，《边区群众报》在创刊一周年之际，已经在陕甘宁边区初步建立了一个比较完整的大众化宣传组织体系。在通讯员网的外围，形成了一个人数众多的读报组网络。"每一个通讯员都尽可能地建立一个读报组。这是一个以阅读群众报为中心的进行政治宣传、学习知识、提高文化、扫除文盲、推动抗日救国和生产建设

---

① ［美］本尼迪克特·安德森：《想象的共同体——民族主义的起源与散布》，吴叡人译，上海人民出版社2005年版，第31页。
② 《鄜县群众教育工作活跃　组织识字读报组廿个》，《解放日报》1944年7月17日，第2版。
③ 中共西北中央局宣传部编：《活跃在农村的读报组》，新华书店晋察冀分店1946年翻印，第12页。
④ 《合水城区读报组办得好　按行分组改进业务》，《解放日报》1944年8月3日，第2版。

第八章　中共延安时期读报组的知识共享、群体互动与社会影响

等各项工作的宣传教育性的群众组织，不仅受到广大群众的欢迎，也受到党政军民各基层单位的欢迎。"① 而陕甘宁边区的一些新华书店、民教馆，则将组织读报组作为推广报刊的营销手段。如新华书店安定分店自 1941 年 5 月 5 日成立以来，"已经推销书三〇一二册，报纸五二六九份，为了更普及和提高当地文化，切实发展文化供应工作，该店今后将在各区建立分销处和组织读报组、读书会等，以'来者欢迎，不来者送上门去'为工作中的口号"。② 1944 年 5 月，延安甘泉县民教馆一边发动商人订报，一边组织读报组。"商人订《群众报》者已有廿三家，全市商人五十三家编了四个读报组。"③ 此类读报组的成立直接推动了报纸的发行与阅读工作的开展。

经过建章立制和广泛发动，陕甘宁边区的读报组得到了快速发展。据中共中央西北局宣传部长李卓然报告："1944 年，各地读报组已在变工队、唐将班子、合作社、妇纺组等组织了一万多人读报，工农通讯员已发展到一千一百多人。"④ 当时，陕甘宁边区的人口不过一百五十万，读报组发动了一万余人读报，说明它已在乡村社会扎根。如劳动模范吴满有所在的乡，"十七个村子中，已有八个村组织起读报组，推动各村的生产建设"。⑤ 安塞县的马家沟读报组由劳动模范陈德发发起，在区委指导下成立，成为陕甘宁边区的先进典型。庆阳三十里铺一乡在陇东地委宣传部三位同志的指导下，创办了 4 个读报组。延安某乡设立了 9 个读报组，新市场的铁工读报组是最好的一个。⑥ 新正县二区一乡包轲图建立了 4 个读报组，⑦ 安塞县成立了 4 个市民读

---

① 胡绩伟：《青春岁月——胡绩伟自述》，河南人民出版社 1998 年版，第 203 页。
② 《新华书店安定分店筹办读书会组织读报组》，《解放日报》1941 年 10 月 13 日，第 4 版。
③ 《甘泉民教馆检查工作重新整顿　组成商人俱乐部读报组》，《解放日报》1944 年 5 月 21 日，第 2 版。
④ 《文教大会上李卓然同志总结报告　边区报纸成为群众事业》，《解放日报》1944 年 11 月 20 日，第 2 版。
⑤ 马连才：《吴满有乡读报组活跃　秋收后总结读报的经验》，《解放日报》1946 年 10 月 26 日，第 2 版。
⑥ 一云：《延市新市场铁工读报组》，《解放日报》1944 年 8 月 20 日，第 2 版。这个读报组是该乡九个读报组中最好的一个。
⑦ 《新正二区一乡包轲图建立了四个读报组　抓紧每个时机给群众读报》，《解放日报》1944 年 5 月 10 日，第 2 版。

报识字组。① 1944年8月，延安市根据毛主席的号召，提出"十一运动"，即每乡一所民办学校和夜校，一个识字组和读报组，一个黑板报，一支秧歌队。② 同月，吴堡县教育会议决定在全县一致努力下，"读报组要由九十一组增至一二三组，并发挥沿村转送看报的办法"。③ 定边县四区各村的变工队中，共组织了7个读报组。④《解放日报》的多次报道大体反映了陕甘宁边区的读报组已遍布广大乡村的情况，成为边区文教与生产活动中的重要组织。

为了加强读报组的领导，促进党的农村工作和文教事业的发展，1944年，陕甘宁边区文教大会决定进一步推广读报活动，指出：

> 各地尚未进行读报的识字组、变工队、合作社、妇幼组等，在可能的条件下，均应组织读报；各地区乡干部、小学教师、工作人员及一切文化工作者，均应积极组织这个工作，在工作中应该注意防止形式主义；应该细心研究群众的兴趣所在，以便引起群众参加读报的热情；应该使读报工作与群众的生产、卫生、识字、娱乐和各种日常问题的解决相联系，并应注意培养群众中的积极份子，以便使读报组成为能够持久的团结群众推动工作的核心。⑤

显然，陕甘宁边区的读报组在实践中取得了明显成效，需要全面推广。它不仅有效地推动了报刊宣传和群众运动，尤其在发扬民主、学习时政、促进生产、讲究卫生、提高文化水平等方面还产了广泛的影响。

晋察冀边区的读报组成立较早，发展较快。1938年，邓拓在编辑《抗敌

---

① 《在县抗联会倡导下 安塞成立市民读报组 商人店员家庭妇女都很高兴学习》，《解放日报》1944年4月17日，第1版。
② 《积极推行长期建设 延市开展十一运动》，《解放日报》1944年8月26日，第1版。
③ 张润田：《吴堡各小学均愿改为民办》，《解放日报》1944年9月11日，第2版。
④ 张□明：《三边文教简讯》，《解放日报》1944年10月5日，第2版。
⑤ 《陕甘宁边区文教大会关于发展群众读报办报与通讯工作的决议（1944年11月16日，边区文教大会通过，边区二届二次参议会批准）》，中国社会科学院新闻研究所编：《中国共产党新闻工作文件汇编》（上），新华出版社1980年版，第168—169页。此文又见于毛泽东：《开展大规模的群众文教运动》，中国出版社1947年版，第82—83页。

第八章　中共延安时期读报组的知识共享、群体互动与社会影响

报》的过程中，就对党报与农村读报组的关系有深刻体会，他说："普遍建立读报组，吸收广大的群众到无数的读报组中来，把他们紧密地团结在党报周围，同时也就团结在地方党的周围。把我们的读报组普遍深入到山沟小道每一个偏僻的角落里去，广泛地提高群众政治文化水平。"① 农村群众对报刊新闻的需求是推动读报组发展的重要动因。如曲阳县在1938年秋冬反围攻作战结束后，群众抗战情绪更高，了解时局的要求更为迫切，"乡镇群众中的读报活动，陆续开展，群众读报组已经成立100多"。② 1940年后，阜平、平山、唐县等地的农村读报组较为活跃，"平山县的洪子店还集资一千多元开了一个讲报馆。第一次开讲就吸引了五六百人，集上的交通都被听报的人所阻塞"。③ 从这个讲报馆的规模看，比一般的读报组要大得多，其主要功能仍然是面向群众读报。到1945年，唐县有读报组293个，张家口市仅八、九两区就有读报组10个。④ 1946年，太岳区全区虽然每村平均只有两份太岳《新华日报》，却有2100个读报组，它们采取互教互学的办法集体学习报纸。⑤ 在冀中区，《冀中导报》注重宣传读报组的先进典型，推广农村读报活动。如该报在1948年9月4日刊登了饶阳县西韩合完小在本村组织读报组的先进经验后，特地附上《编者意见》予以表扬，还呼吁："把没组织起来的村民也该组织起来，还应该加强领导，坚持下去。各村的宣教部门，应该很好的协助和配合他们，把读报工作搞起来。他们这个办法，各地方的完小、小学和各村宣教部门，都应该学习他们，把给群众读报，当成加强宣教工作的一个重要环节。"⑥

在晋绥边区，中共晋绥分局为了加强《抗战日报》的工作，"一方面要求各地委县委的宣传部长，军区宣传部长，军分区和旅的宣传科长、团的宣传

---

① 邓拓：《论党报与党的工作》，《邓拓文集》（第一卷），北京出版社1986年版，第245页。
② 晋察冀日报史研究会编：《晋察冀日报史：1937—1948年》，人民出版社1993年版，第31页。
③ 傅方式：《洪子店创办讲报馆》，《晋察冀日报》1944年11月18日，第2版。
④ 项柏仁：《目前社会教育简述》，王谦主编：《晋察冀边区教育资料选编（社会教育分册）》，河北教育出版社1990年版，第98页。
⑤ 《太岳文教鸟瞰》，《人民日报》1946年8月12日，第2版。
⑥ 《编者意见》，《冀中导报》，1948年9月4日，第3版。

股长,规定担任《抗战日报》的特约通讯员",另一方面要求"发动通讯员,以及凡有《抗战日报》的机关或个人,进行组织读报组工作,使每份报纸,能经常有一百人读到或听到,并从而反映报纸在干部和群众中的影响和意见,以及对报纸各个时期号召的响应"。① 这就是通过发动群众办报,在党员和群众中建立通讯员网络。通过通讯员建立读报组,发动群众读报,使抗日根据地的办报、采编、读报形成一个网络系统,充分发挥党报的宣传教育作用。通过深入群众和广泛发动,到 1945 年,晋绥边区各县共有读报组 1 380 个,读报已经成为边区群众不可缺少的文化生活内容。从田间地头到工厂车间,从部队连队到机关单位,一到工余休息时间,到处都可以看到人们在读报。②

在山东抗日根据地,中共山东分局曾要求各地党委广泛建立读报会、读报组,"把发行《大众日报》当为自己的责任。为使党报发挥更大作用,获得更多读者,同时又不浪费人力物力,提倡一张报纸至少十人阅读,并于阅读后转送别人,或贴在街头,集体阅读。个别用报纸糊窗户包东西的现象今后必须严加纠正"。③ 抗日战争和解放战争时期,胶东的北海地区各机关、工厂、学校、农村都较普遍地组织了通讯组、读报组。有些农村的工会、农会、青救会、妇救会还组织了自己的读报组。在农村,很多读报组会根据每个时期的报纸宣传中心广泛地开展群众性读报活动,按照报纸上宣传的党的中心工作和方针、政策来组织群众进行抗日救国活动,开展大生产运动,组织互助组,搞好支援前线的工作。④

从总体上看,中共各抗日根据地、解放区的读报组于 1938 年初步创办,至 1940 年之后得到较大发展,尤其是在 1943—1945 年得到了快速发展。当

---

① 《中共中央晋绥分局关于〈抗战日报〉工作的决定(1942 年 10 月 1 日通过)》,中国社会科学院新闻研究所编:《中国共产党新闻工作文件汇编》(上),新华出版社 1980 年版,第 135—136 页。
② 《晋绥日报简史》编委会编著:《晋绥日报简史》,重庆出版社 1992 年版,第 90 页。
③ 《中共山东分局关于推进〈大众日报〉工作的几点决定(1943 年 1 月 1 日)》,大众日报社报史编纂委员会编:《大众日报回忆录》(第一集),山东人民出版社 1998 年版,第 4—5 页。
④ 王可夫:《说说"通讯"与"读报"》,烟台日报社编:《战火中的胶东报坛》,烟台日报社 1988 年内部发行,第 237 页。

时，中共报刊主要报道了陕甘宁、冀鲁豫、晋绥、山东等地的读报组发展情况，其实在华中、苏南、皖东等地也有不少读报组。1945 年，华中解放区三分之二的乡里已成立群众自己的剧团、秧歌队及读报组。① 1946 年，苏皖边区六分区有读报组 223 个。② 尽管这些统计数字不一定准确，但大致反映了读报组已深入基层党组织和乡村社会，成为中共开展群众运动，推进文化教育的重要基层组织。

第二节　读与听：读报组的知识共享与群体互动

曾长期担任《边区群众报》总编辑的胡绩伟回忆道："在成都办《大声》时期，特别是办《星芒报》时期，我们也组织过通讯员和读报组，但在国民党反动派统治下，都被当成什么共产党'赤色宣传'的'反动组织'加以种种限制、破坏和禁止，形不成大众化的文化体系。"③ 这说明，在国统区，读报组被国民党当局视作"反动组织"，并加以限制，很难生存。胡绩伟到达延安后，亲身感受到了通俗报刊在边区群众中的受欢迎程度。可以说，边区群众广泛成立的读报组成为中共联系群众、发动群众的重要纽带。读报组不仅是中共领导的社会教育运动的重要组织形式，同时也与农村基层政权有直接的关系，是延安时期中共在农村贯彻民主政治，推动农业生产，普及文化教育，巩固党群关系的重要群众组织。它由基层党组织发起，农民广泛参与，其组织形式较为灵活，与乡村社会生活有紧密的联系。

从读报组的创办过程看，各级党委注重政策引导和具体指导，如陕甘宁边区各级党组织在发动基层党员、干部、劳动模范、军人、教师、学生广泛参与方面发挥了重要作用。如绥德的文化干事和读报组长在 1944 年 3 月开会时讨论读报工作："大家觉得这是很好的社会教育，要组织起来进行读报，决

---

①　《华中解放区文教建设迅速进步》，《解放日报》1945 年 5 月 8 日，第 1 版。
②　《苏皖六分区教育建设　淮涟两县村村有小学　男女识字班遍布农村》，《解放日报》1946 年 6 月 21 日，第 2 版。
③　胡绩伟：《青春岁月——胡绩伟自述》，河南人民出版社 1998 年版，第 205 页。

定各区除了订报户外,其余各户都要有人参加,大家并决定读报方法:(一)《抗战报》来一次就读一次(如有《群众报》也同时念);(二)每次读报都点名,读完后组长写'读报录',把大家的意见寄给市委;(三)读报后由组员轮流传人。"① 又如庆阳三十里铺一乡小寨村的读报组在筹备过程中,由村长向大家解释了读报的好处,"接着,就由读报的人试读了一次,读的都是农村群众需要的东西,如治牲口的药方及农作法等,最后,征求大家意见,谁愿意参加就参加"。②

在读报组成立后,读报与听报自然是主要任务。一般而言,在一个读报组中,读报员的文化程度相对较高,而一般参与者识字较少或者是文盲。因此,读报员要有一定的文字阅读能力与语言表达能力。有人在总结读报员的选择时指出:"读报组最好要有两种人配合来组成,第一是小学教员、民校教员、在乡知识分子。没有这些文化水准较高的人来作媒介,报上的事情就不易为群众所了解。第二是从识字或粗通文字的人群中,选择成分好、政治强、工作热情高、记性强、说话流利的积极分子,作为读报员,这一部分人,是群众的骨干,最能了解群众的需要,最能吸取报纸上的经验,推动本村的工作,只要文化较高的读报员,能帮助他们了解了报纸上的内容,他们就能既不教条,又不八股,用群众自己的语言,活活泼泼的转讲给群众听。"③《解放日报》《冀中日报》《晋察冀日报》《冀热察导报》等在报道各地读报组成立的新闻中,大多介绍了读报员的身份。如在陕甘宁边区,吴旗残废军人王长久,"现年二十五岁,他虽因抗日负伤,然自觉还很年轻,……三月下旬即创办该村识字读报组,共有九人参加。他利用晚间教他们识字,或者读报给他们听"。④ 延川退伍军人侯德显晚间在街上读报,"吸引三五个青年来听。至六月即成为廿二人的读报组"。⑤ 曲子县民教馆干部"拿报纸去找过去喜欢

---

① 克悠:《绥德专署发出通知 提倡大家读党报》,《解放日报》1944年4月17日,第2版。
② 中共西北中央局宣传部编:《活跃在农村的读报组》,新华书店晋察冀分店1946年翻印,第12页。
③ 老若:《读报的几点经验》,《教育阵地》1946年第7卷第3期,第12页。
④ 王玉贵:《吴旗残废军人王长久创办识字读报组》,《解放日报》1944年6月4日,第2版。
⑤ 袁世富:《延川退伍军人侯德显同志热心文教事业》,《解放日报》1944年9月18日,第2版。

第八章　中共延安时期读报组的知识共享、群体互动与社会影响

读报的商人杜命山和杨天仓读报，并给他们说明报上的好消息"。① 安塞县化子坪镇的读报组是由该镇小学成立的，"连组长廿二人参加，小学教员李天俊同志每隔五天读一次报"。② 定边县梁圈村读报组在小学教员田涌和、张万英领导下，"激发了农民学习的热情"。③ 在晋察冀边区，冀中区党委秘书处有十来个人，"组织了一个读报小组，每天给驻村的农民念报，起了很大作用"。④ 饶阳西韩合完小，"有些村的高级班学生，在本村组织起读报组，给群众念报"。⑤ 饶阳大送驾庄完小叫各村的学生，"每天晌午休息了以后，一敲钟就凑到树凉里，一人念大伙听"。⑥ 冀热察边区的五区芦草胡同村，"有个五十多岁的老先生岳万增，非常关心导报，报纸一到村他就拿到街上给老乡们念胜利消息。……他还组织了五个人成立了读报小组，经常念报，还写稿子。有时报上有重要材料，他还考问区干部，所以区干部到他村工作时，都很注意学习，怕让老先生考住"。⑦ 此类报道涉及军人、干部、教师、乡绅、学生等各类身份的读报员，作为先进典型，他们在组织读报活动中扮演了极为重要的角色，发挥了极为重要的作用。与其职业身份不一样，他们担任读报员是出于自愿，是对读报工作的主动付出。

作为读报组阅读活动的信息传播者和讲解员，读报员在其中起到了核心作用。读报员虽然不像手写时代的"抄书匠"那样具有知识垄断地位，但他们作为一个群体中的报纸文本的权威解释者，在整个读—听活动中居于中心地位，其阅读行为也直接与文本的解释情况相关。根据艾瑟尔（Iser）的现象

---

① 《曲子民教馆在商人驻地建立读报据点　不拘形式不耽误营业时间》，《解放日报》1944年6月6日，第2版。
② 林彬：《安塞化子坪读报组活跃》，《解放日报》1946年11月26日，第2版。
③ 《定边城区梁圈村成立农民读报组》，《解放日报》1944年6月12日，第2版。
④ 马毅良、刘永祥：《区党委机关组织读报组　给驻村农民念报》，《冀中导报》1948年1月13日，第3版。
⑤ 崔晨：《饶阳西韩合完小学生组织起七个村的读报组　每天晚上讲报群众挺欢迎》，《冀中导报》1948年9月4日，第3版。
⑥ 刘光逊：《饶阳大送驾庄完小　学生组织读报组　训练读报骨干是好办法》，《冀中导报》1948年8月25日，第3版。
⑦ 乔鹏舞：《岳万增老先生爱看报　组织读报组宣传好消息》，《冀热察导报》1948年11月23日，第2版。

学理论,"阅读行为本质上就是寻求文本意义的一个活动。在此过程中,读者选择、组合、期待、回顾、规范、修正他在文本中读取的东西。阅读行为随着读者的个体差异,随着阅读环境的变化而千差万别,这又导致对文本的解读五花八门"。[①] 在读报组的读报活动中,读报员的阅读行为本身就是社会化的,读报员不仅要根据自身的阅读能力理解文本,还要根据报纸知识的类型,结合现实语境和社会情境进行讲解。这就要求读报员要将阅读—演说—阐释有机地结合在一起。作为读者,报刊文本的意义只能由阅报员"控制",但"文本的意义随读者不同而改变,它不识观感编码,却根据观感编码而编排。文本之所以成为文本就在于它与读者的外在关系"。[②] 读报者对报刊新闻文本的把握,自然受其自身的经历、水平、情境影响而呈现出较大的差异性。然而,由于读报员是面对听众进行朗读,所以他们对报纸文本的"发声"和"解释"需要结合听众的需求而有所选择。对于他而言,"朗读不是私人行为,朗读材料一定要选择朗读者与听众都能接受的东西"。[③] 因此,读报员如何做好读报前的准备,如何选择合适的内容,如何结合听众的需要进一步延伸文本的社会意义,如何结合当地农民的生产生活问题"抬借"文本的意义,进而为读—听场域塑造良好的氛围,成为读报活动取得实效的前提,也是使读报员与听众实现知识共享之目的的关键。

对于读报员而言,他们面对的是基本不识字的听众,所以要让他们听得懂,就必须考虑报纸内容的通俗性。陕甘宁边区的读报组大多以《边区群众报》为阅读对象,因为该报在文字上尽量采用边区老百姓的流行语言,"努力使粗识字的人,甚至文盲也能够听懂。报纸出了一年以后,我们把几十期《边区群众报》上所用的字,作了一个很详细的统计,报上常用的字大约是400个,就是说,凡是认识400个字的人,就能够读懂群众报"。[④] 晋绥抗日根据地的读报组则喜欢读《大众报》。为了适应读报者的需要,《大众报》要

[①] 戴联斌:《从书籍史到阅读史:阅读史研究理论和方法》,新星出版社2017年版,第35页。
[②] [法]罗杰·夏蒂埃:《书籍的秩序——14至18世纪的书写文化与社会》,吴泓缈、张璐译,商务印书馆2013年版,第87—88页。
[③] [加拿大]阿尔维托·曼古埃尔:《阅读史》,吴昌杰译,商务印书馆2002年版,第148页。
[④] 胡绩伟:《青春岁月——胡绩伟自述》,河南人民出版社1998年版,第180—181页。

第八章　中共延安时期读报组的知识共享、群体互动与社会影响

求一般文章不超过 800 个常用字,"如果碰上非用不可的生字,就标上同音字。这样就能使粗通文字的人读得懂,在读报组里宣读,不识字的人也能听懂"。① 这体现出报纸本身就是为老百姓服务的,让不识字的群众能够听懂报上的内容,是读报员读报取得良好效果的前提。

由于绝大多数的读报组组员识字很少或不识字,而且目不识丁的农民较多,所以对于读报员而言,如何利用读报时机,如何选择报刊新闻,如何根据听众的需要进行灵活处理,如何让听众既学习时政,又增长知识,促进生产,提高听报兴趣,成为读报组集体活动取得实效的重要前提。

组织群众集体读报需要考虑参与者的工作规律、生活方式和季节特点。对于农民而言,他们只有在农闲和休息时才有兴趣参加此类业余活动。因此,读报组一般会根据本组成员的生产生活规律确定读报时间。比如,利用午休时间或晚上集中活动;农忙时间少读,农闲时间多读;每次读报的时间不能太长,一般在一小时左右;采用灵活的方式,尽可能利用好听报者的空闲时间。如陕甘宁边区的曲子民教馆干部会拿报纸去找过去喜欢读报的商人杜命山和杨天仓读报,"并给他们说明报上的好消息,……这样就不耽误读报者的营业时间,因此他们读报的自动性就大了"。② 庆阳天主教徒赵德忠利用群众做礼拜后的空闲,"读大家最爱听的事情,把教友都组织到读报组里"。③ 镇原县五区二乡的张炳文老先生在自己庄上组织了一个读报组,"在麦收忙的时候,村上的人整天都在地里变工收麦,他就拿着报纸到地里去,利用大家休息的时间,给大家读报"。④ 鄜县陈长安读报组,"带了识字牌上山挖地,在地头休息时读报"。⑤ 晋察冀边区的冀中区党委秘书处的工作人员

---

① 邵挺军:《〈晋绥大众报〉工作回忆》,《新闻研究资料》(总第44辑),中国社会科学出版社1988年版,第30页。
② 《曲子民教馆在商人驻地建立读报据点　不拘形式不耽误营业时间》,《解放日报》1944年6月6日,第2版。
③ 华山:《通过现有群众组织推行文教工作　庆阳天主教徒赵德忠　组织天主教堂读报组》,《解放日报》1944年10月1日,第1版。
④ 朱民:《镇原张炳文老先生　热心劝人读报》,《解放日报》1944年10月9日,第2版。
⑤ 《鄜县陈长安读报组　带了识字牌上山挖地　读报后大家注意人畜卫生》,《解放日报》1944年5月15日,第2版。

"就经常分散到街上,农民家里去念报,有时贫农团开会,当人还不全的工夫,也念报"。① 安国一区奉伯村村民崔化南订阅了《冀中导报》,"每天吃午饭的时候,把胜利消息和问事处的事情还讲给群众听。起初三五人,后来增加到二十多人,每到吃午饭时都端着碗去找他听讲报,这样就自然形成了读报小组。奉伯的人们说:'这可不错!不耽误工夫,还能知道国家大事。'"② 曲阳仁景树小学教员张增义则利用晚上时间读报,吸引大家来听报。他说:"不少小学里,白天黑夜常有一些闲人歇着,尤其在黑夜,人还常歇到半夜,甚至喝四两酒。教员在白天本已够累了,到晚上还得陪半夜,睡不了觉,日子久了,就成了教员的严重负担。……我却拿着报纸独自在灯下读,这样,他们觉着闲谈没意思时,就赶着问我说:'先生,给我们讲一些报纸,谈谈消息吧。'"③ 冀热察边区的七区东万口村接着《大众报》以后,"通讯组组长李兆锦和教员,晚上就召集大家去学校听报"。④ 这些例子都说明读报人注意合理利用听报者的空闲时间,采用灵活的方式为群众读报。

对于读报员而言,要根据读报组成员的特点、兴趣和需求,选择合适的内容朗读,并结合所读内容与大家一起讨论,使读报员与听众之间形成某种心理默契和话语情境,从而激发参与者在特定情境中产生"一种时间上的一致感和一种空间上的存在感"。⑤ 这是读报组能够保持生命力的关键。也就是说,读什么、如何读的问题,是阅读效果的直接反映。对于许多读报员而言,读报不仅是大声朗读,它还是一门技术,因为集体读报与个体独处时的默读有极大的区别。读报员不仅要有一定的文化水平和语言技巧,其表达方式、语感、节奏、识见也对传播效果有直接的影响。其对报纸内容的解说更需要

---

① 马毅良、刘永祥:《区党委机关组织读报组 给驻村农民念报》,《冀中导报》1948年1月13日,第3版。
② 王志秋:《奉伯崔化南读报组不耽误工夫作了宣传》,《冀中导报》1948年10月23日,第3版。
③ 张增义:《黑夜在学校里读报的一点经验》,《教育阵地》1946年第4期,第65页。
④ 赵连祥、张子相、李福:《大阁东万口村读报组闹起来 九区也开始搞》,《冀热察导报》1948年9月20日,第2版。
⑤ [加拿大] 阿尔维托·曼古埃尔:《阅读史》,吴昌杰译,商务印书馆2002年版,第150页。

第八章 中共延安时期读报组的知识共享、群体互动与社会影响

通过联想、演绎、类比等方式,结合自身经历和农村日常生活加以通俗化,使阅读文本在二次传播的过程中实现"再生产"。因此,读报员不仅是朗读者,也是表演者。他们是否能够打动听众,对于读报组的群体互动效果起到关键作用。有人对读报组如何读报的问题进行了总结:

> 读报,最怕死板板的照文宣读,某些读报组之所以开展不起来,或者坚持不下去,主要的就是犯了"读"的毛病!读报员在未读报之前,多作一点准备功夫,把要读的新闻材料,先作一个全面的了解,然后按大意、要点,在报纸上标记出来,或者是干脆写到另一个纸片上。读报时不是死□字,而是扼要的、概括的、通俗的给大家加以解说;每读一小段,就稍停片刻,让听众有一个思索回味的机会,讲完以后,还要启发大家作一个漫谈,这样一来,听众兴趣就高了,留下的印象就深了。为着提高读报员的读报技术,加强讲报的观念,我提议把"读报组"改名为"讲报组""说报组",这样更妥当更切实。□讲报速度的大小、语调的高低,又要以内容和对象来决定。讲国内外大事、社论时评,声调就需要高亢,速度就要匀整,态度就要郑重;讲工作经验介绍,就需要清楚详尽,多思考,多联系自己;对青年讲英雄故事、战争消息,就要有声有色,简短干脆;对妇女讲婚姻问题、继承问题,就要舒舒坦坦,入情入理。①

显然,读报员的能力和技术对于读报活动的持续开展有直接影响。一般而言,小学教师具有教学经验,又熟悉农村生活,了解农民的需求,所以他们担任读报员时往往会受到欢迎。如晋察冀边区阜平县龙泉关小学教员杜亚在1942年成立了一个六人读报小组。"每当新报到来,便事先选择几件最重要的事情记一下,到中午时,群众都端着碗聚在大槐树底下了,他便赶过去,先拉一阵家常或村里的闲事,然后再逐渐引到报上,先前人不太多,后来别

---

① 老若:《读报的几点经验》,《教育阵地》1946年第7卷第3期,第12—13页。

处的人也凑来听，每天不下二十余人。他善于抓住群众心理，掌握群众情绪，提高了读报技术。在读报时候没有地图，群众对外国人名地名很难记住，于是他便发挥了自己的创造性，把外国地名用中国著名的地方来比（如天津、北平），把外国人名用中国人名来比（如毛泽东、朱德）。"① 这说明读报员并不一定有高深的知识，重点在于要将报刊知识以大众语言传递，实现通俗化转化，让大家听得懂并产生继续听读的欲望。一个好的读报员，不仅是报刊知识的传播者，也是社会文化的阐释者，群众心理的观察者。

　　读报组的成员基本上来自一个自然村，是由互相熟悉的人组成的群体。在群内活动中，读报员与组员有一定的交往基础，相互之间比较了解，这有利于群体成员的互动。从本质上看，读报组就是讲报组，讲报活动是报刊内容、表演艺术与乡村文明相结合的话语实践。报纸内容的通俗性是引发话题、激发兴趣的前提，读报员的即兴发挥是获取听众注意力的关键；群内讨论则是群体互动的重要方式，也是检验读报效果的重要途径。因此，在中共领导下的各根据地，读报组的群体活动被当作群众政治文化生活的有机组成部分。只有了解群众的需要，读报活动才能获得实际的效果。冀晋边区平阳的某读报组在总结读报经验时提出：

集体读报的目的，是有系统的介绍报纸消息。读报员要经常收集群众议论，检查出群众有那［哪］些□□认识，针对这些决定读报中心，如最近关于延安的撤出，老乡们七言八语，议论纷纷，不了解情况，不清楚我们的作战方针，发生悲观失望，恐惧思想。于是我们就有组织的讲"延安撤出后的国内形势"，大家的怀疑问题解决了。但在讲报之前必须很好的组织材料，把有关材料汇集起来写出提纲，日子和地名、人名要讲清楚（群众很注意这些），要针对群众思想提出问题。读报当中，声音切忌平板，地名人名更作简单介绍，重要的地方要大声反复几次，引大家注意。每讲完一个大问题后，要用几句最重要的话反复总结一下，

---

① 阜平抗联宣传部：《阜平龙泉关的读报经验》，《晋察冀日报》1944年6月1日，第4版。

第八章　中共延安时期读报组的知识共享、群体互动与社会影响

给群众一个概括的较深的印象。讲时不要照读提纲，要和平常说故事一样，字句要群众化，字要说真，名词要地方化，要加些手势表情，引人注意动人感情。时间不要太长，一点钟上下最合适。读后要收集反映，检查效果，求得逐渐改进。①

因此，在整个读报活动中，读报员与群体成员的互动对读报效果有直接的影响。有些处于初创阶段的读报组，读报员采取简单的朗读方式，形式呆板，群众就不爱听。不少读报员在实践过程中不断改进读与讲的方式，注意发动大家讨论报上的新闻，并结合具体实例进行解说，效果就大不一样。如著名的马家沟读报组，"在开始读报的三四次，没有讨论，读完报后就认字，效果不太理想。后来群众要求把报纸上所说的好办法讨论一下，以达改造自己和本村工作之目的，于是，便决定读过后要讨论。把报纸上讲的事情与本村的事情联系起来，以推动农村的生产和每一个人的进步，办法是：首先讨论上次读的，讨论完了再读新的，并提醒大家对新读的内容在第二天工作中注意酝酿交换意见，好准备下次讨论"。② 这就将读报活动与农村工作和农民文化教育有机地结合在一起，提高了读报组的群体凝聚力和报纸的影响力。

从《边区群众报》《大众报》《晋察冀日报》《冀中导报》等报刊有关读报组的报道看，不少读报组在成立初期曾得到各级党组织的指导和帮助，但在具体读什么内容，如何结合读报组的需要选择阅读内容方面，读报员与组员之间有一个协商过程。读报员虽然对内容选择有一定自主权，但读报与听报是一个情感互动的过程，要使听众达到"集体兴奋"的目标，读报员必须了解听众对报刊最感兴趣的内容是什么。对于农民而言，他们参加读报组，当然是对有关农业生产的新闻很感兴趣，不少读报组在收集意见时，就集中反映为想"多听到农业生产的消息"。如陕甘宁边区的马家沟读报组就采纳了群众意见，"读报内容主要是配合本村热潮，介绍各地生产

---

① 欧明：《平阳读报组的读报经验》，《冀晋日报》1947年4月17日，第2版。
② 中共西北中央局宣传部编：《活跃在农村的读报组》，新华书店晋察冀分店1946年翻印，第3页。

好办法及劳动英雄活动情形，此外对于卫生、反巫神、植棉、防害虫等消息，亦择要阅读"。庆阳三十里铺一乡的读报组"就要求报上多反映些生产情形，治牲口病的方子；把某些特别庄稼，如棉、□等的培植法印成小册子发给他们。……读报内容应选择与当前生产特别有关的事情"。① 鄜县二十个识字读报组读报的主要材料是《群众报》，"所读的主要是生产消息，各地劳动英雄动态、卫生等"。② 赤水五区蒲社村的读报组"最近向群众宣传卫生，并按本月应作的冬季卫生，提出五条，劝大家实行"。③ 晋察冀边区饶阳西韩合完小的学生组织读报组，"给群众念报，……念的有打仗的事，还有治虫防病的庄稼事，事先都备熟了，念的时候直念直说道，群众们挺爱听"。④ 报人马达在苏中第二区台北县蹲点调查，所写的每篇调查都是自己亲历。他回忆道："那时，各乡村都组织起读报组，当地发生的事是他们最关心的新闻。……我记得当时写过'车水锣鼓五句半'的抗日小调，发表在《群众报》上，传唱的很多。"⑤ 这些事例表明读报员根据农民在生产生活中的实际需求，注重读讲有关农业生产、防治病害、讲究卫生、学习劳模等方面的内容。当然，读报组成员具有一定的差异性，比如由商人组成的读报组，"他们喜欢抗战消息，也喜欢本地的消息，也想听到些商界活动与行情等消息"。⑥ 军队的读报小组则更关注战时新闻和时政评论。如晋察冀抗日根据地的军队读报小组"注重选择读报内容，一般的故事、新闻可在班排去读，社论之类可在全连进行通读和研究"。⑦ 新四军第五师各连队都组织有三四个读

---

① 中共西北中央局宣传部编：《活跃在农村的读报组》，新华书店晋察冀分店1946年翻印，第4、16—17页。

② 《鄜县群众教育工作活跃　组织识字读报组廿个》，《解放日报》1944年7月17日，第2版。

③ 范金章：《赤水蒲社村读报组提出冬季卫生工作办法　陶泉子酸菜要煮熟吃》，《解放日报》1946年2月14日，第2版。

④ 崔晨：《饶阳西韩合完小学生组织起七个村的读报组　每天晚上讲报群众挺欢迎》，《冀中导报》1948年9月4日，第3版。

⑤ 马达：《马达自述——办报生涯六十年》，文汇出版社2004年版，第20页。

⑥ 《在县抗联会倡导下　安塞成立市民读报组　商人店员家庭妇女都很高兴学习》，《解放日报》1944年4月17日，第1版。

⑦ 王时春：《如何进行时事教育》，《旧踪百衲——王时春文稿辑录》，军事科学出版社2002年版，第143页。

第八章　中共延安时期读报组的知识共享、群体互动与社会影响

报小组,在学习会上、行军途中,甚至在战斗间隙开展读报活动。"在大山寺战斗中,《挺进报》的火线版一送到阵地,连指导员和读报组抓紧战斗空隙,在战壕里宣读,宣传员还利用报上的材料向敌人喊话,展开政治攻势。"①

读报员要打动听众,需要结合听众的文化水准、听讲方式和娱乐习惯,既充当读报员,又充当讲解员,将读与讲有机地结合起来。好的读报员往往注重研究报刊内容与听众心理,并对报刊新闻进行通俗化的解说。有些读报员采用说书的方式,将报纸上的内容进行编排,采用说故事的方式进行讲解。"对于一些唱词或歌谣,就边读边唱,对一些新歌,就教大家唱。"② 陕甘宁边区曲子县南街的读报员林老先生,讲到日军在山西的暴行时,"激动得声音有些抖颤,听的人紧张的屏着呼吸",但读到边区生产建设的好消息时,"又使他们换上了一副笑脸"。③ 冀中区党委秘书处的同志在给农民读报时,注意声情并茂,"有一回念一个诉苦的事,有的妇女就哭了"。④ 有些读报员还通过地图、图画等辅助手段,帮助听众理解新闻的内容。如延安第九行政组的读报员张健红,"读报时将地图按在墙上,便于大家听报对照。讲报时像说书一样,指地图、做手势、举例子,听的人很容易理解而且感到很有趣"。⑤ 为了提高读报的效果,读报员之间还会相互研讨,先理解报纸内容,再进行宣讲,提高读报的传播效果。如安塞县杨树枝的读报组,读报员赵校和王起明都识字不多,两人合作,"利用《群众报》材料互相商量,以补长短,然后再向组员讲读"。⑥ 当然,读报员要忠于新闻事实,在讲演时"要克服夸大材料

---

① 鄂豫边区革命史编辑部、湖北日报社编:《楚天号角:抗日战争和解放战争时期鄂豫边地区的革命报刊》,武汉大学出版社1990年版,第63页。
② 胡绩伟:《青春岁月——胡绩伟自述》,河南人民出版社1998年版,第204页。
③ 《曲子县民众教育馆办得好　成了群众文化活动的核心》,《解放日报》1944年5月21日,第2版。
④ 马毅良、刘永祥:《区党委机关组织读报组　给驻村农民念报》,《冀中导报》1948年1月13日,第3版。
⑤ 《第九行政区的读报识字组》,中央教育科学研究所编:《老解放区教育资料（二）:抗日战争时期》（下册）,教育科学出版社1986年版,第65、68页。
⑥ 刘王:《文教简讯》,《解放日报》1944年9月21日,第2版。

的毛病"。① 借助各种辅助工具，以及读报员的表达技巧、形体动作和沟通技术，读报员与听众之间对报刊文本形成了特定情境中的"集体体验"和"情感互动"，获得了来自读报组的群体凝聚力。这种具有情感能量的感觉对参与者有强大的激励作用。他们会将读报组作为一种身份认同的符号象征，"从而导致形成了与认知符号相关的成员身份感；同时也为每个参与者带来情感能量，使他们感到有信心、热情和愿望去从事他们认为道德上容许的活动"。②

第三节　读报组对乡村文化教育的推动及社会影响

读报组扎根于农村，是各级党委联系、团结群众的重要纽带，尤其是在加强农业生产，促进文化教育方面起到了较为重要的作用。如在束鹿县郭庄，听报成为农民日常生活的一部分，"由于经常读报，郭庄的老百姓对时事有了认识，对完成工作上也有了办法"。③ 读报所取得的效果在实践中得到证实，各地文教会议纷纷加以总结和推广。如 1944 年 8 月，关中各县相继召开文教会议，"代表一致认为读报已在农村中获得了很大的效果，今后更应当利用报纸来推动工作，要做到只要有识字的地方都建立读报组"。④ 同年 11 月，陕甘宁边区文教大会通过的决议指出："凡是有好的读报组和黑板报的地方，那里对政府政策法令和上级号召就容易贯彻，生产卫生教育各项工作就容易开展，而且可以少开多少会。"⑤ 李维汉也对抗日根据地的读报组有中肯的评价。他说："各种类型的读报识字组，在一九四三年至一九四四年发展较快，最高时

---

① 《第一旅宣教会议规定　连队通讯读报的组织形式要克服夸大材料的毛病》，《解放日报》1945 年 2 月 25 日，第 2 版。
② [美] 兰德尔·柯林斯：《互动仪式链》，林聚任、王鹏、宋丽君译，商务印书馆 2009 年版，第 79 页。
③ 李文远、刘春英、万周：《郭庄读报组办的好》，《教育阵地》1946 年第 3 期，第 41 页。
④ 《关中各县相继召开文教会议　淳耀读报组推动工作》，《解放日报》1944 年 8 月 20 日，第 2 版。
⑤ 《陕甘宁边区文教大会关于发展群众读报办报与通讯工作的决议（1944 年 11 月 16 日）》，中国社会科学院新闻研究所编：《中国共产党新闻工作文件汇编》（上），新华出版社 1980 年版，第 168 页。

第八章　中共延安时期读报组的知识共享、群体互动与社会影响

达五、六万人,但在部分识字组中仍有强迫命令的事情发生。一九四四年总结了经验,指出了这种缺点,又出现了放任自流的现象。尽管如此,农民的识字教育已经开始走出一条路子来了,成绩是很大的。"① 从当时报刊对读报组的报道看,读报组在识字、生产、卫生、娱乐等方面都发挥了积极的作用。它作为一种新型群体组织,在当时农村经济文化普遍落后的情况下,为报刊媒介进入农民的阅听视野打开了一条通道,形成了具有丰富内涵和鲜明特色的群众运动,其价值和作用主要有以下五点。

第一,体现了各级党组织在乡村工作中的宣传教育作用。

中共在巩固抗日根据地的过程中,始终注重加强党对农村工作的宣传和指导,不仅通过读报组开展识字和文化教育活动,更通过读报活动提高党组织的凝聚力和战斗力。各级党组织将发展读报组作为开展乡村群众运动,提高农民政治觉悟,加强宣传教育的重要抓手。各级党委的文教会议将发展读报组作为群众事业的重要组成部分。如陕甘宁边区宣传部长李卓然在边区文教大会的总结报告中提出:"在可能的条件下,各地尚未进行读报的识字组、变工队、唐将班子、合作社、运输队、妇纺组及夜校等,均应组织读报。"② 从读报组的创办过程看,各级党组织注重政策引导和宣传鼓动,基层党员、干部、劳动模范、军人、教师广泛参与,各级党组织利用灵活多样的方式组织群众读报。如陕甘宁边区著名的"陈德发读报组",就是由于劳动模范陈德发于1943年2月14日在延安参加劳模大会后,收到群众报社寄来的一份报纸,因为他"识字不多,故报社嘱托区上帮助。区[文]书许福才同志就去找陈德发商量,陈提议在马家沟成立读报组,使大家都能听到各地生产的好消息。……区[文]书许福才同志以争取模范村,提高干部文化,改造思想相号召,大家情绪很高,商议筹设读报组的事情"。③ 在这一过程中,陈德发是具体组织者,区委文书许福才是指导者,其他干部和积极分子作为组

---

① 李维汉:《回忆与研究》(下),中共党史资料出版社1986年版,第579页。
② 《边区报纸成为群众事业》,《解放日报》1944年11月20日,第2版。
③ 中共西北中央局宣传部编:《活跃在农村的读报组》,新华书店晋察冀分店1946年翻印,第1页。

员，是参与者。绥德地委发出通知，要求各地注意阅读《抗战报》，各区的文化干事和读报组长在1944年3月还专门开会讨论读报工作。"大家觉得这是很好的社会教育，要组织起来进行读报，决定各区除了订报户外，其余各户都要有人参加。大家并决定读报方法：（一）《抗战报》来一次就读一次（如有《群众报》也同时念）；（二）每次读报都点名，读完后组长写'读报录'，把大家的意见寄给市委；（三）读报后由组员轮流传人。"① 绥德地委还指出，通讯、发行和读报工作是办好党报的关键，在介绍读报组的先进经验时，特别强调"干部也参加"，"区上把重要文章打记号"，"经常检查大家讨论的情形，解决提出的问题"。② 从具体实践看，读报组是一个开放的组织，村民自愿参加，但在读报组组长的任用方面，党组织则着重考虑其个人品质。如庆阳的小寨读报组组长谢恩洲，"很热心办事，但不识字"；读报员王生明和李长海，"责任心较差，故不能兼任组长"。③ 显然，党组织的全程参与、指导和帮助是读报组取得实效的重要前提。

在各地读报组的创建和实际运转过程中，各级党组织都深入乡村，积极宣传党的政策，指导具体实践，帮助各地解决实际困难。如庆阳三十里铺的读报组就是由地委宣传部派了三位同志在四个自然村进行试办，"这四个村里的人口都比较集中，且有积极的党员和识字的群众可作为组织读报的核心"。④ 志丹县三区区委在接到县委关于进行群众读报，破除迷信的指示后，在全区11个读报组"积极进行此项工作"。⑤ 新正县雷庄乡的读报组，在县委宣传部直接帮助下，"利用报纸推动工作"。⑥ 在具体的读报过程中，党组织和政府还派出专人进行指导。其中，宣传干部和文书不仅为读报组圈点报纸

---

① 克悠：《绥德专署发出通知 提倡大家读党报》，《解放日报》1944年4月17日，第2版。
② 《绥德地委指示所属具体领导通讯员组织读报 抗战报奖励五个好通讯员》，《解放日报》1944年5月18日，第2版。
③ 中共西北中央局宣传部编：《活跃在农村的读报组》，新华书店晋察冀分店1946年翻印，第13页。
④ 中共西北中央局宣传部编：《活跃在农村的读报组》，新华书店晋察冀分店1946年翻印，第12页。
⑤ 《志丹崾子川读报组宣传不信巫神》，《解放日报》1944年6月4日，第2版。
⑥ 《新正雷庄乡农村干部利用报纸推动工作 会写和不会写的合作为党报写稿》，《解放日报》1944年6月1日，第2版。

第八章　中共延安时期读报组的知识共享、群体互动与社会影响

上的重要文章，还进行示范性阅读。如延安川口区六乡刘庄变工队成立读报组后，区政府发给他们一份《农村生活报》，但读报组组长刘光红仅识四五百字，读报时遇到了困难，于是就找区文书商量改进的办法。"报纸来了，还是他自己读，不认得的字，就问文书，读完以后，文书再给他们讲意思，这样，认识了字，也知道了意思，于是读报的兴趣又提高了。"① 广大党员干部深入读报组的具体工作，利用政策、文化和业务优势，在推动读报活动的开展方面往往起到了引导作用。这不仅加强了党组织在农村工作中的凝聚力，也进一步彰显了党报在乡村社会的影响力。

第二，体现了党报在宣传先进典型过程中的价值引领作用。

通过读报组的读报活动，"农民不出门，能知天下事"，还能够"把闭塞的农民开始改造为先进的农民"。② 各级各类党报在报道读报组的过程中，通过树立典型，表扬先进，总结经验，形成了很好的示范效应。尤其是一些劳动模范，本身就有很高的知名度，他们积极创办读报组，并与发展生产、反对迷信、讲究卫生运动有机地结合起来，对农村工作起到了极大的宣传鼓动作用。如劳动模范陈德发创办的马家沟读报组和庆阳三十里铺一乡的读报组，都引起了各级党委的高度重视，它们的先进经验被《解放日报》《边区群众报》多次报道，成为边区农村读报组学习的榜样。马家沟读报组的组员温汉生在区文书和劳模陈德发的影响下，成为识字的典型。《解放日报》特地派记者访问他，在报道的开篇便指出："一个从来不识字的农民，参加了读报组后，三个月功夫，就识了四百多字。这的确是惊人的！"同时，报纸引用了陈德发的评价："温汉生迩刻学习真不错，发表意见比有些参加革命多年的干部要强。"③ 又如安塞的小樵湾村在模范退伍军人杨朝臣的带领下，"创办读报组，组织全村男耕女织，成为陕甘宁边区的模范村"。④ 陈德发、

---

① 《改正读报方式》，《解放日报》1944 年 7 月 17 日，第 2 版。
② 中国社会科学院近代史研究所《近代史资料》编译室主编：《陕甘宁边区参议会文献汇辑》，知识产权出版社 2013 年版，第 228 页。
③ 午人：《一个读报组员的访问》，《解放日报》1944 年 8 月 4 日，第 4 版。
④ 《安塞杨朝臣模范村组织全村男耕女织　整顿读报组加强识字》，《解放日报》1944 年 4 月 5 日，第 1 版。

温汉生、杨朝臣等典型人物，在党报的大力宣传下，对读报运动的推广产生了积极影响。

党报在宣传读报组的先进典型时，注重突出读报员的模范带头作用。如庆阳华池县柔远区的赵志义读报组被评为全区模范读报组，"读报员赵志义经常拿着报纸，到这家那家去读，引起满庄上人的听报兴趣，这以后群众只要看见报纸一来，就将赵志义包围问起新闻来"。① 冀热察根据地四区香屯村小学教员赵水森，平时注意向村民传达我方胜利消息和很多政策问题，并发动村民成立读报组，"老乡们很高兴，好些人说'算上一份'。最后决定谁听都行，谁爱听谁就来"。② 这些读报员不辞劳苦，积极主动，贴近群众，是读报组得到发展的内在动力。

尽管读报组以读报活动为中心，但读报组的成员以农民为主体。一些模范读报组将读报、生产、卫生乃至文艺工作有机地结合起来，成为整个农村工作的抓手。如绥德的郝家桥读报组成立三年来，"真正做到文化与生产结合，变成村教育与组织群众的一种形式，代替了村民会议"。③ 又如著名的张国保读报组是绥德地区的第一个读报组，也是《抗战报》在农村最好的一个通讯小组。这个读报组从1944年组织起来之后，"先后在张家沟、郭家山组织起两个识字班，在张家沟创办起一块黑板报，王生兆又亲自领导起一个变工队"。通过读报、识字、办黑板报和发展生产，这个读报组"成为组织推动农村生产文化的核心组织"。通过大力学习文化，他们又组织了一个工农通讯小组。"他们每次给报纸写来的稿子，内容充实切合实际，能抓住每个时期的工作中心。"④ 这就使读报组由读—听系统进一步扩展到写作系统，读者进一步成为报纸的作者，实现了党报与农民群众在"采写编"上的互动。此类读报组与通讯组的有机统一，对推动群众读报、群众办报有重要的示范作用。

---

① 《华池柔远区区政府奖励赵志义读报组》，《解放日报》1944年12月26日，第2版。
② 《教员赵水森领导下　香屯村成立读报组》，《冀热察导报》1948年8月9日，第2版。
③ 齐心：《读报组代替村民会议　推动群众生产查租》，《解放日报》1947年2月13日，第2版。
④ 薛文华：《张国保读报组》，《解放日报》1945年10月8日，第4版。

第八章 中共延安时期读报组的知识共享、群体互动与社会影响

第三,推动了农村识字活动的开展。

正如李维汉所言:"读报与识字结合的形势是最能起作用的形式,因为识字开眼睛,读报开脑筋,两者有互相推动。我们就要在可能条件下提倡读报识字相结合的形式。"① 在抗日根据地和解放区,读报组大多被称为识字读报组或读报识字组。读报与识字是读报组两项最重要的任务,也是各级党委及宣传部门开展农村文教工作的重要抓手。不少读报员在读报活动结束后,便会教听众识字。还有一些读报组与夜校、识字班、学习班融为一体,其识字的目的更为明确。如吴堡县侯家塌读报组订阅了《抗战报》,"还由张国宝等三人办起识字班"。② 定边梁圈村读报组冬季改为农民夜校,"按照计划识字,十个成年自卫军,全部参加了读报识字组"。③ 读报与识字相互推进,目的是提高群众的文化水平。由于农村教育极为薄弱,识字率很低,要开阔视野,学习时政,就只能借助读报员的阅读进行知识转化;群众在读报组听报,既是学习的过程,也为识字制造了氛围,提供了动力。读报是前提和手段,识字是大众教育的目的。

读报与识字两个环节是相互关联的,但都需要事先规划和选择。读报的内容受到报刊文本的约束,而识字的计划则因人而异,应循序渐进。在识字环节,读报员更多地体现出教师的角色,要根据组员的学习特点和规律,从简易的字入手,结合图画、手势、俚语、方言、新闻进行解说,为组员的识、记、背创造条件。因此,许多读报组制订了详细的计划和学习目标,要求组员按照要求及时完成学习任务。如延县沟门教员薛民锋担任读报员后,在读报组宣传识字的好处。他说:"一天学一个字,三年可以看懂《群众报》,一天学三个,一年可以看懂《群众报》。"④ 又如延安新市场的铁工读报组,按

---

① 罗迈:《开展大规模的群众文教运动(1944 年 11 月 15 日)》,西北五省区编纂领导小组、中央档案馆编:《陕甘宁边区抗日民主根据地(文献卷·下)》,中共党史资料出版社 1990 年版,第 383、384 页。
② 李均益:《吴堡侯家塌读报组读报写稿还办识字班》,《解放日报》1944 年 1 月 6 日,第 2 版。
③ 《定边梁圈村读报组冬季改为农民夜校》,《解放日报》1944 年 7 月 15 日,第 2 版。
④ 《延县沟门教员薛民锋同志组织群众读报识字 总结五点教学经验》,《解放日报》1944 年 5 月 27 日,第 2 版。

组员文化程度的不同编为三组:"甲组,十四人,大家粗看《解放日报》;乙组,廿二人,大部分稍识字,学习内容是看《群众报》,打珠算;丙组,十二人,大家都不识字,主要学认字。他们每天学习两小时,从未间断过。只要三个组长分头一叫,就聚合起来了,甲组教乙组,乙组教丙组。"① 在庆阳合水县城区的读报组,参加读报识字的有六十余人,读报组要求每人准备一本小册子,"将学习的字写在上面,规定每天至少识一个字以上"。② 苏北涟水县王凤山领导的换工队将三个互助组同时作为读报组,"三天读一次《淮海报》,今年(1944年)并保证全村二分之一的人至少认识一百五十个字"。③ 对于组员而言,听报可能是一个轻松和愉悦的过程,识字则具有一定的责任和压力。如延安吴起县吴旗残废军人王长久创办的识字读报组,"利用晚间教他们识字,或者读报给他们听。学得好的他当场奖励,不用心学习的他就严正批评"。④ 此外,《解放日报》还点名批评了固临部分区乡读报组的形式主义问题,"组员未识下字,甚至不知谁是组长"。⑤ 这说明读报与识字是不可偏废的。

为了督促读报组成员完成识字任务,提高读报组在社会教育方面的影响力,促进群众文化水平的提高,许多读报组都非常注重对成员识字成效的检测。如马家沟读报组"动员全村人民参加讨论,发动识字竞赛"。⑥ "从读报的第二个月起每个组员都有识字计划,到月终测验,每次教识字前都要测验上次所学生字。……据统计全组十五个人在三个月当中识三百字以上的两人,识两百字以上的三人,识一百字以上的两人,其余八人都在一百字以下。"⑦ 定边

---

① 一云:《延市新市场铁工读报组》,《解放日报》1944年8月20日,第2版。
② 《合水城区读报组办得好 按行分组改进业务》,《解放日报》1946年3月29日,第2版。
③ 《苏北涟水等地换工队 举行卫生竞赛 建立读报组三天读报一次》,《解放日报》1944年5月22日,第1版。
④ 王玉贵:《吴旗残废军人王长久创办识字读报组》,《解放日报》1944年6月4日,第2版。
⑤ 《固临部分区乡不重视文教工作》,《解放日报》1944年9月17日,第2版。
⑥ 《安塞马家沟村的新创造 读报组推动了生产 大大提高了群众的文化水平》,《解放日报》1944年3月24日,第1版。
⑦ 中共西北中央局宣传部编:《活跃在农村的读报组》,新华书店晋察冀分店1946年翻印,第9页。

第八章 中共延安时期读报组的知识共享、群体互动与社会影响

梁圈村读报组"按计划识字四十个,廿一天就完成了计划"。① 鄜县羊泉镇读报组进行了第一次测验,"参加测验者共一百零七人,其中成绩较好者如任黑成等十余人,现在能够认到卅余个字,最差的也能认到十余个"。② 绥德的郝家桥模范村于1944年组织读报组并成立三个识字组,经过三年努力,全组十六人中,"其中三人可识千字,能看《大众报》《群众报》,十人识八百字"。③ 在检测中,读报组成员的识字数是一个较为客观的量化指标。一个读报组是否受到欢迎,参与读报与听报活动的积极性固然非常重要,但组员识字能力的提高更能体现读报组在文化教育方面取得的成就。无论是党报的报道还是农村社会的反响,读报组立足乡村社会开展识字运动,对经济文化十分落后的后方根据地而言,不仅可以节约人力、物力,还能贯彻党的群众路线,提高群众的文化水平,具有一举多得之功效。

第四,提高了农村生产活动的积极性。

从读报组的内容供给方面看,报刊上有关农业生产、劳动竞赛、农作方法的新闻,恰恰是读报员与听众共同关注的内容。党报预设的议题在很大程度上突出了农民、农业和农村问题,为促进农业生产提供了"精神资源"。

许多读报组通过学习报纸上有关农业生产和劳动英雄的新闻,将读报组转变为劳动组,目的是推动农业生产的发展。如马家沟读报组始终将学习吴满有作为重要任务,进而激发了全村的生产热潮。之前,"这村群众只砍一次柴,挑一次水"。读报后,"大家总怕自己村子落后,于是发动了全村的砍柴运动,大家竞赛,每人平均一天砍两次柴,陈德发和张步桐则有时一天砍到三次。结果十天内砍够了全年用柴,与往年比较要快四倍"。读报组在读完吴满有为毛主席代耕的消息后,"温汉生自动提出为毛主席代耕六斗,劳动英雄陈德发更起了积极作用,他就代耕了五斗米和五斗麦子。张青山的婆姨听到了人家都给毛主席代耕,她说:'我虽是个婆姨家,我要

---

① 《定边梁圈村读报组冬季改为农民夜校》,《解放日报》1944年7月15日,第2版。
② 强华:《鄜县羊泉镇读报组举行测验》,《解放日报》1944年6月28日,第2版。
③ 齐心:《读报组代替村民会议 推动群众生产查租》,《解放日报》1947年2月13日,第2版。

纺线外为毛主席代耕一斗。'"① 子洲县五乡小苗家沟的读报组在青年劳模苗子兴的带领下，坚持活学活用。"苗子兴读了《防旱备荒是目前中心工作》后，便挨户宣传，组织大家拔苦菜、担水、种瓜。"② "这个由9名十四五岁的青年组成的读报组，每天集体读一次《群众报》和《大众报》，并创办了一个《路报》刊登生产常识、时事消息，供村民和行路人阅读。"③ 志丹县某村组织劳动力锄地，"在休息时锄草队变为读报组"。④ 庆阳三十里铺一乡的读报组将读报组与变工队结合起来，发展生产。他们认为："读报工作做得好，也可以推动变工队的组织，而有了变工队以后，读报组更可与前者适当的结合在一起，不过这种结合，不是呆板的而应当以适应生产为主。"⑤ 晋察冀边区张家口赤城县六区的各村开展生产竞赛活动，"如清平楼村，在挑战中生产落后了，回村大家检讨落后原因时，农会朱德林说：'人家村里常读报，民校搞的又好，咱们要想搞好，也得组织读报组呀！'大家一听都同意，马上就组织起来了，每天晚上有二十人听读报。……现在共有二十二个村每天要读报"。⑥ 这说明，一些乡村的读报工作与农民的生产协作和集体劳动是有机结合在一起的。

读报组注重宣传学习劳动模范，并广泛开展生产活动，主要是为了塑造集体意义上的劳动热情，促进读报组团结协作，加强群体导向，形成群体共识。如晋察冀边区定县的北疃村读报组自1945年组织起来后，为了不增加人民负担，全组在1946年6月行动起来，得到村公允许后，开辟沙河河滩地三十余亩，当年9月"收花麻得洋一万三千二百元，买油四瓶（花洋一万二千

---

① 中共西北中央局宣传部编：《活跃在农村的读报组》，新华书店晋察冀分店1946年翻印，第6、7、9页。
② 五乡乡政府通讯小组：《子洲小苗家沟读报组 读了备荒文章就行动起来》，《解放日报》1945年8月12日，第2版。
③ 《读报组能文能武 领导人是甘岁的苗子兴 组员都是十四五岁青年》，《解放日报》1946年9月3日，第2版。
④ 《志丹各区组织劳动力 已锄地八千余亩 某村休息时锄草队变为读报组》，《解放日报》1943年6月24日，第2版。
⑤ 中共西北中央局宣传部编：《活跃在农村的读报组》，新华书店晋察冀分店1946年翻印，第16页。
⑥ 董承德：《赤城六区各村组织民校读报组》，《冀热察导报》1948年9月9日，第2版。

第八章 中共延安时期读报组的知识共享、群体互动与社会影响

元）作为冬季读报点灯用。现在地里还有黑豆（能收十余口袋）和麻一部，除今年订报花费外，明年的报费也富富有余了，读报组更上劲了"。① 至第二年，"北疃读报组开荒团已由去年的二十人扩大为一百二十人，计分青年组一、妇女组一、农民组五，在农会统一领导下，已将河身顷余荒地划分出来开垦，秋后收获，除供读报组订报、购买灯油与烤火之用外，今春尚余小麻子一石、黑豆五斗、边钞二十万元。兹经学员讨论，都愿以此款成立一消费合作社，学员都为当然社员，轮流经营业务，现正筹备开张"。② 北疃读报组由农会组织，集体开荒，并由此成立农民消费合作社，实现了集体订报、读报、生产与消费的一体化发展，体现出读报组在促进生产，团结群众方面的重要作用。

第五，推动了医药卫生知识和乡风文明的广泛传播。

对于读报组而言，报纸不仅是一种阅读媒介，还是联通外部世界的窗口。报纸提供的知识使阅听者改变了对事物的认知，进而对社会风气产生影响。没有接触报纸之前，农民对医药卫生知识几乎一无所知，而报纸提供的简单实用的医疗知识可以为农民解决实际问题。如庆阳三十里铺的读报组听了报上刊载的治羊瘟的药方后，"便到处宣传，数十里外都知道了"。③ 赤水县二区四乡后沟里的读报员李增福"把报上的药方录在本子上，学着给群众看病。孟家湾王向福有病，请他去看。他一面给读报，一面宣传讲卫生"。④ 鄜县太安读报组读了《解放日报》上有关延安县疫病流行的消息后，"把院子都大打扫了一遍"，"饮水饭食都注意清洁"。⑤ 该县羊泉镇读报组读到治疗牛瘟的内容时，"农民们议论纷纷，已采用医方治好七八条牛，收效不少"。⑥ 该县著

---

① 赵进田：《定县北疃读报组开荒生产报费》，《冀中导报》1946 年 9 月 26 日，第 2 版。
② 李震元：《定南北疃读报组 开荒生产一切自给 带动群众竞相参加》，《解放日报》1947 年 5 月 12 日，第 3 版。
③ 中共西北中央局宣传部编：《活跃在农村的读报组》，新华书店晋察冀分店 1946 年翻印，第 15 页。
④ 徐明：《赤水移民李增福热心读报群众爱听》，《解放日报》1945 年 10 月 16 日，第 2 版。
⑤ 《鄜县群众教育工作活跃 组织识字读报组廿个》，《解放日报》1944 年 7 月 17 日，第 2 版。
⑥ 强华：《鄜县羊泉镇读报组举行测验》，《解放日报》1944 年 6 月 28 日，第 2 版。

名的陈长安读报组,"在学习了报上的卫生知识后,非常注意人畜卫生"。① 安塞著名的杨朝臣模范村组织了读报组,在学习报刊上的卫生知识后制订了全村的清洁卫生计划:"一、变工队从山上回来要洗手洗脚;二、每家门口的粪堆要扫干净,用土盖上;三、举行一次全村清洁卫生运动,每户都要拆洗被子衣服,整理窑洞。"② 这说明卫生知识通过读报活动得到了实际运用,读报与不读报所产生的结果大不一样。

鉴于农村的封建迷信活动较为普遍,党报往往用浅易的道理揭示一些迷信活动的本质。同时,通过个案分析,报纸告诉人们要树立现代文明意识,进而通过读报组产生了积极影响。如志丹县崾子川读报组在读到《解放日报》第一版上杨巫神伤害人命的报道后,大家决议:"本庄每户群众今后凡是有病,绝对不再请巫神来治。"③ 又如定边县梁圈等村的群众开展破除迷信运动,"从黄儿庄烧神像以后,最近又连续获得很大的成绩。(梁圈村)读报组读了报,当时就有十三家自动报名烧神像,向黄儿庄看齐"。④ 在农村,烧毁神像往往被视为无法无天之举,而梁圈等村的群众竟然公开烧毁神像,这无疑具有"叛逆"精神。如果没有报纸的鼓动和读报组的宣传,此类活动是很难在农村开展的。

然而,当时的党报反对迷信,却对宗教信仰比较宽容。尤其是在陕甘宁边区,信奉天主教的教徒较多。当时,如何将宗教活动与宣传党的政策和文教活动结合起来,是宣传工作者颇为关注的问题。《解放日报》的评论员蒋南翔便对庆阳三十里铺的天主教徒赵怀忠创办的读报组非常关注。他撰文指出:

---

① 《鄜县陈长安读报组 带了识字牌上山挖地 读报后大家注意人畜卫生》,《解放日报》1944年5月15日,第2版。
② 《安塞杨朝臣模范村组织全村男耕女织 整顿读报组加强识字》,《解放日报》1944年4月5日,第1版。
③ 《志丹崾子川读报组宣传不信巫神》,《解放日报》1944年6月4日,第2版。
④ 《三边破除迷信运动深入展开 定边梁圈等村群众 纷纷烧毁神像》,《解放日报》1944年10月1日,第2版。

第八章　中共延安时期读报组的知识共享、群体互动与社会影响

这是一位对读报工作很热心的天主教徒赵怀忠,灵活的利用了教堂每礼拜天上午做"弥撒"以后的闲余时间,向教友们进行读报(参看一日本报第一版消息《组织天主教堂读报组》)。这些教友,全是当地务庄稼的农民,他们每次来参加做礼拜的人数,多时百来人,少时三四十人,其中有男,有女,有老,有少,大都很自然地成了参加读报组的组员。从读报组成立至今,三个月来,读报未尝间断过一次,而教友们也都非常欢迎,毫不感到有什么勉强或负担。同时,他们读报又取得了教堂神甫的赞同,更保证了他们可以顺利地开展今后的工作。……在分散的农村环境,我们一时很难建立这样一个人数又多、组织又巩固的好的读报组,但是利用教堂做弥撒的机会,却使我们能够建立这样一个读报组,在旧的组织形式中,放进了新的教育内容。①

赵怀忠读报组被《解放日报》作为典型多次报道,并得到高度评价。它体现出党的宗教政策与文化政策之间有"契合之处",说明宗教人士衷心拥护共产党的领导,积极利用宗教场所宣传党报的内容,是对"旧组织"的合理利用,对于形成读报新风气有积极的推动作用。对于中共而言,既然"旧组织"都可以利用,那些民间传统文艺组织更能够在读报活动中发挥其作用。比如,陕北民间的秧歌队就在宣传部门的指导下成立了不少读报组。子长县涧峪岔区的杨家老庄秧歌队也成立了读报组,经常组织组员读听《群众报》。其好处是:"一、促进了该村青年的识字运动……。二、不仅提高了他们的时事知识,且在读了报后向群众宣传,引起了群众对时局的关心,群众常来探问消息。三、推动了防旱备荒……。四、团结了该村的青年……"② 从做弥撒、扭秧歌到读报,都体现出读报组对社会风尚的深刻影响。

---

① 蒋南翔:《对于民间旧组织形式的利用》,《解放日报》1944年10月6日,第4版。
② 张廷祥:《子长涧峪岔区杨家老庄秧歌队转变为读报组》,《解放日报》1945年11月26日,第2版。

小　结

　　作为中共在根据地、解放区群众运动的有机组成部分，读报组体现了中共在农村基层治理中对农村工作与社会动员的高度重视，在实践中"已经证明是发扬民主、帮助领导、改进工作和学习文化的极有力的武器"。[①] 尽管由各级党组织的宣传部负责读报组的具体指导，但事实上农村读报组的发展是多方力量参与的结果，具有广泛的社会基础。在实际运作过程中，读报组将读报、听报、识字、生产、娱乐有机地结合在一起，通过集体活动得到了农民的广泛认同。报刊作为新思想、新知识、新方法的来源，经由读报员与组员的读—听互动，强化了群体的情感能量，在组织化传播的过程中，群体价值观通过新的精神力量得以协调和统一。读报组在"制造同意"方面为广大干部群众指明了组织原则和学习方式，为参与者的集体行动指明了方向。他们通过党报的持续训练和教育，形成推动乡村社会发展的群体动力，并在具体的生产、生活实践中体现出努力学习、团结互助的精神面貌。同时，他们将思想力转化为行动力，在乡村建设中发挥了较为重要的作用。尽管读报组是各地党组织文教工作的重心，但它们作为农村新型社会组织，已超越其本身的读报和识字的范畴。具体而言，报纸文本在农村的传播过程中，通过读报组的仪式化阅听形成了集体"共振"，直接影响了农村生产劳动、文化教育、卫生健康、家庭生活和社会风尚等方面。从这个层面上看，报刊传媒极大地发挥了舆论导向作用，并通过群众性的读报、听报运动深入根据地和解放区的各个角落，从而实现了全党办报与群众读报的有机统一。如果说群众路线是中国共产党和中国革命胜利的重要法宝，读报组则通过落实群众路线，强化报刊舆论，以及促进农村社会建设的具体实践，体现出这一法宝的威力。

[①]《陕甘宁边区文教大会关于发展群众读报办报与通讯工作的决议（1944年11月16日）》，中国社会科学院新闻研究所编：《中国共产党新闻工作文件汇编》（上），新华出版社1980年版，第168页。

第八章　中共延安时期读报组的知识共享、群体互动与社会影响

尽管读报组在实际运行过程中也存在形式主义的现象,① 有个别读报组很少开展读报活动，但其广泛发展与内部的积极活动，以及给乡村社会带来的深刻变化，足以说明它作为中共延安时期的重要群众性社会组织，具有鲜活的生命力和强大的影响力。

---

① 如《解放日报》就点名批评了米脂印斗区在组织读报组方面的形式主义现象，指出读报组虽然也成立了，却都是形式的组织，所有的报纸差不多都留在区政府或乡政府的办公桌上，甚至个别的乡长都不看。直到去年（1943）10月自卫军检阅后，读报工作才算活跃起来，不过只在有学校的乡村里进行，和在自卫军□操的时候读报。参见《米脂印斗区检讨读报与通讯工作　纠正形式主义与自流现象　订出具体帮助通讯员等办法》，《解放日报》1944年5月18日，第2版。

第九章

解放战争时期报刊的发行与阅读

抗战胜利后,随着国共谈判的破裂,全面内战爆发,国共之间不仅在正面战场展开激烈战斗,利用报刊进行舆论战、心理战也成为重要的斗争方式。在解放战争时期,随着战局的变化,战事报道也呈现出复杂多变的样态,除了国共两党报刊进行政治宣传和心理攻势之外,民主党派报刊和其他报刊也对政局产生了一定影响。报刊舆论的背后是民心的向背,报刊政治表现出的话语权争夺,与民众的阅读取向、政治站位和价值判断有直接关联。因此,对解放战争时期的报刊发行、传播与阅读的探讨,需要从道路选择、政治话语与军事斗争的角度进行深入分析。

第一节 解放战争时期报刊的发行与传播

一、国统区报刊及其发行状况

抗日战争胜利后,国民党在收复区(原沦陷区)建立了自己的新闻阵地。其中,有从"大后方"迁来的,也有"接收"的,其规模比战前更大。① 但是,在抗战胜利后的一年,全国报社总数尚不及战前的1937年。根据1946年内

---

① 方汉奇主编:《中国新闻事业通史》(第2卷),中国人民大学出版社1996年版,第691页。

政部调查统计,全国报纸已办登记的共 984 家,销数约 200 万份。据估计,京沪两地报纸发行数共约 60 万份,占全国总数的 30%;平津区约 30 万份,渝蓉两地约 15 万份,武汉区约十一二万份,广东区约 16 万份,沈阳长春一带约 10 万份;其他若干省份的报纸总数虽多,但销数并不大。① 这一统计是以官方核定的报刊为对象的,应该不包括各种内部报刊和油印报刊,尤其是中共解放区的各类报刊,有相当部分没有计算在内。在国统区,一些地区报刊的发行量存在不同程度的下降。1948 年 8 月,青岛市面上有报纸 15 家,每天的总销数为 5 万份左右。济南有日报 7 家,晚报 4 家,日晚报发行总数据约计至多不过一万二三千份。……安徽省会合肥,新闻事业竟平凡得令人难以置信:一张对开报,两张四开报,一张四开三日刊。其中的任何一家报纸,销数没有能超过一千份的。读者读了本市发行的任何一家报纸,都会摇头兴叹,内容的不值一读,即可想见。② 这一时期,报刊发行不平衡的特征非常明显,尤其是随着大量战前在大后方的报刊回迁至南京、上海,西部地区的报刊业有明显衰落之势,而上海作为全国报业中心的地位得以恢复和巩固。根据上海市政府新闻处 1946 年 6 月的统计,上海官方登记的主要中文报纸见表 9-1。

表 9-1 上海市登记发行报纸一览表(1946 年 6 月)③

名称	地址	社长	总经理	总编辑	发行数量(份)	电话号码
《新闻报》	汉口路 274 号	程沧波	詹文浒	赵敏恒	180 000	94166
《申报》	汉口路 309 号	潘公展	陈训悆	陈训悆	70 000	93248
《大公报》	南京路 212 号	—	胡政之	王芸生	40 000	70009
《正言报》	福州路 436 号	—	王晋琦	伍特公	50 000	97040
《中央日报》	河南路 308 号	—	沈公谦	程玉西	25 000	15143

---

① 曾虚白主编:《中国新闻史》,三民书局 1984 年版,第 452—453 页。
② 《各地报业现状》,《报学杂志》创刊号,1948 年 9 月 1 日,第 42、43 页。
③ 上海市政府新闻处:《上海市登记发行报纸一览表》,《上海统计半年刊》(1946 年·上),第 147—148 页。

续 表

名称	地址	社长	总经理	总编辑	发行数量（份）	电话号码
《文汇报》	圆明园路149号	—	严宝礼	郭根	15 000	16963
《东南日报》	南京路377号	胡健中	刘子润	杜绍文	—	91243
《商报》	九江路289号	骆清华	田丹佛	祝百英		91299
《和平日报》	南京路166号	—	黄少谷	杨彦岐	5 000	10152
《益世报》	山东路290号	范争波	崔竹溪	胡汉臣		97875
《立报》	九江路289号	—	严锷声	严服周	15 000	91299
《时事新报》	中正路长耕里130号		庄芝亮	马季良	4 000	15709
《民国日报》	北河南路59号	—	袁业裕	管久安	1 800	42639
《神州日报》	宁波路130号		程硕夫	—	1 000	16040
《前线日报》	四川路215号		马树礼	姚士彦		13543
《中华时报》	南京路241号	左舜生	—	崔万秋	2 000	12209
《侨声报》	泗泾路1号			黄嘉德		13315
《辛报》	山东路209号	—	宓季方	陆小洛	8 000	93063
《铁报》	新闸路1013弄4号	—	毛子佩	毛子佩	15 000	37946
《世界晨报》	北河南路59号	—	姚苏凤	姚苏凤	5 000	43620
《时代日报》	北成都路973号		匜开莫	姜椒三	700	15289
《今报》	中正中路838号	周斐成	—	吴农花	—	38495
《大晚报》	中正路160号	—	王乐山	宋曼华	8 000	11660
《大英夜报》	山东路290号	—	陆东生	严独鹤	3 000	15143
《华美晚报》	福州路436号	—	张志韩	胡传枢	5 000	97040
《新民报晚刊》	圆明园路50号	—	邓季惺	赵超构	6 000	17303
《联合晚报》	中正东路172号	刘尊棋	王纪华	陈翰伯	6 000	
《新夜报》	九江路69号	—	孙道胜	汤增敫	—	93892

第九章 解放战争时期报刊的发行与阅读

与上海相似,广州在抗战结束后,大后方报社纷纷回穗出版,战时因受影响停刊的报社亦积极筹备复业。估计当时广州的报纸共有四十多家,但1946年之后,报纸数量大减。至1949年年初,广州市场的主要报刊发行量的情况如下:

> 《广东日报》……销数据称三千余份,读者多属党政人士……《大光报》……销数据称广州版为一万零五百份左右,阅者遍及各阶层,尤以中上之知识分子为多……《建国日报》……多为青年学界及一般小公务员所喜阅读。销数不大清楚,估计约数千份……《前锋日报》……发行对象为六邑本乡,以及穗市商号,一部分中下层知识分子,销数约四千份……《国华报》……约为三千五百份左右……较为乡间智识分子所喜传诵。《越华报》《现象报》……以博采广东各地新闻通讯为特色……发行范围深入四乡民间,销数前者约八千份,后者万余……《广东商报》……销数约六千份,定阅者多属商界人士……其他还有《环球报》《中正日报》《公评报》《西南日报》《华南日报》《劳工新闻报》《商业日报》《诚报》《前锋报晚刊》《星报晚刊》等。或各如其报名所标示之性质;或以"黄色"为号召;或以"消闲"为方针;各有所"长",惟销行不多,总共不过八千余份……①

从总体上看,广州地区的报刊虽多,但发行量超过一万份的报刊并不多,有全国影响的大报较少。

但是,也有一些大报在内战初期仍然取得了较好的发行成绩,如《天津民国日报》。该报1947年的业务报告称:"因受报费增价影响,时有跌落,自本年一月份至十二月份,十一个月中加价六次,每加价一次,销数必跌,经努力推广,甫经恢复原状又复增价,以致一跌再跌,影响极大,同时因各路交通连续中断,外埠报纸,不能准时送达,因而无法畅销。"该报针对各种问

---

① 沈祖荫:《穗市报业兴衰录——广州通讯》,《报学杂志》第1卷第10期,第24—25页。

题,"排除一切困难,尽力推广,如提前出报时间,发送手续务期迅速简便。凡与派销商有利者,莫不积极推行"。总体而言,该报的销数"始终维持五万至七万份以上"。至于具体发行量,可略举其 1947 年数月的数据:"1 月,1 585 052 份,7 月,2 084 850 份,12 月,1 904 568 份。"① 这说明,作为华北地区的大报,其发行量总体上维持在较高水准。

尽管受到物价上涨和纸张紧缺的影响,但内战时期报刊的总量有一定增长。根据内政部的统计,1948 年 9 月,全国共有报纸 2 016 家,通讯社 879 家,杂志 1 903 家,各省市的报纸、通讯社、杂志数量见表 9 - 2。

表 9 - 2 内政部编全国各省市新闻纸、通讯社、杂志发行概况统计表 (1948 年 9 月)②

(单位:家)

省市	报纸	通讯社	杂志
南京	96	78	274
上海	78	48	421
天津	41	18	51
青岛	24	14	34
北平	38	18	96
大连	1	—	—
重庆	39	17	65
军办	63	2	60
江苏	133	32	44
浙江	134	113	59
安徽	55	39	8
湖北	95	35	38

---

① 天津民国日报社编:《天津民国日报业务报告》,1947 年铅印本,第 6、7 页。
② 《内政部编全国各省市现有新闻纸通讯社杂志发行概况统计表》,中国第二历史档案馆编:《中华民国史档案资料汇编》第五辑·第三编·文化,江苏古籍出版社 1999 年版,第 184—185 页。此表个别数据有误,无从辨别,据原文照录。

续 表

省市	报纸	通讯社	杂志
湖南	181	47	57
福建	145	34	55
广东	157	120	126
广西	102	1	23
江西	119	54	56
四川	77	72	68
西康	7	1	10
云南	41	1	67
贵州	26	3	21
陕西	36	14	50
山西	19	18	21
甘肃	66	5	29
宁夏	1	—	1
阿拉善旗政府	1	—	1
青海	4		—
新疆	6	1	5
绥远	6	2	7
山东	37	22	21
河南	100	45	34
河北	7	—	1
辽宁	27	9	16
吉林	21	—	8
热河	1		1
辽北	1	—	1
台湾	31	5	75
总计	2 016	879	1 903

抗战后，报刊经营的企业化程度进一步提高，形成了不少具有较强实力的报系。其中，实力强者如国民党党营报系，以南京《中央日报》及其各地分版为首的中央直辖党报系统共23家，总发行量为45万份左右，占全国总发行量的20%。① 另外，以《和平日报》为代表的军队党报报系，以及大公报报系、益世报报系、新民报报系、大光报报系等民营报系规模较大，颇有影响。

无论是国民党党报报系还是其他报系，在抗日战争胜利后，其报纸均集中在大城市。从总体上看，国内报刊的总发行量较低，且分布极不均衡。一些大城市虽然在抗战后恢复或新办了不少报刊，军政要人和社会各界热衷于开报馆，赶时髦，但报刊质量堪忧，销路不畅。如沈阳的报刊种类不少，但内容雷同，质量低下，毫无特色，销路不振，令人望而生厌，而具有自由主义特色的《观察》反而难以寻觅。沈阳如此，国统区其他大城市也较为类似。

全面内战爆发后，物价飞涨，纸张奇缺，许多报纸不堪重负而倒闭，即便是一些大报也为了节约成本和纸张而缩减版面，报纸发行量不断下降，读者读报更为困难。尤其是1948年7月之后，随着纸价的飞速上涨，许多报刊负债累累，纷纷歇业。根据1948年8月出版的《报学杂志》报道："北平的《大众报》《市民日报》《晓报》及太原的三家报纸，与青海唯一的油印日报，都宣告停刊了。除此之外，南昌十几家报馆的印刷技工，上月底为要求加薪未妥，一起罢工，弄得报馆无可奈何，出了一星期的联合版，成都也因此而一度无报。"② 为了节约成本，推动报纸的利用和传播，有人提出要促进报纸的"再发行"：

> 我国智识分子，现在都陷于生活资料缺乏的痛苦中，一点微薄的收入，支出分配不到订阅报纸上来，如果第二天的报纸只取很低的代价，他们自然会订阅，尤其从事研究工作，有剪报需要的人，会接受这类

---

① 蔡铭泽：《中国国民党党报历史研究》，团结出版社1998年版，第268页。
② 《全国报业面临危机》，《报学杂志》试刊号，1948年8月16日，第1页。

"陈货"。这是指都市读者说,至于地方,一定欢迎得很,因为地方上的人民,时间观念不如都市之浓厚,报纸迟一天,仍不失其为新鲜。是以再发行的对象,要以地方为主,都市为辅。在报社,发行与再发行之间,除通常的发行技术照样有用外,还得加上一个收回旧报的工作步骤。收回旧报可在递送新报时,由报差做,但通常报纸送到订户,都在早晨,没开大门,报纸多是从门缝或邮箱里插进去,这种情形会增加收回的困难,自在意中。……为避免这种不利的情势发生,收回旧报工作,似宜在下午进行,不可与送报同时做。①

此类提议虽然有一定道理,但实行起来面临着具体的困难。除了城市报纸,地方报纸的推广成为提高读者阅读率的重要手段。从整体上看,地方报纸虽然数量不少,但由于其经济实力薄弱,印刷条件差,发行量非常有限,一般在数百份至千份之间,发行量超过五千份的地方报较为少见。因此,如何推动报纸下乡,结合乡村社会教育,提高下层民众的阅读率,是当时报界、学界和社会有识之士关注的议题。《报学杂志》于1948年第5期就报纸下乡问题,邀请政界、学界、业界人士展开讨论,讨论大纲包括:"一、在经营上如何使报纸普及于农工大众?二、在写作上如何采用适合于大众之语文体裁?三、在内容上如何满足农工大众要求?"② 国立中央大学教育系主任赵冕指出:"大众化的报纸应当带上充分地方的色彩,因为地方的内容可以人民生活为主,这才能引起大众对于报纸的兴趣。"③ 立法委员吴望伋认为报纸下乡要满足四个条件:"第一、要政府下一个决心,支持地方报纸。第二,报纸的形式问题:我认为不一定要日报,三天出一次也未始不可。第三,下乡以前的准备。第四,农会方面应该配合。"④ 李荆荪也认为报纸下乡要有四个先决条件:

---

① 《论发行与再发行》,《报学杂志》1948年第1卷第5期,第1页。
② 《报纸下乡问题》,《报学杂志》1948年第1卷第5期,第3页。
③ 赵冕:《农民欢迎报纸下乡 深入民间针对需要》,《报学杂志》1948年第1卷第5期,第4页。
④ 吴望伋:《政府支持地方报纸下乡运动应有准备》,《报学杂志》1948年第1卷第5期,第5页。

"（一）教育普及；（二）经济繁荣；（三）成本低廉；（四）运输便利。"[①] 王洪钧从报纸的本土化角度提出建议："我们需要的乡下报纸必是个新的，必须适合乡下人需要，即印刷便利，成本低廉，文字通俗，新闻简短和富有地方性。能够上这五个条件的报纸只有一种，即油印报纸。"[②] 陈雪屏则从报纸下乡与人才和民众教育的关系方面提出建议："我们要报纸下乡，首先得人才下乡；其次，报纸下乡问题与其当作新闻事业的推广问题，不如把他作为民众教育运动问题的一部分。"[③] 这些讨论对于如何推动报纸下乡具有一定的参考价值。然而，报纸下乡的前提是必须有一个稳定的政策。在国民党节节败退之际，物价飞涨，百业凋敝，民不聊生，所谓的报纸下乡，只不过是纸上谈兵而已。

二、解放区报刊及其发行状况

抗日战争胜利结束后，随着解放区面积的扩大，解放区新闻事业得以迅速发展，一批新报陆续创办。其中有大区报纸，如《七七日报》、《新华日报》（华中版）、晋冀鲁豫《人民日报》等。原有报刊改善了出版条件，有的从农村进入城市，有的改油印为铅印，有的扩充版面或缩短刊期，有的扩大发行地区或增加发行量。[④] 1946年10月，全面内战爆发后，解放区的报刊业受到较大冲击，不少报刊停办或转移。1947年7月后，随着解放军开始全面反攻，解放区的报刊开始由农村向城市转移。1948年后，随着许多大中城市的解放，清理、接管旧有报刊成为城市报刊工作的重点。从总体上看，解放战争的四年间，解放区的报刊发展随着战局的变化而呈现出阶段性特点。

在解放战争初期，中央和各大区党委非常注重党报的发行工作，《解放日报》《晋察冀日报》《冀鲁豫日报》《冀中导报》等报刊注重形势和任务的宣传，设法扩大发行，尤其是扩大了在基层官兵和乡村民众中的影响。如《晋

[①] 李荆苏：《四个先决条件》，《报学杂志》1948年第1卷第5期，第7页。
[②] 王洪钧：《报纸下乡与乡下报纸》，《报学杂志》1948年第1卷第5期，第8页。
[③] 陈雪屏：《报纸下乡为民教运动》，《报学杂志》1948年第1卷第5期，第7页。
[④] 方汉奇主编：《中国新闻事业通史》（第2卷），中国人民大学出版社1996年版，第738页。

绥大众报》贯彻地方化、通俗化、杂志化的方针，从 1945 年下半年到 1946 年上半年，其发行量从四五千份上升到 1.2 万份。① 1945 年 9 月 12 日至 1946 年 10 月 10 日，《晋察冀日报》共印了 385 期报纸，每期发行 5 万多份。② 1946 年 11 月，中共冀鲁豫区党委发出关于加强报纸发行工作的指示，指出："今后报纸发行的努力方向，应该是，面向农村、面向前线、面向游击区和边缘区，增加农村订户，相对的缩小了机关订户比例，学习清丰的榜样。只有这样，才能加强报纸的宣传教育作用，加强报纸对工作的指导作用，也才有可能做到报纸为工农兵服务、为爱国自卫战争服务。这就必须全党努力，帮助推销、组织阅读，反映意见，光靠邮局是很难办到的，这就必须邮局动员全体人员，加强对报纸的认识，加速报纸的发行。"③ 面向农村订户是《冀鲁豫日报》扩大发行的重点。冀鲁豫边区邮局副局长张伯达在总结 1946 年 7 月之前的邮发工作时，特别强调了在上半年农村发行工作中取得的成绩："光六分局即建立村发行网二百十八处，邮局直接运达的有百十三处。该局一月份仅发行报纸一千零七十三份，现在则激增至三千七百六十四份，半年增加农村订户报纸二千六百九十一份。"④ 1947 年 9 月，冀鲁豫党委宣传部特别表扬了边区邮政局的发行工作，其中提到："河北各县，报纸发行到农村中去的，占各县发行数的百分之五十一至八十一。从七月六日起，开展了四快运动（编、印、发、送），比过去又增快了一天，大大提高了邮局在群众中的信誉。"⑤ 由于《冀鲁豫日报》重视在农村的发行工作，"发行到边区 70 余县的广大农村，在广泛的读者群众中，受到热烈的欢迎，有着相当高的声誉"。"在河南敌后，千百万干部和群众，天天在盼望着它，两天不看报，就像缺少

---

① 方汉奇主编：《中国新闻事业通史》（第 2 卷），中国人民大学出版社 1996 年版，第 742 页。
② 赵国臣、吴述俭：《抗日战争、解放战争时期〈晋察冀日报〉的发行工作》，《中国报刊发行史料》编辑组编：《中国报刊发行史料》，光明日报出版社 1987 年版，第 370 页。
③ 《中共冀鲁豫区党委关于加强报纸发行工作指示》，《冀鲁豫日报》1946 年 11 月 29 日，第 1 版。
④ 张伯达：《一年来邮发工作》，《冀鲁豫日报史》编委会编：《冀鲁豫日报史》，贵州人民出版社 1993 年版，第 241 页。
⑤ 《中共冀鲁豫区党委宣传部表扬邮政员工艰苦奋斗》，《冀鲁豫日报史》编委会编：《冀鲁豫日报史》，贵州人民出版社 1993 年版，第 203 页。

什么生活必需品一样，报上登的每条自卫战争的消息，都无限地增强了敌后军民的斗志和胜利信心。"①

冀中邮政局大力推广党报的发行，开展消灭"白点村"运动，扩大报纸在农村的发行量。从1946年7月以来，这个运动取得了很大的成绩。在具体的发行区域中，根据各地特点有所侧重。邮局提出："报纸多的村即可不向这里发展，但要注意检查报纸的作用，看他是否有浪费的地方，如有浪费者可调剂到极少的村去，使报纸发挥他应有的作用。新解放的地区，也要当作重点看待，解放后要很快的把报纸发行工作跟上去（如正定解放后好多日没有报纸）以免工作受到损失。总之，我们要作到村村有报，要求在一定时期内完成消灭白点村的任务。"另外，对于《晋察冀日报》的发行重点，"应放在各级机关团体、部队、学校、商店（公）、合作社、私人也可尽量发展"。②

在胶东解放区，《群力报》是一张通俗化的四开小报，发行的地区仅限胶东十几个县的老区，最多时发行到八万多份。许多村庄都订几十份，有的村订到上百份。小报上登的事，人民互相传播，常常是家喻户晓。这些情况反映了这张小报的广泛群众性。③《群力报》以"发动群众，群策群力"为报刊方向，注重发挥边区干部、知识分子和广大劳动力参与办报的积极性。《群力报》依靠他们组织阅读，把报纸天天送到田头、街头、学校、集市，以及种种民间集体活动场所，以至经常引进到大娘们的炕头，青年们的新房里；《群力报》的作用也幸亏他们引进到黑板报、墙报上，以至送进某些敌人占领区、敌寇的兵营里。④

解放战争进入战略反攻阶段后，中共中央和各解放区非常注重报纸的宣传，在加强农村土地改革的同时，注意利用报刊在广大农村宣传党的政策。

---

① 周川：《冀鲁豫日报在农村》，《冀鲁豫日报史》编委会编：《冀鲁豫日报史》，贵州人民出版社1993年版，第230、231页。
② 《1947年冀中邮政的党报发行情况》，《中国报刊发行史料》编辑组编：《中国报刊发行史料》，光明日报出版社1987年版，第347、348页。
③ 宫策：《一张群众喜爱的通俗报纸》，烟台日报社编：《战火中的胶东报坛》，烟台日报社1988年内部发行，第273、274页。
④ 林可水：《忆〈群力报〉及其办报人》，烟台日报社编：《战火中的胶东报坛》，烟台日报社1988年内部发行，第283页。

第九章 解放战争时期报刊的发行与阅读

自1948年7月起,中央要求各中央局、分局宣传部每半年作一次系统的情况报告,并简述"党的与非党的报纸种类、发行数、编辑、记者、通讯员的数目"。① 中共西北局书记习仲勋对《群众日报》的工作进行了具体指导,指出:"《群众日报》自义合会议后有了很大的进步,这主要表现在它能够在党的路线之下,发挥了党报的作用,联系了更多的群众。现在大家都感到需要读这个报纸,假如一天停了刊就会有好多人发急。这是因为它有了联系群众联系实际的生动内容,不是说空话,而是能够给群众解决问题,大家都感到看了报纸或多或少会有好处。这一来,《群众日报》就成为党和人民在战斗中、在工作中不可缺少的武器。这就是《群众日报》今天所走的正确道路,将来要循此方向继续努力。"② 各地党报坚持正确的政治方向,坚持走群众路线,有力地推动了全国解放战争的发展。

解放区邮政部门不断深入农村,采取各种方法扩大报纸的发行。如晋察冀解放区的各种报纸经邮局代订后,不仅速度提高,促进了报纸发挥指导作用,最主要的是报纸发行面普遍推广到农村(尤其是《晋察冀日报》),广泛地宣传了党的政策,教育了广大农民、战士和干部,提高了报纸的威信和作用。根据晋察冀邮政局1948年4月对各地一年来代订报纸的统计,"《晋察冀日报》120万份,平均每日发行4 000份,《冀中导报》每日2万份,察报每日5 000份,《晋察冀日报》每日1万份,……这完全是利用了一套组织做了两套工作,就是利用了邮局组织的普遍,来担任这一文化传播工作,……一年来我们代订了外区报纸38 178份……"③

随着不少大中城市的解放,中共报刊的重心也不断向城市转移,一大批城市报刊在解放区创办,并得到快速发展,一些原来在农村的机关报也转向城市办报。对于已解放城市的原有报刊,则加强接收、管理和改造。1948年

---

① 《中共中央关于宣传工作中请示与报告制度的决定(1948年6月5日)》,中国社会科学院新闻研究所编:《中国共产党新闻工作文件汇编》(上),新华出版社1980年版,第188页。
② 《关于〈群众日报〉工作的几个问题——习仲勋同志在西北区记者节会上的讲话(1948年9月1日)》,复旦大学新闻学系编:《中国报刊研究文集》,上海人民出版社1959年版,第67页。
③ 《晋察冀邮政的书报发行工作》,《中国报刊发行史料》编辑组编:《中国报刊发行史料》,光明日报出版社1987年版,第349页。

11月8日,《中共中央关于新解放城市中中外报刊通讯社处理办法的决定》中指出:"对于私营报纸、刊物和通讯社,一般地不能采取对私营工商业同样的政策。除对极少数真正鼓励群众革命热情的进步报纸刊物,应该助其复刊发行外,对其他私营的报纸、刊物与通讯社,均不容采取鼓励政策。"① 因此,需要对原有的报纸采取取缔、接管、登记重新出版等方式,使城市报纸在党的领导下出版发行,增强党对报刊的领导责任,加强党委主要领导对党报的审读制度,加强报纸的组织纪律和工作作风,完善党报的发行网络,提高党报的影响力。如中共安东市委于1947年12月23日出版的《工人报》,至停刊历时一年零五个月,"报纸发行量由开始的700份发展到终刊时5 000多份。读者除本市各工厂、商店、街道、机关、学校外,还发行到东北的一些城市以至内蒙古的王爷庙和山东博山等地"。② 1946年下半年,《东北日报》由于局势动荡,同南满交通隔绝,报纸发行量不大,每日只有四五万份。随着军事胜利形势的发展,东北解放区的不断扩大,以及群众对共产党的认识日益提高,《东北日报》的发行量也迅速增加,到1948年11月,发行量已近8万份。③ 1945年11月1日,《人民呼声》报创刊,为三日刊,每期发行1 000份。1946年6月1日改为《大连日报》后,平均发行数为13 000份,1948年发行数39 030份。当年,该报作了读者成分的调查,具体情况见表9-3。

表9-3 《大连日报》在1948年的发行情况④

成分	期发数量(份)	百分比
干部	5 300	13.58%
职员	7 039	18%

---

① 《中共中央关于新解放城市中中外报刊通讯社处理办法的决定(1948年11月8日)》,中国社会科学院新闻研究所编:《中国共产党新闻工作文件汇编》(上),新华出版社1980年版,第189页。
② 丹东日报编辑部编:《丹东报刊出版史》,丹东日报1988年内部发行,第25页。
③ 辽宁日报社编:《东北日报简史》,辽宁日报1988年内部发行,第31页。
④ 《〈大连日报〉的发行情况》,《中国报刊发行史料》编辑组编:《中国报刊发行史料》,光明日报出版社1987年版,第372页。

续 表

成分	期发数量（份）	百分比
工人	10 591	27.14%
农民	3 977	10.2%
商人	6 138	15.7%
学生	4 499	11.53%
一般市民	1 486	3.8%

从表9-3可以看出，作为城市报纸，在《大连日报》的读者身份中，工人、职员、商人、干部、学生的比重均超过农民，与原来解放区面向农村的通俗化报纸有较大区别。读者对象的变化也势必要求报纸在内容上作出调整，从而改进和加强新闻报道，适应城市工作的新需求。

以上仅就解放区部分地区和城市的报刊发行进行简单介绍。事实上，随着解放战争的推进，中共各级党组织和军队各级单位都将办报作为一项重要事业推行，不少原来国统区的报刊被接收、改组、改造之后，很快就以新的面貌出现。不少地方党委为了推动工作，宣传形势和政策，注重创办新的报刊。而一些基层党组织和基层部队创办的各类油印报刊、小型铅字报，形式多样，贴近基层，在地方社会和基层单位有广泛影响。

第二节 解放战争时期报刊政治、读者阅读与价值选择

从1945年8月15日日本宣布投降，到新中国成立，短短四年间，国共两党就战后中国的政治格局展开全面斗争。随着全面内战的爆发，战火延烧整个中国，中国共产党领导的解放军以少胜多，击溃国民党，统一了中国。在内战期间，国共两党都开动宣传机器，充分利用报刊、通讯社、电台、广播展开舆论攻势。深陷内战的广大民众，生活动荡不安，即便是阅读报刊，也很少留下阅读记录。同时，随着电子媒介的发展，电台吸纳了不少听众。如在商务印书馆工作的史久芸每天早上都收听电台，听佛经。1947年5月3日，

他"因新生电台播音器坏,未能听经"。① 报纸似乎不是这位出版界人士关注的重点,他的日记中也很少出现报刊新闻。解放战争时期,在上海、北平等大城市中,收听电台新闻的人数不少,报刊并非他们获取新闻的唯一途径。而探讨读报人如何在战乱中阅读新闻的问题,需要借助真实读者的读报过程才能证实。尽管当时不少报刊都有发行量的统计,但报刊递送至订户手中后,谁在读、读什么,这些问题仍然需要具体的史料加以论证。在报刊阅读史的研究中,想象的读者与真实的读者之间往往存在巨大的差距。在战乱中,普通民众穷于奔命,忙于生计,难有机会读报,不少人虽订阅了报纸,也很少通过日记记录阅读感想。

值得注意的是,解放战争时期,有关读报处、阅报社和公共读报活动的报道较少,政府公报中也缺乏对图书馆、民众教育馆、读报处或阅报社的统计。在抗战前的十年,公共阅报场所发展较快,在民众教育中发挥了重要作用。抗战期间,公共阅读机构遭到严重破坏,报刊对国统区公共阅读活动的报道较少。抗战胜利后,百废待兴,恢复和创办阅报社亦非国民党政府的重点,相关新闻也较为少见,仅有某些地方报刊和校办报刊的零星记载。如1948年第16期的《竹秀园月报》报道:"自邑境重光后,停顿已久之阅报社,亦即随之规复,公推郭文教、郭致蔼两君为社长,社内备有省港沪邑各地报纸,以供保民随时到社浏览,故经费支出,颇觉庞大,前此固未能量入为出,直至现在,遂感来源不继,事实上原已无可支持,幸两社长俱能慷慨为怀,所有报费均自行按月出资清付,而该社遂得赖以维持,不致遽行解体。"② 1948年,圣约翰大学自办的《约翰周刊》刊登了一封读者来信,反映了该校阅报室的状况:"图书馆每日报纸供应的数量,实在少得太可怜了。以一个拥有一千八百人的'大'大学,一个称得上藏书丰富的图书馆,仅订有四份中报四份西报,平均每二百多人才配给一份,这似乎是一个相当不可令人置信的数字吧?但尽管不可置信,事实却总是事实!"③ 著名的大学尚且如此,

---

① 史久芸著,洪九来整理:《史久芸日记》(上),商务印书馆2018年版,第107页。
② 《阅报社经费决由福利社动支》,《竹秀园月报·复兴版》1948年第16期,第16页。
③ 《阅报室的报纸》,《约翰周刊》1948年11月30日,第2版。

一般中小学的情形恐不容乐观。1949年的《南村通讯》报道了沙湾村保国民学校校长陈煜新设立民众阅报社的新闻："择该校会客厅为社址，除由该村士绅伍耀庭捐赠《大同日报》一份外，并订定省港报章杂志供村民阅读。"① 然而，诸如此类的新闻难得一见。从总体上看，由于战乱影响，解放战争期间的公共阅读活动受到明显制约。

在解放战争中，读者关注的焦点是国家命运和个人安危，对时局的解读重于新闻记载，留下的读报史料较为有限。如担任国民党中宣部副部长的陶希圣，在内战时期很少在日记中记载读报活动，偶尔所记，则与自己相关。如他在1947年5月5日记载："五月一日汉口各报刊载新闻，黄冈立委竞选以余希望最大，此为武樵嘱绍征（新闻处）向各报示意者。"之后，他仅在1949年9月26日记载新闻："报载苏联承认他有原子弹。"② 此类简短新闻在一定程度上反映了这些官员对新闻的选择性记载。这就意味着，即便研究精英的读报活动，也只能依靠零散的日记、回忆录资料进行有限的分析。这里，我们主要从职业身份的角度，对党政官员、军官、学生、学者、作家等群体的读报活动进行初步探讨。

一、国统区读者的读报活动与时局观察

（一）党政官员和军官的读报活动与战事记载

全面内战爆发后，国民党高官兼党史专家林一厂仍埋首故纸堆，以研究国民党党史尤其是孙中山革命事迹为重要任务，抗战胜利后的两年多时间里，林一厂经常阅读《中央日报》《大公报》《扫荡报》《正言报》《民国日报》《世界日报》《新民报》《益世报》等十多种报纸。他涉猎范围极广，尤其关注国共和谈。如他在1945年8月21日记载："某工友自山洞购得《扫荡报》，各友争向取阅。……其中有《蒋主席再电毛泽东促早来渝共商大计》附录毛泽东、朱德电文，措辞多狂悖。"第二天，他间接证实了"朱毛电文"所受民

---

① 《沙湾保校设民众阅报社》，《南村通讯》1949年第7—8期，第18页。
② 陶希圣著，陶晋生编：《陶希圣日记》（上），联经出版事业股份有限公司2014年版，第41、276页。

众欢迎的程度:"昨日之《中央》《大公》二报,因有朱、毛等电,自渝城至山洞,沿途被人购阅殆尽,所以本会所订均不能到。今日报已到,惟共产党尚无反动云云。"① 民众对"朱毛电文"倡导的和平建议颇为欢迎,而林一厂认为这是"狂悖"之论,其内心的仇共心理不言自明。

日本投降后,林一厂关注后续进展。8月31日,他阅当日《中央日报》《大公报》和《新民报》,并记载:"英美海军卅日已占日本海军港横须贺。麦克阿瑟元帅已抵横滨,倭寇确已驯伏,不敢反抗。"之后,中国战区的日军签降仪式陆续举行。9月10日,他阅头天的《中央日报》,得知"南京九月九日上午九时举行日军签降书仪式",他特别在日记中标注"此报拟后剪存"。第二天下午,他"剪贴报纸",表明他对日本投降这一重大历史事件的新闻价值颇为重视。17日,他阅《中央日报》并记载:"香港日军已于十六日正式签降。广州日军亦于十六日签降。"② 可见,抗战胜利的各种报道令他颇感兴奋。

1946年年初,国内处于短暂和平时期。1月27日,他阅当日《世界日报》,并评论道:"各处战争已息,惟渝城有宪警搜查协商会议会员住宅事。而该报纸张极坏,字粒而糊模,看不清楚。"5月1日,他阅《新民报》所载国府下还都令:"政府决定于本年五月五日凯旋南京。"3日,他阅《益世报》得知"蒋主席偕夫人昨(二)日下午六时由西安抵汉口,所谓中原战事消息并未登载,想此谣言可消灭矣"。但是,到了24日,形势大变。他上午见报,知"四平街附近国共两军曾大战,共军被击溃,国军已入长春。报上不铺张战绩,但大局似可转圜,共军或再言和"。③ 内战正式爆发,林一厂则一厢情愿地臆测中共军队会主动言和,似乎对国民党军队颇为自信。此后,林一厂在日记中较少记载报刊新闻,但字里行间充满反共论调。

与林一厂的政治偏见不同。杨玉清的政治立场较为开明。国共和谈破裂

---

① 林一厂著,李吉奎整理:《林一厂日记》(下册),中华书局2012年版,第652页。
② 林一厂著,李吉奎整理:《林一厂日记》(下册),中华书局2012年版,第657、661、663页。
③ 林一厂著,李吉奎整理:《林一厂日记》(下册),中华书局2012年版,第721、753、754、762页。

后，杨玉清任国民政府行政院评事。1948年5月，他任国民政府立法院立法委员会委员，同时兼任国立政治大学教授。他忧心国事，但对和平仍然抱有期待，平时阅览报刊亦会结合时局进行评论。如1946年7月5日，他看《中坚》等刊物，"知尚多有心人为国事而努力也"。8月19日，他看到《申报》上有关"颜惠庆等人之成就访问"的报道，他"阅之颇为神往"，并感叹："返躬自问，欲作旋乾转坤之政治家，其成功甚难也！"话虽如此，他仍积极为国事奔走，对报刊上有关自己的报道也较为留意。如他在1947年7月26日读报后记载："中央团部推我与萧赞育、吴兆棠三人为法规委员会委员。"1948年1月18日，他看到《武汉日报》上有关他的报道后，颇为兴奋地写道："对我之品性，描写无遗，文字亦生动可爱，想系金戈所作，其意可感也。"2月15日，他看各报刊登了其"竞选感想"，特加记载。1949年9月2日，他看《大公报》所载《孙文主义革命同盟》一文，其中涉及他的地方甚多。他读后认为："关于释放政治犯事，关系较大，乃即写一更正函寄《大公报》。"① 他的言论受到报刊的关注，作为当事人，读到相关报道时，他自然会记上一笔，以进一步拉近新闻与自己的距离。

新中国即将成立，包括杨玉清在内的55名国民党政要于1949年8月在香港宣布起义，拥护中国共产党的领导。此事引发国民党的极大震撼。1949年9月15日，杨玉清阅报后记载："与黄绍纮〔竑〕等发申明反政府之五十五人已被通缉矣。我名亦在内。"他对中共新政权充满期待。22日，他读报后颇为兴奋地写道："人民政治协商会议已于前晚在北平举行，新政府不久即可产生，全部代表名单已阅过，可谓集中各方人才，堪称盛会！"开国大典之后，人民解放军横扫国民党残余势力。10月8日，他读报得知"曲江已解放，衡阳桂系军队亦将撤守"，认为"广州之解放，为时不远了"。14日，他读报获悉"广州已成真空，大约今晨解放军即可进入市区"，读

---

① 杨玉清著，杨天石审订：《肝胆之剖析——杨玉清日记摘钞》，中国时代经济出版社2007年版，第459、461、481、493、496、526页。

此捷音，他"不禁为之大喜"。① 之后，他自费订了一份《人民日报》。《人民日报》和《参考消息》成为他在新中国成立后阅读的重要报刊，表明他在报刊阅读方面的转向。

在国共内战期间，一些国民党下级军官在前线写下日记，记录自己对战争、时局和国家前途的焦虑不安，以及对亲友、家乡的怀恋。他们通过各种途径阅读报刊，了解新闻，观察战局，评论时政，表达自己对内战的惊惧和失望。如新六军二十二师六十六团二连文书李涤生在1946年1月6日的日记中写道："今日报纸发表＊德逊将军执行沪新闻记者谈话云：'我军即将海运东北，而我们同志中大多数都怕到北方去，原因是怕冷。'"这大致表明了国民党南方军队到东北参战的实际困难，许多官兵不适应东北寒冷的气候，颇感痛苦。28日，初到东北锦县的李涤生甚为苦闷、失望、悲观，渴望读报解闷。他认为自己"心无所思"，"大约是没有阅报的缘故"。30日，他在日记中表达了对时局的关注："好几天没有阅报，政协会是否开得有结果，我不得而知。"他疑虑道："内战不是已经停止了吗？为什么还打呢？"他认为："中国如果仍无法消灭内战，则前途真有不堪设想之一日，国际地位不但要降低，而国家民族的利益也非常危险。"31日，他又在日记中自言自语："我实在不忍心去杀自己的同胞啊！唉！我们为什么还要自相惨［残］杀呢？"② 此种哀叹真实地表达了他对内战的厌恶和万般无奈。

担任第四十九师二十六旅十八团一营营长的杨家铭也在日记中展现了作为杂牌军下级军官的困窘和苦闷。他平时注意阅读报刊，评论时政，借以解愁。如他在1946年1月21日的日记中记载："这几天报上的消息，国共的政治协商会虽在圆满进行中，然而具体问题却有注意的必要，如像军队究竟如何整编？上方政府究应如何设立？这些问题始终没有谈到，好像有只谈原则之感！"作为下级军官，他渴望国共和谈有实际进展，对国家的未来充满关

---

① 杨玉清著，杨天石审订：《肝胆之剖析——杨玉清日记摘钞》，中国时代经济出版社2007年版，第527、528、529页。

② 李涤生等：《国民党下级军官的日记——从江南到东北（1946—1948）》，华文出版社2012年版，第5、9、10页。

切。2月5日,他读《大公报》的社论《抢救教师》一文,颇有感触地写道:"里面的内容大概是说教师生活不能维持,正纷纷改业。因此联想到军人的待遇问题和出路问题了。胜利的军人,不但没有得到享受,而且说不起话来,甚至连最低的生活都不能维持了。社会上最傻的就是士兵,他们只有义务,而无权利。"虽带牢骚和激愤,但日记反映了国民党下层官兵的真实处境。尽管如此,他仍忠于国民党,对共产党军队充满仇恨。5月16日,他读完本日报纸后写道:"郑介民飞京述职,东北情形紧张,据不正[准]确消息,四平街已攻占,如系确实,则国共作一死拼,华中'匪'四万余亦可能为我聚歼。"① 这反映出内战初期这位国民党下级军官的狂妄。

第七十一军八十七师的作战参谋杨××则在日记中表达了无奈和迷茫之情,报纸亦成为他解闷的工具。他在1946年3月1日的日记中记载:"落雨,没有出去,终日看报消遣,说明天就要离开此地到上海去,到东北去,几时才能回到江南,回到'上有天堂,下有苏杭'的苏杭?想到此,不胜怅然若失!"② 这位杨参谋内心充满了厌战情绪,留恋在江南的舒适生活。

一些国民党下级军官在前线作战的过程中,还会看到中共方面出版的报纸。如整编七十四师五十八旅一七二团二连连长郭炳功在1946年8月14日"阅山东共方出版的《渤海日报》",并特地抄录一段话:"(问)现在蒋管区衣食住行都是唯美派,这样下去,中国人会不会变成美国人?(答)……如此下去,连国家也有变成美国的可能。"这位连长虽然坚持"反共"立场,但对国统区的批评,他认为"确也是真理"③。黄淮兵团第十四军一位工兵连长也在参加淮海战役的过程中,在日记中记载了阅读共产党报纸的经历。如他在1948年11月20日的日记中记载:"在墙头读了许多伪报,对东北及济南市的情形,以及曾泽生和吴化文(编者按:此二人皆国民党将领,先后在东北及

---

① 李涤生等:《国民党下级军官的日记——从江南到东北(1946—1948)》,华文出版社2012年版,第35、36、39页。
② 李涤生等:《国民党下级军官的日记——从江南到东北(1946—1948)》,华文出版社2012年版,第24页。
③ 李涤生等:《国民党下级军官的日记——从江南到东北(1946—1948)》,华文出版社2012年版,第63—64页。

济南起义。)的失败投降大肆宣传,并说长春解放缴获的美式武器,堆积如山。"他看完报道后,颇为不满地评论:"真会夸张!"但对于南京方面传来的报道,他也有不满。如12月4日,他读完空投的南京当天的《中国时报》后记载:"报上发表有徐蚌会战及内阁改组消息,再就是京沪富豪他迁,大学校长、教授呼吁美援,口吻极可怜。"① 作为一名在前线作战的连长,他身处危境,内心极为焦灼。

  新一军重炮营第二连少尉指导员胡长庚则是一位基层政工干部,他很少记载战场上的厮杀,但对内战和自己的未来充满了迷茫和痛苦。他有较多机会阅读报纸,对时局进行了深入的思考和评判。如他在1948年2月23日记载:"鞍山放弃了,报上还是无力地打着老调说:'国军达成任务后,已转移新阵地!'"可见,他对报纸的虚假宣传颇为不满。4月19日,他又大发感叹:"今天蒋主席被选第一届大总统。这原是意中事,毫不足奇,但新闻界却大发号外,狂加渲染。"此类批评,颇能体现他的主见。27日,他读完其哥哥寄来的报纸,对老家绵阳的形势甚为担忧:"川东亦有'共匪'窥探。真是令人有'遍地皆烽火,最好乘机到月球'之感。"这位连队指导员还喜爱写作,积极给报刊投稿。6月12日,他的文章被《周末茶话》和《精诚日报》分别刊载。他看后写道:"只是错误太多,不知他们的校对都是管干什么的?"另外,对于时政要闻,他往往结合形势予以评论。他在23日的日记中记载:"《论坛报》副刊连载这次《副总统竞选始末记》,读了这篇丑史,真令人感到心酸!该报标题谓'这是中国民主史上的光荣','也是China民主史上的悲剧'!(不)知所谓'荣'从何'荣'起?"其对虚假民主的批评可谓入木三分。7月5日,他接到三份南京方面的报纸。读后,他颇为不快地写道:"在那里他们也知道长春被围年余,粮食困难。光说还不是白报道,于事无补。要能代我们长春人呼吁多运一点米来,那才算帮助了我们呢。"这也真实反映了长春被围后国民党军队的困局。然而,国民党报刊仍然大张旗鼓地进行虚假宣传。20

---

  ① 李涤生等:《国民党下级军官的日记——从江南到东北(1946—1948)》,华文出版社2012年版,第73、78页。

日，他读晚报，新闻称："国军已攻下辽阳，克复鞍山，并兼程向海城进发，欲与营口及由抚顺出发之国军会师，并收抢粮之功。"他读后提出自己的见解："我希望我们能走九台、吉林、梅河口、抚顺到沈阳这条路！而不受两军交锋之威胁，不知行否。"① 当然，此类所谓"希望"，只是这位连指导员的一厢情愿而已。

（二）民主人士的报刊阅读与政治立场

解放战争时期，黄炎培作为著名民主人士，积极为和平而奔走，通过与国共两党人士的广泛接触，他认清了国民党的反动本质，积极与共产党合作。在繁忙的政务和社会活动中，他对国内外时政要闻甚为关注，常阅读《联合早报》《联合晚报》《文汇报》《中央日报》《新民晚报》《大公报》《东南日报》等报刊，并给《国讯》等刊物写稿，对报刊新闻和言论颇为重视。不过，他留下的读报记载较少，且每次在日记中仅对国内外要闻作简要综述。如1947年10月7日，他在日记中写道："莫斯科《真理报》宣布：欧洲九国苏、法、义及南斯拉夫、保加利亚、罗马尼亚、匈牙利、波兰、捷克成立共产国际新机构发表宣言。"这是第二次世界大战结束后，苏联与东欧加强合作的重大事件，黄炎培予以特别关注。在对国内时政新闻的记载中，他对名人被害、去世和社会问题的消息较为留意。如8日，他读报后记载："杜斌丞以通'共匪'罪七号被害于西安。"12日，他读《大公报》后得知"俞颂华昨上午十时在苏病故"。俞颂华是报界名流，黄炎培之后在日记中多次提及，并专文悼念。12月22日，他读当日《东南日报》后记载："十一月份：自杀85人，被杀136人，路尸41，被捕7448，违警16967件，刑事1593年[件]。"这颇能反映当时的社会乱象，他记而不评，但有"立此为证"的意味。随着三大战役的结束，知识界的动向他也较为留意。如1949年2月21日，他读《华商报》后记载："陈援庵（垣），史学家，辅仁大学校长，召集学生，公开忏悔，逐去校中某神父，愿重新做人，陈，天主教徒。"这反映了北平

---

① 李涤生等：《国民党下级军官的日记——从江南到东北（1946—1948）》，华文出版社2012年版，第90、100、101、109、111、114、116页。

解放后一些学界名人的姿态。而他自己则进入中枢，迎接新中国的到来。9月20日，他在日记中写道："今晨报纸登载昨夜通过中央政府各机构名单之后，上海即来纷纷贺电。因上海今日报纸亦已登载之故。"① 各大报有他当选副总理兼轻工部长的消息，他自然留意记载标志他人生重大转折的新闻。

值得注意的是，在全面内战时期，黄炎培留意剪存报刊新闻，各类剪报成为他日记中的重要内容，成为他关注时政的重要方式。他的剪报中有大量他发表的各种论文、诗作和评论。如在1946年10月31日的日记之后，他剪贴了自己所写《赴京呼吁和平·重宿蓝家庄·苦口》一诗。此文刊于《联合晚报》1946年11月11日。12月23日，他剪存当日《文汇报》发表的《黄炎培鬻字》一文，其中写道："黄炎培氏自国共和谈停顿后，闭户读书，深居简出。近以经济艰窘，鬻字自给，并赋诗作自我介绍……"② 此文从侧面表明黄炎培不与国民党当局同流合污，在上海写字谋生的真实情况，有自己"作证"的意味。1947年9月20日，他剪存在新加坡《南侨日报》发表的《一团糟告侨报》一文。至新中国成立前后，他又多次剪贴有关自己的新闻。如在1949年8月2日的日记结尾，他剪存自己于3日在《人民日报》发表的文章，标题为《全国国民记着要英帝偿血债》；12月31日，他剪存自己当天在《人民日报》《光明日报》上发表的《永远纪念着的一九四九年》一文，并特加说明："此文十二月廿五日作，写了一九四九年的中国，也写了一九四九年的我，故以结束我是年日记。"③ 他剪存这些文章有为自己罗列成果之意，并将之视为个人的历史资料加以保存。

1946年之后的三年多，黄炎培剪报中的内容涉及国内外新闻，在日记中占有大量篇幅，且频率较高，数量较多。如1947年11月6日，他剪贴《大公报》当日发表的有关民盟解散的公告全文。文中称："民盟首脑张澜、黄炎

---

① 黄炎培著，中国社会科学院近代史研究所整理：《黄炎培日记》（第10卷，1947—1949），华文出版社2008年版，第13、14、39、187、292页。

② 黄炎培著，中国社会科学院近代史研究所整理：《黄炎培日记》（第9卷，1945—1947），华文出版社2008年版，第212、229页。

③ 黄炎培著，中国社会科学院近代史研究所整理：《黄炎培日记》（第10卷，1947—1949），华文出版社2008年版，第7、261、316页。

培、罗隆基、沈钧儒、章伯钧、叶笃义等,五日上午举行会议,讨论民盟解散事宜。当经决定总部于即日解散。"民盟的解散对于黄炎培而言,是一个重大的标志性事件,他作为发起者和核心人物自然有诸多感慨。1948年4月14日之后的十余天,他多次剪《大公报》,内容涉及"国民大会"的报道及选举等方面的新闻,包括:"国民大会今日财政部长俞鸿钧报告之一部";"国民大会各区代表今日发言剪存";"国代异想天开,要求海陆空免费";"第一届国大代表廿三日开始选举副总统";① 等等。这些重要新闻成为他记录"国代会"的基本史料。

黄炎培非常关注国共内战的态势。随着民盟的解散,他对国民党深感失望,并与中共方面开展了更为密切的合作。他的剪报活动也大致反映了其政治立场。如1946年11月7日,他剪贴《文汇报》当日刊载的《川沙夜半抓人 壮丁逃避一空》一文。② 川沙是黄炎培的家乡,他对国民党在川沙抓壮丁的暴行自然非常不满。1948年11月23日,他剪存《新民晚报》的三则新闻:(1)中共对国际的态度;(2)东北断送的原因;(3)哭银元。1949年1月15日,他读当日《大公报》后,剪贴中共八项和平条件全文,以及《共军攻入天津市》一文。六天后,他剪贴《大公报》1月22日所载《蒋总统廿一日发表文告》。③ 对于国共各自发表的文告,他并未评论,但他早在国共之间作出了明智选择。

黄炎培关注民生,还体现在他多次剪贴有关上海"生活费指数"的新闻。如1948年2月29日,他在日记后剪贴当日《大公报》的新闻,标题为《生活费指数编制审议会,昨发表二月份的生活指数如下》。4月1日,他又剪存当日《大公报》所载《三月份生活指数》。此后,他几乎每月都会剪贴有关"生活指数"的报道,对物价飞涨导致民众穷困潦倒的现实进行了注解。1949

---

① 黄炎培著,中国社会科学院近代史研究所整理:《黄炎培日记》(第10卷,1947—1949),华文出版社2008年版,第24、80、81、82、84页。
② 黄炎培著,中国社会科学院近代史研究所整理:《黄炎培日记》(第9卷,1945—1947),华文出版社2008年版,第215页。
③ 黄炎培著,中国社会科学院近代史研究所整理:《黄炎培日记》(第10卷,1947—1949),华文出版社2008年版,第154、174、175页。

年1月25日，他剪贴当日《新民晚报》所载《穷巡官奋身投江》一文，① 进一步说明当时工薪阶层因贫困而自杀的现象。另外，黄炎培还剪贴了不少名人去世、学界风潮、学人论著、人物访谈、社会琐闻等方面的报道。限于篇幅，不再列举。

黄炎培的好友罗隆基作为民盟的重要领导人，在抗战胜利之后，一直从事争取和平民主，反对内战的活动。作为政治活动家，他成为报刊争相报道的对象，但他在1946年的日记中却很少留下阅读报刊的记载。仅在当年7月28日，他早晨看报后写道："知道中央社又在造谣，说民盟分裂，我和张表方先生在争中立与不中立的问题，其实没有这回事。"② 这显然是对国民党方面的歪曲报道进行辩解。

范朴斋也是民盟的重要参与者和研究者。他长期担任张澜的秘书，为民盟起草大量文件，积极推行"中间路线"，广泛联系民主人士，颇负才望。他平时留心时事，广泛阅览各种报刊。他留存的日记起于1944年12月1日，止于1949年7月7日，较为全面地反映了他在重庆、成都等地的政治活动和日常生活，尤其是与不少著名民主人士的谈话记录，对了解这一时期的民盟具有重要的史料价值。同时，范朴斋经常在日记中记载各种时政要闻，并结合自己的立场加以评论。特别是1947年下半年，他广泛阅读《大公报》《新民报》《西方日报》《新新新闻》《观察》等报刊，对国民党当局肆意发动全面内战、解散民盟的具体过程，以及社会动乱、民不聊生的境况进行了较为细致的记载。为了证实和保存一些重要新闻，他还在日记中剪贴了不少报纸新闻，并加以评论，表明他的"在场"和态度。

首先，范朴斋通过报刊新闻对民盟成员遭到迫害及民盟如何解散进行了较为深入的记录和评论。1947年6月1日，国民党当局在全国各地大肆逮捕民主人士，范朴斋等盟员在成都被捕。在监狱的六天，他坚持阅读报刊，

---

① 黄炎培著，中国社会科学院近代史研究所整理：《黄炎培日记》（第10卷，1947—1949），华文出版社2008年版，第65、76、177页。
② 罗隆基：《罗隆基1946年日记摘抄》，中国社会科学院近代史研究所中华民国史研究室编：《中华民国史料丛稿》（增刊第6辑），中华书局1980年版，第107页。

了解事态进展。当日傍晚,他读晚报,"知昨晚十二时后,军警即出动,共捕数十人,之每谓为共党暴乱份子"。4 日,他读晚报后记载:"重庆已解[戒]严。"次日,"报载警备部负责人谈,蓉市并未宣布戒严"。他认为这是在欺世盗名,愤然指出:"果如是,则余等之被捕,当局将以何为根据?人权之不得保障也,如此当伪装民主耶。"7 日,他出狱之后继续关注事态发展,报纸尚有不少有关"六一"大逮捕的报道。26 日,他读渝版《大公报》,得知"重庆六一被捕之人,共二百二十九人,陆续释放一百八十二人,尚有四十七人未释"。当日,他还特地剪报,记下报纸上有关自己的报道《李璜致函邵力子 设法营救范朴斋》。7 月 18 日,他读三天前的渝版《大公报》,社论中透露了一个消息:"本月一日《纽约先锋论谈[坛]报》载有美国教授名流加德纳、费正清等二十三人致电司徒雷登大使,请其向中国政府请求人权。"他读后评论道:"这当然是指着'六一'全国捕人之事而说的,中国人的人权,要外国人向中国政府要求保障,这样的'民主宪政'政府够丢人了。"① 显然,国民党当局倒行逆施,早就对民盟不满,其公然逮捕民盟成员的行为引发国内外舆论的广泛关注。范朴斋身处其中,自然心知肚明。

然而,"六一"逮捕只是第一步,国民党地方当局为了镇压民主运动,设法以各种理由抓捕民主人士。21 日,范朴斋读报后记载:"川省府也制订了一个《确保社会秩序公共安宁措施办法》七项。……另外,又还有个《其他方法》。"对于所谓的《其他方法》,他自然洞察到当局的险恶用心。他进而指出:"当然是除了明的一套外,凡暗的一套,都可以归于其他方法之列,如'自行失踪'之类。六一的大捕正是'其他方法'的示范。我合[和]许多同志正是被隔在这'其他方法'四个字中了。"② 这说明相对于明示的方法,"其他方法"更为凶狠可怕。

对于国民党的残酷镇压,知识界有不同的反映。25 日,范朴斋读成都版

---

① 范朴斋著,厉华主编:《朴斋日记》(三),重庆出版社 2013 年影印本,第 813、823、824、878、879、936 页。
② 范朴斋著,厉华主编:《朴斋日记》(三),重庆出版社 2013 年影印本,第 941—942 页。

《新民报》，得知"张伯苓、胡适、梅贻琦等组民主政治促进会……"对于该组织宣称的"非政治"立场，范朴斋颇为不满。他写道："明明叫'民主政治促进会'，却说'非政治性的'，已是莫名其妙。"之后，他留意报刊上有关民主人士的言论。如9月21日，他读《大公报》所载梁漱溟《预告选灾 追论宪政》一文后写道："颇同意其见解。然亦有不同意处，国民党实未训政，这一点，漱溟似忽视，故未提及，予以为此点最关重要也。"① 此段评论表明范朴斋对国民党独裁的本质有深刻的认识。

随着全面内战的推进，国民党对民盟的迫害变本加厉。至10月2日，董显光代表国民党当局发表谈话，认为民盟已成为叛乱组织。当日，范朴斋剪报，新闻标题为《煽动叛乱 违反法令 民盟实为中共附庸 匪区民盟份子多任重职 董显光向记者谈称》，文中称："……政府颁布'总动员令'后，若干民盟盟员，仍不知自爱，公然担任匪区工作，……以行动反抗政府，凡此事实，并定使人深信民盟殊非独立政党，实为中共之附庸。"他据此辩驳："政院新闻局董显光谈话，公然指民盟为中共附庸。所举事证，不可靠。例如阎宝航并非盟员，……皆被指为民盟附和共党之证据。然而其意甚恶，大足虑也。"这是国民党查封民盟的前兆，民盟已危在旦夕。之后，国民党当局加紧对民盟的控制。13日，他读报后记载："政府将与民盟谈时局，问询民盟态度及立场。"当日，他还记载《华西日报》所登刘明章退出民盟的启事，特地剪存这则新闻并评论道："此事予早有所闻，特委会必令退盟，始允释放，明章已动□，然特委会为其拟定退盟项事，称民盟为'共党外围团体'。"这已将民盟与中共直接联系在一起，是国民党加紧整肃民盟的前兆。第二天，渝版《大公报》便登载了有关解散民盟的言论。他读报后评论："所谓文化团体竟请以'乱党'待民盟，予以解散，并治其应得之罪。这是何说，吾人处境将益艰危。"之后，受到当局指使的南京文化团体继续向民盟发难。17日，他剪报，新闻标题为《文社联谊会致民盟公开函》，主要内容为："南京文化团体公开函民盟以两事相询，一对宪法，二对戡乱明态度。"他读后颇感不妙，

---

① 范朴斋著，厉华主编：《朴斋日记》（三），重庆出版社2013年影印本，第947、991—992页。

写道:"此事早□料中,甚觉法部难于应付,颇焦虑。"①

为了进一步迫使民盟解散,国民党当局加大舆论攻势。20日,《西方日报》报道:"官方以警告镇压态度对民盟,迫使表明确切态度,俾在宣传上摊牌。"更为严重的是,《中央日报》社评又以"共产党的经纪人"为题,指责民盟"乃共党全面叛离民族战斗体之一部份"。范朴斋读报后感到事态极为严重,剪下相关报道之后,还在当天的日记中记载:"此事殊难对付,特再函表老及中枢同人,勿受各地同人牵制而□动根本主张。"形势进一步恶化,25日,他剪下《新新新闻》的报道,标题为《政府当局开始监视民盟驻京份子行动 罗隆基表不满已提出交涉》。国民党当局公开宣称"民盟人员"即等于"潜在共党",并加以严密监控。第二天,《新新新闻》又载:"津总工会等五十四团体通电全国,主张政府解散民盟。"这些所谓的团体"自是出之政府授意"。② 可见,国民党当局通过"里应外合",已经对民盟进行全面打击。

至10月28日,国民党当局正式宣布解散民盟,各报纷纷报道这一重大新闻。范朴斋作为民盟的忠实会员,感到十分悲愤。当日,他剪下相关新闻,报道称:内政部发言人正式宣布民盟为非法团体,谓其'勾结共匪 参加叛乱'。所指为证者,则为骆宾基与李荫枫之事。"之后数日,西方媒体对此事也颇为关注,报刊纷纷推出重磅报道。他择要剪存了《解散民盟事 美报纸显著刊载 国务院拒绝评论》《解散民盟事 蒲立特等广播辩论》《民盟违法行动 京宪警机关提出资料》这三份报道。这些报道从不同侧面反映了民盟解散后的遭际。11月1日,他在日记中写道:"数日来,心情紧张,有时如觉脏腑亦甚紧缩。"寥寥数语,真实地反映了他的痛楚。之后,报纸还不断报道民盟成员在解散后的处境,以及当局与民盟负责人的后续谈判活动。4日,他剪报标题为《解散民盟有新发展 民盟总部停止活动 盟员不反对政府可获保障》的文章。当日报载:"解散民盟问题有新发展,双方将成立一谅

---

① 范朴斋著,厉华主编:《朴斋日记》(三),重庆出版社2013年影印本,第997、998、1006、1007、1009、1011页。

② 范朴斋著,厉华主编:《朴斋日记》(三),重庆出版社2013年影印本,第1014、1026、1027、1029页。

解。……"对于此类所谓的"谅解",范朴斋看清其本质,认为"就外表看似趋缓驰,其实不如□政府明令解散为干脆"。之后,他多次剪报,保留有关民盟被解散的相关报道。对于民盟的解散,他认为内部也存在问题。他在9日写道:"在报上偶见张申府的名字,使人大感不快,民盟所以至于今日,此人应负责任。予生平所见无聊小人,此为第一。"① 此类抱怨虽有主观感情的色彩,却能反映民盟内部存在复杂的纷争。之后,他与张澜、梁漱溟、沈钧儒、罗隆基等人长谈,对民盟的遭际深感悲痛。

其次,范朴斋在日记中记载了国民党排斥异己、全面发动内战的大量报道。在国民党大肆逮捕民主人士之后,他对一些政要的言论极为反感。他此前奉行的"中间路线"开始动摇,并在日记中多次批判孙科等人的言论。如1947年6月24日,他读报后记载:"孙哲生向记者谈话,极力挑拨美苏,不惜扩张火焰,挑起世界大战,图解政府之危。"他对孙科的言论颇为厌恶,评论道:"何致无良至此,真利禄之徒,较之三四年前之言行,大不相同,孙氏,豚犬也。"7月8日,他又记载《新民报》所载孙科谈话。孙科提出:"反对内战等于反国策,亦即反政府,故凡反内战之党派如民盟等,当然取缔,不容其存在。"对于孙科的谬论,他感叹:"数年来颇与之有过从,不料其言行骤变至于这样,……孙氏可鄙哉!"② 孙科代表了国民党的立场,而范朴斋对孙氏的厌恶也表明了他对国民党当局的态度。

对于报刊报道国民党当局发动全面内战的新闻,范朴斋也较为关注,并表达了强烈不满。如6月30日,他报后记载:"今日中常会将对中共问题作重大决定,民、青两党不甚赞同下讨伐令,其实民、青两党早已'缴械投诚'。"寥寥数语道出了国民党专制的本质。7月1日,他阅读后得知"国民党中常、中政联席会决定三事:(一)加强剿共军事。(二)集中党团力量。(三)准备办理选举。……"对于蒋介石主导的决策,他直截了当地指出:"蒋以抗战元首而终成民贼。"4日,他读到国民党政府将发文告

---

① 范朴斋著,厉华主编:《朴斋日记》(三),重庆出版社2013年影印本,第1035、1047—1049、1051、1058、1067页。
② 范朴斋著,厉华主编:《朴斋日记》(三),重庆出版社2013年影印本,第883、911页。

剿共的新闻后,颇为愤懑地指出:"不顾一切,以作最后挣扎,势将使全国大乱。"面对如此乱局,他甚为忧虑地写道:"可怕之国人若患麻痹者久矣,不经大乱似难醒觉。此中殆有天焉,非人之所为力也。"第二天,报纸报道了第六次国务会议"已决定国之大事"。他愤然写道:"不可以不记。所谓文告系主席交议的一个议案。"之后,他多次记载国民党的反共新闻,对国统区的各种镇压措施颇为不满。9月16日,他读报后记载:"政府对后方各地归顺中央之共产党员,现已订明处置办法。……如潜伏后方不申请登记者,当地治安机关一律予以逮捕,送审判机关,按《刑法》及《妨害国家总动员惩罚条例》之规定惩处,如有间谍活动,从重惩处云云。"面对国民党当局的残暴,他颇为警醒地写道:"这是又将大捕人民的先声,可注意也。"而有关国民党屠杀共产党员的报道,他也多有关注,如10月8日,他读报得知"杜斌丞以共党地委会负责人罪名被判死刑,昨日枪毙噫"。① 之后,他提及张澜对杜斌丞被杀一事所发表的谈话,表明民盟已与国民党划清界限,坚决反对国民党的残暴行径。

最后,范朴斋关注民生,对报纸上报道的黑暗现实进行了大量记载,尤其对抢米风潮、民众被迫自杀、物价暴涨、学生游行等现象进行了详细披露,并结合新闻进行评论,抨击国民党政府的腐朽无能和草菅人命。如6月30日,他见到成都本地抢食之风愈烈。当日,报纸报道:"饥民数百集晋康住宅外,呼吁救济,几被拥入,经军警多方设法,始驱散。"物价飞涨,民众失业,无以为生,自杀悲剧不断上演,报纸报道了大量相关新闻,令他颇为沉郁。7月11日,他在日记中写道:"一月来,天天在报上看得到因生活逼迫而自杀的。"两天后,他读报后记载:"三桂街八号居民谢佩莲业算命已七十岁,以生活逼迫,刎颈自杀。"他读后哀叹:"近来自杀的人太多了,我想都给他们记下来。"15日,他又写道:"翻开报纸,就见着'生活逼人　老翁自杀'的标题。"之后,他记载了数起贫民自杀的报道,内心充满了悲苦。此外,对于

---

① 范朴斋著,厉华主编:《朴斋日记》(三),重庆出版社2013年影印本,第891、894—895、896、899、901、988—989、1003页。

青年学生发起的"反饥饿、反内战、反迫害"运动,他深表同情。如 1948 年 4 月 10 日,他读报后得知"成都学生请愿被捕多人"。他评论道:"陡然又引起焦虑。这时局,有子弟读书,时时担惊受怕,哪里是人世界,可恨可恨。"① 此种不安和愤怒表达了他对国民党当局的彻底失望,也表明他不再对"中间路线"抱有幻想。

(三)知识分子的报刊阅读与时局评论

解放战争期间,国统区的知识分子大多热爱和平,希望结束国民党一党专制,建设民主富强的新中国。许多知识分子积极参加社会活动,呼吁民主、自由,反对内战,形成了"反蒋"的第三条战线。当然,也有一些知识分子对国民党政权抱有幻想,通过报刊表达了他们的政治立场。不少知识分子在学校、研究机构工作,他们非常关注时局,留心报刊新闻,并留下了一些珍贵的读报记录。②

胡适在抗战胜利之后虽然对政治感到厌倦,但仍然对国民党政权心存希望。1946 年 7 月,胡适从美国归来,就任北京大学校长。之后的三年多,胡适忙于校务,较少谈及报刊上的战事新闻,但对学术问题很感兴趣,尤其是红楼梦研究,他多年来一直在关注。1947 年 12 月 7 日,他在写给周汝昌的信中说道:"在《民国日报·图书》副刊里得读大作《曹雪芹生卒年》,我很高兴,《懋斋诗钞》的发现,是先生的大贡献。先生推定《东皋集》的编年次序,我很赞同。《红楼梦》的史料添了六首诗,最可庆幸。先生推测雪芹大概

---

① 范朴斋著,厉华主编:《朴斋日记》(三),重庆出版社 2013 年影印本,第 890、921、927、931、1213 页。

② 这里讨论的知识分子主要指具有中等文化程度以上者,至于当时的小学生读报活动,由于史料较少,不作专题讨论。事实上,在解放战争时期,中小学生仍然是报刊的重要读者,但由于小学生文化程度较低,留下的读报记录更少。不过,有个别学者在他们的自述中追忆了小学期间的读报活动。如出生于 1935 年的历史学者邹逸麟回忆道:"小学五年级时,那时书摊上除了旧小说,还有许多杂志,都是过期的。记得有柯林办的《幸福》《万象》,还有《春秋》什么的,品味比较高,内容有小说、书评、电影介绍等;还有《西风》杂志,主要介绍西方最新的社会科学、文学方面的书刊。还有一个杂志叫《蓝皮书》,专门刊载侦探小说的。"参见邹逸麟:《邹逸麟口述历史》,上海书店出版社 2016 年版,第 15 页。物理学家高锟出生于 1933 年,他在小学、中学时喜欢读科学杂志。他在自述中说道:"由于这些科学杂志里发掘的知识,比现在风靡青少年的漫画册子有趣多了。"参见高锟著:《潮平岸阔——高锟自述》,许迪锵译,四川文艺出版社 2007 年版,第 31 页。此类回忆在 20 世纪 30 年代出生的学者自述中应该还有不少。

死在癸未除夕,我很同意。敦诚的甲申挽诗,得敦敏的吊诗互证,大概没有大疑问了。"① 他通过阅读《民国日报》发现了周汝昌的新观点,并虚心与这位年轻人交流,足见他对学术的尊重。

但是,对于报刊上出现的错谬,尤其是有关自己的文章,胡适会极为尖锐地质问编辑部。1947年10月,他在写给《经世副刊》的信中指出:"贵刊在十月八日登出的《胡适外传》,我读了感觉十分失望。作者自称和我有点'亲戚关系,知道很详细'。但这篇短文里,至少有五十个大错误。有些错误是绝对不可宽恕的。"② 对于报纸上伪造的信件,他也写信予以辩驳。如1949年7月21日,他写信给《华侨日报》的编辑说:"华侨日报:六月十五登出《陈垣给胡适的公开信》,你看了没有?我盼望你能看见此信,并盼望你能告诉我此信是不是伪造的。"③ 此类辩驳的信件表明胡适注意报刊对自己的报道,对于有损自己形象的虚假新闻,他颇为较真。

1946年后的几年,胡适在日记中记载的读报内容较少,他并非没有读报,而是可能觉得可以记载的新闻并不多。1947年2月15日,他特地记载了《世界日报》《益世报》上有关傅斯年攻击孔祥熙、宋子文的新闻:"《世界日报》标题为《傅斯年要革命!》,报纸又大登昨天立法院攻击子文的言论。"当然,胡适对于得意弟子傅斯年的行为是赞赏的。胡适虽不刻意夸饰自己,但偶尔也剪下并保留报纸上对自己的溢美之词。如1948年10月7日的日记载,他在武汉时读到当月7日《华中日报》刊出的《惜别胡适》一文。文中说:"他的讲演和他的清畅的文体,都可以表现出他的超人智慧和朴实笃学来,在今天中国我们有一个胡适,这是值得骄傲的!"④ 胡适剪下这篇文章,并附在当天的日记之后,大约有留以存照之意。

---

① 胡适:《致周汝昌》,季羡林主编:《胡适全集》(第25卷),安徽教育出版社2003年版,第304页。
② 胡适:《致〈经世副刊〉》,季羡林主编:《胡适全集》(第25卷),安徽教育出版社2003年版,第291页。
③ 胡适:《致〈华侨日报〉》,季羡林主编:《胡适全集》(第25卷),安徽教育出版社2003年版,第408页。
④ 胡适著,曹伯言整理:《胡适日记全编(1938—1949)》(7),安徽教育出版社2001年版,第639、719页。

1949年年初，胡适对国共和谈进展颇为留意。他在1月15日记载："《新闻报》登出昨夜毛泽东的宣言全文，各报皆只登其中的八条件。今晚报载天津已被共产党军队攻入了。"1月18日又载："昨夜晚报载S·布卢姆谈话，说：'有必要将蒋及其同党赶下台，代之以更强硬的领导人，在他的领导下，中国将愿意参与战斗。'"他读后评论道："此颇可怪，与传说孔祥熙、陈立夫盼望杜威当选总统同一荒谬。"① 虽然国民党败局已定，但在胡适看来，蒋介石仍然是国民党党魁和中华民国总统，其他人不可替代。之后，他应蒋介石要求，赴美寻求援助。从这里可以看出他对国民党和蒋介石政权的支持态度。

胡适身居北大校长之位，衣食无忧，但全面内战打破了学者们暂时平静的生活，物价飞涨，民不聊生，他们在乱局中困窘不安。文史学者王伯祥在抗战胜利后的数年，仍在上海开明书局任编辑。全面内战爆发之后，他对时局颇感焦虑。如他在1947年1月12日记载："晨起看报，都无是处，国内和平攻势随马歇尔之返国而增强，然烽烟遍地，曾未少戢，征粮抽丁急于星火，暴狠之徒仍作残民求逞之计也。国际关系亦正微妙，……第三次世界大战殆不能免耳，诚令殷忧之士彷徨难安矣。"此类感叹和忧虑不仅是报刊传播的负面情绪，也是他对时局观察的结果。10月19日，他看报后记载："知战局日紧而横暴益亟，强力平价，不顾实际，吾不知伊于胡底也。"② 虽寥寥数语，但对时局的评论却颇为中肯。至1949年，国民党败局已定。元旦，王伯祥读报后，对蒋介石和谈文告进行了揭露："虽示意可和而以战责委诸共方，且再三以现在之宪法法统为言是，明明苦肉计，借端恐吓，仍不失为和平之攻势耳，大氐不痛不痒，有若干时间拖延也。"这深刻揭示了蒋介石的"假和平"真相。1月16日，他阅报后得知"南京当局对中共之八条件颇震动，但亦无甚对策可以发展"。他分析国民党的败相："战乎，力有不继，

---

① 胡适著，曹伯言整理：《胡适日记全编（1938—1949）》（7），安徽教育出版社2001年版，第733、735页。
② 王伯祥著，张廷银、刘应梅整理：《王伯祥日记》（第9册），中华书局2020年版，第3887、4004页。

和乎，实等投降，徘徊却顾，厥为面子问题而已，独夫下场，宜有此也！"23日，报纸称北平已安然解决，"共军已开入城厢，国军则出城待编，安知此光荣和平不即为变相之投降乎！"2月1日，他购《新闻报》读之，"知廿八日中共曾有对和谈之声明，卅一日南京亦有针对之答复，仍规避战犯之目且将不肯和之责任委诸对方，是和谈云云早成幻影矣"。和谈破裂，战事剧烈，国民党节节败退。至6月4日，他看《解放日报》，"知青岛已于六月二日解放，是华北敌侵基地肃清矣"。7月9日，《文汇报》载北平通讯，"新史学会已于七月一日成立筹备会，沫若被推为常务主任委员"。① 王伯祥本人也被列入发起人名单。新中国即将成立，作为史学名家，他积极参加学术会议，心情大好。

王伯祥的好友顾颉刚在抗战后任兰州大学教席。1947年，他担任大中国图书局总编辑，创办《民众周刊》，完成《当代中国史学》等重要著作。1948年7月，他又任兰州大学历史系教授兼主任。至解放前，顾颉刚主要在兰州居住和生活，间或回上海兼职。他长期以来都有读报、剪报的习惯，对自己在报刊上发表的作品和其他人的相关评论一般会剪存，也会留心记载国内的重大新闻事件。不过，与抗战时期相比，顾颉刚在这一时期的读报记录相对较少，尤其是很少评论国共重要战役的新闻。相对而言，除了剪贴、记录自己的作品和相关评论，他对教育、学潮、选举、物价等新闻也较为关注（见表9-4）。

表9-4　1946—1949年顾颉刚日记中剪报、读报的记录②

日期	剪报、读报内容	出处
1946年2月28日	【剪报】卅五年二月二十日，北平《建国日报》（《文史周刊》，顾颉刚题，第十一号）《莫将》四首（顾颉刚）	《顾颉刚日记》（卷五），第616—617页

---

① 王伯祥著，张廷银、刘应梅整理：《王伯祥日记》（第10册），中华书局2020年版，第4199、4206、4210、4216、4282、4299页。

② 表9-4的参考书目均为顾颉刚：《顾颉刚日记》（卷五、六），中华书局2011年版。

续　表

日期	剪报、读报内容	出处
3月9日	看上海近年所出杂志（《天地》《古今》《文史》）	第621页
4月30日	【剪报】卅五，四，廿八，《徐报》，《本市正谊社社员欢迎顾颉刚教授》《顾颉刚教授昨讲演　到各中学生及听众二千人　对边疆重要阐述极详尽》	第650—651页
5月31日	【剪报】卅五，五，廿，《苏州日报》，《我拜见了顾颉刚先生》（严文涓）；【剪报】卅五，八，十，《铁声》，《顾颉刚吴门执教鞭》	第667—669页
1947年1月31日	报载教育部新订私立学校经费最低数额	《顾颉刚日记》（卷六），第16页
2月15日	在车看报。与乘客谈。五时半到苏……看《广东文理学院学报》……	第22页
5月31日	【剪报】卅六，五，廿七，《中央日报》，《顾颉刚谈学潮》《大学生应该多加磨练》《"吃好菜"非正当要求》；【剪报】卅六，六，二，《和平日报》，《教育报告审查意见　参政会昨审查通过》	第70页
9月25日	看《西北通讯》	第131页
11月30日	【剪报】卅六，十一，十七，《徐报》，《张雁秋张静秋放弃国代竞选》	第165页
12月31日	【剪报】卅七，十二，三，上海《大公报》，《重建市博物馆的重要　"见"的教育应重于"闻"的教育》（顾颉刚）	第179页
1948年1月26日	看《西北通讯》	第219页
3月31日	【剪报】卅七，三，九，《申报·自由谈》，《夏禹不是一条虫了》（孙鹤）；【剪报】卅七，三，廿八，《申报》，《中研院评议会选举结果　院士八十一人当选》；【剪报】卅七，二，十四，《大公报》，《大中国图书局舆图专业》；【剪报】《谈通俗读物》（王奇）	第250—264页

续　表

日期	剪报、读报内容	出处
1949年3月11日	看《东南日报·文史周刊》	第429页
3月12日	终日看《文史杂志》六卷五期稿	第430页
4月30日	《新闻报》一份，价十万元	第450页
5月31日	有人统计，从一九三七年到一九四九年五月，上海的物价，上涨了三十六万亿倍。【剪报】卅八，七，二，天津《进步日报》，《通俗读物编刊社征求图画、文字稿件》	第465—467页
7月31日	【剪报】卅八，七，八，《文汇报》，《新史学会筹备委员会在平成立》；【剪报】卅八，一，十，《时事新报》，《向中国国民政府表示同情是最不现实的事　谭佛拉尔呼吁援华》	第495—496页
9月16日	在车看《人民日报》	第518页
9月30日	【剪报】卅八，十，十二，《大公报》，《华北高等教育委员会颁布各大学专科学校各系课程暂行规定》	第522—528页

与顾颉刚忙于教学和研究不同，考古学家夏鼐常奔波于全国各地的考古挖掘现场。1946年1月24日，他在四川阆中出差，见"城门洞内张贴新闻壁报，已半月余未见报纸，今日始悉政治协商会议已开会，为阻止国共军队冲突，另组一军事调处部，但仍未见效"。见壁报后，他独自往市图书馆阅报，"渝版18日报载，傅孟真先生仍在渝参加政治协商会议"。傅斯年是夏鼐在清华大学期间的老师，他在日记中所记傅斯年参加政协会议的情况，是通过报纸获知的六天前的"旧闻"。3月5日，他阅《大公晚报》，"登载傅先生小公子致傅先生一函，其中提及傅先生6月中将出国，盖由于外间谣传其将任教育部长，故借此以辟谣也"。① 夏鼐特地记载这两则新闻，表明他与傅斯年的私交颇深。

---

① 夏鼐：《夏鼐日记》（1946—1952 卷四），华东师范大学出版社2011年版，第11、29页。

不久，夏鼐又来到浙江。3月29日，他阅报，"知利生轮将于30日赴温"。之后，他在老家温州生活了近三年。与一般读者不同，他非常关注考古领域的新发现，也注重学习考古学家发表的论文。8月22日，他阅《东南日报》所载武都原人发现人王永焱访问记，读后"颇受刺激"，并解释道："去冬王君曾邀余今春同往发掘，结果以家事关系，不得不南返，致错过此机会。访问记中亦提及余之名，然发现人之光荣，专属于王君矣。"12月16日，他阅读李济之先生登在《学术汇刊》第2期上的《小屯先殷文化层》一文。之外，他在日记中多次记载阅读《考古学报》《人类》等专业刊物的情况。考古学家吴禹铭去世后，他在《中央日报》上发表纪念文章。1948年11月17日，《中央日报》刊出他写的《追悼考古学家吴禹铭先生》一文，他读后感叹："时局如此紧张，有此或足以对死友矣。"①

在温州期间，夏鼐经常去籀园图书馆读报。至1949年，他对时局更为关注。1月15日，他读报，得知"中国共产党广播毛泽东主席提出八条件"。之后，国共两党曾展开谈判，至4月21日，谈判破裂，解放军百万雄师渡过长江攻打南京。24日，他读报获知"南京国民党军队昨日已撤守，共军拟今日7时进城，共军又进取无锡及苏州，浙江省政府有迁温州之说"。之后，解放军向浙江进发，报上刊登浙江各地解放的消息。5月8日，他上街阅报，"知铅山、上饶已解放"。9日，"报载衢州、常山、嘉兴已解放"。12日载："午间《浙南日报》出版，系《浙瓯日报》所改组。"13日，他读报后得知"金华及嘉善已解放"。14日，报纸又载："乐清及平阳皆已于12日解放。"15日，报纸报道："浙江未解放者仅宁波及台州二府所属地。"之后，报刊上不断传来各地解放的消息。18日，报载："武汉三镇已解放，上海在包围中。"24日，报载："解放军已攻下九江及南昌，湖北已进至汀泗桥。"6月4日报载："青岛已解放。"② 他经常读到解放军取胜和全国各地

---

① 夏鼐：《夏鼐日记》（1946—1952 卷四），华东师范大学出版社2011年版，第 35、64、87、215 页。

② 夏鼐：《夏鼐日记》（1946—1952 卷四），华东师范大学出版社2011年版，第 226、235、240、241、242、243、245 页。

解放的新闻,并留心记载,心情大好。新中国成立已为时不远,他为之兴奋,颇为期待。

夏鼐的好友马衡同样对新中国充满向往。在北平解放前后,马衡仍然担任故宫博物院院长,他坚守岗位,全力保护故宫文物,并拒绝了南京政府请他"南下"的邀请,等待解放军入城。1949 年 1 月初,北平面临战争危险,但马衡仍然坚持工作。10 日,他在日记中称:"因昨报载公教人员待遇于一月起照十一月标准改发廿五倍,故以此标准借与同人。今日物价尚平静。前日《新民报》载奥国笔社社员克莱拉·勃露姆女士为保护文化古城发表一文,题为《北平的不朽之声》。此人于战事起后之第十一日(十二月廿三日)持一函来谒。"22 日,他读报得知"蒋文告发表后即乘美龄号机赴杭州转奉化扫墓,闻将暂居鼓浪屿"。31 日,解放军入城,他继续担任故宫博物院院长,保护文物。之后,他非常关注战局变化,期待全国早日解放。5 月 1 日,"报载苏州、吴兴、长兴等城皆已解放,沪、杭极为紊乱"。① 10 日,他阅《参考消息》得知"解放军已逼近绍兴,吾郡之解放不远矣"。其内心之喜悦,溢于言表。

北平解放后,知识分子纷纷表态拥护共产党的领导,马衡深有感触。5 月 12 日,他读《人民日报》所载陈垣致胡适之公开信,"自认从前未认识且不知新民主主义,自解放后得读新书如《中国革命与中国共产党》《新民主主义论》《论联合政府》等书,始大彻大悟,自信不离北平之得计,劝适之及早觉悟"。他认为陈垣所论"句句忠实,语语透彻。此老真不可及。一般顽固分子经此当头棒喝,当受影响不浅也"。他对陈垣的公开信表示高度赞赏,而对有关污蔑共产党的谣言则进行辩驳。13 日,他读《参考消息》载国民党反动派造谣的消息,"谓毛主席函傅作义请结束其生命,傅已于十日自杀"。他评论道:"奇哉!由此证明历来所谓谣言皆类此也。"②

---

① 马衡撰,施安昌、华宁释注:《马衡日记:一九四九年前后的故宫》,紫禁城出版社 2005 年版,第 29、36、58、60 页。
② 马衡撰,施安昌、华宁释注:《马衡日记:一九四九年前后的故宫》,紫禁城出版社 2005 年版,第 60 页。

对于新中国的成立，马衡热烈拥护。9月28日，他读报获知"政协会议决定中华人民共和国以公元纪年，定都北京。国旗用五星红旗，国歌暂用《义勇军进行曲》。赶制国旗备用"。30日，"报载政协《共同纲领》《政协会议组成法》《中华人民共和国中央人民政府组织法》。于中央人民政府下设政务院、人民革命军事委员会、最高人民法院及最高人民检察署"。10月16日，他阅报后记载："欣悉广州于十四日晚间解放，较国民党预计撤退之期，尚少一日，较我所预计者早四日。甚矣，反动派之军无斗志也。"① 他行笔所至，充满了对新中国的无比热爱。

与上述人文学者相比，科学家竺可桢一向注重兼学中西，人文与科技并重。他在抗战后一直筹备浙江大学回迁杭州事宜，至1946年秋，浙江大学结束在遵义、湄潭的七年办学，举校迁回杭州。竺可桢为浙大的迁移和回迁后的发展殚精竭虑，但在繁忙的公务之余，他仍然坚持阅览各种报刊，除了《大公报》《中央日报》《世界日报》《东南日报》等报纸，还广泛阅读自然科学和人文社会科学方面的杂志，既包括《自然》《科学》《国家地理杂志》等外文报刊，也包括国内出版的《东方杂志》《燕京学报》《观察》等杂志，涉猎甚为广博。

教育是竺可桢的本行，他一直关注科学和民主问题。1946年2月3日，他发表《民主与宗教》演讲，认为中国文化要素中尚缺少宗教，并指出："近来在《客观》周刊上伍启元教授做了一篇《中国文化的出路》一文，批评这两种文化观念，很对。"4月1日，他又作了讲题为《将来大学之展望》的演讲，认为研究不仅限于自然科学和应用科学，"人文科学亦应提倡，凡所以有利于苍生，无一不在大学范围之内也"。② 他对科学与人文的重视，与其平时的广泛涉猎有直接关系。

浙大迁回杭州办学后，竺可桢有更多的机会阅读外文报刊。1947年7月

---

① 马衡撰，施安昌、华宁释注：《马衡日记：一九四九年前后的故宫》，紫禁城出版社2005年版，第87、88、91页。

② 竺可桢著，樊洪业主编：《竺可桢全集》（第10卷），上海科技教育出版社2005年版，第34、84页。

21日，他接到星期日的《纽约时报》（*New York Times*），认为"其中 Weekly Summary 新闻阅之可以了解世界大势，为中国任何报纸所不及也"。25日，他接到美国寄来的《国家地理杂志》（*National Geographical Magazine*）。当年，他所订报纸及杂志包括《科学》《自然》《学科月刊》《气候》《读者文摘》等二十余种外文报刊。一个大学校长能够订阅如此多的外文报刊，令人叹为观止。另外，他还会接到出版社赠阅的杂志。如12月23日，他收到"商务印（书馆）寄来《学原》一卷二期，系南京蓝家庄出版，执笔者大多为中大教授"。①

作为天文学家，竺可桢在看到报纸杂志上不符合科学常识的论述时，往往会加以辨识并更正错误观点。如1947年9月29日，他在《大公报》（上海）《大公园》副刊上读到方朴著《中秋月》一文，其中有这样一段话："……但是一年中以中秋的月出来得最迟，大约要到八九点钟才从天边露出娇容，……"他指出："以上全是胡说。"但对于一些较为可信的材料，他引用后并不评论。如12月20日，他读《大公报》所载张高峰《雪后访煤都》一稿，并摘录："1945年中国煤产量是五千万吨。"② 又如1949年5月3日，他阅《燕京学报》第七期刘朝阳著《从天文历法推测〈尧典〉之编成年代》一文，作者"断定《尧典》系春秋初期所编"。他指出："刘朝阳之结论余大致可同意。"③ 这说明他对一些论文有着较为深入的阅读和思考。

对浙大学生的游行活动，竺可桢较为宽容。1948年4月13日，他在日记中记载："以今、昨两日《申报》《新》及杭州《正报》所登'浙大为共产党所策动中心'，故迟早军警必来校捕人，而学生尚不自检点，到处张（贴）反政府、骂人以及侮辱元首之壁报。"话虽如此，他对学生却非常爱护，对学生参加地下党组织也基本不加干涉。10月13日，他"阅《观察》五卷四期，

---

① 竺可桢著，樊洪业主编：《竺可桢全集》（第10卷），上海科技教育出版社2005年版，第489—490、493、617页。
② 竺可桢著，樊洪业主编：《竺可桢全集》（第10卷），上海科技教育出版社2005年版，第545、615页。
③ 竺可桢著，樊洪业主编：《竺可桢全集》（第11卷），上海科技教育出版社2005年版，第432、433页。

内有浙大学生被捕详记,其中颇有事实不符之处"。① 其为学生辩护之意较为明显。

至 1948 年年底,国民党败局已定。12 月 22 日,浙大教师陈乐素与竺可桢交谈,得知杭州《大华日报》新闻云:"政府派飞机抢救教授。"作为中研院院士和知名学者,竺可桢在政府"抢救名单之列",针对报刊上各种有关他离开浙大去台湾的消息,他在日记中加以记载。如 1949 年 5 月 2 日,他"见《新闻报》载钮永建、竺可桢飞台湾之消息,见之使我(大)为惊惶"。28日,他晨阅《大公报》,"有竺可桢未去台湾之消息"。各种谣言自然令他不安,但在新中国即将成立之际,中共对竺可桢甚为礼遇。6 月 19 日,他读《解放日报》,"载第一届全国科学会议筹备(会)将于七月十日在北平举行"。② 不久,他出席全国科学会议,并参加人民政协筹备会议,迎接新中国的诞生。

与竺可桢这样的著名学者不同,抗战胜利后,29 岁的西南联大英文教师夏济安正陷入一场师生恋而不能自拔。从 1946 年 1—9 月,他的日记主要记载了这场苦恋的心路历程。同时,日记中还有不少阅读报刊的记录。如他在 1 月 14 日记载:"政治协商会议开幕,国共双方下令停止冲突,一般人很乐观,我悲观。"这段简短的记录,表明他对时局有自己独立的判断。作为深受西方文学影响的学者,夏济安还有阅读英文杂志的习惯。如 1 月 20 日的日记载:"去年七月号 Harpre's Bazaar(《哈泼杂志》)上 Christopher Isherwood(伊休伍德)的中篇小说 Prater Violet(《维也纳的卖花姑娘》)(已有单行本出版,价 \$2.00)。"彼时,西南联大的三所学校已筹备回迁,夏济安也准备回上海。2 月 28 日,他读报得知"中央航空公司为集中飞机办理还都事宜,明日起昆沪、昆粤班停飞。我同下钱两位,正在进行登记,这一个消息的发表,改变了我们计划"。至 7 月间,回迁学生陆续经上海北上,报刊对此事亦有报道。

---

① 竺可桢著,樊洪业主编:《竺可桢全集》(第 11 卷),上海科技教育出版社 2005 年版,第 87、230 页。

② 竺可桢著,樊洪业主编:《竺可桢全集》(第 11 卷),上海科技教育出版社 2005 年版,第 287、432、448、463 页。

由于回迁的学生中有他暗恋的"女友",他对此也颇为关注。7月13日,他读报得知"联大最后一批员生二百一十人搭车于十一日晨离昆"。他一直关注暗恋中的"她",在日记中写道:"据我知道留昆的教职员现在还有,学生恐怕是都走完了。她不知是那一批走的?现在不知在哪里?"①

7月19日,夏济安读报得到两则消息,都是有关西南联大学生经沪北上的新闻。其中有一则是《新闻报》上的报道:"在昆明复员来沪之男女学生百余人,循公路乘运输汽车跋涉月余始到沪,日前抵埠。一部分寓居福建北路大江南旅社,有女生王素秋,二十一岁,在途因汽车翻身曾跌伤,寓居大江南三六五号房间,创痛未痊,遽萌短见。昨晨四时,经同伴发觉王素秋吞服大量安眠药,神智昏迷,亟召救护车送往公济医院救治,致昨晚犹未清醒。"夏济安对这位自杀的女生颇为关注。第二天,他又读《前线日报》的新闻《岂是红颜真薄命,女子自杀何其多》,"里面也有昨天王素秋的事"。②但是,他日记中更多的是对暗恋女生的臆想,偶尔读报,只是聊作消遣。

当时,面对国民党的倒行逆施,不少知识分子深为痛恨,对时局深感焦虑,但报刊新闻并非他们记载的重点。因此,偶尔的读报记录只是他们观察时局的一个"侧影"。如杨树达在1946年7月17日的日记中记载:"报载闻一多见刺死,今日真见乱世也。书生论政,竟不能容,言论自由之谓何哉!"③杨树达特别在日记中记载闻一多被刺死的新闻,表明他对此事极为关注,对当时国民党的独裁和专制极为不满。同样,丰子恺对国民党的新闻统制政策颇为反感。他在1946年3月10日写给《导报》编辑的信中说:"贵刊已收到五期,每期弟必详读,甚感兴味,对各文宗旨,亦均赞佩,给暴徒以

---

① 夏济安著,夏志清校注:《夏济安日记》,辽宁教育出版社1998年版,第8、12、41、142页。
② 夏济安著,夏志清校注:《夏济安日记》,辽宁教育出版社1998年版,第146、147页。
③ 杨树达:《积微翁回忆录 积微居诗文钞》,上海古籍出版社1986年版,第243页。在1945年之后的四年,杨树达的日记中仅有两次读报记录,另外一次是1945年11月2日,报载法国伯希和逝去,年六十七,此君通中国学问(杨树达:《积微翁回忆录 积微居诗文钞》,上海古籍出版社1986年版,第231页)。唐君毅的情况也较为类似,他在1948—1949年仅有两次读杂志的记录:1948年6月12日,他阅英文哲学杂志;13日,续阅杂志。参见唐君毅著,吴兴文主编:《唐君毅日记》(上),吉林出版集团有限责任公司2013年版,第1页。

斥惩，予良民以吊慰，甚合'导'字本意，足见编辑有方也。"① 然而，此类坚持正义的报刊往往会遭到国民党当局的严厉审查，不少报刊被迫歇业。

　　国民党政权在面对空前失败的过程中，故意操纵舆论，制造胜利假象。程树榛回忆其在徐州的一段经历。1948年11月30日，他顺手买了一张徐州出版的《徐报》，"注目一看，只见报纸上头版头条通栏套红的标题是：《淮海战役第一阶段我军取得伟大胜利　徐州外围固若金汤》。当天夜里，……国民党军队从徐州撤退了。……忧闷又有点奇怪，《徐报》上不是说'固若金汤'吗？"② 此类颠倒黑白的新闻，令人啼笑皆非，却反映出国民党当局制造舆论，故意混淆是非的用意。对于各种虚假新闻，卞白眉亦有同感。他于1948年8月17日阅读《前线日报》，"载蒋将赴美和传甚炽"，他认为"就常识论殆不可能"。③ 国民党控制的党报睁眼说瞎话，引起读者的反感，人们反而对国民党当局更为失望。

　　面对国民政府的腐败无能和国民党军队的节节败退，不少知识分子对其前途感到悲观。如商务印书馆的史久芸在1947年1月27日见《联合晚报》载经济部职员责问部长事，"至为云公担忧"。④ 这位"云公"便是王云五，系史久芸昔日的同事。王云五之所以受到责问，是由于当时经济萧条，物价飞涨，但作为经济部长的王云五并无良策。又如苏雪林在1948年10月1日的日记中记载："起来看报，国民政府寿命，未知能保到年底否？"苏雪林固然不是预言家，但她看到了国民党的衰败，尤其是政府对学生游行的镇压，她甚为反感。11月8日，她看到《中央日报》驳斥首都大学呼吁和平之社论后指出："措词甚严峻，对于教授甚不客气，恐将引起更大反感。此更大反感将以何方式表现之乎？"1949年1月2日，她读《武汉日报》后记载："见蒋总统之元旦文告，口语仍然强硬。将报送交程乃颐夫人时，顺便探听昨夜无线

---

① 丰子恺：《丰子恺全集·书信日记卷2》，海豚出版社2016年版，第99页。
② 程树榛：《坎坷人生路：程树榛自传》，东方出版社2015年，第20页。
③ 卞白眉著，中国人民政治协商会议天津市委员会文史资料委员会、中国银行股份有限公司天津市分行合编：《卞白眉日记》（第三卷），天津古籍出版社2008年版，第131页。
④ 史久芸著，洪九来整理：《史久芸日记》（上），商务印书馆2018年版，第87页。

电广播,共方对蒋总统元旦文告反响为何?渠云共方态度更强硬,仍要审判战犯,即所谓无条件的投降是也。如此则和谈安得成功?昨日上午,我等一场欢喜皆成虚话矣。"① 短短几则新闻和评论,都表明苏雪林对国民党即将败走大陆的迹象有自己的判断,也有怒其不争的意味。

与苏雪林等人的悲观情绪不同,清华大学教授浦江清在北平和平解放后的几天内,看到了解放军进入北平后的新气象,颇感欣慰。他在1949年2月2日的日记中记道:"《教联报》载沈弗斋等到青龙桥去与文化接管会洽,不久即有一百万人民券及若干斤小米可发到清华以应急。教授每人仍同上次,可得人民券九百余元,小米六十斤云。"这说明清华大学的教师在北平解放后得到了紧急援助,解决了生活中的燃眉之急。2月4日,浦江清订阅《人民日报》一份,"每月人民券六十元。印刷甚佳,乃中共党报,多长篇文献,副刊则有民众文艺。其他消息缺乏。另有《世界日报》《新民报》等,照旧刊行,保存些市井新闻及商业广告,惟国内消息亦少"。② 新的时代到来了,浦江清开始阅读《人民日报》,这自然对他的思想世界产生了深刻影响。

知名学者顾随在1949年年初非常关注北平和谈和国家前途命运,他在日记中对时局进行了较为深入的评述,也简要介绍了报刊上的新闻。如1月9日,他阅报得知"蒋有飞台消息,李宗仁将继行职权"。两天后,他阅报后记载:"某公有飞渝消息。"至于某公是谁,他并未说明。15日,他读报后提及"共产党提出和谈八条"。17日,他"偶买得晚报一份,阅知何思源家有流弹,夫妇受伤,次女死之"。19日,他"阅报知人民代表已于昨日下午出城,往晤叶剑英氏(何思源裹创出发)"。23日,他特地记载:"早八时魏君以报见示,知局部和平终于实现(昨日起停战),官方发表和平条件共十三项。"③ 北平和平解放,他甚感欣慰。之后数月,他很少记载报刊新闻。

文史学者范耕研则是国民党政权的追随者。抗战结束后,范耕研对国内

---

① 苏雪林著,张昌华选编:《苏雪林日记选(1948—1996)》,商务印书馆2017年版,第1、4、8页。

② 浦江清:《清华园日记 西行日记(增补本)》(第2版),生活・读书・新知三联书店1999年版,第285、287页。

③ 顾随:《顾随全集》(卷二),河北教育出版社2000年版,第230、232、233、234页。

和平期待甚高。他在1945年9月6日的日记中写道："先是毛泽东于二十八日同周恩来飞渝，商团结大计。二日报载，新四军军长陈毅下令，对于友军勿可引起误会。是和平有望矣，人民之幸也。"但和平无望，内战初期，国民党军队大肆进攻，范耕研偶阅报纸，关注家乡淮阴的安危。1946年9月17日，他读报得知"国军由徐东征，克复宿迁已历多日，昨克泗阳，分两路，一向沭阳，一向淮阴。向淮阴者已达三棵树，距城仅三十余里耳"。他读报后写道："惜高、宝未通，犹难还家，不免怅然。"25日，他见报纸报道两淮均已收复的消息，"国军进攻车桥，共军已退向盐、阜一带"。国民党军队初期的进攻似乎颇有声势，范耕研读后并未具体评论，但他对国民党当局似乎抱有较高期待。1947年4月18日，他读报后写道："国府改组，取消一党专政，罢纪念周，大有革新气象。"但所谓的革新只是流于形式，国民党当局横征暴敛，败局已定。1949年4月24日，他感叹道："连日消息纷错，京、镇、苏、昆均于昨日相继易手，进军之速，殆可空前。沪上居民，仓皇无以应付，转复镇静。"① 这大致反映了上海解放前的社会现状，也是他对时局的基本判断。

全面内战爆发后，一些知识分子对战事、物价和社会动荡有切身感受，通过记载相关报道来揭示当时的社会乱象。如张怀伊为苏州老居民，住东白塔子巷，他接受了良好的西式教育，英文功底较深，曾在苏州光华中学等校任教。他长期订阅《中国英文评论周报》《苏州日报》《社会日报》《申报》《新闻报》等报刊，阅读范围较为广泛，其1947—1948年的日记中记载了不少报刊新闻和苏州社会见闻。如1947年2月24日，他读当日报纸并记载："共军攻胶州甚烈，国军坚守莱芜、博山。"3月24日，他上午读《苏州日报》《大江南报》两壁报，并记载数则新闻："三中全会通过惩办二月间因买卖黄金而掀起之金潮案。负责人宋子文、贝祖诒，并主张将两氏财产充公。""台湾扰乱案，中央将予陈仪以撤换。""苏联准备交还大连与我国，正在研究技术及接收方案。"其中，"金潮案"对苏州金店冲击很大，市面上的金店纷纷歇业。25日，他继续摘录报纸新闻："报称金饰店可以恢复营业，惟限制

---

① 范耕研：《蠹砚斋日记》，文史哲出版社2005年版，第335、368、377、429页。

每一种饰金不得超过二两，……又称行政院以王宠惠呼声为最高。"当日的《大江南报》载："收利得税人员威逼……德昌经纬店，……该店朱□秋因营业清淡无力缴付，一时气愤，于昨日乘人不备，自缢而死。"张怀伊对经济形势和政局颇为留意，时局动荡，物价飞涨，苛捐杂税重压，店铺纷纷倒闭。另外，他还关注国际国内要闻。4月11日，他记载报纸新闻："苏联暗助中共在东北军事行动，又载美苏关系不改善，第三次世界大战不能避免。"18日，他记载时政新闻："中常会通过孙科兼副主席，张群（任）行政院长，余四院无变更，又载省府派员来苏彻查米价，须照限价出售。"可见当时米价猛涨，市面混乱，各地抢米风潮涌起，社会继续动荡。5月7日，他综述《新闻报》新闻："昨日无锡发生抢米风潮，范围颇广，现已平息。杭州、成都等市亦曾发生同样事件。上海米价黑市已出三十万元，北京、汉口、济南米价面粉亦狂涨不已，福建竟达每石三十三万元。"抢米风潮很快波及苏州，身处苏州的张怀伊感触颇深。11日，他读《苏州日报》并记载："前日胥门外某某米店数家被抢，昨日阊金盘三门米店被抢七家，经军警弹压后即平息。"①

抢米风潮之后，北京、上海、杭州、南京等地的学生开展反饥饿、反内战、反迫害运动。5月19日，苏沪各报纷纷报道蒋介石发表《告全国大学学生书》："警告努力求学，勿为越轨行动，应各守法重纪。行政院决定紧急措置，维持《社会秩序临时办法》，禁止聚众游行，越级请愿。"21日，他关注《苏州日报》所载南京学潮新闻："南京某某大学学生聚众游行，经过珠江路，其时遇宪警干涉，发生冲突。"②学潮的广泛开展，表明国民党民心已失，社会进一步动荡。

张怀伊多次剪贴《申报》《新闻报》的新闻于日记之后，对时政要闻和

---

① 张怀伊：《孝思堂日记》，苏州博物馆编：《苏州博物馆藏近现代名人日记稿本丛刊》（卷三十七），文物出版社2018年影印本，第13、37—38、39、54、59、73—74、76页。

② 张怀伊：《孝思堂日记》，苏州博物馆编：《苏州博物馆藏近现代名人日记稿本丛刊》（卷三十七），文物出版社2018年影印本，第82、83页。张怀伊长期订阅报刊，他在1947年11月14日的日记中记载："余将《中国英文评论周报》（旧报）八十四本秤计十二斤半，每斤七千五百元，拎至景德路93号和记商店售与郁思锡，得价九万四千元"；11月18日，"以《社会日报》一大捆，……每斤七千元，得价八万四千元"。参见张怀伊：《孝思堂日记》，苏州博物馆编：《苏州博物馆藏近现代名人日记稿本丛刊》（卷三十七），文物出版社2018年影印本，第275、285页。

民生新闻较为留意。如他 1947 年 8 月下旬剪贴《申报》的新闻主要包括：
21 日，《公教人员生活补助费分区支给标准公布　京沪等十五地列为第一区》；27 日，《百万遗产应征税　税额最高推洽老》《魏使由日抵汉城　发表声明阐示此行目的》《华府权威方面分析魏使文告　盼我立即革新俾予援助》《王外长在政务会中述评魏使离华声明》；28 日，《评介两本英语文法》。① 他在数天内多次剪贴《申报》，尤其持续关注美国援助国民党政府的报道，摘录相关新闻并予以评论，内心充满期待。

随后，国民党政府制定的币制改革导致物价猛如虎，民不聊生。1948 年 6 月 5 日，他摘录两则新闻："一、改革币制说，已成过去，美国政府爱莫能助。二、京沪区五月份公教人员生活指数为五十万倍。"这表明国民党当局已陷入绝境，连公职人员都已穷困潦倒，难以生存。16 日，他又记载《苏报》上的一则新闻，描述的是苏州物价状况："白米每石一千万元，次籼每石九百六十万元，……生煎馒头每客六万元，馄饨每碗五万元，蒸馄饨每小笼五万五千元。"② 这些简要记载从一个侧面反映了当时的民生问题，也证实了国民党当局乱政害民，溃败不可避免。

与张怀伊同期生活在苏州的汪安之住在盘门西大街 71 号。从他的日记判断，他订阅的报刊数量不多，但他勤于阅报，还经常到省立图书馆、县民教馆读报。读报是他日常生活的重要内容，但他记载的新闻内容较少，对言论和历史掌故等方面较为关注，也偶尔记载时政新闻。如 1947 年 5 月 29 日，他读《中央日报》上的《言教不如身教》一文后，"颇有感于'士大夫'阶级于全民政治下，确无存在余地，惜乎世人不察，往往与'士君子'混为一谈，抹杀事实，其为害，将胜于洪水猛兽者，不为过言也"。他进而指出："不患士大夫之不获打倒，患乎士君子流之日见式微，不亦可痛也哉！" 30 日，他读《和平日报》所载谢冰心《关于日本》上半段，"知日本国民生活之艰困程度

---

① 张怀伊：《孝思堂日记》，苏州博物馆编：《苏州博物馆藏近现代名人日记稿本丛刊》（卷三十七）文物出版社 2018 年影印本，第 179、182、186、187、188、189 页。

② 张怀伊：《孝思堂日记》，苏州博物馆编：《苏州博物馆藏近现代名人日记稿本丛刊》（卷三十八），文物出版社 2018 年影印本，第 18、35 页。

相当严重"。6月11日,他读报并记载:"外蒙骑兵侵入新疆,以华制华,良用痛心!政府已提出抗议书,深愿即此得到结果,否则星星之火,可以燎原,世界人士应共鉴之。"18日,他读刊于《新闻报》的《世载堂杂忆》栏目中的《张季直与徐树铮(二)》一文,评论道:"余故以为缺乏中心思想,旁及政治者,往往难见效果,征诸徐氏而益信。"19日,他读《和平日报》之《舞台与银幕》栏目中的《童芷苓与摩登伽女》一文,"谓为童伶所演,'摩登伽女'乃尚小云剧本,未能得尚同意,故尚有登报启事,声明权利之说"。27日,他读《中央日报》副刊并记载:"安徽休宁女子某,见弃于其夫之有外遇,非但不有常人之怨怼,反而致祭其姑……"他认为:"在今日,吾人非但不能以礼教吃人衡之,行且颂扬其孝行可风之无已。"7月15日,他读《和平日报》中有关"天才与疯子只相差一分"的杂谈,并意犹未尽地评论道:"质直言之,天才简直与疯子无分高下。"11月12日,他读报得知蒋介石放弃竞选,以四字评论:"余颇惜之。"① 从他的读报记录看,他对世道人心、道德伦理问题颇为留意,并结合自己的认知加以评论。但在乱局中,他很少留心和抄录时政要闻,有些令人出乎意外。

解放战争时期,一些大学生的读报活动深受时局影响。如罗荣渠于1945年秋天考入西南联大。1946年秋,北大回迁至北平,他就读于北大历史系。《北大岁月》反映了他的四年大学生活,其中有不少阅读报刊的记录和感想,体现了这位大学生对时局的思考和对国家命运的关注。在西南联大期间,他对当时的学生游行活动较为留意。如1945年12月13日,他记载《大公报》的新闻:"成都学生罢课示威游行助余等。"当时在西南联大,学生们组织社团、出版刊物、发表自由言论,颇为活跃。他在1946年1月19日记载:"《学生报》出(刊),共三张,(售价)百元,多由同学领卖。"1947年5月,在国统区爆发了大规模的爱国学生运动,罗荣渠在北大目睹游行活动。他在20日的日记中称:"《大公报》的标题宛如'五四'重演,实在有此

---

① 汪安之:《汪安之日记》(第二册),苏州博物馆编:《苏州博物馆藏近现代名人日记稿本丛刊》(卷三十九),文物出版社2018年影印本,第8、9、10、30、40、41、53—54、76、254页。

感觉。"①

　　罗荣渠对报刊新闻的记录具有一定的选择性。如1947年6月29日，他读《平明日报》以大号铅字刊登的消息："美国宣布军火援华，计子弹一亿三千万发。"又读《大公报》新闻云"高等法院检察官通缉毛泽东"。他认为"缉令很有趣，实在是一篇妙文"。《平明日报》是国民党华北"剿总"的机关报，自然要突出"亲美反共"的主题。罗荣渠读后并未相信其盲目宣传，对所谓的"通缉令"更是加以嘲讽。有时读到报刊上颇有价值的文章，他便在日记中摘录。如1947年7月7日，他阅《申报》所载《贝多芬与"力"》一文，认为"因可供参考，故摘之"。该文作者"有影君"是傅雷的笔名，这篇文章颇有审美趣味，罗荣渠读后大发感慨。另外，对于《观察》等刊物，他也经常翻阅。1948年1月31日，他读到《观察》第三卷二十三期上报道四川混乱详情一文，又在《新闻天地》上看到《芙蓉城的桃色舵把子》一文，作为成都人，他对四川的局势颇为担忧："川局的黑暗混乱一天更甚一天，每一思及，令人痛心。"他在《大公报》社论上看到一篇讨论"圣"与"雄"的文章，是有关圣雄甘地遇刺身死的评论。他读后表示，"敬赞这位二十世纪最伟大的圣雄"。对于1948年6月的学生反美运动，他认为报上发表司徒雷登大使的谈话令人气愤，因为司徒雷登说"中国学生开展反美运动不应该"。而对于毛泽东，他内心充满崇敬。他在1949年1月15日的日记中记道："报载毛泽东对'元旦文告'已有反响。毛氏的话说得简单明了而有力，他指出蒋介石集团求和的虚伪，并提出八项和谈条件。"② 简短的评论表明了他的政治立场。

　　作为历史系学生，罗荣渠平时还阅读文史类杂志。如1948年8月2日，他阅《文学杂志》第二卷第十一期李长之的《陶渊明的孤独之感及其否定精神》一文，认为该文"论人生之肯定与否定甚佳，摘录细玩之"。31日，他读《中建》第三卷第六期容肇祖的《一个觉悟的思想家——唐甄》一文，"文内介绍了唐甄的生平及其著作《潜书》上下篇"。11月22日，他又读北

---

① 罗荣渠：《北大岁月》，商务印书馆2006年版，第19、27、124页。
② 罗荣渠：《北大岁月》，商务印书馆2006年版，第145、148、236—237、302、448页。

平版《中建》第一卷第九期念慈的《自由主义在中国的实践》一文，认为"论述甚为公道"。① 此类阅读杂志的经历，他在日记中有不少记载和评论，说明他对专业期刊较为关注，并注意吸纳各种新知识、新观念。

同样作为在校大学生，徐天瑞在天津解放前夕对战事颇为关注。他对天津的未来感到忧虑，通过报刊了解"城事"。他在1949年元旦读报后记载："昨日晚九时许，（位于）津西西营门西南十华里（的）侯家台子，有林彪（所属）第九纵队约千余人'鼠扰'。"从他的用词可以看出，他对中共军队并不友好。当月3日，他阅读《晚报》，得知"首都（高举）和平旗帜，……又闻李宗仁继总统位，蒋总统有辞职说"。他似乎对天津的"和平"抱有很大希望，却并不了解天津守军的顽固立场。5日，他阅报悉知"和平空气全国益浓，但共党仍无反应"。其语气中略带指责的意味。但天津守军顽抗到底，至7日，他读报并记载："平津共军围困之兵力，已在十二（个）纵队以上，有五十万人的样子。"解放军已兵临城下，他还抱有幻想。9日，他阅《民国日报》得知"（蒋）总统将往台湾小休。（天津）和平问题有新进展"。② 这显然是该报一厢情愿的说法。五天后，解放军对天津发动总进攻，29个小时后，天津宣告解放。徐天瑞仅依靠报纸获得的消息来观察时局，显然产生了误判甚至错误认知。

以上这些个案主要分析了知识分子在解放战争时期的读报活动。但大陆解放前，一些知识分子迁居台湾，他们对时局的了解和判断如何，也值得我们关注。著名作家兼报人包天笑于1948年7月1日抵达台湾，之后的一年多，他坚持写日记，记载其日常生活和阅报情况。彼时，包天笑已72岁，但他对时局仍有敏锐的观察。他与台湾报界人士也有不少交往。如他在1948年11月22日的日记中记载："朱庭筠送信来，嘱于《华报》写稿，并赠送《华报》一份。余以为《华报》若编辑得好，正可畅销，以此为台湾破天荒之小型报也。宜多登载上海各报所未载之遗闻轶事，因为阅内地人民多数也。"这

---

① 罗荣渠：《北大岁月》，商务印书馆2006年版，第336、358、402页。
② 王勇则：《津门开岁：徐天瑞日记解读》，天津古籍出版社2015年版，第56、67、77、87、106页。

代表了他在台湾办报的基本理念。当时,他也可以通过各种途径收到大陆寄来的报刊。如 11 月 24 日,他读《观察》并记载:"中有观察记者之《大局的抢救》一篇,中分为'军事上的抢救:建立新兵团和新防线。经济上的抢救:铸金圆、售国产、豪门出钱。人心上的抢救和政治上的抢救:? 和?。海外小救星,蒲立德来矣。'大致是说所谓抢救者,乃一无是处。"显然,他认为这些所谓的"抢救方案"是纸上谈兵,毫无新意。26 日,他读《大公报》所载新闻:"马歇尔表明美国对华政策,彼言:美国深虑中共在中国得势,但对于援华,决审慎从事。"他虽未评论,但这则国际新闻发出的政治信号颇值得注意。同时,报纸上有关他的报道,他也会留心记载。12 月 3 日,他读《大公报》并记录:"袁雪芬、范瑞娟将重演包天笑原著之《一缕麻》,在大上海戏院演出,其收入则完全充作雪声剧团工作人员之福利。"他记之不议,"隐喻"他的剧本颇有影响。5 日,他关注《大公报》所载一则灾难新闻:"招商局之江亚轮,于三日夜开宁波,在吴淞口外海面发生爆炸。江亚轮沉没,旅客一千六百余人失踪,大都已经罹难,生还者只有九百人抵沪。"如果说此类灾难他难以弄清原因,只是记载事实,但有关中共方面的报道,他则特别关注。6 日,他读当月 3 日香港《大公报》并加以评论:"颇多共军消息,且其所收之共产党广播均来自上海,实可惊异。有许多外国通讯社发播的新闻,也多为中共张目也。"这大致反映了中共已取得巨大的国际影响力,国际形势对国民党极为不利,国民党恐无力回天。22 日,他摘录《大公报》有关平津市面的报道:"北平被围已七日,室内电灯受阻,水源亦不畅,居民凿井,煤油、蜡烛奇贵,物价继续飞涨。"这表明平津已危在旦夕。27 日,他关注国民党关闭《观察》一事:"内政部原电说:查《观察》周刊,言论态度,一贯反对政府,同情共匪,曾经本部予以警告处分在案。乃查该刊近日变本加厉,继续抨击政府,讥评国军,为匪宣传,扰乱人心,实已违反动员戡乱国策,……予以永久停刊处分云云。"① 此段言论说明国民党新闻管制之严厉,

---

① 包公毅(天笑)著,孙慧敏、林美莉校注:《钏影楼日记(1948—1949)》,"中央研究院"近代史研究所 2018 年版,第 5、7、9、17、19、20、35、40 页。

也从一个侧面反映了国民党和蒋介石失败的命运。

1949年元旦后,包天笑对国民党的失败已了然于胸,日记中对新闻记载较少。1月21日,他记载《大公报》转载合众社消息:"蒋介石于廿三日离京,先往福州,后至台湾。"蒋介石黯然下野,国民党败局已定,而中共已在为筹备新政协做准备。7月9日,他读《工商日报》得知"马寅初、黄炎培、陈叔通等均至上海,所谓政协人员有八十一人,马谓上海经济有好现象"。① 这些新政协人员中有不少是他的好友,他读后的感想如何,不得而知,但筹备新政协的消息表明国民党已在大陆难以立足。包天笑在台湾的读报活动看似随意而记,但新闻文本蕴含着丰富的内容。他虽然没有直接批评国民党,但记载的新闻暗含着他的一些观点。对于国民党败走大陆,新闻本身提供了线索。他记录这些新闻不仅是表达对时局的关注,也给国民党的失败下了"断语"。

二、解放区的报刊阅读与革命话语

解放战争时期,中共各类党报和部队报刊都在各解放区部队广泛发行,部队官兵阅读报刊的条件大为改善。不少指战员和基层士兵都在空闲时阅读报刊,了解战事新闻,学习文化。报刊作为部队政治工作的重要载体,成为基层部队官兵集体学习的重要内容。不少基层部队组织了读报组,集体学习和讨论报刊新闻,开展学政治、学英雄、学典型活动,还通过读报组进行识字活动,不少官兵还养成读报、记日记的习惯,摘录报刊重要新闻并加以分析和体会,提高自己的政治文化和时政学习能力。尽管从整体上看,由于战争环境极为艰苦,有关解放军官兵留存的日记并不多见,一些老革命者的自述和回忆录中虽然有读报的叙述,但比较笼统,加之年代久远,部分记述不一定准确。基于此,我们可以通过一些个案分析他们的阅读经历和思想动态。

抗战胜利后,毛泽东不仅喜爱读报,还通过报刊与社会各界人士广为联

---

① 包公毅(天笑)著,孙慧敏、林美莉校注:《钏影楼日记(1948—1949)》,"中央研究院"近代史研究所2018年版,第63、187页。

络。如他在延安期间便与王若飞的舅舅黄齐生有书信来往，并借报刊供自己一阅。1945年12月29日，他致信黄齐生："若飞寄来报载诸件附上一阅，阅后乞予退还。其中国民党骂人之作，鸦鸣蝉噪，可以喷饭，并付一观。"① 1946年1月28日，他在报上读到柳亚子的言论，颇为高兴，专门致信云："阅报知先生已迁沪，在于再追悼会上慷慨陈词，快何如之。"② 1948年4月27日，在河北省阜平县城南庄办公的毛泽东，得知老报人、老革命蓝公武住在附近，便致信："三十年前，拜读先生在《晨报》及《国民公报》上的崇论宏议，现闻先生居所距此不远，甚思一晤。"③ 蓝公武虽比毛泽东仅年长6岁，但1918年时，他已是报界名流，毛泽东对其在报刊上发表的大量评论，颇有印象。这说明毛泽东以报纸为媒介，通过多年前的读报记忆，为私人交往提供了"话题"。

解放战争时期，不少解放军指战员和政工干部也喜欢阅读报刊新闻，如李任之的日记中就有不少读报记录。他于1947年4月担任淮北地委副书记，1948年7月，又担任江淮地委书记兼第三军分区政委。他忙于行军作战，指导土改，处理日常行政事务，工作极为繁忙，但作为曾经的抗日军政大学学员，他对新闻工作颇为重视，平时也注意搜集和阅读各类报刊。他的日记中有不少读报记录，颇能体现他对时局的阅读和研判。如他在1947年7月4日的日记中写道："十几天没看《大公报》了，花了一上午将十几份一齐看完，看看报，听听收音机……"忙里偷闲，看报、听广播是他生活中的一大趣事。19日，他在会后看了整份《苏北日报》合订本，颇有感触地记道："《苏北日报》材料不少，对我们帮助很大。刘邓又获一惊人胜利。"9月26日，他在日记中又记载了收到《苏北日报》的情形："黄科长从苏北回来到我处，当中有一个穿黄衣服的我不认识，从山东来的。他们谈了苏北情形，敌人'扫荡'

---

① 毛泽东：《致黄齐生（一九四五年十二月二十九日）》，中央文献研究室编：《毛泽东书信选集》，中央文献出版社2003年版，第244页。

② 毛泽东：《致柳亚子（一九四六年一月二十八日）》，中央文献研究室编：《毛泽东书信选集》，中央文献出版社2003年版，第247页。

③ 毛泽东：《致蓝公武（一九四八年四月二十七日）》，中央文献研究室编：《毛泽东书信选集》，中央文献出版社2003年版，第276页。

第九章　解放战争时期报刊的发行与阅读

淮、宝。交给我们不少《苏北日报》和书籍，真是宝贵的东西。"这说明他对《苏北日报》非常珍惜，迫切需要从该报中了解新闻，观察时政。此外，到战友处聊天也为他读报提供了机缘。如12月22日，他"到赵、王处玩，把山东《大众日报》五六月份的合订本均看完了"。读报纸成为生活中的大事，他往往会在日记中呈现当日的阅读经历。如1948年1月4日，他读完《拂晓报》新年特大号10版后总结道："第一版已登出毛主席12月16日在中央执行委员会作的《目前形势和我们的任务》的报告，这是我党今后斗争的方向和争取革命胜利的历史性文献，我连夜抽空看了一遍。"4月4日，他"借来13期《新华日报》"。8月19日，他看了不少《江淮日报》《新华日报》和文件，并在日记中展开述评和思考："最近报纸显示一个特点，就是组织学习普遍开展。《新华日报》连续登载一些关于加强党的纪律性、统一性、发扬自我批评等的文章，这对于建党的意义是很大的，大大警惕了自己在近一个时期学习的不够。"① 这些零散的读报活动散布于他的日记之中，但他视报纸为政治读物和学习工具，在阅读中颇具仪式感和嵌入感。

作为解放军高级政工干部，王紫峰先后任晋察冀军区直属政治部主任，北岳军区第一军分区司令员，华北军区第六纵队副政治委员，第二十兵团第六十六军政治委员。他平时留心报刊，关注战事动态，并注重分析评论。如1946年10月28日，他读报后，记录了保定以北漕河头战斗缴获情况如下："毙伤团长、团副各一，俘团长、团副四人；获迫击炮十门、轻重机枪一百二十挺、步枪二百五十余支、掷弹筒五十余个。其他军用品甚多。"报纸上有关我军获胜的新闻，是他关注的重点，而一旦有几天没有收到报纸，他便感到不安。如11月4日，他在日记中称："三天没来报纸了，大概是报馆搬家的缘故。"12月5日，他读报获知延安总部公布11月战绩："歼敌正规军六个旅，连地方部队与伪军，共毙、伤、俘六万人。我方失去十六个县，收复十五个县。"他读后颇感兴奋，指出："从此可以看出，蒋方已开始走下坡路，

---

① 李任之：《李任之日记》，安徽人民出版社1988年版，第25、33、61、97、103、146、223页。李任之在日记中提及的《新华日报》并非重庆出版的《新华日报》，应为《新华报》，为中共中央华中局机关报兼新四军军部机关报，1942年7月1日在江苏阜宁县创刊。

我们接近反攻收复失地的时候了。"胜利的消息不断传来，20日，他读报纸新闻得知"十六日收复宝坻，据不完全统计，将城内河北省保安十九总队三大队、县保安队、蒋记县政府、还乡团等六百余人，一网打尽"。25日，报纸又有捷报："本月二十日十九时至二十二日三时，我军于满城以东地区，歼灭蒋五十三军一三〇师的三八八团（美械）。"1947年1月8日，报纸刊登了山东方面的急电，称"进攻鲁南之蒋二十六师师部、四十四旅、一六九旅，二十八师之八十旅，直属炮兵第五团及战车营，被我全部歼灭"。28日的报纸又传来捷报："鲁南十八天自卫反击作战，毙、伤、俘蒋军五万人，彻底歼灭其五个旅四个团。"① 此类捷报，王紫峰在日记中不厌其烦地抄录。1947年2月后，除了记载报刊新闻，王紫峰还根据电报、电台获知军事胜利的消息。

对于时政问题和国际新闻，王紫峰也较为关注。如1946年12月11日，他读报得知"蒋介石的发言人彭学沛——国民党中央宣传部长答记者问称：国民党把日本战犯冈村宁次留在南京，充当所谓遣送日俘、日侨的联络员"。他进而评论道："见此消息，真使我恨之入骨！蒋介石所干的事，没有一件不是亲者痛、仇者快的。"22日，他读报后写道："华莱士在《共和周刊》上撰文，主张美国交出原子弹及停止制造原子弹。美远东问题专家拉铁摩尔等，要求美政府停止单方面对中国的'调解'。中国的和平、民主问题，应由苏、英、美、法共同组织调解。"② 作为高级指战员，王紫峰忙于在前线作战，只能在空闲时坚持写日记。因此，他记载的内容比较简略，有时会间断数天甚至一个月，但报纸新闻是他日记中的重要内容。

解放战争期间，王恩茂先后担任西北野战军二纵政治部主任、副政委，在艰苦的战争环境中，收阅报刊颇为不易。他在1948年12月1日的日记中写道："从11月14日出发作战以来，看不到报纸，今天来了大批报纸，因而饱看了一顿。"1949年之后，他任第一野战军第一兵团第二军政委，在行军作战的间隙偶尔读报，仍然颇有兴味。他在10月5日的日记中记载："来了

---

① 王紫峰：《战争年代的日记》，中国文史出版社1986年出版，第179、184、186、189、191页。
② 王紫峰：《战争年代的日记》，中国文史出版社1986年出版，第184、186页。

许多报纸，饱看了一顿，感到十分舒服。"① 此类表白揭橥了他对报刊的特殊感情。

与王紫峰、王恩茂这样的政工干部相比，一线作战员的读报记录更为难得。如著名的"皮旅"旅长皮定均，虽在1946—1949年记有日记，但主要以总结军事斗争和部队见闻为主，仅在1947年1月24日，他读报的内容是有关国民党军官被解放后的各种情况。他在日记中写道："特别是他们在座谈会上的发言使我有很多感触。他们的两个政治工作人员谈出了内心的话。他们做了很多反共的工作，很后悔。"② 而担任军委秘书长的杨尚昆则忙于军委的日常工作，其日记中也以记载工作和生活经历为主，很少有新闻叙事。1949年1月15日，天津解放后，杨尚昆看到2月7日的《天津日报》，"是接管的《国民日报》的底子，使人兴奋"。③ 这一记载体现了他对《天津日报》创办的深刻印象。不过，对这些偶尔读报活动的记载，难以体现他们对报刊新闻的整体认知。

相对于高级干部，基层政工干部阅读报刊时往往关注时政述评，留心学习。如郑文翰在解放战争期间一直从事基层部队政治工作，先后担任营政治教导员、团政治处主任、团副政委、政委等职，他对报刊宣传工作较为重视，平时也注意阅读报刊。如1947年1月6日，他看了《战烽报》上的"一二篇文章"之后，认为"最近《战烽报》的进步不够，特别是版面模糊不清"，说明他对基层部队的油印报刊较为关注。2月1日，他读参考材料中转载自长春《中央日报》的文章，其中有一篇题为《国军能否消灭共军》。他读后记载："自内战以来国军已经三次失掉了消灭共军的机会……那时不能消灭，现时更无希望与可能。"此类言论居然出现在国民党报纸上，他颇感奇怪，写道："不知此文为何能在《中央日报》上发表？"2月5日，他读《群众》第八期的几篇文章，"主要是关于深入与巩固群众工作的问题"。9日，他读当月"5、6日报纸和捷报"，得知"最近内战中心为鲁南和冀鲁豫，蒋军正准

---

① 王恩茂：《王恩茂日记——解放战争》，中央文献出版社1995年版，第330、457页。
② 皮定均：《皮定均日记》，解放军出版社1986年版，第109页。
③ 杨尚昆：《杨尚昆日记》（上册），中央文献出版社2001年版，第36页。

备大举进攻鲁南，我军 1 月份内收复县城 20 余座，蒋兵力不足之弱点已充分暴露"。27 日，他读"敌之《吉林日报》"，认为"其无聊造谣甚多"。4 月 6 日，他读《东北日报》转载自新华社的社论《穷凶极恶，走向崩溃》，颇有感触地评论道："对目前时局有透彻之分析，指出蒋之崩溃可能颇快的到来。"①

对于解放军在前线作战的捷报，他也非常重视，往往在读报后留心记载。如 4 月 11 日，他读报后记载："辽东军区歼敌十三军八十九师全部另一个团，生俘 8 000，是关外第一大捷。" 26 日，他读团政治处送来的一些报纸，总结了解放军的最新战果："最近陕北歼敌一旅，刘伯承部歼敌二个旅，晋察冀歼敌万余，两周收复 10 余城，新华社社论指出蒋军已走下坡路，战局已到转折点。"对于连队创办的小报，他也注意阅读。12 月 20 日，他到一营看了各连出的小报，认为"其中二、三连的较好，出的及时又能起到作用"。② 之后，他还多次提及阅读《东北日报》《人民日报》的经历，注意通过报刊分析时局，学习社论，提高政治觉悟。

相对而言，在后方从事新闻工作的基层干部李春溪则有较多的时间阅读报刊，并通过日记记录读报心得。早在抗日战争时期，李春溪在保定便经常阅读《冀中导报》和《晋察冀日报》。抗日战争结束后，国民党制造事端，向解放区发动进攻。1945 年 11 月 11 日，他读报获知"在磁县与邯郸之间，国民党反动派集中强大兵力，妄图沿平汉线北犯我晋冀鲁豫解放区。在我刘邓野战军有力阻击和政治攻势下，高树勋将军率部起义，国民党二十军和四十军已全部放下武器，7 万之众只逃掉两三千。山西晋军被我解决了 3 个师。傅作义部也被我瓦解一部，看其势头再不敢那样猖狂了"。第二天他在党校上课，"先把《晋察冀日报》登载的阳高县西靳家窑村群众翻身的文章读给大家听。内容是说村里的地主老财依仗权势，残酷压榨剥削农民，共产党来了，

---

① 郑文翰：《郑文翰日记：解放战争时期》，军事科学出版社 1998 年版，第 7、19—20、21、23、30、42 页。

② 郑文翰：《郑文翰日记：解放战争时期》，军事科学出版社 1998 年版，第 44、49、131 页。

穷人们组织起来,夺了地主老财的权"。① 报纸新闻为他的课堂讲解提供了丰富的案例。

1946年6月,国民党军队全面进攻山东解放区,李春溪从报纸上得知"山东省德州和周村等据点为我军攻克的消息,大汶口也被围告急,青岛陷于危机"。他当时不太相信这个消息,但18日傍晚,他收到复刊周年纪念的《冀中导报》,上有大字套红标题:"应山东广大人民之请,胶济、津浦线讨逆作战势如雷电,我军解放张店、周村、胶县、德州、泰安和枣庄,胜利辉煌,解决万恶伪军一万五千人。"9月17日,他读当天的《冀中导报》,得知冀鲁豫我军又获大捷:"歼灭蒋匪军4个师,军长赵锡田被我俘获。"《冀中导报》成为他了解战事的新闻来源,也是他指导工作、了解解放区生产生活情况的重要信息来源。如1947年8月22日,他从《冀中导报》上看到"南部地区旱情很严重"的消息。②

1947年3月,国民党军队大举进攻延安。23日,他记载报纸所登新华社评蒋介石发动的"爱国护权"运动,他认为:"所谓'爱国',无非是爱帝国主义卵翼下之国;'护权',无非是护蒋介石独裁之权。的确是这样,不见蒋管区各地民变蜂起吗?尤其台湾省2月28日自发起来的反独裁统治和要求民主自治运动,都是对蒋介石独裁卖国的严重揭露和打击。"第二天,李春溪听闻蒋区报纸登有胡宗南部19日占领了延安的消息,但因他见22日《冀中导报》上还登有19日延安广播的消息,甚至疑惑。他认为:"延安的失陷,将比张家口的失陷影响大得多,也会在国际上有所震动。我感到失陷得有些太快了,不久前保卫延安的社论还说:'把敌人消灭在延安门外'呢!这可能指的是将来。毛主席早就指出,战争的胜负,不决定于一城一地的得失,而主要在于保存自己,消灭敌人有生力量。延安的撤出,正是在这一战略思想指导下,按计划撤离的。"③ 作为基层干部,他在日记中对延安失陷的分析颇能展露他的真实想法。

---

① 李春溪:《战时回忆和日记》,中共保定市委研究室1997年内部印刷,第107页。
② 李春溪:《战时回忆和日记》,中共保定市委研究室1997年内部印刷,第226、273、419页。
③ 李春溪:《战时回忆和日记》,中共保定市委研究室1997年内部印刷,第346、347页。

李春溪非常注重收集资料，保存报纸。如 1946 年 8 月 13 日，他把近日抽查和传阅的报纸归置到一起，进行整理，并按月装订起来，作为备查的历史资料。1948 年 6 月 28 日，他翻出《冀中导报》上的《时事座谈》栏目作为教学和研究参考。7 月 31 日，他所在的机关总支部学习了《冀中导报》于 6 月 19 日刊载的苏联伏蒂耶娃所写的文章《列宁论苏维埃机关人员应如何工作问题》，"机关党总支通知，把这篇文章当作当前中心学习材料，认真学习，联系实际。进行反省"。1949 年 2 月 28 日，他把保委会从日本投降到保定解放期间积攒的《冀中导报》《晋察冀日报》等按月进行整理。他认为，报纸在宣传工作方面是必备的资料，应该保管好，"但整理中，发现缺页很多，甚至缺整月的，没法再找齐，这肯定对查阅资料有影响"。① 李春溪重视利用和保存报纸，为他以后参与创办《保定日报》积累了一定的经验。

三、进步作家的读报活动与革命情怀

解放战争时期，大量进步作家在解放区从事文艺创作和宣传活动，他们或创办报刊，或深入广大农村进行实地调查、采访，或到工厂、学校、部队进行演讲，以极大的热情投入进步文艺和宣传工作。他们具有较高的知名度，经常给报刊投稿，并通过大量的文艺作品影响广大读者。同时，他们勤于学习，注意阅读报刊，形成了阅读—写作—发表的文艺创作体系。但是，在战争环境下，作家们有关读报的记录并不多见，我们只能借助一些零散的记载来解读他们的读报活动。

1945 年 11 月，作家萧军随彭真来到东北，积极参与党的宣传和文艺工作，与文艺界人士广泛交往，关注新闻动态。他的《东北日记》中有一些关于办报、读报的记录，所阅读的报刊主要有《东北日报》《东北丛刊》《小说月报》等。如他在 1946 年 2 月 5 日记载："看了报上有去古北口等地的劳军团，我突然地也动了出去活动的念头，便去和邓拓讲了。" 26 日上午，他去

---

① 李春溪：《战时回忆和日记》，中共保定市委研究室 1997 年内部印刷，第 253、583、597、707 页。

报社翻看了近来一些报纸、刊物,"为的(是)收集一些关于'东北问题'的材料"。3月9日,他又去报社资料室翻看一番过去的报纸,"大都是在谈东北问题"。7月3日,他上午翻《东北丛刊》,"心情甚不愉快"。12月28日,他读了《合汇日报》上刊载的一篇学生们的信,"里面提到我讲演给他们的影响"。1947年10月23日上午,他读了《东北日报》上一篇日丹诺夫关于苏联哲学问题的发言,"从这之中可以看出苏联哲学界的凡庸和贫困"。1948年4月22日夜间,他读旧《小说月报》二十二卷第一号,包括"《最近法国文坛对美国的评判》和《托尔斯泰孙女回忆录》"。① 这些零星的读报记录并无内在的逻辑关系。相对于文艺创作和新闻写作,读报活动在他的记忆中并不占据重要地位。

与萧军相似,阿英在抗战胜利后的读报记录较少。1946年9—10月,阿英在苏北解放区从事文艺战线的领导工作。他阅读《新华日报》《苏联文艺》《清明》《青年生活》等报刊,但对相关内容较少摘录和评论。1949年4—9月,他的《文代会日记》中有一些阅读报刊的记录。如4月14日,他在天津,"至街头买《天津日报》及《进步日报》阅之";18日,《天津日报》发表他来津消息,但误以为他自华东来。5月1日,他读《天津日报》增刊,"关于工娱总结及记录者一版,有一些新的材料,《天津日报》未之见";10日,他至北平参加文代会;21日,"他借《华北文艺》第四期一册"。6月4日,他收到《文艺报》第五期;7日,他看《文艺报》,"准备明日参加座谈会";21日,"傅惜华同志以《国剧画报》合订本第二册见赠,内材料不少";22日,他收到黄药眠、钟敬文两同志送来港刊之《"五四"三十年》及《方言文学》各一本。在文代会取来《文艺报》六、八各一册。7月9日,他收到《文艺报》第十期。8月18日,他"看连日《参考消息》"。② 在文代会期间,阿英阅读了大量文艺报刊,并与文艺界人

---

① 萧军:《东北日记(1946—1950)》,牛津大学出版社(香港)2014年版,第3、17、30、81、152、297、436页。
② 阿英著,王海波编选:《阿英日记》,山西教育出版社1997年版,第256、260、269、280、290、292、300、301、309、327页。

士广泛交往。尽管日记中只是一些零散的记录，却可以看出他对文艺作品有极大的兴趣。

与阿英相熟的胡风，在1949年也接触和阅读了大量文艺报刊。他在1月31日的日记中记载："王坪送来《生活报》一份。"2月9日，"马加送来三本《文学战线》"。3月2日上午，他剪报纸材料；8日，他阅读《进步日报》《人民日报》《天津日报》；30日，他看了《华北文艺》上的《红军回来了》和《走向胜利的第一连》两篇文章；31日，他看了《华北文艺》第1—3期上的若干篇文章。11月23日，他收到《人民日报》的稿费，有十五万元之多。12月1日，他看到路翎在《天津日报》上发表的《朱桂花的故事》。① 这些记载表明他对报刊和文艺作品颇为关注。

与胡风长期关注进步文艺作品不同，报人徐铸成1946年后任《文汇报》总主笔。他对《文汇报》倾注了大量心血。为了办好报，他认为："每天看报要详细，尤其注意国际的新闻发展。"1947年1月5日，他倾听"平心兄"的建议："（1）他希望《文汇报》成为真正读者的报纸，对于同人，应该设法多予进修的机会，浓厚学术的空气；同时应该严密组织，分层负责；（2）注意技巧，力量有时要分散，不宜太暴露，《生活》的遭受摧残，就是一个前车之鉴；……"他还引用顾颉刚的话说："回顾过去数十年，上海每有一种报纸领导文化界人士。民国以前为《民立报》，民初为《时报》，十年前后为《时事新报》，抗战前为《大公报》，现在则为《文汇报》。"他进而感叹："这番话，给我很多鼓励，真应再接再厉〔励〕，为中国报界树立一极好的模范，为民间报作出一榜样。"但是，内战爆发，物价飞涨。2月8日，"黄金涨至九十五万，白报纸一百万一吨，各报均感无法维持，《大晚报》《大众夜报》均将停业，经济已临崩溃边缘"。《文汇报》在极为艰难的环境中办报，至新中国成立前夕，报纸发行量猛增。徐铸成在1949年9月4日记载："已越二

---

① 胡风：《胡风全集·日记》（第十卷），湖北人民出版社1999年版，第14、23、35、39、47、126、128页。

万六千份。"16 日记载:"已涨至三万八。"22 日又记载:"知报已逾四万。"① 当然,该报发行量的快速增长,与徐铸成秉持的办报风格有直接的关系。

与上述文艺界、报界知名人士相比,徐光耀则是解放军的一名业余作家,他长期生活和战斗在基层部队,具有丰富的创作经历,并经常给报刊投稿,发表反映解放区生活的小说。他在解放战争期间逐步成长为一名战地作家,形成了长期记日记的习惯。他的日记起于 1944 年 1 月 1 日,几乎每日一记,内容颇为详细,其中有不少关于读报、剪报、投稿的记录。他经常阅读《解放日报》《晋察冀日报》和《冀中导报》(简称《导报》)等报纸。他在 1948 年 3 月 30 日的日记中写道:"早饭后,躲在屋里又是一阵看报。近来我看报的习惯似乎是养成了,每天不看便觉得丢了一件东西似的。"② 看报已成为他军旅生涯的重要内容。1945 年 11 月 30 日,他对近期报纸新闻进行了分析和总结:"不要光看报纸上'国民党大军有多少万进攻我解放区,今日陷我×城,明日占我×镇'的行为就被吓住了,需知道这是我党宣传策略上为了保卫胜利果实,准备反击顽军争取'有理'的必要措施。同时也证明我党是有力量把胆敢进犯的顽军击溃的,因为只有有力量而且相信自己力量的报纸,才敢大大地宣扬敌人的力量。"他进而指出:"要相信《解放日报》的话,'我们同日本强盗打了八年,并没有输给他',我们是不会输给任何斯科比与顽固军队的。"③ 这是他对我军在战略防御阶段的新闻报道作出的较为中肯的分析。

他经常给解放区的报刊写稿,并收到发表的作品和稿费。如他在 1946 年 10 月 1 日记载:"昨上午,给《冀中导报》和《前线报》各一封信,寄去几个歌子,其中有我的《保家谣》。"12 月 11 日,他收到"《前线报》500 元稿费,《导报》200 元稿费",又发现《导报》上登出了自己所写的《李棍子和

---

① 徐铸成著,徐时霖整理:《徐铸成日记》,生活·读书·新知三联书店 2013 年版,第 4、9、14、26、35、41、44 页。
② 徐光耀:《徐光耀日记》(第二卷),河北教育出版社 2015 年版,第 52 页。
③ 徐光耀:《徐光耀日记》(第一卷),河北教育出版社 2015 年版,第 103、104、105 页。

他的爆炸品》，心里"好生快活"。此后，他多次记载自己的作品在报刊上发表的情况。如 1947 年 3 月 3 日，他看《导报》，"见副刊内有我的《顽军日记抄》"。3 月 6 日记载："《导报》2 月 27 号报副刊登着我的《周玉章》，前面还加了一些按语。"5 月 9 日，他"把信封了，就匆匆把'失'抄起，给《联大生活》"。① 1948 年 12 月 31 日记载："昨日晚上见《人民日报》四版登出了我的《纠纷》，恰在除夕之日，1948 年的最后一篇文章出来了。"② 给报刊投稿成为他写作的重要目的，而看到自己的作品发表，他自然很有成就感。他的战友朱子奇也经常给《解放日报》写稿，徐光耀在 4 月 9 日的日记中记载："我翻了翻《解放日报》，看了看他的创作之三，里面净贴着他的剪报，发表了他自己的文章。使我知道，他的事业思想也是相当强的。我应该向他学习。"③

为了积累素材，徐光耀喜欢剪报。他在 1945 年 5 月 4 日记道："用我那'通讯'本子，把各种报上的好的通讯剪贴下来。如能继续下去，天长日久，一定能网罗到好多有意思的东西。并且把《晋察冀日报》增刊上的两个苏联英雄介绍——一个是游击队长郎诺夫，一个是超等射手莫连赤可夫，剪下来单独保存起来。"1946 年 11 月 27 日，他又记载剪报的情况："昨晚，我 20 分钟内剪了 30 余张《晋察冀日报》的剪报，把副刊和漫画都剪下来。"12 月 16 日又记载了剪报的过程："又剪了一阵报，把《晋察冀日报》副刊的精华都摘下来了，这是生平最满足的一次剪报。"④ 这些剪存的报纸可以作为随时翻阅的资料，对他的写作和创作活动有较大帮助。

1948 年年初，解放军全面进入战略进攻阶段，各地战场不断传来胜利消息。1 月 20 日，他看报，"得知东北最近歼匪 16 000 人——2 个整师，1 个军部，给陈诚严重打击"。2 月 25 日记载："前日晚，见一张《张家界日报》，载东北我军又歼敌两师，克鞍山和法库，五战五捷，冬季攻势已歼敌 7 个整

---

① 徐光耀：《徐光耀日记》（第一卷），河北教育出版社 2015 年版，第 197、237、291、292、327 页。
② 徐光耀：《徐光耀日记》（第二卷），河北教育出版社 2015 年版，第 237 页。
③ 徐光耀：《徐光耀日记》（第一卷），河北教育出版社 2015 年版，第 308 页。
④ 徐光耀：《徐光耀日记》（第一卷），河北教育出版社 2015 年版，第 74、229、247 页。

师,真气势!"3月4日记载:"随报来了个胜利消息,西北解放军空前大捷,歼敌一军部,一师部,四个整旅。另外,在《冀中导报》上证实我军确收复营口,一个师起义。"① 这些胜利的消息令他目不暇接,喜不自禁。

通过读报和写稿,他结识了不少文艺青年,并经常与他们通信往来,有时一些书信还在报纸上登出。如他对作家孙犁很关注,1948年9月11日记载:"现在《石家庄日报》办得还好,有东西可看,文艺副刊上载孙犁的《种谷的人》一短篇,本想看看,可惜当时未沉下心去。不管怎样,他又在写东西了,是一可喜现象。"他还通过读书获知一些报人办报的经验,如10月2日,他把《编辑写作群众化》一书读完,"其中感我最深的是李敷仁的《老百姓》报,办那样一个群众报,才真正过瘾"。②

1948年10月后,徐光耀经常阅读《参考消息》《新闻简报》《每日电讯》《人民日报》《晋绥日报》等报。如他在15日的日记中称:"近对《参考消息》颇感兴趣,我各路大军都展开进攻,西北我军歼敌两师大部万余人,济南我大军已南调,国民党大叫华中将有大战。东北我军攻锦州,北宁、平绥也颇使敌头疼,太原外围不断小叮咣,大概也快开始动作了。"11月12日记载:"今日《参考消息》上合众社称:(宁三十日电)杜聿明、廖耀湘已在突围众失踪,其惊呼狂喊已至癫狂状态。"③ 解放军不断获胜的消息令他振奋不已。

1948年11月,北平成为舆论关注的焦点,19日,他看《参考消息》所载美联社的预测:"(1)傅不拟据守北平,因不易固守,且平在华北无重大军事价值。蒋介石让之撤兵至长江共守,傅不同意。(2)'傅作义一有共军压力迹象时,将率兵西进,而与马步芳、马鸿逵会合。'"20日,《参考消息》又报道,蒋介石已把华北全权赋予傅作义,"有必要时可以放弃最重要之城市"。23日的《参考消息》继续报道:"林彪大军正经由长城源源入关,直奔唐山,……预料,即使傅作义可以跑掉,也绝不会安安生生一毛

---

① 徐光耀:《徐光耀日记》(第二卷),河北教育出版社2015年版,第4、31、36页。
② 徐光耀:《徐光耀日记》(第二卷),河北教育出版社2015年版,第160、177页。
③ 徐光耀:《徐光耀日记》(第二卷),河北教育出版社2015年版,第185、204页。

不损的跑掉，而损兵折将二分之一便是他的便宜。"1949年2月10日，他在炕上读到北平《人民日报》上一则消息，"是新华社转播的美联社穆萨和合众社基昂报道的北平人民欢迎解放军入城的情绪。说是未反映了人民的真正情绪，北平人民在欢迎征服者上是素享盛名的"。对于外国记者的讥讽和挖苦，他颇为不满地写道："看起来就会使人激动得要跳。当时就把我气坏了。"①

北平和平解放后，新版《人民日报》刊登了大量文艺作品，徐光耀甚为关注。2月6日，徐光耀在北平清河街上见到北平版《人民日报》刊登了刘剑青的诗。8日，他收到北平版《人民日报》，他赞叹："印得真好，编得也漂亮。"2月21日，《人民日报》登出了鲁煤长达三分之二版的大稿，他写道："这是第一个刺激，想起黎白在日常生活中也能写稿，越想自己是越倒退了。"2月22日，他在日记中透露："连日《人民日报》上大学生的稿件我都是尽先看，这是一种什么阶级本质呢？我怎的这样迷了大学？迷了大学生？"② 徐光耀经常结合一些作家的作品进行对比，发现自己的不足，进而激励自己努力写作，以不断提高自己的创作水平。

值得指出的是，在解放战争期间，一些作家很少记载他们阅读报刊的情况，但这并不意味着他们平时不读报。如郑振铎仅在1948年1月31日的日记中记载："阅报，知甘地被刺死讯。"③ 韦君宜也仅在1948年10月20日的日记中称："读了一本《解放》，陈伯达论知行的文章，有及阳明学说处，理解似有误，只是刻板的抱住马列学说，向一切东西上套，不能真正潜心于一种先哲思想——这是宣传家的本领，岂是治哲学的态度？"④ 杨沫在1949年2月26日"整个傍晚与夜间都读着报纸与《参考消息》"，并特地写道："对报纸与《参考消息》的嗜读，成了我目前生活中的惟一快乐。因为现在我没有工作，又许久没有过组织生活，许多熟同志，都已去了北平。整天整天，我屋

---

① 徐光耀：《徐光耀日记》（第二卷），河北教育出版社2015年版，第207、208、210、260页。
② 徐光耀：《徐光耀日记》（第二卷），河北教育出版社2015年版，第257、259、268、269页。
③ 郑振铎著，陈福康整理：《郑振铎日记全编》，山西古籍出版社2006年版，第344页。
④ 韦君宜：《韦君宜文集》（第伍卷），人民文学出版社2013年版，第470页。

里除了房东、小胖和看小胖的 W，再没有一个来客，于是我只有从报纸上汲取营养和快乐。"① 宋云彬在 1949 年 6 月 6 日看到天津《进步日报》载有教育专论，"多人同具名，余亦在内"。8 月 10 日，他收到中华书局编辑所寄来的《新中华》五册，内载其所撰的《陶渊明年谱中的几个问题》一文。他称："此文实为余写考证文字之第一篇，颇自喜爱。"② 以这些作家的社会地位和社交网络，在四年间不太可能读不到报刊，但由于种种原因，他们很少记载日常的阅读活动。由于缺乏可靠的实证材料和一手史料，我们无法言明他们在何时、何地读报，更无法推测他们对报刊新闻的具体评论。尽管通过他们偶尔的读报记载，我们可以确认他们是报刊的读者，但更多的读者也许无意记载他们的读报活动，从而无法提供读报的"证据"。因此，日记仅是呈现读者阅读的某些方面，更多的读者在读报后并没有留下任何记载。在战乱中，真实的读者不仅难以寻觅，更难以进行系统研究。

第三节　《观察》的发行、阅读与社会影响

无论从知名度、发行量还是影响力的角度看，《新青年》《生活》和《观察》都是民国时期具有代表性的杂志。《观察》作为解放战争时期发行量很大的政论性杂志，在知识分子中产生了巨大的影响。近年来，有关《观察》的研究已非常深入，而关于《观察》的发行、阅读及其影响的研究，尚有待进一步开掘。

一、扩大作者队伍与提升刊物品质

1946 年 9 月 1 日，《观察》在上海创办，彼时，"大局愈见混乱。政治激荡，经济凋敝，整个社会，已步近崩溃的边缘"。面对艰难的时局，《观察》

---

① 杨沫：《杨沫文集》[第六卷　自白——我的日记（上）]，北京十月文艺出版社 1994 年版，第 80 页。
② 宋云彬著，海宁市档案局（馆）整理：《宋云彬日记》（上册），中华书局 2016 年版，第 179、204 页。

甫一面世，便表明自己的志趣和态度。主编储安平在发刊词中指出："在这样一个出版不景气的情况下，我们甘受艰苦，安于寂寞，不畏避可能的挫折、恐惧甚至失败，仍欲出而创办这个刊物，此不仅因为我们具有理想，具有热忱，亦因我们深感在今日这样一个国事殆危，士气败坏的时代，实在急切需要有公正、沉毅、严肃的言论，以挽救国运，振奋人心。"显然，储安平是以自由知识分子的口吻发言，这与梁启超在《时务报》创刊号上发表的《论报馆有益于国事》对报刊"求通"进行阐释有很大不同，《观察》所言的"我们"便是自由知识分子的"集体"。因此，他指出："我们这个刊物第一个企图，要对国事发表意见。意见在性质上无论是消极的批评或积极的建议，其动机则无不出于至诚。"《观察》强调独立而客观的言论，以"民主、自由、进步、理性"为原则，同时"希望对于一般青年思想的进步和品性的修养，能够有所贡献"，① 以"公平、独立、客观"的态度容纳不同的意见，为"文人论政"提供一个自由的言论空间和交流的平台。"可以使一般有话要说而又无适当说话地方的自由思想学人，得到一个说话的地方；有了这个刊物，并可鼓励一般自由思想学人出而说话。而我们之所以要想供给大家一个说话地方，并鼓励大家说话，实因我们深切相信，这种真正的自由思想份子的意见，对于今日中国的言论界实具有一种稳定的力量，而此种稳定的力量正为今日中国所迫切需要者。"②

与之前胡适等人创办《独立评论》等同人刊物不同，《观察》的创办经费来自"股东"们的集资，储安平本人不仅是主编，也是最大的股东和经营者。《观察》出版之际，共筹集"一千万的本钱"。③ 作为股份制杂志的主编，储安平既要实现《观察》的办刊目标，又须对股东负责，保证杂志不致因亏损而倒闭。因此，这份杂志虽然不以盈利为目标，但也不能因为经营不善而无法实现长远的发展。确保一定的发行量是维持杂志经营的前提，这就需要

---

① 编者（储安平）：《我们的志趣和态度》，《观察》1946 年第 1 卷第 1 期，第 3、4 页。
② 储安平：《辛勤·忍耐·向前——本刊的诞生·半年来的本刊》，《观察》1947 年第 1 卷第 24 期，第 4 页。
③ 中国社会科学院近代史研究所中华民国史组编：《胡适来往书信选》（下册），中华书局 1980 年版，第 239 页。

内外兼修,在生产与消费两个方面确保杂志的质量和影响力,使供应与需求都能够不断地增长。在内容方面,储安平利用自己的社交网络,圈定了全国78位知名学者,包括胡适、傅斯年、萧公权、萧乾、任鸿隽、马寅初、陈衡哲、冯友兰、卞之琳、宗白华、季羡林、柳无忌、梁实秋、曹禺、傅雷、费孝通、张东荪、朱自清、钱锺书等人,并多次在《观察》首页刊登重要文章的作者姓名和单位,以引起读者的注意。如第 1 卷第 10 期的作者为:"戴世光,清华大学教授;陈友松,北京大学教授;韩德培,武汉大学教授;萧公权,前燕京大学教授;戴文赛,燕京大学教授;陈瘦竹,国立戏剧专科学校理论编剧组主任。"①

核心作者是杂志最重要的读者,储安平通过人脉资源聚集了 78 位知名学者,使他们成为《观察》的核心读者群体。储安平极为重视这些核心读者的投稿和阅读,与他们保持密切的联系,请求他们为《观察》写稿。如储安平写信给胡适说:"我现在正着手计划第二卷的方针。我写这封信给先生,是想以最大敬意请先生俯允担任《观察》的撰稿人。先生对于这个请求,自须加以考虑,不致轻诺。"② 同时,储安平免费给他们寄送杂志,请他们阅读后提出意见。在《观察》第一卷的《作者·读者·编者》栏目中,这 78 位核心读者的来信成为反映《观察》编辑动态的重要内容。如第 2 期就刊登了陈之迈在华盛顿的来信,谈及他寄给《观察》的《粮食的国际分配》一文;潘光旦则在来信中提及寄给《观察》的《人的控制与物的控制》一稿。③ 之后,该栏目多次刊登学术名家的来信,如钱锺书告知储安平和广大读者:"《观察》两期奉到,感谢感谢。拙文承惠许延期,真如债上宽限,大慈大悲,具见大编辑笔政不苟。……光旦先生一文,语重心长,重载不为过。"④ 在美国考察的任鸿隽、陈衡哲夫妇收到《观察》之后,均给储安平写信。任鸿隽在信中说:"奉读《观察》创刊号及八月三十日来示,敬悉此刊已如期诞降,以先生

---

① 《本期作者》,《观察》1946 年第 1 卷第 10 期,第 3 页。
② 中国社会科学院近代史研究所中华民国史组编:《胡适来往书信选》(下册),中华书局 1980 年版,第 168 页。
③ 《作者·读者·编者》,《观察》1946 年第 1 卷第 2 期,第 23 页。
④ 《作者·读者·编者》,《观察》1946 年第 1 卷第 4 期,第 25 页。

之精神与努力，定能为我国言论界放一异彩，树一特帜，谨此道贺。隽等抵美后旅行各处，不遑宁居，致无暇为贵刊作文，至以为歉。稍缓当略记所感，以报雅命。"陈衡哲回信表示："日前拜读创刊号中之《我们的志趣和态度》，感到无上欣慰。……自下星期起，即拟开始为国内读者写文，而弟［第］一篇定寄大刊，以表祝贺钦敬。"① 至第 1 卷结束时，"封面所列七十位撰稿人中，已有三分之二给本刊写过文章"。② 这些名家对《观察》的关注和重视，为杂志的可持续发展提供了品质保证。

除了核心作者，《观察》注意在全国各地发展"特约记者"，《观察通信》栏目主要刊登全国各地"特约记者"的来稿。除了在南京、北平等地征求大量的通信稿，《观察》还多次刊登广告，征求"通信"。如第 1 卷第 5 期的《征求通信》称："本刊征求重庆、成都、兰州、西安、迪化、贵阳、昆明、桂林、长沙、汉口、青岛、沈阳、长春、广州各地的通信，通信的水准和风格，请参阅本刊过去各期的《观察通信》。通信稿每文请勿超过二千字。来稿每千字致奉国币四千元至六千元，于发表后汇奉。"③ 初步统计，《观察通信》共发稿 241 篇，尤其是第 1 卷每期都有 3—5 篇通信文章。《观察》的通信网遍及国内外重要城市，这些通信网的"特约记者"是《观察》的稳定作者和热心读者。

为了扩大刊物的影响力，《观察》鼓励各地的普通读者为刊物写稿，并要求所有稿件务必署真实姓名，"不刊载不署真姓名的任何论文"，④ 以此确保刊物的信誉。同时，储安平注重调查读者的阅读需求。如他在第 2 卷第 12 期就调查了 323 位读者的意见，并总结了读者三个方面的需求："一、大家要求每期有时事短评，要求专论触及现实，这表示今日一般国人非常关切国事。二、很多的读者要求多刊学术性的文章……这足以表示今日一般读者的求知欲很高。三、很多读者都推重本刊有关边疆的文字，并希望本刊继续多刊有关边疆方面的文

---

① 《作者·读者·编者》，《观察》1946 年第 1 卷第 9 期，第 23 页。
② 储安平：《辛勤·忍耐·向前——本刊的诞生·半年来的本刊》，《观察》1947 年第 1 卷第 24 期，第 4 页。
③ 《征求通信》，《观察》1946 年第 1 卷第 5 期，第 19 页。
④ 《本刊传统》，《观察》1947 年第 1 卷第 19 期，第 4 页。

字,这足以表示今日中国一般人的民族意识很强很普遍。"① 了解读者的需求,让读者积极为杂志出谋划策,使读者、编者与作者之间形成良好的互动、互信体系,是储安平一直践行的办刊理念。他指出:"我们十分希望这个刊物能够真正成为全国读者所共有的刊物。我们不希望一个刊物仅仅只有少数的作者在写稿,而且为民主政治不可缺少的公共舆论,也必须有广大的群众大家来参加,才能增加其力量。"② 发动普通民众尤其是一般读者写稿,让读者有机会在刊物上发表自己的言论,使刊物成为"共有"的精神财富,是《观察》的重要特色。因此,发动社会各界人士写稿,让更多的读者成为作者,需要吸纳更多的自由来稿。该刊在第 1 卷结束时,"在投稿中录用的文章,共为三十五篇,约占所刊文章总数百分之二十五(通信及尾页犹不在内)";③ 至第 4 卷,刊物采用的自由来稿比例得到进一步提高,具体比例见表 9-5。

表 9-5 《观察》第 4 卷投稿录用及刊发文章的情况④

(单位:篇)

栏别	专论	观察通信	其他各栏	共计
第四卷刊发文章数量	62	76	90	228
投稿录用数量	18	29	41	88
百分比	30%	40%	45%	40%

作者是报刊的"首席读者",《观察》虽然是高级刊物,以自由知识分子为主要读者对象,但其在内容供给与读者需求方面,始终注意内容的高度、稿源的广度和阅读的深度之间的平衡。《观察》设法使更多的高级知识分子成为稳定的读者,使更多的普通读者有机会成为刊物的作者,从而不断拓展作者、读者、编者之间的交互网络,培养作者与读者产生对杂志的"共有"理

---

① 储安平:《三百二十三位读者意见的分析与解释》,《观察》1947 年第 2 卷第 12 期,第 23 页。
② 储安平:《吃重·苦斗·尽心》,《观察》1948 年第 4 卷第 23—24 期合刊,第 7 页。
③ 储安平:《辛勤·忍耐·向前——本刊的诞生·半年来的本刊》,《观察》1947 年第 1 卷第 24 期,第 8 页。
④ 储安平:《吃重·苦斗·尽心》,《观察》1948 年第 4 卷第 23—24 期合刊,第 8 页。

念，为杂志的推广积累了深厚的人脉资源。

二、吸纳直接订户与夯实发行基础

在《观察》的发行方面，吸纳直接订户是最为重要的策略。储安平认为："直接定户是一个刊物最基本的读者，也是最忠实的读者。"① 一个刊物的长远发展，必须以一定规模的直接订户为基础。因此，设法扩大直接订户的规模是发行中的重要突破口。《观察》多次刊登广告，指出："假如先生希望中国能有这样一个独立的、客观的、超党派的刊物，赞同我们的立场，满意我们（的）内容，即请先生，并介绍先生的朋友，做我们的基本定户；因为这就是给我们的最好的支持了。"② 这就是说，这份刊物如果已经被证实是自由主义的一面旗帜，质量上又有保障，那么它鼓励喜欢阅读的读者成为直接订户，因为直接订户可以获得很多好处。虽然杂志逢星期六出版，但"直接定户一律于星期五提前付邮。直接定阅，既较零购省事，又较零售经济"。③ 这里所讲的"经济"，就是直接订户可以获得八折优惠。而西部地区由于零售价格较高，对直接订户而言更为实惠。譬如，该刊在重庆的价格是"零售每册九百元，但直接定阅，即使加上航空邮费，每册一共也不过五百余元"。④ 而且，在杂志脱销的情况下，首先会保证直接订户的权益。如在第5期中，编者便告知杂志的发行与订户情况："本刊第一、二两期早已售完，第二期再版本亦无存余，而直接定户则都要求从第一期定起。上星期我们派人至各报摊书店搜觅购回，各得数十册。放在报摊上的刊物，经多日日光晒照，封面或泛黄，或退色，不能保持原来的美观。我们觉得非常抱歉，但我们已尽了最大的努力。"⑤ 创刊后第8期，直接订户"已达到千余人"，编者希望读者进一步认识到成为直接订户的意义。其《敬告读者》一文呼吁：

---

① 储安平：《辛勤·忍耐·向前——本刊的诞生·半年来的本刊》，《观察》1947年第1卷第24期，第5页。
② 《征求直接定户》，《观察》1946年第1卷第4期，第24页。
③ 《征求直接定户》，《观察》1947年第1卷第20期，第2页。
④ 《征求直接定户》，《观察》1946年第1卷第4期，第24页。
⑤ 《作者·读者·编者》，《观察》1946年第1卷第5期，第23页。

但是一个优良的刊物，必须得到更多更广泛的读者的爱护和支持，始能有更大的前途。任何一种社会事业，假如只靠几个人的苦撑努力，那么一方面这种努力难望达到理想中的成就，一方面这也是不公道的。因此，我们不得不希望有更多的读者来做我们的直接定户。就目下本刊的发行情形而言，每十个读者中，只有一个是直接定户，其余九个都是零购读者。我们对于直接定户，订有优待折扣，并且每期都是提前寄出的，只要一次付八千或一万元，便可坐读本刊五六个月，既迅速省事，又经济合算，而本刊也受惠不浅。①

直接订户数量的增长需要编者和读者的共同努力。经过半年的发展，《观察》的直接订户数量有较快增长。至第 1 卷结束，直接订户共为 2 709 名。其中，"华中 496 人，占 18%；四川 462 人，占 17%；江浙 318 人，占 12%；华北 284 人，占 10.5%；西北 273 人，占 10%……。职业分类：学 627 人，占 23%；政 595 人，占 22%；工、商、银行 589 人，占 22%；军 172 人，占 6%；不详 640 人，占 23%；其它 86 人，占 4%"。②

至第 4 卷结束之际，《观察》的实际订户达到 9 000 人左右，包括半价订户 1 500 多人。第 1—4 卷的订单和订户的实际增长情况见表 9 - 6。

表 9 - 6　《观察》第 1—4 卷的订单和订户情况③

卷数	定单号码	订单数目（单）	实际订户（人）
第一卷	1—2 709	2 709	1 600 左右
第二卷	2 708—7 682	4 973	2 500 左右
第三卷	7 683—14 414	6 732	3 300 左右
第四卷	14 415—28 946	16 086	9 000 左右

---

①　《敬告读者》，《观察》1946 年第 1 卷第 8 期，第 2 页。
②　《辛勤·忍耐·向前——本刊的诞生·半年来的本刊》，《观察》1947 年第 1 卷第 24 期，第 6 页。
③　储安平：《吃重·苦斗·尽心》，《观察》1948 年第 4 卷第 23—24 期合刊，第 5 页。

在直接订户方面，由于物价飞涨，在第 4 卷的发行中，《观察》停收了半年期的订户。另外就是举办半价订户，共吸收半价订户 1 500 余名。其公告称："我们常常在想，我们有什么方法可以多报答读者一点，多替读者服务一点。前一阵，纸价狂涨，刊物的售价也跟着一次一次的调整，我们想到许多经济困难的读者，特别是那些生活程度比较低的内地读者，不胜负担，心中十分不安。本刊既承读者爱护，销行日广，得之于社会者，应用之于社会，所以我们就想在本社福利金项下，提出一笔款子来，发行'半价定户'，补助经济困难的读者，借以减轻他们的负担。"① 半价用户是为清寒读者所设的，杂志社"希望以三分之一给予清寒的学生，三分之一给予清寒的公务员（包括军人在内），另以三分之一给后方小城市中的读者"。② "半价本"的推出是《观察》在发行、营销上的创新，既照顾了清寒读者的阅读需求，又为杂志赢得了声誉。

直接订户的持续增长为刊物的发行提供了可靠的基础。储安平作为杂志的管理者、主编和发行人，非常注重发行策略。《观察》创刊号初印 5 000 份，很快销完，但第 2 期仍然只印 5 000 份。他认为："这个决定，实在属于一种'商业政策'，在各方面极其切迫［迫切］需要的时候，我们仍旧控制印数，控制批数，使在发行方面造成一种抢购的现象，增强购买人与批销人对于本刊的心理重量。"这一策略很快见效，第 3 期增印至 7 000 份，自第 13 期起，增至 1 万份。③ 从第 2 卷开始，采用"现批"政策，不先汇款的，即不批发。④ 这些举措的目的是按照发行量来倒推印刷量，以确保质量，尽量不浪费，从而最大限度地节约成本。

---

① 《顾全清寒读者　本刊另一服务　增设半价定户一千名》，《观察》1948 年第 4 卷第 11 期，第 20 页。
② 储安平：《吃重·苦斗·尽心》，《观察》1948 年第 4 卷第 23—24 期合刊，第 5 页。
③ 储安平：《辛勤·忍耐·向前——本刊的诞生·半年来的本刊》，《观察》1947 年第 1 卷第 24 期，第 5 页。
④ 储安平：《艰难·风险·沉着——本刊第二卷报告书》，《观察》1947 年第 2 卷第 24 期，第 4 页。

三、扩大发行与注重影响

储安平特别对读者强调:"发行数字,都是实在的,并无一般虚报的习气。我以发行人的身份,向社会报告这个发行数,我负人格上的责任。"在每卷结束处的报告书中,储安平对每期的发行量都有详细的统计,如第 2 卷的报告书统计的各期发行量见表 9-7。

表 9-7 《观察》第 2 卷各期发行数①

(单位:份)

第 1 期	第 2 期	第 3 期	第 4 期	第 5 期	第 6 期	第 7 期	第 8 期
9 000	8 000	8 000	8 000	8 500	9 000	9 000	10 000
第 9 期	第 10 期	第 11 期	第 12 期	第 13 期	第 14 期	第 15 期	第 16 期
10 500	11 000	11 500	11 500	12 500	14 000	14 000	14 000
第 17 期	第 18 期	第 19 期	第 20 期	第 21 期	第 22 期	第 23 期	第 24 期
15 000	15 500	15 500	16 000	16 000	16 000	16 000	17 000

自第 3 卷起,《观察》另在北平出版"华北航空版",委托北平新实书店代销,每期发行 3 000 份。尽管纸价飞涨,但其发行量稳步上升。在刊物的总发行数方面,第 1 卷约为 8 000 份,第 2 卷为 16 000 份,第 3 卷为 25 000 份,②至第 4 卷,发行数达到 50 000 份。由于物价急剧上升,在刊物的售价方面,"四卷一期是一万五千元,二十四期是二十万元,上涨的百分比是百分之一千三百强。……但是开支在半年中上涨二十倍,而售价仅上涨十三倍。这个差额,就靠由于发行数的急剧上升增加的利润来弥补"。③ 在许多报刊由于纸价飞涨而纷纷倒闭之际,《观察》却一枝独秀,不断创造发行的奇迹。《观察》第 6 卷复刊号称:"过去发行了两年半,它的最高发行数是十万零五千份

---

① 储安平:《艰难·风险·沉着——本刊第二卷报告书》,《观察》1947 年第 2 卷第 24 期,第 4 页。
② 储安平:《风浪·熬炼·撑住——〈观察〉第三卷报告书》,《观察》1948 年第 3 卷第 24 期,第 4 页。
③ 储安平:《吃重·苦斗·尽心》,《观察》1948 年第 4 卷第 23—24 期合刊,第 3 页。

（包括华北航空版及台湾航空版）……《观察》过去的读者，就数量上说，假定每份平均以十个人阅读计算，它的实际读者约在一百万人以上。"① 就发行量和阅读范围而言，《观察》是当之无愧的"第一刊"。

与一般杂志的发行集中在大都市不同，《观察》始终以辐射全国各地作为目标。它声称："我们这个刊物是全国性的，发行数的一半都在后方远地，我们在地域上必须以全国的读者作为对象，而不偏重于某一地区的一部分读者。"②《观察》前4卷的报告书都对订户的地理区域分布和职业分布进行了详细的统计。如在第2卷的报告书中，储安平告知读者："本刊虽在上海发行，但其分布并不限于东南一隅；以京沪杭为中心的东南一带，在本刊的发行额中，仅占三分之一，其余三分之二都是分布在华北、华中、华南，及西南、西北各地的。"③ 又如，在第4卷统计的16 086名订户中："华中占18%；华南占13%；江浙占14%；上海占12%；四川占11%；南京占9%；西北占7%；平津和华北各占6%；云贵占3%。"④ 可见其订户的地区分布极为广泛。"就发行的分布来说，除华东、华北、华南沿海一带的大城市，以及华中、华西、西北、西南的内地大城市以外，它的发行广泛地渗入了广大的内地城市乡镇，一直达到边疆省份的辽远角落。"⑤ 让边远地区的读者能够读到刊物，是《观察》注重保护读者"阅读权"的重要举措。如西北地区向来交通闭塞，全国性报刊的发行很难推广，但《观察》在西北一带甚受读者欢迎。据该刊报道："有一次本刊在兰州××日报登载广告，刊出后，该社社长大怒，饬即停登。近接读者来信函：'贵刊在此，近已获良好印象。郭寄峤主席亦遣人至书肆购买，其他各方已渐默然；即从不批销正气书刊之××书店，现亦有贵

---

① 本社同人：《我们的自我批评·工作任务·编辑方针》，《观察》1949年第6卷第1期，第4页。
② 《辛勤·忍耐·向前——本刊的诞生·半年来的本刊》，《观察》1947年第1卷第24期，第7页。
③ 储安平：《艰难·风险·沉着——本刊第二卷报告书》，《观察》1947年第2卷第24期，第5页。
④ 储安平：《吃重·苦斗·尽心》，《观察》1948年第4卷第23—24期合刊，第5页。
⑤ 本社同人：《我们的自我批评·工作任务·编辑方针》，《观察》1949年第6卷第1期，第4页。

刊出售矣.'"① 而从西部地区的零售市场也可大致了解《观察》受欢迎的程度。据第 2 卷的报告书称:"当本刊售五百元时,贵阳、昆明一带已售一千五百元,本刊售一千元时,贵阳售八千元一册。"② 读者古传贤反映:"重庆市面《观察》零售,有时价高至一万元一本。书商这种剥削,加重了许多无力购买《观察》的读者的负担,以致使贵刊丧失了不少的忠实读者……为了使西南大后方读者能很便利的阅读《观察》,我诚恳向先生建议,尽早在人力、物力及环境许可下发行'西南航空版'。"③ 这一方面说明当地零售商坐地起价,攫取暴利;另一方面也表明《观察》在当地一刊难求,有极广的消费市场,对读者有强烈的吸引力。

虽然面临物价上涨的压力,但不断增长的订单为该刊提供了可观的收入来源。在杂志创办一年之际,储安平在写给胡适的信中提及:"我们最近开了股东会议,去年一年,盈余二亿三千三百余万,办刊物本来照例是赔本的,本赔完,就关门大吉。我们实在没有想到会赚钱,而且赚了这许多。一千万的本钱,在一年中赚了二十倍。"④ 作为一份政论性刊物,《观察》能够在艰难的环境中不断发展壮大,其自由的观点市场所提供的强大消费力,是推动它走向成功的重要原因。

四、公共讨论与阅读反响

阅读理论通常强调"真实的读者",认为只有实际存在的读者才是研究的对象。在报刊史研究中,很少有报刊对"真实的读者"进行登记和记录。而《观察》之所以在阅读史上具有重要地位,正是因为它在一定程度上为不少读者制作了"档案"。其中,固定订户在一般情况下都可以被确认为读者,因为他们订阅杂志时必须注明自己的姓名、职业、邮寄地址。在每卷的报告书中,

---

① 《本刊在兰州》,《观察》1946 年第 1 卷第 15 期,第 23 页。
② 储安平:《艰难·风险·沉着——本刊第二卷报告书》,《观察》1947 年第 2 卷第 24 期,第 4 页。
③ 古传贤:《希望出"西南航空版"》,《观察》1947 年第 3 卷第 14 期,第 2、8 页。
④ 中国社会科学院近代史研究所中华民国史组编:《胡适来往书信选》(下册),中华书局 1980 年版,第 239 页。

该刊都会统计固定订户的籍贯、职业，并进行具体统计分析。比如，在第4卷16086名固定订户的职业分类中："学生占26%；工商、银行界占17%；政界占13%；军人占4%；其他占40%。"根据职业分类，该刊指出："一般朋友都认为这个刊物确已打进了社会。本刊的主要读者约可分为三类：即青年学生（包括教育界人士）、公务员（包括军人）以及工商界人士，除这向来有的三种主要读者以外，这个刊物的影响已向多方面的放射出去。政府高级官员的阅读本刊，已极普遍。……广大职业群众，这些群众平时甚至可说没有任何阅读习惯的，现亦接受本刊的影响。"这与该刊在初期以高级知识分子为阅读对象的定位有较大区别。尽管它是一份"高级"刊物，但不同职业、阶层的读者都喜欢订阅，这是因为它的品质已经得到了广大读者的认可，具有明显的"放射"效应，学生、士兵、自由职业者等普通民众也喜欢阅读。储安平举例说："湖北沙市的一个香烟摊贩曾有读者投书寄来（未刊），台湾一个农夫，受了当地党政人员的压迫，也有投书寄来（未刊），南京一个印刷所排字工人也有文章寄来（刊四卷十九期），我们在上海亲自知道的，确有许多平时根本没有阅读习惯的群众，现在也要每星期买一本《观察》看看。去夏清华、北大、南开三校招生，公民试题有《试评日常所阅读的日报及刊物》一题，绝大百分比的投考中学生都阅读《观察》。"① 这大体说明这份政论性杂志已经成为大众读物。

  同时，有关阅读《观察》的直接文字记录也可以通过各种途径加以证实。毋庸置疑，《观察》的78位核心作者是该刊最重要的读者群体，因为他们不但给刊物投稿，出于赠阅的缘故，还很容易读到它。这些大学教授和社会知名人士在为刊物写稿、阅读的过程中，可以经常在刊物上"相遇"，并就某些具体问题进行讨论。以这份刊物为媒介，处于不同时空的作者和读者进一步加强了联系。如费孝通在第2卷第22期发表了《负了气出了门——美国人性格之八》一文，胡适读后便给《观察》写信，以公开的方式告知该文的作者费孝通"开篇两节里就有两个大错"，而且这个错误"都是人人知道的常识，

---

① 储安平：《吃重·苦斗·尽心》，《观察》1948年第4卷第23—24期合刊，第5页。

若不改正，必遭读者讥笑"。为了慎重起见，胡适在信写好两周后，又重新看了一遍，"觉得朋友有切磋之责，故补寄上"。费孝通在胡适的信后进行了解释，承认自己是"行文不慎，以致读来不易十分清楚"。① 显然，这是胡适与费孝通两位社会名流就一篇论文展开的真诚讨论，胡适的意见尖锐而中肯，费孝通的回应真诚而谦和。在作者与读者的互动方面，这是一个较为典型的案例。而此类的批评和回应还经常出现在一些文章的争论中，这些署名真实的读者与作者就事论事，直指问题，为其他读者提供了进一步讨论的空间。

当然，一些读者在书信、日记中谈及阅读《观察》的心得，更是读者阅读刊物的直接证据。如读者胡兰成化名张玉川于 1947 年在写给梁漱溟的信中提及："顷于《观察》杂志得读尊著《中国文化特征之研究》，辄不揣固陋，敬陈数则，或可为先生千虑之一助。晚研究此问题经十余年，其初从西方看中国，终不得晓然，其后乃就中国论中国，始似渐有所悟。……晚以为文化与文明有别，文化是事业的，生活的，而文明则是人生的。文化是社会的，而文明则是人间的。……是故研究中国与西方，除了从文化上，还更应从文明上去考察。"② 胡兰成通过《观察》而对梁漱溟的学术观点产生兴趣，并与作者进一步探讨，体现了《观察》作为交往媒介的作用。民主人士范朴斋则在 1947 年 9 月 16 日偶阅《观察》戴久赛所写《鸡蛋直立故事》一文，"述有立鸡蛋方法，如法试验，居然在数秒钟内，使鸡蛋直立起来，且连立三次皆告成功，真如戴氏言。一个以为不可能的事，只要你肯试验，会发现可能的。虽小事，可记也"。③ 此类科学常识能引发范朴斋的注意，说明《观察》对读者的影响具有多元化特征。北京大学历史系学生罗荣渠阅读《观察》时，则对政局颇感兴趣。他在 1948 年 1 月 31 日的日记中记载："昨天看到《观察》三卷二十三期（？）上报道四川混乱详情一文，又在《新闻天地》上看到《芙蓉城的桃色舵把子》一文，川局的黑暗混乱一天更甚一天，每一思及，令

---

① 《关于〈美国人的性格〉（通信）》，《观察》1947 年第 3 卷第 4 期，第 23 页。
② 张玉川（胡兰成）：《张玉川致梁漱溟》，梁培宽编注：《梁漱溟往来书信集》（下卷），上海人民出版社 2017 年版，第 580 页。
③ 范朴斋著，厉华主编：《朴斋日记》（三），重庆出版社 2013 年版影印本，第 989 页。

人痛心。"① 浙江大学校长竺可桢虽然公务繁忙，但涉猎广博，平时订阅了大量报刊，《观察》也是他关注的对象。1948年6月25日，他"在车阅费孝通之《乡土中国》及近出《观察》周刊，内有严仁赓《关于社会主义与资本主义》文"。② 潘光旦在《观察》上发表了大量作品，是该刊的核心作者，他在日记中也记载了收阅《观察》的情况。如1947年1月8日记载："在苏时所作《派与汇》一篇，经《观察》分五期登出，今悉数寄到，午后起细加校阅，至夜未竟。"2月4日日记又载："收到《观察》第廿一期，前所写关于解蔽之一稿即于此期登载。"③ 虽然是偶尔所记，但这些阅读《观察》的记录各有侧重，从不同角度证实了这份杂志对他们的影响。

此外，还有读者在日记中剪贴《观察》，借助该刊的系列报道来"揭示"时局。如一位名为"涛音居士"的读者在1947年12月31日的日记中总结："此一年中可谓全世界人类之磨难年了。惟前望亦是毫无希望，恐将较今年更形磨难……"为了进一步表明自己的这种忧虑，他剪贴了《观察》第3卷第21期中的第13—20页。其中，首篇便是署名为"观察记者"的文章，标题是《岁尾年头战局总分析》，之后还有《关于沈阳最近实际情形的详细报告》《关于沈阳实际情形的又一报告》，④ 等等。这些时评和报告对国共内战爆发后的局势进行了较为全面的分析，尤其是对沈阳的社会乱局进行了较为全面的描述。显然，这位读者将这些文章作为论据，表明了自己对来年战局的忧虑。

值得一提的是，《观察》上设置的《读者投书》栏目为真实读者在刊物上发表具有"公共价值"的言论提供了空间。鉴于读者来信较多，该刊从第2卷第1期起，"腾出这一页来刊载读者投书。但读者投书时，希望是一封'信'，而不是一篇'文章'；不要长篇大论，最好二三百字，甚至寥寥数行亦

---

① 罗荣渠：《北大岁月》，商务印书馆2006年版，第236页。
② 竺可桢著，樊洪业主编：《竺可桢全集》（第11卷），上海科技教育出版社2005年版，第143页。
③ 潘光旦著，潘乃穆、潘乃和编：《潘光旦日记》，群言出版社2014年版，第52、60页。
④ 参见涛音居士：《知足常乐斋日记》（四），李德龙、俞冰主编：《历代日记丛钞》（第一九九册），学苑出版社2006年版，第193—202页。

可"。① 而对于读者的"投书",编者要求作者必须署真实姓名,确保"文责自负",但在个别的读者来信涉及个人安全时,编辑可以匿名处理。《观察》设置这个栏目的目的,就是鼓励广大读者就学术观点、时政要闻、社会热点和所见所闻发表意见,体现"刊中之刊"的作用,形成公共议题,为读者、作者、编者之间的讨论提供更多的机会。尤其是针对不少核心作者发表的论文,一般读者也可以投书发表不同意见,并要求作者回应。而对于当时的内战、学潮、苛捐杂税和社会乱象,读者在投书中可以大胆揭露,立体地呈现了当时深刻的社会危机和民众的悲惨生活。据田秋生统计,《读者投书》栏共发表投书393篇:"时事评论及建议"类来信142篇,占36.1%;"新闻性信息"类来信146篇,占37.2%;读后感87篇,占22.1%;编者公告18篇,占4.6%。② 读者来信虽然议题多元,诉求不一,但其共同的愿景却是一致的,即希望通过信件与编者、作者和其他读者互动,对某些问题展开进一步讨论,引起时人注意,体现了信件作为"公共话语"的社会价值。正如某位读者所言:"贵刊《读者投书》最好限于新闻报道性或有具体建议的文字,说几句俏皮话的短文,既不庄严,又不够幽默,最好不载。"③

《读者投书》本身是以读者对《观察》的阅读和读者对某些问题的看法为前提的。许多读者的"投书"与他们的阅读体验有关,在不同层面揭橥了《观察》对他们的深刻影响。有读者说:"我是个由《客观》而《观察》的两代读者,对于目下各种刊物中,最爱好的只有《观察》。"④ 有读者"今春偶到旧门下×君家里读得某期《观察》,正谊昌言,极深佩服。遂即补购贵刊过去各期"。⑤ 读者冯明源写信给储安平说:"虽然你说《观察》是一个高级刊物,它的读者对象至少是大学生以上的智识份子,而我作为一个高中学生,对于它却非常爱好。最近出版的七、八期,我都细细地看过,细细地咀嚼着

---

① 《致读者》,《观察》1947年第2卷第1期,第2页。
② 田秋生:《战后普通知识群体的报刊论政——〈观察〉周刊"读者投书"栏考》,《现代传媒(中国传媒大学学报)》2018年第1期,第51页。
③ 刘澄:《读者对于〈读者投书〉的意见》,《观察》1947年第3卷第7期,第2页。
④ 张××:《中国军人本来前进》,《观察》1947年第2卷第20期,第2页。
⑤ 卿麟诗:《政府德化 已及鸟类》,《观察》1947年第2卷第18期,第2页。

你们所主张的自由思想精神。其实，我以为这种自由思想的精神，在我们中学生当中也能看到一点雏形。"① 这就证实了当时的高中生对《观察》也非常关注，与《观察》作为高级刊物的最初定位有较大差异。又如读者侯玉文来信说："我是一个汽车驾驶兵，小学都未读完（差一学期），可是关于国际和国内局势的演变，无时不在关心，最低限度我总得阅读一种刊物或报纸，所以我便由多种刊物中选择了《观察》，尤其是《观察通信》我最爱读，关于军事的剖解我更是百读不厌。先生屡次的说：《观察》是一种高级刊物，可是我这个低级的人每期总是非买不可（从前上城时才买一本，自三卷四期起每期都买了），固然有许多论文我是看不懂的。"② 侯玉文表达了一个普通读者的阅读感受，虽然他识字不多，却对《观察》情有独钟。

不少读者在投书中表示对《观察》和储安平颇为关注，并就杂志的内容和储安平发表的论文展开讨论。如某位要求匿名的读者在来信中说："最近乃听人称道先生之敢言，及'观察通信'栏最为特色，为人所爱读。偶然也买了两期看看。今日买到三卷九期，读到大作，实在感到无上的忻悦、敬佩与同情。"他赞同储安平的观念，并提出："也许今日中国最要紧的就是真正非国非共的人如何团结起来。"③ 这就是说，储安平提倡的"第三条道路"被这位读者进一步解读，颇有心心相印之意。读者文继武在读完《观察》2卷13、14两期后，写信告知储安平："先生论学潮和上海三报停刊的文章，增加了《观察》和先生在广大读者群中极大的威望。在全国进步的报纸书刊几乎全被扼杀的今日，《观察》已俨然成为广大读者群精神的旗帜。"④ 读者的溢美之词固然有夸张的成分，但他们都是就具体的文章发表见解，而非刻意吹捧。

从消费地理的角度看，各地读者的来信都在某种程度上表明《观察》在不同地区的受欢迎程度。如重庆读者古传贤说："据个人调查，《观察》在重庆知识分子心目中是认为目前中国惟一的权威刊物，彼此互相交换阅读；我

---

① 冯明源：《关于青年一个最普遍而又最真实的陈述》，《观察》1947年第2卷第10期，第2页。
② 侯玉文：《没有钱结婚》，《观察》1948年第3卷第19期，第19页。
③ 隐不具：《一封信》，《观察》1947年第3卷第11期，第2页。
④ 文继武：《士大夫的考验》，《观察》1947年第2卷第16期，第23页。

自己订阅的这份,每期的读者总在十人左右,只要《观察》一到,朋友都纷纷来预借,借出去总要一礼拜以后才能收回,然后我又把它寄到家乡给一些做中学教员的亲友们阅读。"① 读者田心源从纽约收到《观察》,"读后令人悲愤。内战使人人不能安生,学生们的喊声,正是全国人民心里的声音"。② 读者田庄也在纽约"得读《观察》数期",并在投书中说:"具见先生苦心毅力,期为言论界占一个有意义的立场,期为青年们标一个正确的指路灯,不胜钦佩感荷之至。"③ 这些来自国内外读者的来信,表达了他们对这份杂志的由衷喜爱。

读者将《观察》视为"共有"的刊物,始终关注杂志的发展。1947年后,物价飞涨,报刊经营极为困难,不少读者主动写信给杂志社,表达关切和支持。对凶猛上涨的物价,读者余长甲来信建议杂志提高定价:"在早晚市价不同的今日,'维持原价'只有傻子才去做。我建议贵刊酌量加价,以能支付排印、纸张、员工、稿费等为原则。我很爱护贵刊。上海三报社的停刊,更加使我关怀贵刊的延续!"④ 面对杂志经营上的困难,读者纷纷来信表示支持,有读者说:"建议先生在贵刊经费感到捉襟见肘必然会影响到刊物本身时,先生应不拘小节,毫不迟疑,先向读者提出。这一点我不敢说是代表所有读者的意见,但我相信多数读者必定具有同感。"⑤ 读者包庆生主动提出要杂志加价:"《观察》的价格的调整,应该尽可能的为《观察》本身的营养和健康来着想,不必过份考虑到读者的负担,因为大部份的读者,只有一个希望,就是培养一个丰富完美的刊物。"⑥ 香港读者陆树人针对杂志的经济困难和白报纸问题,提出两条建议:"第一、因为贵刊绝无政治背景,纯系一个民营刊物,一切困难,应由读者共同来分担,所以我主张由读者自由捐赠,以加强贵刊的经济力量;不过无论捐赠多少,决不可干涉贵刊的言论。第二、

---

① 古传贤:《希望出"西南航空版"》,《观察》1947年第3卷第14期,第2、8页。
② 田心源:《纽约来鸿》,《观察》1947年第2卷第20期,第18页。
③ 田庄:《纽约来鸿》,《观察》1946年第1卷第13期,第21页。
④ 余长甲:《为何要维持原价》,《观察》1947年第2卷17期,第24页。
⑤ 万×:《读者的盛意(一)》,《观察》1948年第4卷第3期,第2页。
⑥ 包庆生:《读者的盛意(二)》,《观察》1948年第4卷第3期,第2页。

可否在香港出航空版,就在香港寄发读者,或可减少纸老虎的威胁。我是小职员,谨由银行汇赠十万元,以尽微意。"读者的盛意让储安平极为感动,但他拒绝了读者的捐款。他提出两个理由:"第一、本刊经济情形尚未达到要向读者呼吁的阶段,我们愿意先由我们自己来努力解决。第二、这一年来,我们已深受读者的爱护,假如没有读者的支持,本刊不会发展到像现在这种地步,因之我们不欲另外再加重读者的责任。万一将来我们必须向读者呼吁捐助时,到那时再请读者支助。"①

尽管读者与编者素不相识,但不少读者将储安平视为知心朋友。如读者一农读了储安平的文章后,建议他读最近出版的《文萃》上的《论中国的自由主义者》,并指出:"希望先生不要有成见,以为左派的作家都不'正面辩论,仅用了许多为时下文人所习用的那些轻浮语气,挖苦他人'。"②还有读者对储安平的论调提出建议:"惟读者基于对贵刊及先生一贯态度之深爱与惟恐其横遭风雨摧残,敢请先生今后持论,务须极端矜慎,立于无懈可击之地,则万一仍不免于横逆之来,亦所谓'正命'也。"③

正是由于读者对《观察》发自内心的爱护,将之视为"共有"的精神家园,他们也会在遇到其他报刊侵害《观察》的权益时,主动给杂志报料。如南昌读者胡友山来信告知:"编辑先生:五月八日南昌《中国新报》转载了贵刊四卷九期《傅作义的困惑与北方局势》一文,但并没有注明转载贵刊的字样,我阅后很为不平,认为《中国新报》迹近偷窃,很不道德。"④ 读者崔毅然看到胡友山的投书后,进一步揭发《中国新报》的抄袭行为。他说:"今又在本月廿四日《中国新报》看见《战云笼罩下的华北》一文,系偷载贵刊四卷八期通信《双活和连着的两张弓》一文(兹附上该日该报一份为证)。该报一再窃人文章,并改头换面,掩人耳目,真是卑鄙。《中国新报》在江西算头一份报纸,其报业的道德如此低落,深为可惜。"⑤ 宁波鄞县读者叶知非也

---

① 《本刊暂时不收读者捐款》,《观察》1947 年第 3 卷第 11 期,第 2 页。
② 一农:《论坛两事》,《观察》1947 年第 2 卷第 4 期,第 2 页。
③ 萧××:《持论务须矜慎》,《观察》1947 年第 2 卷第 16 期,第 23 页。
④ 胡友山:《南昌〈中国新报〉》,《观察》1948 年第 4 卷第 13 期,第 19 页。
⑤ 崔毅然:《南昌〈中国新报〉第二次》,《观察》1948 年第 4 卷第 15 期,第 2 页。

第九章 解放战争时期报刊的发行与阅读

来信反映《宁波日报》的不端行为，指出："五月二十九日《宁波日报》偷载贵刊四卷十二期观察通信《话说天下大势》一文，该报不仅将原文擅自删改，并在文末加署'静观'二字，蓄意不良。"① 此类检举揭发的信件与读者本身的利益无涉，但他们基于对《观察》的忠诚，选择主动维护《观察》的权益。

当然，除了提出善意的意见、建议，也有读者对储安平的某些言论提出质疑和批评。如针对第4卷报告书中提及的同济大学某宿舍订阅四份"半价本"一事，指出："照我们的意见，假如他们经济宽裕，便应各定普通本，假如经济困难，便应四人合定一份半价本。但是现在社会上有便宜货便大家拓，既不尊重举办人的原意，也不顾到是否剥夺了他人的权利，这种情形都使我们伤心。"这名"半价读者"在看到储安平的言论之后，便写信申辩如下：

（一）盖先生不知同济宿舍的情形，大的五六十人一间，小的也是十余人一室，若在数十人共间的寝室，订阅贵刊半价本四份而过份，殊使我们不解。……（二）半价本的目的，是便利穷困的同学，我们家乡既在共区，经济来源早断。……（三）我们竭力筹措订阅，实因我们爱嗜贵刊，不但是按期浏览，而且极欲保留，或转赠内地诸清寒的朋友。……（四）我们很客观的讲句，到底占到多少便宜？当时普通订户有八折优待，且优先寄出，遗失后且可补寄，纸张好，印刷清楚。……总之，现在社会上唯穷人才"没有"道理，骂穷人也最为简单。……若先生尚能顾及贵刊一向的信誉和立场，请赐予披露，公诸社会，让大家评量吧？②

在读完四位"半价用户"的反驳之后，储安平写了"编者按"。他说："这四位半价定户把编者骂得痛快之至。我对于这四位同学，能够在气愤之

---

① 叶知非：《宁波日报》，《观察》1948年第4卷第18期，第16页。
② 四半价订户：《痛斥编者》，《观察》1948年第5卷第4期，第2页。

余,写了信而未立刻付邮,这种宽恕的风度,十分钦佩。他们的话说得有条有理,编者被骂得无地自容。"① 作为主编,储安平在发现自己的错误后,勇于承担责任和承认错误,并公之于众,这表明读者的投书确是联系读者、作者与编者的纽带。读者的来信是他们将阅读感想和相关意见建议尽快地向杂志反映,进而引起编者关注的有效渠道。借助杂志提供的公共平台,读者不断在杂志上发声,可以说,《读者投书》栏目上发表的近四百篇文章,每篇都是一位具体的读者在表达意见。毫无疑问,这些简短的言论汇集成"公共的话语",为更多的读者提供了发挥的空间。这些读者的亮相表明他们在观察《观察》的过程中,证明了读者群体的客观存在。这在当时的杂志中,是一个值得注意的文化景观。

《观察》不仅是三年内战时期最具影响力的杂志,也是经营得最为成功、知名度最高的杂志。从发行和阅读的角度看,储安平充分注意到内容生产与消费市场两个方面的重要性。他以一流作者、一流文章提升刊物的品质,在政党报刊之外制造了独立的"言论市场",为"第三条道路"广开言路,从而打下了坚实的民意基础。从消费的角度看,扩大巩固订户规模,培育稳定的读者市场,是《观察》赢得市场占有率的重要前提。简而言之,以固定订户为中心而形成的阅读网络对杂志的品牌扩张产生了极大的推动作用。储安平立足全国市场,培育了杂志的"共有""共享""共办"精神,始终以读者为本位,视读者为主体的原则赢得了读者的广泛支持。在这个过程中,读者不仅提供了评论、感想和建议,还为杂志创造了新的公共领域和消费想象。进一步而言,编者、作者与读者间形成了一条情感的河流,随着杂志的广泛传播而延伸到五湖四海。从这个角度看,《观察》的发行、传播与阅读是一个值得特别关注的社会现象。

小 结

抗战胜利后,国民党利用其政治资源接收和恢复了大量报刊,解放区的

---

① 《编者按》,《观察》1948年第5卷第4期,第2页。

第九章 解放战争时期报刊的发行与阅读

报刊也得到了快速发展。在国共和谈过程中,"和与战"成为报刊舆论的主题,也成为读者读报后谈论的核心议题。随着全面内战的爆发,国民党内外交困,许多报刊因陷于困境而发行量下降,不少言论进步的报刊也遭到国民党当局的查封,纷纷倒闭。在国统区,物价飞涨、民不聊生,许多爱国人士和知识分子对国民党所办报刊的言论甚为不满,尤其是对党报的虚假宣传甚为反感。国统区持不同政见的读者在报刊的选择上也彰显了政治立场。从一定程度上看,民众对国民党的不满,从他们的新闻评论上便可以得到印证。

在解放区,中共各级党组织创办了一大批报刊,不断扩大发行区域和发行量,不少报刊成为解放区群众喜闻乐见的通俗性读物。许多报刊注重结合土地改革运动和战略布局开展新闻宣传,纠正报刊工作中的"左"倾偏向,使新闻宣传深入群众、深入基层,深入现场。报刊的重要作用就是引导人民前进,引导人民团结。这极大地激发了广大读者的阅读积极性,报刊与工农大众的关系也颇为密切。读报与革命、"反蒋"、进步等理念有机地结合在一起,在解放区形成了具有强大向心力的"阅读共同体"。

此外,在国共激战之际,不少自由主义报刊鼓吹"第三条道路",表现异常活跃。面对内战的日益加深,读者与进步报刊的互动颇为频繁,学生运动、工人运动与报刊新闻自由运动相互促进,形成"反蒋"的第二条战线。一方面,进步力量通过读报与办报活动,对时局产生了深刻的影响;另一方面,战局的变化也影响了读者的政治立场和价值选择。党政官员通过报刊新闻表达自己的政治观念,知识分子需要通过报刊观察时局变化和选择政治路线,进步作家通过报刊表达自己的革命情怀,青年学生通过阅读报刊关注未来中国的命运。报刊政治与阅读政治有机地结合在一起,展示了大变局中读者的心理状况、价值判断和精神追求。从很大程度上看,报刊开辟了内战的另一个战场,读者的报刊阅读本身也就是一种政治斗争,报刊的立场与读者的站位体现了全面内战中政治标签的影响,而报刊战事宣传与读者记载相互印证,展现了全面内战过程中"由分到统"的剧烈冲突过程。

余 论

尽管本卷仅研究南京国民政府时期22年的报刊阅读史，但涉及面甚广，史料浩繁，内容颇为丰富，需要对各类史料进行归纳、整理和阐释，更需要从"大历史"的角度关注时局变化对报刊传媒产生的影响，探讨不同阶段读者阅读报刊的内容、方式、特点和规律，突出报刊阅读与政治、经济、文化之间的密切关系。尤其是战争作为这一时期大的历史背景，不仅影响了报刊的印刷、发行与传播，也对读者的境遇、情感、思想与价值观带来了极大的冲击。从另一角度来看，读者的阅报活动更是与国家、民族的前途和命运有了更紧密的联系，波诡云谲的时局使读者的读报时分充满了复杂的心理和情感。本卷按照时间线索对报刊阅读史进行了较为系统的研究，但史料来源有一定局限，理论阐释还不够深入，尤其是对读者在日记中记载阅读新闻的细节罗列较多，文本之间的勾连和整体感不足，报刊阅读的空间延展和社会关联研究尚待进一步开掘，特别是读者阅读心态和情感变化的研究，须结合社会结构和情境进行多元阐释。因此，以下七个问题不仅是对本书研究的总结，也是需进一步探索的重要议题。

第一，要区分报纸与杂志媒介的性质，注重报纸与刊物阅读的意义阐释。南京国民政府时期的报纸数量较为可观，但报纸发行总量并不高，不少学者认为这一时期报纸的全国总发行量一般在200万份左右。这可能并不一定准确,尤其是抗战时期的各种地方小报、军队报纸、社团报纸和各类油印报纸的发行量无从统计。就当时全国总的人口规模而言,报纸的阅读率偏低是不争的事实。南京国民政府时期邮政网络延伸至乡村社会,各类中小学、基层政府和民间团体订阅报纸的机会大增,报纸在乡村社会的传播与阅读更为广泛。然而,与清末不少乡绅在日记中大量记载读报活动不同,南京国民政府时期乡村社会私人读报的史料颇难寻觅。尽管官方的档案、文件中有大量推广公共阅读的记载,但乡村社会中有关读报者的私人记录颇为少见。这一现象值得关注,即在城乡"知识鸿沟"不断扩大的背景下,"权势转移"造成乡村社会的知识精英更为匮乏,城乡报刊阅读不平衡的现象极为严重,尤其是学术和专业性刊物在乡村社会的传播和阅读受到极大制约。总体上看,大报主要在都市和城镇发行,不少地方报纸的发行量和影响力较为有限,报刊阅读的普及程度仍然不高,城乡、区域不平衡的现象较为明显。

在晚清新闻史研究中,往往是报、刊不分,如《时务报》《新民丛报》之类的杂志往往被称为"报"。而民国时期,尤其是20世纪30年代之后,报纸与杂志之间的区别已非常明显。有人将1934年称为"杂志年",是因为当时的知识分子热衷于办杂志,杂志的总数已超过报纸,如《生活》《良友》《东方杂志》《中学生》《宇宙风》《观察》之类发行量超过数万乃至十多万份的杂志,颇受欢迎,影响较大。如果说报纸偏向新闻报道与信息传递,那么杂志则偏向知识分类与思想渗透。尤其是知识分子创办的"同人杂志",如《创造》《新月》《努力周刊》《独立评论》《学衡》等,涉及学术、思想、政治、文化等领域,注重阐发独立的主张,强调学术自由和民主正义,在知识分子中有广泛影响,特别是受到大中学师生的欢迎。在许多学者的私人阅读记录中,读杂志的兴趣远高于读报,如在胡适、鲁迅、竺可桢、顾颉刚、吴宓等人的日记中,收阅各类杂志成为其日常生活的重要内容,杂志上的一些重要文章和观点往往成为其在日记中评述的重点。

如果说胡适因为《新青年》而"暴得大名",那么与胡适一样通过在杂志上发表论文而声名鹊起者,不在少数。以钱穆为例,他没有接受过系统的现代高等教育,成名前还在苏州的中学任教,可谓默默无闻。1930年6月,他的成名作《刘向歆父子年谱》在《燕京学报》第 7 期发表,引起学术界瞩目。此后几年,他连续在《燕京学报》上发表了几篇史学力作,进而成为史学大家。无独有偶,当时还是清华大学学生的吴晗,在《燕京学报》第 15 期上发表了《胡惟庸党案考》,引起史学界关注。此后,吴晗在明史领域不断精进,终成一代明史大家。其他诸如张荫麟、萧一山、杨贤江、徐志摩、邹韬奋、恽代英、谭其骧、浦江清、夏承焘、周一良、王锺翰、周汝昌等人的学术道路,都与学术刊物的阅读、传播关系密切。可以说,五四运动后一代学人的学术发展,与杂志的"读—写"网络有密切的联系。

相对于报纸,杂志的读者群体更为细化,各种专业类、学术类、文艺类、娱乐类杂志都有特定的读者对象。民国时期的学术杂志百花齐放,成为传播人文和自然科学知识的重要媒介,起到增进读者智识和推动社会教育的作用。然而,本书偏重于对报纸发行、阅读与传播情况展开研究,对杂志阅读的关注不够,对杂志在学术和思想方面的影响,也尚未进行系统的提炼和总结,尤其是对学术性杂志在民国思想史上的价值,需要从读者阅读的角度进一步探讨。

第二,要强化报刊政治对读者阅读之影响的研究。南京国民政府时期,国民党虽然在形式上统一了中国,但党内派系林立,地方实力派拥兵自重,各类党派和政治团体纷纷崛起,政治报刊与报刊政治融为一体,凸显了报刊的意识形态特色。虽然国民党党报体系较为发达,但国民党各级党部办报是为政治宣传的需要,时政要闻一般来自"中央社"等同一渠道,言论口径上照搬《中央日报》。除个别报纸稍有特殊,几乎是"千报一面",读者并不爱读。在国民党及军队中,报刊成为一种重要斗争工具。国民党各派系之间、中央政府与地方实力派之间在新闻战线上的舆论斗争、控制与反控制的较量,时驰时紧,贯穿始终,这是当时中国新闻界的一大特色。

南京国民政府建立后,国民党宣布取缔共产党及其活动,共产党人被迫转入"地下"重建自己的新闻事业。上海一度成为中共报刊的出版中心,中共中央先后创办了《布尔塞维克》《红旗》《红旗日报》等机关报刊和通俗报纸《上海报》等。由于国民党当局实行严格的新闻统制政策,共产党报刊处于极其艰难的境地，及受到党内"左"倾错误路线的影响，最后无法在国统区出版报纸。不过，中共领导的革命力量在创建工农红军和革命根据地的过程中，党的新闻事业在农村建立和发展起来，《红色中华》《红星报》等报刊相继出现。共产党报刊经历了从城市到农村的转移。抗战时期，《新华日报》成为中共在国统区的宣传喉舌，中共领导在敌后创办的报刊则成为发动群众的宣传武器，"全党办报"推动了群众读报运动的发展。当时，《申报》《新闻报》《大公报》等民营报纸坚持商业化经营路线，但始终受到政局变动的影响，并经常通过发表时政评论影响舆论，其政治色彩有不断强化之势。各类民主党派的报纸则坚持"第三条道路"，通过报纸表达自身的政治诉求。

在政党纷争的格局下，报纸作为"政治纸"的作用得以强化，即便是在抗日战争期间，报纸在如何抗战、如何整合社会力量方面都有明显的政治色彩。因此，研究南京国民政府时期的报刊阅读史，势必要认真分析报纸的政治背景、政治立场和政治需求，读者的阅读因而具有明显的政治取向，其政治立场也对如何选择报纸有直接影响。但是，本书有关读者阅读心理、政治观念、价值取向与社会反响的研究尚不够深入，一些个案分析过多强调了读者的阅读过程，对其在读与行、读与评、读与思的关联性方面缺乏深度的背景分析和理论阐释。对于读者而言，读报并非单纯获知新闻的过程。他们在纷乱的时局中选择某种报刊阅读，有其自身的政治考量和价值取向，而他们对时政的评论也具有鲜明的政治色彩。无论是国民党员、共产党员、民主人士、开明知识分子还是传统乡绅，他们读新闻后往往会使用某种"语气"隐喻自己的立场、观点或"主义"，甚至会以谩骂表达对敌对势力的不满。因此，对读者阅报的话语和态度研究，需要从"阅读政治"方面深入探讨，从具体的新闻文本中探究其"言外之意"。

第三，要加强对公共阅读及其社会影响的分析。本书对民众教育与公共阅读现象进行了讨论，认为不能单独从报刊发行量来判断阅读率，而是要注意公共阅读组织所发挥的重要作用。民众教育馆、图书馆、图书室、阅报处；阅报所、读报组、阅报牌等构成了多元、立体的公共阅读网络，政府在经费筹措、场地安排、制度设计、日常运作等方面加强了对公共阅读机构的管理。

可以说，公共阅读机构作为学校教育的补充，在整个社会教育中发挥了极为重要的作用。如果说清末阅报社存在"一报多读"的现象，那么南京国民政府时期的公共阅读场所便普遍存在"多报多读"的现象。不少图书馆、阅报所订阅了数十种乃至数百种报刊，读者进入公共阅读空间之后，可以任意浏览，尤其是大量的杂志满足了读者知识获取的类型化需求。有关公共阅读人数的统计，不仅可以证实某个阅览机构和某地公共阅读的参与度，还能展示现代报刊文明的影响力，体现地方文教实力和开放程度。因此，对公共阅报机构和读者人数的统计分析不应仅是数字上的罗列与比较，更需要从政治、文化和教育等方面进行深入研究。

抗战之后，图书馆、阅报所遭到极大破坏，尤其是各类大中学校的图书馆损失惨重。不少大中学校在西迁重建的过程中恢复了图书馆，但公共阅读机构在规模和数量上已大为减少。抗战时期"一报难求"的现象与公共阅读机构的衰减有着直接关系，即便是西南联大这样著名的大学，图书、报刊的缺失也极为严重。大学师生尚难以及时阅读报刊，一般民众免费读报的困难便可想而知。从这个角度看，日本侵华战争不仅在军事上给中华民族带来深重灾难，在文化上造成的摧残更体现为民众在报刊精神食粮的严重"饥荒"上。因此，公共阅读机构在推动国民阅读方面所起的作用，需要从军事、政治、文化等角度进行综合分析。

与国民党走精英路线，漠视民意不同，共产党特别重视下层民众的精神需求，广泛设立的读报组、识字组、黑板报在推动群众教育方面起到了重要作用。尤其是在广大乡村设立的各类读报组，以党报为学习对象，利用有限的经济、文化资源带动农民学习政策、共享新闻、促进生产、传播乡风文明，从而对"文化下移"起到了重要的纽带作用。相反，国民党将城市作为经营的重心，对农民征收苛捐杂税，与广大农民离心离德，罔顾农民的精神需求。两种思维、两种道路，必然带来两种不同的结果。中国革命的本质问题是农民问题。显然，中国共产党人不仅通过土地革命解决农民的生存问题，还通过报刊推动科学的、革命的大众文化的普及，此种宣传策略，通过读报组可见端倪。因此，对公共阅读问题的分析要进一步上升到意识形态的高度，而

余 论

非仅讨论其本身如何运作和如何影响读者。

第四,要注重书信与报刊阅读问题的关联研究。民国时期,随着现代邮政网络的延伸,书信已成为民众远距离联系的主要方式。书信不仅是个体情感交流的手段,也是个体形成"朋友集团"① 的重要途径。西方阅读史研究比较注重书信史料,并与档案材料相互参证。本书虽然引用了不少书信材料,但较为零散,且没有就书信与阅读的关系展开系统分析,尤其是书信对报刊内容二次传播的意义,有待深入开掘。

相对于日记,书信谈及的报刊阅读问题比较零散和隐蔽,研究者需结合特定的时空和语境进行具体分析。许多人在书信中谈及时政要闻和社会见闻,并未明确指出新闻来源,更没有标明信息出自何种报刊。但是,就信中的语气和语境而言,其中的新闻陈述大多来自报刊,且大多是写信人最近所看的新闻。写信人通过在私人信件中对报刊新闻进行二次传播,不仅是向对方传播消息,还通过转述、评论与感想进一步延伸了新闻的价值,从而在信中形成议题,引发对方的关注。此类对新闻的叙说在修辞上脱离了报纸的语境,形成了另一种"言说",从"公共性"进入"私密性",成为私人交往的重要话题。然而,研究者往往留意那些标明报刊来源的新闻,对于泛泛而论的新闻则很少关注。这些留存于书信中的大量新闻,其文本相对孤立,不少内容缺乏考证,研究的难度较大,但其中有不少隐蔽的线索,需要研究者深入探究。

除了书信中的具体新闻文本,不少写信人往往会在书信中提及推荐、订阅、求购、寄送、赠阅、交换报刊的信息。这是写信人和收信人阅读报刊的隐喻,是一种间接表达阅读的方式。一般而言,这些出现在书信中的报刊名称,写信人虽然不直接表明"已读"或"将读",但对于书写者和阅读者而言,发出此类信息大多是基于阅读经验的讨论,或者是激发阅读欲望的具体建议。对于此类信息,我们往往容易忽略,很少从"涟漪效应"的角度分析

---

① 梁漱溟在20世纪30年代初曾指出:"说朋友就是集团,是很多人在一起;或自己加入集团,或自己创造集团。"参见梁漱溟著,梁培宽编注:《梁漱溟往来书信集》(上卷),上海人民出版社2017年版,第7页。

私人信件对报刊阅读的影响。

值得注意的是，民国时期的报刊特别注重私人信件的"公共化"，《读者来信》已成为报刊的重要栏目。读者与编者之间的信件往来，一般是讨论双方需要解决的问题，但报刊往往将这些私人问题上升到公共议题的高度，将读者来信公之于众，供其他读者阅览，此类"公共信件"与普通私人信件在媒介性质上有显著差异。编辑将读者的私信作为稿件来源，就是进行私信的议程设置，将不少读者的读报心得、新闻评论、就业困难、恋爱问题、家庭琐事等转化为大众话语和"另类新闻"，使更多的读者成为作者，在报刊上呈现他们的作品，引发其他读者的关注。此类信件因附加了新闻价值，丰富了报刊的内容，成为特定的新闻文本，使写信人拥有读者、作者的双重身份，对拓展报刊阅读网络具有一定的推动作用。

各类报刊普遍注重设立《读者来信》栏目，形成了"读者—编者—作者"的交往网络。许多读者由于投稿而与编辑有了书信往来，从《申报》《新华日报》《东方杂志》《生活》《观察》等报刊的读者来信栏目中，我们看到了一个社会万花筒。读者来信总体上反映出他们对社会的观察与思考，以及对生活的需求和期待，体现了读者对报刊的信任和对社会交往的渴求。在阅读史研究中，有关个体阅读体验的分析往往以文本为中心，阅读的弦外之音则需要通过其社会关系和交往网络加以研究。因此，对于读者、编者与作者之间的通信往来，不仅要探讨他们如何谈论问题，更需要从"意义之网"的角度认真研究读者如何通过报刊媒介更多地认识他人，通过"他者"来审视自己，进而分析他们在思想上、情感上产生的变化。从这个角度看，《申报》《新华日报》《生活》《中学生》《观察》之类的报刊，之所以在读者中产生巨大影响，正是因为读者通过阅读与投稿，形成了一个以报刊媒介为中心的交往网络。

第五，要注意剪报与阅读延展研究。晚清时期，不少士人喜欢在日记中抄录报刊新闻，也有士人对抄录的新闻分专题进行汇编。此类抄录活动是再现新闻的重要方式，需要抄录者投入大量的时间和精力。民国之后，随着报刊数量的增多和订阅费用的降低，不少读者养成了剪报的习惯。剪报是读者对新闻的二次处理。一般而言，读者在剪何报和剪何内容上具有一定的选择性，或者说读者剪报与其个人的性情、兴趣和价值判断有密切关系。本书在部分章节中介绍了部分读者的剪报活动，但没有从整体上分析这一现象。从阅读史的角度看，需要进一步探讨。

剪报是一门技术，报刊上有不少关于剪报的文章，涉及目的、手段、技术、价值等方面的内容，一些行政机关、报馆、图书馆还设立了剪报室，北平、上海等地甚至创办了专门的剪报公司、剪报社，为社会各界提供专业的资料服务。此类剪报现象属于集体意义上的资料收集和汇编，是一种新的资讯服务方式。同时，一些中小学的读报教育也注意训练学生的剪报技巧和方法。这说明剪报已成为一种社会现象。

私人剪报活动是一种阅读行为的延展，也是读者保留和重现新闻的方式。读者一般对报刊拥有"处置权"，可以对报刊内容进行二次选择。从探寻意义的角度看，读者有意识地剪报，是对感兴趣的报刊内容有意识地保存，为今后再次阅读提供物质载体，从而使报刊新闻演变为资料。民国时期，不少读者喜欢在日记中剪贴报刊新闻，一方面可以节约抄录报刊的时间，能够以完整的新闻文本进行叙事；另一方面，读者通过选择性剪贴，为个体记忆史留下了可靠的记载，为检阅新闻事件提供了真实史料。

纵观读者的剪报内容，大致有以下三方面的特点。一是不少读者关注报刊上的"自我"，这在一些高级知识分子和文化名人的剪报活动中颇为常见。比如，胡适、顾颉刚等人的日记中有大量其自身相关新闻的剪报资料，涉及他们的著述、交往、社会活动、传闻等。他们有意剪贴这些新闻，除了用于考证、辩解和文本注释，在一定程度上是为自己"作传"，展示自身的地位和社会影响力。二是一些读者喜欢通过剪报活动在日记中重现新闻事件。比如，舒新城、林一厂、张怀伊、范朴斋等人留下了大量有关时政要闻的剪报，并在日记中加以评论，具有留存史料和选择记忆的目的。三是一些读者将剪报作为自学和研究的重要手段。比如，徐光耀、李春溪等人在日记中剪存了大量文艺作品和时政要闻。这些报刊资料往往被作为学习的对象，剪存者通过深入分析、评论乃至模仿，可以进行知识的转化和再创造。在他们看来，报刊是重要的政治纸、知识纸，剪报则是一种有重点、有选择的自学方式。

读者在日记中剪存报刊新闻不仅能体现个人的兴趣爱好，还与新闻事件和文本内容本身有关。读者选择性剪贴，通过"位移"将某个文本从报纸上"拉到"日记中，具有"独享""再现"与"回想"的目的，体现了"剪"与"存"、"剪"与"写"、"剪"与"思"的关系。剪贴的新闻文本更多地体现为一种"证据"，供读者在日记中予以说明和评论，体现"作文"中论据与论点的关系。与剪报册呈现的多元话题不同，日记中的剪报材料较为零碎，但它融入读者的叙事和评论，产生了"根植"意义，与作者的言说融为一体。当然，剪报者的职业、身份、文化程度和交往网络，以及他们的阅读环境、心理和情绪，都会对剪报活动产生深刻影响。因此，剪报活动是民国时期的一种较为复杂的社会现象，是报刊阅读活动的重要组成部分，具有丰富的想象空间。

第六，要拓展读者阅读的关联性研究。报刊阅读是读者的心理体验和精神享受，读者通过日记表达阅读新闻时的喜怒哀乐、爱恨情仇，将新闻叙事与情感变化有机结合起来，展示了个体丰富的心路历程。同时，阅读报刊还是读者融入社会的重要方式。作为个体，读者在读报时分所处的地理位置是孤立的，但报刊本身是社交媒介，读者读报不仅获取了新闻、知识和思想，更能通过报纸与周遭的世界建立意义之网。尤其是报纸副刊介于"报"与"刊"之间，是知识分子远离庙堂后的精神家园，也是知识分子投稿、阅读的文化园地和思想阵地，还是读者、作者、编者交流的公共场域。

在读书人的交往中，"见字如面"意味着文字具有跨越时空的情感张力，报刊文章可以将许多原本不认识的读者聚集在一起，许多读者通过阅读报刊也了解了某些作者的文章。借助报刊，"以文会友"成为读报人交往的重要方式。无论是茅盾、巴金这样的大作家，还是顾颉刚、朱希祖、钱穆这样的史学名家，他们的成名，都得益于报刊对作品的传播，使不少读者有机会"打探"他们的住址，与他们建立通信联系，进而形成规模较大的"朋友圈"。比如，胡适对青年学子的赏识与提携，鲁迅对文艺青年的支持与指导，丰子恺对模仿者的欣赏与鼓励，徐光耀对文学作品的发表与比较等，他们通过报刊

余 论

媒介而结缘。报纸作为交往的媒介,使素不相识的人们通过作品建立起情感交流的桥梁。因此,如何理解报刊作为交往纸的价值,需要在读者阅读的基础上进一步探究他们如何利用报刊扩大自己的交往网络。许多读者在日记、自述、书信和回忆录中提及报刊上的作者、编者成为他们交往的对象,并通过阅读而与遥远的陌生人建立联系,阐发心得,交流观念,相互激励。可以说,报刊延伸了读者的交往世界,其作为交往媒介的价值、功能和作用尚未得到充分的认识和挖掘,尤其是报刊上的文章如何被传播、阅读并引发读者反响的研究尚不够深入。

应该看到,在阅读史研究中,过度强调阅读的真实过程制约了文本的想象空间。事实上,真实的读者并不等同于留下读报记载的读者。众所周知,随着报刊的普及,许多读者并不刻意留下他们的阅读记录。民国时期的许多党政官员、学者、学生都留下不少订购报刊的记载,从一定程度上看,这些真实订户基本上都是报刊读者。尽管订报与读报之间在行为上存在差异,但订报本身便是对阅读的"隐喻",即一般人订了报刊,势必会抽空阅览。由于报刊新闻传播范围的拓展,不少人在日记、书信与回忆录中并未直接提及报刊,但他们对具体新闻的分析、评论和交流不仅是报刊阅读空间的延伸,也说明新闻事件产生了深刻的影响。比如曾任南京政府教育部部长、外交部部长的王世杰,他在日记中对时政要闻记载甚多,却很少提及报刊名称,但他对《大公报》的评价能说明他是该报的长期读者和观察者。[1] 这些被二次传播的新闻是报刊阅读中值得研究的议题。另外,不少通过电话、电报、会议、演讲、聚会、闲谈等方式被讨论的新闻亦来自报刊,但当事人或参与者缺乏对具体报刊的记载,便很难进行新闻溯源,更难以通过"媒介考古"确定具体读者的身份。需要指出的是,在各类新闻的传播和二次阅读过程中存在着

---

[1] 如他在1942年8月26日的日记中写道:"《大公报》为目前舆论界较有权威之日报,但该报先后主持人,均系留日回国之人或是未出国门一步之人,对于欧美政情及国际形势均无真知灼见,其论事往往偏狭愚昧,有妨中国与英美国交之促进。近来犹时时作反英论调。"参见王世杰著,林美莉编辑校订:《王世杰日记》(下册),"中央研究院"近代史研究所2012年版,第452页。此番评论显示出王世杰作为外交部部长,具有明显的亲英美的倾向,他对《大公报》的不满自然带有偏见,但言辞中隐喻了他的读报经历。

复杂的文本阐释现象,研究者应结合不同来源的史料展开具体分析与合理想象。

另外,在读者阅读的性别研究上,对女性读者的关联分析需要加强。尽管一些公共阅读机构的统计说明了女性读者的数量太少,但民国以降,提倡男女平等已得到广泛响应,各类学校中的女生也占有相当比例。接受初等以上教育的女性数量有了显著的增长,不少女子已在职业化道路上取得了较大成功,如张爱玲、苏雪林、林徽因、冰心、陈衡哲、丁玲等人拥有广泛的知名度。但是,我们在对真实读者的个案研究中很少涉及女性读者。这并非性别歧视,只是由于女性提供的阅读文本甚为少见,尤其是她们留下的日记太少,很难展示相关的报刊阅读经历。有关女性读报活动研究的缺失无疑遮蔽了女性读者群体的整体存在,更谈不上对女性读者、性别政治与交往网络的探讨。这不能不说是一大遗憾。

第七,要关注其他媒介消费方式对报刊阅读的影响。应该看到,1927年之后的22年间,中国虽历经战乱,但现代传播技术的发展仍然对社会产生了巨大影响。尤其是通讯社、广播、电影业的发展,与民众的媒介消费有直接关联。以"中央社"为主体,各类通讯社利用无线电接收来自世界各地的新闻,使报刊的新闻供给较为充足。通讯稿占据报纸的重要位置,有利于读者了解国内外要闻。不过,这也容易造成"内容固化",影响读者的新闻选择。在战时纸张稀缺的情况下,通讯稿挤占了其他版面,如社会新闻、文艺副刊和广告版,报纸的趣味性和可读性受到限制。值得一提的是,无线电技术的发展推动了广播网络的建设,尤其是国民政府中央广播电台号称"东亚第一,世界第三",每天的播放时间高达11个小时,包括新闻、教育、文艺、政治等节目,覆盖面较广。广播新闻是即时性的,它为听众及时了解时局提供了更为快捷的通道。抗战之前,在上海这样的大都市,收音机已成为中产阶级家庭中重要的电子媒介设备。[①] 同时,听广播可以是"漫不经心"的,"听"

[①] 高凤池在1935年12月25日的日记中记载:"无线电收音机,制造日精,价格日廉,中户人家,亦家置一架,用以消遣娱乐。且播音翻新,赏心悦耳。"参见高凤池著,叶新整理:《高凤池日记》,中华书局2022年版,第139页。

是一种轻松的信息接收行为，听众可以边工作边听新闻。因此，当一些经济实力较强的听众能够利用收音机收听广播之后，他们对报刊新闻的需求便可能下降，尤其是大都市的一些社会精英早已养成收听广播的习惯。一些国民党高官的日记中便有不少收听广播新闻的记录，表明他们更注重新闻的时效性。当有重大新闻事件发生后，更多的人喜欢通过收听广播获知新闻。如卢沟桥事变爆发后，在香港、南京、北平、上海、天津的不少官员、学者都是通过广播较早地得知了事件的动态。尽管广播尚未在农村地区普及，但它作为一种听觉文化的载体，在一定程度上挤占了私人阅读的时间。

值得注意的是，在20世纪三四十年代，看电影已成为大都市的流行生活方式。在时人的日记中，有不少看电影的记录。1935年3月8日，著名影星阮玲玉自杀，各报在重要位置刊登新闻，引发舆论极大关注，足见电影明星的社会影响。在上海，电影业作为新兴娱乐产业，已形成具有一定规模的消费市场。观看电影成为时髦的消费方式，无论是党政官员、社会名流还是文艺界人士，他们的日常生活或多或少地与电影艺术产生联系。如鲁迅刚到上海不久，就经常与家人一起看电影；聂耳初到上海后，有机会也去看电影，并经常阅读电影杂志；胡适、钱玄同、容庚、顾颉刚、陆澹安、顾廷龙、张怀伊等人也是电影院的常客；① 国民党官员邵元冲、王子壮等人在南京期间也是电影迷；中学生张宗和在苏州也常看电影；即便是在抗战烽火中，远在乐山的武汉大学学生杨静远也有看电影的经历；许渊冲在西南联大读书时亦曾多次观看电影。可以说，作为一种重要的娱乐方式，电影已进入不少城市民

---

① 上述知识分子都在日记中记载了看电影的情况，如陆澹安在日记中多次记载看电影的经历。1933年1月20日，他"晚餐后赴巴黎大戏院观《最后之中队》影片"。1935年元旦，他携家人"往东南大戏院观《神女》影片，剧特平淡，而观者盈座，殆以元旦故也"。1938年5月27日，他晚饭后，"至中央戏院观《雷雨》影片"。参见陆澹安著，陆康主编：《澹安日记》（上），上海锦绣文章出版社2010年影印本，第234、241、471页。顾廷龙日记中也有看电影的记载。如1937年1月10日，他与"颉刚夫人借会赴中央看电影"。参见顾廷龙著，师元光整理：《顾廷龙日记》，中华书局2022年版，第24页。张怀伊则在1947年9月30日的日记中记载："七时，与张原铃展三轮往沿江大道青年会堂看影戏，为英国之《彩虹曲》名片，彩色，音乐允推上乘。"参见张怀伊：《孝思堂日记》，苏州博物馆编：《苏州博物馆藏近现代名人日记稿本丛刊》（卷三十九），文物出版社2018年影印本，第118页。此类例子不胜枚举，表明看电影在当时已成为不少知识分子的重要娱乐方式，有关民国知识分子观看电影的问题，值得深入探讨。

众的日常生活。电影不仅改变了人们的消遣方式，也在一定程度上挤占了他们的报刊阅读时间。不少人在日记里特别记载了看电影的经历，却很少记载读报的心得。这并非意味着他们没有读报，而是在不少读者看来，如果报纸新闻没有特别值得关注的内容，就没有必要"记流水账"。从消费的角度看，广播、电影等新媒介的流行势必会影响报刊媒介的消费。尽管报刊仍然是当时的主流媒介，但如何分析和评价广播、电影对报刊业的冲击和影响，如何看待时人媒介消费的兴趣，如何评价报刊阅读与其他视听消费方式的关系，有待进一步深入挖掘史料，从媒介文化、消费政治、社会变迁的角度展开深入研究。

  总之，报刊阅读不仅是复杂的社会现象，也是多元的意义系统，还能展示个体的心路历程。本书对南京国民政府时期的报刊阅读史进行了初步探讨，是晚清和民国初期报刊阅读史的延伸。在波诡云谲的时局中，读者如何读报，读了什么，有何感想，有何影响，有何联系，有何价值等问题，需要根据各种类型的史料进行全面解读。本书试图按照时空延展、史料关联、阅读过程、历史记忆、情感体验、社会影响等方面的线索，对各类阅读文本进行多维度的阐释，希图立体、多元地展示读者、报刊与社会的关系，突出读者在报刊新闻消费、文本意义建构方面的主体作用。但是，在主观意愿和实际效果方面，无疑有不少差距，尤其是在史料挖掘和读者阅读的意义阐释方面，仍有深入探讨和开掘的空间。

参考文献

一、电子及数据库资料

1. 晚清期刊全文数据库（1833—1910）
2. 民国时期期刊全文数据库（1911—1949）
3. 全国报刊索引
4. 中国近代报刊数据库
5. 中国历史文献总库
6. 中国基本古籍库
7. 大成老旧全文数据库
8. 瀚海堂报刊数据库
9. 翰文民国书库
10. 《大公报》数据库
11. 《申报》数据库
12. 《新华日报》数据库

二、报纸

《申报》《新闻报》《大公报》《时报》《时事新报》《中华新报》《中外日报》《中华日报》《民报》《中央日报》《上海商报》《益世报》《庸报》《社会日

报》《大晚报》《大美晚报》《新民报》《新新新闻》《顺天时报》《晨报》《社会日报》《晶报》《立报》《京报》《世界日报》《世界晚报》《东南日报》《民生报》《南京晚报》《民国日报》《北京新社会报》《华北日报》《中央晚报》《华中日报》《东方晚报》《江南晚报》《浙江民报》《苏州明报》《太仓新报》《新锡日报》《河南民国日报》《华商报》《广东民国日报》《中华图书馆协会会报》《公年报》《扫荡报》《救亡日报》《救国日报》《红色中华》《新华日报》《抗敌报》《新中华报》《边区群众报》《解放日报》《晋察冀日报》《冀中导报》《冀热察导报》《晋绥日报》《人民日报》《奋报》《冀晋日报》《东北日报》《大众日报》《北京大学日刊》

三、杂志

《新青年》《向导》《斗争》《中国青年》《甲寅》《东方杂志》《青鹤》《努力周报》《独立评论》《小说月报》《礼拜六》《良友》《上海画报》《醒狮周报》《新潮》《现代评论》《语丝》《创造》《新月》《学衡》《论语》《人间世》《宇宙风》《真美善》《一般》《生活》《大学杂志》《庸言》《黑白》《国闻周报》《学灯》《文潮》《文友》《天地人》《风雨谈》《文化》《金屋》《小说季报》《金钢钻》《矛盾》《香艳杂志》《永安月刊》《春秋》《新垒》《作家》《国学论丛》《主张与批评》《中学生》《申报周刊》《新中华》《大中华》《七月》《观察》《读书杂志》《读书生活》《读书月刊》《读书周报》《读书青年》《中华季刊》《北新》《月刊》《现代》《时代》《上海文化》《人言周刊》《译报周刊》《自由》《越风》《燕京学报》《武昌文华图书科季刊》《骨鲠》《商兑》《江苏学生》《电声（上海）》《焦作工学院周刊》《柯达杂志》《汇学杂志》《教育杂志》《文化与教育》《教育通讯》《教育月刊》《教育与民众》《战时记者》《儿童杂志》《小朋友》《儿童世界》《小学生》《中学生》《教育短波》《河南教育》《鄞县教育周刊》《曲阳县教育汇刊》《进修半月刊》《少年（上海）》《太平洋周报》《国立中央大学教育行政周刊》《浙江大学教育周刊》《北平市市政公报》《河南统计月报》《首都市政公报》《首都教育研究》《南郊》《福建教育厅教育周刊》

《顺德县事周刊》《鄞县县政月刊》《新会县政月刊》《新汉口：汉市市政公报》《福建公教周刊》《教育公报》《蒙藏周报》《民导》《月华》《蚌湖月刊》《湖南农讯》《新秦月刊》《上海市教育局教育周刊》《福建教育周刊》《广州市市政公报》《民众教育月刊》《山东教育行政周报》《济南市市政月刊》《青岛市乡村建设月刊》《青岛教育》《奉化教育》《龙溪教育》《浙江教育行政周刊》《铜山县公共图书馆年刊》《北平大学区教育旬刊》《成都市市政公报》《山西民众教育》《山西省立民众教育馆月刊》《浙江省立图书馆馆刊》《教育与民众》《安徽教育周刊》《警察汇刊》《文教月刊》《松江民众教育馆概况》《南声》《顺德县事周刊》《万县商埠月刊》《学风》《大夏周报》《关声》《农民》《中国论坛》《青年实话》《报学》《抗战三日刊》《新闻学季刊》《读者文摘》《战时教育》《时与潮》《八路军军政杂志》《上海记者》《教育阵地》《上海统计半年刊》《报学杂志》《新闻学刊》《竹秀园月报》《约翰周刊》

四、日记

1. 胡适著，曹伯言整理：《胡适日记全编》（全 8 册），安徽教育出版社 2001 年版。

2. 刘承幹著，陈谊整理：《嘉业堂藏书日记抄》（上、下），凤凰出版社 2016 年版。

3. 郑孝胥著，中国国家博物馆编，劳祖德整理：《郑孝胥日记》（全五册），中华书局 1993 年版。

4. 鲁迅：《鲁迅日记》，人民文学出版社 2006 年版。

5. 张棡著，温州市图书馆编，张钧孙点校：《张棡日记》（全十册），中华书局 2019 年版。

6. 符璋著，温州市图书馆编，陈光熙点校：《符璋日记》（上、中、下），中华书局 2018 年版。

7. 刘绍宽著，温州市图书馆编，方浦仁、陈盛奖整理：《刘绍宽日记》（全五册），中华书局 2018 年版。

8. 刘大鹏遗著，乔志强标注：《退想斋日记》，山西人民出版社1990年版。
9. 郭良才著，散木编：《郭根日记》，三晋出版社2012年版。
10. 郭曾炘著，窦瑞敏整理：《郭曾炘日记》，中华书局2019年版。
11. 夏鼐著：《夏鼐日记》（全十册），华东师范大学出版社2011年版。
12. 陆澹安著，陆康主编：《澹安日记》（上、下），上海锦绣文章出版社2010年影印本。
13. 谢持：《谢持日记未刊稿》（全六册），广西师范大学出版社2007年影印本。
14. 郭沫若著，陈漱渝编：《郭沫若日记》，山西教育出版社1998年版。
15. 聂耳著，李辉主编：《聂耳日记》，大象出版社2004年版。
16. 浦江清：《清华园日记 西行日记（增补本）》（第2版），生活·读书·新知三联书店1999年版。
17. 朱希祖著，朱元曙、朱乐川整理：《朱希祖日记》，中华书局2012年版。
18. 钱玄同著，杨天石主编，阎彤、王燕芝、左瑾等整理：《钱玄同日记》（整理本），北京大学出版社2014年版。
19. 黄尊三著，谭徐锋整理：《黄尊三日记》，凤凰出版社2019年版。
20. 吴虞著，中国革命博物馆整理：《吴虞日记》（下册），四川人民出版社1986年版。
21. 王子壮：《王子壮日记》，"中央研究院"近代史研究所2001年影印本。
22. 蔡元培著，王世儒编：《蔡元培日记》（上、下），北京大学出版社2010年版。
23. 邵元冲著，王仰清、许映湖整理：《邵元冲日记》，上海人民出版社2018年版。
24. 颜惠庆著，上海市档案馆编译：《颜惠庆日记》，档案出版社1996年版。
25. 蒋作宾著，北京师范大学、上海市档案馆编：《蒋作宾日记》，江苏古籍出版社1990年版。
26. 金毓黻著，《金毓黻文集》编辑整理组校点：《静晤室日记》，辽沈书社1993年版。

27. 白坚武著，杜春和、耿来金整理：《白坚武日记》（全二册），江苏古籍出版社 1992 年版。

28. 沈锡庆著，高利华整理：《沈锡庆日记》，凤凰出版社 2019 年版。

29. 黄体润：《黄体润日记》，国家图书馆出版社 2018 年影印本。

30. 卞白眉著，中国人民政治协商会议天津市委员会文史资料委员会、中国银行股份有限公司天津市分行合编：《卞白眉日记》（全四卷），天津古籍出版社 2008 年版。

31. 王世杰著，林美莉编辑校订：《王世杰日记》，"中央研究院"近代史研究所 2012 年版。

32. 彭雪枫著，《彭雪枫书信日记选》编辑组编：《彭雪枫书信日记选》，河南人民出版社 1980 年版。

33. 陈克文著，陈方正编辑、校订：《陈克文日记（1937—1957）》，社会科学文献出版社 2014 年版。

34. 秦基伟：《本色：秦基伟战争日记》，新华出版社 2013 年版。

35. 周佛海：《周佛海日记》，上海人民出版社 1984 年版。

36. 林一厂著，李吉奎整理：《林一厂日记》（上、下），中华书局 2012 年版。

37. 柳亚子著，柳无忌、柳无非整理：《柳亚子日记》，上海人民出版社 2015 年版。

38. 潘光旦著，潘乃穆、潘乃和编：《潘光旦日记》，群言出版社 2014 年版。

39. 郑振铎著，陈福康整理：《郑振铎日记全编》，山西古籍出版社 2006 年版。

40. 萧军：《延安日记（1940—1945）》，牛津大学出版社（香港）2013 年版。

41. 萧军：《东北日记（1946—1950）》，牛津大学出版社（香港）2014 年版。

42. 萧军：《萧军日记补遗》，牛津大学出版社（香港）2014 年版。

43. 丰子恺：《子恺日记》，海豚出版社 2013 年版。

44. 朱自清：《朱自清日记）（1937—1946）》（上、下），石油工业出版社 2019 版。

45. 马力生：《马力生日记》，云南人民出版社 2014 年版。

46. 马衡著，施安昌、华宁释注：《马衡日记：一九四九年前后的故宫》，紫禁城出版社 2005 年版。

47. 汪荫祯著，邵宝振整理校注：《徽州记忆·1938——汪荫祯日记》，安徽师范大学出版社 2017 年版。

48. 杨静远：《让庐日记：1941—1945》，商务印书馆 2015 年版。

49. 沙汀著，吴福辉编：《沙汀日记》，山西教育出版社 1998 年版。

50. 柔石著，赵帝江、姚锡佩编：《柔石日记》，山西教育出版社 1998 年版。

51. 徐乃昌著，南江涛整理：《徐乃昌日记》，凤凰出版社 2020 年版。

52. 阿英著，王海波编：《阿英日记》，山西教育出版社 1997 年版。

53. 郭廷以：《郭量宇先生日记残稿》，"中央研究院"近代史研究所 2013 年版。

54. 陈赓：《陈赓日记》，解放军出版社 2002 年版。

55. 周立波：《战地日记》，上海杂志公司 1938 年版。

56. 王紫峰：《战争年代的日记》，中国文史出版社 1986 年出版。

57. 李春溪：《战时回忆和日记》，中共保定市委研究室 1997 年内部印刷。

58. 李任之：《李任之日记》，安徽人民出版社 1988 年版。

59. 陶希圣著，陶晋生编：《陶希圣日记》（上、下），联经出版事业股份有限公司 2014 年版。

60. 丁琴女士编：《陈素芬的日记》，大申书社 1933 年版。

61. 毕树棠著，赵龙江编：《螺君日记》，海豚出版社 2013 年版。

62. 苏雪林：《苏雪林日记选》，商务印书馆 2017 年版。

63. 董毅著，王金昌编：《北平日记》，人民出版社 2009 年版

64. 罗荣渠：《北大岁月》，商务印书馆 2006 年版。

65. 周作人：《周作人日记》（上、中、下），大象出版社 1996 年影印本。

66. 皮定均：《皮定均日记》，解放军出版社 1986 年版。

67. 杨尚昆：《杨尚昆日记》（上、下），中央文献出版社 2001 年版。

68. 喻世长著，王金昌整理：《建国日记》（全二册），东方出版社 2009 年版。

69. 徐铸成著，徐时霖整理：《徐铸成日记》，生活·读书·新知三联书店 2013 年版。

70. 张泰荣著，奉化市档案馆编：《张泰荣日记》（共四卷），宁波出版社 2015 年版。

71. 宋云彬著，海宁市档案局（馆）整理：《宋云彬日记》（上、中、下），中华书局 2016 年版。

72. 刘瑞龙：《我的日记——淮海、渡江战役支前部分》，解放军出版社 1985 年版。

73. 容庚著，夏和顺整理：《容庚北平日记》，中华书局 2019 年版。

74. 冯玉祥著，中国第二历史档案馆编：《冯玉祥日记》（全五册），江苏古籍出版社 1992 年版。

75. 陈伯钧：《陈伯钧日记（1933—1937 年）》，上海人民出版社 1987 年版。

76. 高鲁著，理红、理京整理：《高鲁日记》，内蒙古大学出版社 2004 年版。

77. 董其武：《董其武日记》，解放军出版社 2001 年版。

78. 赖传珠：《赖传珠日记》，解放军文艺出版社 2000 年版。

79. 陈训慈著，周振鹤整理：《运书日记》，中华书局 2013 年版。

80. 丁山：《丁山日记》，国家图书馆出版社 2018 年版影印本。

81. 丁治磐：《丁治磐日记》，"中央研究院"近代史研究所 1992 年影印本。

82. 袁崇霖著，刘奥林、李强整理：《袁崇霖日记》，凤凰出版社 2020 年版。

83. 翁文灏著，李学通、刘萍、翁心钧整理：《翁文灏日记》，中华书局 2010 年版。

84. 谭延闿：《谭延闿日记》，中华书局 2019 年影印本。

85. 唐君毅著，吴兴文主编：《唐君毅日记》（全 2 册），吉林出版集团有限责任公司 2013 年版。

86. 邵式平：《邵式平日记》，江西人民出版社 1983 年版。

87. 程砚秋著，程永江整理：《程砚秋日记》，时代文艺出版社 2011 年版。

88. 郑天挺著，俞国林点校：《郑天挺西南联大日记》，中华书局 2018 年版。

89. 孙宣著，温州市图书馆编，谢作拳整理：《孙宣日记》，中华书局 2021 年版。

90. 豫敬、果勒敏著，李芳整理：《豫敬日记　洗俗斋诗草》，凤凰出版社 2020 年版。

91. 乔秋远著，乔海燕注：《于暗夜中找寻微光：乔秋远日记·家信集》，新华出版社 2017 年版。

92. 范耕研：《蘦砚斋日记》，文史哲出版社 2005 年版。

93. 邓之诚著，邓瑞整理：《邓之诚日记（外五种）》（全八册），北京图书馆出版社 2007 年影印本。

94. 叶圣陶著，叶至善整理：《叶圣陶日记》（上、中、下），商务印书馆 2018 年版。

95. 周太玄：《周太玄日记》（全七册），国家图书馆出版社 2015 年影印本。

96. 蒋维乔：《蒋维乔日记》（全三十册），中华书局 2014 年影印本。

97. 顾廷龙著，李军、师元光整理：《顾廷龙日记》，中华书局 2022 年版。

98. 包公毅（天笑）著，孙慧敏、林美莉校注：《钏影楼日记（1948—1949）》，"中央研究院"近代史研究所 2018 年版。

99. 蒲风著，李文儒编：《蒲风日记》，山西教育出版社 1997 年版。

100. 半庐主人：《乙亥年日记》，复旦大学图书馆稿本（编号：484069）。

101. 胡朴安：《朴学斋日记（1899—1947）》，复旦大学图书馆稿本（善本，编号：4019）。

102. 范朴斋著，厉华主编：《朴斋日记》（全四册），重庆出版社 2013 年影印本。

103. 夏承焘著，吴蓓主编：《夏承焘日记全编》（共八册），浙江古籍出版社 2021 年版。

104. 唐纵著，公安部档案馆编注：《在蒋介石身边八年——侍从室高级幕僚唐纵日记》，群众出版社 1991 年版。

105. 刘节著，刘显曾整理：《刘节日记（1939—1977）》，大象出版社 2009 年版。

106. 徐光耀：《徐光耀日记》（全十册），河北教育出版社 2015 年版。

107. 陈诚著，林秋敏、叶惠芬、苏圣雄整理：《陈诚先生日记》，"国史馆" 2015 年版。

108. 高凤池著，叶新整理：《高凤池日记》，中华书局 2022 年版。

109. 黄炎培著，中国社会科学院近代史研究所整理：《黄炎培日记》（共10卷），华文出版社2008年版。
110. 王功流：《一·二八血战日记》，上海经纬书局1933年版。
111. 张元济著，张人凤整理：《张元济日记》（上、下），河北教育出版社2000年版。
112. 许寿裳著，黄英哲、奉贤次、陈漱渝等编校整理：《许寿裳日记（1940—1948）》，福建教育出版社2008年版。
113. 杨树达著，杨柳岸整理：《杨树达日记（一九四八—一九五四）》，中华书局2021年版。
114. 顾冷观著，顾晓悦整理：《顾冷观日记》，纽约柯捷出版社2015年版。
115. 童小鹏：《军中日记（一九三三年—一九三六年）》，解放军出版社1986年版。
116. 爱新觉罗·溥仪著，王庆祥整理注释：《溥仪日记》，群众出版社2018年版。
117. 赵镕：《长征日记》，山西人民出版社1990年版。
118. 萧锋：《长征日记》，上海人民出版社2006年版。
119. 谢晋元著，朱雯编选：《谢晋元日记钞》，正言出版社1945年版。
120. 翟文选著，宋皓琨整理：《翟文选日记》，凤凰出版社2020年版。
121. 曾昭抡著，刘基万整理：《曾昭抡日记》，武汉大学出版社2007年版。
122. 施蛰存：《施蛰存日记》，文汇出版社2002年版。
123. 周保中：《周保中东北抗日游击日记》，解放军出版社2014年版。
124. 刘荣著，梁山松、林建良、吕建伟编：《烽火晋察冀：刘荣抗战日记选》，中国文史出版社2015年版。
125. 彭绍辉：《彭绍辉日记》，解放军出版社1988年版。
126. 王恩茂：《王恩茂日记——抗日战争》（上、下），中央文献出版社1995年版。
127. 王恩茂：《王恩茂日记——南征北战》，中央文献出版社1995年版。
128. 王恩茂：《王恩茂日记——解放战争》，中央文献出版社1995年版。

129. 高敏夫著,申春编:《高敏夫战地日记》,中国文史出版社 1988 年版。

130. 马千里著,重庆红岩革命纪念馆整理:《峥嵘岁月——马千里抗战日记选》,四川人民出版社 1998 年版。

131. 陶存煦著,刘桂秋、刘国芹整理:《陶存煦日记》,凤凰出版社 2022 年版。

132. 黄际遇著,黄小安、何荫坤编注:《黄际遇日记类编·国立山东大学时期》,中山大学出版社 2020 年版。

133. 黄际遇著,黄小安、何荫坤编注:《黄际遇日记类编·国立中山大学时期》,中山大学出版社 2019 年版。

134. 包玉昆著,包文汉整理注释:《包玉昆日记》,内蒙古大学出版社 2016 年版。

135. 叶盛吉著,许雪姬、王丽蕉主编:《叶盛吉日记》,"中央研究院"台湾史研究所 2017 年版。

136. 叶灵凤著,张咏梅注:《叶灵凤日记》,三联书店(香港)有限公司 2020 年版。

137. 王世杰:《王世杰日记》(手稿本),"中央研究院"近代史研究所 1990 年影印本。

138. 〔清〕许瀚著,崔巍整理:《许瀚日记》,河北教育出版社 2001 年版。

139. 吕赫若:《吕赫若日记:1942—1944 年》(中译本),台湾文学馆 2004 年版。

140. 汪大铭著,中共镇江市委党史资料征集研究委员会、中共句容县委党史资料征集研究委员会编:《汪大铭日记(1939—1945)》,句容印刷厂 1987 年印刷。

141. 谢觉哉:《谢觉哉日记》,人民出版社 1984 年版。

142. 余绍宋:《余绍宋日记》(全十册),北京图书馆出版社 2003 年影印本。

143. 张彭春:《张彭春清华日记》,台北开源书局 2020 年版。

144. 曾昭燏著,南京博物院编:《曾昭燏文集·日记书信卷》,文物出版社 2013 年版。

145. 郝星久著，岳谦厚、侯采坪整理：《一个乡村知识分子的抗战记忆：郝星久日记》，南京大学出版社 2021 年版。

146. 阳翰笙：《阳翰笙日记选》，四川文艺出版社 1985 年版。

147. 许渊冲：《许渊冲西南联大日记》，云南人民出版社 2020 年版。

148. 陈君葆著，谢荣滚主编：《陈君葆日记全集》（共七卷），商务印书馆（香港）2004 年版。

149. 舒新城：《舒新城日记》，上海辞书出版社 2013 年影印本。

150. 王勇则：《津门开岁：徐天瑞日记解读》，天津古籍出版社 2015 年版。

151. 雨花台烈士陵园管理局编：《雨花英烈日记·2》，南京出版社 2019 年版。

152. 夏济安著，夏志清校注：《夏济安日记》，辽宁教育出版社 1998 年版。

153. 史久芸著，洪九来整理：《史久芸日记》，商务印书馆 2018 年版。

154. 朱鄂基著，朱炯整理：《朱鄂生日记》（全四册），凤凰出版社 2021 年版。

155. 张宗和著，张以𬞟、张致陶整理：《张宗和日记（第一卷）：1930—1936》，浙江大学出版社 2018 年版。

156. 王伯祥著，张廷银、刘应梅整理：《王伯祥日记》（全二十册），中华书局 2020 年版。

157. 伍云甫：《伍云甫日记（1934—1936）》，中国档案出版社 1986 年版。

158. 杨玉清著，杨天石审订：《肝胆之剖析——杨玉清日记摘钞》，中国时代经济出版社 2007 年版。

159. 阎锡山著，山西省地方志办公室、山西省政协文史资料委员会编：《阎锡山日记（1931—1944）》，社会科学文献出版社 2011 年版。

160. 黄亚光著，魏协武主编：《黄亚光文稿和日记摘编》，陕西人民出版社 1999 年版。

161. 陈光甫著，上海市档案馆编：《陈光甫日记》，上海书店出版社 2002 年版。

162. 毛昌杰著，刘京臣整理：《君子馆类稿》，凤凰出版社 2023 年版。

163. 梅贻琦著，黄延复、王小宁整理：《梅贻琦日记（1941—1946）》，清华大学出版社 2001 年版。

164. 林伟:《一位老红军的长征日记》,中共党史出版社 2006 年版。
165. 罗隆基:《罗隆基 1946 年日记摘抄》,中国社会科学院近代史研究所中华民国史研究室编:《中华民国史料丛稿》(增刊第 6 辑),中华书局 1980 年版。
166. 吴湖帆著,梁颖编校:《吴湖帆文稿》,中国美术学院出版社 2004 年版。
167. 梁漱溟:《梁漱溟日记》,上海人民出版社 2014 年版。
168. 郑文翰:《郑文翰日记:解放战争时期》,军事科学出版社 1998 年版。
169. 郑文翰:《郑文翰日记:抗美援朝战争时期》,军事科学出版社 2000 年版。
170. 赵南公:《赵南公日记》(全六册),上海交通大学出版社 2016 年影印本。
171. 郁达夫:《富春江上神仙侣——郁达夫日记九种》,四川人民出版社 1996 年版。
172. 李涤生等:《国民党下级军官的日记——从江南到东北(1946—1948)》,华文出版社 2012 年版。
173. 蔡文星、简玉璿:《两个民国女大学生的日记》,华文出版社 2012 年版。
174. 吴珮瑛等:《民国乡村小学生的日记》,华文出版社 2012 年版。
175. 刘百川:《一个小学校长的日记》,华文出版社 2012 年版。
176. 赵显裔:《一个国民党女兵的日记》,武汉出版社 2010 年版。
177. 吴宓著,吴学昭整理:《吴宓日记》(全七册),生活·读书·新知三联书店 1998 年版。
178. [日]宗方小太郎:《宗方小太郎日记(未刊稿)》,甘慧杰译,上海人民出版社 2017 年版。

五、书信

1. 沈曾植著,许全胜整理:《沈曾植书信集》,中华书局 2021 年版。
2. 毛泽东著,中央文献研究室编:《毛泽东书信选集》,中央文献出版社 2003 年版。

3. 鲁迅：《鲁迅书信集》，人民文学出版社 1976 年版。

4. 水如编：《陈独秀书信集》，新华出版社 1987 年版。

5. 陈智超编注：《陈垣来往书信集》（增订本），生活·读书·新知三联书店 2010 年版。

6. 朱湘著，陈子善编：《孤高的真情：朱湘书信集》，上海人民出版社 2007 年版。

7. 李叔同：《李叔同书信集》，中国致公出版社 2018 年版。

8. 巴金编：《巴金书信集》，人民文学出版社 1991 年版。

9. 梁培宽编注：《梁漱溟往来书信集》（上下卷），上海人民出版社 2017 年版。

10. 夏衍著，沈宁、沈旦华编：《春秋逝去的贤者：夏衍书信》，中华书局 2016 年版。

11. 郁达夫：《郁达夫书信集》，吉林出版集团股份有限公司 2017 年版。

12. 闻一多：《闻一多书信集》，群言出版社 2014 年版。

13. 韩石山编：《徐志摩书信集》，天津人民出版社 2006 年版。

14. 沈宁整理：《常任侠书信集》，大象出版社 2008 年版。

15. 傅光明编：《萧乾书信集》，河南教育出版社 1991 年版。

16. 彭晓亮编注：《周作民日记书信集》（影印版），上海远东出版社 2014 年版。

17. 周作人：《周作人书信》，上海三联书店 2020 年版。

18. 孙玉蓉编：《俞平伯书信集》，河南教育出版社 1991 年版。

19. 张丁主编：《红色家书》，中国画报出版社 2006 年版。

20. 柳亚子文集编辑委员会、上海图书馆编：《柳亚子文集　书信辑录》，上海人民出版社 1985 年版。

21. 舒济编：《老舍书信集》，百花文艺出版社 1992 年版。

22. 季进编：《夏济安夏志清书信集》（卷二），浙江人民出版社 2017 年版。

23. 顾颉刚：《顾颉刚书信集》，中华书局 2011 年版。

24. 陶行知：《行知书信集》，安徽人民出版社 1981 年版。

25. 徐志摩：《志摩的书信日记》，北方文艺出版社 2018 年版。
26. 朱希祖著，朱元曙整理：《朱希祖书信集　郦亭诗稿》，中华书局 2012 年版。
27. 吴学昭编：《吴宓书信集》，生活·读书·新知三联书店 1998 年版。

六、回忆录、自述

1. 蒋廷黻：《蒋廷黻回忆录》，岳麓书社 2003 年版。
2. 鲁莽：《夜生活——二十年报纸生涯甘苦录》，独立出版社 1945 年版。
3. 陶希圣：《潮流与点滴：陶希圣回忆录》（第 2 版），中国大百科全书出版社 2016 年版。
4. 顾执中：《报人生涯》，江苏古籍出版社 1987 年版。
5. 邹韬奋著，文明国编：《邹韬奋自述》，安徽文艺出版社 2013 年版。
6. 萧红著，李辉主编：《萧红自述》，大象出版社 2004 年版。
7. 舒新城著，文明国编：《舒新城自述》，安徽文艺出版社 2013 年版。
8. 周越然：《六十回忆》，太平书局 1944 年版。
9. 曹聚仁：《文坛五十年》，东方出版中心 1997 年版。
10. 高增德、丁东编：《世纪学人自述》（共六卷），北京十月文艺出版社 2000 年版。
11. 冯亦代：《冯亦代自述》，大象出版社 2003 年版。
12. 章开沅口述，彭剑整理：《章开沅口述自传》，北京师范大学出版社 2015 年版。
13. 周树人：《鲁迅自传》，龙文出版社股份有限公司 1993 年版。
14. 郭汝瑰：《郭汝瑰回忆录》，中共党史出版社 2009 年版。
15. 苏雪林：《苏雪林自传》，江苏文艺出版社 1996 年版。
16. 陈绛口述，郭志坤撰稿：《陈绛口述历史》，上海书店出版社 2016 年版。
17. 何兆武口述，文靖撰写：《上学记》，生活·读书·新知三联书店 2006 年版。
18. 舒芜口述，许福芦撰写：《舒芜口述自传》，中国社会科学出版社 2002

年版。

19. 胡风：《胡风回忆录》，人民文学出版社 1993 年版。
20. 丁玲：《丁玲自述》，大象出版社 2006 年版。
21. 程子华：《程子华回忆录》，解放军出版社 1987 年版。
22. 夏衍：《懒寻旧梦录》（增订本），中华书局 2016 年版。
23. 夏衍：《夏衍自传》，江苏文艺出版社 1996 年版。
24. 柳诒徵：《柳诒徵自述》，安徽文艺出版社 2013 年版。
25. 彭德怀：《彭德怀自述》，人民出版社 2019 年版。
26. 钱穆：《八十忆双亲　师友杂忆》，生活·读书·新知三联书店 1998 年版。
27. 吕思勉著，文明国编：《吕思勉自述》，安徽文艺出版社 2013 年版。
28. 萧乾：《未带地图的旅人——萧乾回忆录》，中国文联出版公司 1991 年版。
29. 丁文江著，文明国编：《丁文江自述》，安徽文艺出版社 2014 年版。
30. 徐铸成：《报海旧闻》（修订版），生活·读书·新知三联书店 2010 年版。
31. 王锺翰：《清心集》，新世界出版社 2002 年版。
32. 施雅风口述，张九辰访问整理：《施雅风口述自传》，湖南教育出版社 2009 年版。
33. 肖劲光：《肖劲光回忆录》，解放军出版社 1989 年版。
34. 杨成武：《杨成武回忆录》，解放军出版社 2007 年版。
35. 王首道：《王首道回忆录》，解放军出版社 1988 年版。
36. 郭洪涛：《郭洪涛回忆录》，中共党史出版社 2004 年版。
37. 刘华清：《刘华清回忆录》，解放军出版社 2007 年版。
38. 吴相湘：《三生有幸》，中华书局 2007 年版。
39. 马达：《马达自述——办报生涯六十年》，文汇出版社 2004 年版。
40. 李欣口述，许建中整理：《李欣口述自传》，中国大百科全书出版社 2014 年版。
41. 郭化若：《郭化若回忆录》，军事科学出版社 1995 年版。

42. 胡绩伟：《青春岁月——胡绩伟自述》，河南人民出版社 1998 年版。
43. 黄克诚：《黄克诚回忆录》，解放军文艺出版社 1989 年版。
44. 陈桥驿：《八十逆旅》，中华书局 2011 年版。
45. 程树榛：《坎坷人生路：程树榛自传》，东方出版社 2015 年版。
46. 大众日报社报史编纂委员会编：《大众日报回忆录》（第一集），山东人民出版社 1998 年版。
47. 何长工：《何长工回忆录》，解放军出版社 1987 年版。
48. 齐白石口述，张次溪笔录：《白石老人自述》，生活·读书·新知三联书店 2010 年版。
49. 胡汉炎：《胡汉炎回忆录》，"中央研究院"近代史研究所 2001 年版。
50. 毛彦文著，罗久芳、罗久蓉校订：《往事》，百花文艺出版社 2007 年版。
51. 高锟：《潮平岸阔——高锟自述》，许迪锵译，四川文艺出版社 2007 年版。
52. 薛暮桥：《薛暮桥回忆录》，天津人民出版社 2006 年版。
53. 周一良：《毕竟是书生》，北京十月文艺出版社 1998 年版。
54. 何炳棣：《读史阅世六十年》，中华书局 2012 年版。
55. 周学熙著，文明国编：《周学熙自述》，安徽文艺出版社 2013 年版。
56. 刘志学主编：《林语堂自传》，河北人民出版社 1991 年版。
57. 周作人：《知堂回想录》，安徽教育出版社 2008 年版。
58. 庄俞：《我一游记》，商务印书馆 1936 年版。
59. 邹鲁：《邹鲁回忆录》，东方出版社 2010 年版。
60. 窦应泰编著：《张学良遗稿：幽禁期间自述、日记和信函》，作家出版社 2005 年版。
61. 陶菊隐：《记者生活三十年——亲历民国重大事件》，中华书局 2005 年版。
62. 于光远：《我的编年故事·1915—1935（二十岁以前）》，大象出版社 1996 年版。
63. 于光远：《我的编年故事·1935—1939（抗战前后在国民党统治区）》，

大象出版社 1998 年版。

64. 于光远：《我的编年故事·1945—1949（迎接全国解放）》，大象出版社 2005 年版。

65. 郑超麟：《郑超麟回忆录》，东方出版社 1996 年版。

66. 张静庐：《在出版界二十年：张静庐自传》，上海书店 1938 年版。

67. 张治中：《张治中回忆录》（第 2 版），华文出版社 2014 年版。

68. 赵德新：《半个世纪的报人生涯》，民族出版社 1999 年版。

69. 徐懋庸：《徐懋庸回忆录》，人民文学出版社 1982 年版。

70. 曾生：《曾生回忆录》，解放军出版社 1992 年版。

71. 周有光口述，李怀宇撰写：《周有光百岁口述》，广西师范大学出版社 2008 年版。

72. 丁悚著，丁夏编：《四十年艺坛回忆录（1902—1945）》，上海书店出版社 2022 年版。

73. 陶亢德：《陶庵回想录》，中华书局 2022 年版。

七、文集、全集、选集

1. 张元济：《张元济全集》（第 2 卷），商务印书馆 2007 年版。

2. 吴稚晖：《吴稚晖全集》（共十四卷），九州出版社 2013 年版。

3. 吴芳吉著，傅宏星编校：《吴芳吉全集》（上、中、下），华东师范大学出版社 2014 年版。

4. 吴梅著，王卫民校注：《吴梅全集》（全四卷），河北教育出版社 2002 年版。

5. 鲁迅：《鲁迅全集》（全 18 卷），人民文学出版社 2005 年版。

6. 竺可桢著，樊洪业主编：《竺可桢全集》（全 24 卷），上海科技教育出版社 2004—2023 年版。

7. 胡适著，季羡林主编：《胡适全集》（共 44 卷），安徽教育出版社 2003 年版。

8. 茅盾著，钟桂松主编：《茅盾全集》（共 41 册），黄山书社 2014 年版。

9. 蒋百里著,谭徐锋主编:《蒋百里全集》(八卷本),北京工业大学出版社2015年版。
10. 顾廷龙著,《顾廷龙全集》编辑委员会编:《顾廷龙全集·书信卷》,上海辞书出版社2017年版。
11. 毛泽东:《毛泽东选集》(共四卷),人民出版社1991年版。
12. 陈垣著,陈智超主编:《陈垣全集》(全二十三册),安徽大学出版社2009年版。
13. 任弼时著,中共中央文献编辑委员会编:《任弼时选集》,人民出版社1987年版。
14. 顾颉刚著,顾潮整理:《顾颉刚全集》(共八集),中华书局2010年版。
15. 艾芜:《艾芜全集》(全19卷),四川文艺出版社2014年版。
16. 巴金:《巴金全集》(共26卷),人民文学出版社1986—1994年版。
17. 陈望道著,池昌海主编:《陈望道全集》(全10卷),浙江大学出版社2011年版。
18. 施蛰存著,刘凌、刘效礼编:《施蛰存全集·北山散文集》(共四辑),华东师范大学出版社2011年版。
19. 聂绀弩著,《聂绀弩全集》编辑委员会编:《聂绀弩全集》(共10册),武汉出版社2003年版。
20. 钱玄同:《钱玄同文集》(第一卷),中国人民大学出版社1999年版。
21. 瞿秋白著,《瞿秋白文集(文学编)》编辑委员会编:《瞿秋白文集》,人民文学出版社1985年版。
22. 邓拓:《邓拓文集》(四卷本),北京出版社1986年版。
23. 邵力子著,傅学文编:《邵力子文集》(上、下),中华书局1985年版。
24. 石评梅著,文瑾主编:《石评梅全集》(共三册),中国书籍出版社2014年版。
25. 中国李大钊研究会编译:《李大钊全集》(最新注释本,共五卷),人民出版社2006年版。
26. 梁漱溟著,中国文化书院学术委员会编:《梁漱溟全集》(八卷本),山东人民出版社 2005 年版。

27. 熊希龄著，周秋光编：《熊希龄集》（共八册），湖南人民出版社 2008 年版。

28. 夏衍著，周巍峙主编：《夏衍全集》（共 16 卷），浙江文艺出版社 2005 年版。

29. 周信芳著，单跃进主编：《周信芳全集》（共 24 卷），上海文化出版社 2014 年版。

30. 马相伯著，朱维铮主编：《马相伯集》，复旦大学出版社 2023 年版。

31. 朱自清著，朱乔森编：《朱自清全集》（共 12 卷），江苏教育出版社 1988—1997 年版。

32. 冰心著，卓如编：《冰心全集》（第 3 版，共十册），海峡文艺出版社 2012 年版。

33. 沈从文著，张兆和主编：《沈从文全集》（修订本，全 27 卷 + 附卷），北岳文艺出版社 2009 年版。

34. 章士钊著，章含之、白吉庵主编：《章士钊全集》（共 10 卷），文汇出版社 2000 年版。

35. 章太炎著，上海人民出版社编：《章太炎全集》（全二十册），上海人民出版社 2018 年版。

36. 赵元任：《赵元任全集》（第 1 卷），商务印书馆 2002 年版。

37. 沙孟海著，朱关田总编，汪齐英主编：《沙孟海全集》（全十二册），西泠印社出版社 2010 年版。

38. 顾毓琇：《顾毓琇全集》（共 16 册），辽宁教育出版社 2000 年版。

39. 陶行知著，方明主编：《陶行知全集》（共 12 卷），四川教育出版社 2005 年版。

40. 吕思勉：《吕思勉全集》（全 26 册），上海古籍出版社 2015 年版。

41. 冯至著，冯姚平等编：《冯至全集》（共十一卷），河北教育出版社 1999 年版。

42. 罗尔纲：《罗尔纲全集》（共 22 卷），社会科学文献出版社 2011 年版。

43. 李劼人：《李劼人全集》（共十七卷），四川文艺出版社 2011 年版。
44. 郑振铎：《郑振铎全集》（共 20 卷），花山文艺出版社 1998 年版。
45. 贾植芳著，陈思和主编：《贾植芳全集》（共 10 卷），北岳文艺出版社 2020 年版。
46. 吴组缃著，吴泰昌、朱寒冬主编：《吴组缃全集》（全七册），安徽文艺出版社 2020 年版。
47. 陈布雷著，张竟无编：《陈布雷集》，东方出版社 2011 年版。
48. 章衣萍著，书同、胡竹峰编：《章衣萍集》（全五册），安徽大学出版社 2015 年版。
49. 韦君宜：《韦君宜文集》（共五卷），人民文学出版社 2013 年版。
50. 杨树达：《杨树达文集》（共 18 册），上海古籍出版社 2006 年版。
51. 董必武：《董必武选集》，人民出版社 1985 年版。
52. 程沧波著，林建刚编：《程沧波文存》，华龄出版社 2011 年版。
53. 陈纪滢著，许骥编：《陈纪滢文存》，华龄出版社 2011 年版。
54. 蒋廷黻著，傅国涌编：《蒋廷黻文存》，华龄出版社 2011 年版。
55. 黄永玉：《黄永玉全集》（共六卷），湖南美术出版社 2013 年版。
56. 王云五：《王云五全集》（共 20 册），九州出版社 2013 年版。
57. 常任侠著，郭淑芬、常法韫、沈宁编：《常任侠文集》（全六卷），安徽教育出版社 2002 年版。
58. 柳亚子著，柳无忌编：《柳亚子文集 南社纪略》，上海人民出版社 1983 年版。
59. 曾昭燏著，南京博物院编：《曾昭燏文集·日记书信卷》，文物出版社 2013 年版。
60. 尹焕章著，南京博物院编：《尹焕章文集·考古卷》，文物出版社 2009 年版。
61. 赵青芳著，南京博物院编：《赵青芳文集·考古卷》，文物出版社 2012 年版。
62. 苏天赐著，刘伟冬主编：《苏天赐文集》（三卷本），东南大学出版社 2009

年版。

63. 杨沫：《杨沫文集》（全七卷），北京十月文艺出版社 1992—1994 年版。

64. 冯牧：《冯牧文集》（共九卷），解放军出版社 2002 年版。

65. 蔡楚生：《蔡楚生文集》（四卷本），中国广播电视出版社 2006 年版。

66. 黄源著，上海鲁迅纪念馆编：《黄源文集》（第一卷），上海文艺出版社 2005 年版。

67. 马一浮著，刘梦溪主编，马镜泉编校：《中国现代学术经典·马一浮卷》，河北教育出版社 1996 年版。

68. 俞平伯：《俞平伯全集》（共十卷），花山文艺出版社 1997 年版。

69. 老舍：《老舍全集》（共 19 卷），人民文学出版社 1999 年版。

70. 陆地著，陈南南、陈田田整理：《陆地文集》（全八卷），广西师范大学出版社 2018 年版。

71. 傅雷著，范用主编：《傅雷全集》（共 20 册），辽宁教育出版社 2002 年版。

72. 周有光：《周有光文集》（全十五卷），中央编译出版社 2013 年版。

73. 罗常培著，《罗常培文集》编委会编：《罗常培文集》（全十卷），山东教育出版社 2008 年版。

74. 叶楚伧著，叶元编：《叶楚伧诗文集》，上海三联书店 1988 年版。

75. 萧乾：《萧乾全集》（共七卷），湖北人民出版社 2005 年版。

76. 臧克家：《臧克家全集》（全 12 册），时代文艺出版社 2009 年版。

77. 顾随：《顾随全集》（十卷本），河北教育出版社 2014 年版。

78. 蔡和森：《蔡和森文集》（上、下），人民出版社 2013 年版。

79. 郭小川：《郭小川全集》（全 12 册），广西师范大学出版社 2000 年版。

80. 姜亮夫：《姜亮夫全集》（全二十四册），云南人民出版社 2002 年版。

82. 孙敬修著，李行健主编：《孙敬修全集》（共 10 卷），天津教育出版社 1998 年版。

八、资料汇编

1. 张研、孙燕京主编：《民国史料丛刊》，大象出版社2009年版。
2. 中国第二历史档案馆编：《中华民国史档案资料汇编》第五辑·第一编·文化（一）、教育（二），江苏古籍出版社1994年版。
3. 中国第二历史档案馆编：《中华民国史档案资料汇编》第五辑·第二编·教育（一），江苏古籍出版社1997年版。
4. 中国第二历史档案馆编：《中华民国史档案资料汇编》第五辑·第二编·文化（一）、教育（二），江苏古籍出版社1998年版。
5. 中国第二历史档案馆编：《中华民国史档案资料汇编》第五辑·第三编·文化，江苏古籍出版社1999年版。
6. 虞和平主编：《中国抗日战争史料丛刊》，大象出版社2015年版。
7. 许晚成编：《全国报馆刊社调查统计录》，上海龙文书店1936年版。
8. 方汉奇主编：《民国时期新闻史料汇编》，国家图书馆出版社2011年版。
9. 中国社会科学院新闻研究所编：《中国共产党新闻工作文件汇编》（全三册），新华出版社1980年版。
10. 《中国报刊发行史料》编辑组编：《中国报刊发行史料》（第一辑），光明日报出版社1987年版。
11. 江西省档案馆、中共江西省委党校党史教研室编：《中央革命根据地史料选编》（上、中、下），江西人民出版社1982年版。
12. 国民政府主计处统计局编：《中华民国统计提要（1940年辑）》，国民政府主计处统计局1940年铅印本。
13. 国民政府主计处统计局编制：《中华民国统计简编》，中央训练团1941年印行。
14. 殷梦霞、李强选编：《民国统计资料四种》（全十四册），国家图书馆出版社2010年版。
15. 冯列山著，邓绍根编：《冯列山新闻文集》，世界知识出版社2014年版。
16. 沈云龙编：《近代中国史料丛刊续编》，文海出版社有限公司1977年版。
17. 邵飘萍著，肖东发、邓绍根编：《邵飘萍新闻学论集》，北京大学新闻学研究会 2008 年内部发行。

18. 中共中央党校党史教研室选编：《中共党史参考资料》（共十一册），人民出版社 1979 年版。

19. 杜元载主编：《革命文献》（共五十八辑），中国国民党中央委员会党史史料编纂委员会 1972 年版。

20. 黄夏年主编：《民国佛教期刊文献集成》（全 209 册），全国图书馆文献缩微复制中心 2006 年版。

21. 黄夏年主编：《民国佛教期刊文献集成补编》，中国书店 2008 年版。

22. 黄夏年主编：《民国佛教期刊文献集成三编》，中国书店 2013 年版。

23. 《清代诗文集汇编》编纂委员会编：《清代诗文集汇编》（全 800 册），上海古籍出版社 2010 年影印本。

24. 姜亚沙、经莉、陈湛绮：《民国漫画期刊集萃》，全国图书馆文献缩微复制中心 2004 年版。

25. 姜亚沙主编：《民国新闻期刊汇编》，全国图书馆文献缩微复制中心 2011 年版。

26. 湖南省博物馆编：《新民学会文献汇编》，湖南人民出版社 1979 年版。

27. 湖南省档案馆编：《抗日战争时期湖南地下党文献选编》，湖南人民出版社 1985 年版。

28. 李强辑：《五四时期重要期刊汇编》（全二十册），国家图书馆出版社 2012 年版。

29. 李学通主编：《辛亥革命资料选编》，社会科学文献出版社 2012 年版。

30. 李玉、于川主编：《民国时期四大报纸社论篇名索引》，国家图书馆出版社 2011 年版。

31. 刘萍、李学通主编：《辛亥革命资料选编》（全十一册），社会科学文献出版社 2012 年版。

32. 全国图书馆文献缩微复制中心编：《中国早期电影画刊》，全国图书馆文献缩微复制中心 2004 年版。

33. 李健主编：《早期中文报刊创刊号汇编》，全国图书馆文献缩微复制中心

2003年版。

34. 全国图书馆文献缩微复制中心编：《中国共产党早期期刊汇编》，全国图书馆文献缩微复制中心2005年版。

35. 全国图书馆文献缩微复制中心编：《民国体育期刊文献汇编》，全国图书馆文献缩微复制中心2006年版。

36. 全国图书馆文献缩微复制中心编：《民国画报汇编》，全国图书馆文献缩微复制中心2007年版。

37. 全国图书馆文献缩微复制中心编：《民国时期物价、生活费、工资史料汇编》，全国图书馆文献缩微复制中心2008年版。

38. 任访秋主编：《中国近代文学大系·散文集》，上海书店1993年版。

39. 王绿萍编著：《四川报刊五十年集成（1897—1949）》，四川大学出版社2011年。

40. 雷梦水、潘超、孙忠铨等编：《中华竹枝词》（全六册），北京古籍出版社1997年版。

41. 上海妇女杂志社编：《中国近现代女性期刊汇编》（全七十二册），线装书局2006年影印本。

42. 上海图书馆编：《中国近代期刊编目汇录》，上海人民出版社1979年版。

43. 上海图书馆编：《上海图书馆馆藏近现代中文期刊总目》，上海科学技术文献出版社2004年版。

44. 申报馆编：《最近之五十年》，文海出版社2001年影印本。

45. 申报馆编：《申报年鉴》，申报年鉴社1933年版。

46. 申报馆编：《申报年鉴》，申报年鉴社1934年版。

47. 申报馆编：《申报年鉴》，申报年鉴社1935年版。

48. 《申报索引》编辑委员会编：《申报索引（1919—1949）》，上海书店出版社2008年版。

49. 沈恩孚编：《新闻报馆三十年纪念册》，亚东图书馆1923年版。

50. 史和、姚福申、叶翠娣编：《中国近代报刊名录》，福建人民出版社1991年版。

51. 宋原放编：《中国出版史料》，山东教育出版社 2001 年版。

52. 孙毓棠编：《中国近代工业史资料》，科学出版社 1957 年版。

53. 中国社会科学院现代史研究室、中国革命博物馆党史研究室编：《"一大"前后——中国共产党第一次代表大会前后资料选编（一）》，人民出版社 1980 年版。

54. 中央档案馆编：《中国共产党八十年珍贵档案》，中国档案出版社 2001 年版。

55. 庄建平主编：《近代史资料文库》（十卷本），上海书店出版社 2009 年版。

56. 江西省文化厅革命文化史料征集工作委员会、福建省文化厅革命文化史料征集工作委员会编：《中央苏区革命文化史料汇编》，江西人民出版社 1994 年版。

57. 江西省档案馆编：《闽浙赣革命根据地史料选编》（上、下），江西人民出版社 1987 年版。

58. 江西省档案馆选编：《湘赣革命根据地史料选编》（上、下），江西人民出版社 1984 年版。

59. 赣南师范学院、江西省教育科学研究所编：《江西苏区教育资料汇编》（全八册），江西高校出版社 1985 年版。

60. 《淮南日报》史料集编纂委员会编：《淮南抗日根据地党的喉舌——原〈淮南日报〉史料集》，中共党史出版社 1992 年版。

61. 杜敬编：《冀中报刊史料集》，河北教育出版社 1995 年版。

62. 重庆市档案馆、中国第二历史档案馆编：《白色恐怖下的〈新华日报〉——国民党当局控制新华日报的档案材料汇编》，重庆出版社 1987 年版。

63. 中央档案馆、中共中央文献研究室编：《中共中央文件选集》（全十八册），人民出版社 2013 年版。

64. 李德龙、俞冰主编：《历代日记丛钞》，学苑出版社 2006 年版。

65. 苏州博物馆编：《苏州博物馆藏近现代名人日记稿本丛刊》（全三十九卷），文物出版社 2018 年影印本。

66. 温州市图书馆编：《温州市图书馆藏日记稿钞本丛刊》，中华书局 2017 年影印本。

67. 王建朗、马忠文主编：《近代史研究所藏稿钞本日记丛刊》（全八十册），国家图书馆出版社 2020 年影印本。

68. 周德明、黄显功主编：《上海图书馆藏稿钞本日记丛刊》（全八十六册），国家图书馆出版社 2017 年影印本。

69. 北京大学图书馆馆藏稿本丛书编委会编：《北京大学图书馆藏稿本丛书》（共 23 册），天津古籍出版社 1987 年影印本。

70. 清华大学图书馆主编：《清华大学图书馆藏稿钞本日记丛刊》（全二十四册），国家图书馆出版社 2018 年影印本。

71. 李永明主编：《北京师范大学馆藏稿钞本丛刊》（全四十六册），国家图书馆出版社 2011 年影印本。

72. 国家图书馆编：《国家图书馆藏抄稿本日记选编》（全六十册），国家图书馆出版社 2015 年影印本。

73. 张亚红、张卓群：《〈申报〉通信集》，福建教育出版社 2015 年版。

74. （伪）新民会中央指导部调查科编：《京津新闻事业之调查》，1938 年铅印本。

75. 徐珂著，路建宏、孙安邦点校：《康居笔记汇函》（全二册），山西古籍出版社 1997 年版。

76. 季维龙、黄保定选编：《林语堂书评序跋集》，岳麓书社 1988 年版。

77. 黄天鹏编：《新闻学名论集》，上海联合书店 1929 年版。

78. 孙晓忠、高明编：《延安乡村建设资料》（全四册），上海大学出版社 2012 年版。

79. 张挚、张玉龙主编：《中央苏区教育史料汇编》（上、下），南京大学出版社 2016 年版。

80. 甘肃省社会科学院历史研究室编：《陕甘宁革命根据地史料选辑》（第一辑），甘肃人民出版社 1981 年版。

81. 甘肃省社会科学院历史研究所编：《陕甘宁革命根据地史料选辑》（第四

辑），甘肃人民出版社 1985 年版。

82. 陕西省档案馆、陕西省社会科学院合编：《陕甘宁边区政府文件选编》（第七辑），档案出版社 1988 年版。

83. 政协陕西省委员会文史和学习委员会编：《陕西抗战史料选编》，三秦出版社 2015 年版。

84. （伪）宣传部直属报社苏州区改进委员会编：《苏州区报业调查报告书》，1942 年 10 月铅印本。

85. 天津民国日报社编：《天津民国日报业务报告》，1947 年铅印本。

九、著作

1．戈公振：《中国报学史》，台湾学生书局 1964 年版。

2．赖光临：《中国新闻传播史》，三民书局 1992 年版。

3．赖光临：《七十年中国报业史》，"中央日报"社 1981 年版。

4．赵君豪：《中国近代之报业》，申报馆 1938 年版。

5．项士元编：《浙江新闻史》，之江日报社 1930 年版。

6．曾虚白主编：《中国新闻史》，三民书局 1984 年版。

7．张廷铮：《小朋友阅报指导》，北新书局 1933 年版。

8．文博编著：《读报常识》，读书生活出版社 1936 年版。

9．郭廷以：《近代中国史纲》，香港中文大学出版社 1980 年版。

10．黄天鹏：《新闻学刊全集》，光华书局 1930 年版。

11．程其恒编著：《战时中国报业》，铭真出版社 1944 年版。

12．毛泽东：《开展大规模的群众文教运动》，中国出版社 1947 年版。

13．浙江省图书杂志审查处编：《浙江战时出版事业概况》，1945 年油印本。

14．商震著，军事委员会战时新闻检查局编：《全国报社通讯社动态一览》，军事委员会战时新闻检查局 1941 年油印本。

15．《第十战区政治部三十四年年刊》，1946 年铅印本。

16．王伊洛：《〈新新新闻〉报史研究》，巴蜀书社 2008 年版。

17．晋察冀日报史研究会编：《晋察冀日报史：1937—1948 年》，人民出版社

1993年版。

18. 烟台日报社编：《战火中的胶东报坛》，烟台日报社1988年内部发行。

19. 穆欣：《抗日烽火中的中国报业》，重庆出版社1992年版。

20. 《新华日报的回忆》，四川人民出版社1979年版。

21. 田中初：《革命情境中的大众传媒与乡村民众——以"群众办报（1927—1949）"为视点》，中国社会科学出版社2017年版。

22. 宁树藩主编：《中国地区比较新闻史》（三卷本），复旦大学出版社2018年版。

23. 中共西北中央局宣传部编：《活跃在农村的读报组》，新华书店晋察冀分店1946年翻印。

24. 叶再生：《中国近代现代出版通史》，华文出版社2002年版。

25. 方汉奇主编：《中国新闻事业通史》，中国人民大学出版社1996年版。

26. 蔡铭泽：《中国国民党党报历史研究》，团结出版社1998年版。

27. 戴联斌：《从书籍史到阅读史：阅读史研究理论与方法》，新星出版社2017年版。

28. 概况编辑委员会编：《松江民众教育馆概况》，松江民众教育馆1933年铅印本。

29. 新生活丛书社编：《新生活运动须知》，新生活丛书1935年版。

30. 宜兴县立实验民众教育馆编：《新生活手册》，宜兴县立实验民众教育馆1934年铅印本。

31. 李泽厚：《中国近代思想史论》，生活·读书·新知三联书店2008年版。

32. 李泽厚：《美的历程》，文物出版社1981年版。

33. 李磊：《报人成舍我研究》，中国传媒大学出版社2011年版。

34. 曹伯韩：《街头壁报》，生活书店1937年版。

35. 章丹枫：《近百年来中国报纸之发展及其趋势》，开明书店1942年版。

36. 蒋国珍：《中国新闻发达史》，世界书局1927年版。

37. 蒋梦麟：《过渡时代之思想与教育》，商务印书馆1932年版。

38. 中共中央文献研究室编，金冲及主编：《周恩来传：1898—1949》（修订版），中央文献出版社1998年版。

39．金林祥主编：《中国教育制度通史》，山东教育出版社2000年版。

40．金仲华：《国际新闻读法》，生活书店1936年版。

41．陶海洋：《〈东方杂志〉研究（1904—1948）》，合肥工业大学出版社2014年版。

42．王斌：《四川现代史》，西南师范大学出版社1988年版。

43．王汎森：《中国近代思想与学术的系谱》，河北教育出版社2001年版。

44．王汎森：《傅斯年：中国近代历史与政治中的个体生命》，生活·读书·新知三联书店2012年版。

45．王敏：《上海报人社会生活（1872—1949）》，上海辞书出版社2008年版。

46．王悦、高力克编：《五四：文化的阐释与评价——西方学者论五四》，山西人民出版社1989年版。

47．王新常：《抗战与新闻事业》，商务印书馆1938年版。

48．汪原放：《亚东图书馆与陈独秀》，学林出版社2006年版。

49．闻学峰：《胡适办报实践与思想研究》，中国社会科学出版社2011年版。

50．吴廷俊：《中国新闻史新修》，复旦大学出版社2008年版。

51．吴晓芝：《新闻学之理论与实用》，和济印书局1933年版。

52．武志勇：《中国报刊发行体制变迁研究》，中华书局2013年版。

53．伍超：《新闻学大纲》，商务印书馆1925年。

54．夏晓虹：《晚清社会与文化》，湖北教育出版社2001年版。

55．谢彬：《中国邮电航空史》，上海中华书局1928年版。

56．程沄：《江西苏区新闻史》，江西人民出版社1994年版。

57．卓南生：《中国近代报业发展史（1815—1874）》，中国社会科学出版社2002年版。

58．许涤新、吴承明主编：《旧民主主义时期的中国资本主义》，人民出版社1990年版。

59．许纪霖等：《近代中国知识分子的公共交往（1895—1949）》，上海人民出版社 2007 年版。

60．徐宝璜、胡愈之：《新闻事业》，商务印书馆 1923 年版。

61．徐宝璜：《新闻学》，中国人民大学出版社 1994 年版。

62．徐宝璜：《新闻学论集》，北京大学出版社 2008 年版。

63．徐宝璜：《新闻学纲要》，上海三联书店 2014 年版。

64．〔清〕徐继畬著，宋大川校注：《瀛寰志略校注》，文物出版社 2007 年版。

65．闫小波：《中国早期现代化中的传播媒介》，上海三联书店 1995 年版。

66．杨代春：《〈万国公报〉与晚清中西文化交流》，湖南人民出版社 2002 年版。

67．杨东莼：《国际新闻读法》，北新书局 1936 年版。

68．杨朕宇：《〈新闻报〉广告与近代上海休闲生活：1927—1937》，复旦大学出版社 2011 年版。

69．杨早：《清末民初北京舆论环境与新文化的登场》，北京大学出版社 2008 年版。

70．姚公鹤：《上海闲话》，商务印书馆 1927 年版。

71．叶中强：《上海社会与文人生活》，上海辞书出版社 2010 年版。

72．北京鲁迅博物馆鲁迅研究室编：《鲁迅藏书研究》，中国文联出版公司 1991 年版。

73．张海鹏、李细珠：《中国近代通史》，江苏人民出版社 2006 年版。

74．尹全智：《民众教育概论初稿》，河北省民众教育实验学校 1931 年版。

75．张静庐：《中国的新闻记者》，光华书局 1928 年版。

76．张静庐：《中国的新闻记者与新闻纸》，现代书局 1932 年版。

77．张立勤：《1927—1937 年民营报业经营研究：以〈申报〉〈新闻报〉为考察中心》，浙江工商大学出版社 2014 年版。

78．张仲礼：《中国绅士：关于其在十九世纪中国社会中作用的研究》，李荣昌译，上海社会科学院出版社 1991 年版。

79．章清：《学术与社会》，上海人民出版社 2012 年版。

80．章清：《清季民国时期的"思想界"——新型传播媒介的浮现与读书人新的生活形态》，社会科学文献出版社 2014 年版。

81．郑大华、彭平一：《社会结构变迁与近代文化转型》，四川人民出版社 2008 年版。

82．季达、毅生：《宣传学与记者》，上海中南文化协会 1935 年版。

83．周孝庵：《最新实验新闻学》，时事新报馆 1930 年版。

84．罗志田：《裂变中的传承——20 世纪前期的中国文化与学术》（修订本），中华书局 2019 年版。

85．王晓岚：《中国共产党报刊发行史》，中国社会科学出版社 2009 年版。

86．王传寿主编：《烽火信使——新四军及华中抗日根据地报刊研究》，合肥工业大学出版社 2010 年版。

87．郑逸梅：《书报话旧》，中华书局 2005 年版。

88．《晋绥日报简史》编委会编：《晋绥日报简史》，重庆出版社 1992 年版。

89．鄂豫边区革命史编辑部、湖北日报社编：《楚天号角——抗日战争和解放战争时期鄂豫边地区的革命报刊》，武汉大学出版社 1990 年版。

90．任白涛：《综合新闻学》，上海书店 1990 年版。

91．余英时：《士与中国文化》，上海人民出版社 2003 年版。

92．吴成编：《非常时期之报纸》，中华书局 1937 年版。

93．周萍萍：《英敛之评传》，宗教文化出版社 2019 年版。

94．叶兆言：《陈旧人物》，上海书店出版社 2007 年版。

95．何兆武、陈启能主编：《当代西方史学理论》，上海社会科学院出版社 2003 年版。

96．蔡少卿主编：《再现过去：社会史的理论视野》，浙江人民出版社 1988 年版。

97．鲁芒：《陕甘宁边区的民众运动》，汉口大众出版社 1938 年版。

98．林道福主编：《中央苏区美术史》，江西高校出版社 1999 年版。

99．赵文：《〈生活〉周刊（1925—1933）与城市平民文化》，上海三联书店 2010 年版。

100．张灏：《梁启超与中国思想的过渡（1890—1907）》，江苏人民出版社

1997 年。

101. 张灏：《转型时代与幽暗意识》，上海人民出版社 2018 年版。

102. 张灏：《危机中的中国知识分子：寻求秩序与意义》，高力克、王跃译，新星出版社 2006 年版。

103. [美] 周策纵：《五四运动：现代中国的思想革命》，周子平等译，江苏人民出版社 1996 年版。

104. [美] 费正清、[美] 费维恺编：《剑桥中华民国史（1912—1949）》（下卷），刘敬坤、叶宗敦、曾景忠等译，中国社会科学出版社 1994 年版。

105. [美] 兰德尔·柯林斯：《互动仪式链》，林聚任、王鹏、宋丽君译，商务印书馆 2009 年版。

106. [美] 罗伯特·达恩顿：《屠猫狂欢：法国文化史钩沉》，吕健忠译，商务印书馆 2014 年版。

107. [美] 罗伯特·达恩顿：《启蒙运动的生意》，叶桐、顾杭译，生活·读书·新知三联书店 2005 年版。

108. [美] 欧文·戈夫曼：《日常生活中的自我呈现》，冯钢译，北京大学出版社 2008 年版。

109. [法] 罗杰·夏蒂埃：《书籍的秩序——14 至 18 世纪的书写文化与社会》，吴泓缈、张璐译，商务印书馆 2013 年版。

110. [加拿大] 阿尔维托·曼古埃尔：《阅读史》，吴昌杰译，商务印书馆 2011 年版。

十、地方志

1. 钱史彤、邹介民修，焦国理、慕寿祺纂：《重修镇原县志》，1935 年铅印本。

2. 夏时行、黄恺公修，刘公旭纂：《安县志》，1938 年石印本。

3. 方廷汉、谢随安修，陈善同等纂：《重修信阳县志》，1936 年铅印本。

4. 景左纲修，张镜渊纂：《怀安县志》，1934 年铅印本。

5. 沈国冕、苏显扬修,苏民等纂:《兴京县志》,1925 年铅印本。
6. 蓝炳奎等修,吴德准等纂:《达县志》,1938 年铅印本。
7. 朱之洪等修,向楚等纂:《巴县志》,1943 年刻本。
8. 成云章修,陈绍钦纂:《安县续志》,1938 年石印本。
9. 王永恩修,王春鹏纂:《海龙县志》,1937 年铅印本。
10. 孙润苍修,孙云章纂:《续修怀德县志》,1934 年铅印本。

十一、论文

1. 田正平、于潇:《第一次全国教育会议与国民政府初期教育改革》,《高等教育研究》2010 年第 10 期。
2. 王峰:《延安时期前期中共中央机关报〈解放〉周刊考述》,《延安大学学报》(社会科学版) 2013 年第 6 期。
3. 邵挺军:《〈晋绥大众报〉工作回忆》,《新闻研究资料》1988 年总第 44 辑。
4. 王鹏飞:《"孤岛"时期文学期刊研究》,华东师范大学博士学位论文,2006 年。
5. 詹佳如:《集体读报:新中国成立初期的上海读报组研究》,《新闻与传播研究》2018 年第 11 期。
6. 周海燕:《意义生产的"圈层共振":基于建国初期读报小组的研究》,《现代传播(中国传媒大学学报)》2017 年第 9 期。
7. 王晓梅:《建国初党报领导下的"读报组"发展探析——以建国初〈解放日报〉"读报组"发展为基本脉络》,《新闻与传播研究》2010 年第 6 期。
8. 田秋生:《战后普通知识群体的报刊论政——〈观察〉周刊"读者投书"栏考》,《现代传播(中国传媒大学学报)》2018 年第 1 期。
9. 瞿骏:《造报、阅报与毁报——论辛亥革命时期的上海报》,载章开沅、严昌洪主编:《近代史学刊》(第 7 辑),华中师范大学出版社 2010 年版。
10. 沈坚:《记忆与历史的博弈:法国记忆史的建构》,《中国社会科学》2010 年第 3 期。

11. 沈毅：《胡适日记的新闻史价值》，《中国社会科学院研究生院学报》2010年第6期。

12. 桑兵：《民国学界的老辈》，《历史研究》2005年第6期。

13. 李金铮：《读者与报纸、党政军的联动：〈晋察冀日报〉的阅读史》，《近代史研究》2018年第4期。

14. 李长声：《书·读书·读书史》，《读书》1993年第4期。

15. 李金铮：《众生相：民国日常生活史研究》，《安徽史学》2015年第3期。

16. 罗智国：《从日记看恽代英对新文化的阅读与反应》，《齐鲁学刊》2014年第3期。

17. 罗志田：《见之于行事：中国近代史研究的可能走向——兼及史料、理论与表达》，《历史研究》2002年第1期。

18. 罗建华：《毛泽东的阅读史：理解毛泽东思想与人格魅力的重要维度》，《湖南科技大学学报》（社会科学版）2021年第5期。

19. 杨天宏：《国民党与善后会议关系考析》，《近代史研究》2000年第3期。

20. 章清：《五四思想界：中心与边缘——〈新青年〉及新青年运动的阅读个案》，《近代史研究》2010年第3期。

21. 董昊、王建华：《发行、阅读与编读互动：重庆〈新华日报〉的阅读史》，《新闻与传播研究》2021年第12期。

22. 林绪武、管西荣：《苏区的公共阅读建构——以〈红色中华〉的大众阅读为例》，《人文杂志》2021年第2期。

23. 江晶静：《〈良友〉画报的自主发行模式》，《出版科学》2009年第3期。

24. 李里峰：《从"事件史"到"事件路径"的历史——兼论〈历史研究〉两组义和团研究论文》，《历史研究》2003年第4期。

25. 孟庆延：《事件及其理论意涵：历史社会学的隐藏文本》，《社会发展研究》2022年第2期。

26. 黄旦：《媒介就是知识：中国现代报刊思想的源起》，《学术月刊》2011年第12期。

27. 周振鹤：《日本外务省对中国近现代报刊的调查资料》，《复旦学报》（社会科学版）1994 年第 6 期。

28. 杨东、李宇轩：《日记所见八路军基层干部的个人阅读史》，《民国档案》2021 年第 3 期。

29. 苏全有：《论民国时期的剪报》，《安阳工学院学报》2019 年第 1 期。

30. 郜元宝：《北京鲁迅博物馆藏"周氏兄弟"中文剪报校改考释》，《鲁迅研究月刊》2018 年第 11 期。

31. 邓金明：《"五四知识分子"与知识共同体——以〈新青年〉杂志为中心的考察》，《学术月刊》2011 年第 5 期。

32. 邓金明：《从〈新青年〉到"新青年"——五四青年对〈新青年〉杂志的阅读研究》，首都师范大学博士学位论文，2008 年。

33. 许欢：《民国时期大众阅读研究》，北京大学博士学位论文，2006 年。

34. 张仲民：《从书籍史到阅读史——关于晚清书籍史/阅读史研究的若干思考》，《史林》2007 年第 5 期。

后　记

  阅读是复杂的精神活动，且难以留下痕迹，过目不忘者毕竟罕见。对文本的记载，便是读者"再现"意义的重要环节。然而，读与记之间存在显著的不对称，历史上留下的阅读史料极为零散，很难拼接。故此，研究阅读史便是精神的探险，势必充满艰难困苦。我研究阅读史的缘起，并非出自所谓的深谋远虑，"偶遇"历史上的报刊读者，是我无意中的收获。2004年，我在翻阅宣统年间的《天趣报》时，在很不起眼的边角处，一则新闻的大意是，某"校书"读报，竟在报上发现了"自己"的花边新闻。读与被读，便与个体的日常生活产生关联。彼时，我认为阅读报刊是一种精神消费方式。

  2005年，我博士毕业后，至中国人民大学新闻学院师从方汉奇先生进行博士后研究，以博士论文写作过程中积累的报刊为基础文献，继续研究报刊广告与消费文化问题，这是我个人阅读史的一次转向。自此以后，我便被贴上"新闻史研究者"的标签，也由历史学转向新闻传播学领域。显然，"恶补"传播学、社会学、人类学理论极为重要，我的书架便增加了不少经典著作。由于对新闻史研究的执着，我婉拒了领导"提拔"的美意，于2006年调入暨南大学新闻学院工作，进而又关注媒介文化研究。由于传统与现代的交织，我的阅读范围更为广泛，从思想史、新闻史到粉丝文化研究，跨度极大，我对文献的广泛涉猎，显然是杂而不专。

后 记

　　我发现，报刊史研究已很难有突破的空间，以报刊新闻文本为研究对象，始终有"陈陈相因"之感，我便"大胆假设"，从探寻意义的角度，联想到报刊阅读史是一个亟须突破的领域。2005年，我在中山大学图书馆查阅文献时，偶然看到《半星期报》1908年第2期所载《说中流以下阅报之简捷法》一文，眼前为之一亮，意识到报刊阅读问题非常值得研究。后来，我又陆续搜集了一些阅报的史料，并产生对此问题进行深入研究的念头。然而，我从历史学转入新闻传播学之后，需要进行"学术转型"，之后的几年，由于要完成媒介文化方面的课题，对报刊阅读史的系统研究始终没有付诸实践。但是，多次接触的阅读史料，成为我研究阅读史的重要机缘。

　　2008年之后，我进入了一个学术空档期，对自己未来的学术道路极为迷茫。坦率地说，从效率与收益的角度看，继续从事媒介文化尤其是网络文化研究，成果的"生产"和发表要相对容易一些。但是，我作为一名历史学博士，仍然需要将新闻史作为自己的"主业"。关于报刊阅读这一领域，不少史料尚未得到开掘和运用，而当时我没有职称评定和论文发表的压力，也非常希望自己能够比较随性地做点有价值的研究。此前在做博士论文时养成看零散史料的习惯，促使我闲来"乱读书"，在图书馆借阅了大量晚清日记、杂记、书信、年谱与报刊影印本。我不断看到晚清士人读报的记载，便确定将晚清报刊阅读史作为今后几年的研究方向。

　　然而，当我准备全力投入这项工作时，母亲病重的消息如晴天霹雳。2010年9月之后，我在医院照料母亲大约4个月。当时母亲已进入胃癌晚期，老人家对未来的信心和治疗时的坚毅，让我内心承受着无以言状的绞痛。我身为一介书生，无法为她减轻任何痛苦，看到她身体日渐消瘦，数分钟一次的剧烈呕吐，脑海中怎能浮现学术的光影。在医院的无数个夜晚，我内心祈祷母亲能够摆脱病魔，但直到她确诊，我都没有告诉她真相。她是为希望而活着，她将三个儿子培养成博士，自己在湖南偏僻的乡下终生劳苦却毫无怨言，就是坚信自己可以老来"享福"。但是，在2011年1月12日，她在64岁生日后的第五天，在"不想走"的叹息中永远地走了。

　　母亲的离世，让我在半年之内无法回归学术。面对学术生态的变化，我更难以处理各种关系了。于是,我干脆就躲起来。那间七平方米的小书房曾被我称为"七方闲斋",我自号"七方斋主"。在被孤立和自我孤立的过程中,我已习惯于整天枯坐书房,一言不发地读书。2011年下半年,我重新开始报刊阅读史的研究,并初步进行"小心求证"。由于沾了"高层次人才"的光,我可以从图书馆借回较多书刊,曾一度成为年度借阅量最多的读者。但我发现,晚清士人的数千种日记中,有关读报的比例实在太低。在士绅中间,读报人的数量又十分有限,尤其是大量的抄本、稿本,字迹漫漶,难以辨识,数天之内往往找不到一条读报的材料。同时,在晚清上千种报刊中,有关读者读报的新闻更是难得一见。当时,寻找历史上真实的报刊读者,成为我阅读的核心任务。我如一名猎手,始终在图书馆的书架上期待意外的收获,与日记中的读者"相遇",便是我阅读最大的快乐。史料的查找如同爬坡,虽然艰难,但我逐渐找到了感觉。尤其是偶尔发现一则阅报史料,往往使我欣喜若狂,如饮甘泉。我坚信,阅读史研究的核心议题是谁在读报,读了什么,没有读者本位意识,就很难揭橥阅读的价值和意义。

在经过数年的资料储备后,2013年暑假,我开始动笔,数年没有"写史书",颇觉生疏和吃力。尽管这本书是对晚清读报史的专题研究,但它涉及晚清社会的诸多问题,需要扎实的史学功底和广阔的研究视野。我曾希图突破简单的阅读线索,将读者、报纸、社会有机地联系起来,通过"读报"来"阅读"晚清社会。但是,这种自我想象在写作中遇到很多困难。因此,在写作过程中,我着重从读者读报与报刊内容之间的"互证"中,探讨报刊发展与读者阅读的内在联系,并根据晚清时局的变动,对"读书人"向"读报人"的转变进行了一些思考,对新闻事件、报刊与读者阅读反响的联系进行了一些分析。阅读既是个体体验,又是社会现象,晚清社会的剧烈变动势必对读报人的阅读世界有直接影响,读报纸与读社会之间如何有机地结合在一起,决定了研究的高度和深度。尽管我试图将读报活动进行多元化的研究,但要体现读报史的灵动性、社会性和意象性,难度极大。

2014年5月,24万字的初稿已算完成,我的本意是借助这份书稿去申报一个国家社科基金后期资助项目,修改后便出版。但之后的两年,我三次申

后　记

报国家社科重大项目而告败，颇为沮丧，书稿修改也较为迟缓。2016年，我调入华南理工大学工作，抱着试试看的态度，申报了多卷本《中国报刊阅读史》国家社科重大项目选题，没想到被列入指南，由于有前期研究基础，当年这一重大项目便获批。彼时，晚清报刊阅读史的书稿已增至30万字，但作为课题内容，尚需作出重大修改。我指导的博士生许高勇以《北洋政府时期报刊阅读史》为题完成了博士论文，我便重整旗鼓，准备再用数年时间，与许高勇一起，完成课题剩余部分的写作，尤其是南京国民政府时期报刊阅读史，需要我独立完成。

我对民国史素无研究，几乎要重起炉灶。2017年之后，我分管学院的科研和学科建设工作，须投入大量精力，并竭力促使学院学科建设迈上一个新台阶。而民国报刊阅读史涉及的史料极为零散，也需要我花更多的时间进行系统整理。为了完成课题研究，我定下了阶段性研究目标。在修订补充晚清报刊阅读史书稿的同时，我将研究的重心转移到1928—1949年的报刊阅读史研究。经过一年多的前期文献收集，我采取边写作边完善的方式，断断续续地写就初稿。至2020年7月提交结项时，三卷本书稿大约140万字。

2021年元旦后，我调入复旦大学新闻学院工作，上海图书馆和复旦图书馆的大量稿抄本、影印本日记令我大开眼界，也深感书稿在史料上有明显的不足。三年间，我阅读了不少珍贵的日记稿抄本，对书稿的结构进行了调整，修改补充了部分内容，增加了60余万字的篇幅。书稿涉及文献范围甚为广泛，仅日记就达千余种，其他书籍和报刊史料则达数千种。此外，由于书稿写作的时间跨度过长，尚存在不少问题。2022年年初后，我集中精力修订书稿，尤其是在上海暴发新冠疫情期间，为减少焦虑，我将注意力集中在校核文献方面，颇为投入。2023年，我又搜集了不少日记、书信、回忆录史料，重点对第三卷进行了较大范围的增补和修改。由于部分稿抄本和报刊缩微资料字迹漫漶，经过多次辨识和对比，在得到文史学者徐雁平、书法家陈志平的指点后，我对一些草体字和异体字进行了校改。同时，针对一些日记校点本出现的错误，我根据稿本、抄本进行了校对。有时，为了核对一段引文，须花费半天时间，劳心费力，自不待言。虽努力避免原文错漏，但仍有舛误之处，加之笔者对材料的阐释，难免带有一些主观臆测，尤其是书中引用的不少读报史料显得冗长而枯燥，结构上不够清晰和凝练。之后，我又多次调整和修订，力求不断提升品质。

阅读史研究在很大程度上是对相关史料的"拼接"和"缝合"。值得庆幸的是，我赶上了阅读史研究的好时代。这十多年来，恰恰是各类近现代史料影印和出版最多的时期，尤其是国家图书馆、上海图书馆、苏州图书馆、温州图书馆等影印了大量晚清民国日记稿抄本。另外，凤凰出版社出版了"中国近现代稀见史料丛刊"（共 10 辑）。这些基础文献的出版为本书的研究提供了极大的方便。虽然有些长达数百万字的日记中，仅有一二条读报的资料，但这些零散的史料是建构立体、多元阅读史研究的基础。而且，进入日记主人的阅读世界，我无意中发现了不少感兴趣的话题。比如，对某些报刊创办日期的考证，读者在日记中所读报刊的记载，便是可靠的证据。

面对浩如烟海的史料，如果不进行一目十行的"扫读"，很难"定位"到具体的史料。多年来，我养成了在图书馆书库浏览书名的习惯，偶尔翻阅一些不起眼的书，可能便会惊喜地发现一则史料。同时，与学人的闲谈，也能为我提供新的史料线索。2023 年 3 月，我参加丁悚诞辰 130 周年座谈会，偶然听到上海书店副总编杨柏伟谈及陶亢德的《陶庵回忆录》成为畅销书。我联想到陶亢德在《生活》《宇宙风》等杂志的编辑经历，便快速购阅此书。这位声名不彰的编辑仅读过几年私塾，但他通过阅读杂志，获得了向上流动的机遇，并由此与文艺界名流有广泛的交往。他后半生的艰辛令人泪下，而其通过阅读所创造的机缘同样令人充满遐想。我没有陶氏的禀赋，但他对报刊的饥渴和温情，也引发我回想在研究阅读史过程中的酸甜苦辣。

近 20 年来，寻找历史上的读者成为我在阅读史研究中最重要的任务。在报刊阅读这个宏大的"剧场"中，每位读者都是非常重要的角色，发现读者是"精彩演出"的前提。我尽可能通过各种途径寻找那些历史上的"演员"，而本书中论述的"年轻读者"——百岁老人许渊冲先生已于 2021 年去世。因此，"重演"历史剧场的角色都是逝者。我读着逝者留下的有关阅读报刊的文字，在诸多零碎的文本中拼贴他们的阅读史，追寻他们阅读时分的所思所想：

后　记

一些读者留下的手稿，我还能通过书法遐想其情感和思想的"痕迹"；一些读者的阅读感想和评论，有时亦能唤起我的"思想共鸣"和"共情体验"。我固然无法与逝者对话，但将他们的阅读史置于我的阅读史研究，便是最为重要的责任，也是对逝者的感念和追怀。尤其是那些在历史上声名不彰的读者，他们的"出场"能更真实地"再现"报刊阅读的细枝末节。在故纸堆中触摸逝者阅读报刊时留下的文字，常令我沉醉其中，夜不能寐。

读者的阅读在某种程度上就是"事件"，阅读史在一定程度上是"事件史"研究。新闻固然是我们陈述的重点，但我们强调以读者为中心，就是要"重访"新闻，"重建"事件的某些场景。然而，要查找历史上的真实读者极为困难。也就是说，对事件史的叙述，很难通过当事人的角度进行言说。尽管我在书中采用了不少日记、书信、回忆录、年谱、报刊史料，但能在历史上留下阅读记录的一般是社会精英，普通读者大多隐匿或消失在历史的云烟之中。我试图立足阅读主体的角度，通过读者来进行叙事，从而突破报刊史研究的固有格局，将新闻视为读者叙事的对象，从文本本身的研究转向于读者本位的研究，强化报刊史研究的"人学"意涵。这是本书的研究目的和意义所在，但设想与结果之间的差距往往令人失望。近20年来，我一直在追寻历史上的读者，但未来我的阅读史读者，可能离我十分遥远。这是事实，也是无言的结局。所谓著书立说之期许，诚如王韬在日记中感叹："亦思数百年后空名岂泽枯骨哉？而况未必传也，吁，悲已！"（《王韬日记新编》上册，第39页）

这套三卷本的著作，第一、三卷由我独立完成，第二卷由许高勇与我合作完成。第二卷的初稿是许高勇的博士论文，他毕业之后继续进行民国初期阅读史研究。我们多次就书稿结构和内容进行讨论，尤其是认真吸纳和补充一些新发现的史料。2023年上半年，他利用在复旦访学的机会查阅了大量民国初期的日记稿抄本，并对书稿进行了较大幅度的增补和修订。博士生汪宁宁、孙茂林协助校对和润色了第二卷书稿，付出了艰辛的劳动。2023年10月之后，我全力投入第二卷的修改工作，偏重于文字润饰和观点提炼。这套三卷本的著作从设想、"动工"到出版，历时20年之久，可谓"悲欣交集"，这恰恰是我学术人生中最重要的阶段。在长期阅读晚清民国各人士的日记的过程中，我坚持写了15年的日记。这些日记记载了我的阅读史和情感史，对书稿写作的细节亦记录尤详。掩卷沉思，感慨万千。我出身寒微，资质平平，学识谫陋，更缺乏严格而系统的学术训练，又兼顾媒介文化和消费文化研究，学术的"穿越性"太大，往往前后断裂，不成体系，常躬身自省，却难改旧习，亦难有精深之作。

但我是一介书生，虽处困境，亦不忘读书。阅读是我生活中最重要的内容，阅读也是"有意味的形式"。从童年对书报的痴迷，到近20年来对阅读史的关注，阅读本身也成为我诠释生命的方式。我自揭身世，在后记中谈及自己的阅读史，是因为阅读自我与自我阅读是"重访"生活世界的重要内容，"重演"个体历史的重要方式。我坚信：阅读产生知识，知识催生信仰。这是我一生读书的感悟，也是我研究阅读史的总结，更寄望余生远离喧嚣，静悄悄地阅读和思考。临窗枯坐，青灯孤影，冷暖自知。

任何一本著作的问世，都与个体的交往网络与生命历程有关。能进入学术队伍，研究自己喜爱的选题，实属三生有幸。我要由衷地感谢方汉奇、邱树森、崔丕、邓洪波、龚抗云、刘孟芽、刘长金诸师的引领和教诲。我之所以能够在30岁以后从事学术研究，与人生中的几次学术转型大有关系。在我的学术生涯中，尹世杰、王锺翰两位已故知名学者，对我的学术研究有着重要影响。我的第一篇学术论文便是由尹世杰先生修改并推荐至《消费经济》发表；我的博士论文开题报告，尹老还逐字进行了修改。我从事晚清史研究，曾得到同乡前辈、清史泰斗王锺翰先生的嘉勉。当我在研究中遇到困难时，念及诸师和前辈的鼓励和提携，便在幽暗中增添了不少力量。

我多次"不务正业"，从事"另类"研究，所幸20年来的报刊阅读史研究成为一种坚守，也算是另辟蹊径。其间，在《中国社会科学》《新闻与传播研究》《学术月刊》《学术研究》《社会科学战线》《东岳论丛》《江西社会科学》《新闻大学》《现代传播（中国传媒大学学报）》《新闻记者》《出版发行研究》《编辑之友》《湖南师范大学社会科学学报》和《兰州大学学报》（社会科学版）等刊物上发表相关论文40余篇，冯建华、朱鸿军、周奇、刘鹏、

后 记

杨向艳、王冰、王戎、彭民权、焦宝、刘扬等编辑先生，倪延年、陈信凌、王润泽、张晓锋、齐辉等新闻史学者，都对拙稿提出了宝贵的修改意见。我调入复旦大学工作之后，新闻学院领导对拙著的出版非常重视，张涛甫院长多次联系出版社，就出版事宜大力支持。复旦大学出版社组织了精干的编辑团队，章永宏、朱安奇、刘畅等老师精心设计、编排、校对，尤其是对引文的校核，甚为细微，颇费心力。对于他们的提点、指教和大力支持，感恩之情，难以言表。

本书付梓之际，我与妻子付琼已结婚28年。初识之时，我尚是小县城的一名公司职员，可谓穷困潦倒，没有她的理解和支持，也就没有我后来的求学和学术生涯。我在生活上甚为懒散，就连买衣服之类的事情，都由妻看好后再领我到商场试穿。而我又不善表达，很少表扬妻的贤惠、细致和温情。对女儿怡帆，我甚为严苛，关心不够，她已完成在昆士兰大学的研究生学业，回到上海工作。这套书的出版，亦可告慰天堂中的母亲，也是我呈给父亲八十岁生日的一份礼物。

我的阅读史研究经历，即为心史。是为记。

蒋建国
于沪上仁德公寓
2024年7月22日

图书在版编目(CIP)数据

中国报刊阅读史:1815—1949. 第三卷,南京国民政府时期:1928—1949/蒋建国著. —上海:复旦大学出版社,2024.9
ISBN 978-7-309-17422-9

Ⅰ.①中… Ⅱ.①蒋… Ⅲ.①报刊-文化史-中国-1928-1949 Ⅳ.①G219.29

中国国家版本馆 CIP 数据核字(2024)第 090546 号

中国报刊阅读史(1815—1949)第三卷 南京国民政府时期(1928—1949)
蒋建国　著
出品人/严　峰
责任编辑/刘　畅

复旦大学出版社有限公司出版发行
上海市国权路 579 号　邮编:200433
网址:fupnet@fudanpress.com　http://www.fudanpress.com
门市零售:86-21-65102580　团体订购:86-21-65104505
出版部电话:86-21-65642845
上海盛通时代印刷有限公司

开本 787 毫米×1092 毫米　1/16　印张 47.5　字数 702 千字
2024 年 9 月第 1 版
2024 年 9 月第 1 版第 1 次印刷

ISBN 978-7-309-17422-9/G·2594
定价:198.00 元

如有印装质量问题,请向复旦大学出版社有限公司出版部调换。
版权所有　侵权必究